August Wilhelm Zumpt

# Der Kriminalprozess der Römischen Republik

August Wilhelm Zumpt

**Der Kriminalprozess der Römischen Republik**

ISBN/EAN: 9783742808189

Hergestellt in Europa, USA, Kanada, Australien, Japan

Cover: Foto ©Thomas Meinert / pixelio.de

Manufactured and distributed by brebook publishing software (www.brebook.com)

August Wilhelm Zumpt

# Der Kriminalprozess der Römischen Republik

# DER CRIMINALPROCESS

DER

# RÖMISCHEN REPUBLIK

VON

A. W. ZUMPT.

---

EIN HÜLFSBUCH FÜR DIE ERKLÄRUNG DER CLASSIKER UND RECHTSQUELLEN

LEIPZIG,
DRUCK UND VERLAG VON B. G. TEUBNER.
1871.

# Vorrede.

Das Verständniss des Römischen Strafprocesses während der Republik und eines grossen Theiles der Kaiserzeit hängt von der richtigen Erkenntniss hauptsächlich zweier Römischen Einrichtungen ab, der im ersten Jahre der Republik eingeführten Provocation und der in der Mitte des zweiten Jahrhunderts v. Chr. beginnenden Schwurgerichte. Hierauf beruht die richterliche Gewalt der Beamten, die Eintheilung der Verbrechen, die Festsetzung und allmälige Milderung der Strafen, die Anordnung und Vertheilung der Gerichtshöfe, die trotz aller Aenderungen festgehaltene Einheit des Verfahrens. In meinem „Criminalrechte der Römischen Republik" habe ich das Wesen und die Bedeutung jener Einrichtungen, dann die übrigen auf das Strafrecht bezüglichen Gesetze, von denen uns lehrreiche Ueberbleibsel erhalten sind, untersucht: daraus ergab sich die Entwickelung, welche dasselbe genommen hat. Erst nach Vollendung dieser Arbeit war es möglich, eine Schilderung des Römischen Strafprocesses zu versuchen.

Ich wünsche ein Hülfsbuch für die Erklärung der classischen Schriftsteller und der Rechtsquellen zu liefern: von den erstern, insbesondere den Ciceronischen Reden, bin ich ausgegangen, habe aber die letztern in vollem Umfange hinzugenommen. Mein Bemühen war, ein anschauliches und allgemein verständliches Bild zu gewinnen, nicht nur für Rechtsgelehrte, sondern für Alle, welche das Römische Alterthum verstehen und dessen Schriftsteller erklären wollen. Ich habe deshalb häufig in den Anfang der Kaiserregierung übergegriffen, um zu zeigen, wie manche während der Republik noch schwankende Formen in allmäliger Entwickelung fester begrenzt wurden.

Als Standpunkt der Darstellung erschien es mir nicht zweckmässig, die jetzige Zeit und unsre heutigen Rechtsideen zu wählen: ich hätte dann weniger auf die Erläuterung der im Alterthume vorkommenden Rechtsfälle eingehen können, auch Vergleichungen anstellen müssen, die, so berechtigt und interessant sie sind, doch vollständige Erkenntniss zur Voraussetzung haben. Im Römischen Sinne und mit Römischen Ausdrücken wollte ich schildern, um dadurch das Ueberlieferte verständlich zu machen und zu weitern Forschungen anzuregen. Denn der Stoff ist flüssig, die Ergebnisse müssen bewiesen, entgegenstehende Ansichten widerlegt, die mangelhafte Ueberlieferung durch Schlüsse ergänzt werden: je tiefer man bei der Untersuchung geht, ein desto reicheres Feld eröffnet sich. Indessen schon die Forschung an sich dient dazu, die Erklärung der Schriftsteller zu fördern und das Römische Leben in einem seiner wichtigsten Theile richtiger zu erkennen.

Berlin den 20. December 1870.

# Inhalt.

## Zweiter Abschnitt.

### Das Verfahren in Jure.

## Vierter Abschnitt.

### Das Nachverfahren in iure.

Seite

selben. Ausdrücke der Ciceronischen Reden über die capitale Strafe. Thatsächlicher Unterschied zwischen den Geächteten, je nachdem sie reich oder arm waren. Vollzug der Aechtung durch Versagung von Wasser und Feuer. Spätere Verordnungen zur Verschärfung der Achtung. Rechtlicher Zustand der Geächteten.

## Sechster Abschnitt.

### Die vor den Schwurgerichten geführten Processe.

# Einleitung.

## Zweck und Eintheilung des Buches.

Die Formen, in denen bei den Römern während der Republik das Criminalrecht geübt wurde, stammen von den zwölf Tafeln her, in weiterem Ursprunge aus der Königszeit. Servius Tullius erfand bei Civilprocessen die Trennung des Verfahrens in iure von dem in iudicio, indem er für sich und seine Beamten nur die Leitung der Processe behielt, die Entscheidung des Rechtspunktes den von den Parteien gewählten Einzelrichtern überliess. Darin lag eine Beschränkung der obrigkeitlichen Gewalt und eine Gewähr für unparteiische Rechtspflege. Deshalb wurde diese Trennung beim Beginne der Republik durch das Valerische Provocationsgesetz auf den Criminalprocess übertragen und ist bis zum Untergange der Republik oberster Grundsatz aller Strafrechtspflege über Römische Bürger geblieben: das Verfahren in iudicio sollte vor der Volksgemeinde stattfinden. Vielleicht hatten die Zehnmänner, welche selber eine uneingeschränkte Gewalt in Strafsachen besassen, die Absicht, den mit dem Staatsrechte in der genauesten Verbindung stehenden Strafprocess zu ändern; aber ihre Absicht wurde vereitelt. Man kehrte zu der alt hergebrachten Sonderung des Processes in das Verfahren in iure und das in iudicio zurück und überliess die Entwickelung dieser Form dem durch die einander widerstreitenden Staatsgewalten vermittelten Gerichtsgebrauche. Bis zum Ende der Republik hat kein Gesetz diese Form des Strafprocesses verändert. Der Einfluss theils der rechtsprechenden Beamten unter einander, theils der Volkstribunen, welche den Fortschritt zur Freiheit und zur

Milderung der alten Beamtenstrenge darstellen, gestaltete den Gerichtsgebrauch, welcher, von Geschlecht zu Geschlecht überliefert, sowohl in den Anordnungen der Regierenden wie in dem lebendigen Bewusstsein der Regierten die Stelle des Gesetzes einnahm.

Die Gründung der Schwurgerichte in der Mitte des zweiten Jahrhunderts v. Chr. bildet keinen entscheidenden Abschnitt in der Entwickelung des Criminalprocesses. Es waren anfangs nicht Strafgerichte und die Formen, in denen die Senatsausschüsse über die Vergehen der Beamten urtheilten, waren eben dieselben, welche für die Recuperatorengerichte bestanden: wir hören von keiner Besonderheit des Verfahrens, und wenn es eine solche gab, so entstand sie ohne Mitwirkung der Gesetzgebung durch das Bedürfniss, welches sich bei der Anwendung der allgemeinen Regel auf einen besonderen Fall geltend machte. Das Sempronische Gesetz führte allerdings ein neues Strafverfahren ein; aber es bezog sich nur auf Beamte und Amtsverbrechen, es beschränkte sich in dem Masse der Strafen. Es liess, da es die Leiter des gewöhnlichen Criminalprocesses beibehielt, das ganze vor diesen stattfindende Verfahren in iure unberührt. Es behandelte mithin nur das Verfahren in indicio, für welches es theils die alten Formen des Recuperatorengerichtes beibehielt, theils neue schuf. Auf eben dies Verfahren in indicio allein bezogen sich auch die späteren Gesetze. L. Sulla, der den Kreis der Schwurgerichte erweiterte und das Verfahren in denselben neu ordnete, liess ebenfalls, weil er in den Leitern desselben keine Veränderung vornahm, das Verfahren in iure unverändert, behielt auch das uralte Criminalverfahren für diejenigen Fälle, wo Eingeständniss des Angeklagten oder offenbare Schuld desselben vorlag, bei. Bis zum Untergange der Republik bestanden also für den grössten, wenn auch nicht immer den wichtigsten Theil des Criminalprocesses die gleichen Vorschriften. Nur die Volksgerichtsbarkeit, die während des grössten Theiles der Republik ausserordentlicher Weise stets eingreifen konnte, hatte verschiedene Formen: sie waren denen, welche für die gesetzgebende Thätigkeit des Volkes durch den lange dauernden Streit der Parteien entstanden waren, nachgebildet. Bei einer Darstellung des Criminalprocesses ist also von diesen Volksgerichten abzusehen.[1])

Für die Schilderung des ordentlichen Criminalprocesses kann man einen doppelten Weg einschlagen. Entweder man wählt die älteste Form desselben und baut auf derselben die durch allmälige Entwickelung und die durch Einführung der Schwurgerichte bei dem Verfahren in iudicio entstandene Gestaltung geschichtlich auf, oder man nimmt die jüngste Form und schliesst rückwärts auf den Anfang und die im Laufe der Zeit geschehene Entwickelung. Der erste Weg ist nicht rathsam, weil unsere Kunde des alten Römischen Processes dürftig ist und Beispiele von einzelnen Fällen fehlen. Dagegen am Ende der Republik giebt es Geschichtsschreiber und Redner, bei denen besonders die politischen Processe eine wichtige Stelle einnehmen: aus ihnen lässt sich auf die Fälle des gewöhnlichen Lebens schliessen. Deshalb wähle ich eines der letzten Jahre der Republik zum Ausgangspunkte, als C. Cäsar sein Gesetz über Erpressung, M. Crassus zuerst Bestimmungen über das Vereinsrecht erlassen hatte, als die Geschworenen aus den drei Ständen, aber nach der durch Pompejus' Gesetz verbesserten Art und Weise gewählt wurden, d. h. etwa die Jahre 54 und 53 v. Chr., die, wenngleich durch bürgerliche Zwistigkeiten getrübt, dennoch die höchste Blüthe in der Entwickelung der Schwurgerichte und damit des gesammten Criminalprocesses zeigen. Indem ich das damalige Strafverfahren darstelle, will ich zugleich versuchen, die Entwickelung desselben seit den ältesten Zeiten zu geben: gelingt dies bei der Mangelhaftigkeit unserer Quellen auch nicht in jeder Einzelheit, so ist es doch an sich ein Gewinn, den Criminalprocess auf seiner am meisten ausgebildeten Stufe zu erkennen.

Die Darstellung zerfällt in sechs Abschnitte. Der erste handelt über die Elemente eines Criminalprocesses in ihrer Vereinzelung, wie sie nach Sitte und Gesetz beschaffen sein müssen. Der zweite schildert das Zusammenwirken derselben, woraus der Process entsteht. Er theilt sich wieder in zwei Theile, die von einander unabhängig waren und eine selb-

[1]) Ich habe über dieselben gehandelt im Criminalrechte I, 2, 130 f.

ständige Entwickelung nahmen: der erste umfasst das Verfahren in iure, der zweite das in iudicio. Der vierte Abschnitt behandelt die Folgen des Zusammenwirkens der bei einem Processe thätigen Personen: diese Folgen, nach Zeiten und Umständen verschieden, treten ebenfalls in iure ein. Der fünfte Abschnitt soll die Hindernisse und ausserordentlichen Ereignisse, welche bei einem Criminalprocesse eintreten können, betrachten, der sechste endlich eine Aufzählung der uns überlieferten Schwurgerichtsprocesse enthalten.

## Erster Abschnitt.

### Die Elemente des Criminalprocesses.

Dieser Abschnitt soll theils die Personen, aus deren Zusammenwirken ein Criminalprocess unter gegebenen Umständen entsteht, theils die äusseren Umstände, unter denen derselbe stattfindet, behandeln.

### 1. Der Vorsitzende (*quaesitor*).

Die allgemeine und nothwendige Bedingung für denselben ist, dass er das imperium, d. h. die unmittelbar vom Volke übertragene Zwangsgewalt, hat, und so lange die Republik bestand, haben alle Beamte, welche im Römischen Sinne dieses imperium besassen, die Fähigkeit gehabt, einen Criminalprocess zu leiten, auch diese ihnen innewohnende Befugniss, sobald es die Umstände mit sich brachten, geübt. Anfangs waren die Könige die einzigen Richter in Criminalprocessen eben so wohl wie in Civilprocessen und alle Urtheile gingen von ihnen aus, wenngleich sie bei der Entscheidung die Hülfe bald von Privatpersonen, bald der Volksgemeinde benutzten. Nach dem Sturze der Könige folgten die beiden jährlichen Consuln mit gleicher Gewalt, nur dass dieselbe getheilt war und deshalb nur bei der Uebereinstimmung der Inhaber zur Geltung kam. Auch die in Zeiten der Noth ernannten Dictatoren empfingen mit dem einheitlichen Oberbefehl die richterliche Gewalt und haben dieselbe bis zum Ende des Freistaates geübt.[1]) Als später Zehnmänner und Militärtribunen in wechselnder Zahl ernannt wurden, haben sie vermöge des consularischen imperium, das sie besassen, die volle Gerichtsbarkeit gehabt.

[1]) Als Cäsar im Jahre 46 Dictator auf zehn Jahre geworden war, wurden bekanntlich keine Beamten erwählt, sondern nur Stellvertreter (*praefecti*) desselben. Sie übten in seinem Namen die Gerichtsbarkeit.

Nach Wiederaufrichtung des Consulates wurden Prätoren geschaffen, in allmälig wachsender Zahl: sie hatten ebenfalls imperium und waren deshalb Civil- und Criminalrichter. Aber auch jeder andere, der ausserordentlicher Weise das imperium erhielt, erlangte damit die Befähigung, die Pflichten eines obersten Richters zu üben. In den letzten Zeiten des Freistaates haben die Dreimänner, welche zur Wiederherstellung des Staates mit dem höchsten imperium bekleidet wurden, auch die Gerichtsbarkeit besessen, und als im Jahre 52 v. Chr. Cn. Pompejus ausserordentlicher Weise ohne besonderes Amt das imperium in der Stadt erhielt, brachten Clodius' Freunde bei ihm sofort ihre Klage wegen dessen Ermordung an.

Der Grund dieser Beschränkung der Richtergewalt auf die mit imperium bekleideten Personen lag in der Vereinigung derselben mit der verwaltenden und militärischen Gewalt, eine Vereinigung, die während der ganzen Republik und auch noch lange in der Kaiserzeit bestand. Die Römische Idee war, dass der Richter vermöge der ihm innewohnenden Staatsgewalt die Macht haben müsse, nicht nur die vor Gericht auftretenden Personen in Ordnung halten, sondern auch das Urtheil, mochte es in Geld- oder Ehren- oder Leibesstrafen bestehen, unmittelbar vollziehen zu können. Die Gerichtsverfassung war unausgebildet und hatte manche Uebelstände zur Folge, namentlich die enge Verbindung, in welcher die Rechtspflege mit der Politik blieb und welche am Ende das Rechtsgefühl untergrub. Bei der Staatsklugheit, welche die Römer auszeichnete, würde ihnen der Nachtheil einer solchen Verbindung nicht entgangen sein, wenn sie nicht ein Gegengewicht dagegen in der Beschränkung der Beamten auf das Verfahren in iure gefunden hätten.[1])

---

[1]) Auch die neuesten Rechtslehrer haben diesen Grundsatz des Römischen Staatsrechtes nicht scharf genug ausgesprochen. Man vergl. z. B. Keller, der Römische Civilprocess, § 1 und v. Bethmann-Hollweg, der Römische Civilprocess, § 17 S. 38. Die Aedilen, Volkstribunen, Censoren haben, wenngleich sie einzelne richterliche Befugnisse übten, doch im eigentlichen Sinne nie Recht gesprochen. Die Gerichtsbarkeit der Tribunen und Aedilen mit Hülfe der Volksversammlung ist vielmehr als eine Art gesetzgebender Thätigkeit zu betrachten.

Wenngleich alle mit dem imperium bekleideten Personen die Befugniss zur Gerichtsbarkeit sowohl in Privat- wie in Criminalprocessen hatten, so wurde dieselbe dennoch thatsächlich nur von einigen derselben geübt: es war die Sache der Beamten selbst, sich darüber zu vergleichen, wer das Amt des Rechtsprechens verwalten sollte. Der Senat, als beständiger Beirath der Beamten, hatte dabei, sobald es auf die allgemeine Vertheilung, nicht auf die Auswahl besonderer Persönlichkeiten ankam, die Entscheidung, aber auch die Volksversammlung hat sich oft eingemischt, indem sie ausserordentliche Rechtsfälle theils Beamten theils Privatpersonen zur Entscheidung übertrug. Vor der Gründung der Prätur haben alle Beamten, welche das imperium besassen, die Gerichtsbarkeit auch thatsächlich geführt, wie es scheint, mit zufälliger Vertheilung der einzelnen Fälle unter einander. Seit es Prätoren gab, haben diese die regelmässige Rechtspflege sowohl in Civil- wie in Criminalsachen gehabt, zuerst der sogenannte städtische Prätor, dann der städtische und der Fremdenprätor, wobei die Vertheilung der Processe nach dem Stande der Ankläger und Angeklagten geschah. Für die Schwurgerichtsprocesse gab es daneben seit dem Acilischen Gesetze einen besonderen Prätor, nach Vermehrung derselben wahrscheinlich noch einen zweiten Prätor. Durch Sulla wurde die Civilgerichtsbarkeit von der Criminalgerichtsbarkeit getrennt, jene dem städtischen und dem Fremdenprätor, diese den sechs übrigen Prätoren, welche seitdem regelmässig ernannt wurden, überwiesen. Die Vertheilung an diese sechs Prätoren geschah nach den Verbrechen und den für dieselben eingesetzten Schwurgerichtshöfen: sie ging von dem Senate aus, der jährlich gleich den anderen Zweigen der Staatsverwaltung auch die einzelnen Abtheilungen der Strafgerichtsbarkeit bestimmte. Dabei herrschte allerdings ein gewisses Herkommen, aber man scheute sich nicht, der Zweckmässigkeit halber davon abzuweichen. Während unter der Herrschaft der Sullanischen Verfassung zwei Prätoren für die Amtsverbrechen, vier für die gemeinen Verbrechen bestimmt waren, fand später eine verschiedene und mannigfach wechselnde Vertheilung statt.

Trotzdem indessen, dass für jeden Zweig der Civil- und

Criminalgerichtsbarkeit bestimmte Richter jährlich eingesetzt wurden, wohnte dennoch allen überhaupt zum Richteramte befähigten, d. h. allen mit dem imperium bekleideten Beamten, fortdauernd das Recht inne, jeden Zweig der Gerichtsbarkeit verwalten zu können: sie haben dieses Recht, theils auf Veranlassung des Senates theils ohne dieselbe, ausserordentlicher Weise geübt. Der Beweis davon liegt erstens in dem Einspruchsrechte, welches die Prätoren, als einander gleichstehend, unter einander und die Consuln gegen die Prätoren übten. C. Verres war städtischer Prätor im Jahre 74 v. Chr., hatte also die Civilgerichtsbarkeit zwischen Römischen Bürgern: aber Cicero (in Verr. 1, 46, 119) erzählt, vielleicht etwas übertreibend, aber doch nicht ohne Anhalt an der Wirklichkeit zu haben, sein College, der Fremdenprätor C. Piso, habe viele Acten mit den Fällen angefüllt, wo er gegen C. Verres' Entscheidungen Einspruch gethan hatte. Der Einspruch thuende Beamte übte eine Gerichtsbarkeit: mithin war die Befugniss des Fremdenprätors nicht auf den ihm besonders zur regelmässigen Pflege angewiesenen Zweig der Gerichtsbarkeit beschränkt. Aehnlich war das Verhältniss der für die Criminalgerichtsbarkeit bestimmten Prätoren unter einander, sowie der beiden für die Civilrechtspflege bestimmten zu den mit der Strafrechtspflege betrauten. Auch die Consuln behielten ihre uralte Gerichtsbarkeit. Ein merkwürdiges Beispiel davon in der Civilrechtspflege wird aus dem Jahre 77 v. Chr. überliefert.[1]) Noch häufiger müssen sie in die Strafrechtspflege eingegriffen haben. Einen zweiten Beweis liefert die Regierung der Provinzen. Sie wurde bald Consuln bald Prätoren übertragen: beiden wohnte auf gleiche Weise die richterliche Befugniss bei. Drittens wurde in ausserordentlichen Fällen die Criminalgerichtsbarkeit den Consuln übertragen, theils trotzdem dass es zugleich Prätoren gab, theils wenn es keine gab. Das erste geschah z. B. bei der Bestrafung der Catilinarischen Verschwörer, welche dem Consul Cicero übertragen wurde, das zweite im Jahre 52 v. Chr., als Cn. Pompejus alleiniger Consul und für Civil- und Criminalrechtspflege die einzige Quelle war.

[1]) Man sehe C. R. II, 1, 325.

Bei dieser genauen Verbindung, die nach dem Römischen Staatsrechte zwischen dem militärischen Oberbefehle (imperium) und der Rechtspflege bestand, gab es doch auch einen Unterschied zwischen denselben, den ich erwähnen muss, damit man nicht zu falschen Schlüssen verleitet werde.[1]) Für die Beamten, welche aus der ehemals vereinten Königsgewalt hervorgegangen waren und Theile derselben ausübten, wurde jährlich als eine Art von Huldigung von Seiten des Römischen Volkes das sogenannte Curiatgesetz gegeben. Wenngleich dies mit der Zeit eine leere Förmlichkeit geworden war und bei der Einsetzung neuer Beamten oftmals durch die Gesetzgebung selbst für überflüssig erklärt wurde, so herrschte doch der Glaube, dass erst nach dem Erlasse dieses Gesetzes der Beamte sein volles imperium besitze und erst nachher rechtmässig Krieg führen dürfe. Es ist nun die Frage, ob auch seine richterliche Gewalt mit diesem Curiatgesetze zusammenhängt, ob er sie erst nach dem Erlasse desselben beginnen konnte oder unmittelbar nach Antritt seines Amtes erhielt. Beispiele, welche die Frage entscheiden, kenne ich nicht; denn nur in seltenen Fällen wird uns von der Förmlichkeit des Curiatgesetzes berichtet. Indessen zwei Gründe sprechen gegen diese Verbindung. Erstens die Schriftsteller, wo sie von der Wirkung des Curiatgesetzes reden, erwähnen nur die Gewalt über das Kriegswesen, z. B. Cic. de leg. agr. II, 12, 30. Hätte es noch weitere Wirkung gehabt und namentlich Befugnisse im Rechtsprechen gewährt, so würde Cicero es an dieser Stelle erwähnt haben. Zweitens, in den Bruchstücken des Acilischen Gesetzes (Z. XVI) ist von dem Curiatgesetze nicht die Rede. Der Prätor soll innerhalb einer bestimmten Anzahl Tage, nachdem er sein Amt bekommen, die Richterliste aufstellen, der Ankläger den Schuldigen dem Richter, der für das betreffende Jahr gewählt ist, vorführen. Die Möglichkeit, dass die Verzögerung des Curiatgesetzes die Gerichte hindere, kommt nicht vor. Man wird also annehmen müssen, dass trotz der sonstigen Aehnlichkeit zwischen Kriegs- und Gerichtswesen doch in dieser Beziehung ein Unterschied zwischen beiden bestand.

[1]) Man vergleiche C. R. II, 1, 110.

Die Prätoren waren als die insbesondere mit der Rechtspflege betrauten Beamten eingesetzt und seit Sulla in solcher Anzahl für die Criminalgerichtsbarkeit vorhanden, dass man denken könnte, sie hätten für dieselbe ausgereicht. Dennoch finden sich in dieser Zeit Gehülfen derselben für die Leitung der Criminalprocesse, die sogenannten iudices quaestionis, welche in politischen und nicht politischen Processen ihre Stelle vertraten. Wenn es sie damals gab, so muss es sie auch früher gegeben haben, wo die Zahl der Prätoren beschränkter, ihr Amtskreis ausgedehnter war. Es finden sich wirklich schon früher Spuren derselben, und man kommt zu der Folgerung, dass es von Anbeginn an derartige Gehülfen der rechtsprechenden Beamten gegeben hat: schon die Könige, die alleinigen Verwalter des Rechts, haben Beamte, denen sie ihre Stellvertretung auftrugen, gehabt. In der Republik hiessen sie iudices quaestionis.[1]) Es waren immer Senatoren, in den ältesten Zeiten wahrscheinlich beliebig aus denen, welche sich mit Staatssachen beschäftigten, ernannt, später aus denen, welche die Aedilität bekleidet hatten und der Prätur nahe standen. Ihr Amt war jährlich, wie das aller Beamten, ihre Ernennung ging von dem Senate aus. Wie der Consul oder Prätor für den auswärtigen Kriegsdienst Legaten hatte, so standen ihm für die Rechtspflege iudices quaestionis zur Seite. Wie die Vertheilung der Pflichten unter ihnen war, weiss man nicht; aber ihre Gewalt konnte nicht die gleiche sein, wie die der Prätoren oder sonst unmittelbar zum Richten befugten Beamten; denn sie entbehrten des vom Volke übertragenen imperium, und wenngleich sie die Leitung eines Theiles der Verhandlungen hatten, mussten sie andere Theile, zu deren Durchführung die militärische Gewalt gehörte, entbehren. Die Einleitung des Processes, die Entscheidung, ob ein Verfahren in iudicio stattfinden solle oder nicht, die Ausführung des Spruches konnte von ihnen nicht ausgehen. Näheres lässt sich darüber nicht ermitteln.

Der allgemeine Name für denjenigen, der eine Criminaluntersuchung leitet, ist quaesitor. Weil die Untersuchung

---

[1]) Ich habe über sie gesprochen C. R. II, 2, 137 f.

selbst quaestio heisst, so wird ihr Vorsitzender, mag er Consul oder Prätor oder iudex quaestionis oder ein ausserordentlicher Weise vom Senate oder Volke erwählter Beamter sein, quaesitor genannt.[1]) Ein anderer allgemeiner Ausdruck war iudex, selbst nachdem der Vorsitzende das Recht, ein Urtheil zu sprechen, verloren hatte: aber er ist der Zweideutigkeit halber bei den Schriftstellern selten.[2]) Für die Thätigkeit des Vorsitzenden ist der allgemeinste und häufigste Ausdruck „eine Untersuchung halten“ (quaestionem habere); aber es heisst auch „einer Untersuchung vorsitzen“ (quaestioni praeesse),[3]) „eine Untersuchung üben“ (quaestionem exercere).[4]) Einmal sagt Cicero,[5]) von dem Vorsitzenden würden die Geschworenen „in Ordnung gehalten.“ Aus diesen Ausdrücken lässt sich über die Thätigkeit des Vorsitzenden keine Folgerung ziehen: erst aus der Schilderung des Verlaufes bei einem Criminalprocesse wird sich beurtheilen lassen, welche Gewalt und welchen Einfluss der Vorsitzende dabei hatte.

[1]) Bei dem häufigen Gebrauche des Wortes genügen einige Beispiele. Von Prätoren als Vorsitzenden des Gerichtes wird es gebraucht z. B. bei Cic. p. Sex. Rosc. 30, 85 *Hunc quaesitorem ac iudicem fugiebant;* in Verr. Act. I, 10, 29 *Duo igitur consules et quaesitor erunt ex illius voluntate;* ad Q. fr. III, 3, 3 von A. Gabinius' Processe *quaesitor gravis et firmus Alfius;* von einem ausserordentlicher Weise ernannten Privatmanne z. B. in Milos Processe bei Ascon. in Cic. Mil. p. 39 *ut quaesitor suffragio populi ex iis, qui consules fuerant, crearetur.* Eine allgemeine Bedeutung hat das Wort z. B. bei Cic. p. Font. 10, 21 *quid mihi opus est sapiente iudice? quid aequo quaesitore?* in Vat. 14, 34 *num quis reus in tribunal sui quaesitoris escenderit;* p. Planc. 17, 43 *si quaesitor huic edendus fuisset;* Brut. 34, 200 *quaesitorem, ut dimittat, rogantem.*

[2]) Beweisend für denselben ist schon der oben angeführte Name *iudex quaestionis;* aber er findet sich zuweilen in den Bruchstücken des Acilischen Gesetzes, z. B. Z. XIX.

[3]) So von den sog. iudices quaestionis bei Cic. p. Sex. Rosc. 4, 11 *cum huic eidem quaestioni iudex praeesses;* p. Cluent. 33, 89 *C. Iunius, qui ei quaestioni praefuerat.*

[4]) Z. B. Cic. de fin. II, 16, 54 *C. Tubulus cum praetor quaestionem inter sicarios exercuisset;* Suet. Caes. 11 *in exercenda de sicariis quaestione;* in den Bruchstücken des Acilischen Gesetzes Z. LXX *eum, qui ex hac lege iudicium exercebit.*

[5]) Cic. p. Cluent. 53, 147 *Quae vis est, qua abs te hi iudices tali dignitate praediti coerceantur?*

## 2. Der Beirath (*consilium*).

Seit uralten Zeiten hatten die richterlichen Beamten einen Beirath (consilium): schon bei den Criminalprocessen, welche von den Königen entschieden wurden, kommt derselbe vor und er dauerte in gleicher Weise und gleicher Bedeutung bis in die Zeit des Kaiserreiches, nicht bloss in Criminal- sondern auch in Privatprocessen. Sein Bestehen in den beiden Arten von Processen giebt einen gewichtigen Beweis für die Einheit des richterlichen Verfahrens überhaupt. Zwei Eigenschaften sind dem Beirath eigenthümlich. Erstlich, er nimmt dem Beamten nicht seine Verantwortlichkeit: er dient nur zur Privatbelehrung des Beamten, welcher dem Staate gegenüber allein für seinen Ausspruch haftet. In den vorrömischen Zeiten hat der Beirath etwas Schwankendes. In dem Gerichte, welches der König Amulius über die Vestalin Rhea Silvia hielt, weicht der König von der Meinung seines Beirathes ab und zwingt denselben am Ende zur Beistimmung.[1] Der letzte König Tarquinius Superbus soll häufig allein, ohne Beirath, entschieden haben. In späteren Zeiten kam dies nicht mehr vor; selbst bei Familiengerichten galt ein Beirath von Verwandten als nothwendig.[2] Dennoch hatte der Beamte allein die Verantwortung. Dies ergiebt sich mit Nothwendigkeit aus der zweiten Eigenthümlichkeit des Beirathes: der Beamte wählt innerhalb eines bestimmten Kreises in denselben, wen und wie viele er will, behält also die Entscheidung trotzdem gewissermassen in seiner eigenen Hand. Lehrreich ist, was Cicero (in Verr. II, 28 f.) über den Criminalprocess des Siciliers Sopater, der vor dem Prätor Verres geführt wurde, erzählt. Der Prätor sass mit einem zahlreichen Beirathe zu Gericht, entliess aber denselben zu anderen Geschäften: er blieb mit seiner Cohorte allein übrig. Da bekommt der Vertheidiger des Angeklagten den Befehl, die Vertheidigung zu beginnen. Er weigert sich dessen, weil der Beirath entlassen sei. Verres indessen heisst ihn seine Rede vor ihm allein halten, da er auch ohne Beirath die Macht habe, zu entscheiden.

---

[1] S. C. R. I, 1, 14.
[2] S. C. R. I, 1, 153.

Indessen der Vertheidiger, ein unabhängiger Mann, beharrt bei seiner Weigerung, verlangt das Hinzutreten des gewöhnlichen Beirathes und geht, da sein Gesuch nicht erfüllt wird, fort. Trotzdem wird der Process geführt und die Verurtheilung ausgesprochen. Verres hatte sich, wie Cicero sagt, aus seiner Cohorte einen Beirath gebildet, in dem sein Schreiber, sein Arzt, sein Opferschauer die Hauptrolle spielten. Der Beirath des Beamten in der Provinz hatte gleiche Geltung und gleiche Bestandtheile wie der des Beamten in Rom. Cicero tadelt zwar Verres' Benehmen, aber hauptsächlich, weil er dabei Geldgewinn gemacht hatte: dass es ungesetzlich gewesen und der Urtheilspruch ungültig wäre, behauptet er nicht.

Die Mitglieder des Beirathes sind als solche ohne Verantwortung. Selbst für Bestechlichkeit konnten sie nur mittelbar zu gesetzlicher Strafe gezogen werden, seit die Gesetze über Amtsverbrechen jede Bestechung bei einem Senator bestraften und später diese Haftbarkeit auf die gesammte Cohorte des in der Provinz befindlichen Beamten ausdehnten. Die Fälle, in denen der Beamte die Meinung seines Beirathes einholte, mussten von ihm selbst abhängen: es entschied immer Stimmenmehrheit. Trotz dieser ausserordentlichen Freiheit des Beamten gab es doch einen bestimmten Kreis, innerhalb dessen ihm die Auswahl freistand. In der Provinz bestand der Beirath bekanntlich aus Römischen Bürgern, ohne Unterschied des Standes: in dem kurz zuvor angeführten Beispiele von Verres befanden sich der Schreiber und der Arzt im Beirathe, der letztere wahrscheinlich ein Freigelassener.[1]) Aber ein Provinziale durfte in dem Beirathe des Römischen Beamten nicht sein. Hieraus darf man, wenngleich wir keine hierauf bezügliche Kunde haben, schliessen, dass es auch für Rom einen bestimmten Kreis, aus dem die Mitglieder des Beirathes gewählt wurden, gab. In den alten Zeiten war alle Rechtspflege mit der Regierung verbunden: es ist undenkbar, dass damals ein Beamter seine Beisitzer aus einem anderen Stande als dem der Senatoren nahm, die allein selbst Beamte, selbst

[1]) Man vergleiche Cic. in Verr. I, 29, 73 über den berüchtigten Process gegen Philodamus.

Privatrichter sein durften. Als seit Sulla auch die Römischen Ritter zum Richten hinzugezogen wurden, musste sich mit Ausbreitung der Rechtskenntnisse auch der Kreis der für den Beirath Wählbaren erweitern: gegen Ende der Republik konnte es dafür keine Schranken geben. Ob diese jemals gesetzlich gezogen waren, ist zweifelhaft: in der Sitte bestanden sie ohne Zweifel.

Der Beirath ist keine Eigenthümlichkeit der Rechtspflege, sondern wird von dem Beamten bei Allem, was er in der Staatsverwaltung zu entscheiden hat, benutzt. Mithin galt er in der Criminalrechtspflege auf gleiche Weise für das Verfahren in iure wie für das in indicio: seit das letztere in Folge des Valerischen Provocationsgesetzes für die Processe Römischer Bürger aufgehoben wurde, galt er nur noch für das Verfahren in iure. Eine wichtige Veränderung geschah durch die Einführung der Schwurgerichte. Als sie durch das Sempronische Gesetz die Befugniss erhalten hatten, durch ein Verfahren in iudicio Strafen zu verhängen, wurde zweierlei festgesetzt: erstlich wurde der von dem Beamten auszusprechende Urtheilsspruch an die Entscheidung des Collegiums der Geschworenen geknüpft, mithin hörte die Verantwortlichkeit, welche der Beamte für das Verfahren in iure trotz seines Beirathes bisher allein getragen hatte, auf; zweitens wurde der Stand, die Anzahl und die Art der Ernennung der Geschworenen bestimmt. Statt des frei gewählten und frei benutzten Beirathes, der dem Beamten die moralische Verantwortung erleichtert, nicht die rechtliche abgenommen hatte, entstand ein gesetzlich geregelter und die nothwendige Entscheidung fällender Beirath. Das Collegium der Geschworenen führte bekanntlich eben denselben Namen (consilium), welchen der freie Beirath des Beamten hatte. Es war eigentlich die Verneinung und das Gegentheil desselben, da es statt seiner beiden wesentlichen Eigenthümlichkeiten gesetzliche Gebundenheit hatte. Dennoch begreift man die Uebertragung des Namens von dem erstern auf den letztern, und wie den Römern selbst die Versammlung der Geschworenen als Fortsetzung oder besondere Art des Beirathes erschien. Thatsächlich hatte sich der Beamte immer nach der Abstimmung des Beirathes gerichtet und die Freiheit in der Ernennung desselben war durch die Sitte bedingt gewesen.

Man hat den Einzelrichter, dem nach Römischer Sitte seit Servius Tullius die Entscheidung der Streitfrage in Civilprocessen anheimfiel, mit dem Collegium, welchem durch Einführung der Schwurgerichte die Entscheidung in den Strafprocessen übertragen wurde, zusammengestellt und den ersteren den Einzelgeschworenen, die letzteren die Geschworenen genannt. Diese Anschauung ist, trotz einiger Aehnlichkeit und wenngleich von beiden das Verfahren in iudicio abhängt, nicht richtig. Der Einzelrichter des Civilprocesses beruht vielmehr auf dem Grundsatze, dass die in dem Beamten verkörperte Richtergewalt übertragen werden darf. Der Beamte kann wegen der Menge von Geschäften nicht selbst entscheiden: er wählt einen Stellvertreter aus dem regierenden Stande, der, um die Parteien zufrieden zu stellen, nach der Vereinbarung derselben bestimmt wird. Gerade so wurde, als viele Schwurgerichtshöfe entstanden waren, in gewissen Fällen nach dem Vatinischen Gesetze der Vorsitzende des Schwurgerichtes von den Parteien vereinbart. Dass der Einzelrichter dem Collegium der Geschworenen nicht parallel steht, ergiebt sich aus folgenden Gründen. Erstlich, er hat selber seinen Beirath: bei den Geschworenen, welche keine gemeinsame Berathung haben, sondern einzeln jeder für sich allein urtheilen, ist ein solcher undenkbar. Zweitens, das Collegium der Geschworenen tritt niemals handelnd auf, es hat kein Organ, um einen Gesammtwillen zu äussern, es ist ein Werkzeug in der Hand des Beamten, gerade so wie es der Beirath ist, ein nothwendiges und gesetzlich geregeltes, aber durchaus unselbständiges, das nur als Werkzeug eine Geltung hat. Dagegen der Einzelrichter ist thätig und in seinem Kreise selbständig: das Verfahren in iudicio ist innerhalb der ihm vom Beamten angewiesenen Grenzen seiner freien Entscheidung überlassen. Er verhört Zeugen, untersucht die Verhältnisse, verschiebt die Entscheidungen, spricht endlich das Urtheil, das zwar erst von dem Beamten ausgeführt werden muss, aber doch an sich selbst eine Bedeutung hat, während das Urtheil der Geschworenen, ehe es von dem Beamten gesammelt und ausgesprochen wird, ohne Bedeutung und nicht vorhanden ist. Bei solcher Verschiedenheit des Wesens, Zweckes und der Einrichtung ist es nicht erlaubt, den Einzelrichter in Civilprocessen mit dem Geschworenencollegium in Strafprocessen zusammen zu stellen oder das letztere, das in späterer Zeit entstanden ist, aus dem ersteren herzuleiten. Selbst geschichtlich ist dies nicht begründet. Der Ursprung des Schwurgerichtes kommt vom Senate her und hatte anfangs eine politische Bedeutung: erst nach vielfachen Veränderungen gewann es den Character einer Rechtseinrichtung. Man hat die Vermittelung zwischen dem Einzelrichter und dem Schwurgerichte durch Gleichheit des Namens gesucht: man nannte jenen den Einzelgeschworenen und begründete diesen Namen durch die Ansicht, er sei vor dem Antritte seiner Verrichtungen vereidet worden. Diese Vereidigung fand überhaupt schwerlich statt und wenn sie geschah, so geschah sie nicht vor dem Antritte der Verrichtungen, sondern vor dem Aussprechen des Urtheils. Der Einzelrichter also hatte die Leitung der Verhandlungen, ohne vereidigt zu sein.[1]) Es bleibt nur die Möglichkeit, dass seine Stellung

---

[1]) Diese Idee von den Einzelgeschworenen und ihre Zusammenstellung mit den Geschworenen des Criminalprocesses ist besonders ausgebildet worden von Bethmann-Hollweg, der Römische Civilprocess: man sehe z. B. I, 65; II, 68. Dagegen v. Keller, der Römische Civilprocess § 9 und W. Rein, das Privatrecht (2. Aufl.) S. 865, theilen diese Idee nicht. Weshalb ich sie nicht für richtig halte, habe ich im Texte bemerkt. Aber auch die Vereidigung des Einzelrichters, an welche auch Keller glaubt, ist sehr unsicher. Man führt an Iust. Cod. 14 de iud. (III, 1), wo zur Begründung einer neuen Einrichtung in der Beeidigung der Richter erwähnt wird, im Alterthume hätten die Richter nicht eher das richterliche Stimmtäfelchen erhalten, als bis sie einen Eid geleistet hatten (*antiquos iudices non aliter iudicialem calculum accepisse nisi prius sacramentum praestitissent*). Dies bezieht sich, wie die Erwähnung des Stimmtäfelchens beweist, auf die Geschworenen des Criminalprocesses. Quintilian V, 6, 4 spricht von dem Eide, der in Processen vorkommt. Wer seinem Gegner den Eid zuschiebt, sagt er, befreit denjenigen, der die Untersuchung führt, von einer Last, da derselbe doch lieber will, dass es auf einen fremden als auf den eigenen Eid ankommt (*At is, qui defert* (iusiurandum) — *eum, cuius cognitio est, onere liberat, qui profecto alieno iureiurando stari quam suo mavult*). Dass mit demjenigen, der die Untersuchung führt oder die Entscheidung fällt, der Einzelrichter gemeint wird, ist unrichtige Erklärung. Es muss der Beamte nach genauer Bedeutung der Worte verstanden werden. Bei Cicero de off. III, 10, 44 ist im Allgemeinen vom iudex die Rede, der über einen Freund

aus einer Uebertragung der Gerichtsbarkeit hergeleitet wird. Die Rechtspflege ist ein Theil der Regierungsgewalt. Diese liegt in dem Senatorenstande. Einzelne aus demselben, die Beamten, werden jährlich allgemein für das Verfahren in iure erwählt, die für den besondern Fall das Verfahren in iudicio den von den Parteien vereinbarten Mitgliedern übertragen.

In Folge der Gründung der Schwurgerichte durch das Sempronische, noch mehr durch das Cornelische Gesetz trat in den Bestandtheilen auch desjenigen Beirathes, den der Beamte in iure hatte, eine nicht unwesentliche Aenderung ein. Die Geschworenen waren ihm als nothwendig für das iudicium beigegeben. Für das Verfahren in iure hatte er Freiheit in der Wahl seines Beirathes. Es war also möglich, dass für dieses sein consilium aus anderen Personen bestand als für jenes, ja man könnte vielleicht meinen, ausser dem gesetzlich beigegebenen Geschworenencollegium habe der Beamte beim iudicium noch einen andern, freigewählten Beirath gehabt. Dies war indessen nicht der Fall und zum Theil hatte das Gesetz dafür Fürsorge getroffen. Das Acilische Gesetz bestimmte, dass nach der Verurtheilung des Angeklagten bei dem Wiedereintritte des Verfahrens in iure, d. h. der litis aestimatio und der Ausführung des Urtheils, das consilium des Be-

---

zu entscheiden hat; darunter wird theils der Beamte, theils der Richter des Schwurgerichtes verstanden und, wenn der Eid, den er leistet, erwähnt wird, kann man sehr wohl an den letzteren denken. Endlich bei Valerius Max. VII, 2, 4 wird allerdings von dem Einzelrichter C. Fimbria erzählt, der die gerichtliche Wette *si vir bonus esset* entscheiden sollte. Er weigerte sich, es zu thun *ne aut probatum virum, si contra eum iudicasset, fama spoliaret aut iuraret virum bonum esse, cum ea res innumerabilibus laudibus contineatur.* So lauten die Worte in den Ausgaben, aber es muss nach aller Wahrscheinlichkeit *ne iudicaret virum bonum esse* heissen. Dies beweist erstens der vorhergehende Gegensatz *ne si iudicasset,* zweitens Valerius' Quelle, Cicero de off. III, 19, 77, welche derselbe genau ausgeschrieben hat. Cicero braucht *ne statuisse videretur,* dem *iudicaret,* nicht *iuraret* entspricht. Ausser diesen Stellen wird nichts für den Eid des Einzelrichters angeführt, und Rudorff ad leg. Aciliam p. 474 hat Verschiedenartiges zusammengestellt. Wäre bei dem Einzelrichter der Eid nothwendig gewesen, so würden wir Nachricht davon haben.

amten aus den Geschworenen bestehen sollte. Es war natürlich, dass der Beamte auch bei dem vorhergehenden Verfahren in ihre einen Beirath aus eben denselben Geschworenen hatte die später das Urtheil zu fällen hatten: nur war die Anzahl derselben unbestimmt und richtete sich nach zufälliger Anwesenheit oder nach dem Gutdünken des Beamten. Ausdrückliche Kunde über dieses Verhältniss haben wir nicht; aber die Wahrscheinlichkeit ergiebt sich aus den Umständen. Z. B. bei C. Verres' Processe fand vorher bei dem Prätor ein Verfahren darüber statt, wer die Anklage führen sollte: die Entscheidung hatte nach dem Gesetze der Prätor allein, aber er benutzte einen Beirath, der unter dem Namen von Richtern erwähnt wird. Wer sie waren, wird nicht bemerkt, aber sicherlich einige von den Geschworenen, die bei dem Processe selbst das Urtheil fällen sollten. Bei dem Verfahren nach dem Pompejischen Gesetze im Jahre 52 v. Chr. wird uns ein solches Verhältniss in nicht zu verkennenden Spuren angedeutet.[1]) Thatsächlich erhielt dadurch das gesammte Verfahren vor dem Schwurgerichte einen gleichmässigen Charakter, den es gesetzlich nicht hatte. Nothwendig war der Beamte nur bei dem iudicium an den Spruch der Geschworenen gebunden, in ihre band ihn die Sitte an seinen Beirath; aber Geschworene und Beirath waren im Wesentlichen die gleichen Personen.

### 3. Die Geschworenen (*iudices*).

Die besonderen Bestimmungen über dieselben wurden durch einzelne Gesetze getroffen und sind bei der Geschichte derselben zu erwähnen. Hier sind zwei Gesichtspunkte zu beachten, erstlich die Aufstellung der Richterliste, zweitens die Auswahl der Geschworenen für den einzelnen Fall.

a. Eine Richterliste wurde erst durch C. Gracchus' Gesetz eingeführt. Vorher wurden für jeden vorkommenden Fall die Richter aus dem gesammten Senate von den Parteien vereinbart. Die erste von C. Gracchus aufgestellte Richterliste war eine stehende: erst das Acilische Gesetz, dessen Bruchstücke uns erhalten sind, führte eine jährliche Richterliste ein, und

[1]) S. C. R. II. 2, 159.

sie ist es seitdem, so lange die Republik bestand, geblieben. Wie die Beamten selbst jährlich wechselten, so wurde auch die Richterliste jährlich erneuert. Es ist nur der Unterschied zwischen beiden, dass der Beamte nach Ablauf seines Amtsjahres nicht wiedererwählt werden darf, während der Geschworene wiedergewählt werden darf und oft wird. Es waren sogar aus der häufigen Wiederwahl ein und derselben Personen Uebelstände entstanden, welche sich erst das Pompejische Gesetz abzustellen bemühte. Die Pflicht, die Geschworenenliste aufzustellen, wurde zuerst vom Volke an C. Gracchus übertragen: seit sie jährlich wurde, besorgte sie anfangs derjenige von den Prätoren, welcher die Leitung der damaligen Schwurgerichte über Amtsverbrechen hatte: seit der Erweiterung der Schwurgerichte durch Sulla der städtische Prätor, dem seit der Veränderung der Stände im Jahre 70 die städtischen Quaestoren beigegeben waren. [1])

Man kann in der Richterliste zwei Bestandtheile unterscheiden, welche nach verschiedenen Gesetzen und Grundsätzen erlesen wurden. Der erste umfasste die senatorischen Mitglieder. Sie bildeten nach Servilius Caepios Gesetze sowie nach dem Plautischen Gesetze einen Theil der Richterliste, bald einen grösseren, bald einen kleineren: nach dem Cornelischen Gesetze machten sie dieselbe ausschliesslich aus, seit dem Aurelischen Gesetze ein Drittel der Geschworenen, seit Cäsars Dictatur die Hälfte. Sie bildeten also während der längsten Zeit einen bedeutenden Theil der Richterliste. Die Regel für ihre Auswahl war einfach und beschränkte sich auf das Verbot, Beamte zu erlesen. Da nach Römischem Grundsatze die Beamten während ihres Amtes aus dem Senate austraten, d. h. das Recht, in demselben zu stimmen, verloren, so war jenes Verbot wahrscheinlich so gefasst, es sollten diejenigen nicht erlesen werden, die Senatoren wären oder im Senate ihre Stimme abgegeben hätten (senatores quive in senatu sententiam dixerint). Aber auch andere Senatoren, welche der Staatsdienst für die Ausschüsse in der Stadt oder ausserhalb als Legaten verlangte, mussten von der Richter-

[1]) Man sehe Dio Cass. XXXIX, 7 und die Erklärung dieser Stelle in C. R. II. 2, 199

pflicht entbunden werden. Die Anfertigung der senatorischen Richterliste war somit einfach. Der ganze Senat war in zehn Abtheilungen (decuriae) getheilt, in denen jährlich die Beamten und sonst für den Staatsdienst nöthigen Personen gestrichen, dagegen diejenigen, deren Staatsdienst abgelaufen war, wieder aufgenommen wurden.

Weit schwieriger war die Auswahl der nicht zum Senatorenstande gehörigen Richter. Zuerst nahm dieselbe C. Gracchus vor, um einen Gegensatz gegen die Senatoren, die allein vor die Schwurgerichte gestellt wurden, zu gewinnen. Im Ganzen blieb seine Einrichtung, welche die Entstehung des Ritterstandes zur Folge hatte, bis auf L. Sulla bestehen: die Geschworenen wurden bis dahin nur aus diesem Stande entnommen. Die Bedingungen, welche bei der Auswahl galten, werden aus dem Sempronischen Gesetze nicht berichtet; aber man kann sie aus den Bruchstücken des Acilischen Gesetzes entnehmen. Darnach war die erste Bedingung nicht-senatorischer Stand, dass der zu Erwählende im Senate weder war noch gewesen war, auch nicht als Vater, Sohn oder Bruder eines Senators die gleichen Interessen mit dem Senatorenstande hatte. Diese Bedingung wurde streng beobachtet, so lange es darauf ankam, die Senatoren von aller Theilnahme an den Schwurgerichten auszuschliessen, d. h. bis zum Plautischen Gesetze, das, wenngleich es die Wahl der Geschworenen den Tribus anheimgab, doch auch den Senatoren Theilnahme am Geschworenendienste gestattete. Seitdem und eben so seit dem Aurelischen Gesetze mussten die Bestimmungen über die Verwandtschaft mit Senatoren, selbst über diejenigen, die etwa im Senate gesessen hatten, fortfallen. Sonst wäre diese Klasse von Bürgern ungerechter Weise allein von dem Dienste als Geschworene ausgeschlossen worden. Seitdem mussten selbst diejenigen, welche die niederen Aemter, aus denen man in den Senat kommen konnte, bekleidet hatten, im Ritterstande zum Richteramte gelangen können. Wie es später eine Klasse von Leuten gab, die entweder unter den Rittern oder unter den Aerartribunen Geschworene sein konnten, so musste es einen ähnlich schwankenden Stand zwischen den Senatoren und Rittern geben.

Eine gleiche Bewandtniss hat es mit einer anderen Bestimmung, welche Gracchus und seine gleichgesinnten Nachfolger aufstellten, um die Unabhängigkeit der Geschworenen vom Senatorenstande zu wahren. Im Acilischen Gesetze scheint sich die Andeutung zu finden, dass diejenigen Bürger, welche als niedere öffentliche Beamte Lohn empfingen oder empfangen hatten, von der Richterliste ausgeschlossen sein sollten.[1]) Auch dies galt wahrscheinlich nur so lange es darauf ankam, allen Einfluss der Senatoren und Beamten auf die Schwurgerichte zu hindern.

Dagegen ein Census musste, so lange der Ritterstand als solcher Geschworene lieferte, beobachtet werden: wahrscheinlich betrug derselbe 400,000 Sesterzen: so hoch war er später für den Ritterstand, der aus diesen Geschworenen hervorgegangen sein soll. Dazu musste freie Geburt (ingenuitas) kommen. Denn wir haben während der Republik keine Andeutung, dass Freigelassene, mochten sie auch noch so reich sein, Geschworene sein durften.[2]) Ausserdem bestimmte schon C. Gracchus das Alter, innerhalb dessen Jemand wählbar war, und, wie die Erwähnung unter den Kaisern beweist,[3]) blieb

---

[1]) Man sehe C. R. II, 1, 130.

[2]) Diese Bestimmung, scheint es, wurde niemals unmittelbar gegeben, dergestalt, dass entweder die Freigelassenen ausgeschlossen oder freie Geburt als Bedingung der Wählbarkeit ausgesprochen wurde. Aber mittelbar lag sie in den ältesten Gesetzen. Denn das Acilische Z. XIV verordnet, der Prätor solle unter andern auch den Vater jedes erwählten Richters in seiner Liste angeben. Nur Freigeborene haben einen Vater.

[3]) Wir haben aus der Kaiserzeit mehrere Nachrichten, welche von einer Altersgrenze für das Richteramt sprechen, sie bedürfen aber einiger Erläuterung, da sie unter einander und mit der Ueberlieferung des Acilischen Gesetzes im Widerspruch stehen. So viel ich sehe, ist nur Rudorff ad legem Aciliam p. 446 der Meinung, es bestehe kein Widerspruch, sondern die Angabe des Acilischen Gesetzes werde durch Sueton (Aug. 32) bestätigt. Wir haben unter den Kaisern die allgemeine Vorschrift (bei Ulpian l. 8. Dig. de muner. L, 4), dass vor dem 25. Jahre Niemand zu einem Staats- oder persönlichen Municipalamte zugelassen werden solle. Dass für das Richteramt die gleiche Bedingung galt, ergiebt sich aus einer anderen Stelle Ulpians (l. 57 Dig. de re ind. XLII, 1), wo die Frage behandelt wird, ob ein Spruch, gefällt von einem Richter, der jünger als 25 Jahre wäre, gültig sei. Die Frage wird bejaht, wenn der Richter nur nicht unter 18 Jahren wäre; denn auch ein Beamter

diese Altersgrenze so, wie sie uns im Acilischen Gesetze überliefert ist, zwischen dem 30. und 60. Jahre während der ganzen

---

könne ausnahmsweise unter 25 Jahren sein. Hieraus ergiebt sich die Zusammengehörigkeit des Richteramtes mit anderen Staatsämtern: für beide gilt ein und dieselbe Altersgrenze. Von welchen Richtern Ulpian spricht, ob von Privatrichtern oder Geschworenen, erhellt nicht; aber eben aus dieser Allgemeinheit des Ausdrucks darf man schliessen, dass für beide Classen die gleiche Bedingung galt. So war es im Ganzen auch während der Republik gewesen. Hiernach haben wir aus der Kaiserzeit die Nachricht, dass für die Geschworenen im Allgemeinen als Altersgrenze das 25. Jahr galt, dieselbe also fünf Jahre früher begann als während der Republik. Der Grund davon liegt darin, dass, während der Dictator Caesar (tab. Heracl. 89) für die Decurionen der Colonien und Municipien noch das 30. Jahr als Altersgrenze vorschrieb, also eben dieselbe auch für den Römischen Senat beibehielt, von Augustus das Alter für die Bekleidung der Quästur von 30 auf 25 Jahre herabgesetzt wurde: nach diesem Alter hatte sich früher das Alter der Geschworenen gerichtet, es musste auch in der Kaiserzeit massgebend sein. Wie indessen durch das Acilische Gesetz ausdrücklich für die Geschworenen eine Altersgrenze bestimmt wurde, so erwähnte dieselbe auch Augustus in seinem Richtergesetze. Callistratus (l. 41 Dig. de recept. IV, 8) sagt: *Cum lege Iulia cautum sit, ne minor viginti annis iudicare cogatur, nemini licere minorem viginti annis compromissarium iudicem eligere, ideoque poena ex sententia eius nullo modo committitur. Maiori tamen viginti annis, si minor viginti quinque annis sit, ex hac causa succurrendum, si temere auditorium receperit, multi dixerunt.* Es wird hier eine allgemeine Vorschrift des Julischen Gesetzes angegeben und aus ihr ein Schluss auf die Privatrichter gemacht. Dadurch hebt sich das von Geib, Römischer Criminalprocess S. 204, erregte Bedenken, der annimmt, auch in den Gesetzesworten sei nur von Privatrichtern oder vielmehr nur von Schiedsrichtern (arbitri) die Rede. Dies ist keineswegs der Fall: wir werden vielmehr aus Callistratus' Worten eben denselben Schluss ziehen dürfen, der sich schon früher ergab, dass das Julische Gesetz für Geschworene und Privatrichter die gleiche Altersgrenze bestimmte. Diese Bestimmung aber war eigenthümlich. Es verordnete, Niemand unter 20 Jahren sollte gezwungen werden, Richter zu sein, über 20 Jahre kann Jederman gezwungen werden. Der Zwang kann sich nur darauf beziehen dass unter besonderen Umständen, wenn Noth ist, ein Richter über 20 und unter 25 Jahre genommen werden darf. Eine solche Noth tritt bei den Privatrichtern weniger ein; dagegen leichter bei den Geschworenen, von denen in jedem Processe eine bestimmte Anzahl vorhanden sein muss: wir wissen unter den Kaisern, dass sich die richterfähigen Personen gern ihrer Pflicht entzogen. Bei den Geschworenen konnte der Beamte, welcher die Auswahl hatte, Zwang üben. Wenn es aber eine

Republik. Man stellte diese Bedingung auf, weil eine ähnliche auch für den Eintritt in den Senat galt: das 60. Lebensjahr

---

Grenze gab, unterhalb welcher kein Zwang geübt werden durfte, musste es auch eine andere geben, bis zu der Zwang möglich war, von der an es keines Zwanges bedurfte. Dass dies das 25. Jahr ist, deutet Callistratus selbst an, indem er hinzufügt, zwischen dem 25. und 20. Jahre dürfe ein Privatrichter zugelassen werden: eben dasselbe ergab sich aus den früher erwähnten Bemerkungen der Rechtslehrer. Darnach verordnete also Augustus in seinem Richtergesetze für alle Richter, sowohl die öffentlichen als die Privatrichter, sie sollten vom 25. Lebensjahre an dienstpflichtig sein, erlaubte aber unter Umständen auch schon vom 20. Jahre an Jemanden zum Richter zu wählen. Diese Verordnung galt während der ganzen Kaiserzeit. Mit derselben steht im Widerspruche die Nachricht bei Sueton Aug. 32 *Iudices a tricensimo aetatis anno adlegit, id est quinquennio maturius quam solebant*; denn so lautet sie in allen Handschriften. Einige (man sehe Geib a. a. O. S. 203) erklärten dies so, das Acilische Gesetz habe 30 Jahre als Grenze festgesetzt, ein späteres, uns unbekanntes republikanisches Gesetz habe 35 Jahre bestimmt und dann Augustus von diesem Alter fünf Jahre erlassen. Diese Ansicht ist unzulässig, erstens, weil ein solches republikanisches Gesetz unbekannt ist, zweitens, weil es nicht denkbar ist, da das Alter für Staatsämter während der Republik nicht erhöht wurde und das für das Richteramt wahlfähige Alter von dem für Staatsämter überhaupt festgesetzten abhängt, drittens endlich, weil, wie ich bewiesen, Augustus 25 Jahre als das gewöhnliche Alter für Richter bestimmte. Es muss in Suetons Worten die Zahl falsch überliefert sein. Deshalb verbesserte Geib a. a. O. S. 204 *a vicensimo quinto aetatis anno*, Cuiacius (Observ. XXI, 32) *a vicensimo aetatis anno*. Das Letztere ist das richtige. Die Gelehrten, welche die Aenderung nicht billigen, haben Suetons Worte falsch aufgefasst. Sie meinen, er gebe fünf Jahre als das Mass an, um das Augustus das Alter für Richter gegen früher heruntergesetzt habe: *quam solebant* soll also die früheren Gesetze bezeichnen. Dies ist nicht möglich. Es bedeutet vielmehr nur die zu Augustus' Zeiten selbst herrschende Gewohnheit. Das gewöhnliche Alter zu Augustus' Zeit war fünf Jahre mehr als er selbst es beobachtete. Sueton spricht von des Kaisers Fürsorge für die Gerichte: er sei den Leuten, welche sich der Richterpflicht entziehen wollten, entgegen getreten: in diesem Streben habe er in die Richterliste selbst fünf Jahre vor dem gewöhnlichen Alter Leute aufgenommen. Diese Nachricht stimmt mit der oben erläuterten Nachricht von Callistratus, sobald man nur bei Sueton *vicensimo* liest. Das Julische Gesetz, wenngleich es eigentlich 25 Jahre als das Alter für Richter festsetzte, erlaubte ausnahmsweise schon von 20 Jahren an Richter zu wählen. Diese Erlaubniss benutzte der Kaiser.

wurde überhaupt als die Grenze betrachtet, bis zu welcher die Bürger zu Leistungen an den Staat angehalten werden durften.

Die fernere Bedingung bei der Wahl der Richter aus dem Ritterstande war Unbescholtenheit. In dem Acilischen Gesetze, dem zweiten, welches über diesen Punkt gegeben wurde, scheint der Ausdruck Bescholtenheit (infamia) nicht vorzukommen, auch der Begriff überhaupt sehr unentwickelt zu sein. Als Hinderniss der Wahl wird in ihm eine Verurtheilung angegeben, wegen der eine Aufnahme in den Senat nicht stattfinden dürfe:[1]) es wird also, ganz so wie beim Alter, die Bedingung, welche für den Eintritt in den Senat galt, für die Aufnahme in die Richterliste aufgestellt. Von einer Verurtheilung durch das Schwurgericht kann das Acilische Gesetz nicht sprechen; denn zu seiner Zeit traf dies nur Beamte oder Senatoren. Folglich bezog sich die dort erwähnte Verurtheilung nur auf die gewöhnlichen Criminalprocesse vor den Prätoren, sowie auf gewisse Privatprocesse, in denen Verurtheilung schon damals Ehrlosigkeit nach sich zog, z. B. bei dem wegen Diebstahls.[2]) Seit durch Sulla die Schwurgerichte auf gemeine Verbrechen und alle Stände ausgedehnt waren, galt natürlich eine Verurtheilung in diesen ebenfalls als Hinderniss für die Aufnahme in die Richterliste, ohne dass deshalb die Worte des Gesetzes einer Aenderung bedurften. Innerhalb dieser Grenzen blieb die Gesetzgebung in Bezug auf die Wahlfähigkeit zum Richteramte bis gegen das Ende der Republik. Denn nur eine mittelbare Bestimmung war es, die unter den Regeln über die Wahlfähigkeit erst später Aufnahme fand, wenn es in Caesars Repetundengesetze hiess, wer in Folge einer Verurtheilung seinen Rang als Senator verloren hätte, solle damit auch die Wahlfähigkeit zur Richterliste verlieren.[3]) Aber als der Dic-

[1]) Z. XIII *condemnatus siet quod circa eum in senatum legei non liceat.*

[2]) Cic. p. Cluent. 42, 120 *Nunc si quem Cn. Lentuli aut L. Gellii libertus furti condemnarit, is omnibus ornamentis amissis nunquam ullam honestatis suae partem recuperabit.*

[3]) l. 2 Marcell. Dig. de senat. 1, 9) *Cassius Longinus non putat ei permittendum, qui propter turpitudinem senatu motus nec restitutus est, iudicare vel testimonium dicere, quia lex Iulia repetundarum hoc fieri*

tator Caesar, alle Staatsverhältnisse schärfer begrenzend und regelnd, ein neues Richtergesetz gab, nahm er zwei Erweiterungen vor. In seinem censorischen Erlasse über die Bedingungen für den Eintritt in den Senat der Colonien und Municipien [1]) setzte er ausführlich auseinander, welche Gewerbe für unehrenhaft gelten und welche Verurtheilungen oder auch militärische Strafen die bürgerliche Ehre rauben sollten, Bestimmungen, welche er, wie wir mit Grund annehmen dürfen, für den Römischen Senat noch nicht in Anwendung brachte. Da er um eben dieselbe Zeit ein Richtergesetz gab, [2]) konnte er unmöglich diejenigen Personen, welche er in jenem Erlasse für unehrenhaft erklärt hatte, zur Wahl in die Richterliste zulassen. Unter den Kaisern waren eben diese Personen unzweifelhaft nicht wahlfähig. Die zweite Erweiterung bestand darin, dass Caesar die in Schwurgerichten Verurtheilten, aber später Begnadigten für wahlfähig erklärte. In dem eben angeführten Gesetze über die Decurionen findet sich für die Wahlfähigkeit diese Beschränkung ausdrücklich: [3]) dass Caesar eben dieselbe bei seinem Richtergesetze machte, geht aus einem Scherze, den Cicero über das unmittelbar nachher erlassene Antonische Richtergesetz macht, hervor. [4]) Bei ihm werden als nicht wählbar zu Richtern diejenigen erklärt, die zur Verbannung verurtheilt und später nicht begnadigt worden wären. Für eine Eigenthümlichkeit des Antonischen Gesetzes wird man diese Bestimmung nicht halten, da sie in gleichem Ausdrucke in Caesars Verordnung über die Decurionen vorkommt, von denen sie natürlicher Weise auf die Richter übertragen werden musste. Vor Caesar war eine solche Bestimmung nicht mög-

---

*retur.* Auf eben dies Julische Gesetz passt Paulus' Bemerkung in l. 12, 2 Dig. *de iudiciis* (V, 1) *Lege* (*impeditur ne iudex sit*), *qui senatu motus est.*

[1]) Man sehe die sogenannte Tafel von Heraclea Z. 89 f.

[2]) Man sehe C. R. II, 2, 474.

[3]) Tab. Heracl. Z. 118 *qui iudicio publico Romae condemnatus est, erit quocirca eum in Italia esse non liceat neque in integrum restitutus est erit.*

[4]) Cic. Phil. V, 6, 14 *Sunt item lecti iudices, qui fortasse excusabuntur; habent enim legitimam excusationem, exilii causa solum vertisse nec esse postea restitutos.*

lich. Denn vor ihm kamen Begnadigungen nur einzeln vor und konnten keine allgemeine Berücksichtigung begründen. Dabei ist zu bemerken, dass in Caesars censorischem Erlasse nur bei der Verurtheilung durch Schwurgerichte die Begnadigung erwähnt wird, nicht bei der Verurtheilung in anderen unehrenhaften Processen. Caesar berücksichtigte nämlich die zahlreichen in politischen Processen Verbannten, die namentlich im Jahre 52 v. Chr. nach dem Pompejischen Gesetze verurtheilt waren. Er hatte sie, als er zur Gewalt gekommen, begnadigt und wollte jetzt ihre Ehre vollständig wiederherstellen. Andere Verurtheilte hatte er nicht begnadigt. Dagegen unter den Kaisern wurde das Begnadigungsrecht viel häufiger geübt und dem Kaiser als eigenthümlich beigelegt. Damit musste sich auch die Bestimmung über die Wählbarkeit zum Richteramte erweitern, und allgemein alle, welche, nachdem sie in irgend einem Gerichte verurtheilt waren, begnadigt wurden, für wählbar erklärt werden.

Eine fernere Bedingung der Wählbarkeit für das Richteramt musste sich mit der Umgestaltung der Römischen Staatsverhältnisse ändern. Als C. Gracchus und seine nächsten Nachfolger ihre Gesetze über die Richterliste gaben, war das Bürgerrecht noch wenig über den Kreis der Stadt Rom ausgedehnt. Deshalb findet sich in dem Acilischen Gesetze die Beschränkung, nur diejenigen sollten wählbar sein, welche in der Stadt Rom oder innerhalb eines uns nicht näher bekannten Umkreises um dieselbe ihren Wohnsitz hätten.[1]) Diese Beschränkung musste fallen mit der Ausdehnung des vollständigen Bürgerrechtes auf ganz Italien. Als das Aurelische Gesetz im Jahre 70 v. Chr. wieder Leute nicht-senatorischen Standes zum Richteramte zuliess, konnten die Italiker nicht ausgeschlossen werden. Dadurch wurde die Menge der wahlfähigen Richter sehr vermehrt, und es lassen sich nach den geringen, uns überkommenen Angaben einige ungefähre Berechnungen anstellen.[2]) Gegen Ende der Republik könnte es sogar scheinen, dass Römische Bürger aus den Provinzen ohne Unterschied zu dem

[1]) Man sehe C. R. II, 1, 401.

[2]) Man sehe C. R. II, 2, 356.

Amte von Geschworenen gewählt wurden. Denn, wo Cicero von dem Antonischen Gesetze spricht,[1]) erwähnt er, es seien in Folge davon Creter und Athener in die Richterliste aufgenommen worden. Dennoch ist dies nicht anzunehmen, denn Cicero setzt hinzu, jene Richter seien unter dem Vorwande, dass sie Centurionen seien, erwählt worden: diese Classe von Soldaten hatte Antonius für wahlfähig erklärt.[2]) Sie galten aber, mochten sie auch aus den Provinzen gebürtig sein, als ansässig in Italien, und ihre Wahl, wenngleich sie dem sonstigen Herkommen nicht gemäss war, widersprach nicht dem Grundsatze, dass nur Bürger aus Italien Geschworene sein konnten. Erst der Kaiserzeit war es vorbehalten, auch diese Einschränkung aufzuheben, aber sie that es allmälig und stufenweise.[3])

Deshalb glaube ich, dass auch eine weitere Einschränkung, welche von der Gründung der Schwurgerichte an bestand, bis zum Ende der Republik beibehalten wurde. Im Acilischen Gesetze[4]) findet sich die Bestimmung, es dürfe nicht gewählt werden, wer sich jenseits des Meeres befände, d. h. wer in eigenen Geschäften oder zufällig zur Zeit der Wahl sich nicht in Italien befände. Im Allgemeinen gilt der Grundsatz, dass Privatgeschäfte der Richterpflicht nachstehen; aber wer jenseits des Meeres ist, kann, wenn er einberufen wird, nicht zu gehöriger Zeit erscheinen: er muss eben so gut entschuldigt werden, wie der im Staatsdienste befindliche Senator. In der Kaiserzeit galt dieser Entschuldigungsgrund nicht: man muss durch frühzeitige Einberufung die Möglichkeit gewährt haben, zur rechten Zeit zurückzukommen.

Diese Bedingungen der Wählbarkeit ergaben sich, als C. Gracchus zuerst Bürger nicht-senatorischen Standes ausschliesslich als Geschworene zuliess: sie blieben auch später, als das Aurelische Gesetz die Richterpflicht unter die drei Stände gleichmässig vertheilte. Für die Aerartribunen mussten alle

[1]) Cic. Phil. V, 5, 13 f.

[2]) S. C. R. II, 2, 482.

[3]) Dies kann man selbst ohne nähere Untersuchung aus der kurzen Bemerkung bei Plin. nat. hist. XXXIII, 30 schliessen.

[4]) Im Acilischen Gesetze Z. XVII. Vergl. C. R. II, 1, 119.

Einschränkungen, welche bei den Rittern galten, beibehalten werden, Unabhängigkeit, Alter, Unbescholtenheit, Wohnsitz und Anwesenheit in Italien. Nur der Census war bei diesem Stande verschieden: er betrug wahrscheinlich 300,000 HS. Selbst als Antonius ausgediente Soldaten als Richter zuliess, mochte er für diese Classe den Census allerdings entbehrlich finden; die anderen Bedingungen aber musste er auch bei ihnen beibehalten. Nur in einer anderen Beziehung fand man gegen Ende der Republik Veranlassung, den wählenden Prätor bei der Aufstellung der Richterliste weiter einzuschränken. Durch die Zulassung der Italiker war die Zahl der Wählenden aus den zwei niederen Ständen sehr gewachsen, in gleicher Weise die Unlust zum lästigen Richteramte. Daher entstanden zwei Bestimmungen, erstlich, dass eine gleiche Zahl, wahrscheinlich zehn, aus jeder Tribus gewählt werden sollten, zweitens, dass nicht ein und dieselben Personen mehrere Jahre hinter einander wählbar waren.[1]) Die Kaiserzeit schon seit Augustus hob die Beschränkung des Wählenden auf, führte aber dafür ein anderes System für die Schwurgerichte ein. Ueberhaupt gestaltete sich unter den Kaisern die Wählbarkeit zum Richteramte etwas anders. Der Census wurde verringert, das Amt, in Privatprocessen die Entscheidung zu fällen, wurde allgemein, es wurde von den classischen Rechtslehrern eine Theorie über die Wählbarkeit zum Richteramte aufgestellt, die, wenngleich sie von den republikanischen Gesetzen ausgegangen ist, doch wesentliche Verschiedenheiten darbietet. Paulus[2]) unterscheidet drei Classen von Leuten, welche zum Richteramte unfähig sind, erstens wegen natürlicher Eigenschaften, welche die Urtheilskraft beeinträchtigen (natura), z. B. Stumme, Taube, beständig Wahnsinnige, zweitens die nach bürgerlicher Sitte (moribus) ausgeschlossenen, Weiber und Sklaven, drittens die durch das Gesetz (lege) ausgeschlossenen, die Ehrlosen. So sehr war damals die einst auf bestimmte Stände eingeschränkte Richterpflicht eine allgemeine geworden. Je weiter sich die-

[1]) Man sehe die weitere Ausführung dieser Bestimmungen in C. R. II, 2, 323.

[2]) Man sehe l. 12, 2 Dig. V, 1 de iud.

selbe ausdehnte, desto mehr trat die mit derselben verbundene Last, welche schon während der Republik als solche anerkannt worden war, hervor. Das Richteramt wurde den übrigen öffentlichen Aemtern, zu deren Uebernahme jeder Bürger verpflichtet war, gleichgestellt (munus publicum). Schon unter Augustus erschien das Richteramt als lästig und man suchte sich demselben zu entziehen (Suet. Aug. 32). Deshalb wurde die Befreiung davon als eine Belohnung angesehen, daher z. B. nach Kaiser Augustus' Gesetz Kinderreichthum dieselbe verschaffte (Suet. Claud. 15), und später die Beschäftigung als Grammatiker und Lehrer vom Richteramte entband (Plin. ep. X, 66). Alles dies gehört der Entwickelung der Kaiserzeit an und blieb den republikanischen Zuständen fern. Trotz der gesetzlichen Beschränkungen hatte der Prätor, welcher die Richterliste aufstellte, einen weiten Spielraum für seine Auswahl, wenigstens so lange und soweit dieselbe aus andern Ständen als den Senatoren angefertigt wurde. Deshalb muss der Prätor, nachdem er sie aufgestellt hat, einen Eid leisten, dahin dass er nach seinem Wissen die besten erlesen habe.[1] Dieser Eid blieb auch, als die Geschworenen nur aus den Senatoren entnommen wurden: Cicero spricht von ihm als nothwendig zur Zeit des Cornelischen Gesetzes.

Das Richterverzeichniss war zu verschiedenen Zeiten verschieden angelegt. In der Zeit vom Sempronischen Gesetze bis zum Cornelischen war es nach Tribus geordnet: so ist es im Acilischen Gesetz vorgeschrieben,[2]) und das Plautische Gesetz, das eine Wahl der Geschworenen durch die Tribus befahl, verlangte diese Anordnung noch mehr. Nach dem Cornelischen Gesetze musste eine andere Ordnung der Richterliste eintreten. Da es fortan auf die zehn Abtheilungen des Senates, welche Decurien hiessen, ankam, mussten diese auch in der Richterliste hervortreten, und sie wurden später auch auf die andern Stände, welche nach dem Aurelischen Gesetze zum Richteramte gelangten, über-

[1]) Cic. p. Cluent. 43,121 *praetores urbani, qui iurati debent optimum quemque in lectos iudices referre.* Eben derselbe Eid wird angedeutet im Acilischen Gesetze Z. XVIII. Vergl. C. R. II, 1, 120.

[2]) Man sehe das Acilische Gesetz Z. XVIII.

trugen. Erst in der letzten Zeit der Republik treten durch Cn. Pompejus' Gesetz die Tribus wieder dergestalt hervor, dass aus jeder eine bestimmte Anzahl von Geschworenen entnommen wird.[1]) Aber die Decurien bestanden neben den Tribus und für ihre Fortdauer in der Kaiserzeit spricht der Sprachgebrauch, welcher die einzelnen Abtheilungen der Geschworenen als Decurien derselben bezeichnet. Wie aber auch immer die Eintheilung der Richterliste war, die einzelnen Geschworenen wurden mit Namen, Vater, Tribus und Zunamen bezeichnet, um die Persönlichkeit festzustellen. Die Liste wurde sodann auf einer weissen Tafel (daher album genannt) mit schwarzer Farbe aufgeschrieben und von dem Beamten öffentlich in der Volksversammlung (contio) verlesen, sowie mit dem schon genannten Eide als ordnungsmässig bekräftigt. Die weisse Tafel selbst blieb öffentlich ausgestellt, eine Abschrift wurde im Staatsschatze für immer aufbewahrt.[2])

b. Die Art und Weise, wie aus der allgemeinen Richterliste die Geschworenen für den einzelnen Process bestimmt wurden, entwickelte sich erst allmälig. In den ersten Schwurgerichten nach dem Sempronischen Gesetze wurde eben dieselbe Auswahl beibehalten, welche früher bei den recuperatorischen Senatsgerichten gegolten hatte. Der Ankläger und der Angeklagte schlugen jeder eine bestimmte Anzahl aus der Geschworenenliste vor, aus welcher jedesmal der Gegner wiederum eine bestimmte Anzahl erwählte: dazu wählte der vorsitzende Beamte seinerseits eine Anzahl gleichsam unparteiischer Geschworener, die nicht aus der Richterliste, aber aus dem gleichen Stande, aus dem dieselbe gebildet war, entnommen werden musste. Dies unbehülfliche Verfahren wird in dem Acilischen Gesetze vorgeschrieben.[3]) Dabei wird für die Vor-

---

[1]) Man sehe darüber C. R. II, 2, 362 flgd.

[2]) Dies geht hervor aus Cic. Phil. V, 5, 15, *Hos ille demens iudices legisset, horum nomina ad aerarium detulisset, his magnam partem reipublicae credidisset, si ullam speciem reipublicae cogitavisset?* Im C. R. II, 2, 120 habe ich nicht richtig gesagt, das Album wäre erst nach dem Ablaufe des Jahres in den Staatsschatz gebracht worden. Dass dies nicht der Fall war, beweist die eben angeführte Stelle.

[3]) Man sehe C. R. II, 1, 125.

schläge der Parteien und die Wahl des Beamten die Bedingung aufgestellt, dass die vorgeschlagenen oder gewählten Geschworenen nicht mit einer der Parteien in einem näheren Verhältnisse (necessitudo), das ein parteiisches Urtheil zur Folge haben würde, stehen dürfen. Dieses Verhältniss entsteht entweder durch Verwandtschaft oder durch bürgerliche Verbindungen. Verwandtschaft zwischen den Parteien und den Geschworenen darf nicht stattfinden bis zu den Vettern zweiten Grades (sobrini); aber auch das Verhältniss von Schwiegervater und Schwiegersohn, von Stiefvater und Stiefsohn ist nicht erlaubt. Eine bürgerliche Verbindung, welche das Urtheil beeinflussen kann, entsteht durch Zusammensein in einer und derselben sodalitas oder collegium.[1]) Wie lange dies Verfahren bei der Wahl der Geschworenen für den einzelnen Process dauerte, weiss man nicht genau; wahrscheinlich bis zu Sullas Gesetzgebung. Da diese die Zahl der Schwurgerichte sehr vermehrte, musste Fürsorge für die gleichmässige Vertheilung der Richterpflicht getroffen werden. Zu diesem Behufe wurden die zehn Decurien der Geschworenen eingerichtet, die nach der Reihe ihrer Nummer das Richteramt übten. Zur Auswahl aus der bestimmten Decurie wurde das Loos und daneben die Verwerfung einer gesetzlich festgestellten Zahl der erloosten Richter eingeführt. Die Ernennung durch den vorsitzenden Beamten fiel fort. Wie die Decurien blieben, so blieb auch die der Reihe nach geordnete Thätigkeit derselben bestehen; aber daneben wurde Loos und Verwerfung durch die Parteien angewendet. Nur bei dem Pompejischen Ausnahmegesetze des Jahres 52 v. Chr. ist eine Eintheilung der Richterliste in Decurien nicht denkbar, und das Licinische Gesetz über Genossenschaften schrieb eine eigenthümliche Auswahl der Geschworenen, die sich an die ursprüngliche Ernennungsweise durch Vorschlag der Parteien anschloss, vor. Das Loos wurde ohne Zweifel durch den vorsitzenden Beamten gezogen, die Verwerfung fand nach dem Cornelischen Gesetze bei Personen senatorischen Standes in verschiedener, wahrscheinlich doppelter Anzahl statt wie bei

[1]) Man vergl. unten S. 46.

Nichtsenatoren. Später hörte dieser Unterschied auf; aber die Zahl der zu verwerfenden Richter blieb nach den verschiedenen Gesetzen verschieden und musste es bleiben. Sie erfolgte ohne Angabe von Gründen.[1]) Fand sich unter den durch das Loos gezogenen Richtern Jemand, der mit den Parteien in einem gesetzlich nicht zulässigen näheren Verhältnisse stand, so war derselbe verpflichtet, sich zu entschuldigen: er konnte weder Geschworener sein noch fand auf ihn das Recht der Verwerfung Anwendung. Dies darf man, wenngleich man darüber keine Kunde hat, aus dem Verfahren, wie es nach dem Acilischen Gesetze stattfand, mit voller Sicherheit schliessen.[2])

Auffallend ist es für uns, dass es bei den Römern keine bestimmte Zahl der Geschworenen, die in einem Processe entschieden, gab. Nach dem Sempronischen Gesetze und den übrigen, welche die Processe über Amtsverbrechen der Senatoren in die Hände der Ritter ausschliesslich oder vorzugsweise gaben, war die Zahl der Geschworenen weit grösser als nach dem Cornelischen Gesetze, das sogar für Amtsverbrechen eine kleinere Anzahl von Geschworenen bestimmt zu haben scheint als für gemeine Verbrechen. Seit dem Aurelischen Gesetze betrug die Gesammtzahl der Geschworenen aus allen drei Ständen fünf und siebzig; aber dass dieselbe ohne besondere Bedeutung war, beweist das Pompejische Gesetz des Jahres 52 v. Chr., nach dem 51 Geschworene die Entscheidung gaben. Der Grund von diesem Wechsel in der Zahl der Geschworenen liegt nicht bloss darin, dass es im Römischen Gerichtswesen keine durch den Gebrauch geheiligte Zahl gab, der man sich bei einer neuen Einrichtung anbequemen musste, sondern auch in den verschiedenen Zwecken, die man zu verschiedenen Zeiten bei den Schwurgerichten verfolgte. Als Gracchus die

[1]) Wenn bei Cic. in Verr. I, 7, 18 der Grund, weshalb Verres einige erlooste Geschworene verwarf, angegeben wird, so wurde derselbe im Privatgespräche geäussert, nicht dem Prätor gegenüber. Noch weniger bestand eine Verpflichtung ihn anzugeben. Vergl. C. R. II, 2, 119.

[2]) Diejenigen Geschworenen, welche Verrès bei seinem Processe verwarf (C. R. II, 2,119), waren zwar mit ihm befreundet gewesen, hatten aber mit ihm nicht in einem Verhältnisse, wie es nach dem Acilischen Gesetze unzulässig war, gestanden.

Ritter mit der Entscheidung über Amtsverbrechen betraute, wollte er dem nicht regierenden Stande die Controle über die Regierung zuweisen: zur Vertretung dieses Standes war eine grössere Anzahl nothwendig. Dagegen Sulla, der die Criminalgerichtsbarkeit wieder als Theil der Regierung betrachtete, brauchte weniger Geschworene. Eine Art von Vermittelung suchten die Gesetze seit dem Aurelischen. Die geringere Zahl des Pompejischen Gesetzes entsprang aus dem Wunsche, nur entschieden zuverlässigen Personen die Säuberung des Staates und der Regierung anzuvertrauen.

Noch auffallender für uns ist die Thätigkeit der Geschworenen selbst. Die Strenge, mit der bei uns auf Erscheinen und Anwesenheit derselben gehalten wird, findet sich bei den Römern nicht. Eine Nöthigung, die Stimme abzugeben, existirt nicht und zwei Drittel der Anwesenden genügen häufig zum Fällen des Spruches. Im Uebrigen entscheidet die absolute Mehrheit, was um so härter war, da es keine Revision des Processes, kein Mittel, ein gefälltes Urtheil rückgängig zu machen, gab. In diesen Verhältnissen zumal erkennt man die mangelhafte Ausbildung der damaligen Rechtsbegriffe überhaupt und sie mögen wesentlich dazu beigetragen haben, das allgemeine Rechtsbewusstsein nicht zu voller Entwickelung gelangen zu lassen.

## 4. Der Ankläger.

Der Römische Process, im eigentlichen Sinne, ist von dem Anfange des Staates an ein Anklageprocess gewesen und während der ganzen Republik, ja noch lange in der Kaiserzeit geblieben: ein Process ist ohne Ankläger nicht denkbar. Schon in der vorrömischen Zeit erscheint der Anklageprocess, noch bestimmter unter den Königen: er gewinnt allmälig an Ausdehnung und das Verfahren vor dem Schwurgerichte ist ohne den Ankläger unmöglich. Trotzdem finden sich bei den Gerichten auch Beispiele von unmittelbarer Einwirkung der Beamten, die, wenn sie von einem Verbrechen hören, dasselbe untersuchen, den Thäter aufspüren und bestrafen: der Name der ältesten richterlichen Beamten selbst, der quaestores, kommt unzweifelhaft von dieser Thätigkeit her.[1]) Also beide Elemente, sowohl das Anklage- wie das Untersuchungsverfahren, liegen von Anfang an in dem Römischen Processe; aber das erstere überwog allmälig und blieb am Ende allein übrig. Der Grund davon liegt in der Gestalt des Processes, wie er sich in Folge des Valerischen Provocationsgesetzes entwickelte. So lange der richtende Beamte, d. h. der König und seine Nachfolger, die Consuln, iudicium hatten und in zweifelhaften Fällen über Schuldig und Unschuldig entschieden, konnte er von Amtswegen ohne Ankläger den Process zu Ende führen. Seit der Beamte das iudicium verloren hatte und namentlich seit ihm in den Geschworenen ein gesetzlicher Beirath gegeben war, von dessen Entscheidung das Urtheil abhing, war seine Stellung eine andere: sie war unparteiisch und vertrug sich nicht mit der eines untersuchenden Beamten. Es musste neben ihm eine andere Person geben, deren Amt ausschliesslich in der Aufsuchung der Schuld des Angeklagten bestand. Demnach ist für das Verfahren in iudicio, d. h. überhaupt da, wo ein eigentlicher Process stattfand, ein Ankläger nothwendig. Für das Verfahren in iure ist ein Ankläger möglich, aber nicht nothwendig. Bei dem Processe über die Bacchanalien im J. 186 v. Chr., bei andern über Giftmord[2]) fand, weil die Schuldigen auf der That ertappt oder geständig waren, nur ein Verfahren in iure statt: der Beamte untersuchte von Amtswegen und einen Ankläger gab es nicht. Ebenso war es zur Zeit der Schwurgerichte, wo die grössere Zahl der wegen gemeiner Verbrechen vor Gericht gestellten Personen von dem Prätor selbständig abgeurtheilt wurde.[3]) Selbst bei politischen Processen bedurfte es hierbei keines Anklägers, wie z. B. bei dem der Catilinarischen Verschworenen derselbe nicht erwähnt wird und unnöthig war. Wo dagegen ein wirklicher Process vor den Geschworenen folgte, erscheint überall ein Ankläger, der vielfach auch erst das Verfahren in iure hervorrief.

---

[1]) Man sehe meine Darstellung C. R. II, 2, 143.

[2]) Man sehe C. R. I, 2, 211 flgd.

[3]) Man sehe z. B. Ciceros Bemerkung über die wegen Staatsdiebstahls Angeklagten bei Cic. p. Mur. 20, 42.

Mithin herrschte bei den Römern eine eigenthümliche, mit den besonderen Grundsätzen ihres Criminalrechtes in Zusammenhang stehende Verbindung des Anklage- und des Untersuchungsverfahrens. Bei dem ersteren giebt es accusatores, bei dem letztern indices, Angeber, welche eben so in dem ältesten Gerichtsverfahren, wie am Ende der Republik, z. B. in dem Processe der Catilinarischen Verschworenen erwähnt werden. Diese beiden Classen von Personen unterscheiden sich dadurch, dass der Ankläger eine selbständige, auf die Verurtheilung Jemandes gerichtete Thätigkeit übt. Der Angeber dient als Werkzeug, entweder für den Beamten, der von Amtswegen eine Untersuchung einleitet, oder für den Ankläger, durch den er zum Zeugen wird.

Trotz der ausserordentlichen Wichtigkeit, welche der Ankläger und die Anklage für das Strafverfahren hatte, war es doch natürlich, dass die Römer dieselbe der Privatthätigkeit überliessen. Jeder Bürger nahm in den Volksversammlungen unmittelbar am Staate Theil und sollte demselben zuerst seine Kräfte widmen. Ein vom Staate bestellter Ankläger, der die Verpflichtung hat, Verbrecher anzuklagen, ist bei den Römern unbekannt. Aus diesem Mangel ergab sich zweierlei:

a. Erstlich: der Staat hat dafür zu sorgen, dass nicht durch ungerechte Anklagen die Ruhe der Bürger gestört und Unschuldige in Gefahr gebracht werden: es giebt gesetzliche Bestimmungen über diejenigen, welche anklagen dürfen. Dabei macht es einen Unterschied, ob Jemand in eigenen Angelegenheiten eine Anklage erhebt, oder ob er das einem Fremden widerfahrene Unrecht vor Gericht bringen und damit eine Pflicht an den Staat erfüllen will. Auf den letztern Fall beschränkt sich das Recht des Staates, gesetzliche Anordnungen wegen des Anklägers zu treffen: nur in ihm kann durch das allgemeine Recht der Anklage Schaden geschehen. In diesem Falle ist Grundsatz, dass es Jedem aus dem Volke (de populo) freisteht, die Anklage zu erheben: unter dem Volke ist nicht nur das Römische Volk, sondern sind die gesammten Unterthanen Roms zu verstehen. Das Römische Bürgerrecht ist kein Erforderniss für den, welcher das einem Andern geschehene Unrecht vor Gericht bringen will. Es wird niemals

als solches erwähnt, und die Belohnungen der Ankläger, von denen wir demnächst zu sprechen haben, beweisen, dass es Jederman freistand, eine gerichtliche Anklage gegen Jeden zu erheben. Die Rechtslehrer der Kaiserzeit[1]) stellen zwei Classen von Leuten auf, welche keine Anklage erheben dürfen. Es sind erstens: wegen ihres Geschlechtes oder Alters ausgeschlossen Frauen[2]) und Unmündige, d. h. Leute unter 17 Jahren[3]), zweitens die Ehrlosen (infames).[4]) Beides hat schon während der Republik gegolten. Frauen galten immer als unfähig zu Staatsgeschäften[5]): für sie bestand in der Republik die Vormundschaft in noch höherem Grade als später. Die Altersgrenze wurde in der Kaiserzeit weniger beobachtet als früher. Wir kennen keine Anklage, welche eine Frau oder ein Unmündiger geführt hätte. In Bezug auf die Ehrlosen hat eine Entwickelung des Begriffes während der Republik stattgefunden; allein der Begriff selbst und die daran geknüpfte Unfähigkeit zum Anklagen bestand von jeher.

In seiner Rede für Cluentius spricht Cicero von der Wirkung des censorischen Tadels (nota censoria): der Censor, sagt er, sei nach Römischen Grundsätzen nicht Richter über den

---

[1]) Man sehe besonders Ulpian in L. 4 und Macer in l. 8 *Dig. de accusat.* (XLVIII, 2).

[2]) Ulpian l. 5 *Dig. de postul.* (III, 1) sagt, der Afrania halber, die durch die vielen Processe, welche sie selbst führte, Anstoss erregte, hätte der Prätor diese Bestimmung getroffen. Da Afrania im Jahre 48 v. Chr. starb (Val. Max. VIII, 3, 2), würden die Frauen erst seit jener Zeit ausgeschlossen gewesen sein. Indessen es ist anerkannt, dass Ulpian keine derartige Zeitbestimmung, sondern nur ein Beispiel geben will. Das Verbot gegen Frauen ist älter und Afrania hatte wohl nur Processe in eigenen Angelegenheiten geführt.

[3]) Dieses Alter nennt Ulpian 1, 3 *de postul.* (III, 1). Es ist der Beginn des kriegsfähigen Alters und diente wahrscheinlich immer als Anfang für jede öffentliche Thätigkeit.

[4]) Ausserdem werden von Macer a. a. O. genannt die Soldaten, wenn sie den Fahneneid geleistet haben und deshalb nicht der Gewalt des Richters unterworfen sind, und die Beamten, weil sie nicht selbst vor Gericht gezogen werden können. Beide Bestimmungen passen nicht auf die republikanischen Verhältnisse: ich werde über sie alsbald zu sprechen haben.

[5]) Vergl. Ulpian l. 2 *Dig. de reg. iur.* (L, 17.)

Ruf Jemandes. Deshalb werde in allen Gesetzen, in denen Bestimmungen getroffen würden, aus welchen Gründen Jemand kein Amt erhalten oder nicht zum Richter erwählt werden oder einen Andern nicht anklagen dürfe, diese im censorischen Tadel liegende Schande übergangen.[1]) Es gab also Gesetze, welche Bestimmungen nicht nur über die Zulassung zu anderen Aemtern, sondern auch über die Wahl zum Geschworenenamte und zum Rechte der Anklage enthielten, Bestimmungen, welche als Grund der Nichtzulassung unter andern auch die Schande, den üblen Ruf anführten. Ueber die Wählbarkeit zu Aemtern gab es seit alten Zeiten Gesetze, unter der zum Richten kann Cicero nur die Wählbarkeit zum Geschworenen meinen: darauf bezieht sich der Lateinische Ausdruck (iudicem legere). Die Privatrichter wurden bis auf Sulla aus den Senatoren gewählt und bei ihnen kann von Schande nicht die Rede sein. Unter den Gesetzen also, welche über die Wählbarkeit zum Geschworenenamte gegeben waren, versteht Cicero die seit den Gracchen erlassenen Gesetze über die Schwurgerichte.[2]) Welche Gesetze er unter denen versteht, die den guten Ruf eines Anklägers verlangten, ist schwer zu sagen. Im Acilischen Gesetze finden sich, soweit die Bruchstücke reichen, davon nur geringe Spuren. In dem Anfange desselben, wo von den Verbrechen die Rede ist, wird nichts derartiges erwähnt: es konnte auch nichts erwähnt werden, weil nur über die Beschädigten, welche Geld zurückfordern dürfen, gesprochen wird: bei ihnen finden keine Ausnahmen statt. Dagegen, wo von den Anwälten, die der Prätor zu geben verpflichtet ist, gesprochen wird (Z. XI), findet sich eine Andeutung, die, wie man sie auch auffassen mag, beweist, dass, wo es sich um die Führung eines Processes in fremden Angelegenheiten handelte, es nicht bloss auf sonstige Verhältnisse des Anklägers, sondern auch auf dessen Character ankam. Indessen von diesem Acilischen Gesetze sind spätere Gesetze verschieden: sie handeln

[1]) Die Worte lauten 43, 120: *Quapropter in omnibus legibus, quibus exceptum est, de quibus causis aut magistratum capere non liceat aut iudicem legi aut alterum accusare, haec ignominiae causa praetermissa est.*

[2]) S. oben S. 25.

von Verbrechen, die nicht einen Einzelnen, sondern den Staat im Allgemeinen beeinträchtigen. Z. B. die Gesetze über Majestätsverbrechen wurden hauptsächlich von denjenigen ausgeführt, die, ohne eigene Beschädigung rächen zu wollen, das öffentliche Unrecht zur Bestrafung brachten: hier war eine Bestimmung darüber, wer die Anklage zu erheben berechtigt sei und dass dies nur unbescholtene Personen thun dürften, nothwendig. Ebenso verhielt es sich mit den Cornelischen Gesetzen über gemeine Verbrechen. Es gab also oder konnte seit der Einrichtung der Schwurgerichte bis zur Zeit, wo Cicero für Cluentius sprach, Gesetze geben, welche über Bescholtenheit als Hinderniss zum Anklagen handelten. Vorher hat es keine solche Gesetze gegeben. Denn vor der Errichtung der Schwurgerichte fand die Einleitung aller Criminalprocesse vor dem städtischen und dem Fremdenprätor statt, d. h. vor eben denselben, welche die Leitung der Privatprocesse hatten. Die Bestimmungen über die Zulässigkeit einer Privatklage vor dem Prätor können damals von denen über die Zulässigkeit einer Criminalanklage nicht verschieden gewesen sein. Nach natürlichem Verhältnisse könnte man die letzteren für strenger halten, deshalb, weil eine Criminalanklage gefährlicher sein konnte, auch wohl weil die Würde des Staates, welchen der Ankläger vertrat, höher war als die eines Privatmannes. Es wird sich indessen später zeigen, dass die Bedingungen in beiden Fällen gleich waren. Jedoch wie auch immer die Bestimmungen im Einzelnen lauteten, ob gleich oder verschieden, ihr Ursprung musste sicherlich der gleiche sein. Wenn ein Gesetz verordnete, wer einen Process einleiten dürfe, so konnte es, da Civil- und Criminalprocess an einer und derselben Gerichtsstätte begannen, nicht beide trennen. Nun gab es aber über die zur Einleitung eines Privatprocesses wegen Bescholtenheit Unfähigen kein Gesetz, sondern der Prätor hatte in seinem jährlichen Edicte Bestimmungen darüber getroffen und einen Gerichtsbrauch geschaffen.

Der Beweis für diese Thatsache liegt im 3. Buche der Digesten, dessen 1. Titel de postulando, der 2. de his qui notantur infamia lauten. Beide Titel stehen mit einander in der engsten Verbindung: der erste nimmt auf den zweiten Bezog und dieser, wenngleich er einen allgemeineren Namen trägt, ist nur hinzugefügt, um den ersten zu begründen. In beiden Titeln aber ist nur von dem Prätor die Rede, der durch sein Edict bestimmte Personen nicht zur Klage zulässt und bestimmte Personen für bescholten erklärt. Wenn in dem erstern (§ 8) auch ein Gesetz, das von der Klage ausschliesst, erwähnt wird, so kann sich das z. B. auf die vom Kaiser Augustus erlassenen Ehegesetze, welche Bescholtenheit verhängten, beziehen. Hätte es ein allgemeines Gesetz über die zu einer Klage zulässigen Personen gegeben, so musste dasselbe erwähnt, der Prätor in seinem Edicte nicht als allein dabei thätig erwähnt werden. Wenn also noch in der Kaiserzeit die zu einer Klage Fähigen nur durch das prätorische Edict bestimmt wurden, so muss man schliessen, dass es auch über die zu einer Criminalanklage Fähigen vor der Gründung der Schwurgerichte kein Gesetz gab, sondern der Prätor für Civil- und Criminalklagen gleichmässig in seinem Edicte Bestimmungen erliess. Wahrscheinlich enthielten die zwölf Tafeln, welche den Processgang regelten, die allgemeine Vorschrift, dass die Zulassung der Klage von dem Prätor bewilligt werden solle, mit Ausschluss der dazu Ungeeigneten. Diese allgemeine Bestimmung wurde später im Einzelnen ausgebildet. Die Sitte eines jährlichen prätorischen Edictes entstand erst nach der Einsetzung der ersten Schwurgerichte. Man darf also vermuthen, dass die Gesetze über diese, indem sie Bestimmungen über die Zulässigkeit oder Unzulässigkeit von Criminalanklagen gaben, das Vorbild waren, nach dem der Prätor dann sein Edict gestaltete.

Ueber diejenigen, welchen eine Criminalanklage nicht verstattet ist, haben wir ausführlichere Nachricht bei Ulpian in den Digesten: Macer ebendaselbst giebt nur eine kurze Bemerkung.[1]) Er sagt, die Bescholtenen dürften keine Anklage erheben. Zu seiner Zeit gab es also einen bestimmten Rechtsbegriff für Bescholtenheit und einer der aus derselben folgen-

[1]) Seine Worte l. 8 *Dig. de accus.* (XLVIII. 2) lauten: *Alii (prohibentur accusare) propter delictum proprium, ut infames, alii propter turpem quaestum, ut qui duo iudicia adversus duos reos subscripta habent nummosve ob accusandum vel non accusandum acceperint.*

den Nachtheile war die Unfähigkeit zu einer Criminalanklage. Man könnte sogar in strenger Folgerung aus diesen Worten schliessen, alle Bescholtenen hätten diesen Nachtheil erlitten; dass diese Erklärung indessen zu eng ist, geht aus Ulpians ausführlicherem Berichte hervor.[1]) Er zählt auf zuerst die in einem öffentlichen Gerichte Verurtheilten, zweitens Thierkämpfer, Schauspieler, Kuppler, drittens diejenigen, welche in einem Criminalprocesse wegen praevaricatio oder calumnia verurtheilt sind, viertens diejenigen, welchen gerichtlich erwiesen ist, dass sie wegen einer Criminalanklage Geld erhalten haben.[2]) In den übrigen Bruchstücken des entsprechenden Digestentitels findet sich keine weitere Classe von Unfähigen genannt. Vergleicht man Ulpian mit Macers kürzerer Bemerkung, so findet man, dass jener den Begriff der Bescholtenheit, welchen dieser hat, weiter ausführt: denn dieser führt unter den 'wegen schimpflichen Gewerbes Ausgeschlossenen' nur eine wenig zahlreiche Classe von denen, welche Ulpian nennt, an.

Im Wesentlichen müssen die von Ulpian erwähnten Ausnahmen schon während der Republik gegolten haben. Von den in einem Criminalprocesse Verurtheilten versteht sich dies theilweise von selbst.[3]) Wie sollte z. B. ein wegen Mordes oder Giftmischerei Verurtheilter fähig sein, selber einen Process für einen Andern zu erheben? In den schlimmsten Fällen

[1]) Ulpian l. 4 ibid. *Is qui iudicio publico damnatus est, ius accusandi non habet. — Sed et calumnia notatis ius accusandi ademptum est. Item his qui cum bestiis depugnandi causa in arenam intromissi sunt quive artem ludicram vel lenocinium fecerint, quive praevaricationis calumniaeve causa quid fecisse iudicio publico pronuntiatus erit quive ob accusandum negotiumve cui facessendum pecuniam accepisse iudicatus erit.*

[2]) Unter den *calumnia notati*, welche Ulpian nennt, kann man schwerlich andere verstehen als diejenigen, welche eben derselbe nachher bezeichnet als solche *qui calumniae causa quid fecisse iudicio publico pronuntiati erunt.* Es giebt kein *iudicium calumniae* an sich unter den Criminalprocessen und nur von diesen ist die Rede. Die Schimpf bringenden Privatprocesse werden unter den Hindernissen zur Anklage nicht genannt.

[3]) Natürlich gilt dies aber nicht von den durch ein Volksgericht Verurtheilten im Allgemeinen. Bescholtenheit konnte mit einer solchen Verurtheilung verbunden sein, wurde aber dann besonders ausgesprochen. Wo es sich um politische Anklagen handelte und die Strafe in Geld be-

war dies schon deshalb unmöglich, weil als Strafe die Aechtung bestand. Dagegen war die Verurtheilung zu andern und selbst zu Ehrenstrafen nicht immer mit der Unfähigkeit zum Amte eines Anklägers verbunden. In der Tafel von Heraclea heisst es[1]), wer in Rom in einem öffentlichen Gerichte verurtheilt sei, weshalb er sich nicht in Italien aufhalten dürfe, solle nicht unter den Decurionen einer Italischen Stadt sein, und es wird ausdrücklich hinzugesetzt, ein dann Begnadigter solle die Fähigkeit, Decurio zu werden, wieder erhalten. Cäsars Absicht ist, die Wahl zum Decurio nicht als Vorwand zu gestatten, um der Strafe zu entgehen, nicht, dass die Schande einer Verurtheilung zum Bekleiden von Municipalämtern unfähig mache. Es fand eine Art von Schwanken statt. Verurtheilung wegen eines gemeinen Verbrechens brachte Unfähigkeit zum Anklagen: Verurtheilung wegen andrer Verbrechen nur, wenn dies im Gesetze ausgesprochen war. Vor der Zeit der Schwurgerichte, als politische Verbrechen nicht vor den Richterstuhl des Prätors kamen, brachte jede Verurtheilung in einem Criminalprocesse Unfähigkeit zum Anklagen. Es ergiebt sich, wie wenig sicher während der Republik der Begriff der Bescholtenheit war. Die Unfähigkeit zum Anklagen lag nicht nothwendiger Weise in demselben, sondern wurde einzeln in denjenigen Fällen, wo sie das Gesetz mit sich brachte, ausgesprochen. Die Kaiserzeit ging weiter und bestimmte gleichmässig, dass jede Verurtheilung in einem Criminalgerichte Unfähigkeit zum Anklagen wegen Criminalverbrechen bringen sollte: sie musste dies bestimmen, weil die geringeren politischen Verbrechen, welche früher dem Schwurgerichte anheim gefallen waren, aufgehört hatten, z. B. die wegen Wahlumtriebe. Wahrscheinlich hat schon Augustus diese Bestimmung getroffen.[2])

---

stand, trat Bescholtenheit nicht ein. Wir finden dergleichen Verurtheilte sogar fähig wieder Ehrenstellen zu bekleiden. Man sehe C. R. I, 2, 308 flgd. Ich bemerke dies wegen der unrichtigen Folgerungen, welche z. B. Rein in Paulys Realencyclopädie IV, 151 macht.

[1]) Z. 117 *queive indicio publico Romae condemnatus est erit, quocirca eum in Italia esse non liceat, neque in integrum restitutus est erit.*

[2]) Dass nicht jede Verurtheilung in einem Criminalgerichte Beschol-

Anders als mit den in einem Criminalprocesse Verurtheilten verhielt es sich mit der andern von Ulpian genannten Classe von Personen, nämlich denjenigen, welche in einem Criminalprocesse wegen calumnia oder praevaricatio verurtheilt waren. Eine solche Verurtheilung fand nicht in einem besonderen Processe statt, sondern nach Beendigung eines jeden Criminalprocesses konnte ein Antrag auf die Erklärung des Anklägers als calumniator oder praevaricator gestellt werden.[1]) Daher kommt die Trennung dieses Falles von der Verurtheilung in einem Criminalprocesse überhaupt. Ulpian fügt die Beschränkung hinzu, wer in einem Criminalprocesse als calumniator oder praevaricator erklärt wäre, verliere die Fähigkeit, eine Anklage wegen eines Criminalverbrechens zu erheben: also, wer in einem andern Processe dafür erklärt wird, verliert diese Fähigkeit nicht. Dieser Unterschied muss gemacht werden, da sich in andern Gesetzen über Bescholtenheit die Beschränkung auf Criminalverbrechen nicht findet.[2]) Daraus ergiebt sich der Grund der Bestimmung überhaupt. Er liegt nicht in der Bescholtenheit, sondern darin, dass, wer einmal einen Criminalprocess schlecht geführt hat, nicht das Zutrauen einflösst, dass er es später besser machen werde. Es ist ein Grund der Zweckmässigkeit und hängt genau mit der Bestimmung zusammen, welche sich in Ulpians Worten anschliesst, auch derjenige werde zu einer Anklage unfähig, von dem gerichtlich festgestellt sei, dass er Geld genommen habe, um eine Anklage zu unternehmen, oder, wie

---

tenheit brachte, ergiebt sich aus dem Acilischen Gesetze Z. XIII, wo es heisst, in der Richterliste dürfe derjenige nicht sein, der in einem öffentlichen Gerichte verurtheilt sei, weshalb er nicht in den Senat erlesen werden dürfe *(condemnatus siet quocirca eum in senatum legei non liceat)*. Es gab also Verurtheilungen, die eine Aufnahme in den Senat nicht hinderten. Die Fähigkeit zur Anklage war aber sicherlich etwas geringeres.

[1]) S. unten im 5. Abschnitt.

[2]) Z. B. nicht in der Tafel von Heraclea, wo Z. 120 von den Decurionen ausgeschlossen wird *quei (calumniae) praevaricationis caussa accusasse fecisseve quid iudicatum est erit.* Eben so wenig in den allgemeinen Bestimmungen über Bescholtenheit, von denen wir später sprechen werden.

Macer ausführlicher sagt, um eine Anklage zu unternehmen oder nicht zu unternehmen. Dies konnte unter Umständen ein nach dem Cornelischen Gesetze über Mord strafbares Verbrechen sein, wenn ein Beamter oder Senator eine falsche Anklage veranlasst oder unterstützt hatte.[1]) Dann verstand sich die Unfähigkeit anzuklagen von selbst.

Dass diese Bestimmungen, welche Ulpian aus der Kaiserzeit meldet, schon während der Republik bestanden, kann nicht zweifelhaft sein. Wir wissen, dass bei Schwurgerichten dem Urtheilsspruche sich eine Untersuchung über etwaige calumnia oder praevaricatio der Ankläger anschloss. Die Strafe für Beides bestand später in der Unfähigkeit zum Anklagen.

Als dritte Classe der zum Anklagen unfähigen Personen werden von Ulpian genannt Thierkämpfer, Schauspieler, Kuppler. In der Tafel von Heraclea werden eben diese Personen als unfähig zum Amte eines Decurionen genannt[2]); aber man darf daraus nicht schliessen, dass eben dieselben schon zu Cäsars Zeit als unfähig zum Anklagen gegolten hätten. Denn in jenem Cäsarischen Erlasse werden viele Classen als unfähig zum Decurionenamte genannt, welche zum Anklagen nicht unfähig waren: erst in der Kaiserzeit konnte sich der Begriff der Ehrlosigkeit ausdehnen. Man hat allerdings schon in das Acilische Gesetz durch Ergänzung eine ähnliche Bestimmung hineingebracht, aber mit Unrecht.[3]) Man kann nichts anführen, woraus sich eine solche Einschränkung der Befähigung zum Anklagen schon vor Cäsars Zeit ergiebt: ich glaube, dass sie nicht bestand und, da es von dem Dictator Cäsar kein auf

[1]) Man sehe C. R. II, 2, 25 flgd.

[2]) Tab. Heracl. 123 *queive lanistaturam artemve ludicram fecit fecerit queive lenocinium faciet* und 113 *queive depugnandei causa auctoratus est erit fuit fuerit.* Aus der Verschiedenheit des Ausdrucks, dass bei *lenocinium* nur *faciet*, bei den übrigen Strafen *fecerit* gesagt wird, möchte ich nicht etwa schliessen, dass gewesene *lenones* als Decurionen wählbar waren, wie es Z. 105 von andern, an sich nicht unehrlichen Gewerben heisst. Man muss eine Kürze des Ausdrucks annehmen, der nur bei den Gladiatoren vollständig ist.

[3]) Man sehe C. R. II, 1, 405.

diesen Punkt bezügliches Gesetz gab, erst zur Zeit der Kaiser in Geltung kam.

Indessen alle diese Classen derjenigen Personen, welche im Allgemeinen nicht zur Anklage befähigt sind, haben unter besonderen Umständen dennoch das Recht dazu: nur die Unmündigen sind hier nach den späteren Gesetzen in enge Grenzen eingeschränkt und bedürfen der Einwilligung ihres Vormundes.[1]) Alle andern dürfen wegen des ihnen selbst oder den Ihrigen zugefügten Unrechtes anklagen, unter den Angehörigen aber werden diejenigen verstanden, gegen die sie nicht gezwungen werden können, Zeugniss in einem Criminalprocesse abzulegen.[2]) Dabei giebt es die weitere Einschränkung, dass sie nicht alle Angelegenheiten ihrer Angehörigen in einem Criminalprocesse anhängig machen dürfen, sondern hauptsächlich nur den Tod derselben. Deshalb sagen die Rechtslehrer, ein sonst zum Anklagen Unfähiger dürfe doch den Tod von Kindern und Patronen anhängig machen: in eigenen Angelegenheiten ist ihr Anklagerecht unbeschränkt. Es ziemt sich diese Ausdrücke genau auszulegen.[3])

Umgekehrt aber steht auch denjenigen, welche das allgemeine Recht der Anklage besitzen, in besondern Fällen dies Recht nicht zu. Die Bestimmungen darüber in den Digesten

---

[1]) Man sehe Papinian in l. 2, 1. Dig. h. t.

[2]) Diese Bestimmung giebt Papinian l. 2 Dig. h. t. *si mortem exequantur eorum earumque, in quos ex lege testimonium — inviti non dicunt.* Wer diese sind, findet man zusammengestellt von Rudorff *Edict. perp. ediq.* p. 43.

[3]) Ulpian in l. 4 Dig. h. t. *Is qui iudicio publico damnatus est, ius accusandi non habet nisi liberorum vel patronorum suorum mortem eo iudicio vel rem suam exequatur.* Macer l. 11 Dig. h. t. *Hi tamen omnes si suam iniuriam exequantur mortemve propinquorum defendunt, ab accusatione non excluduntur.* Aehnlich von Frauen Papinian l. 1 Dig. h. t. *Non est permissum mulieri publico iudicio quemquam reum facere, nisi scilicet parentium liberorumque et patroni et patronae et eorum filii, filiae, nepotis, neptis mortem exequatur.* Dass das Anklagerecht wirklich auf den Fall des Cornelischen Gesetzes über Mord beschränkt wird, ergiebt sich auch aus Papinian l. 2 Dig. h. t. *Sed et de testamento paterni liberti vel materni mulieribus publico iudicio dicere permissum,* wo durch die Aufführung des besonderen Falles die übrigen ausgeschlossen werden.

sind kurz und unvollständig. Es wird nur erwähnt, dass die Freigelassenen gegen ihre patroni nicht auftreten dürfen [1]), und mittelbar, dass Kinder nicht gegen ihre Eltern eine Anklage erheben dürfen. [2]) Zweifelhaft bleibt hiernach, ob ähnlich, wie wir es eben bei dem allgemeinen Anklagerechte gesehen, überhaupt unter den Angehörigen das Recht der Anklage aufgehoben war. Es scheint, dass dies nicht der Fall war, dass vielmehr ein Anklagerecht der patroni gegen ihre Freigelassenen und ebenso unter den Angehörigen bestand. Von einer Anklage des Vaters gegen seine Kinder konnte, da die väterliche Gewalt galt, nicht die Rede sein.

Diese Bestimmungen der classischen Rechtslehrer sind in der Natur der menschlichen Verhältnisse begründet und mussten auch während der Republik gelten. Nachrichten oder Beispiele, dass sonst bescholtene Personen dennoch für ihre Angehörigen hätten öffentliche Anklage erheben dürfen, haben wir nicht. Aber wohl haben wir Andeutungen, dass Angehörige es als heilige Pflicht betrachteten, das einander widerfahrene Unrecht durch öffentliche Anklage zu rächen. Aus diesem Grunde erheben die Neffen des getödteten P. Clodius die Anklage wegen Mordes gegen T. Milo. [3]) Aus dem gleichen Gefühle der Pflicht, die Verurtheilung ihres Vaters zu rächen, entsprang die Anklage, welche die beiden Brüder Lucullus erhoben: durch die ganze Geschichte der politischen Criminalanklagen in den grossen Familien Roms zieht sich der Gedanke, dass die Angehörigen verpflichtet sind, einander darin beizustehen. Wenn also in späterer Zeit eine solche Ausnahme von der Unfähigkeit zum Anklagen bestand, darf

---

[1]) Von Macer l. 8 Dig. h. t. *Alii propter condicionem suam, ut libertini contra patronos.*

[2]) Von Macer l. 11 Dig. h. t., wo er bemerkt, dass trotzdem ein Sohn gegen seine Mutter klagen darf wegen Unterschiebung eines Kindes, wenngleich er gegen dieselbe nicht nach dem Cornelischen Gesetze *de falso* einen Criminalprocess erheben kann.

[3]) Man sehe C. R. II, 2, 555, wo ich die Vermuthung aufgestellt, der Bruder des Getödteten, obwohl am Leben, habe dennoch, weil er durch Verurtheilung in einem Criminalprocesse bescholten geworden, nicht selbst anklagen dürfen: seine Söhne seien an seine Stelle getreten.

man eben dieselbe mit allem Rechte auch für die Republik annehmen. Das Verhältniss zwischen Clienten und ihren patroni beruhte auf uralten Satzungen: unter ihnen führt schon Dionysius (II, 10) an, es sei für den Clienten nicht erlaubt, seinen patronus anzuklagen. Es bedurfte deshalb keiner besondern Bestimmung.[1]) Dadurch wird es wahrscheinlich, dass auch für die Verwandtschaftsverhältnisse, welche einen Bescholtenen zur Anklage befähigten und eine gegenseitige Anklage ausschlossen, kein Gesetz bestand. Die Gesetze, welche über die Schwurgerichte gegeben wurden, mochten darüber Bestimmungen enthalten, dass Bescholtene nicht anklagen durften: über die Verwandtschafts- und Patronatsverhältnisse gebot die alte Sitte, deren Ausführung und Fortbildung den Beamten überlassen war. Ich erkläre daraus selbst das Schwanken in den Vorschriften der Rechtslehrer über diesen Punkt.[2])

Unter den Kaisern wurden die Classen der zum Anklagen Unfähigen erweitert, im Anschlusse an die früheren Gesetze, aber in so fern auf verschiedene Weise, als nicht für besondere Anklagen, sondern allgemein für alle Criminalanklagen Bestimmungen getroffen wurden. Von einer Bestimmung wissen wir die Zeit. Augustus in seinem Gesetze über das Criminalverfahren verordnete, es solle Niemand mehr als zwei Anklagen zu gleicher Zeit erheben dürfen[3]): er wollte dadurch

---

[1]) Dagegen durften in alten Zeiten die wegen Schulden in Knechtschaft Gerathenen (*nexi*) gegen ihre Herren klagen. Man sehe die Beispiele bei Val. Max. VI, 1, 9 und Liv. VIII, 28.

[2]) Eine Art von verwandtschaftlichem Verhältnisse wird auch durch die Theilnahme an ein und derselben Brüderschaft (*sodalitas*) gebildet: sie wurde bei der Wahl der Geschwornen berücksichtigt. Vgl. oben S. 31. Bei der Anklage galt sie gesetzlich nicht, musste aber der Sitte nach beobachtet werden. Dies deutet Cicero p. Cael. 11, 26 bei der Brüderschaft der Luperci an.

[3]) Venulejus l. 12, 2 Dig. h. t. *Lege Iulia iudiciorum publicorum cavetur, ne eodem tempore de duobus reis quis quereretur nisi suarum iniuriarum causa;* Macer l. 8 Dig. h. t. *Alii (prohibentur accusare) propter turpem quaestum, ut qui duo iudicia adversus duos reos subscripta habent.* Den Widerspruch der beiden Stellen suchte man schon früher durch Verbesserung zu heben, indem man an der ersten *de tribus reis* schrieb, ich glaube, mit Recht.

hindern, dass Jemand ein Gewerbe aus dem Anklagen mache. In der republikanischen Zeit mögen solche Fälle öfters vorgekommen sein, wenn gleich wir sie nicht kennen. Von einer andern Bestimmung, dass ein Soldat das Recht der öffentlichen Anklage nicht haben sollte[1]), kann man nur sagen, dass sie nicht für die republikanische Zeit passt. Selbst die erste Kaiserzeit kann dieselbe nicht erfunden haben. Ebenso verhält es sich mit der weiteren Vorschrift der Digesten, dass Armuth ausschliesst: sie ist gegen die Gleichheit der Republik und der ersten Kaiserzeit.[2]) Auch die Beamten, heisst es in den Digesten[3]), dürfen nicht anklagen und zwar deswegen nicht, weil sie selbst nicht vor Gericht geladen werden dürfen: darnach, ob sie ein Amt haben, bei dem eine Anklage möglich ist, oder nicht, richtet sich die Grenze, bis zu der Beamte zur Anklage unfähig sind. Während der Republik und auch in der Zeit der ersten Kaiser gab es keine solche Einschränkung. In der ältern Zeit, als die Criminalverbrechen von den Beamten gerichtet wurden, wäre es widersinnig gewesen, wenn der Consul oder Prätor oder Volkstribun vor dem Prätor aufgetreten wäre. Denn jeder dieser Beamten hatte selbst das Recht, einen Uebelthäter unmittelbar vor sein Gericht zu ziehen. Höchstens wenn einer derselben eigenes Unrecht zur Anklage zu bringen hatte, wäre es denkbar gewesen, dass er, um seine Unparteilichkeit zu zeigen, vor den Gerichtshof seines Collegen ging, ein Fall, der auch unter den Kaisern ausgenommen war. Seit es Schwurgerichte gab, wurden Beamte ohne Bedenken zum Anklagen zugelassen. Cicero (p. Cluent. 33, 89 flgd.) erzählt, C. Junius, ein Untersuchungsrichter, sei während seines Amtes von einem Volkstribunen wegen eines Formfehlers beim Vorsitze auf Geldstrafe bei dem städtischen Prätor angeklagt worden, und erwähnt dabei auch, Faustus Sulla sei von einem andern Volkstribunen wegen rückständiger Gelder,

[1]) Macer l. 8 Dig. h. t. *Alii propter sacramentum, ut qui stipendium merent.*

[2]) Hermog. l. 10 Dig. h. t. *Nonnulli propter paupertatem, ut sunt, qui minus quam quinquaginta aureos habent.*

[3]) Macer l. 8 Dig. h. t. *Alii propter magistratum potestatemve, in qua agentes sine fraude in ius evocari non possunt.*

d. h. vor dem Gerichtshofe wegen Staatsdiebstahls, belangt worden. Der Gerichtshof nahm die Klage nicht an, wie Cicero sagt, weil der Ankläger wegen seiner Beamtenstellung als zu mächtig erschien. Hierin liegt, dass gesetzlich ein Beamter nicht am Anklagen gehindert war. Cicero erhob seine Anklage gegen Verres als erwählter Aedil; er drohte öfters, wenn er mit derselben nicht durchkomme, wolle er neue Anklagen wegen Majestätsverbrechens und Staatsdiebstahls erheben. Er konnte dies aber nur als wirklicher Aedil, deutet also damit an, dass er durch dies Amt an der Anklage nicht gehindert werde.

Das Verhältniss während der Republik war mithin folgendes. Die Gesetze, durch welche die Schwurgerichte eingesetzt wurden, hatten unter denen, die zum Anklagen unfähig wären, die Beamten nicht genannt: sie konnten eine Anklage erheben. Denn das entscheidende Urtheil wurde von Geschworenen gegeben. Aber das öffentliche Gefühl war dagegen: es verlangte, dass der Ankläger und der Angeklagte eine möglichst gleiche Stellung haben sollten. So blieb es auch unter den ersten Kaisern. Im Jahre 22 n. Chr. wurde der gewesene Proconsul Asiens C. Silanus wegen Majestätsverbrechens angeklagt: unter den Anklägern befand sich ein Prätor Junius Otho und ein Aedil Brutidius Niger (Tac. Ann. III, 66). Bald darauf, 23 n. Chr., fand der Process gegen Germanicus' ehemaligen Freund C. Silius wegen Erpressung und Majestätsverbrechens statt. Der Ankläger war der Consul Visellius Varro, und als der Angeklagte um Aufschub des Processes bat, bis sein Ankläger das Consulat niedergelegt habe, erklärte dies Tiberius für ungesetzlich (Tac. Ann. IV, 19).

Aehnlich verhielt es sich damit, wenn ein gewesener Quästor gegen seinen ehemaligen Consul oder Prätor als Ankläger auftrat. Zwischen dem Statthalter und seinem Beamten bestand ein Pietätsverhältniss, wie zwischen einem Vater und seinem Sohne: die Sitte verlangte, dass es nicht durch Anklage vor Gericht gestört würde. Cicero[1]) spricht darüber ausführlich. Denn Q. Caecilius Niger, sein Mitbewerber um die

---

[1]) Div. in Caec. 19, 69. Vergl. Cic. in Verr. I, 15, 40.

Anklage gegen Verres, war dessen Quästor gewesen. Trotzdem kamen einige Fälle von solchen Anklagen vor und die Sitte, welche anfänglich stark für die Aufrechterhaltung des Pietätsverhältnisses gewesen war, fügte sich am Ende dem Gesetze. Unter den Kaisern hatte es von Seiten des Quästors nichts Auffallendes, seinen Statthalter anzuklagen.[1])

Es ist interessant, mit denen, welche eine Criminalanklage nicht erheben durften, diejenigen zu vergleichen, welche zur Privatanklage unfähig waren. Man sollte den Kreis jener für enger halten, deshalb weil es gemeingefährlicher ist, wenn möglichst Vielen die Criminalanklage gestattet ist als wenn die Privatanklage. Dennoch ist das Umgekehrte der Fall. Zur Criminalklage wurden zugelassen, während ihnen die Privatklage verwehrt war, zwar nicht diejenigen, welche wegen Jugend oder Taubheit, also wegen eines natürlichen Fehlers überhaupt unfähig waren, vor Gericht zu erscheinen, auch nicht Frauen und Blinde, aber einige Classen von denen, welche ihre bürgerliche Ehre verloren haben. Es sind dies hauptsächlich zwei Classen[2]), nämlich erstens diejenigen, welche in einem Privatprocesse, der aber Ehrlosigkeit mit sich bringt, verurtheilt sind, und zweitens diejenigen, welche die Ehegesetze verletzt haben.[3]) Von beiden Classen wird nicht ausdrücklich gesagt, dass sie zum Erheben einer Criminalklage fähig sind, aber, da sie nicht ausgeschlossen werden, darf man darauf schliessen. Die Uebertreter der Ehegesetze werden erst seit des Kaisers Augustus Ehegesetzgebung als ehrlos betrachtet. Dafür aber, dass die in schimpflichen Privatprocessen

[1]) Z. B. Tac. Ann. III, 67 erwähnt einen solchen Fall ohne weitere Bemerkung.

[2]) Ich spreche nicht von denen, *qui corpore suo muliebria passi sunt,* die Ulpian l. 1, 6 Dig. de post. (III. 1) anführt, auch nicht von denen, *qui corpore quaestum fecerunt, fecerint,* die in der Tafel von Heraclea 123 als ehrlos von den Municipalämtern ausgeschlossen werden. Ebenfalls spreche ich hier nicht von den Soldaten, die Schande halber entlassen sind. Sie dürfen keine Privatklage erheben, aber zu einer Criminalklage werden sie zugelassen; denn Macer l. 8 Dig. de accus. (XLVIII, 2) geht nur auf die im Dienste stehenden Soldaten. Aber die ganze Bestimmung stammt, wie bemerkt, aus der Kaiserzeit.

[3]) Man sehe über beide Rudorff edict. perpet. p. 42 flgd.

Verurtheilten nur von der Erhebung von Privatprocessen ausgeschlossen werden, giebt es eine bestimmte Analogie. In des Dictators Cäsar Gesetze über die Zulassung zu Municipalämtern werden diejenigen ausgeschlossen, welche in ihrer Gemeinde wegen eines öffentlichen Verbrechens verurtheilt waren[1]), also z. B. wegen Unterschlagung des Gemeindevermögens, wegen Missbrauchs des Vertrauens als Gesandte, wegen Missbrauchs der Amtsgewalt. Es heisst ausdrücklich, es solle jemand nur in derjenigen Gemeinde zu Aemtern unfähig sein, in der er wegen eines solchen Verbrechens verurtheilt sei: in jeder andern Gemeinde war er zu Aemtern fähig und nur die, welche in Folge einer Verurtheilung in Rom wegen eines Criminalverbrechens mit Verbannung aus Italien bestraft waren, wurden damit zu Aemtern in allen Städten Römischer Bürger unfähig. Es liegt hier der Gedanke zu Grunde, dass jeder nur in demjenigen Kreise seine Befähigung zu Aemtern verliert, in dem er verurtheilt worden ist. Auf gleiche Weise ist es denkbar, dass die wegen Criminalverbrechen Verurtheilten nur zur Anklage wegen Criminalverbrechen unfähig wurden.

Indessen mag der Grund für diese einzelne Bestimmung gewesen sein, welcher es will, es steht die Thatsache fest, dass die Unfähigkeit zur Privatklage verschieden war von der für Criminalanklage. Zu dieser wurden Personen zugelassen, die von jener ausgeschlossen waren, und zwar waren dies solche Personen, welche für ehrlos (infames) galten. Daraus ergiebt sich, dass es selbst zur Zeit der classischen Rechtsgelehrten keinen festen Begriff für Ehrlosigkeit (infamia) gab. Denn wäre dieser fest bestimmt und ausgebildet gewesen, so würde Ehrlosigkeit überhaupt von Anklagen sowohl in Privatwie Criminalprocessen ausgeschlossen und zur Bestimmung der zur Anklage zulässigen Personen gedient haben.[2]) In der re-

---

[1]) Tab. Heracl. 119 *queive in eo municipio colonia praefectura foro conciliabulo, quoius erit, iudicio publico condemnatus est erit.*

[2]) Die Ausführungen und Folgerungen, welche Savigny in seinem Systeme des Römischen Rechtes II § 78 S. 180 flgd. über die Infamie giebt, scheinen mir nicht zutreffend. Er schliesst aus den Worten Ulpians (l. 1, 8 Dig. de post. III, 1) *Hoc edicto continentur etiam alii omnes, qui edicto praetoris ut infames notantur*, es habe schon vor dem

publikanischen Zeit darf man noch weniger einen solchen Begriff annehmen: gegen ihn spricht selbst die Stelle Ciceros in seiner Rede für Cluentius, von der unsere Untersuchung ausgegangen ist. Hätte es damals einen solchen gegeben, so würde Cicero, statt die Gesetze, durch welche Unfähigkeit zu Aemtern, zum Richten, zum Anklagen ausgesprochen wurde, einzeln anzuführen, vielmehr im Allgemeinen den Begriff und die Strafe der Ehrlosigkeit erwähnt und sie der von den Censoren ausgesprochenen Bescholtenheit entgegengestellt haben. Indem er Aemter, Richten, Anklagen einzeln erwähnt, deutet er an, dass es eine allgemeine Ehrlosigkeit, welche jene drei Fälle zusammen umfassen musste, nicht gab.

Der Ursprung der Unfähigkeit zum Anklagen ist also nicht aus einem solchen Begriffe, den es nicht gab, sondern daraus abzuleiten, dass der Prätor in seinem Edicte und seit es Schwurgerichte gab, die Gesetze über diese einzelne Classen

---

prätorischen Edicte einen alten, bekannten Rechtsbegriff der *infamia* gegeben und der Prätor habe diesen längst vorhandenen Begriff gelegentlich für einen einzelnen, seine Amtsverhältnisse berührenden Zweck benutzt. Ferner führt er dann aus, das Wesen der Infamie habe in dem Verluste aller politischen Rechte des Römischen Bürgers bestanden. Beide Schlüsse sind unrichtig und namentlich der erste, auf den sich der zweite gründet, beruht auf nicht richtiger Erklärung von Ulpians Worten. 'Sie werden bezeichnet durch das prätorische Edict, als ob sie *infames* wären' konnte es heissen, nicht bloss wenn es einen allgemeinen und fest bestimmten Begriff der *infamia* gab, sondern auch, wenn derselbe nur für einzelne Fälle, z. B. für die Verurtheilung durch die Censoren oder wegen besonderer Criminalverbrechen bestand. Dass dies Letztere vor dem prätorischen Edicte der Fall war, giebt Jedermann zu. Ferner ist in Savignys Ansicht die Zeitbestimmung 'vor dem prätorischen Edicte' durchaus unsicher. Soll das heissen 'vor Sulla,' ehe die Civil- von der Strafgerichtsbarkeit getrennt wurde? oder ehe überhaupt die Prätoren ein Edict zu erlassen pflegten? Diesen Zeitpunct kennen wir nicht. Endlich, wenn Ulpian von dem Inhalte des prätorischen Edictes spricht, weiss man nicht, ob er das zu seiner Zeit übliche oder das einer früheren Zeit meint: deshalb ist jeder Schluss auf die Verhältnisse der Republik unzuverlässig. Alles, was man für das Bestehen des Begriffes der Infamie angeführt hat, ist ohne Beweiskraft. Ein Verlust der politischen Rechte eines Römischen Bürgers ist ausser wenigen gesetzlich bestimmten Fällen dem Römischen Staatsrechte unbekannt.

von Personen von der Fähigkeit, in fremden Sachen eine Anklage zu erheben, ausschlossen. Diese Unfähigkeit war nicht allgemein für alle Criminalprocesse gültig. Die classischen Rechtslehrer sagen, die in einem Criminalprocesse Verurtheilten seien unfähig zur Anklage: sie haben in gewisser Beziehung und für ihre Zeit Recht. Aber für die republikanische Zeit galt dieser Grundsatz nicht. Die wegen Wahlumtriebe Verurtheilten hatten das Recht, Andere wegen Wahlumtriebe anzuklagen und das Pompejische Gesetz vom Jahre 52 v. Chr., so streng es sonst war, bestimmte, wer einen wegen gleicher Schuld oder zwei wegen geringerer Schuld zur Verurtheilung bringe, solle Begnadigung erhalten. Einen allgemeinen Grundsatz der Art gab es auch nicht in der Kaiserzeit. Für das Majestätsverbrechen z. B. wird von den Digesten[1]) ausdrücklich ausgesprochen, dass Ehrlose, die sonst von der Anklage ausgeschlossen wären, zu dieser Anklage zugelassen werden müssten; aber freilich wurden dabei alle sonstigen Ausnahmen des Gerichtsbrauches ausser Acht gelassen. Während der Republik bestand zwar dieses Majestätsverbrechen in solchem Umfange noch nicht; dennoch galt auch schon damals der Grundsatz, dass bei besonders staatsgefährlichen Verbrechen jedes, sonst unerlaubte Mittel zur Auffindung und auch jede Anklage erlaubt wäre.[2]) Daher wurden z. B. bei dem Processe über Bacchanalien alle Angeber und Ankläger zugelassen und die Massregeln, welche bei den Proscriptionen getroffen wurden, hatten in einzelnen Vorgängen der früheren Zeit ihr Muster.

b. Diese Vorkehrungen also hielt der Staat für nöthig zum Schutze seiner Bürger gegen frevelhafte Anklage, und ohne Zweifel ist dieser Gesichtspunkt auch von den Römern ins Auge gefasst worden. Aber ausgesprochen haben sie denselben, so viel ich mich erinnere, nicht: wo Ulpian von der Unfähigkeit zu Privatklagen spricht, erwähnt er nur, der Prätor

[1]) Modest. l. 7 Dig. ad leg. Iul. mai. (XLVIII, 4) *Famosi, qui ius accusandi non habent, sine ulla dubitatione admittuntur ad hanc accusationem.*

[2]) Man sehe Papinian l. 8 Dig. ad leg. Iul. mai. (XLVIII, 4).

habe Bestimmungen über dieselbe getroffen, um seine Würde zu wahren.[1]) Im Allgemeinen war es nöthiger, die Ankläger zu ermuntern als sie abzuschrecken: so sehr sprach sich die öffentliche Meinung gegen diejenigen, welche aus dem Anklagen ein Gewerbe machten, aus. Die allgemeine Pflicht der Bürger, durch Bestrafung der Verbrecher für das Staatswohl Sorge zu tragen, genügte nicht: ja selbst der religiöse Aberglaube, dass, wenn ein Verbrechen ungestraft bliebe, die Schuld desselben auf die Gesammtheit der Bürger fiele, konnte nur für einige Fälle gelten und verschwand um so mehr, je mehr sich der Staat politisch ausbildete. Aus diesen Gründen gab es seit den ältesten Zeiten Belohnungen für die Ankläger, sobald sie ihre Anklage als richtig erwiesen, d. h. sobald sie die Angeklagten zur Verurtheilung brachten. Vom Könige Tarquinius dem Uebermüthigen wird erzählt, er habe die mit seiner Regierung Unzufriedenen durch Ankläger bei sich anklagen lassen und sie dann zum Tode oder zur Verbannung verurtheilt. Von den Gütern der Verurtheilten, heisst es weiter, habe er den Anklägern nur einen kleinen Theil als Belohnung gegeben, das übrige selbst behalten und dadurch grosse Schätze gesammelt.[2]) Also seit den ältesten Zeiten bestand die Sitte, die Ankläger aus dem Vermögen der Verurtheilten zu belohnen, und zwar stand es in der Macht des Richters, wieviel er von dem verfallenen Vermögen als Belohnung zuerkennen wollte.

Diese Machtvollkommenheit des Richters musste später aufhören: es musste die Belohnung des Anklägers gesetzlich geregelt werden. Indessen wir haben über diese Regelung keine Kunde: selbst in den Ueberbleibseln der zwölf Tafeln findet sich keine Andeutung darüber. Aber es musste sich eine Gerichtssitte bilden, welche die Willkür des Beamten einschränkte. Dafür zeugen schon diejenigen Fälle, wo bei gemeingefährlichen Verbrechen den Angebern, welche die Stelle von An-

[1]) Ulpian l. 1 Dig. de post. (III, 1) *Hunc titulum praetor proposuit habendae rationis causa suaeque dignitatis tuendae et decoris causa, ne sine delectu passim apud se postuletur.*

[2]) Dionys. IV, 42. Vergl. C. R. I, 1, 122.

klägern vertraten, vom Senate Belohnungen zuerkannt wurden.[1]) Als die Schwurgerichte eingerichtet wurden, bildete sich das System der Belohnungen für die Ankläger bestimmter aus. Denn die Schwierigkeit, eine Anklage durchzuführen, wurde grösser, verlangte mehr Aufwand an Zeit und Geschicklichkeit. Es wurden in den einzelnen Gesetzen, durch welche die Gerichtshöfe eingesetzt oder geändert wurden, Bestimmungen darüber getroffen, welche Belohnungen dem glücklichen Ankläger zu Theil werden sollten, so in dem Acilischen, dem Servilischen, dem Julischen über Majestätsverbrechen, deren Verordnungen wir später anführen werden. Daraus darf man zweierlei schliessen. Erstlich, die Schwurgerichte handelten anfänglich nur über Amtsverbrechen, Erpressung, Ueberschreitung der Machtbefugnisse, Wahlumtriebe, die zwar in dieser Ausdehnung und Form früher nicht straffällig gewesen, aber doch unter besondern Umständen immer vor den gewöhnlichen Gerichten bestraft worden waren. Hätte es nun gesetzliche Bestimmungen über die Belohnungen der Ankläger in den gewöhnlichen Gerichten gegeben, so wäre es natürlich gewesen, dieselben auf die neu entstandenen Schwurgerichte zu übertragen und in den Gesetzen über diese nur von der Form des Zuerkennens zu handeln. In so fern beweist die Erwähnung in den einzelnen Gesetzen über die Schwurgerichte, dass früher nicht das Gesetz, sondern nur der Gerichtsgebrauch diese Belohnung regelte. Dazu passt das Stillschweigen der zwölf Tafeln, das nicht zufällig erscheint. Die Beamten, welche die Gerichtsbarkeit leiteten, hatten, da das Verfahren einmal auf der Anklage beruhte, die Verpflichtung für einen Ankläger zu sorgen und der Gerichtsgebrauch stellte die Art und Weise, wie dies zu geschehen pflegte, fest. Erst bei Einführung der Schwurgerichte erfolgte darüber ein Gesetz. Zweitens ergiebt sich, dass die Belohnungen nicht für die Ankläger in allen Processen gleich waren. Sonst hätte man die Bestimmungen darüber nicht an die einzelnen Gesetze geknüpft, sondern im All-

[1]) Z. B. bei der bekannten Verschwörung der Bacchanalien, Liv. XXXIX, 19. Vergl. C. R. I, 2, 210.

gemeinen festgesetzt: wir werden ausserdem einzelne Bestimmungen finden, die nur bei gewissen Verbrechen galten.

Seit der Errichtung der Schwurgerichte gab es für alle Verbrechen, die vor denselben zur Entscheidung kamen, Belohnungen der Ankläger. Im Acilischen Gesetze (Z. 78 flgd.) wird von den Belohnungen gehandelt; dass aber dabei ein Unterschied zwischen den Verbrechen, deren Jemand nach diesem Gesetze angeklagt werden konnte, gemacht wurde, davon findet sich keine Andeutung. Einen gleichen Umfang hatte das Servilische Gesetz: es heisst in ihm allgemein, Latiner, die nach demselben eine glückliche Anklage geführt, hätten das Römische Bürgerrecht als Belohnung erhalten.[1]) Als nach Auflösung des allgemeinen Gerichtshofes für Amtsverbrechen über die einzelnen derselben besondere Gerichtshöfe eingesetzt wurden, gingen die Bestimmungen über die Belohnungen der Ankläger in die Gesetze, welche über diese erlassen wurden, über. Von den Belohnungen, welche für Verurtheilung wegen Wahlumtriebe erlassen wurden, werden wir später mehr zu sagen haben. Dass bei dem Processe über Genossenschaften dem Ankläger Belohnungen gegeben wurden, beweist ein Process gegen Milo.[2]) Dass bei den Processen über Majestätsverbrechen Belohnungen gesetzlich waren, wissen wir allerdings erst aus der Kaiserzeit, wo der 4. Theil der Güter des Verurtheilten den Anklägern zufallen musste.[3]) Damals galt das Julische Gesetz des Kaisers Augustus. Aber schwerlich hat es zuerst Belohnungen eingeführt: schon vorher galt die Anklage als eine der schwersten und der Staat hatte immer das höchste Interesse, zu derselben aufzufordern. Demnach wird man annehmen können, dass bei allen denjenigen Verbrechen, an deren Verfolgung und Bestrafung der Staat ein Interesse hatte, dem Ankläger Belohnungen ausgesetzt waren, verschieden nach der Grösse der Verbrechen, zum Theil auch nach der Zeit, in der sie gesetzlich bestimmt wurden.

---

[1]) Cic. p. Balb. 24, 54.

[2]) Ascon. in Mil. p. 54 *Post paucos dies quoque Milo apud Favonium quaestorem de sodaliciis damnatus est accusante P. Fulvio Nerato, cui lege praemium datum est.*

[3]) Tac. Ann. IV, 20. Vergl. c. 30.

Zweifelhaft kann es erscheinen, ob bei denjenigen Criminalverbrechen, durch welche zunächst Einzelne betroffen wurden, ebenfalls Belohnungen ertheilt wurden. Es war unnöthig diejenigen, welche wegen eigenen Unrechtes eine Anklage erhoben, noch ausserdem zu belohnen, und der Staat wurde zu sehr belastet, wenn derselbe für die Anklagen gemeiner Verbrecher Geld ausgeben sollte. Es lässt sich auch kein derartiges Beispiel nachweisen. Dennoch steht es fest, dass auch in dem Cornelischen Gesetze über Mord von Belohnungen der Ankläger gehandelt wurde. In den Erläuterungen der Digesten über den Silanianischen Senatsbeschluss führt Gajus[1]) eine Bestimmung des Cornelischen Gesetzes an, durch welche dem Ankläger eines Sclaven, der zur Dienerschaft eines getödteten Herren gehörte und vor der gerichtlichen Untersuchung flüchtig geworden war, eine Geldbelohnung entweder aus den Gütern des Verurtheilten, oder wenn diese nicht ausreichen, aus dem Staatsschatze versprochen wird. Freilich ist dieser Fall von den gewöhnlichen verschieden. Alle Bürger haben das höchste Interesse, die Sicherheit des Herren mit allen möglichen Schutzwehren zu umgeben: viel geringer ist das Interesse, das sie an der Entdeckung eines gewöhnlichen Mordes haben. Es ist also wohl denkbar, dass, wenngleich in einem Falle dem glücklichen Ankläger eine Belohnung verheissen wurde, er in andern Fällen leer ausging, aber dennoch wahrscheinlich, dass in allen Fällen der Ankläger in einem Criminalprocesse eine Belohnung beanspruchen durfte: es gehörte zum ganzen System des Römischen Gerichtsverfahrens.

Es lassen sich zwei Classen von Belohnungen unterscheiden: erstlich Belohnungen in Geld. Sie scheinen bei allen Criminalanklagen gegeben worden zu sein: nachweisen kann man sie bei den Majestätsverbrechen und dem Morde und man

---

[1]) Gaius l. 25 Dig. de SC. Silan. (XXIX, 5) *Lege Cornelia cavetur de praemio accusatoris qui requisierit et renunciarit eos servos qui ex ea familia ante quaestionem fugerint, ut in singulos servos, quos convicerit, quinque aureos ex bonis occisi, aut, si inde redigi ea quantitas non possit, ex publico accipiat.* Bei der zweiten in § 1 verheissenen Belohnung steht nicht ausdrücklich dabei, das sie schon vom Cornelischen Gesetze verheissen sei.

sieht nicht ein, weshalb sie nicht überall sollten ertheilt worden sein. Bei den Angebern (indices), welche eine gewisse Aehnlichkeit mit den Anklägern haben und häufig zu solchen werden, finden sie sich in den verschiedensten Fällen. Sie werden, wie die kurz zuvor angeführte Stelle der Digesten beweist, aus dem Vermögen des Verurtheilten entnommen, erst, wenn dieses nicht ausreicht, aus der Staatskasse. Sie bestanden entweder aus einer bestimmten Geldsumme, die in allen Fällen gleich blieb, oder aus einem verhältnissmässigen Antheile aus den Gütern des Verurtheilten, der also, je nachdem diese grösser oder geringer waren, ebenfalls an Grösse verschieden war. So war es bei den Majestätsverbrechen. Indessen in Tacitus' Ausdrucke[1]) dabei liegt der Sinn, nicht, dass der Ankläger den vierten Theil der Güter erhielt, sondern dass er wenigstens diesen erhielt: es durfte ihm auch ein grösserer Antheil gegeben werden. So findet man es auch wirklich, z. B. bei Libos Processe unter Kaiser Tiberius[2]): seine Güter wurden vollständig unter die Ankläger vertheilt.

Zweitens liegen Belohnungen an Ehre vom Beginne des Staates an in der Römischen Gerichtssitte. Dies beweist die Fabel über die zur Wiederherstellung des Königthums angezettelte Verschwörung: der Entdecker derselben, ein Sclave, soll mit der Freiheit und dem Bürgerrechte belohnt worden sein (Liv. II, 5). Eine ähnliche Belohnung wurde denjenigen, welche die Bacchanalien angegeben hatten, zuerkannt[3]): sie waren der eine Römischer Bürger, die andere eine Freigelassene. Ihre Belohnungen waren unter einander und auch von denen des ersten Falles verschieden. Daraus ergiebt sich als Grundsatz, dass diese Art der Belohnungen verschiedene Stufen hatte nach dem verschiedenen Stande der Ankläger: eben denselben Grundsatz erkennt man aus den Bestimmungen des Acilischen Gesetzes, das über Amtsverbrechen im Allgemeinen handelte, und des Calpurnischen über Wahlumtriebe.[4]) Hiernach kann man etwa folgende Stufen unterscheiden.

[1]) Tac. Ann. IV, 20.
[2]) Tac. Ann. II, 32.
[3]) Vergl. oben S. 51.
[4]) Man sehe C. R. II, 1, 175 flgd. und II, 2, 231 flgd.

Bei Sclaven bestand die Belohnung in der Freiheit und dem Bürgerrechte. Ein Beispiel davon haben wir in dem eben angeführten Processe der Verschwörer zu Anfang der Republik.

Bei Freigelassenen konnte Erhebung in den Stand der Freigeborenen stattfinden. Dies beweisen die Belohnungen, welche bei der Verschwörung der Bacchanalien der Angeberin Hispala Fecenia, einer Freigelassenen, gegeben wurden.

Bei freien Nichtbürgern, sowohl denen, welche zu den sogenannten Bundesgenossen gehörten, als den Latinen fanden verschiedene Abstufungen statt. Die höchste Belohnung war das Bürgerrecht selbst, das z. B. im Servilischen Gesetze den Bewohnern Latinischer und anderer verbündeter Städte verheissen wurde[1]); aber es findet sich auch Steuerfreiheit (immunitas), Befreiung vom Kriegsdienste, zur Zeit der Gracchen auch Verleihung des Provocationsrechtes.[2]) Ueber die einzelnen Stufen, die hierbei beobachtet wurden, sind wir nicht unterrichtet: es scheint unter den Bewohnern derjenigen Gemeinden, welche des Bürgerrechtes entbehrten, wieder ein Unterschied zwischen den Personen, welche einzeln Bürger waren, und denen, die es nicht waren, bestanden zu haben. Aber alle eben angeführten Belohnungen kamen vor.

Bei den Römischen Bürgern selbst machte es einen Unterschied, ob der Ankläger zum Senatorenstande gehörte, oder nicht. Dass ein Uebergang von einem Stande in den andern stattfand und der Rang als Senator an glückliche Ankläger verliehen wurde, lässt sich nicht erweisen[3]) und ist an sich unwahrscheinlich. Als Belohnung für gewöhnliche Römische

---

[1]) Cic. p. Balb. 23 und 24.

[2]) Man sehe C. R. II, 1, 175 flgd.

[3]) Ich habe dies zwar behauptet C. R. II, 2, 232; dennoch ist die Sache unsicher. Die Entscheidung hängt davon ab, ob bei Cic. p. Balb. 25, 57 unter der *toga praetexta* das Amtskleid der Senatoren oder der höheren Beamten, in diesem Falle der Prätoren, zu verstehen ist. Ich halte jetzt das Letztere für wahrscheinlich. Aber selbst wenn man das Erstere annimmt, ist doch nur von der Erhebung in den Rang und die äusseren Ehren von Senatoren die Rede, nicht davon, dass Jemand nach glücklicher Anklage wirklich Senator geworden sei. Also selbst in diesem Falle bestand eine scharfe Scheidung der beiden Stände. Vergl. Z. LXXVII des Acilischen Gesetzes.

Bürger wird erwähnt Befreiung vom Kriegsdienste. Sie musste in dem uns überlieferten Falle, bei dem Ankläger der Bacchanalien (Liv. XXXIX, 19) durch einen besondern Volksbeschluss bewilligt werden; indessen derselbe war nicht nöthig, wenn durch ein allgemeines Gesetz den Anklägern in bestimmten Fällen das Bürgerrecht verheissen war. Eine weitere Belohnung bestand in der Einreihung in eine andere geehrtere Tribus, nämlich in diejenige, in welcher der Angeklagte vor seiner Verurtheilung gewesen war.[1]) Bei den Senatoren finden sich zwei Arten von Belohnungen an Ehre, wenn sie eine Anklage glücklich durchgeführt hatten. Erstlich Aufrücken in ihrem Range im Senate: es werden ausdrücklich erwähnt die Ehren eines Consuls (Dio Cass. XXXVI, 23) und die eines Prätors (Cic. p. Balb. 25, 57), die auf diese Weise verliehen worden wären. Man darf also nicht zweifeln, dass auch die niederen Grade im Senate, der Rang als Quästor und Aedil, verliehen wurden. Aber diese Belohnung bezieht sich eben nur auf die Aeusserlichkeiten des Amtes, nicht auf das Amt selbst: auch bei den Processen über Wahlumtriebe, wo der unglückliche Candidat den glücklichen anklagte, erlangte der erstere durch den Sieg vor Gericht nicht das Amt, um das es sich handelte.[2]) Die zweite Art der Belohnung bestand in der Wiedergewinnung des durch eine etwaige Verurtheilung verlorenen Ranges. Sie wird uns auf das bestimmteste gemeldet in den Processen über Wahlumtriebe[3]), bestand aber unzweifelhaft auch für andere Criminalprocesse. Denn die erste Erwähnung stammt aus der Zeit der Sullanischen Verfassung, als Wahlumtriebe noch von dem allgemeinen Gesetze über Amtsverbrechen umfasst wurden und keine Besonderheiten im Verfahren darboten. Es wird überdies ein Beispiel einer Rangerhöhung für den glücklichen Ankläger in

[1]) Dies ergiebt sich aus Cic. p. Balb. 25, 27 verglichen mit Z. LXXVII des Acilischen Gesetzes. S. C. R. II, 1, 174.

[2]) Man sehe den Beweis in C. R. II, 2, 233.

[3]) Von Cic. p. Cluent. 36, 98, vergl. C. R. II, 2, 232. In dem Pompejischen Gesetze über Wahlumtriebe waren ähnliche, wenngleich uns nicht mehr verständliche Bestimmungen enthalten. S. C. R. II, 2, 435: sie waren von den früher geltenden nicht wesentlich verschieden.

einem Processe über Erpressung ausdrücklich überliefert (Dio l. l.), und wenn diese stattfand, darf man auch Wiedereinsetzung in den verlorenen Rang als allgemeine Belohnung ansehen.

Es wäre wünschenswerth, wenn wir über die Grundsätze, nach denen diese Belohnungen ertheilt wurden, nähere Kunde hätten. Sie fehlt uns indessen gänzlich: wir wissen nicht, in welchen Fällen dem Ankläger nur Geld, in welchen Geld und Ehre oder die letztere allein zuerkannt wurde, wann der Freigelassene oder Nichtbürger das Bürgerrecht, wann der Senator höheren Rang erhielt. Nur dies eine kann man sagen. Die Geldbelohnung wird zunächst aus den Gütern des Verurtheilten gezahlt und ist, wenn diese bedeutend sind, jedenfalls grösser, als wenn sie bei Unzulänglichkeit derselben vom Staate gezahlt werden soll: ja sie fand wahrscheinlich, wenn der Verurtheilte arm war, gar nicht statt. Ebenso tritt die Belohnung an Ehre nur dann ein, wenn der Verurtheilte an Ehre verloren hat. Also nur wenn das Urtheil auf Aechtung gelautet hat, kann der Ankläger in das Bürgerrecht aufgenommen werden: er tritt in einen höheren Rang im Senate ein, wenn der Verurtheilte seinen Rang verloren hat, wobei es freilich nicht als nothwendig erscheint, dass der Verurtheilte gerade eben denselben Rang verloren habe, den der Angeklagte erhält.[1]) Die Idee ist, dass der Verurtheilte ein schlechter Bürger oder Senator sei und der Ankläger an seine Stelle treten solle. Dies ergiebt sich aus dem uns bekannten Falle, wo alle sonst einzeln ertheilten Arten von Belohnungen zusammen in Anwendung kamen. Als durch das Pedische Gesetz der Gerichtshof über die Mörder des Dictators Cäsar eingesetzt wurde, handelte dasselbe auch über die

---

[1]) Scribonius Libo, der unter Tiberius wegen Majestätsverbrechen verurtheilt wurde, war Prätor gewesen: seine Ankläger erhielten die Prätur (Tac. Ann. II, 32). Aber nothwendig war dies nicht. Die Ankläger von Piso, der Consul gewesen war und die höchsten Ehren bekleidet hatte, erhielten zum Theil Priesterthümer, zum Theil versprach ihnen der Kaiser seine Unterstützung zur Erlangung von Ehrenstellen (Tac. Ann. III, 19).

Belohnungen der Ankläger: sie bestanden in Geld, das aus den Gütern der Verurtheilten entnommen wurde, in Rang und Ehre, wenn, wie es ausdrücklich heisst, die Angeklagten solche gehabt hatten, endlich in Befreiung vom Kriegsdienste.[1]) Aber dennoch war diese Idee von der Ersetzung eines schlechten Bürgers durch einen guten nicht so mächtig, dass sie bei der Verurtheilung Jemandes unmittelbar die Belohnung seines Anklägers herbeiführte. Es musste immer die ausdrückliche Entscheidung des Gerichtshofes hinzukommen und bei der Unsicherheit der gesetzlichen Bestimmungen hatte dieselbe einen weiten Spielraum. Die Entscheidung ging von den Beamten aus, in so fern sie neben ihrer richterlichen Gewalt noch die Verwaltung leiteten. Für die Zeit, wo es nur Beamtengerichte gab, leuchtet dies ein. Wo der Verbrecher geständig oder auf der That ertappt war, hatte der Beamte natürlicher Weise, wie er an dem Angeklagten die Strafe vollzog, auch dem Ankläger die Belohnung zu ertheilen. Musste bei eintretender Provocation ein richterliches Verfahren stattfinden, so konnte sich dies, wie es bei der Volksversammlung selbstverständlich ist, nur auf die Frage der Schuld erstrecken: die Belohnung der Ankläger im Falle der Verurtheilung war Sache des Beamten. Es gab darüber eine Gerichtssitte; aber die Ausführung machte in verschiedenen Fällen ein verschiedenes Verfahren nothwendig. Erfolgte nur eine Geldbelohnung und zwar aus den Gütern des Verurtheilten, so konnte diese der Beamte selbständig ausführen: bei einer Belohnung aus dem Staatsschatze musste der Senat hinzugezogen werden. Belohnungen an Ehre konnte der Beamte nicht selbständig ausführen. Wo es sich um andere Belohnungen der Bundesgenossen oder um einen höheren Rang der Senatoren handelte, genügte die Entscheidung des Senates: für die Ertheilung des Bürgerrechtes, so wie anderer Belohnungen an Römische Bürger musste die Beistimmung des Volkes nachgesucht werden. Dies zeigt die Erzählung über die Bestrafung der Bacchanalien (Liv. XXXIX, 19). Es wurde dies als eine staatsgefährliche Verschwörung behandelt und die bestehenden Gesetze reichten

[1]) Dio Cass. XLVI, 49. Vergl. C. R. II, 2, 493.

zur Bestrafung derselben hin: wir lesen nicht, dass über die Bestrafung derselben verhandelt wurde, sondern nur über die Fällung des Urtheiles, die ausserordentlicher Weise den im Allgemeinen zum Richten befähigten Consuln aufgetragen wurde. Die Geldbelohnung an die Angeber oder Ankläger wurde auf Antrag der Consuln vom Senate bewilligt; dagegen die Befreiung vom Kriegsdienste, sowie die Verleihung der Ingenuität erfolgte durch Volksbeschluss.

In diesem Verhältnisse blieb die Ertheilung der Belohnungen an die glücklichen Ankläger bis zur Einrichtung der Schwurgerichte und es ist ersichtlich, wie viel Spielraum trotz der im Römischen Staatsrechte liegenden Beschränkung dabei den Beamten gelassen war. Mit den Schwurgerichten fand theils eine Erweiterung theils eine Beschränkung derselben statt. Eine Erweiterung in so fern, als wenigstens seit dem Acilischen Gesetze, vielleicht aber auch schon seit dem Sempronischen, das den Schwurgerichten zuerst Strafgewalt verlieh, die Belohnungen bestimmt wurden, namentlich Ertheilung des Bürgerrechtes, Steuerfreiheit für die Bundesgenossen, Freiheit vom Kriegsdienste. Dazu mochten später Belohnungen für Senatoren kommen, von denen wir erst seit den Cornelischen Gesetzen hören. Indem so in diesen Volksbeschlüssen die Belohnungen ausdrücklich erwähnt wurden, ging die Befugniss sie zu verleihen auch in denjenigen Fällen an die Beamten über, die sonst vor den Senat oder das Volk gehört hatten: das Volk hatte sich für die Schwurgerichte freiwillig seines Rechtes, über die Belohnungen und Strafen Römischer Bürger allein zu entscheiden, begeben. Dass dies geschah, geht aus den Erwähnungen dieser Belohnungen theils im Acilischen Gesetze theils in den angeführten Stellen Ciceros unzweifelhaft hervor. Z. B. in seiner Rede für Balbus (c. 24 flgd), wo er von der Verleihung des Bürgerrechtes an Mitglieder verbündeter Staaten spricht, erwähnt er zuerst die Verleihungen des Bürgerrechtes, die nach dem Servilischen Richtergesetze geschahen, dann die Verleihung des Bürgerrechts an die aus Velia stammende Priesterin des Ceres. Bei der letzteren nennt er ausdrücklich einen Senats- und Volksbeschluss, bei der ersteren nur im Allgemeinen, dass die Antragsteller und das Volk selbst durch Annahme des Gesetzes ihren Willen kund gethan hätten. Darin liegt, dass bei den Verleihungen des Bürgerrechtes an Ankläger das Volk sein Recht im Einzelnen aufgegeben und an die Vorsitzenden der Gerichte übertragen hatte. Hierin lag nicht bloss eine nothwendige Vereinfachung des Geschäftsganges, sondern auch eine Erweiterung der Beamtengewalt. Eine Beschränkung dagegen derselben fand in so fern statt, als die Zuerkennung der Belohnung nicht mehr dem Beamten und seinem selbstgewählten Beirathe, sondern den Geschworenen zustand: die Entscheidung fand, wie wir später sehen werden, zwar in dem Verfahren in iure, aber doch nach dem Gutachten der Geschworenen statt.

Gesetzlich also waren seitdem die Belohnungen für die Ankläger in Criminalprocessen festgestellt. Trotzdem wie weiten Spielraum hatte die Entscheidung des Gerichtshofes! Selbst wenn die gesetzlichen Bestimmungen viel näher in die Einzelheiten eingingen, als es nach den uns erhaltenen dürftigen Erwähnungen scheint, so hatte er dennoch Gewalt, nicht bloss unter den verschiedenen Anklägern, welche den Process geführt hatten, die nothwendigen Abstufungen vorzunehmen und den einen für den Hauptankläger zu erklären, den andern zurück zu weisen, sondern auch unter denen, die belohnt werden sollten, den einen mit Geld abzufinden und die Höhe der zu gewährenden Summe zu bestimmen, dem einen diese, dem andern jene Standeserhöhung zuzuerkennen. Wie sehr dabei das Urtheil schwanken konnte, ergiebt sich besonders aus den uns näher bekannten Processen über Majestätsverbrechen aus der Kaiserzeit: mochte auch der Senat ein freieres Urtheil haben, als früher die Beamten, so gewähren dennoch die verschiedenartig lautenden Urtheile ein ungefähres Bild auch der früheren Verhandlungen. Zufällig erfahren wir dabei, dass die alten gesetzlichen Bestimmungen an sich mangelhaft waren. Unter Tiberius wurde im J. 24 n. Chr. bei Gelegenheit eines Majestätsverbrechens, bei dem einer der Angeklagten sich vor der Fällung des Urtheils das Leben genommen hatte, der Antrag im Senate gestellt, in diesem Falle, wenn der Angeklagte sich vor der Vollendung des Urtheils das Leben genommen hätte, sollten die Belohnungen der Ankläger fortfallen. Der Antrag wäre angenommen worden, wenn sich nicht der Kaiser dagegen erklärt hätte (Tac. Ann. IV, 30). Der Vorgang beweist, dass für den Process über Majestätsverbrechen im Julischen Gesetze die Bestimmungen über die Belohnungen der Ankläger allgemein waren. Aber auch in den früheren Gesetzen über Majestätsverbrechen, sowie überhaupt in denen über andere Verbrechen war ein solcher Unterschied nicht getroffen: sonst würde der Antragsteller seinen Antrag und der Kaiser dessen Verwerfung mit Hinweisung auf ähnliche Gesetze begründet haben.

Es ist ein eigenthümliches Bild, das sich uns im Anklagesysteme des Römischen Criminalprocesses zeigt. Von Anfang des Staates an war es ein gewinnbringendes, unter Umständen sehr einträgliches Geschäft, Ankläger zu sein. Es mochte allerdings eine Zeit geben, wo der Sinn für Gerechtigkeit so allgemein, die öffentliche Stimme so mächtig, die Beamten so unbescholten waren, dass jeder Missbrauch fern gehalten wurde. Aber allmälig musste sich dies ändern: es ist kein Zweifel, dass in der Blüthezeit der Republik die Anklage in Criminalprocessen gewerbsmässig zur Gewinnung des Lebensunterhaltes und gelegentlich auch von Ehre und Ansehen betrieben wurde. Zu politischen Zwecken, z. B. zu den Wahlen, bildeten sich zahlreiche Verbindungen, die unter einem Führer gemeinsame Absichten verfolgten und von den Candidaten berücksichtigt werden mussten.[1] Auf gleiche Weise bildeten sich Vereine für die Anklage in Criminalsachen, wahrscheinlich unter Führern, die der Rede mächtig und im Rechte erfahren waren. Als P. Clodius' Mord geschehen war, meldeten sich sogleich mehrere Vereine, die eine Anklage wegen Mord erheben wollten, und zwar nicht bloss solche, die durch Interesse für den Getödteten geleitet wurden (Ascon. p. 35), und, als das Pompejische Gesetz erlassen war, hören wir von zahlreichen Vereinen, die sich zur Anklage Schuldiger bildeten (Asc. p. 54). Sie schlossen sich an die verschiedenen Gerichtshöfe an; denn die Vorsitzenden derselben hatten, wie wir

---

[1] Man sehe über dieselben C. R. II, 2, 382.

später sehen werden, freie Auswahl unter den Anklägern. Es gab eine besondere Classe, welche bei den Gerichtshöfen der Dreimänner thätig war[1]): solche, die grössere Ansprüche machten, schlossen sich an die Prätoren an. Als Verres in Sicilien einen Criminalprocess gegen den Thermitaner Sthenius hervorzurufen wünschte, erliess er die Erklärung, wenn Jemand Sthenius wegen eines Capitalverbrechens anklagen wollte, werde er die Klage annehmen[2]): sogleich traten Mehrere auf, welche sich zur Anklage meldeten. Aehnlich war es in Rom: jeder Vorsitzende eines Gerichtshofes fand um sich eine Menge von Leuten, die theils einzeln theils in Verbindung mit Anderen bereit waren, jede Anklage, die nöthig erschien, zu übernehmen, oder selbst Verbrechen und Verbrecher aufspürten. Wenn Cicero unruhige Politiker schildern will, die auf jegliche Weise Geld und Macht zu erringen suchen, erwähnt er Angeber, von denen sie umgeben gewesen wären[3]): sie dienten ihnen dazu, politische und andere Verbrechen aufzuspüren, und wurden durch die Belohnungen, welche Ankläger gesetzlich erhielten, belohnt.

Anklagen war ein Gewerbe, das zur Verallgemeinerung der Rechtskenntnisse und zur Ausbildung der Beredsamkeit mächtig beitrug. Von Sex. Roscius' Ankläger C. Erucius sagt Cicero (p. S. Rosc. 21, 58), er sei von den Feinden des Angeklagten für Geld gewonnen worden. Denselben Grund hat P. Canutius gehabt, um in A. Cluentius' Namen die Processe gegen Scamander, C. Fabricius und Oppianicus zu führen, denselben T. Attius, um die Anklage gegen A. Cluentius zu unternehmen. Die Beschädigten waren selber unfähig, vor Gericht zu reden: sie gewannen einen Anwalt für Geld.[4]) Schon

---

[1]) S. C. R. II, 2, 128.

[2]) Cic. in Verr. II, 38, 94 *Si quis absentem Sthenium rei capitalis reum facere vellet, sese nomen eius recepturum.* Vergl. auch Cic. in Verr. IV, 10, 40 *Apponit de suis canibus quendam, qui dicat se Diodorum Melitensem rei capitalis reum velle facere.*

[3]) So Catilina Cic. p. Mur. 24, 49: *stipatum choro iuventutis, vallatum indicibus atque sicariis,* P. Clodius p. Sest. 44, 95 *stipatus semper sicariis, saeptus armatis, munitus indicibus fuit.*

[4]) Aehnlich verhielt es sich bei L. Flaccus' Processe. Cic. p. Flacc. 33, 81 sagt, Appulejus Decianus, der auch als Unterstützer der Anklage

dies war für Staatsmänner unanständig, noch mehr, dass eine Anklage einseitig darauf geht, Andere in Unglück zu bringen. In früherer Zeit, als bei der kleineren Zahl von Bürgern der Antheil des einzelnen am Staate grösser und die Belohnungen selbst weniger lockend waren, mochten auch wirkliche Staatsmänner, ein M. Scaurus oder M. Cato, sich dazu hergeben, Anklagen zu erheben; aber zu Ciceros Zeit galt es für unanständig. Er hält die Anklage nur für anständig erstens als Mittel der politischen Laufbahn für junge Leute, die sich durch den Sturz eines mächtigen Mannes rasch einen Namen machen wollen, zweitens für solche, die sich an einem Privatfeinde rächen wollen, endlich für solche, die aus wichtigen politischen Gründen mehr zum Schutze Unschuldiger als zum Sturze Schuldiger als Ankläger auftreten (Cic. de off. II, 14).[1] Als er selbst seine Anklage gegen Verres unternahm, entschuldigte er sich sehr und setzte die in der allgemeinen politischen Lage des Staates befindlichen Gründe, die ihn zur Erhebung derselben bewogen, auseinander (Cic. div. 1; Quint. V, 1, 7). Trotzdem gab es auch einige Vornehme, die aus Anklagen ein Geschäft machten. Am bekanntesten ist M. Brutus, der sich dadurch den Beinamen *accusator* zuzog: er that es zum Theil, weil Härte und Bitterkeit in seinem Charakter lagen, zum Theil aber auch des Erwerbes halber, denn er hatte sein ererbtes Vermögen verschwendet (Cic. de off. II, 14, 50; Brut. 34, 130). Von geringerem Stande war zu derselben Zeit L. Caesulenus, der, ausgezeichnet im Reden, ebenfalls aus Anklagen ein Geschäft machte. (Cic. Brut. 34, 131). Wer bei einer Anklage beweisen wollte, dass er wirklich nur durch Interesse für das Gemeinwohl oder durch Privatfeindschaft, die bei den Römern durch die Sitte gebilligt wurde, sich leiten liess, der

auftrat, habe auf diese 'fette' Anklage den Hauptankläger D. Laelius aufmerksam gemacht.

[1]) Aus der Liste der uns überlieferten Criminalprocesse ergeben sich Beispiele für alle diese Fälle. Z. B. als junge Leute, die durch Anklage mächtiger Männer schnell zu Einfluss gelangten, werden genannt L. Crassus, der C. Carbo wegen Erpressungen belangte, die Gebrüder L. und M. Lucullus, welche Q. Servilius aus Privatrache anklagten, C. Cäsar bei seiner Anklage von Cn. Dolabella, Ap. Claudius Pulcher, der Terentius Varro, P. Clodius, der L. Catilina anklagte.

konnte die ihm gesetzlich zustehende Belohnung ausschlagen. So machten es z. B. P. Clodius' Verwandte, als sie T. Milo anklagten (Ascon. p. 54).

Der Zustand, welchen das Anklageverfahren der Römischen Gerichte herbeiführte, ist nicht erfreulich. Ursprünglich lag in dem Criminalprocesse nicht die Nothwendigkeit, dass ein Privatankläger auftreten musste: auch der Beamte konnte vermöge seiner Amtspflicht die Untersuchung eröffnen und das Urtheil fällen. Indessen die fernere Entwickelung liess den Ankläger immer mehr hervortreten: am Ende der Republik herrschte er allein. Schon früh wurde dies System begünstigt durch die aus lebhaftem politischen Leben hervorgehenden Privatfeindschaften: es galt als erlaubt und geboten, von Eltern oder Vorfahren ererbte Privatfeinde anzuklagen. Als dazu die Habsucht als Beweggrund kam, entstand ein der Gerechtigkeit wenig förderlicher Zustand. Je reicher Jemand war, je höher er im Range stand, um so mehr hatte er Anklagen zu fürchten: um den Armen und Niedrigen, dessen Verurtheilung keinen Gewinn brachte, kümmerte sich Niemand. Die Mittel, durch welche sich die beständiger Gefahr ausgesetzten Vornehmen zu schützen suchten, mussten das Volk noch mehr entsittlichen und die Handhabung der Gerechtigkeit hindern. Vielleicht würde dieses Anklagesystem schon früher eine Aenderung erfahren haben, wenn Verurtheilung andere Strafe gebracht hätte als politischen Sturz. Der Kaiser Augustus steuerte der gewerbsmässigen Anklage etwas durch die früher angeführte Bestimmung, dass Niemand mehr als zwei Processe zu gleicher Zeit führen durfte. Dennoch wurde das Uebel in der Folge ärger und die Belohnungen der Ankläger, besonders in den Processen über Majestätsverbrechen, bildeten die schrecklichste Geissel aller, die an Rang und Vermögen etwas zu verlieren hatten.

Nach Römischem Gesetze durfte über jedes Verbrechen nur eine einzige Anklage statt finden; aber sie konnte von Mehreren geführt werden: zur Zeit der Schwurgerichte war dies gewöhnlich. Der Grund davon liegt wahrscheinlich in der Schwierigkeit, welche die grossen, politischen Processe darboten: wenigstens findet sich früher diese Sitte nicht und die erste, von Mehreren geführte Anklage, von der wir Kunde haben, stammt aus dem Jahre 126 v. Chr. (Cic. div. 21, 69), als die Processe wegen Amtsverbrechen zwar noch nicht den Charakter hatten, den ihnen bald darauf C. Gracchus gab, aber doch schon häufig und umfangreich waren. Wahrscheinlich trug zu dieser Vereinigung mehrerer Ankläger auch die Nothwendigkeit der Beredsamkeit bei. Seit die Entscheidung nicht bloss von einem Einzigen, sondern von Mehreren abhing, kam es darauf an, durch künstliche Darstellung zu überzeugen und die Leidenschaften zu erregen. In Folge davon bildete sich in der Anklage selbst eine Verschiedenheit: ein Theil derselben bestand darin, die Beweise herbeizuschaffen, der andere darin, sie den Richtern vorzutragen. Der letztere war der Haupttheil: er allein trat in die Oeffentlichkeit, um ihn allein kümmerten sich die Richter. Mithin galt, selbst wenn ein Verein Mehrerer die Anklage leitete, doch einer unter denselben als der eigentliche Ankläger (*accusator*). Die Gehülfen desselben unterzeichneten die Anklageschrift in zweiter Linie und hiessen davon *subscriptores*. Wie der Erstere von dem Prätor eingesetzt wurde, so war es auch bei den Letzteren der Fall; aber natürlich war dabei der Wunsch des Hauptanklägers massgebend. Als Cicero um die Anklage gegen C. Verres mit einem Vereine anderer Ankläger stritt, verlangten diese, wenn ihnen nicht die Anklage selbst gestattet würde, doch die Unterstützung derselben, d. h. als Ciceros Gehülfen (subscriptores) eintreten zu dürfen. Aber Cicero verbat sich dies und sein Wunsch wurde von dem Prätor berücksichtigt (Cic. div. 16, 51).

Die Zahl der Ankläger ist bis in die letzten Zeiten der Republik schwankend. Kein Gehülfe wird bei der Anklage Milos wegen Genossenschaften genannt (Ascon. p. 54); ebenfalls allein unternahm im J. 51 v. Chr. C. Sempronius Rufus die Anklage von M. Tuccius wegen Gewaltthat, wobei jedoch Cicero (epist. VIII, 8, 1) andeutet, es sei dies ungewöhnlich. Ein Gehülfe wird erwähnt in dem Processe von Cn. Plancius (Cic. p. Planc. 24), in dem nur begonnenen von C. Cornelius (Ascon. p. 59), in dem gegen Milo wegen Clodius' Ermordung und einem anderen wegen Gewaltthat (Ascon. p. 54), in dem gegen Sex. Clodius wegen Gewaltthat (Ascon. p. 55). Zwei Gehülfen werden genannt in einem Processe wegen Incest (Val. Max. IV, 2, 5), in dem Milos wegen Amtserschleichung und in dem gegen M. Saufejus (Ascon. p. 54), drei endlich in dem Processe gegen M. Scaurus (Ascon. p. 19), dem gegen L. Murena (Cic. p. Mur. 27), dem gegen Caelius (Cic. p. Cael. 11), dem gegen P. Gabinius wegen Wahlumtriebe (Cic. ad Q. Fr. III, 3, 2). Eben so viele hatte auch Q. Caecilius Niger in Bereitschaft, als er sich um die Anklage gegen C. Verres bewarb (Cic. div. 15, 49). Von einer grösseren Anzahl wird uns nicht erzählt.[1]) Das Verhältniss der Ankläger unter einander war im Allgemeinen so, dass der Hauptankläger auch wirklich die bedeutendste Rolle bei der Anklage spielte: wenigstens sagt Cicero, dies müsse der Ordnung nach so sein (Cic. div. 15, 48). Im Uebrigen hing die Vertheilung der Rollen von freier Vereinigung ab, und nur, wenn eine solche nicht erzielt werden konnte, trat der Gerichtshof entscheidend dazwischen, wie es z. B. bei Libos Processe unter Tiberius der Fall war (Tac. Ann. II, 30). Im Uebrigen wurde die Thätigkeit der Gehülfen ebenso wie die des Hauptanklägers als anklagen bezeichnet, sie selbst auch Ankläger genannt.[2])

## 5. Der Angeklagte *(reus)*.

Von den ältesten Zeiten des Staates an herrschte Rechtsgleichheit. Es hat während der Republik weder einen Stand noch Einzelne gegeben, die ein besonderes Recht oder einen besonderen Gerichtshof hatten, und die richterlichen Behörden

[1]) Ein Irrthum ist es anzunehmen, die Zahl der Ankläger sei oben so gross gewesen wie die der Vertheidiger, wie Ferratius Epist. p. 24 und Geib Römischer Criminalprocess S. 322 es thun. Denn M. Scaurus hatte z. B. einen Ankläger, dagegen sechs Vertheidiger (Ascon. p. 20), in dem Processe gegen Verres, in dem Cicero sicherlich auch *subscriptores* hatte, scheint nur Q. Hortensius die Vertheidigung geführt zu haben: es giebt noch viele andere Processe, in denen die Zahl beiderseits nicht gleich war. Unter Tiberius kam sogar ein berühmter Process vor (Tac. Ann. II, 30), wo vier Ankläger waren, aber kein Vertheidiger sprach.

[2]) Man sehe z. B. Cic. p. Mur. 27, 56; p. Planc. 1, 3; p. Mil. 3, 7; p. Cael. 2, 3; ad Q. fr. III, 3, 2.

sprachen über Alle gleichmässig Recht. Die Patricier und Plebejer waren ein und demselben Richter unterworfen: der Vorzug der ersteren bestand nur darin, dass dieser Richter anfangs ein Patricier war. Nach Ausgleichung der Stände waren beide gleicher Weise in Rechtssachen Befehlende und Gehorchende. Auch zwischen Bürgern und Fremden herrschte Rechtsgleichheit in Bezug auf die Personen der Richter, da der Fremdenprätor erst spät und wegen der Menge von Geschäften eingesetzt wurde, auch den übrigen Prätoren an Recht und Gewalt gleich stand. Nur in der Form des Verfahrens fand in so fern ein Unterschied statt, als bei den Bürgern die Provocation galt. Einen Ausdruck dieser im Römischen Staate herrschenden Rechtsgleichheit findet man in den Sullanischen Criminalgesetzen, die sich in den allgemeinsten Worten auf alle Bewohner des Reiches beziehen. Eine scheinbare Ausnahme dieser Rechtsgleichheit liegt in den Gesetzen und Gerichtshöfen für Amtsverbrechen: sie konnten nur von dem regierenden Stande der Senatoren begangen werden. Für gemeine Verbrechen aber verfielen auch Senatoren den allgemeinen Gerichten und die Formen des Rechtsprechens, die anfangs für die Amtsverbrechen besondere gewesen waren, glichen sich in nicht langer Zeit mit denen über andere Verbrechen aus.

Nur eine Ausnahme musste es naturgemäss hiervon geben und sie hat immer gegolten. In der ältesten Zeit war der König der oberste Gerichtsherr und jeder Urtheilsspruch ging entweder unmittelbar oder mittelbar von ihm aus. Nothwendiger Weise musste er von jedem Processe und Gerichte ausgenommen sein; denn über sich selbst kann Niemand zu Gericht sitzen. Nach der Vertreibung der Könige traten die beiden Consuln an ihre Stelle. Sie hatten die königliche Gewalt und die Folge war, dass sie ebenfalls nicht vor Gericht gezogen werden konnten. Nur der Unterschied mit den Königen bestand, dass diese lebenslänglich und deshalb nie für das Gericht erreichbar waren, die Consuln dagegen nach einem Jahre ihr Amt niederlegten und nach dem Ablaufe desselben angeklagt werden konnten. Hieraus ergab sich für die Römische Republik der Grundsatz, dass ein Beamter während seines Amtes nicht angeklagt werden durfte. Dieser Grundsatz wird in der Kaiserzeit bestimmt so ausgesprochen, einen Beamten des Römischen Volkes sei es nicht erlaubt wegen Criminalverbrechen anzuklagen.[1]) Wenn zur Zeit der Kaiser, wo das Ansehen und die Gewalt der Beamten sank, dieses Gesetz galt, kann kein Zweifel sein, dass es während der Republik, als die Beamten wirklich regierten, in Uebung war. Es finden sich während der Republik öfters Bemerkungen, dass es nicht erlaubt sei, Beamte während ihres Amtes anzuklagen, theils mittelbare theils unmittelbare[2]); ausserdem zahlreiche Beispiele, besonders nach Errichtung der Schwurgerichte, welche die Anklage von Beamten nach dem Ablaufe ihres Amtes beweisen. Aber die Frage ist, ob alle Beamte gegen Anklagen geschützt waren. Ueber die Prätoren, welche die Collegen der Consuln waren und häufig deren Stelle vertraten, überdem die Criminal- und Civilgerichtsbarkeit als ihr besonderes Amt hatten, kann kein Zweifel sein, ebenso wenig über die Dictatoren und Reiterobersten.[3]) Die Volkstribunen, welche persönliche Unverletzlichkeit genossen, mussten nothwendiger Weise für jeden Ankläger unerreichbar sein; sie genossen selbst höhere Rechte,

---

[1]) Von Venulejus in l. 12 Dig. de accus. (XLVIII, 2), der zuerst als nicht anklagbar den Legaten des Kaisers und den Provinziallegaten nennt und dann hinzusetzt: *Item magistratum populi Romani (non licet accusare).*

[2]) Eine unmittelbare findet sich z. B. bei Dionys. X, 89 in der Rede des L. Siccius Dentatus vor der Plebs: ἐπειδὴ τοὺς ὑπάτους οὐκ ἔξεστι παῦσαι τῆς ἐξουσίας, was im Gegensatze zu den Privatleuten, welche wegen Beleidigungen gegen die Tribunen angeklagt werden dürfen, gesagt wird, ferner bei Ascon. in Cic. p. Scaur. p. 19, der erzählt, Scaurus' Ankläger habe den Process beeilt, damit der Angeklagte nicht vor der Wahlversammlung zum Consul gewählt und dadurch dem Urtheilsspruche unerreichbar würde. Daraus sieht man, dass ein Amt nicht nur die Erhebung eines Processes hinderte, sondern auch einen schon erhobenen aufhob. Ein mittelbares Zeugniss findet sich bei Dionys. X, 50, wo es heisst, die Consuln hätten aus Furcht, sie möchten nach dem Ablaufe ihres Amtes angeklagt werden, die Bestrebungen der Volkstribunen unterstützt.

[3]) Ein Beispiel von ihnen findet sich bei Liv. IX, 26 aus dem Jahre 314 v. Chr., woraus man erkennt, dass eine Anklage gegen sie vor den Consuln erst dann begonnen werden konnte, wenn sie ihr Amt niedergelegt hatten.

als die übrigen Beamten. Die Aedilen schlossen sich den Tribunen in Bezug auf Unverletzlichkeit an. Mithin kommen hier nur die Quästoren und die ausserordentlichen, für besondere Geschäfte ernannten Beamten, so wie die niedrigeren, nichtsenatorischen Beamten in Betracht. In Bezug auf die ausserordentlichen Beamten haben wir ein Zeugniss über diejenigen, welche zu Ackervertheilungen erwählt zu werden pflegten. Die Zehnmänner, welche P. Servilius im J. 63 v. Chr. vorschlug, sollten ihr Amt fünf Jahre lang behalten und während dieser Zeit keiner Anklage unterworfen sein.[1]) Es ist aus dieser Nachricht nicht sicher, ob diese Freiheit von Anklagen in Folge eines allgemeinen Gesetzes, das alle Beamten von Anklagen ausschloss, oder in Folge besonderer Bestimmungen, welche Servilius in sein Gesetz aufgenommen hatte, stattfand. Aber auf welche Weise auch immer sie gewährt wurde, sie war nicht ein besonderer Vorzug jener Zehnmänner des Servilischen Gesetzes, sondern kam allen ähnlichen ausserordentlichen Beamten zu, wenigstens denen, welche prätorischen Ranges waren.

Aber die Quästoren, glaube ich, konnten angeklagt werden. Ich habe für diese Meinung zwei Gründe. Erstlich, es sind uns ziemlich viele Fälle überliefert, in denen es auf die später anzugebende Weise ermöglicht wurde, Beamte während ihres Amtes anzuklagen, Prätoren, Aedilen, Volkstribunen. Dagegen ein Beispiel, wo dieses Verfahren bei einem Quästor angewendet worden wäre, ist uns nicht bekannt, und dennoch ist bei der grossen Anzahl Quästoren, die jährlich erwählt wurden, nicht wahrscheinlich, dass nicht auch bei ihnen eben dasselbe Verfahren, wenn es überhaupt nöthig gewesen wäre, hätte in Anwendung kommen müssen. Zweitens, es wird uns von einem Processe gegen den Redner M. Antonius nach dem Peducäischen Gesetze berichtet.[2]) Der Angeklagte war Quästor und auf einer Reise nach Asien begriffen: in Brundisium erfuhr er von seiner Anklage. Er brauchte sich, heisst es, nicht

[1]) Cic. de leg. agr. II, 13, 34 *Iudicare per quinquennium — poterunt: de illis interea nemo iudicabit. Magistratus his petere licebit: causam dicere non licebit.*

[2]) Man sehe C. R. II, 1, 218; Val. Max. III, 7, 9.

zu stellen, weil er in Staatsgeschäften abwesend war, aber er stellte sich und wurde freigesprochen. Hier ist also ein bestimmtes Beispiel, wo ein Quästor während seines Amtes angeklagt wurde. Man könnte gegen dasselbe einwenden, dass das Peducäische Gesetz über Incest, strenger als die anderen Gesetze, die Anklage von Beamten auch während ihres Amtes erlaubt haben könne. Indessen behielt dasselbe doch die Ausnahmestellung der im Staatsdienste Abwesenden bei, und mag man dies als geringer oder als eben so wichtig wie die Befreiung der Beamten von Anklagen betrachten, immer ist es daraus wahrscheinlich, dass das Peducäische Gesetz ein sonst etwa bestehendes Vorrecht der Quästoren nicht aufhob.[1]) Ein anderes Beispiel findet sich in Cäsars Geschichte. Als er selbst in die Provinz abgegangen, wurde sein Quästor wegen verschiedener Beschuldigungen vor Gericht gezogen (Suet. Caes. 23). Es ist ausdrücklich von einem Quästor die Rede und dass ein Schwurgericht gemeint ist, zeigt der Gegensatz, in dem dasselbe zur Anklage gegen Cäsar selbst erwähnt wird.

Demnach genossen die Quästoren nicht Freiheit von Anklagen. Wenn diese aber bei ihnen nicht galt, konnte sie noch viel weniger bei den niederen Aemtern, welche nicht nothwendiger Weise senatorisch waren, gelten. Eine Bestätigung dieser Ansicht liegt in den Ausdrücken, in denen Venu-

---

[1]) Eine weitere Bestätigung liegt in der hübschen Erzählung bei Gellius XIII, 13. Er sagt, von den Rechtslehrern seiner Zeit sei bei einem bestimmten Falle die Frage aufgeworfen worden, ob ein Quästor bei dem Prätor in einem Privatprocesse belangt werden könne. Man entschied sich nach Untersuchung der quästorischen Amtsgewalt dafür, dass er es könne, und verfuhr darnach; man berief sich auch auf ein geschichtliches Beispiel von einem curulischen Aedilen, der verklagt worden war. Diese ganze Frage wäre unmöglich gewesen, wenn alle Beamten von Anklagen befreit gewesen wären: über den Prätor hätte man keinen Zweifel erhoben. Von den Aedilen theilten nur die plebejischen die Unverletzlichkeit der Volkstribunen, und die curulischen sind wahrscheinlich nur, damit sie ihren plebejischen Collegen nicht nachständen, mit dem gleichen Vorrechte begabt worden. Ueber die Analogie zwischen dem Erheben einer Privat- und einer Criminalklage vergl. weiter unten. Ursprünglich, so lange die beiden Gerichtsbarkeiten unter ein und denselben Prätoren standen, musste Beides zusammenfallen.

lejus an der früher angeführten Stelle von diesem Vorrechte der Beamten spricht. „Die Beamten des Römischen Volkes", sagt er, dürften nicht angeklagt werden: den Gegensatz bilden nicht bloss die Municipalbeamten. Denn es heisst weiter, den Legaten des Kaisers, d. h. den Statthalter einer Provinz, dürfe man nicht anklagen: dies sei in der Mitte des J. 31 n. Chr. durch einen Senatsbeschluss bestimmt worden. Ferner einen Provinziallegaten dürfe man während seines Amtes nur wegen eines vor demselben begangenen Verbrechens anklagen. Die ersteren sind die unmittelbar unter dem Kaiser stehenden Statthalter der kaiserlichen Provinzen, die zweiten die Gehülfen der Statthalter sowohl in den kaiserlichen, wie in den senatorischen Provinzen. Beide standen im Range über den Quästoren. Wären diese und die niederen Beamten als solche von der Criminalanklage befreit gewesen, so wäre es undenkbar, dass die kaiserlichen Legaten erst unter Tiberius dieses Vorrecht, die andern Legaten es überhaupt nie vollständig, sondern nur zum Theil erhalten hätten. Es werden also unter den 'Beamten des Römischen Volkes' die curulischen Beamten verstanden: die Volkstribunen und Aedilen genossen dasselbe Vorrecht als geheiligte Beamte der Plebs. Von den übrigen ausserordentlichen Beamten hatten es nur diejenigen, welchen man es bei ihrer Einsetzung ausdrücklich gewährte, und man pflegte es denen zu gewähren, die mit den gesetzlich befreiten Beamten gleichen Ranges waren.[1])

Dass die Befreiung der Beamten von der Anklage keinen gesetzlich ausgesprochenen Grundsatz des Römischen Staatsrechtes bildete, sondern nur eine nothwendige Folge der Gerichtsverfassung war, ergiebt sich aus zwei Erscheinungen.

---

[1]) Ueber die *iudices quaestionis*, deren Stellung man von diesem Gesichtspunkte aus vielfach unrichtig aufgefasst hat, habe ich C. R. II, 2, 140 gesprochen. Bei C. Junius, dem *iudex quaestionis*, handelte es sich nicht darum, ob er überhaupt angeklagt und bestraft werden dürfe (denn er wurde bestraft), sondern darum, ob er nach der *lex Cornelia de sicariis* bestraft werden könne, und dies war nicht möglich, weil er selbst bei diesem Gerichtshofe thätig war. Im Allgemeinen waren die *iudices quaestionis* der Criminalanklage unterworfen.

Erstlich, als die Plebs und ihre Vertreter, die Tribunen, das unbeschränkte Recht, die Patricier anzuklagen, errungen hatten und in Folge davon eine allgemeine Gerichtsbarkeit der Volksversammlung entstanden war, galten weder die Consuln noch überhaupt irgend ein Beamter für ausgeschlossen von derselben. So lange die Tribunen zur Anklage von Patriciern vor der Plebs der Einwilligung der Patricier bedurften, war es natürlich, dass diese erst ertheilt wurde, wenn die patricischen Beamten ihr Amt niedergelegt hatten[1]), und überhaupt war es stets bedenklich, durch Anklage und Verurtheilung von regierenden Beamten den Gang der Staatsverwaltung zu hemmen: man knüpfte auch einen religiösen Aberglauben daran, wenn ein Beamter seinem Collegen zu nahe trat. Dennoch finden sich Verurtheilungen und Processe von Consuln, von Censoren, von Volkstribunen. Wenn in Folge davon die Beamten abgesetzt wurden, so geschah dies durch eben dasselbe Volk, welches das Amt verliehen hatte.[2]) Zweitens, wenn Freiheit vor Anklagen ein allgemeiner Grundsatz bei den Römischen Beamten gewesen wäre, hätte derselbe bei Einsetzung der Schwurgerichte sogleich von selbst Geltung gehabt. Dies war indessen nicht der Fall, sondern ausdrücklich wurde durch einen besonderen Paragraphen in den neuen Gesetzen dieses Vorrecht der Beamten ausgesprochen. Dies beweisen die Ueberbleibsel des Acilischen Gesetzes[3]), in dem ein Paragraph

[1]) Man vergl. C. R. II, 1, 260.

[2]) Die Verurtheilung eines Consuls in einem Volksgerichte geschah sogleich im Anfange der Republik, als der Consul Collatinus abgesetzt wurde; dann findet sie sich C. R. I, 2, 360. Ueber den Process von Censoren, der beinahe mit einer Verurtheilung endete, s. Liv. XLIII, 16. Ein Prätor wurde so mit Geldstrafe belegt bei Liv. per. XLVIII. Ein Volkstribun wurde bekanntlich von Ti. Gracchus angeklagt und abgesetzt bei Einbringung seines Ackergesetzes; ähnlich ging es unter Cäsars Alleinherrschaft zwei Volkstribunen auf Antrag ihres Collegen Helvius Cinna (Dio Cass. XLIV, 10, vergl. XLVI, 49). Ebenfalls um ein Volksgericht handelte es sich bei dem Tribunen Val. Max. VI, 1, 7.

[3]) Die Ergänzungen, welche die neuesten Herausgeber in diesem Paragraphen vornehmen, billige ich also nicht. Sie ergänzen alle Beamte, welche im Anfange des Gesetzes als von demselben betroffen genannt werden; aber dass nicht nothwendiger Weise an beiden Stellen die

dahin lautet, über die namentlich anzuführenden Beamten dürfe nicht Gericht gehalten, also eine Anklage gegen sie erst nach dem Ablaufe ihres Amtes angenommen werden. Indem der gleiche Paragraph in alle folgenden Gesetze über die Schwurgerichte aufgenommen wurde, bildete sich der Grundsatz des Römischen Strafrechtes allmälig so aus, wie wir ihn in den classischen Rechtsquellen finden.

Dies Vorrecht der hohen Beamten liess sich indessen bei der weiteren Entwickelung der Staatsverhältnisse nicht durchführen. Eigentlich konnte nach der Römischen Gerichtsverfassung, wie sie sich aus der Allmacht des Königthums entwickelt hatte, auch eine Privatklage gegen die hohen Beamten nicht erhoben werden: dieser Grundsatz blieb bis in die Kaiserzeit hinein in Geltung.[1]) Dies konnte von den Beamten in schnödester Weise missbraucht werden. Wir hören von einem solchen Falle. Ein Volkstribun L. Cotta wollte im Vertrauen auf die Unverletzlichkeit, welche ihm sein Amt gewährte, seine Privatgläubiger nicht befriedigen. Aber seine Collegen legten sich ins Mittel, erklärten, sie würden seinen Gläubigern helfen, und zwangen ihn so, seinen Verpflichtungen nachzukommen.[2]) In gleicher Weise, durch Einschreiten der Collegen des betreffenden Beamten, werden Privatklagen gegen andere Beamte erledigt worden sein. Aber auch Criminalan-

---

gleichen Beamten genannt zu werden brauchen, leuchtet ein. An der ersten Stelle (Z. 11) sind nur die niedrigeren Beamten, die nicht nothwendiger Weise senatorischen Rang haben, zu nennen, an der zweiten nur diejenigen hohen Beamten, gegen welche keine Criminalanklage erlaubt ist. Ihnen wird *magistratus imperiumve* beigelegt, was auf die niederen Beamten nicht passt. Im C. R. II, 1, 412 sprach ich schon Zweifel an der Richtigkeit jener Ergänzung aus.

[1]) Man sehe Paul. l. 48 Dig. de iud. (V, 1) *magistratus, quo anno cum imperio sunt, neque propriam neque eorum, quorum tutelam vel curam gerunt, causam in iudicio vel agendo, vel defendendo sustinento;* Ulpian l. 2 Dig. de in ius vocando (II, 4) *In ius vocari oportet neque consulem neque praefectum neque praetorem neque proconsulem neque ceteros magistratus, qui imperium habent, qui coercere aliquem possunt et in carcerem iubere duci.*

[2]) Val. Max. VI, 5, 4. Vergl. C. T. Zumpt de iud. repet. p. 2 und meine *Studia Romana* p. 251.

klagen gegen Beamte konnten vorkommen und ihre Erledigung schon während ihres Amtes nothwendig sein. Hier findet sich ein doppeltes Verfahren. Entweder wurde ein besonderes Gesetz erlassen, mit der Bestimmung, dass auch Beamte während ihres Amtes sollten angeklagt werden können. Dies geschah z. B. beim Pedischen Gesetze über die Ermordung Cäsars: dann wurde durch den vorausgegangenen Volksbeschluss der ganze Process einem Volksgerichte gleich.[1]) Aber dies Verfahren war bei den Volkstribunen wegen der besonderen ihnen zukommenden Unverletzlichkeit dennoch nicht üblich.[2]) Deshalb wurde bei ihnen ein anderer Weg eingeschlagen und eben derselbe war nothwendig, wenn nicht durch ein besonderes Gesetz die gerichtliche Verfolgung von Beamten im Allgemeinen erlaubt war. Man veranlasste die betreffenden Beamten ihr Amt freiwillig niederzulegen: diese freiwillige Niederlegung des Amtes mochte durch Senatsbeschluss erzwungen sein, dennoch galt sie als freiwillig. Dann erfolgte das Verfahren wie gegen Privatleute. Das berühmteste Beispiel dieser Art aus der Zeit der Republik fand bei dem Processe der Catilinarischen Verschworenen statt; denn einer derselben, P. Lentulus, war Prätor. Als er seine Theilnahme an der Verschwörung nicht läugnen konnte, beschloss der Senat, er sollte sein Amt niederlegen und dann gefangen gehalten werden.[3]) Er fügte sich diesem Beschlusse, weil er

---

[1]) Dies war, glaube ich, auch bei der *lex Scantinia* über Unzucht der Fall, nach der eine Anklage gegen einen curulischen Aedilen und einen Censor stattfand im J. 50 v. Chr. (Cael. bei Cic. ep. VIII, 12, 3).

[2]) Man erkennt dies aus den Vorgängen bei dem Pedischen Gesetze. Unter den Schuldigen befand sich ein Volkstribun P. Servilius Casca. Er wurde durch ein Gesetz seines Collegen zuerst abgesetzt, aber aus einem andern Grunde als wegen der Verschwörung gegen Cäsar, weil er nämlich die Stadt Rom verlassen hatte. Dann nach der Absetzung wurde er wegen der Verschwörung angeklagt und verurtheilt (Dio Cass. XLVI, 49). Bei den Processen nach dem Pompejischen Gesetze im J. 52 v. Chr. gab es keine Beamte: die Volkstribunen allein waren erwählt worden. Von ihnen wurden zwei nach dem Ablaufe ihres Amtsjahres verurtheilt.

[3]) Sall. Cat. 56 *senatus decrevit ut abdicato magistratu in custodia haberetur.*

bei der Uebereinstimmung der Volkstribunen mit dem Senate erkannte, dass er im Falle der Weigerung vor das Volksgericht gestellt werden würde. Wenn es während der Republik Schwierigkeit machte, diese Uebereinstimmung der Staatsgewalten und damit die Möglichkeit einer Anklage gegen einen Beamten herbeizuführen, so wurde dies unter den Kaisern leichter. Zuweilen wartete man auch damals, bis ein angeschuldigter Beamter sein Amt zu Ende geführt hatte, wie es z. B. der Kaiser Augustus bei einem Volkstribunen, der wegen Ehebruches mit seiner Tochter Julia angeklagt wurde, gethan haben soll.[1]) Meist traten die Beamten entweder wirklich freiwillig oder auf Veranlassung des Senates von ihrem Amte zurück, worauf Anklage und Process gegen sie als Privatleute erfolgte.[2])

Eine ähnliche Bewandtniss, wie mit den Beamten, hat es mit denjenigen, welche in Staatsgeschäften abwesend sind. Von Anfang an musste es zu ihren Gunsten eine Bestimmung geben. Denn z. B. die Soldaten, welche im Felde lagen, während ihrer Abwesenheit anzuklagen, hätte aller Gerechtigkeit widersprochen. Freilich in den ältesten Zeiten bedurfte es deshalb kaum eines Gesetzes. Denn bei einem Kriege fand in der Regel auch ein Stillstand der Gerichte statt und die Vorsitzenden der Gerichte waren zugleich die Feldherren, welche auf die im Staatsdienste Abwesenden Rücksicht nehmen konnten. Indessen, dass es darüber in den ältesten Zeiten und auch in den zwölf Tafeln kein Gesetz gab, beweist der Process über Verginia, welcher den Sturz der Zehnmänner herbeiführte. Der Vater des Mädchens L. Verginius war im Staatsdienste abwesend als Soldat: seine Freunde machen, als die Klage angebracht war, diese seine Abwesenheit geltend und verlangen, dass der Process bis zu seiner Ankunft, die in zwei

---

[1]) Nach der verbesserten Lesart bei Dio Cass. LV, 10.

[2]) So finden wir unter Tiberius einen Volkstribunen Octavius Sagitta, der wegen Mordes angeklagt wurde (Tac. Ann. XIII, 44; vergl. Zumpt *de iud. rep.* p. 5), einen Prätor, dem Majestätsverbrechen vorgeworfen wurden (Dio Cass. LVII, 21), einige Aedilen und Prätoren unter Caligula (Dio LIX, 23), einen Prätor unter Claudius (Dio LX, 16).

Tagen erfolgen könne, verschoben werde (Liv. III, 44). Nach einigen Streitigkeiten gestebt der Richter, der Decemvir Ap. Claudius, eine Verschiebung des Processes bis auf den nächsten Tag zu. Hätte es ein früheres Gesetz über die Klage gegen Abwesende gegeben oder hätten die Zehnmänner selbst in ihre damals schon angenommenen Gesetze über das Gerichtsverfahren eine Bestimmung zu Gunsten der im Staatsdienste Abwesenden aufgenommen, so würde das eine oder das andere von den Freunden des Verklagten vorgebracht und eine etwaige Verletzung desselben später unter den Anklagepunkten gegen den gestürzten Decemvir vorgebracht werden. Es gab mithin kein Gesetz über Abwesende, nur eine Gerichtssitte, die sich wahrscheinlich mit Hülfe der Volkstribunen bildete. Es konnte gegen diejenigen, welche im Staatsdienste abwesend waren, eine Anklage angebracht werden; aber jede weitere Verhandlung wurde bis zur Rückkehr des Abwesenden verschoben. Als im Jahr 204 v. Chr. Gesandte von Locri über Q. Pleminius, Scipios Legaten, und über Scipio selbst klagten, bestimmte der Senat, der erstere sollte zurückberufen und dann vor Gericht gestellt werden: über Scipio wäre, wenn man ihn hätte vor Gericht stellen wollen, zunächst eine Entscheidung des Volkes einzuholen gewesen. Denn von ihm hatte er seinen Oberbefehl erhalten (Liv. XXIX, 19 flgd.).

Somit war für den Schutz der im Staatsdienste Abwesenden hinreichend gesorgt, und dieser Schutz währte fort, als die Schwurgerichte, zuerst über Amtsverbrechen, dann auch über gemeine Verbrechen errichtet wurden. Alle Processe, welche gegen Statthalter von Provinzen gerichtet wurden, sei es wegen Erpressung oder Majestäts- oder anderer Verbrechen, begannen erst nach deren Rückkehr nach Rom. Ohne Zweifel wäre es möglich gewesen, auch vor der ordnungsmässigen Rückkehr eine Anklage zu erheben. Dann hätte der Ankläger sich an den Senat oder das Volk, welche den Auftrag gegeben, wenden und sie zur Zurücknahme desselben bewegen müssen. Einer ausdrücklichen Bestimmung, wie bei den Beamten, bedurfte es bei den Abwesenden nicht in den Gesetzen über die Schwurgerichte. Im Acilischen Gesetze findet sich davon keine Andeutung, dennoch ist es wohl möglich, dass in den verloren gegangenen Theilen eine solche Bestimmung stand. Wenn Abwesende nicht frei von der Anklage sein sollten, musste dessen ausdrücklich Erwähnung geschehen. So war es in dem Pompejischen Gesetze vom Jahre 52 v. Chr., so in dem Peducäischen Gesetze, nach dem viele im Staatsdienste Abwesende verurtheilt wurden.[1]) In dem Gesetze, welches der Kaiser Augustus über Ehebruch gab, stand ausdrücklich, wer, ohne sich dem Processe absichtlich entziehen zu wollen, im Staatsdienste abwesend sei, gegen den dürfe keine Anklage angenommen werden.[2])

Die Entstehung und Entwickelung des Rechtsgrundsatzes über den Schutz der im Staatsdienste abwesenden Beamten war mithin ungefähr ähnlich wie die des Grundsatzes über die Unantastbarkeit der hohen Staatsbeamten. Beide lagen in den nothwendigen Verhältnissen des Staates und bestanden deshalb ohne Gesetz, beide wurden später in den Gesetzen über die Schwurgerichte ausdrücklich ausgesprochen, von beiden wurden in dringenden Fällen gesetzliche Ausnahmen gemacht,

---

[1]) Wie es in dem Peducäischen Gesetze war, nach dem der Redner M. Antonius angeklagt wurde, ist zweifelhaft. Vergl. oben S. 72. Es heisst bei Val. Max. III, 7, 9, er hätte durch die Wohlthat des Memmischen Gesetzes, das die im Staatsdienste Abwesenden von der Anklage ausnahm, der Anklage nicht Folge zu leisten gebraucht, sich aber trotzdem gestellt. Man kennt das Memmische Gesetz nicht. Es war schwerlich ein allgemeines Gesetz über die Unantastbarkeit der im Staatsdienste Abwesenden; denn von einem solchen Gesetze findet sich keine weitere Spur und es ist bei dem ganzen Verhältnisse dieser Classe von Beamten schwer denkbar. Wahrscheinlich war es eben jenes Peducäische Gesetz, das in einem Paragraphen ausdrücklich die Freiheit der Abwesenden bestimmte. Vergl. C. R. II, 1, 218. Dieser Umstand würde dafür sprechen, dass auch im Acilischen Gesetze ein besonderer hierauf bezüglicher Paragraph sich fand.

[2]) Ulpian l. 15, 1 Dig. ad leg. Iul. de adult. (XLVIII, 5) *Legis Iuliae de adulteriis capite septimo cavetur, ne quis inter reos referat eum, qui tum sine detrectatione rei publicae causa aberit. Neque enim aequum visum est, absentem rei publicae causa inter reos referri, dum rei publicae operatur.* Es folgen dann weitere Erörterungen über den Begriff der Abwesenheit, welche denselben beschränken und zur Erläuterung des Rescriptes des Kaisers Tiberius dienen (l. 38, 10 eod. tit.) *si quis in honore ministeriove publico sit, reus quidem postulatur, sed differtur eius accusatio — in finem honoris.*

zur Vermeidung beider hatte man Mittel erfunden, um sie zu umgehen, beide endlich galten nicht für die Volksgerichte.[1]) Trotzdem scheint ein Unterschied zwischen diesen beiden Classen derjenigen, die nicht angeklagt werden durften, zu bestehen.[2]) Gegen die hohen Beamten wurde von dem Richter keine Anklage angenommen. Dies lag in der Natur der Sache und es ist uns kein Beispiel auch nur von dem Versuche einer Anklage bekannt. In den Worten des Acilischen Gesetzes, die uns aus diesem Paragraphen erhalten sind, heisst es allerdings unbestimmt, es solle über die Beamten kein Process gehalten werden; indessen aus den verloren gegangenen Worten konnte sich ergeben, dass damit jede Annahme einer Anklage verboten war. Dagegen die im Staatsdienste Abwesenden durften angeklagt, die Anklage angenommen werden: bei dem Termine erklärten die Freunde des Angeklagten, derselbe sei im Staatsdienste abwesend: dann wurde der Process zum Stillstande gebracht. So geschah es in dem früher erwähnten Processe des Redners Antonius, so bei P. Vatinius. Er war als Legat Cäsars von Rom fortgegangen, also im Staatsdienste abwesend. Da wurde er angeklagt. Er konnte sich entschuldigen, die Entschuldigung musste angenommen, der Process aufgeschoben werden; dennoch zog er es vor, zurückzukehren und sich vor dem Richter zu stellen (Cic. in Vat. 14, 34).[3])

---

[1]) Auf ein solches bezieht sich Sueton Caes. 23, der erzählt, Cäsar sei nach seiner Abreise in die Provinz von dem Volkstribunen C. Antistius angeklagt und nur durch den Einspruch der übrigen Tribunen gerettet worden: er habe sich deshalb immer die Beamten jedes Jahres zu Freunden erhalten.

[2]) Dieser an sich nicht erhebliche Unterschied wird von den Rechtslehrern nicht besonders bemerkt, wie z. B. von Venulejus l. 12 Dig. de accus. (XLVIII, 2): *accusare non licet magistratum populi Romani eumve qui reipublicae causa abfuerit, dum non retractandae legis causa abest.* Dass indessen trotzdem dieser Unterschied bekannt war, beweist die kurz zuvor angeführte Stelle der Digesten über den Erlass des Kaisers Tiberius.

[3]) Wenn Cicero in Verr. II, 38; IV, 19; V, 42 von der Anklage Abwesender überhaupt spricht und diese tadelt, so ist das einerseits rhetorische Uebertreibung, andererseits absichtliche Entstellung. Dass es erlaubt sein musste, solche, die in Privatangelegenheiten abwesend waren, zum Erscheinen vor Gericht zu zwingen, ist einleuchtend.

Abgesehen von diesen beiden Einschränkungen, welche aus den Verhältnissen der Gerichtsverfassung entsprungen waren und später im Interesse des Staatsdienstes wenigstens grösstentheils beibehalten wurden, konnte Jedermann, sowohl Bürger wie Nichtbürger, Freie wie Sclaven wegen Criminalverbrechen angeklagt werden: das Verfahren und die Strafen waren nach den verschiedenen Classen der Angeklagten verschieden und die Bürger genossen in Folge des Provocationsgesetzes ein überaus werthvolles Vorrecht. Sie allein wurden vor das Schwurgericht gestellt, während Nichtbürger, selbst im Falle sie läugneten, von den richterlichen Beamten selbständig abgeurtheilt wurden. Die Gerichtshöfe für Amtsverbrechen bilden eben so wenig eine Ausnahme von der bei den Römern herrschenden Rechtsgleichheit, wie die aus der Natur der Verhältnisse hervorgehende Besonderheit für Sclaven, die z. B. nach dem Cornelischen Gesetze über Injurien, dem Pompejischen über Vatermord nicht angeklagt werden konnten, weil sie weder Familie noch Vermögen hatten (l. 12, 4 Dig. de accus. XLVIII, 2). Eben dahin gehört, wenn ein Rechtslehrer bemerkt, wegen Erpressung und Majestätsverbrechen könnten auch Gestorbene angeklagt werden, weil es sich dabei um Vermögensverlust handele (l. 20 Dig. eod. tit.). Während der Republik hat es diese Besonderheit kaum gegeben.

## 6. Die gerichtlichen Beistände.

In den Einrichtungen des ältesten Römischen Staates lag die Sitte, dass die Parteien vor Gericht Beistände hatten. Das Verhältniss der patroni und clientes, das in früherer Zeit religiös und politisch gebunden gewesen war, erscheint schon in den ersten Anfängen des Römischen Staates als gelöst. Politische Rechte waren von demselben nicht übrig geblieben, sondern nur ein Pietätsverhältniss, das mehr durch Sitte und religiöse Scheu als durch Gesetze und Strafe aufrecht erhalten wurde. In dieser Beschränkung wurde dasselbe, trotz mannigfacher Wandelung, nicht nur bewahrt, sondern sogar ausgedehnt. Als fremde Völker in die Botmässigkeit Roms kamen, traten sie sowohl in ihrer Gesammtheit wie in ihren einzelnen

Gliedern in ein Patronatsverhältniss zu Römischen Familien, die, ohne rechtlich dazu verbunden zu sein, es als eine Ehrensache ansahen, die Interessen ihrer Schützlinge zu vertreten. Als die Zeit dieser Abhängigkeit der Besiegten von den Siegern vorüber war, bildeten sich unter den Bürgern selbst andere Abhängigkeitsverhältnisse, die ihren Namen und ihr Vorbild von dem uralten Verhältnisse der patroni und clientes entlehnten.

Vertretung vor Gericht hatte zu den Hauptpflichten des patronus gegen seinen Clienten gehört. In vorrömischer Zeit mag der letztere unfähig gewesen sein, ohne Vermittelung des erstern vor Gericht aufzutreten: seit Rom bestand, trat an die Stelle der Nothwendigkeit die Sitte. Die Vornehmen wollten sich die Abhängigkeit der von ihnen Vertretenen erhalten, weiteren Einfluss gewinnen, ihre Geschicklichkeit in Rechtsgeschäften, später ihre Beredsamkeit üben. Die Armen liessen sich diese Vertretung gefallen, weil sie mit dem Rechte unbekannt, in Verhandlungen ungeübt waren, auch Mangel an Verbindungen hatten, die den Handlungen eines ununterbrochen im öffentlichen Leben Thätigen Erfolg verleihen. Auf natürliche Weise ging der Name patronus, der ursprünglich für ein politisches Verhältniss üblich gewesen war, in die Bedeutung eines Sachwalters oder Vertheidigers vor Gericht über.[1]) Es knüpften sich auch einige Ideen, wie sie früher dem rechtlichen Abhängigkeits-, später dem Pietätsverhältnisse inne gewohnt hatten, an das neue, auf gegenseitiger freier Uebereinstimmung beruhende Verhältniss: der Vertheidigte schuldete seinem Vertheidiger ein gewisses Gefühl der Dankbarkeit und Verpflichtung. Es ist also ein Irrthum, zu meinen, in den ältesten Zeiten des Staates, als die Verhältnisse eng und einfach waren, hätte jeder Kläger seine Klage selber vorgebracht, jeder Angeklagte sich persönlich vertheidigt: erst später hätte man allmälig sich der Anwälte zu bedienen angefangen.[2])

[1]) Der zweite Ausdruck *cliens* für den von einem Andern Vertheidigten findet sich während der Republik kaum. Es scheint, dass das lebhafte Gleichheitsgefühl der Bürger sich gegen denselben sträubte.

[2]) Dies ist die Meinung von Geib, Römischer Criminalprocess S. 136.

Schon in den ältesten Zeiten traten für diejenigen, welche nicht selber des Redens oder des Rechtes kundig waren, Andere, entweder solche, in deren Schutze sie standen, oder solche, die freiwillig sich zu diesem Ehrenamte drängten, ein. Wenn zur Zeit des Cincischen Gesetzes die Plebejer durch die Rechtshändel, die sie nicht selbst führen konnten oder wollten, in arge Abhängigkeit von den des Rechtes und der Rede kundigen Vornehmen geriethen, so muss die Sitte, Anwälte zu benutzen, uralt gewesen sein. Wir haben von derselben keine Kunde, weil uns überhaupt keine gewöhnlichen Rechtsfälle aus so früher Zeit überliefert sind. Später wurde der Kreis der zu Anwälten Geeigneten einerseits enger, weil besondere Eigenschaften dazu erforderlich waren, andererseits weiter, weil alle Fähigen sich dazu drängten, um Einfluss und Geld zu gewinnen. Es war zuletzt, um mich so auszudrücken, ein freies und viel gesuchtes Gewerbe.

Man unterscheidet unter den Beiständen, welche die Parteien in Criminalgerichten hatten, drei Arten, *patroni*, *advocati*, *laudatores*.[1]) Die hauptsächlichsten hiervon sind die patroni: so heissen diejenigen, welche für den Ankläger oder den Angeklagten als Anwälte den Process führen[2]), mag die Führung im Halten von Reden oder in andern Geschäften bestehen. Wenn in einem Processe nur ein Einziger als patronus auftrat, so hatte er alles, was zur Führung desselben gehörte, zu besorgen; gab es mehrere, so konnten dieselben die

welcher die Einfachheit und Schmucklosigkeit der Vertheidigung mit dem Mangel an Anwälten verwechselt.

[1]) Diese drei Arten unterscheidet Cic. p. Cluent. 40, 110 *Nam Quinctius quidem quam causam unquam antea dixerat? quis eum unquam non modo in patroni, sed in laudatoris aut advocati loco viderat?* Als das Allgemeine also wird *causam dicere* genannt: dies hat die drei angegebenen Unterarten.

[2]) Eine nicht ganz richtige Erklärung giebt der falsche Asconius p. 104 *Qui defendit alterum in iudicio, aut patronus dicitur, si orator est, aut advocatus, si aut ius suggerit aut praesentiam suam commodat amico.* Es ist nicht richtig, dass er den *patronus* nur auf die Vertheidigung beschränkt, auch nicht richtig, dass er ihm nur das Halten von Reden zuschreibt.

Geschäfte unter einander nach Belieben vertheilen. Diese Vertheilung war, wie wir schon früher bei den Anklägern bemerkt, Privatsache der patroni, änderte sich im Laufe der Verhandlungen mannigfach und wurde dem vorsitzenden Beamten nur bekannt gemacht, um demselben die Ueberzeugung von der gehörigen Führung des Processes zu verschaffen.

Aus dem prätorischen Edicte wird Folgendes angeführt [1]): 'Wenn die Parteien keinen Anwalt haben, giebt ihnen der Prätor einen', und der erklärende Rechtsgelehrte setzt hinzu: 'ebenso wenn ein Anderer aus bestimmten Gründen, entweder wegen der Umtriebe seines Gegners oder aus Furcht keinen Anwalt findet.' Diese Vorschrift ist uns unter den Rechtsregeln für das Civilrecht erhalten und ohne die Bemerkung, dass sie aus den ältesten Zeiten des prätorischen Edictes stammt. Indessen ohne Bedenken darf man dies Letztere annehmen. Anfangs beschränkte sich der Prätor darauf, nur dann einen Anwalt zu geben, wenn eine Partei zum Führen eines Processes unfähig, z. B. taub war. Als künstliche Führung des Processes gebräuchlich wurde, trat die Hülfe des Prätors auch in andern Fällen, wenn eine Partei durch den Mangel eines Anwaltes zu kurz zu kommen schien, ein. Dass dies schon in früher Zeit der Republik geschah, ergiebt sich aus den Bestimmungen, welche der Senat vor Errichtung der Schwurgerichte über die Klagen der Provinzen gegen ihre Statthalter gab. Zu jener Zeit war der Prätor nicht nur Civil- sondern auch Criminalrichter, und es wäre ungerecht gewesen, wenn er in Civilsachen den Parteien jene 'Freundlichkeit' erwiesen, dagegen in Criminalsachen versagt hätte. Folglich bestand für den Criminalprocess seit den ältesten Zeiten der durch die Sitte eingeführte, dann durch das Edict anerkannte Gebrauch, dass der Prätor den Parteien auf ihr Verlangen einen Anwalt gab.

---

[1]) Paulus in l. 1, 4 Dig. de post. (III, 1) *Ait praetor: Si non habebant advocatum, ego dabo. Nec solum his personis hanc humanitatem praetor solet exhibere, verum et si quis alius sit, qui certis ex causis vel ambitione adversarii vel metu patronum non invenit.* Der Ausdruck *advocatus* ist, wie sich aus dem Zusammenhange ergiebt, nach späterem Sprachgebrauche hier gleich *patronus*.

Bei der Anklage werden schon im Beginne des 2. Jahrhunderts v. Chr. Anwälte im eigentlichen Sinne des Wortes erwähnt, d. h. Rechtsbeistände, welche, ohne sonst mit dem Ankläger in verwandtschaftlicher oder politischer Verbindung zu stehen, nur seine Interessen vor Gericht vertreten. Dies geschieht bei Untersuchungen über Amtsverbrechen, aus denen die Schwurgerichte hervorgingen. Als man im Jahre 171 v. Chr. auf die Klagen der Spanischen Provinzen eine Art von Gerichtshof über Erpressungen einsetzte, wird unter den Bestimmungen über die Gründung desselben erwähnt, der vorsitzende Prätor sollte den Klägern erlauben, wen sie wollten, zum Anwalt zu nehmen.[1] Der Grund zu dieser Erlaubniss lag nicht in der politischen Unfähigkeit der Ankläger, ihre Sache selbst zu führen. Die Untersuchung war zum Besten der Bundesgenossen eingesetzt, und bei ihr diese als Kläger auszuschliessen wäre lächerlich gewesen. Rechtlich konnten die Spanier ihre Anklage persönlich führen; aber es war ihnen schwer, weil sie weder die Sprache noch die Formen der Untersuchung kannten, weil ihnen politische Verbindungen fehlten. Der Senat setzte also voraus, dass sie, wie es Nichtbürger oder zur persönlichen Führung von Processen nicht geeignete Bürger sonst zu thun pflegten, sich einen Anwalt nehmen würden: der Process selbst gestaltete sich dadurch übersichtlicher. Diese Erlaubniss aber, welche der Senat gab, wird nicht als etwas Besonderes angeführt: es lag keine Begünstigung der Kläger darin, vielleicht eher eine kleine Benachtheiligung. Es heisst wenigstens, der Senat hätte dem Prätor befohlen, er solle den Spaniern erlauben, sich, wen sie wollten, zum Anwalt zu wählen. Es ist die Frage, ob darin liegt, der Prätor werde die Erwählten auch veranlassen, die Anwaltschaft zu übernehmen: es kann auch heissen, die Kläger dürften sich beliebige Anwälte wählen und der Prätor habe dieselben ohne Weiteres anzuerkennen. In späteren Gesetzen werden die Prätoren selbst dazu verpflichtet, nöthigen Falls dem Kläger einen Anwalt zu stellen.

---

[1] Man sehe C. R. II, 1, 16.

Nämlich als durch das Sempronische Gesetz die stehenden Schwurgerichte über Amtsverbrechen eingerichtet waren, ging die Verpflichtung des vorsitzenden Prätors, für einen Anwalt des Klägers zu sorgen, auf diese über. In dem Acilischen Gesetze[1]) heisst es, wenn der Kläger es verlange, solle der Prätor ihm einen Anwalt geben, und damit dieser tauglich sei, werden Bestimmungen hinzugefügt, wen er nicht geben dürfe, nämlich solche, die mit dem Angeklagten durch Verwandtschaft oder anderweitig verbunden wären oder sonst ein Interesse gegen den Process hätten. Trotzdem kann der vom Prätor gegebene Anwalt dem Kläger unpassend erscheinen: dieser erhält also das Recht, den Anwalt zurückzuweisen und einen andern zu verlangen. Hierin ist die Sitte der Anwaltschaft vielleicht etwas weiter ausgebildet, als sie bei jenem Processe der Spanischen Provinzen erscheint; aber im Wesentlichen doch dieselbe. Sie ging später, wenngleich wir keine weiteren Nachrichten haben, auf alle Schwurgerichte über: sie beruhte zum Theil auf dem Interesse, welches der Prätor als Wächter der Gerechtigkeit an der ordentlichen Durchführung der Anklage hatte. Die Ernennung des Anwaltes ging von dem Kläger aus, der Prätor nahm ihn an und dadurch unterschied er sich von dem Richter oder den Recuperatoren, die von den Parteien nur vorgeschlagen, von dem Prätor wirklich eingesetzt wurden. Während der Blüthe der Schwurgerichte kam freilich diese Pflicht des Prätors selten zur Anwendung und nur bei geringeren Leuten und Processen. Seit der Staat durch Parteien zertheilt und durch Auszeichnung vor Gericht der Weg zu politischem Einflusse und zu Ehrenstellen eröffnet wurde, fanden sich für jeden Ankläger, der seine Sache nicht selbst führen konnte, leicht Anwälte. Die Sicilier, welche C. Verres anklagen wollten, gewannen Cicero ohne Schwierigkeit als Anwalt: sie hätten auch andere gefunden, wenn er abgelehnt hätte. Nicht durch den Mangel, sondern durch die Fülle von Anklägern entstand Verlegenheit.

[1]) Lex Acilia Z. XI. Man sehe C. R. II, 1, 145.

Die Vorschrift des prätorischen Edictes spricht von Anwälten im Allgemeinen, also auch von denen der Angeklagten. In den uns erhaltenen Quellen werden diese häufiger erwähnt. Es stand Jedem frei, sich selbst zu vertheidigen: Afrania, welche erst 43 v. Chr. starb[1]), pflegte ihre Processe selbst vor Gericht zu führen: in einem Criminalprocesse hätte sie eben so gut für sich selber gesprochen, wie in Civilprocessen. Indessen die Sitte trat dem, je künstlicher sich der Process ausbildete, desto mehr entgegen: man erkannte auch die Zweckmässigkeit einer Vertheidigung durch Andere, und bei den Belohnungen, welche Rechtskunde und Beredsamkeit versprach, fand jeder Angeklagte einen Anwalt. Gesetzt aber, er hätte ihn nicht gefunden und sich selbst unfähig zum Führen seiner Sache gefühlt, so muss man annehmen, der vorsitzende Prätor habe der Sitte nach die Verpflichtung gehabt, ihm einen solchen zu stellen. Im Acilischen Gesetze gab es keine derartige Bestimmung zu Gunsten des Angeklagten, wie wir sie zu Gunsten des Klägers gefunden haben. Indessen die nach diesem Gesetze Angeklagten waren hohe Beamte oder wenigstens Senatoren: ihnen fehlte weder die Fähigkeit, sich selbst zu vertheidigen, noch Verbindungen, um sich einen Anwalt zu verschaffen. Bei den Anklägern war es denkbar, dass der Prätor, um nicht Freunde, Verwandte oder Collegen in Gefahr zu bringen, keinen Anwalt gab: es musste ihm daher ausdrücklich befohlen werden: bei dem Angeklagten war solcher Befehl nicht nöthig. In der Rede für Sex. Roscius erzählt Cicero zu Anfang, es habe seinem Schützlinge trotz seiner Unschuld und seiner vornehmen Freunde an Vertheidigern gefehlt und deshalb sei er dazu erwählt worden. Dies so zu verstehen, als ob Roscius keinen Vertheidiger gefunden und auch der Prätor nicht verpflichtet gewesen wäre, ihm einen solchen auf Verlangen zu geben, ist nicht richtig. Seine Freunde wollten aus politischen Gründen nicht sprechen, sonst unterstützten sie ihn vor Gericht und werden ausdrücklich erwähnt: sie gewannen Cicero, einen politisch noch unbedeutenden Mann,

[1]) Val. Max. VIII, 3, 2; l. 1, § 5 Dig. de postuland. (III, 1). Vergl. oben S. 38.

als Vertheidiger: zu der Forderung, der Prätor möchte einen Vertheidiger stellen, kam es nicht. Unter Kaiser Tiberius fand Cn. Piso, wegen Majestätsverbrechen angeklagt, nachdem fünf Freunde die Vertheidigung aus verschiedenen Gründen abgelehnt hatten, dennoch am Ende drei Vertheidiger und einer Vermittelung der vorsitzenden Beamten wird nicht gedacht (Tac. Ann. III, 11). Dagegen L. Libo fand bei gleicher Anklage keinen Vertheidiger: er kam ohne Anwalt zu seinem Processe, obwohl er dessen sehr bedürftig war. Aber der Senat beschloss eben deshalb, von aller kunstgerechten und rednerischen Führung des Processes abzusehen und sich auf einfache Darlegung der Thatsachen zu beschränken (Tac. Ann. II, 30). Daraus ergiebt sich, dass es kein Gesetz gab, welches die Zuziehung eines Anwaltes gebot und den vorsitzenden Beamten nöthigen Falls zur Stellung desselben verpflichtete. Aber die Sitte verlangte es, und es wurde ihr um so leichter genügt, als Vertheidigen immer für anständig galt und von den höchsten Beamten selbst während ihrer Amtszeit geübt werden konnte. Eine Anklage hätte Cicero als Consul nicht unternommen, aber L. Murena und C. Rabirius zu vertheidigen trug er kein Bedenken.

Die Zahl der Anwälte war während der Republik nicht bestimmt. Tacitus (dial. de orat. 38) bemerkt, die Gerichte seiner Zeit seien zwar besser für die Auffindung des Rechtes und der Wahrheit, aber geeigneter für die Ausbildung grosser Redner sei die republikanische Zeit gewesen, als die Zahl weder der Termine noch der Anwälte begrenzt war. Es gab kein Gesetz darüber. In älteren Zeiten glaubte man an einem einzigen Vertheidiger genug zu haben: Cicero wenigstens (p. Cluent. 70, 199) sagt, er habe die ganze Vertheidigung für Cluentius nach alter Sitte allein geführt. Damals also pflegte man schon mehrere Anwälte zu haben. So finden sich zwei Anwälte in C. Rabirius' Processe, Q. Hortensius und Cicero (Cic. p. C. Rab. 6, 18), eben dieselben in L. Flaccus' (Cic. p. Flacc. 17, 41) und P. Sestius' Processe (Cic. p. Sest. 1, 3; schol. p. 292), M. Crassus und Cicero in dem von M. Caelius (Cic. p. Cael. 10, 23), Cn. Pompejus und Cicero in dem von C. Balbus (Cic. p. Balb. 1), so wie in dem von Ampius (Cic.

de leg. II, 3, 6). Drei Anwälte sprachen z. B. für L. Murena, der wegen Wahlumtriebe angeklagt war. Aber die Zahl stieg in den letzten Zeiten der Republik viel höher. Asconius (p. Scauro p. 20) bemerkt, M. Scaurus sei, ausserdem dass er selbst gesprochen, von sechs Anwälten vertheidigt worden, einer damals ungewöhnlichen Zahl, da selten jemand mehr als vier Anwälte gehabt habe. Indessen später nach den Bürgerkriegen vor dem Julischen Gesetze, welches der Kaiser Augustus über die Ordnung der Criminalgerichte gab, sei man bis zu zwölf Anwälten gekommen. Eine Ausnahme in dieser Zeit machte das Jahr 52 v. Chr., wo nach Cn. Pompejus' Gesetze mit der Abkürzung des Processes überhaupt auch eine Beschränkung in der Zahl der Anwälte eintrat. Dies mag einigen Einfluss auch für die nächstfolgenden Jahre gehabt haben; aber der Eifer der Redner überwog und wuchs, bis er durch Augustus' Gesetzgebung eingeschränkt wurde.

Von Anbeginn an waren die Verhältnisse des Römischen Staates so, dass die niederen Stände in rechtlicher Beziehung von den vornehmeren abhängig waren: als durch Gleichstellung der Stände und andere Maassregeln, welche die Kenntniss und den Genuss des Rechtes allgemein machten, jede gesetzliche Abhängigkeit aufgehört hatte, bildete sich eine neue thatsächliche Abhängigkeit durch die künstlichen Formen, welche das Führen von Processen und insbesondere von Criminalprocessen annahm. Sie drohte drückender als die frühere zu werden, in so fern sie sich auf Geld gründete. Ihr trat das Gesetz des Volkstribunen M. Cincius Alimentus entgegen, gegeben im Jahre 204 v. Chr. (Cic. Cat. mai. 4, 10), vielbesprochen und vielerwähnt, aber dennoch in seinen Absichten nur ungenügend erkannt. Es handelte über 'Gaben und Geschenke'[1]) und wird hauptsächlich in der späteren Kaiserzeit erwähnt, wo sich durch die Ausführungen der Rechtslehrer und zahlreiche gesetzliche Ergänzungen an das-

[1]) Dies sagt Cic. Cat. m. 4, 10 *Q. Maximus — admodum senex suasor legis Cinciae de donis et muneribus fuit.* Daher heisst sie bei Paul. Diac. p. 143 *Muneralis lex vocata est, qua Cincius cavit, ne cui liceret munus accipere.*

selbe eine ausgedehnte Lehre über Schenkungen, also über einen Theil des Privatrechtes knüpfte.[1]) Indessen bei seiner Entstehung war das Gesetz schwerlich dazu bestimmt, einen Theil des Privatrechtes zu regeln: dass es dies mit der methodischen Künstlichkeit, wie sie sich bei den späteren Rechtslehrern zeigt, that oder thun wollte, glaubt Niemand. Es lässt sich mit Grund bezweifeln, ob es überhaupt die Absicht hatte, irgend einen Punkt des Privatrechtes zu ordnen. Während der Republik wurde das Privatrecht durch die Gesetzgebung vernachlässigt.[2]) Das Cincische Gesetz hatte eine politische Absicht: unwillkürlich und erst in späterer Zeit entwickelte sich daraus ein Einfluss auf das Privatrecht. Wenn Cicero[3]) als Inhalt des Gesetzes angiebt, man solle kaufen, was man haben wollte, so war das, wie er bemerkt, die witzige Abfertigung eines Gegners von Cincius: man darf aus ihr nicht schliessen, dass es sich auf die Eigenthumsverhältnisse im Allgemeinen bezog. Dagegen wenn Livius den berühmten M. Cato in seiner Rede für das Oppische Gesetz sagen lässt, das Cincische Gesetz sei nur deshalb gegeben worden, weil die Plebs begonnen hätte, dem Senate abgaben- und tributpflichtig zu sein[4]), so liegt darin ohne Zweifel Catos oder vielmehr Livius' Ansicht über die Veranlassung zum Cincischen Gesetze, eine Ansicht, die für uns von entscheidendem Einflusse sein muss. Livius sagt, das Oppische Gesetz sei durch den Aufwand der Frauen hervorgerufen worden, das Licinische Gesetz durch die Begierde nach Landbesitz: beides war, wie wir aus andern Nachrichten über jene Gesetze wissen, wirk-

[1]) Man sehe besonders fragm. Vat. § 266 flgd. Die neuere Literatur hierüber ist zahlreich: ich verweise der Kürze halber nur auf Rudorff, Römische Rechtsgeschichte I, 53; Rein, Röm. Privatrecht S. 731 flgd.

[2]) Auch das Furische und Voconische Gesetz gingen von andern Gesichtspunkten als von dem Wunsche, das Privatrecht zu ändern, aus: sie hatten darauf nur mittelbar Einfluss.

[3]) Cic. de orat. II, 71, 286 *Saepe etiam sententiose ridicula dicuntur, ut M. Cincius, quo die legem de donis et muneribus tulit, cum C. Cento prodisset et satis contumeliose quid fers, Cinciole? quaesisset: ut emas, inquit, Cai, si uti velis.*

[4]) Liv. XXXIV, 4. *Quid legem Cinciam de donis et muneribus (excitavit) nisi quia vectigalis iam et stipendiaria plebes esse senatui coeperat?*

lich der Fall. Mithin lag der Grund zum Cincischen Gesetze in der pecuniären Abhängigkeit der Plebs vom Senate: sie sollte aufgehoben werden. Der Zweck desselben war ein politischer, man begreift, weshalb es in jener Zeit der Republik gegeben, weshalb es von politischen Parteien befördert oder angegriffen wurde. Damit ist sehr wohl vereinbar, dass eben dasselbe Gesetz später bei gänzlich veränderter Stellung der Parteien und Stände einen privatrechtlichen Charakter erhielt. Einen weit engeren Grund für die Entstehung des Gesetzes giebt Tacitus an[1]), die Zügellosigkeit der Redner hätte das Cincische Gesetz hervorgerufen. Dies kann, wenn man die Verhandlungen der ersten Kaiserzeit über dasselbe betrachtet, nur bedeuten, die Redner, die Anwälte vor Gericht hätten für Anklage und Vertheidigung so grosse Bezahlung gefordert, dass der Staat veranlasst worden sei, dagegen durch das Cincische Gesetz einzuschreiten. Indessen schwerlich war es dieser vereinzelte Punkt, der das Gesetz hervorrief. Unmöglich konnten die Vornehmen nur, wenn sie als Anwälte auftraten, geldgierig sein, und wäre es der Fall gewesen, so musste dasselbe sich nur hierauf beschränken. Livius spricht allgemein von der Abhängigkeit der Plebs, d. h. nach damaligem Begriffe der Aermeren; unzweifelhaft enthielt das Gesetz allgemeinere Bestimmungen. Tacitus hat eines besonderen Zweckes halber nur einen einzelnen Theil angeführt.

Wäre das Cincische Gesetz etwa ein Jahrhundert später gegeben worden, so hätte es einen andern Charakter erhalten: man hätte dann den regierenden Stand, die Beamten und Senatoren, den Regierten gegenübergestellt, so wie man es in den Erpressungsgesetzen that. Damals aber dachte man noch nicht an solche Theilung der Bürgerschaft. Die Geltung des Cincischen Gesetzes in der Kaiserzeit war allgemein und nicht auf Beamte oder einen besondern Stand beschränkt. Daraus

---

[1]) In einer Rede des strengen Paetus Thrasea Ann. XV, 20 *usu probatum est, patres conscripti, leges egregias, exempla honesta apud bonos ex delictis aliorum gigni. Sic oratorum licentia Cinciam rogationem, candidatorum ambitus Iulias leges, magistratuum avaritia Calpurnia scita pepererunt.*

wird man schliessen dürfen, dass auch die während der Republik erwähnten allgemeinen Bestimmungen des Gesetzes nicht durch Zufall allgemein sind, sondern den wirklichen Inhalt desselben angeben. Der Hauptgrundsatz des Gesetzes war, dass Alles, was für politische oder Rechtsdienste von den Bürgern gegeben, versprochen oder angenommen wurde, als Geschenk[1]) zu betrachten sei: die Mühe, die jemand dafür aufwendete, galt nicht als Arbeit im eigentlichen Sinne, für welche ein Ersatz in Geld zu gewähren sei. Es wurden die einzelnen Arten dieser Dienste aufgezählt und dabei unter andern die der Anwälte vor Gericht erwähnt.

Tacitus[2]) sagt, das Gesetz habe verboten, Geld oder Geschenke anzunehmen und Cicero[3]) bemerkt von einer Büchersammlung, welche ihm L. Papirius Paetus geschenkt hatte, es stände ihm nach dem Cincischen Gesetze frei, dieselbe anzunehmen.

---

[1]) Man nimmt allgemein an, es habe ein von dem Gesetze bestimmtes Mass gegeben, innerhalb dessen jede Schenkung erlaubt gewesen wäre: einige Gelehrte sagen, dieses Mass seien 20,000 HS., andere, es seien 1000 As gewesen. Man sehe Rudorff und Rein a. a. O. Einen Grund für dieses Mass giebt es nicht. Allerdings wird ein 'gesetzmässiges Mass' *(legitimus modus)* erwähnt von Ulpian I, 1 und Paulus in l. 5 § 2 und 5 Dig. de doli mali (XLIV, 4), aber nur in der späteren Entwickelung des Gesetzes, als es ausschliessliche Bedeutung für das Privatrecht hatte. Es lässt sich bezweifeln, ob sich ein solches Mass ursprünglich im Gesetze befand und nicht erst später, als dieses eine ausgedehnte Bedeutung für das Privatrecht erhielt, erfunden wurde. Bestimmte Erwähnung eines Masses findet sich erst in den Gesetzen über Erpressung, und folgt man deren Analogie, so musste dasselbe sehr niedrig sein. Wenn Cincius die Absicht hatte, die Abgabenpflichtigkeit der Plebs von den Vornehmen zu hindern, so durfte er kein Mass vorschreiben: später war eine Grenze, innerhalb deren es sich nicht lohnte, die Bestimmungen über Schenkungen in Anwendung zu bringen, natürlich. Ueber die Stelle bei Cic. ad Att. I, 20, 7, welche von Einigen auch auf dieses gesetzliche Mass bezogen wird, werden wir später sprechen.

[2]) Tac. Ann. XI, 5 *legem Cinciam flagitant, qua cavetur antiquitus, ne quis ob causam orandam pecuniam donumve accipiat.*

[3]) Cic. ad Att. I, 20, 7 *L. Papirius Paetus — mihi libros eos, quos Ser. Claudius reliquit, donavit. Cum mihi per legem Cinciam licere capere Cincius amicus tuus diceret, libenter dixi me accepturum, si attulisset.*

Man glaubt, Cincius habe die Schenkung nur verboten, ohne Strafandrohung, und sein Gesetz sei also eine sogenannte lex imperfecta gewesen (Ulp. 1 init.). Dies erscheint auch wahrscheinlich.[1]) Erst die Erpressungsgesetze haben für einen Theil dieser Geschenke Strafe bestimmt. Dennoch folgten aus dem allgemeinen Verbote einige Bestimmungen, welche das Cincische Gesetz selber hinzufügte, für die Empfänger, dass sie ihnen versprochene Geschenke nicht einklagen durften, für die Geber, dass sie Geschenktes zurückfordern konnten, Versprochenes nicht zu erfüllen brauchten. Dadurch wurde der Zweck des Gesetzes auch ohne Strafe thatsächlich erreicht: es knüpfte sich daran die weitere Gesetzgebung über Geschenke überhaupt.

Eine Ausnahme von diesen Bestimmungen ergab sich durch die Verwandtschaft: die Verwandten bis zum fünften Grade, vom sechsten der sobrinus und die sobrina, die zunächst Verschwägerten, dazu die Freigelassenen, die Vormünder gehören zu den ausgenommenen Personen (excepti), unter denen jede Schenkung erlaubt ist und nach den sonst üblichen Regeln der Geschäfte geordnet wird. Im Gegensatze zu den politischen Diensten, welche nicht bezahlt werden sollen, stehen andere Dienste, für welche Entgelt gewährt werden darf. Es wird uns (von Paul. V, 11,6) der Fall angeführt, wenn jemand vor Räubern errettet ist, dürfe er seinem Lebensretter Geschenke machen. Ich meine, in dem Gesetze waren diejenigen Fälle angegeben, in welchen eine Schenkung nicht erlaubt war: in allen übrigen war sie erlaubt. Wenn daher Cicero an der früher angeführten Stelle bemerkt, er dürfe von L. Papirius Paetus eine Bibliothek zum Geschenke annehmen, so bezieht sich dies auf einen solchen Fall, in dem Schenkung erlaubt war, nicht, wie man jetzt annimmt, auf die Grösse des Geschenkes, die unter dem gesetzlich bestimmten Masse sei. Denn Cicero kennt den Werth der Bücher-

---

[1]) Allerdings wird bei Tac. Ann. XII, 22 *poena legis Cinciae* erwähnt. Dass aber darunter eine Strafe, wie sie durch die späteren Zusätze zum Cincischen Gesetze bestimmt war, verstanden werden kann, beweist Ernesti im Excurs zu Sueton. Ner. 17.

sammlung nicht, weiss nicht, ob es viele oder wenige Werke sind: auf die Höhe des Geschenkes kann sich also seine Aeusserung nicht beziehen.

Als seit der Mitte des zweiten Jahrhunderts die Gesetze über Erpressung gegeben wurden, nahm man in dieselben das Cincische Gesetz theilweise auf. Wenn Schenken unter Bürgern überhaupt als unerlaubt galt und nur für fassbare und wirklich sachliche Dinge Entgelt gestattet war, so musste nothwendiger Weise jedes an Beamte gegebene Geschenk in besonderem Grade strafbar erscheinen: der Grund dafür konnte nur in Diensten liegen, welche der Beamte vermöge seines Amtes zu leisten verpflichtet war. Als Bestätigung dieses Zusammenhanges zwischen dem Cincischen und den Erpressungsgesetzen kann man ansehen, dass in den letzteren ebenfalls Verwandte und zwar bis zu eben demselben Grade, wie in jenem ausgenommen werden.[1]) Welches Gesetz zuerst diese Bestimmung traf, ob schon das Calpurnische oder ein späteres, wissen wir nicht sicher.[2]) Ueberliefert wird uns dieselbe im Acilischen Gesetze, das eine Geldsumme festsetzte und Gericht und Strafe für den Fall der Uebertretung anordnete. Aber es wurde auch in dem darauf folgenden Gesetze über Erpressung, dem des Dictators Cäsar, wiederholt: es bestimmte als Mass für Geschenke bei den Beamten in der Stadt 10,000 Sesterze, in der Provinz liess es nur Esswaaren zu. Der übrig bleibende Theil des Cincischen Gesetzes hatte keine besondere Bedeutung und man begreift, wie nur die Bestimmungen über das Wesen und den Charakter von Geschenken, nebst der Fortbildung durch das prätorische Edict, ihren Bestand behielten und sich am Ende zu einem nicht unwichtigen Theile des Privatrechtes entwickelten. Die besondere Bestimmung des Cincischen Gesetzes über die Anwälte lautete nach Tacitus *ob causam orandam*, also für eine Processsache, die

[1]) Man sehe C. R. II, 2, 305.

[2]) C. R. II, 2, 303. Unter dem alten Plebiscite, das dort genannt wird, kann freilich auch das Cincische Gesetz verstanden werden, und es würde sich dann als Mass, welches es für Geschenke vorschrieb, ergeben Esswaaren, die in den nächsten Tagen verzehrt werden.

zu führen war. In diesem Falle sollte Geld oder Geldeswerth, einem Anwalte gegeben, als Geschenk gelten und nach dem Erpressungsgesetze für Senatoren und Beamte strafbar sein. Folglich waren seitdem Anwälte, sobald sie sich bezahlen liessen, strafbar. Diese Schlussfolgerung ist unzweifelhaft; aber eben so unzweifelhaft, dass trotzdem Senatoren für gerichtliche Reden, welche sie hielten, Geld annahmen, ohne in eine Anklage oder einen Process verwickelt zu werden. Es besteht ein Widerspruch zwischen geschichtlichen Thatsachen und den uns deutlich überlieferten Gesetzen. Von Cicero erzählt Plutarch[1]), er hätte Bewunderung erregt, weil er für seine Vertheidigungen weder Lohn noch Geschenke annahm. Eine solche Bewunderung ist nur zu verstehen, wenn die übrigen Redner Bezahlung anzunehmen pflegten: sie waren aber fast alle Senatoren und den Erpressungsgesetzen unterworfen. Von Hortensius deutet Cicero (in Verr. Act. I, 14, 40) unverhohlen an, er habe für die Vertheidigung von Verres Geld oder Geldeswerth genommen oder werde es nehmen. Er führt an, Verres habe öffentlich erklärt, von den drei Jahren seiner Verwaltung Siciliens müsse er alles, was er im zweiten Jahre raube und erwerbe, auf die Gewinnung von Gönnern und Vertheidigung rechnen. Trotzdem fällt es Cicero nicht ein, bei den vielfachen Drohungen, die er gegen Verres' Vertheidiger ausspricht, die Möglichkeit einer Anklage gegen Hortensius zu erwähnen.

Man erklärt diesen Widerspruch durch die Eigenthümlichkeit des Cincischen Gesetzes, das keine Strafe aussprach und deshalb leicht übertreten und vernachlässigt werden konnte.[2]) Damit kommt man bei den Anwälten senatorischen Standes, die dem Erpressungsgesetze unterworfen waren, nicht aus, und die Rede, man habe die Gesetze überhaupt vernachlässigt, passt nicht für ein Gesetz, das bei den leidenschaftlichen Zwistigkeiten der Parteien in steter Uebung erhalten werden musste. Die Lösung des Widerspruches liegt vielmehr in dem Ausdrucke des Cincischen Gesetzes. Wahrscheinlich hatte

[1]) Plut. Cic. 7 ἐθαυμάζετο μήτε μισθοὺς μήτε δῶρα προσιέμενος ἀπὸ τῆς συνηγορίας.

[2]) So Geib, Römischer Criminalprocess S. 321.

dasselbe wirklich die Absicht, dass Anwälte fortan Processe unentgeltlich führen sollten: dies lag im Charakter der Römischen Verfassung. Die niederen Stände sollten durch die freiwilligen Dienste der höheren in politischer Abhängigkeit erhalten werden und sich in dieselbe ohne Zwang fügen[1]); auch galt es noch bis spät in die Kaiserzeit für besonders schön und ehrenwerth, jedem Bürger seine Dienste unentgeltlich zu weihen.[2]) Indessen diese Absicht widersprach der Entwickelung der Verhältnisse und sie waren mächtiger als der Wille des Gesetzes. Je mehr die Beredsamkeit sich vervollkommnete, je verwickelter das Strafverfahren wurde, desto weniger liess sich erwarten, dass die Redner Zeit und Kunst unentgeltlich aufwendeten. Einzelne der berühmten Redner, die zugleich im Besitze ererbter Reichthümer waren, führten Vertheidigungen ohne Entgelt und fanden ihre Belohnung in politischem Einflusse; aber dies reichte für das Bedürfniss nicht aus. Man kam also auf eine zwar richtige Auslegung der Gesetzesworte, die aber doch der Absicht des Gesetzgebers entgegen war. Es hiess ob causam orandam, also für einen Process, der erst geführt werden sollte, dürfe der Anwalt nicht Geld nehmen; daraus folgte, dass er es für einen Process, der geführt war, durfte. Vor der Verhandlung der Sache durfte er sich nicht die Höhe der Belohnung von den Parteien ausmachen, nach der Verhandlung war die Annahme derselben erlaubt. Was er vorher annahm oder sich ausmachte, war nach dem Cincischen Gesetze ein Geschenk und nach den Erpressungsgesetzen strafbar: was er nachher erhielt, war weder Geschenk noch strafbar.

Dass diese Erklärung des Cincischen Gesetzes später eine amtliche Anerkennung erhielt, werden wir alsbald erweisen; aber sie war auch schon zur Zeit der Republik geeignet, die Anwälte, welche sich für ihre Mühe bezahlen liessen, gegen gerichtliche Verfolgung zu decken. Von Hortensius erzählt

[1]) Man vergl. die Bemerkungen, welche Cic. p. Mur. 34, 71 darüber macht.

[2]) Dies ergiebt sich aus den von Tac. Ann. XI, 6 flgd. angeführten Reden.

Cicero nicht, er habe von Verres schon vor dem Processe Geld erhalten, sondern nur, der Angeklagte habe die Erpressungen des zweiten Jahres für seine Anwälte bestimmt. Auch auf andere Weise suchte man das Verbot, Geschenke anzunehmen, zu umgehen. Aus Gell. XII, 12 ist bekannt, wie Cicero es machte. Als P. Sulla angeklagt war und er ihn vertheidigen sollte, borgte er von ihm 20,000 HS. zum Ankauf eines Hauses. Dies wurde ihm von seinen Feinden im Senate vorgeworfen, aber vor Gericht konnte er deshalb nicht gezogen werden, wenngleich er das geborgte Geld schwerlich jemals bezahlt hat.

Der Kaiser Augustus behielt die republikanischen Bestimmungen über die Anwälte bei: er schärfte sie nur in einer Beziehung. Im Jahre 17 v. Chr. erliess er die Anordnung, die Redner sollten die Processe ohne Entgelt führen oder das Vierfache des empfangenen Lohnes als Busse zahlen.[1]) Es war dies ohne Zweifel ein Senatsbeschluss, gegeben zur Erläuterung des Julischen Erpressungsgesetzes. In Bezug auf den Begriff des Verbrechens bestimmte er nichts Neues: schon das Cincische Gesetz hatte erklärt, was unter Geschenken in dieser Beziehung zu verstehen sei, das Julische, dass Geschenke über eine bestimmte Höhe strafbar wären. Nur die Strafe wurde verändert: es wurde die höchste Geldstrafe, die überhaupt beim Erpressungsgesetze vorkam, die vierfache, eingesetzt. Dass der Begriff des Verbrechens damals nicht genauer gefasst wurde, erkennt man besonders aus den Verhandlungen des Senates im Jahr 47 n. Chr. unter dem Kaiser Claudius.[2]) Ein in damaliger Zeit berüchtigter Anwalt P. Suillius hatte von einem Römischen Ritter 400,000 HS. erhalten, um eine Anklage durchzuführen: als der Anwalt dieselbe absichtlich schlecht geführt und nicht durchgesetzt hatte, ging der Auftraggeber in dessen Haus, machte ihm Vorwürfe und entleibte sich am Ende daselbst. Hierüber fand die Verhandlung im Senate statt und eine starke Partei verlangte die Bestrafung des in

[1]) Dio Cass. LIV, 18 τοὺς ῥήτορας ἀμισθὶ συναγορεύειν ἢ τετραπλάσιον ὅσον ἂν λάβωσιν ἐκτίνειν ἐκέλευσε.

[2]) Bei Tacitus Ann. XI, 5.

diesem Falle Schuldigen sowie ähnlicher Uebelthäter nach dem Cincischen Gesetze, eine andere, an Zahl geringere Partei brachte Entschuldigungsgründe vor. Tacitus' Darstellung, knapp, geistreich und die Kenntniss der Gesetze voraussetzend, bedarf einiger Erläuterung. Man fragt, weshalb es weiterer Verhandlung bedurfte. Suillius hatte vor der Führung des Processes Geld genommen, also das Cincische Gesetz verletzt; nach Kaiser Augustus' Verordnung musste er in einem Processe wegen Erpressung zu vierfacher Busse verurtheilt werden.[1]) Tacitus muss sich kurz und undeutlich ausgedrückt haben. Jener Römische Ritter kann an Suillius nicht die Geldsumme wirklich gegeben haben: Suillius machte es ähnlich wie Cicero. Er erhielt sie entweder geborgt oder durch irgend ein Scheingeschäft. Dann fehlte er nicht gegen das Cincische Gesetz und wurde weder von Cäsars Gesetze noch von Augustus' Verordnung getroffen. Aber der Fall erregte Aufsehen: es war offenbare Umgehung des Gesetzes. Aus diesem Grunde berieth der Senat: es fragte sich, ob ein solcher Fall, wenn ein Anwalt durch irgend eine in den Gesetzesworten nicht enthaltene Massregel sich vor dem Processe Geld verschafft hätte, strafbar sein sollte. Deshalb erkannten auch Suillius und seine Anhänger, wie Tacitus bemerkt, dass sie nach dem Senatsbeschlusse, wie man ihn beabsichtigte, offenbar schuldig wären. Wäre es eine neue Bestimmung gewesen, die man geben wollte, so konnte dieselbe für die Zukunft gelten, aber eine rückwirkende Kraft nicht erhalten.

Der Erfolg, den die Senatsverhandlung hatte, war durch des Kaisers Claudius Einsicht und Mässigung durchaus vernünftig. Zuerst wurden alle schon begangenen derartigen Vergehen von gerichtlicher Verfolgung ausgeschlossen; für die Zukunft aber wurde, wie Tacitus sagt, als höchstes Mass für

[1]) Dass diese beiden Gesetze, sowohl das Cincische als das über Erpressung zur Erwägung kamen, giebt Tacitus selbst an. Er sagt zuerst von den Senatoren, welche die Bestrafung verlangten, *legem Cinciam flagitant, qua cavetur antiquitus, ne quis ob causam orandam pecuniam donumve accipiat.* Dann soll ein Senatsbeschluss gefasst werden, *parabatur sententia, qua lege repetundarum tenerentur.* Dies war das Julische des Dictators Cäsar nebst des Kaisers Augustus näherer Bestimmung.

die Anwälte 10,000 HS. festgesetzt: wer es überschritte, sollte in die Strafe des Erpressungsgesetzes verfallen. Dieser Bericht von Tacitus ist ungenau und unvollständig. Plinius (epist. V, 21) erzählt, zu seiner Zeit habe ein Prätor, der einen Criminalgerichtshof zu leiten hatte, ein Edict erlassen, worin er einen Senatsbeschluss in Erinnerung brachte. Dieser ging dahin, alle, die vor Gericht zu thun hatten, also sowohl Ankläger wie Angeklagte, sollten vor dem Beginne der Verhandlungen schwören, dass sie Niemandem, um Anwalt zu sein, etwas gegeben, versprochen, sich verbindlich gemacht hätten: tausend andere Ausdrücke seien noch darin gebraucht worden, um zu hindern, dass das Amt des Anwalts verkauft oder gekauft würde. Indessen nach Beendigung des Processes wurde darin erlaubt, Geld zu geben, aber nicht mehr als 10,000 HS.[1] Dieser Senatsbeschluss kann nicht der unter dem Kaiser Augustus erlassene sein; denn von der vierfachen Busse, welche jener verordnete, ist in diesem nicht die Rede: es ist also der unter Claudius gefasste und von Tacitus erwähnte. Dieser giebt nicht dessen ganzen Inhalt an. Er erwähnt als für die Zukunft geltend nur das Mass der Belohnung für den Anwalt: es war dasselbe, welches der Dictator Cäsar in seinem Gesetze über Erpressung für Geschenke an Beamte festgesetzt hatte. Aber die Hauptsache lässt Tacitus aus. Sie besteht darin, dass nach Römischer Sitte jedes Geben oder Versprechen von Belohnung an den Anwalt vor dem Processe durch Häufung von Ausdrücken verboten wurde. Konnten die Parteien den geforderten Schwur nicht leisten, so war der Anwalt, welcher gegen das Gebot Geld, in welchem Betrage auch immer, genommen hatte, nach dem Gesetze über Erpressung schuldig. Auch nach Führung des Processes wurde nur eine bestimmte Summe für jeden einzelnen Process gestattet.

---

[1]) Die Worte epist. V, 21, 3 lauten so: *Proposuerat breve edictum. Admonebat accusatores, admonebat reos, executurum se, quae senatus consulto continerentur. Suberat edicto senatus consultum: hoc omnes, quidquid negotii haberent, iurare prius quam agerent, iubebantur, nihil se ob advocationem cuiquam dedisse, promisisse, cavisse. His enim verbis ac mille praeterea et venire advocationes et emi vetabantur. Peractis tamen negotiis permittebatur pecuniam dumtaxat decem milium dare.*

Diese Erwähnung des Cincischen Gesetzes beweist, dass man auch im zweiten Jahrhundert n. Chr. noch Werth auf die Regelung der Verhältnisse der Anwälte legte, aber zugleich auch, wie schwer diese Regelung war. Das Edict des Prätors, von dem ich gesprochen, erregte Verwunderung und Missbilligung. Der Senatsbeschluss des Kaisers Claudius scheint nach dessen Tode, da man andern Regierungsgrundsätzen folgte, in Vergessenheit gerathen zu sein. Wir haben davon noch eine weitere Kunde. Schon unter Nero im Jahre 59 n. Chr. erzählt Tacitus (Ann. XIII, 42), man habe gegen eben jenen Suillius, der ihn ursprünglich veranlasst, den unter Claudius gegebenen Senatsbeschluss wieder hervorgeholt, nicht um ihn darnach vor Gericht zu stellen, sondern um gegen ihn Beschuldigungen wegen Grausamkeit und ungerechter Verfolgungssucht zu erheben: seine Strafe, in Verbannung bestehend, war härter, als sie wegen Erpressung verhängt werden konnte. Es scheint also, dass man bei Neros Regierungsantritt jene Verfügung von Claudius absichtlich vernachlässigte und später nur gelegentlich hervorholte. Es war ein beständiges Schwanken zwischen der alten republikanischen Strenge, welche keine Belohnungen für Anwälte erlaubte, und den Forderungen eines höher entwickelten Staates, der für geistige Arbeit gleichen Lohn wie für körperliche verlangte.[1]) Aber wie man auch darin schwanken mochte, immer blieb jener erste, schon beim Erlasse des Gesetzes aufgestellte Grundsatz erhalten, dass einem Anwalte für die Mühe, welche er bei einem Processe aufgewendet hatte, keine gerichtliche Klage zustand.

[1]) Ungefähr ein ähnlicher Gedanke liegt der oberflächlichen Bemerkung des Schol. Gronov. ad Cic. p. Sex. Rosc. p. 431 zu Grunde: *Apud antiquos eloquentia nullo praemio laudabilior fuit, si quidem omnis ars ex pretio vilior efficitur. Ergo nec accusator nec defensor accipiebat pecuniam.* Ich habe über das Cincische Gesetz aus zwei Gründen eine ausführlichere Untersuchung angestellt, erstlich um die Veranlassung zu demselben zu erläutern und zu zeigen, wie in der späteren Kaiserzeit nur die privatrechtliche Seite desselben hervortrat, zweitens, um den Zusammenhang mit den Gesetzen über Erpressung während der Republik und der ersten Kaiserzeit darzulegen. Beides fand ich in den bisherigen Darstellungen nicht gehörig berücksichtigt.

Die Anwälte und ihre Parteien sind der Gegenpartei und dem Gerichte gegenüber eins: beide haben gleiche Interessen, beide werden in der Lateinischen Gerichtssprache, wenn sie nicht genannt werden, mit den gleichen Fürwörtern bezeichnet. Dennoch besteht ein Unterschied bei der Anklage und bei der Vertheidigung. Bei dieser letzteren ist der Anwalt wirklich eins mit dem, welchen er vertritt: seine Ernennung hängt von dem Ermessen des Angeklagten ab. Bei der Anklage ist das Verhältniss verschieden. Jederman kann wegen eines Criminalverbrechens Anklage erheben, nicht bloss derjenige, dem ein Unrecht geschehen ist. Als Verres Erpressungen geübt hatte, kamen Gesandte der Staaten Siciliens nach Rom, um einen Process zu veranstalten. Sie wählten Cicero als Anwalt: es meldete sich auch Q. Niger als Ankläger, empfohlen von einigen wenigen Siciliern. Allerdings bildete der Wunsch der meisten Sicilier für den vorsitzenden Prätor einen bedeutenden Grund, um die Anklage an Cicero zu übertragen, und dieser führt denselben in seiner Rede weitläuftig aus (div. 4, 11 flgd.). Indessen an und für sich wäre es auch möglich gewesen, Q. Niger zum Ankläger zu bestellen, ohne dass diejenigen, welchen Unrecht widerfahren war, ein Recht des Verwerfens hatten. Deshalb war die Stellung des anklagenden Anwaltes selbständiger als die des vertheidigenden: jener führte den Process in eigenem Rechte, während der Vertheidiger nur seinen Schützling vertrat.

Verschieden von den Anwälten und doch zu den gerichtlichen Beiständen gehörig waren die sogenannten *advocati*, welche in der früher (S. 84) angeführten Bemerkung des falschen Asconius etwas oberflächlich, aber doch nicht unrichtig beschrieben werden. Namentlich macht derselbe hierbei auf den Unterschied zwischen dem Civil- und dem Criminalprocesse aufmerksam. In jenem, wo es sich um Eigenthum und die Anwendung der Gesetze handelte, konnte der advocatus nur durch Rechtskenntniss nützen[1]): in diesem, wo die Leiden-

[1]) Solche *advocati* werden in Ciceros Zeit erwähnt z. B. p. Quinct. 2, 5 *Certe aut apud te et eos, qui tibi adsunt, veritas — valebit.* — *Non eo dico, C. Aquili, quo mihi veniat in dubium tua fides et constantia aut*

schaften der Richter mit ins Spiel gezogen werden, wirkt er auch ohne eigentlicher Rechtsbeistand zu sein, durch seine Gegenwart und die Bezeugung seiner Theilnahme auf den Urtheilspruch ein. Indessen dieser Unterschied ist nicht durchgehend: es konnte bei Privatprocessen ein Rechtsgelehrter advocatus sein, ohne wirklich Rath zu ertheilen, und bei Criminalprocessen der advocatus einer Partei auch zufällig Rath geben: daher die Redelehrer beide Gattungen nicht streng sondern.[1]) Das Wesentliche ist, dass bei allen Processen auf Bitten der Parteien ausser den Anwälten noch andere Beistände auftreten, welche je nach dem Bedürfnisse entweder durch Rechtshülfe, die sie gewähren, oder durch persönliche Einwirkung für diejenigen, welche sie herbeigerufen haben, thätig sind. Die Entstehung dieser Sitte schreibt sich von der Oeffentlichkeit der Gerichte her: sie musste sich früh bilden und erscheint vollendet am Ende der Republik, verpflanzte sich aber auch in die Kaiserzeit. Es werden sogar advocati in Trauerkleidern, wie der Angeklagte, erwähnt bei Cicero p. Sest. 69, 144; in M. Scaurus' Processe werden von Asconius (p. 29 Orell.) die vornehmsten Männer genannt, welche bei der Abstimmung die Richter um Freisprechung baten: sie waren ebenfalls advocati. Das Einfachste war, wenn Jemand, ohne Rath zu ertheilen, ohne zu sprechen, ohne durch Kleidung oder Haltung seine Theilnahme zu beweisen, nur bei dem Gerichte zugegen war, aber an dem Platze derjenigen Partei, welcher er Beistand leisten wollte.[2]) Ein geschichtlich

*quo nunc in his, quos tibi advocasti, viris lectissimis civitatis, spem summam habere P. Quinctium debeat.* Id. 8, 30 *Recusabant qui aderant tum Quinctio* flgd. Top. 17, 65 *Pericula autem iudiciorum maximarum quidem rerum in iuris consultorum mihi videntur esse prudentia. Nam et adsunt multum et adhibentur in consilia et patronis diligentibus ad eorum prudentiam confugientibus hastas ministrant.* p. Caec. 27, 77 *non adest is, qui paulo ante adfuit et adesse nobis frequenter in hac causa solet, vir ornatissimus, C. Aquilius.*

[1]) So Quintil. XII, 3, 3 flgd.

[2]) Eine etwas unentschiedene Stellung nahm bei L. Murenas Processe M. Cato ein. Er hatte schon während der Wahlen seinen Entschluss, jeden schuldigen Candidaten anzuklagen, ausgesprochen, hatte während des Processes den Ankläger durch Rath und That unterstützt,

berühmtes Beispiel dieser Art gab der Kaiser Augustus. Als sein genauer Freund Nonius Asprenas wegen Giftmischerei angeklagt war, befragte er den Senat, was er thun sollte: er fürchte, wenn er vor Gericht erschiene, möchte es aussehen, als wolle er den Angeklagten den Gesetzen entziehen: wenn er fehle, möchte man denken, er lasse seinen Freund im Stiche und halte ihn für schuldig. Also mit Beistimmung Aller ging der Kaiser zu dem Gerichte und blieb einige Stunden auf den Bänken unter den Freunden des Angeklagten sitzen, aber stillschweigend und ohne ein Lobzeugniss vor Gericht abzugeben, also ohne in Bezug auf den vorliegenden Fall oder im Allgemeinen über den Angeklagten sich zu äussern. Auf ähnliche Weise erschien Augustus auch bei andern Processen vor Gericht, selbst einmal zu Gunsten eines seiner früheren Veteranen, der wegen thätlicher Beleidigung angeklagt war.[1]) In politischen Processen erschienen so nicht bloss einzelne Personen vor Gericht, um dem Angeklagten beizustehen, sondern auch Abgeordnete von Städten und Provinzen, wie z. B. in L. Murenas Processe die Einwohner von Lanuvium, seiner Heimath, zahlreich zum Gerichte kamen und all ihren Einfluss aufboten, um ihrem Mitbürger das Consulat zu erhalten (Cic. p. Mur. 41, 90). An diese advocati schlossen sich Andere, welche selber durch persönliche Würde oder Anhang keinen Einfluss besassen, aber sich bemühten, einflussreiche Männer als advocati zu gewinnen: so trat Oppianicus in Scamanders Processe wegen Giftmischerei auf.[2]) Damit geschieht der Uebergang zu der neugierigen Menge, welche um das Gericht herumstand und den Verhandlungen zuschaute (corona).[3])

---

und deshalb spricht Cicero (z. B. 37, 78) von seiner Anklage. Dennoch gehörte er nicht zu den eigentlichen Anklägern. Er war ein *advocatus* in gewissem Sinne, hatte sich aber freiwillig zur Unterstützung der Ankläger gemeldet.

[1]) Suet. Aug. 56. Ich führe noch einen andern solchen *advocatus* aus republikanischer Zeit an, von dem Cic. p. Sull. 29, 81 spricht: *Parens tuus consul reo de pecuniis repetundis Catilinae fuit advocatus, improbo homini, at supplici, fortasse audaci, at aliquando amico.*

[2]) Cic. p. Cluent. 19, 54.

[3]) Die Erwähnungen derselben sind häufig, z. B. bei Tac. dialog. 6; Cic. Brut. 84, 290.

Thätiger als die advocati traten die *laudatores* bei der Vertheidigung auf; denn bei der Anklage kann es sie selbstverständlicher Weise nicht geben. Dafür ist ihre Wirksamkeit bei der Vertheidigung ausgedehnter. Sie unterscheiden sich von den Zeugen dadurch, dass die lobenden Aussagen über den Angeklagten, welche sie abgeben, eigentlich ausserhalb des Processes liegen und sich auf Punkte beziehen, welche nicht zur Anklage kommen, z. B. auf das frühere Leben des Angeklagten, auf sein Verhalten im Allgemeinen: sobald sie sich auf diejenigen Punkte beziehen, welche den Gegenstand der Anklage ausmachen, gewinnen sie den Charakter der Zeugen, unterliegen also auch den Bedingungen und Einschränkungen, welche bei Zeugen nothwendig und herkömmlich sind. Sie bilden somit einen überflüssigen Bestandtheil des Processes, der sogar, wenn es sich um strenge Uebung des Gesetzes handelt, ausgeschieden werden muss. Ausgedehnter aber ist die Wirksamkeit der laudatores als die der advocati, weil es nicht bloss Anwesende, sondern auch Abwesende sein können: die Letzteren machen ihre Aussagen, ähnlich wie es auch bei den Zeugen möglich ist, schriftlich. Der Ursprung der Sitte fällt in frühe Zeit. Ich glaube nicht, dass man schon in den politischen Processen, welche gegen Patricier von der Plebs geführt wurden, in dem von Coriolan, Cäso Quinctius und Manlius Capitolinus, an laudatores denken darf[1]): bei dergleichen Processen, wo es sich um die politische Stellung berühmter Männer handelte, mussten jedenfalls diejenigen, welche ihr ganzes Leben billigten, gehört werden; aber allerdings mögen die Volksgerichte der Ausbildung der Sitte sehr förderlich gewesen sein. Als die Schwurgerichte entstanden, war diese Sitte schon bis zum Missbrauche ausgebildet. Cicero sagt in seinen Reden gegen Verres (in Verr. V, 22, 57), die gewöhnliche Zahl der laudatores sei zehn: wer diese nicht stellen könne, für den sei es anständiger, gar keine zu stellen. Im Processe gegen M. Scaurus traten neun Consulare, theils mündlich theils schriftlich, ausserdem der Bruder des Angeklagten mit ihren Lobreden auf (Ascon. p. 28). Kein Wunder, dass

---

[1]) Wie es Rudorff, Römische Rechtsgeschichte II, 438 thut.

Cn. Pompejus, der im Jahre 52 v. Chr. das Verfahren kürzer und wahrhaftiger gestalten wollte, alle Lobreden verbot.[1]) Freilich fand er die Sitte so eingebürgert, dass er am Ende des Jahres im Processe gegen den Volkstribunen P. Munatius Plancus selbst eine schriftliche laudatio versuchte (Plut. Cat. 48; Dio Cass. XL, 55). Nach jenem Ausnahmegesetze des Jahres 52 waren die laudatores eben so im Gebrauch wie früher: auch später wurden keine Gesetze gegen sie gegeben. Sie verschwanden mit dem Aufhören des persönlichen Einflusses, der sich vorher in den Gerichten geltend gemacht hatte.

## 7. Die Unterbeamten

des Vorsitzenden, d. h. in der Regel des Prätors.[2]) Sie werden aus Römischen Bürgern gewählt, aber für ihre Dienste aus der Staatscasse bezahlt. Es sind erstlich die Schreiber (*scribae* oder *scribae librarii*), d. h. alle diejenigen, welche das Anfertigen der Protocolle, das Aufbewahren derselben und Aehnliches besorgen. Ihre Stellung war ehrenvoll: sie bildeten eine Art von Stand, dessen Wichtigkeit um so mehr hervortreten mochte[3]), je weniger bei den jährlich wechselnden obersten Beamten Geschäftskenntniss zu erwarten war. Es ist sogar wahrscheinlich, dass sie, wenigstens zum Theil, ein immerwährendes Amt hatten, da sie ohne dauernde Uebung nicht die nöthige Sachkenntniss erwerben konnten. Rechtlich freilich wurden auch sie nur für ein Jahr von dem Beamten, welchem sie dienen sollten, ernannt. Unter den zahlreichen Inschriften von Schreibern, die uns erhalten sind, finden sich viele, in denen Schreiber der Quästoren, einige, in denen Schreiber der Volkstribunen und Aedilen genannt werden;

[1]) Man sehe C. R. II, 2, 470.

[2]) Als nothwendig zu einem Gerichte erwähnt sie Cic. p. Cluent. 53, 147. Er nennt dort als dessen Bestandtheile zuerst den vorsitzenden Prätor, dann die Geschworenen, den Ankläger, den Angeklagten und fährt fort: *Quid sibi autem illi scribae, quid lictores, quid ceteri, quos apparere huic quaestioni video, volunt?*

[3]) Man vergl. in Bezug auf die bei den Gerichten beschäftigten Schreiber Cic. in Verr. III, 79.

aber von Schreibern der Consuln und Prätoren, also derjenigen Beamten, welche richterliche Gewalt hatten, findet sich keine Spur. Da indessen, wie die Zeugnisse der Schriftsteller beweisen, Schreiber im Dienste der richterlichen Beamten bei den Gerichten thätig waren, wird folgen, dass die bei den Consuln und Prätoren als Schreiber beschäftigten Personen kein vom Staate verliehenes Amt hatten, sondern im Privatdienste dieser Beamten thätig waren, wenngleich sie auf Anweisung der Beamten ihren Lohn aus dem Staatsschatze empfingen.[1]) Anders standen die Schreiber des Staatsschatzes, die scribae quaestorii, welche die öffentlichen Einkünfte verwalteten, einer noch grösseren Geschäftskenntniss bedurften und wahrscheinlich als Gewähr für ihre Rechtlichkeit Bürgen zu stellen hatten.[2]) Dagegen die Schreiber der Consuln und Prätoren, auch wenn sie beim Gerichte arbeiteten, hatten keine verantwortliche Stellung. Der Beamte allein hatte die Verantwortung und bediente sich jener Gehülfen nur deshalb, weil er unmöglich alle Geschäfte persönlich besorgen konnte.[3])

[1]) Cic. in Verr. III, 78, 182 *tuus apparitor* (er spricht von dem Schreiber des Prätors) *parva mercede populi conductus de aratorum bonis praedabitur?* Auf diese Schreiber, sowie auf die übrigen Unterbeamten, welche aus dem Staatsschatze Lohn empfingen, scheint sich die Bestimmung über die Wählbarkeit zum Geschworenenamte zu beziehen, welche sich im Acilischen Gesetze findet. Man sehe oben S. 91.

[2]) Ich beziehe mich auf die Sammlungen, welche Th. Mommsen (im Rheinischen Museum 1848 VI, 1—57) über die Verhältnisse der Unterbeamten angelegt hat. Wenn Bethmann-Hollweg (der Römische Civilprocess II, 146) im Gegensatze zu denselben die Ansicht aufstellt, die *scribae quaestorii* hätten auch den Consuln und Prätoren gedient, in ähnlicher Weise, wie der Kaiser seine Lictoren aus den Decurien der consularischen Lictoren entnahm, so verkennt er erstlich die verantwortliche Stellung der bei dem Staatsschatze beschäftigten Schreiber. Sodann ist der Dienst der consularischen Lictoren beim Kaiser ausdrücklich bezeugt (s. Mommsen a. a. O. p. 14): ein gleiches Zeugniss würde sich bei den *scribae quaestorii* finden, wenn dieselben auch den Consuln und Prätoren gedient hätten. Der Kaiser bediente sich der consularischen Lictoren, weil er überhaupt seine Lictoren vermöge der ihm übertragenen consularischen Gewalt hatte.

[3]) Die Stellen, welche Bethmann-Hollweg a. a. O. S. 146 zum Beweise des Gegentheils anführt, Cic. de leg. agr. II, 5 und p. Sull. 15

Mithin wechselten die Schreiber jährlich mit den Beamten selbst. Aber da die Zahl der für diesen Dienst Brauchbaren schwerlich gross war, trat dennoch die Mehrzahl der Schreiber von einem Jahre zum andern bei den verschiedenen Beamten ein und erwarb dadurch genügende Geschäftskenntniss.[1]) Hieraus entwickelten sich in der späteren Kaiserzeit dauernde Unterbeamte.

Aehnlich wie der Schreiber, steht der *accensus* zum Beamten. Er wird von ihm als persönlicher Diener gewählt, in der Regel ein Freigelassener, der nur so lange wie sein Herr im Amte bleibt.[2]) Bestimmte Dienste desselben lassen sich nicht angeben: er wurde zu Allem, was gerade Noth that, verwendet.[3])

Verschieden hiervon sind die *lictores*, *viatores*, *praecones*, die wirkliche Staatsbeamte sind und den Beamten zur Führung ihres Amtes beigegeben werden. Sie sind deshalb in Collegien geordnet. Ihre Ernennung erfolgt durch die Beamten, aber für längere Zeit: im Uebrigen ist die Art ihrer Ernennung trotz einer darauf bezüglichen Inschrift, welche uns erhalten ist, wenig aufgeklärt.[4]) Die bedeutendsten hierunter sind die lictores. Sie bildeten drei Decurien, von denen eine für den Dienst der Consuln, die beiden übrigen für den der Prätoren bestimmt waren.[5]) Ueber die Zahl der in alter Zeit bei den

handeln nicht von verantwortlichen Diensten der Schreiber, sondern beziehen sich auf alle, welche überhaupt auch als Privatschreiber thätig waren und nur vorübergehend beschäftigt werden konnten.

[1]) Dass die Beamten sich in Bezug auf die erlassenen Gesetze und deren Wortlaut grösstentheils auf die Schreiber *(librarii)* verliessen, bezeugt Cic. de leg. III, 20, 46.

[2]) Man sehe die Inschriften bei Mommsen a. a. O. p. 3 flgd.

[3]) Die Hauptstelle über ihn ist bei Cic. ad Q. fr. I, 1, 4. Er wurde auch zur Verkündigung der Gerichtsstunde gebraucht (Varro de ling. Lat. VI, 9, 260). Als persönlicher Diener des Beamten erscheint er bei Cic. in Verr. III, 67, 157; ad Att. IV, 16.

[4]) Ich meine die Inschrift im Corp. Inscr. Lat. n. 202. Man nennt sie jetzt gewöhnlich ein Cornelisches Gesetz, gegeben vom Dictator Sulla. Dies ist sie gewiss nicht (vergl. C. R. II, 2, 533); aber ausser der Veranlassung des Gesetzes ist es namentlich ungewiss, ob es nicht über nur einmalige Vermehrung der Unterbeamten handelt.

[5]) So scheint es nach der Auseinandersetzung Mommsens a. a. O. p. 13.

Gerichtssitzungen anwesenden Lictoren haben wir keine Nachricht: später, als die Prätoren die Gerichtsbarkeit hatten, waren bei dem Tribunal eines jeden Prätor wenigstens zwei Lictoren gegenwärtig: es konnten aber sicherlich auch mehr sein.[1]) Freilich war in alter Zeit, als die Gerichte von Consuln oder Dictatoren oder den andern sonstigen Beamten gehalten wurden, als die Strafen grausam waren und von den Lictoren öffentlich auf dem Markte vollzogen wurden, die Bedeutung der Lictoren und der Schrecken, welchen sie einflössten, grösser als später, wo sie nur zur Aufrechterhaltung der Ordnung dienten und nur gegen Nichtbürger mit Strafen, die auch nicht öffentlich vollzogen wurden, einschritten.

Auch die viatores scheinen drei Decurien gebildet zu haben, abgetheilt wahrscheinlich nach den Beamten, zu deren Dienste eine jede bestimmt war.[2]) Näheres ist uns über dieselben nicht bekannt. Es waren Amtsboten, welche zugleich auch das den Beamten zustehende Recht der prensio, der Ergreifung und Vorführung vor den Beamten, ausübten.[3]) Aus diesem Grunde hatten auch die Gehülfen der richtenden Be-

---

[1]) Man hat aus Censor. de die nat. 24, der ein Plätorisches Gesetz anführt, nach welchem der städtische Prätor bis zum Untergange der Sonne zwei Lictoren bei sich haben sollte, geschlossen, gerade so viel und nicht mehr habe der Prätor in einer Gerichtssitzung bei sich haben müssen. Dass dieser Schluss nicht richtig ist, darüber sehe man unsere Note zu Cic. de leg. agr. II, 34, 93.

[2]) Man sehe die Inschriften bei Mommsen a. a. O. S. 16, 32 und 48.

[3]) Die Vorladung vor ein Beamtengericht wird durch den *viator* überbracht, z. B. Liv. VI, 15 *sella in comitio posita viatorem ad M. Manlium misit, qui dictatoris iussu vocatus — ad tribunal venit;* ibid. VIII, 18 *viginti matronis, apud quas deprehensa erant* (medicamenta) *per viatorem accitis.* Bei einem Volksgerichte z. B. Cic. p. Font. 13 (Piso Frugi) *quem cum in concionem Gracchus vocari iuberet et viator quaereret, quem Pisonem* u. s. w. Bei einem Schwurgerichte wird ein fehlender Geschworener so geholt bei Cic. p. Cluent. 27, 74 *cumque id ei per viatores consulto negligentius agi videretur, ipse e publico iudicio ad privatum Staieni iudicium profectus est.* Vergl. Liv. XXII, 11. Bei dem Volksgerichte wird der *viator* der Tribunen zum Ergreifen des Angeklagten gebraucht, z. B. in dem Processe des gestürzten Decemvir Ap. Claudius (Liv. III, 56); aber die *viatores* der curulischen Beamten müssen zu gleichem Zwecke gedient haben. Vergl. Cic. in Vat. 9.

amten, die III viri capitales, welche die Polizei übten, ihre besondere Decurie von viatores.[1])

Etwas niedriger stehen die praecones, von denen es ebenfalls drei Decurien gab.[2]) Als Dienstleistungen vor Gericht werden uns vier genannt: sie rufen die Angeklagten, deren Process beginnen soll, auf, eben so wahrscheinlich die Zeugen oder Andere, welche auftreten sollen.[3]) Zweitens lesen sie Schriftstücke, die von den Richtern und der Menge verstanden werden sollen, vor, indem der scriba sie vorsagt.[4]) Drittens verkündet der praeco den Schluss der Verhandlungen und den Beginn der Abstimmung.[5]) Viertens spricht er die Worte, durch welche das Gericht entlassen wird.[6]) Aber man begreift, dass er noch zu vielen andern Dienstleistungen gebraucht werden konnte. Es scheint, dass nur ein Herold bei jedem Beamten, der zu Gerichte sass, anwesend war.

Ausser diesen bestimmt genannten Unterbeamten waren bei den Gerichten noch andere zugegen, theils persönliche Diener des Beamten, theils solche, die dem Staate angehörten und dem Beamten für die Zeit seines Amtes beigegeben waren, z. B. öffentliche Sclaven[7]), theils endlich Privatpersonen, die zu besondern Zwecken nöthig waren, z. B. Dolmetscher. Es war eine grosse Menge von Leuten, welche neben und um den Recht sprechenden Beamten sassen und als seine Gehülfen beschäftigt waren. Dazu kamen Freunde des Beamten, die Zuschauer beim Gerichte waren und nicht ihre Theilnahme

[1]) Sie werden nur selten erwähnt. Man sehe Mommsen a. a. O. p. 48. Ueber die III *viri* vergl. C. R. 1, 2, 112.

[2]) Man sehe Mommsen a. a. O. p. 20.

[3]) So geschieht es z. B. bei Liv. VIII, 32; Cic. Verr. II, 30 und 40; Plutarch. Brut. 27; Suet. Tib. 11. Bei Quintil. VI, 4, 7 werden die Redner so aufgerufen.

[4]) Ob der *praeco* auch Actenstücke vorlas, wie es sonst bei Cic. de leg. agr. II, 18, 48 hiess, ist zweifelhaft, aber doch wahrscheinlich; denn bei Ascon. p. 58 thut er dies.

[5]) Dies geschah bekanntlich durch das Wort *dixere*, Cic. in Verr. II, 30. Pseudo-Ascon. p. 152 Orell., Quintil. I, 5, 43.

[6]) Donat. ad Terent. Phorm. I, 4, 31.

[7]) Wir kennen besonders die Venerei, welche der Praetor in Sicilien hatte, Cic. in Verr. III, 26, 61; 79, 183; 20, 50; p. Cluent. 16, 43.

am Ankläger oder am Angeklagten dadurch beweisen wollten, dass sie mit ihnen auf den Bänken derselben sassen. Vom Kaiser Tiberius erzählt Tacitus (Ann. I, 75), er habe öfters, um nicht den Prätor von seinem Amtssessel zu verdrängen, bei öffentlichen Criminalprocessen dabei gesessen, aber auf einer Ecke des Tribunals. Er wollte den Verhandlungen nur zuhören, ohne seine Theilnahme für eine der Parteien zu bekunden[1]; von Augustus haben wir oben bemerkt, dass er einige Male, um einem Freunde zu helfen, als advocatus auf den Bänken des Angeklagten zuhörte. In ähnlicher Weise sassen auch in republikanischen Zeiten ausgezeichnete Männer, welche unparteiische Zuschauer sein wollten, ohne Zweifel von dem Beamten selbst eingeladen, auf dessen Tribunale: dies beweist der von Cic. de orat. I, 37, 168 angeführte Fall. War der Process interessant, das Publicum zahlreich und begierig zu schauen und zu hören, so drängte es sich überhaupt auf das Tribunal und die Schreiber selbst räumten ihren Freunden Plätze in ihrer Mitte ein. So schildert Cicero (Brut. 84, 290) eine Sitzung, in der ein berühmter Redner auftritt.

## 8. Ort des Processes.

Der Ort eines Criminalprocesses, auf welche Weise und vor wem er auch geführt werden mochte, war immer der Markt. Die Könige hatten allerdings oft auch in ihrem Hause, also nicht öffentlich, Gericht gehalten; aber im ersten Jahre der Republik traf das Valerische Provocationsgesetz, um die Theilnahme des Volkes zu ermöglichen, die Bestimmung, dass eine Verhängung von Strafen nur öffentlich vor dem Volke, d. h. also auf dem Markte, stattfinden dürfe, eine Bestimmung, welche, so lange die Republik bestand, gegolten hat. Selbst in der gewaltthätigen Zeit der Bürgerkriege wurden die Proscriptionen durch öffentlich auf dem Markte aufgehängte Tafeln

[1]) Tiberius wollte durch seine Gegenwart auf Strenge und Unparteilichkeit der Richter einwirken. Er wird deshalb von Tacitus getadelt: auch Suet. Tib. 33 hebt dabei nur des Kaisers Unerbittlichkeit, nicht seine Gerechtigkeitsliebe hervor.

angekündigt. Als die Schwurgerichte aufkamen, wurden auch diese öffentlich auf dem Markte gehalten, z. B. das gegen Sex. Roscius aus Ameria (Cic. 5, 12), das zu den ersten seit Ausdehnung der Geschworenengerichte auf gemeine Verbrechen, das gegen die Mörder Cäsars (Plut. Brut. 27), das zu den letzten während der Republik gehörte. Deshalb heisst bekanntlich bei den Rednern die Thätigkeit als Ankläger oder Vertheidiger 'die Arbeit auf dem Markte' (forensis labor). Aber ein bestimmter Platz auf dem Markte war den Criminalgerichten nicht angewiesen. Bei Milos Processe sass Cn. Pompejus, der denselben mit seinen Soldaten deckte, am Staatsschatze oder vor dem Staatsschatze (Ascon. p. 24) und Cicero wendete sich in seiner Vertheidigungsrede (c. 25) an ihn mit lauter Stimme, wie er sich ausdrückt, um von ihm gehört zu werden. Folglich lag der Platz, an dem die Bänke der Anwälte standen, in der Nähe des Staatsschatzes und das ganze Gericht fand an jener Seite des Marktes statt. Dagegen das Gericht gegen L. Bestia, den Cicero vertheidigte, wurde mitten auf dem Forum gehalten (Cic. ad Q. fr. II, 3, 6), das über L. Flaccus an dem andern Ende des Marktes neben dem Aurelischen Tribunale (Cic. p. Flacc. 28, 66). Diese Verschiedenheit des Platzes auf dem Markte war sehr natürlich. Die richterliche Thätigkeit der Beamten war von ihrer sonstigen Thätigkeit nicht getrennt und es gab mehrere Beamte, vor denen Processe geführt wurden. Darnach musste der Platz auf dem Markte verschieden sein und es wäre möglich, dass jeder Prätor sein bestimmtes Tribunal während seines ganzen Amtsjahres inne hatte. Dann wären die Plätze auf dem Markte nach den Gattungen der Criminalprocesse, d. h. nach denen der Verbrechen, verschieden und für gleiche Verbrechen immer die gleichen gewesen. Indessen wir haben darüber keine Nachricht, ja es scheint sogar solche gleichmässige Vertheilung nicht stattgefunden zu haben, sondern Vieles dem Zufalle, ja sogar der Wahl des Anklägers überlassen worden zu sein.

In seiner Rede für L. Flaccus spricht Cicero von der Beschuldigung des Anklägers Lälius, der Angeklagte habe in seiner Provinz Asien die Sammlungen der Juden für den Tempel in Jerusalem gehindert und das gesammelte Geld eingezogen. Dieser Anschuldigung halber, behauptet er, wurde der Process nicht weit von den Aurelischen Stufen verhandelt: deswegen habe der Ankläger sich diesen Platz und die Menge von Juden, die um denselben sich aufzuhalten pflege, ausgesucht.[1]) Die Aurelischen Stufen gehören zum Aurelischen Tribunale, das um das Jahr 74 v. Chr., vielleicht von dem Consul M. Aurelius Cotta erbaut worden war. Es wird öfters erwähnt als Sitz von Tribunen, die als Vertreter der Plebs eine Menge von niedrigem, leidenschaftlich erregtem Volke um sich zu versammeln pflegten.[2]) An diesen Platz also hatte Lälius, um für seine Anklage die Gunst der Volksmenge zu gewinnen, das Criminalgericht gegen L. Flaccus verlegt. Unmittelbar denselben auszusuchen und zu bestimmen lag schwerlich in der Macht des Anklägers, da die Entscheidung bei dem Beamten, welcher den Vorsitz führte, liegen musste; aber Lälius hatte doch darauf hingewirkt und durch die Umstände unterstützt, seinen Wunsch durchgesetzt. Mit dieser Andeutung verbinde ich eine Nachricht Suetons über eine Einrichtung des Kaisers Nero. Er verordnete, heisst es, dass die Parteien vor Gericht für die Anwälte einen bestimmten und billigen Lohn, für die Bänke überhaupt keinen zahlen sollten; der Staatsschatz lieferte sie umsonst. Diese Nachricht bezieht sich hauptsächlich auf die Criminalprocesse, welche auf öffentlichem Markte geführt wurden. Dies beweist die Erwähnung der kaiserlichen Bestimmung über die Anwälte[3]):

---

[1]) Die Worte (Cic. p. Flacc. 28, 66) lauten so: *Sequitur auri illa invidia Iudaici. Hoc nimirum illud est, quod non longe a gradibus Aureliis haec causa dicitur; ob hoc crimen hic locus abs te, Laeli, atque illa turba quaesita est: scis, quanta sit manus, quanta concordia, quantum valeat in contionibus.*

[2]) Die Zeit der Erbauung ergiebt sich aus Cicero p. Cluent. 34, 93, der das Aurelische Tribunal um die Zeit des berüchtigten *iudicium Iunianum* als neu bezeichnet. Es wird ausserdem erwähnt bei Cic. p. Sest. 15, 34; in Pis. 5, 11; p. dom. 21, 54, aus welcher letzteren Stelle Becker Antiquitäten I S. 324 schliesst, es sei in der Nähe des Castortempels gewesen.

[3]) Man vergl. über diese Bestimmungen oben S. 100. Die Stelle Suetons (Ner. 17) lautet: *(cautum) ut litigatores pro patrociniis certum iu-*

auch liegt es in der Natur der Sache, da die Criminalprocesse wichtiger und besuchter waren als die Privatprocesse. Indessen war die Bestimmung des Kaisers allgemein für alle Gerichte. Also bis auf Nero hatten die Parteien für die Bänke zu bezahlen. Sicherlich weder an den Staat noch an die Schreiber, wenngleich es von diesen heisst, sie hätten bei stark besuchten Gerichtsverhandlungen dem Volke auch in ihrer Mitte Platz gemacht; sondern es gab Privatleute, welche ein Geschäft daraus machten, Stühle und Bänke und Tische an die Parteien für Geld zu vermiethen. Von dem Tribunale selbst, dem Amtssitze des Beamten und seiner Unterbeamten, kann ich nicht glauben, dass es ebenfalls von Privatleuten erbaut und für den einzelnen Process für Geld hergerichtet worden sei.[1]) Sueton spricht ausdrücklich nur von Bänken, wodurch der Amtssitz des Prätors ausgeschlossen ist. Der Staat musste vielmehr, was immer nothwendig war und für seine eigenen Beamten gebraucht wurde, selbst beschaffen. Deshalb glaube ich auch, dass unter den Bänken nur die der Parteien zu verstehen sind, nicht diejenigen, auf welchen die Geschworenen sassen: sie mussten ebenfalls vom Staate geliefert werden. Aber freilich gab es nicht dauernd eingerichtete Plätze für die richterlichen Beamten, seine Gehülfen und die Geschworenen. Dies erlaubte schon die Lage des Marktes nicht, dessen ganzer Raum überdem für Volksversammlungen und andere feierliche Gelegenheiten frei gemacht werden musste. Die Tribunale der Beamten nebst ihrem Zubehör waren beweglich und von Holz: Tribunale werden ausdrücklich unter

*stamque mercedem, pro subselliis nullam omnino darent, praebente aerario gratuita.*

[1]) Die erste Meinung über die Vermiethung durch die Schreiber wird von Ernesti z. d. Stelle Suetons aufgestellt und mit Cic. Brut. 84, 290 bewiesen; wir haben diese Stelle indessen oben S. 111 richtiger erklärt: sie besagt ausdrücklich, dass die Schreiber aus Gunst dem Publicum Plätze in ihrer Mitte erlaubten. Die Meinung, auch das Tribunal sei von Privatleuten errichtet worden, findet sich bei Casaubonus zur Stelle Suetons. Wenn Cic. p. Sex. Rosc. 51, 149 sagt *fori iudiciique rationem M. Messalla, ut videtis, iudices, suscepit*, so deutet er damit an, Messalla habe unter andern auch die Kosten für den Process und namentlich für die Bänke getragen. Denn Roscius selbst war arm.

dem Materiale, aus dem man den Scheiterhaufen für P. Clodius erbaute, genannt (Ascon. p. 34). Es gab mehrere, die neben einander errichtet wurden, schwerlich so viele, als es Prätoren gab, aber doch mehrere, in geringer Entfernung von einander, wenn es nöthig war, auch mit einander verbunden.[1]) Oeffentliche Sclaven hatten diese Tribunale in ihrer Verwahrung und besorgten deren Aufstellung. Sollte nun ein Process beginnen, so hatten die Parteien vorher diejenigen Sitze, deren sie selbst bedurften, von den Privatleuten, welche dergleichen feil hielten, zu miethen und ihre Aufstellung zu besorgen: natürlich hatten sie dabei auch einigen Einfluss auf die Wahl der Stelle, an dem das Gericht gehalten werden sollte, und diesen Einfluss hatte der Ankläger Laelius in L. Flaccus' Processe benutzt, um das Gericht in die Nähe der Aurelischen Stufen zu verlegen.[2]) Zuerst wurde das Tribunal, das bei Seite geräumt war, von den öffentlichen Sclaven hervorgeholt, und an dem Platze, welcher geeignet schien, aufgestellt. Es enthielt vorn den Amtssessel des richterlichen Beamten, hinter demselben Tische, Schränke und Stühle für seine Unterbeamten, die scribae, die dort ihre Schriftstücke sogar dauernd aufzubewahren pflegten. Vor dem Beamten, aber niedriger, wurden dann die Bänke (subsellia) der Geschworenen, wenn es deren bedurfte, errichtet.[3]) Aber weiter ging die Sorge des Staates nicht. Die Parteien mussten für sich selbst sorgen.

---

[1]) Das erste beweist Cic. in Vat. 14, 34, wo es heisst, P. Vatinius habe, als er den Prätor C. Memmius, bei dem er angeklagt war, gewaltsam vertrieb, auch andere richterliche Beamten, die in der Nähe auf ihren Tribunalen Gericht hielten, verjagt. Das zweite ergiebt sich aus Cic. in Vat. 9, 20, wo erzählt wird, eben derselbe Vatinius habe als Volkstribun mehrere Tribunale zusammenstellen lassen und auf ihnen, wie auf einer Brücke den Consul Bibulus ins Gefängniss geführt.

[2]) Natürlich hatte auch der Beamte selbst, sobald er irgend einen besonderen Platz auf dem Markte zu seinem Tribunal zu wählen wünschte, die vollste Befugniss dazu. Einen solchen Fall berichtet Caes. bell. civ. III, 20.

[3]) Dass die Geschworenen auf dem Tribunale des Beamten, wie Bethmann-Hollweg Civilprocess II, 164 meint, sassen, ist theils an sich unmöglich, theils wird es dadurch widerlegt, dass stets *subsellia*, wie bei den Parteien selbst, als ihre Sitze genannt werden.

Sie hatten in alten Zeiten vorn um das Tribunal herum gestanden, später kamen ihnen Vermiether von *subsellia*, die daraus ein Geschäft machten, zu Hülfe. Auf der einen Seite miethete der Angeklagte Bänke für sich, seine patroni, advocati, laudatores, Zeugen, auf der andern Seite der Ankläger ebenso für die zu ihm Gehörigen.[1]) War das Gericht vorüber, so wurde Alles, was an Tribunalen, Bänken und Tischen aufgebaut gewesen war, zusammengepackt. Daher wurde P. Clodius' Leichnam früh Morgens zu einer Zeit, ehe die Geschäfte begonnen hatten, mit zusammengebrachten Tribunalen, Bänken und Tischen vom Volke verbrannt (Ascon. p. 34; Dio Cass. XL, 49), und ebenso machte es das Volk mit dem Leichname des ermordeten Dictators Cäsar (App. bell. civ. II, 148; Suet. Caes. 84). Auch bei Aufständen wurde dieses auf dem Markte befindliche Holzwerk vielfach zum Angriffe oder zur Vertheidigung benutzt.

## 9. Die Zeit des Processes.

Ueber die Zeit, in der Criminalprocesse geführt wurden, ist hier nur in zwiefacher Beziehung zu sprechen. Denn über den Römischen Kalender im Allgemeinen zu reden und die Tage, an denen Gericht gehalten werden durfte, anzugeben, sowie die Gründe für die einzelnen Tage aufzusuchen, ginge über die uns gestellte Aufgabe, die Eigenthümlichkeiten des

---

[1]) Es werden ausdrücklich doppelte Bänke, die von beiden Seiten des Tribunal stehend in der Mitte durch einen Zwischenraum getrennt waren, erwähnt, *utraque subsellia*, bei Cic. epist. XIII, 10, 2. Tacitus dialog. 34 sagt *scitis — eloquentiae famam non minus in diversis subselliis parari quam in suis.* Denn die Bänke, die auf einer Seite standen, hiessen das Eigenthum der dort befindlichen Partei, wie auch Senec. Controv. VIII, 1 den Angeklagten in directer Rede von *subsellia mea* sprechen lässt. Ebenderselbe (controv. III, 19) erzählt von einem leidenschaftlichen Redner, er sei von seinem Theile der Bänke nach der Seite der Gegner hinübergegangen. *Solebat praeterea excedere subsellia sua et impetu elatus usque in adversariorum partes transcurrere.* Cic. p. Flacc. 10, 21 erwähnt ausdrücklich *accusatorum subsellia*, also diejenige Seite der Bänke, auf welcher die Ankläger sassen. Er tadelt es aber, dass auf eben derselben auch die Belastungszeugen sassen. Wahrscheinlich

Criminalprocesses anzugeben, hinaus. Wenn gleich man davon ausgehen muss, dass die Civilgerichtsbarkeit ursprünglich mit der Criminalgerichtsbarkeit vereint war und in den gleichen Formen geübt wurde, so gab es doch auch in jener einen Theil, der von dem Kalender unabhängig war. Durch die neueren Untersuchungen ist festgestellt [1]), dass an den als nefasti bezeichneten Tagen dem Beamten das Rechtsprechen, in so weit dabei die drei Worte do, dico, addico angewendet wurden, untersagt war: zweifelhaft bleibt es, ob die fasti genannten Tage als stehende Gerichtstage, an denen der Beamte öffentlich Recht sprechen musste, anzusehen sind. Zeugnisse giebt es dafür nicht und die in der Natur der Sache liegende Wahrscheinlichkeit, welche man gegen die strenge Worterklärung der Zeugnisse anführt, konnte bei der Verschiedenheit der Römischen Verhältnisse dennoch nicht vorhanden sein. Wie sich aber auch dies verhalten mag, es steht fest, dass der Unterschied der dies fasti und nefasti nichts mit der Criminalgerichtsbarkeit zu thun hat. Selbst für die ältesten Zeiten halte ich einen solchen Unterschied nicht für wahrscheinlich.[2]) Man könnte unter den ältesten Zeiten nur die der Könige verstehen: unter ihnen aber war das Criminalverfahren von den Königen persönlich abhängig und nicht an die Oeffentlichkeit gebunden. Wo durch Gestattung der Provocation ein

pflegten dieselben sonst in der Mitte der Parteien Platz zu nehmen. Bei Sex. Roscius' Processe sass auf den Bänken der Ankläger T. Roscius, obwohl er nicht Ankläger war, sondern nur Freund desselben (Cic. p. S. Rosc. 30, 84). Umgekehrt sass bei dem Processe gegen Scamander Oppianicus, obgleich er nicht angeklagt war, nur als Freund des Angeklagten, auf den Bänken des Angeklagten (Cic. p. Cluent. 19, 54). Bei P. Sestius' Processe sass Licinius Calvus auf den Bänken des Angeklagten (Cic. ad Q. fr. II, 4, 1), woraus Drumann Römische Geschichte V, 665 fälschlich schloss, er sei für denselben Zeuge, nicht dessen Vertheidiger gewesen. S. darüber unten. Die Zeugen sassen nur zuweilen auf den Bänken der Parteien, wie Quintil. V, 7, 32 andeutet.

[1]) Ich beziehe mich hier auf die genauen und klaren Untersuchungen von D. E. Hartmann über die Römische Gerichtsverfassung (Göttingen 1859) S. 16 flgd., denen im Ganzen auch Bethmann-Hollweg Civilprocess I, 74 und II, 166 gefolgt ist.

[2]) Wie es Hartmann a. a. O. S. 23 thut.

gebundeneres Verfahren eintrat, z. B. in dem Processe des Horatiers, enthalten die vorkommenden Formeln die an den dies nefasti verbotenen Worte nicht. Als seit Gründung der Republik die richterliche Entscheidung im Criminalverfahren der Volksversammlung übertragen war, traten für diese die allgemein gültigen Beschränkungen ein: was den Beamten bei der Bestrafung von Verbrechern verblieb, war nicht eigentlich richterliche Thätigkeit, sondern gehörte zur Verwaltung, die an keine bestimmten Tage gefesselt war. Bei ausserordentlichen Untersuchungen (quaestiones), die auf besondern Befehl des Senates oder Volkes angestellt wurden, z. B. denen über Bacchanalien, über Giftmischerei, oder politischen Verschwörungen, ist nie von einem aus der Verschiedenheit der Tage entspringenden Hindernisse die Rede. Eben so wenig bei den späteren Schwurgerichten. Man kennt Fälle, in denen Termine an unheiligen Tagen gehalten worden sind[1]), und in den Bruchstücken des Acilischen Gesetzes, das eine vollständige Processordnung für die damals bestehenden Schwurgerichte enthält, findet sich keine Spur einer solchen Bestimmung, trotzdem dass uns der allgemeine Theil des Gesetzes, wohin sie gehören würde, erhalten ist. Das Römische Volk war zu verständig, um das Verfahren, auf dem die Sicherheit der Einzelnen beruhte, auf wenige Tage zu beschränken. Etwas anderes war es mit dem Civilverfahren: hier war es wichtiger die Lust zu Processen zu hemmen, und deshalb durfte sich der Einfluss der Priester, welche das System der heiligen und unheiligen Tage schuf, geltend machen.

Auch die Festtage (dies festi, feriae) brachten thatsächlich keine Unterbrechung der Criminalgerichtsbarkeit. Zwar sprechen die Schriftsteller öfters davon, dass an Festtagen Ruhe sowohl in anderer weltlicher Thätigkeit als auch in Processen herrschen solle; dennoch giebt es unzweifelhafte Fälle, dass an ihnen Criminalprocesse begonnen und fortgeführt wurden. Der Begriff einer Sabbathruhe an Festtagen,

---

[1]) Einige derselben hat Bethmann-Hollweg a. a. O. S. 169 angeführt, andere ergeben sich aus dem von mir angelegten Verzeichnisse der Schwurgerichtsprocesse.

wie sie nach jüdischem Gebrauche durch das Christenthum eingeführt wurde, war den Römern fremd. Aehnlich verhielt es sich mit den öffentlichen Spielen (ludi), die theils zu stehenden Zeiten theils bei vorübergehenden Gelegenheiten gegeben wurden: sie galten ohne Zweifel als Feiertage, an denen öffentliche Geschäfte ruhen[1]); dennoch finden sich Beispiele, dass an ihnen Gericht gehalten wurde.[2]) Es scheint demnach, dass der Gerichtsbrauch nach Personen und Zeiten verschieden war. Es stand mehr oder minder in dem Belieben des richterlichen Beamten, ob er an einem Tage, der von Vielen als Feiertag beobachtet wurde, Gericht halten wollte oder nicht: wer alte Sitte liebte, mochte althergebrachte Festtage feiern, wer thätiger war, auch an der Feier von Spielen nicht Theil nehmen. Ein Missbrauch war hierbei um so weniger zu besorgen, als es den Parteien freistand, die Vermittelung der Volkstribunen in Anspruch zu nehmen. Auch in verschiedenen Zeiten musste die Sitte verschieden sein. In alter Zeit hielt man die Festtage wahrscheinlich strenger als später, da die Staatsreligion sich löste: manche Feste, die früher allgemein gehalten wurden, verfielen nach und nach, dafür

---

[1]) Ich beziehe mich hierbei auf die Ausführungen von Hartmann a. a. O. S. 113 flgd. und 125 flgd.

[2]) So erzählt Caelius an Cicero (epist. VIII, 12, 3) *Insolentissimi homines summis Circensibus ludis meis postulandum me lege Scantinia curant. Vix hoc erat Pola elocutus, cum ego Appium censorem eadem lege postulavi.* Indessen könnte man hier vielleicht an ein besonders gefährliches Verbrechen, das eine Ausnahme von der Regel machte, denken. Auch wenn Papinian in l. 11, 6 *Dig. de adulteriis* (XLVIII, 5) sagt, die Frist von 60 Tagen, welche dem Ehegatten zustand, um seine schuldige Ehefrau zu verklagen, begreife auch die Feiertage *(dies feriati)* in sich, wenn er nämlich an denselben die Möglichkeit gehabt hätte, den Richter zu treffen: so spricht dies mehr für als gegen das Aufhören der Gerichte an Feiertagen. Denn Papinian setzt hinzu, eine Klage der Art könne dem Richter an jedem Orte *(de plano)* übergeben werden, deutet also an, dass der Richter an solchen Tagen nicht öffentlich auf seinem Tribunale wirkte. Aber von Caligula erzählt Dio (LIX, 7), er habe, um die von ihm gegebenen Spiele allgemein zugänglich zu machen, ausdrücklich das Ausfallen der Gerichte während derselben verordnet.

kamen neue auf. Die Spiele wurden allmälig zahlreicher und nahmen Aller Interesse in Anspruch: gegen Ende der Republik wird es selbst strengen Beamten unmöglich gewesen sein, während der lange dauernden grossen öffentlichen Spiele Gericht zu halten. Dass ein Unterschied zwischen den einzelnen Acten der Criminalgerichtsbarkeit selbst stattgefunden habe, dass z. B. Anklagen möglich, dagegen wirkliche, zweiseitige Verhandlungen nicht erlaubt gewesen seien, wird sich schwerlich erweisen lassen.[1]) Es kam darauf an, ob der Beamte selbst willig war, sein Tribunal auf dem Markte einzunehmen, ob die Parteien sich einfanden, ob nöthigen Falls die Geschworenen erschienen, ob die Volkstribunen Einspruch thaten, kurz ob die öffentliche Stimme in jedem einzelnen Falle günstig war oder nicht. Ohne Zweifel war dies ein Zustand der Unordnung und Unsicherheit; aber er lag in dem Character der Römischen Republik, besonders gegen Ende ihres Bestehens: erst die Kaiser bemühten sich, überall Ordnung und feste Regeln zu schaffen. Bekannt sind Ciceros Aeusserungen über Verres' Versuch, seinen Process bis zum Jahre 69 v. Chr. hinauszuschieben.[2]) Heute, sagt er am Tage der ersten Verhandlung, ist der 5. August und der Termin spät begonnen, beinahe vorüber. In zehn Tagen (am 15. August) beginnen die 15tägigen, ausserordentlichen Spiele, welche Cn. Pompejus bis zum 30. August giebt. Es folgen sogleich, vom 4. bis 19. Sept. die Römischen Spiele; dann in nicht langem Zwischenraume die Spiele der Victoria, vom 27. bis 31. October, darauf in wenigen Tagen die plebejischen, vom 4. bis 17. November.

[1]) Wie es Hartmann a. a. O. S. 125 mit den Stellen, die wir so eben als nicht zutreffend erwiesen haben, thun will.

[2]) Cic. in Verr. Act. I, 10, 31 *Nonne sunt hodie Sextiles: hora octava convenire coepistis. Hunc diem iam ne numerant quidem. Decem dies sunt ante ludos votivos, quos Cn. Pompeius facturus est: hi ludi dies quindecim auferent. Deinde continuo Romani consequentur. Ita prope XL diebus interpositis tum denique se ad ea, quae a nobis dicta erunt, responsuros arbitrantur; deinde se ducturos et dicendo et excusando facile ad ludos Victoriae. Cum his plebeios esse coniunctos, secundum quos aut nulli aut perpauci dies ad agendum futuri sunt. Ita — rem integram ad M. Metellum praetorem esse venturam.* Vergl. Act. II, 9, 53, 130.

So bleiben nur wenige Tage bis zum Jahresschlusse übrig, vor dem auch noch die Saturnalien gefeiert werden. Alle diese von Cicero angeführten Spieltage sind also in gewisser Beziehung festlich und machen die Aufschiebung des Processes gegen Verres möglich. Aber dass an ihnen kein Verfahren in Criminalsachen möglich war, beweist dieser Umstand nicht. Weder von Seiten des Staates noch von Seiten der Religion gab es dagegen ein Hinderniss: dies erhellt aus den Ausnahmen, welche wir demnächst erwähnen werden. Wenn der Prätor Lust hatte, während der Spiele Gericht zu halten, wenn die Parteien und die sonst nothwendigen Personen sich stellten, konnte das Criminalgericht stattfinden und es kann kein Zweifel sein, dass in den fünf Monaten vom August bis zum Jahresschlusse zahlreiche Criminalfälle erledigt worden, auch solche, die längere Termine, als zwischen den einzelnen Spielen möglich waren, verlangten: sonst wäre weder Ordnung noch Sicherheit im Staate aufrecht erhalten worden. Nur bei einem politischen Processe, wo der Angeklagte viele und mächtige Freunde hatte, war solche Verzögerung möglich.

Auch ausser den Festtagen und Spielen gab es vielfache Hindernisse für die Criminalrechtspflege. In den ältesten Zeiten lagen diese hauptsächlich in den vielen Beschäftigungen der richterlichen Beamten. Der ehemalige Volkstribun M. Volscius Fictor klagte, er habe einen Criminalprocess wegen Ermordung seines Bruders Lucius bei den Consuln nicht anbringen können, zuerst wegen einer Pest, welche Rom verheerte, dann weil die Consuln zum Kriege ausgezogen waren.[1]) In jener Zeit war ein Krieg, in dem beide Consuln zu Felde zogen, zugleich ein Stillstand der Gerichte. Man half diesem Uebelstande, der aus der ungleichartigen Beschäftigung entsprang, allmälig ab, theils indem man in dringenden Fällen ausserordentliche Untersuchungsrichter ernannte, theils indem man die Zahl der Beamten vermehrte und namentlich die Prätoren schuf, deren Amt hauptsächlich im Rechtsprechen bestand. Dennoch gab es während der ganzen Republik keinen Beamten, der sich ausschliesslich der Criminalrechts-

[1]) Dionys. X, 7. Vergl. C. R. I, 1, 272.

pflege oder auch nur der Rechtspflege überhaupt zu widmen hatte. Daher blieb die Verhinderung des Criminalverfahrens durch die anderweitigen Beschäftigungen der obersten Beamten bestehen. Als der Prätor C. Canulejus von dem Senate mit einer Untersuchung gegen mehrere Statthalter Spaniens beauftragt war, entzog er sich einem Theile dieses Auftrages dadurch, dass er seines sonstigen Amtes halber von Rom fortging.[1]) Auf ähnliche Weise gerieth die ordentliche Criminalrechtspflege der Prätoren vielfach mit deren sonstigen Geschäften in Widerspruch. Bald war es eine Senatssitzung, die sie verhinderte, bald eine Volksversammlung, bald ausserordentliche Aufträge. Dazu kam, dass auch der Markt, der Sitz der öffentlichen Rechtspflege, vielfach zu anderen Zwecken in Anspruch genommen wurde. Man begreift, wie zahlreiche Unterbrechungen der Criminalrechtspflege vorkommen mussten. Wäre dies nicht der Fall gewesen, so würden wir wahrscheinlich schon während der Republik von Gerichtsferien hören, welche wenigstens zur Zeit, als Geschworene zu den Criminalgerichtshöfen zugezogen wurden, sich bilden mussten. Aber sie sind der Republik unbekannt[2]); ein einleuchtender Beweis dafür liegt in der schon angeführten Stelle Ciceros, wo er von dem möglichen Verlaufe des Processes gegen Verres spricht. Erst die Kaiser haben sie eingeführt.[3]) Trotzdem war es natürlich, dass, wenn die heisse Jahreszeit kam, wenn Alles mit den Wahlen beschäftigt war, wenn die grossen Nationalspiele die Theilnahme fesselten, ein gewisser thatsächlicher Stillstand in den Gerichten eintrat, der Beamten und Anwälten und Geschworenen auf gleiche Weise Ruhe brachte.[4])

---

[1]) S. C. R. II, 1, 18.

[2]) Ich erwähne hier nicht weiter die in neuerer Zeit aufgestellte Vermuthung über ein sogenanntes Gerichtsjahr, das vom 1. März bis 1. September gedauert habe. Ueber die Unrichtigkeit derselben habe ich C. R. II, 1, 141 gesprochen.

[3]) Gleich von Augustus erzählt Sueton (Aug. 32), er habe für die beiden Monate November und December Ferien eingeführt.

[4]) So sagt z. B. Cic. ad Att. 1, 1, 2, *cum Romae a iudiciis forum refrixerit, excurremus mense Septembri.* Schon dieser Ausdruck *refrixerit* beweist, dass keine eigentlichen Ferien eintraten, sondern nur eine durch

Indessen die Criminalgerichtsbarkeit kann nicht still stehen. Theils verlangt die Rücksicht auf die Entdeckung von Verbrechen augenblickliches und ununterbrochenes Einschreiten, theils giebt es Verbrechen, welche, wenn Verzögerung eintritt, dem Staate Gefahr bringen. Z. B. als die Verschwörung der Bacchanalien oder als Giftmischereien entdeckt waren, werden die Consuln und Prätoren schwerlich die sonst herkömmlichen Termine beobachtet haben. Dazu bedurfte es der Gesetzgebung nicht. Wenn die Tribunen mit den curulischen Beamten übereinstimmten, konnte von keiner Seite eine Verzögerung eintreten. Schwieriger wurde die Ausführung, als Geschworene einen nothwendigen Theil der Gerichte bildeten, und seit dieser Zeit finden sich gesetzliche Bestimmungen darüber. Die erste derselben wurde, so viel wir wissen, in dem Lutatischen Gesetze über die von Privatpersonen begangene Gewaltthätigkeit erlassen[1]): es bestimmte, dass Processe der Art täglich (cotidie) geführt werden konnten, d. h. ohne Unterschied von Feier- und Spieltagen. Weder die Parteien noch die Geschworenen durften sich beklagen oder die Hülfe der Volkstribunen nachsuchen, wenn sie auch an solchen Tagen, die sonst von gerichtlichen Verhandlungen frei zu sein pflegten, herangezogen wurden. Eine gleiche Bestimmung stand in dem Licinischen Gesetze über Genossenschaften[2]), und wurde in das Pompejische Ausnahmegesetz vom J. 52 v. Chr. aufgenommen.[3]) Aber wahr-

---

thatsächliche Verhältnisse herbeigeführte Ruhe, bei der doch noch manche Processe fortgeführt werden konnten.

[1]) Man sehe C. R. II, 1, 277.

[2]) Man sehe C. R. II, 2, 402. Demnach wurde also der Process gegen M. Caelius wirklich während der Spiele, als andere Processe ruhten, gehalten (Cic. p. Cael. 1, 1) und der gegen Cn. Plancius wegen Genossenschaften hätte wenigstens, wie Cic. p. Planc. 34, 83 andeutet, zur Zeit der Spiele gehalten werden können.

[3]) Zwar wird diese Bestimmung nicht ausdrücklich als in dem Pompejischen Gesetze enthalten aufgeführt und die unsicheren Worte beim schol. Gronov. p. 443 *(Deinde Pompeius iusserat, ut de morte Clodii extra ordinem quaereretur, hoc est eo tempore quo iudicia silebant)* dürfen schwerlich so gedeutet werden. Dennoch ergiebt sich die Nothwendigkeit, dass eine solche Bestimmung in Pompejus' Gesetze stand und nicht blos für Clodius' Ermordung, sondern für alle Processe jenes Jahres

scheinlich wurde sie auch noch in andern Fällen getroffen, wie es z. B. nicht zweifelhaft sein kann, dass das Pedische Gesetz über die Mörder des Dictators Cäsar, wie es in anderer Hinsicht dem Pompejischen Gesetze nachgebildet war, so auch diese Bestimmung aus ihm entnahm.[1])

Als Gerichtsstunden waren während der Republik die Tagesstunden bestimmt, nothwendiger Weise, da die Sitzungen öffentlich auf dem Markte stattfanden. Dies liegt schon in der Vorschrift der zwölf Tafeln, dass der Untergang der Sonne die äusserste Zeit sein solle.[2]) Die Mittagsstunde scheint dabei eine Art Abschnitt gebildet zu haben, dergestalt dass neue Sachen am Vormittage eingebracht werden mussten.[3]) Demgemäss begannen die Verhandlungen alsbald nach Sonnenaufgang; denn in Milo's Processe fingen die Reden der Ankläger innerhalb der zweiten Stunde an (Ascon. p. 42), der Vortermin selbst also, bei dem mancherlei Vorbereitungen statt finden mussten, innerhalb der ersten Stunde. Um die dritte Stunde waren die Processe meist in vollem Gange[4]). Trotzdem konnten einzelne Termine erst später beginnen, wie z. B. Cicero (in Verr. Act. I, 10) sagt, bei dem ersten Termine in Verres' Processe seien die Geschworenen erst um die achte Stunde zusammengetreten. Als Schluss der Verhandlungen, nach dem sich namentlich die Verurtheilung eines Abwesenden richtete, wurde später bei den Prätoren, welche die Criminalgerichtsbarkeit hatten (denn das Plätorische Gesetz

galt, aus den Nachrichten, welche wir über die gesetzliche Dauer aller Processe jenes Jahres haben, s. C. R. II, 2, 146 flgd. Der Process gegen Milo wurde wirklich zur Zeit der Megalesischen Spiele gehalten.

1) Man sehe C. R. II, 2, 490.

2) *Sol occasus suprema tempestas est,* Gell. XVII, 2, 10; Festus p. 305; Censor. de die nat. 24; Varro de ling. lat. VI, 5. Das Gesetz des Tribunen M. Plaetorius, das hierbei erwähnt wird, bezog sich ohne Zweifel auch auf die Criminalgerichtsbarkeit, die ja damals ebenfalls unter dem städtischen Prätor stand, aber eben nur auf den städtischen Prätor.

3) Varro de ling. lat. VI, 89.

4) Mart. IV, 8, 2. Aus Varro de ling. lat. VI, 89 zu schliessen, die Processe hätten in der Regel erst mit der dritten Stunde begonnen, wie Bethmann-Hollweg Civilprocess I, 87 es thut, ist nicht erlaubt.

bezog sich nur auf den städtischen Prätor), die zehnte Stunde eingeführt: um diese Zeit wurde in Milos Processe der Vortermin, an dem sehr viel zu verhandeln gewesen war, geschlossen (Ascon. p. 41) und Verres hatte in seinem Provincialedicte, das sich doch nach Römischer Sitte richtete, eben dieselbe Stunde als diejenige, bis zu der ein Angeklagter erscheinen musste, angegeben (Cic. in Verr. II, 17, 41).[1])

Eine besondere Kleidung für die bei dem Gerichte Beschäftigten gab es nicht. Es galt nur als feierliche Handlung, die von allen Betheiligten eine gewisse Anständigkeit auch der äussern Form verlangte. Der vorsitzende Beamte sass also auf seinem Amtssessel und hatte seine Staatskleidung an; doch war es dabei alte Sitte, dass er, während er die Verurtheilung aussprach, seine verbrämte Toga ablegte (Val. Max. IX, 12, 7). Es war eine Wunderlichkeit des jüngeren Cato und schien der Würde des Gerichtes nicht zu entsprechen, dass er als Prätor bei den wichtigsten Processen über vornehme Männer den Vorsitz führte ohne mit dem senatorischen Schuhwerk und einem Unterkleide angethan zu sein[2]): dies mag allerdings in alter Zeit während des Sommers erlaubt gewesen sein, war aber später als ungehörig abgekommen. Die Parteien und ihre Anwälte erschienen in der den Römern eigenthümlichen Kleidung, der Toga, und zwar der Angeklagte mit allen Zeichen der Trauer: dass auch seine Freunde, wenigstens theilweise, in Trauerkleidung bei ihm sassen, haben wir

---

[1]) Sie blieb es auch in der Kaiserzeit für die prätorische Gerichtsbarkeit, die öffentlich auf dem Markte geübt wurde. S. Bethmann-Hollweg II, 177. Dagegen die Criminalgerichtsbarkeit des Kaisers und auch der kaiserlichen Beamten war nicht an den Markt gebunden, folglich auch nicht an die Tagesstunden. Daher heisst es schon von Augustus (Suet. 33), er habe bis spät in die Nacht Gericht gehalten, nämlich in seiner Wohnung, nicht auf dem Markte.

[2]) Plut. Cat. 44; Dio Cass. LIX, 7. Vergl. Lipsius Exc. zu Tac. Ann. II, 59. Es bezieht sich dies namentlich auf den Process von M. Scaurus, von dem Ascon. p. 30 erzählt: *Cato praetor iudicium quia aestate agebatur sine tunica exercuit campestri sub toga cinctus. In forum quoque sic descenderat iusque dicebat idque repererat ex vetere consuetudine, secundum quam et Romuli ac Tatii statuae in Capitolio et in rostris Camilli fuerant togatae sine tunicis.* Vergl. Val. Max. III, 6, 7.

früher bemerkt. Eigenthümlich war es, dass derselbe auch seine Söhne, selbst wenn sie noch nicht erwachsen waren, vor Gericht brachte: sie werden von den Anwälten öfters erwähnt und zur Erregung des Mitleides benutzt.[1])

Eine Gerichtssitzung muss eine Scene gewährt haben, belebt und aufgeregt genug. Es ist auffallend, dass wir aus dem Alterthume keine bildliche Darstellung derselben haben, sei es, weil sie künstlerisch zu schwer auszuführen war, sei es, weil sie dem wirklichen Leben entnommen keine idealen Momente darbot. Aber auch bei den Schriftstellern finden sich keine hierauf bezüglichen Schilderungen, trotzdem dass sie ein dramatisches Interesse, wie kaum andere Ereignisse des Lebens, gewähren mussten und die Theilnahme, welche man dem Gerichtswesen schenkte, eine allgemeine war. Auf dem erhöhten hölzernen Tribunal der Prätor auf seinem Amtssessel, mit feierlichem Kleide angethan, neben ihm seine beiden Lictoren, dann der Herold, der Stillschweigen gebot und die Befehle des Prätors verkündete, hinter ihm, aber niedriger, Tische mit den Unterbeamten des Gerichtes (scribae librarii), die Aufzeichnungen machten oder sonst mit den Acten (codices) beschäftigt waren. Vor dem Prätor auf ebener Erde, in der Mitte die Bänke der Geschwornen, wo es deren bedurfte, dann auf der einen Seite der Ankläger mit den Seinen, auf

---

[1]) Dass selbst unerwachsene Söhne zu solchen Gerichten, die vor Geschworenen geführt wurden, mitgebracht werden durften, beweist Cic. p. Sull. 31, 88. Vergl. Cic. in Verr. I, 58; in Flacc. 42, 106. Dass es bei Volksgerichten geschah, wissen wir hauptsächlich aus dem Processe gegen Sulpicius Galba, s. C. R. I, 2, 346. Vergl. Cic. in Verr. I, 58, 152. Dass Verwandte und Freunde in Trauer dem Gerichte beiwohnten, zeigen für die älteren Zeiten Liv. III, 58; IV, 42; VI, 20; für die Schwurgerichte z. B. Cic. p. Planc. 12, 19; p. Lig. 11, 32. Cicero rühmt sich, dass bei seinem Processe der Senat und die Ritter, eine unzählige Menge, Trauer angelegt hätten (Cic. p. red. in sen. 5, 12 und in sen. 5. 13). Unter dem Kaiser Tiberius gingen mit Libo, der wegen Majestätsverbrechen angeklagt war, erlauchte Frauen, seine Verwandtinnen, umher (Tac. Ann. II, 29). Das auffallendste Beispiel wird uns vom Jahre 52 v. Chr. erzählt: Cn. Pompejus legte, als sein Schwiegervater angeklagt war, Trauerkleider an, obwohl er damals alleiniger und allmächtiger Consul war, und mit ihm viele der Richter (App. bell. civ. II, 24).

der andern der Angeklagte mit Vertheidigern, Angehörigen[1]), Freunden, in Trauerkleidern, auf jede Weise bemüht, das Mitleid der Richter und der Menge zu erregen. Endlich rings um die Geschworenen und die Parteien herum das Volk, das neugierig und in südlicher Ungeduld erregt umherstand, Plätze miethete, aufpasste, sprach, sich, wenn etwas Interessantes vorkam, zwischen die Bänke der Parteien und Geschworenen drängte, oft auch das Tribunal erstieg, den Prätor umringte und auch noch die dahinter befindlichen Sitze der Unterbeamten anfüllte.[2]) Dabei ist für uns Eins auffallend. Wir verlangen, dass eine Gerichtssitzung ruhig verläuft, dass die Ausbrüche des Beifalles oder Missfallens, der Leidenschaft überhaupt unterdrückt werden. Alles dies ist bei einer Römischen Gerichtssitzung nicht bloss erlaubt, es wird sogar verlangt: das Volk soll seine Theilnahme äusserlich zeigen. Cicero spricht von dem Lachen der Volksmenge, von dem Weinen, vom Beifallsrufen. In seiner Rede gegen Verres (lib. I, 47, 124) droht er dem Angeklagten, der Stand der Freigelassenen, gegen den er sich verächtlich benommen, werde ihn nicht lebendig vom Gerichte fortgehen lassen, er spricht von dem Lachen und der Verwunderung der Zuhörer (in Verr. IV, 12, 27): wo er von der Hinrichtung Römischer Bürger redet, fordert er ohne Scheu zu Thätlichkeiten auf (V, 55, 143; 63, 163 flgd.).[3]) Bei Milos

---

[1]) Vergl. auch C. R. I, 2, 301, wo wir von dem Verhalten des Angeklagten bei Volksgerichten gesprochen haben.

[2]) Anschaulich schildert eine solche Scene Cicero Brut. 84, 290, wo er den Erfolg eines grossen und beliebten Redners in einer Gerichtssitzung darstellt: *Volo hoc oratori contingat, ut, cum auditum sit eum esse dicturum, locus in subselliis occupetur, compleatur tribunal, gratiosi scribae sint in dando et cedendo loco, corona multiplex, iudex erectus; cum surgat is, qui dicturus sit, significetur a corona silentium, deinde crebrae assensiones, multae admirationes, risus cum velit, cum velit fletus, ut qui haec procul videat, etiamsi quid agatur, nesciat, at placere tamen et in scaena esse Roscium intelligat.*

[3]) In seiner Rede für Cluentius (34, 93) bemerkt Cicero, seine Vertheidigung des Untersuchungsrichters C. Iunius würde jetzt mit Stillschweigen angehört, während früher bei dem Processe desselben der allgemeine Zorn so gross gewesen wäre, dass der Angeklagte nicht hätte sprechen können. Selbst in den Ausnahmegerichten des Jahres

Processe machten die Clodianer am ersten Tage des Zeugenverhöres solchen Lärm, dass es fast zum Aufstande kam: am letzten Tage desselben erregten die Aussagen der Gattin und Schwiegermutter des Getödteten allgemeines Mitleid und der Volkstribun T. Munatius forderte das Volk ausdrücklich auf, bei dem nachfolgenden Termine den Geschworenen, wenn sie zur Abstimmung schritten, seinen Schmerz zu zeigen. Cicero wurde, als er zu reden begann, mit Geschrei von den Clodianern empfangen und dadurch eingeschüchtert (Ascon. p. 41). Für den Process gegen L. Flaccus hatte der Ankläger absichtlich einen besonderen Platz auf dem Markte ausgewählt, um durch die lebhafte Theilnahme des zuhörenden Volkes unterstützt zu werden (Cic. p. Flacc. 28, 66). Es war bei den Gerichten fast wie im Theater. Als Sex. Clodius freigesprochen war, verlangte das Volk laut seine nochmalige Anklage.[1]) Diese thätigen Zeichen der Theilnahme nicht bei einem Volksgerichte, das wesentlich auf die Leidenschaftlichkeit der Menge begründet ist, sondern bei dem richterlichen Verfahren vor einem Beamten haben für die Römer nichts Anstössiges. Ihr ganzes Gerichtsverfahren schon unter den Königen verlangte lebendige Theilnahme des Volkes, noch mehr, seit nach Gründung der Republik die Provocation eingeführt war: bei ihr wurde selbst Gewaltthätigkeit der zuhörenden Bürger gebilligt. Dies blieb während der ganzen Republik bestehen und erst die Kaiser sorgten durch Beschränkung der Oeffentlichkeit und Fernhalten der grossen Menge für die Ruhe und Unparteilichkeit der Gerichte.[2])

---

63 unterdrückte das Volk nicht die Zeichen seiner Theilnahme: weshalb es bei M. Scaurus' Processe selbst zum Blutvergiessen kam, App. bell. civ. II, 24.

[1]) Cic. ad Q. Fr. II, 6, 6 *Itaque hominem populus revocat.*

[2]) *Tac. dialog.* 39 *Transeo ad formam et consuetudinem veterum iudiciorum, quae etsi nunc aptior est veritati, eloquentiam tamen illud forum magis exercebat.*

## Zweiter Abschnitt.

### Das Verfahren in iure.

#### 1. Allgemeines.

Aus dem Zusammenwirken der Personen, deren Verhältnisse wir angegeben haben, entsteht der Process, d. h. diejenige Verhandlung, durch welche festgestellt wird, ob eine bestimmte Person ein bestimmtes Verbrechen begangen hat und wie dem Thäter Strafe, dem Staate oder dem Geschädigten Genugthuung verschafft werden kann. Den Mittelpunkt des Processes bildet während der Republik der Beamte, der als Erbe der königlichen Macht, die hauptsächlich in der Rechtspflege bestanden hatte, trotz aller Beschränkungen, welche allmälig eintraten, seine Stellung der Form nach beibehielt: erst bei dem Eintritte der Monarchie wurde dem Kaiser vom Volke solche Gewalt eingeräumt, dass seine Entscheidung massgebend wurde und immer mehr auch der äussern Form nach als allein gültig hervortrat. Jene Stellung des Beamten ergiebt sich für diejenigen Fälle, in denen der Verbrecher geständig oder auf der That ertappt war, von selbst. Aber auch wenn das Volk zur richterlichen Entscheidung berufen wurde, blieb sie die gleiche. Der Beamte „gab der Provocation nach:" schon in diesem Ausdrucke, der für die Einholung der Entscheidung des Volkes gesetzmässig ist, wird die Alles überwiegende Stellung des Beamten gewahrt. Sie wurde durch seine Gewalt über die Volksversammlung noch mehr befestigt. Geschah die Bestrafung des Verbrechers durch Unterhandlung mit den Volkstribunen, so war der Beamte gleichfalls der bewilligende, der nachgebende. Durch die Einführung der Schwurgerichte trat hierin keine wesentliche Veränderung ein. Auch bei diesen war der Beamte, wenigstens der Form nach, der Mittelpunkt des Ganzen und es ist nicht richtig, sich die Gewalt desselben als zu gering vorzustellen.

Der Vorsitzende des Schwurgerichtes hat im Allgemeinen alle bei einem Processe auftretenden Personen in den gesetzlichen Schranken zu halten, er hat, wie es Lateinisch heisst, die coercitio.[1]) Er hatte dabei nur zwei Grenzen seiner Gewalt, erstlich die Gesetze, für deren Verletzung er bestraft werden konnte, zweitens bei gewissen Theilen seines Amtes den Einspruch seiner Collegen und der Volkstribunen: es sind dieselben Grenzen, welche jeder Römische Beamte hat. Cicero (de off. III, 10) zählt unter den Diensten, die ein Freund seinem Freunde rechtmässiger Weise leisten dürfe, auch den auf, dass er ihm die Zeit um seine Sache vor Gericht zu führen, so bequem wie es die Gesetze nur erlaubten, legen dürfe. Dies bezieht sich nicht nur auf Privat-, sondern auch auf Criminalprocesse. Z. B. bei Cicero selbst, als Vorsitzendem des Gerichtshofes über Erpressungen, wurde in den letzten Tagen seiner Prätur C. Manilius angeklagt: Cicero setzte den Termin auf den nächsten Tag fest. Darüber zur Rede gestellt rechtfertigte er sich vor dem Volke, er habe seinem Freunde helfen wollen und ihm deshalb den einzigen Tag, den er von seiner Prätur noch übrig gehabt, als Termin anberaumt (Plut. Cic. 9; Dio XXXVI, 27). Der Prätor war bei dem Ansetzen der Termine durch gesetzliche Vorschriften wenig gebunden. In Verres' Processe entliess der Prätor Glabrio plötzlich das Gericht, um nicht das Volk durch die Zeugenaussagen zu sehr aufregen zu lassen: Cicero[2]) lobt es, sah es aber gewiss nicht gern. Ein gleiches that in C. Carbos Processe der Prätor, weil der junge Ankläger, L. Crassus, erschöpft war.[3]) Von dem Einflusse des Beamten beim Zeugen-

[1]) Cic. p. Cluent. 53, 147 *Quid est, Q. Naso, cur tu in isto loco sedeas? quae vis est, qua abs te hi iudices, tali dignitate praediti, coerceantur?* Auct. ad Her. IV, 36 *Accusatoris officium est inferre crimina, defensoris diluere et propulsare, testis dicere quae sciat aut audierit, quaesitoris est unumquemque horum in officio continere.*

[2]) Cic. in Verr. V, 63, 163.

[3]) Cic. de orat. I, 26, 121.

verhöre zeugt z. B. der Process gegen Milo, vor dessen Beginne der Ankläger vom Vorsitzenden verlangte, die Sclaven des Angeklagten sollten zum peinlichen Verhöre gestellt werden. Darüber gab es allerdings Gerichtssitte und gesetzliche Vorschriften: aber ihre Erklärung und Anwendung hing, zumal da die Geschworenen noch nicht erloost waren, von der selbständigen Entscheidung des Vorsitzenden ab (Ascon. p. 40). Selbst bei Processverhandlungen, die sonst als fest bestimmt erscheinen, kann unter Umständen auf den guten Willen des Prätors sehr viel ankommen. Bei Cicero z. B. als Prätor wurde C. Licinius Macer wegen Erpressung angeklagt und von den Geschworenen verurtheilt, tödtete sich aber, während die Stimmen gezählt wurden. Er liess dem Prätor melden, er sei als Angeklagter gestorben. Darauf sprach Cicero nicht das von den Geschworenen gefällte Urtheil aus und rettete dem Angeklagten seine Güter[1]). Bekannt ist der Einfluss, den der Prätor auf die Bestellung des Anklägers hatte: davon hing vielfach das Schicksal des ganzen Processes ab. Unendlich viele solche Möglichkeiten lassen sich denken, wo die Gunst oder Ungunst des Vorsitzenden entscheidend auf den Processgang einwirkte, ohne dass man dabei an strafbare Unredlichkeit desselben z. B. bei dem Erloosen der Geschworenen, der Austheilung der Stimmtäfelchen oder dem Aussprechen des Urtheils zu denken hätte. Daher zählt Cicero (in Verr. Act. 1, 8, 21) unter den Umständen, die Verres, wenn es ihm gelänge seinen Process auf das folgende Jahr zu verschieben, einen glücklichen Ausgang sicherten, ganz besonders den auf, dass dann M. Metellus Vorsitzender des Gerichtes über Erpressungen sein würde, und Plutarch (Pomp. 4) erzählt, als Cn. Pompejus im Jahre 86 v. Chr. wegen Erpressung angeklagt war, hätte er sich die Gunst des Vorsitzenden P. Antistius erworben und dessen Tochter zur Ehe begehrt: so hätte dieser ihn unterstützt und seine Freisprechung bewirkt. Also sicherlich ist der Einfluss des Vorsitzenden in

[1]) Val. Max. IX, 12, 7. Eine ähnliche Bewandtniss hat es mit dem Einflusse, den ein Prätor in dem bei Cic. epist. VIII, 8, 3 erzählten Processe ausübte.

allen Criminalprocessen bedeutend, zum Theil uneingeschränkt, zum Theil zwar an die Aussprüche Anderer gebunden, aber dennoch der Form nach selbständig. Wer davon ausgeht, in dem Volke ruhe die souveräne Macht und der Prätor sei nur der Diener desselben, fasst das Verhältniss aller Römischen Beamten und insbesondere das des Prätors unrichtig auf. Er ist vielmehr nach Römischen Begriffen allein der freisprechende oder verurtheilende: selbst der Wahrspruch der Geschworenen erhält erst dadurch, dass er von ihm feierlich ausgesprochen wird, Bedeutung. In ihren Reden wandten sich also die Anwälte, weil es zunächst auf die Ueberzeugung der Geschworenen oder Anderer, welche dem Prätor ihren Rath zu ertheilen hatten, an diese, aber sie verkennen dabei doch nicht, welchen Einfluss des Prätors Strenge oder Milde auf den Ausgang des Processes ausübt. Deshalb spricht Cicero in seiner Vertheidigungsrede für Roscius (p. Sex. Roscio 5) ganz besonders zu dem vorsitzenden Prätor M. Fannius, um ihn um Gnade zu bitten, und in seiner Rede gegen Verres (in Verr. I, 17) ermahnt er den Prätor M'. Glabrio fast drohend, der Gerechtigkeit freien Lauf zu lassen. Dies ist nicht rednerische Formel, sondern entspringt aus dem Bewusstsein von der Macht des Prätors und entspricht der Römischen Anschauung.

Der Criminalprocess zerfällt in zwei Theile, das Verfahren in iure und das in iudicio, ganz eben so wie der Civilprocess, mit dem er von Alters her in genauestem Zusammenhange stand. Das Verfahren in iure ist wiederum ein doppeltes, indem es entweder dem in iudicio vorausgeht und dasselbe vorbereitet oder demselben nachfolgt und es ausführt.

## 2. Postulatio.

Dies ist die an den Prätor gestellte Forderung, eine bestimmte Person wegen eines bestimmten Verbrechens anklagen zu dürfen. Die Bedeutung und Selbständigkeit dieser Processhandlung ergiebt sich aus zwei Stellen Ciceros. In der ersten heisst es von L. Piso, er habe gegen P. Gabinius die Erlaubniss zur Anklage verlangt, in der zweiten wird erzählt, zwischen der Forderung der Anklage und der Anklage selbst sei ein anderes Ereigniss eingetreten[1]). Der Inhalt der postulatio ist also ein zweifacher: sie muss enthalten erstens den Namen desjenigen, der angeklagt werden soll, und zweitens den Namen des Verbrechens.[2]) Es gehören dazu zwei Personen, erstens der Ankläger und zweitens der Prätor und zwar der letztere in öffentlicher Sitzung auf dem Markte. So unzweifelhaft die postulatio der erste Act im Criminalverfahren und seine Verschiedenheit von dem nachfolgenden Acte, der nominis delatio, bezeugt ist, so hat doch das Wort postulare und postulatio häufig bei früheren und späteren, bei juristischen und nichtjuristischen Schriftstellern eine weitere Bedeutung, indem es entweder verklagen überhaupt bedeutet oder wenigstens von nomen deferre und nominis delatio nicht geschieden wird.[3])

---

[1]) Cic. div. 20, 64 *Nuper cum in P. Gabinium vir fortissimus et innocentissimus L. Piso delationem nominis postularet;* Cic. epist. VIII, 6, 1 *inter postulationem et nominis delationem uxor a Dolabella discessit.* Die Bedeutung der *postulatio* ist deshalb von den Neueren richtig erkannt worden, z. B. von Geib Criminalprocess S. 266, Osenbrüggen Rede für Milo S. 36, Rudorff Rechtsgeschichte II, 428; C. T. Zumpt *de legibus iudiciisque repetundarum* I p. 42.

[2]) Daher sagt Cic. p. Lig. 6, 17, wo zwar von keinem eigentlichen Criminalprocesse die Rede ist, aber doch die Formen eines solchen erwähnt werden, *Ac primus aditus et postulatio Tuberonis haec, ut opinor, fuit velle se de Q. Ligarii scelere dicere.* Aber nicht richtig nehmen C. T. Zumpt und Rudorff auch die Forderung, dass der Angeklagte vor Gericht erscheine, die Exhibition desselben, als Inhalt der *postulatio* an: dies wurde erst bei der *nominis delatio* verlangt.

[3]) Die allgemeine Bedeutung von anklagen hat *postulare* z. B. bei Cic. p. Cornel. apud Ascon. p. 62 *Postulatur me praetore primum de pecuniis repetundis;* epist. VIII, 8, 2 *postulante Pausania, nobis patronis;* ad Q. fr. III, 2, 3 *postulati sunt omnes*, in welchen Fällen von keinem weiteren Acte der Anklage die Rede ist. Die Geschichtschreiber gebrauchen es vielfach so, z. B. Tac. Ann. I, 74 *Granium Marcellum praetor ipsius Caepio Crispinus maiestatis postulavit subscribente Romano Hispone*, wo allerdings die Erwähnung des Gehülfen auf die eigentliche Bedeutung von *postulare* weist, aber die weiteren Acte der Anklage nicht erwähnt werden. Tac. Ann. III, 38 *Ancharius Priscus Caesium Cordum — postulaverat repetundis;* Suet. Iul. 4 *Cornelium Dolabellam — repetundarum postulavit.* Besonders häufig ist dieser Gebrauch bei den juristischen Schriftstellern. Man vergl. Geib Criminalprocess S. 267, der richtig bemerkt, auch *nomen deferre* werde in gleich allgemeiner Bedeutung

Der Grund davon liegt nicht bloss in dem unbestimmten Ausdrucke der Schriftsteller, welche die einzelnen Abschnitte des Processes besonders zu bezeichnen für überflüssig halten, sondern auch darin, dass die postulatio öfters mit dem darauf folgenden Acte in einen einzigen Termin zusammenfällt. Z. B. vom Processe Milos sagt Asconius, der ihn genau und ausführlich in seinem ganzen Gange beschreibt (p. 39 Orell.), zuerst, Milo sei wegen P. Clodius' Ermordung, ausserdem von zwei Gesellschaften wegen Wahlumtriebe 'postulirt' worden: sodann giebt er den für die Verhandlung angesetzten Termin an. Es wurde also die postulatio sammt der darauf folgenden nominis delatio an einem Tage abgemacht. Für beide Processe gegen Milo, sowohl für den wegen Mordes als für den wegen Wahlumtriebe, wurde ein und derselbe Tag zur Verhandlung bestimmt. Freilich waren diese Processe durch das für das Jahr 52 v. Chr. erlassene Gesetz besonders vorbereitet: sie bildeten Ausnahmen. Aber wenn in dem Falle, wo es einer Entscheidung zwischen mehreren Anklägern bedurfte, dennoch postulatio und nominis delatio an einem Tage abgemacht werden konnten, so wird dies in den meisten Processen, bei denen die Verhältnisse einfacher waren, geschehen sein und man begreift den Sprachgebrauch, der zwischen den beiden Acten nicht unterschied.[1])

Die Verhandlung bei der postulatio bezog sich auf drei Punkte, den Angeklagten, die Anklage und die Ankläger, aber nur in so fern, als die äusseren Verhältnisse derselben untersucht und festgestellt wurden. In Bezug auf den Angeklagten kam zur Sprache, ob derselbe vor Gericht gestellt werden durfte oder nicht. Denn wir haben früher[2]) bemerkt, dass

gebraucht, z. B. bei Cic. p. S. Rosc. 10, 28; 23, 64; in Verr. II, 28, 68, abwechselnd mit *accusare*; p. Cluent. 4, 11; p. Cael. 23, 56. Spätere gebrauchen es noch öfter so.

[1]) Ein ähnlicher Fall scheint bei Cic. in Vat. 14, 33 erwähnt zu werden: *postulatusne sis lege Licinia et Iunia? edixeritne C. Memmius praetor ex ea lege, ut adesses die tricesimo?* Denn es wird dann von dem Termine, an dem die wirkliche Verhandlung des Processes statt finden sollte, erzählt.

[2]) S. oben S. 70, flgd.

Beamte und im Staatsdienste Abwesende nicht angeklagt werden durften. Wurde also eine Anklage gegen solche erhoben, so wurde schon die postulatio zurückgewiesen. Z. B. der Redner M. Antonius wurde als Quästor, während er auf der Reise nach der Provinz war, wegen Incest belangt.[1] Der ausserordentliche Untersuchungsrichter L. Cassius, bei dem die postulatio angebracht wurde, musste diese zurückweisen und der Process wäre unterblieben, wenn sich nicht der Beschuldigte freiwillig gestellt hätte. Dieser Fall ist uns bei einem berühmten und hochstehenden Manne ausdrücklich überliefert, er kam aber oft und seit den ältesten Zeiten vor, z. B. bei den Soldaten.

Zweitens kam zur Erwägung die Anklage selbst, wobei Vieles zur Sprache gebracht werden konnte. Z. B. wenn Jemand sich über erlittenes Unrecht beklagte, so fragte es sich, unter welches gesetzlich bestehende Verbrechen es fiel; ganz besonders aber, vor wessen Richterstuhle er seine Anklage anzubringen habe. Einfacher war die Entscheidung in alten Zeiten, wo nur ein oder zwei Prätoren die Rechtspflege verwalteten, schwieriger später, als es sechs Prätoren gab. Zuerst, ob die Klage auf ein Amtsverbrechen ging, dann, welcher von den Prätoren das besondere Verbrechen, um das es sich handelte, vertrat. Darüber musste sich der Ankläger bei einem der Prätoren Raths erholen können. Die Haupterwägung indessen bezog sich auf den Ankläger. Gewisse Personen waren überhaupt, andere in bestimmten Fällen zur Anklage unfähig.[2] Sie mussten, wenn sie dennoch auftreten wollten, vom Prätor zurückgewiesen werden. Noch häufiger war es, besonders bei politischen Processen, dass sich mehrere Personen, an sich zum Anklagen befähigt, an den Prätor wendeten, um von ihm die

[1] Val. Max. III, 7, 9 *M. Antonius ille disertus — quaestor proficiscens in Asiam Brundisium iam pervenerat, ubi litteris certior incesti se postulatum apud L. Cassium praetorem* u. s. w. Vergl. C. B. II, 1, 218. Ein ähnlicher Fall wird aus der Zeit des Kaisers Nero berichtet. Ein Volkstribun Octavius Sagitta hatte seine Gattin ermordet. Die *postulatio* gegen ihn fand sogleich statt, die förmliche Anklage erst, als er gezwungen worden war, sein Amt niederzulegen. Tac. Ann. XIII, 44.

[2] S. oben S. 35 flgd.

Erlaubniss zu erhalten ein und dieselbe Person wegen ein und desselben Verbrechens anzuklagen.[1]) In diesem Falle entsteht ein eigenes, dem Processe vorangehendes Vorverfahren, das *divinatio* genannt wird. Nach Römischem Rechte kann jemand wegen eines Verbrechens nur einmal vor das ordentliche Gericht gezogen werden. Daraus folgt, dass auch nur ein Ankläger auftreten darf: wenn mehrere Processe entständen, wären auch verschiedene Entscheidungen möglich und das Ansehen der Gerichte ginge zu Grunde.

Dies Verfahren hat seinen Namen daher, weil nicht über eine Thatsache, wie bei den übrigen Gerichten, sondern über etwas Zukünftiges entschieden wird, wer von den Anklägern, die sich gemeldet haben, wahrscheinlicher Weise der zweckmässigste sein würde.[2]) Sein Zweck ist, aus der Mehrzahl der Ankläger einen einzelnen auszuwählen. Wir kennen dieses Verfahren aus vielen Fällen,[3]) ganz besonders aber aus der Rede, welche Cicero in Verres' Processe gegen Q. Caecilius Niger gehalten und später als Muster ausgearbeitet hat. Die Entscheidung hierüber liegt in der Hand des Prätors, der, wie er überhaupt für das Verfahren in iure allein verantwortlich ist, so auch in dem Vorverfahren der divinatio das Urtheil spricht. Indessen ein Römischer Beamter entscheidet nie nach seinem Gutdünken, sondern nach dem Gutachten seines Beirathes, der von ihm selbst in beliebiger Anzahl eingesetzt ihm zur Seite steht.[4]) Dadurch hatte dieses Vorverfahren Aehn-

---

[1]) Unter einzelnen Personen sind hier auch Genossenschaften von mehreren Personen zu verstehen, die, weil sie zusammen arbeiten, als eine Person betrachtet werden. Ueberdem war einer unter ihnen der Hauptankläger und bestimmte die Entschlüsse der anderen. S. oben S. 68.

[2]) Dass dies der Ursprung des Namens ist, leuchtet ein und richtig sagt Pseudo-Ascon. p. 99 *Divinatio dicitur haec oratio, quia non de facto quaeritur, sed de futuro, quae est divinatio, uter debeat accusare.* Andere alte Erklärungen geben eine weiter hergeholte Deutung. Vergl. Gell. II, 4. Quintil. III, 10, 3 und VII, 1, 33 sagt, die *divinatio* handele *de accusatore constituendo.*

[3]) Mit der *postulatio* wird die *divinatio* zusammen erwähnt bei Cic. ad Att. IV, 16, 11; ad Q. fr. III, 2, 1, wo zwei Ankläger; ad Q. fr. III, 1, 5, 15, wo drei erwähnt werden.

[4]) Vergl. oben S. 17.

lichkeit mit einem Schwurgerichte; aber die Zusammensetzung des Beirathes war verschieden vor und nach der Einführung der Geschworenen. Früher war er von dem Beamten frei aus beliebigen Personen gewählt worden: seit es Schwurgerichte gab, nahm er in denselben schwerlich andere als in der Richterliste aufgeführte Personen auf. Cicero richtet seine Rede an die „Richter“, mit unbestimmtem Ausdrucke. Er nennt sie später, zu den Geschworenen des eigentlichen Processes sprechend, ausgesuchte Leute, unter denen einige von den späteren Geschworenen waren,[1]) er führt namentlich (div. 4, 13) C. Marcellus an, der dann auch in dem Processe selbst Geschworener war (in Verr. IV, 42, 90). Also nur mehrere der späteren Geschworenen entschieden in der Vorverhandlung. Sehr natürlich, da das Richtercollegium für den Process erst später gebildet wurde. Nach dem Pompejischen Gesetze des Jahres 52 fand die Ausloosung und Verwerfung der Richter erst nach dem Zeugenverhöre, am Termine der Verhandlung selbst statt: wenn also über die Bestellung des Anklägers eine Vorverhandlung nöthig war (Ascon. p. 40), musste in dieser das Richtercollegium verschieden sein. Soll es dennoch gewissermassen analog gewesen sein, so muss man vermuthen, dass der Prätor es nach Gutdünken aus der Richterliste, d. h. aus denen, die wahrscheinlicher Weise Geschworene sein mussten, nahm. Die Geschworenen hatten ein Interesse daran, allen Verhandlungen der Processe, in denen sie das Urtheil zu fällen hatten, von Anfang an, beizuwohnen, ohne zum Erscheinen gezwungen zu sein. Also wer von ihnen wollte, schloss sich dem Prätor an und bildete seinen natürlichen Beirath, dessen Zahl wechselnd und unbestimmt war. Auf diese Weise vereint sich die alleinige Verantwortlichkeit, welche der Prätor für das ganze Verfahren in iure hat, mit der allgemeinen Sitte des Beirathes und der Gebundenheit des Prätors bei dem eigentlichen richterlichen Urtheile. Bei Verres' Processe bestanden demnach die Richter, vor denen Cicero seine divinatio hielt, aus Senatoren, bei

---

[1]) Cic. in Verr. Act. II, 1, 6, 15 *Quod meum factum lectissimi viri atque ornatissimi, quo in numero e vobis complures fuerunt.*

Milos Processe aus den drei Ständen, welche damals die Geschworenen lieferten.

Auch die Abstimmung der Richter war bei der divinatio anders als bei der eigentlichen Entscheidung. Der falsche Asconius bemerkt, die Richter seien nicht vereidigt worden.[1]) Sehr richtig. Ein Eid hatte keine Bedeutung, wenn die Richter keine selbständige Stellung hatten, sondern der Prätor die Verantwortlichkeit trug. Cicero selbst erzählt in seiner Rede von Q. Hortensius' Kunstgriffen, der bei Verres' Processe Q. Niger als Ankläger begünstigte, dagegen Cicero bekämpfte. Hortensius suchte die Richter, die darüber entscheiden sollten, zu schrecken. Er sagte, er habe unter ihnen einige ausgesucht, denen die Stimmtäfelchen gezeigt werden sollten. Dies sei leicht möglich, weil nicht jeder einzeln seine Stimme abgäbe, sondern sie in ihrer Gesammtheit beschlössen.[2]) Der Unter-

---

[1]) Pseudo-Ascon. p. 99 *Alii ideo putant divinationem dici, quod iniurati iudices in hac causa sedeant.* Des Scholiasten Schluss aus dem Namen *divinatio* ist sehr verkehrt.

[2]) Cic. in Verr. div. 7, 24 *Et ait idem, ut aliquis metus adiunctus sit ad gratiam, certos esse in consilio, quibus ostendi tabellas velit. Id esse perfacile. Non enim singulos ferre sententias, sed universos constituere: ceratam unicuique tabellam dari cera legitima, non illa infami ac nefaria.* Die letze Bemerkung Ciceros über das Wachs der Stimmtäfelchen bezieht sich auf einen Vorgang, auf den Cicero auch in seiner Rede gegen Verres (Act. I, 13, 40) deutet, und der, wie man dem Pseudo-Asconius p. 100 glauben kann, bei dem Processe gegen Terentius Varro, Hortensius' Vetter, vorgekommen war. Es scheint folgender gewesen zu sein. Das Gesetz, z. B. das Acilische (s. C. R. II, 1, 155) bestimmte, dass den Geschworenen ein Wachstäfelchen gegeben wurde, auf dessen einer Seite absolvo, auf der andern condemno stand. Der Geschworene löschte je nach seiner Abstimmung die eine Seite aus und legte dann das Täfelchen in die Urne, indem er die darauf befindlichen übrigen Buchstaben mit den Fingern zuhielt. Das Gesetz bestimmte aber, so viel wir aus den Ueberbleibseln des Acilischen ersehen, nichts über die Farbe des Wachses. War sie auf beiden Seiten die gleiche, so blieb die Abstimmung geheim. Hortensius aber veranlasste, dass bei jenem Processe die beiden Seiten der Täfelchen eine verschiedene Farbe bekamen, die freisprechende eine andere als die verurtheilende. Dadurch wurde es, selbst wenn der Geschworene nach der Vorschrift des Gesetzes die gültige Seite mit dem Finger verdeckte, offenbar, wie Jeder abgestimmt hatte. Es war ein Kunstgriff von Hortensius, der gesetzlich

schied also zwischen dem Abstimmen beim eigentlichen Gerichte und bei der divinatio besteht darin, dass bei jenem die Richter einzeln vortreten und ihr Täfelchen verdeckt in die Urne legen, bei diesem alle zusammen abstimmen. Dabei ist es leicht möglich, dass man seines nächsten Nachbarn Abstimmung erkennt. Cicero giebt einen Unterschied an und zwar denjenigen, der mit dem von den Geschworenen unmittelbar vor der Abstimmung zu leistenden Eide zusammenhängt: er hätte noch andere Unterschiede angeben können, wenn es ihm darauf angekommen wäre, die Einzelheiten zu verfolgen. Die Stimmtäfelchen mussten bei der divinatio verschieden sein. Sie waren, wie sich aus Ciceros Worten ergiebt, mit Wachs überzogen; aber feststehende Buchstaben, von denen dann einer ausgelöscht wurde, konnten sie nicht enthalten. Es handelte sich um Personen: das natürlichste war, dass die Namen dieser aufgeschrieben wurden. Wahrscheinlich erhielten die Richter unbeschriebene Wachstafeln, auf denen sie selbst die Anfangsbuchstaben von dem Namen desjenigen, dem sie die Anklage übertragen wissen wollten, einschrieben. Freilich lassen sich auch noch andere Abstimmungsweisen denken. Denn es handelte sich nicht ausschliesslich um Personen. Z. B. bei Verres' Processe hatte Caecilius Niger verlangt, als Gehülfe von Cicero zugelassen zu werden (div. 16, 51). Wollte der Prätor auch hierüber die Richter, seinen Beirath, abstimmen lassen, so bedurfte es wieder anderer und verschieden eingerichteter Stimmtäfelchen. Kurz, es konnte viele Mannigfaltigkeit der Abstimmung geben. Cicero erwähnt, was am meisten charakteristisch war. Die Richter stimmten hierbei nicht einzeln vortretend ab, sondern auf dem Platze, wo sie sassen: sie konnten dabei sich auch verabreden, besprechen, eine Art von Berathung halten, wie sie bei der Abstimmung der eigentlichen Geschworenen nicht gesetzlich war.

Der Absicht nach sollte die Abstimmung der Richter in der divinatio bei Verres' Processe geheim sein. Ich bezweifle,

nicht verboten war, aber, als man den Betrug dabei merkte, abgeschafft wurde. Die übrige Erklärung, welche der falsche Asconius p. 108 von der Stelle Ciceros giebt, ist undeutlich oder offenbar verkehrt.

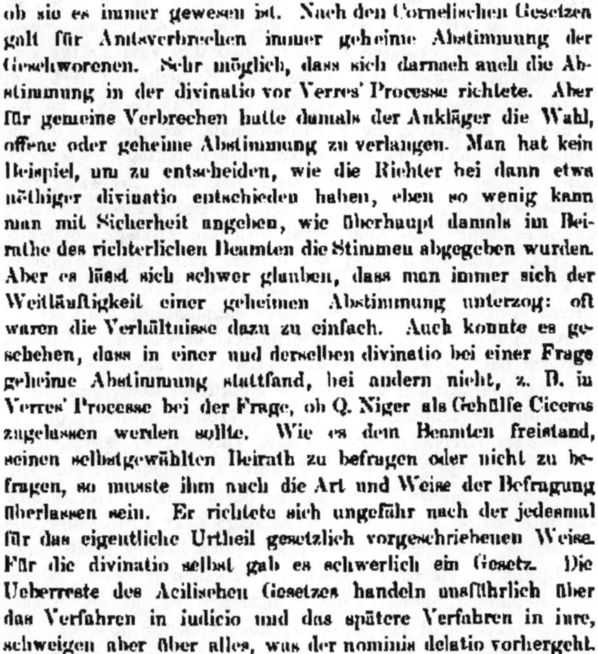

ob sie es immer gewesen ist. Nach den Cornelischen Gesetzen galt für Amtsverbrechen immer geheime Abstimmung der Geschworenen. Sehr möglich, dass sich darnach auch die Abstimmung in der divinatio vor Verres' Processe richtete. Aber für gemeine Verbrechen hatte damals der Ankläger die Wahl, offene oder geheime Abstimmung zu verlangen. Man hat kein Beispiel, um zu entscheiden, wie die Richter bei dann etwa nöthiger divinatio entschieden haben, eben so wenig kann man mit Sicherheit angeben, wie überhaupt damals im Beirathe des richterlichen Beamten die Stimmen abgegeben wurden. Aber es lässt sich schwer glauben, dass man immer sich der Weitläufigkeit einer geheimen Abstimmung unterzog: oft waren die Verhältnisse dazu zu einfach. Auch konnte es geschehen, dass in einer und derselben divinatio bei einer Frage geheime Abstimmung stattfand, bei andern nicht, z. B. in Verres' Processe bei der Frage, ob Q. Niger als Gehülfe Ciceros zugelassen werden sollte. Wie es dem Beamten freistand, seinen selbstgewählten Beirath zu befragen oder nicht zu befragen, so musste ihm auch die Art und Weise der Befragung überlassen sein. Er richtete sich ungefähr nach der jedesmal für das eigentliche Urtheil gesetzlich vorgeschriebenen Weise. Für die divinatio selbst gab es schwerlich ein Gesetz. Die Ueberreste des Acilischen Gesetzes handeln ausführlich über das Verfahren in iudicio und das spätere Verfahren in iure, schweigen aber über alles, was der nominis delatio vorhergeht.

Der falsche Asconius (p. 99) bemerkt, die Beweisaufnahme in der divinatio hätte ohne Zeugen und schriftliche Beweisstücke stattgefunden, eine selbstverständliche Bemerkung, wenigstens für die Mehrzahl der Fälle. Aber eben so sicher ist, dass ausnahmsweise bei Behauptungen einer der Parteien auch Personen verhört, namentlich ihre Empfehlungen angenommen werden konnten. Cicero hat seine in der divinatio vor Verres' Process gehaltene Rede sorgfältig, als ein Muster dieser Gattung, ausgearbeitet. Er führt zuerst aus (div. 3, 10), die Anklage müsse demjenigen übertragen werden, den der Beschädigte am liebsten als Ankläger hätte und der Anzuklagende am liebsten nicht hätte. Wollte also der Beschädigte selbst den Process führen und war er dazu im Stande, so

musste er Allen vorgezogen werden. Wollte er es nicht, so musste sein Verlangen eben so gut die Entscheidung geben, wie es dem Angeklagten freistand, den ihm vom Prätor vorgeschlagenen Anwalt zu verwerfen. Handelte es sich um Mord, so entschied als ein Rest der den Verwandten zustehenden Blutrache, die Verwandtschaft, wie bei P. Clodius' Ermordung, oder auch der Auftrag des Getödteten, wie z. B. unter Kaiser Tiberius' Regierung bei dem Processe über Germanicus' angebliche Vergiftung. Zwischen Cicero also und Caecilius Niger hätte kein Streit über die Anklage entstehen können, wenn nicht auch der letztere von einigen Siciliern, welche das Unrecht erlitten hatten, empfohlen worden wäre. Cicero spricht nur nicht über diese Empfehlung, um Cäcilius' Berechtigung als so gering wie möglich darzustellen. Grosses Gewicht bei der Wahl des Anklägers hatte auch Uebung im Anklagen und Geschicklichkeit in öffentlicher Rede, eine Rücksicht, die, je mannigfacher die Verhältnisse wurden, um so mehr hervortreten musste. Cicero (div. 8, 27 flgd.) macht sie sehr geltend. Auch die Kenntniss, welche jemand von dem Anzuklagenden, oder von der Sache, um welche es sich handelte, hatte, z. B. bei einer Anklage über Erpressung, die Kenntniss, die jemand von der beraubten Provinz hatte, kam zur Sprache. Cicero war Quästor in Sicilien gewesen, kannte also diejenigen, deren Sache er führen sollte, genau. Dabei war er aber nicht des Anzuklagenden Quästor gewesen, wie Cäcilius; denn die Verletzung dieses Verhältnisses durch eine Anklage, wenngleich gesetzlich nicht unzulässig, war doch gegen das Interesse des Staatsdienstes.[1]) Die Rücksichten, welche der Prätor bei der Wahl des Anklägers nahm, waren mithin verschieden: es gab darüber kein Gesetz, nicht einmal eine durchgängige Sitte: es handelte sich nur um die Zweckmässigkeit.[2]) War der Prätor dabei ungerecht, verletzte er das In-

[1]) Vergl. oben S. 48. Cicero de div. 10, 01 zählt dabei einige Fälle auf, in denen der Prätor den Quästor des Anzuklagenden als Ankläger abgewiesen hatte.

[2]) Mit dem, was wir über die *divinatio* aus republikanischen Quellen auseinandergesetzt haben, ist die Bemerkung Ulpians in l. 16 Dig. de accus. (XLVIII, 2) zu vergleichen: *Si plures existant, qui eum in publi-*

teresse des Staates oder der Beschädigten, so stand, wenn nicht die Gesetze geradezu übertreten waren, die Appellation an dessen Collegen oder die Volkstribunen frei. Indessen dies geschah wohl selten, uns ist kein Fall überliefert.

## 3. Nominis delatio.

Durch die postulatio war der Ankläger bestimmt, der Anzuklagende als anklagbar erkannt, die Beschwerde als criminalrechtlich strafbar festgestellt. Es folgte die eigentliche Anklage, die nominis delatio, entweder unmittelbar an eben demselben Tage, wenn bei der postulatio keine Schwierigkeit sich erhoben hatte, oder, wenn dies der Fall gewesen, alsbald nachher. Ein bestimmter Zwischenraum zwischen beiden Acten liess sich weder durch ein Gesetz noch auch durch die Sitte feststellen. Der Tag der *nominis delatio*, wenn er einmal von dem der postulatio verschieden war, hing davon ab, wann der Prätor einen öffentlichen Termin hielt und der Ankläger mit der Formulirung seiner Anklage fertig war. Rechtliche Folgen hatte die postulatio nicht, wenigstens nicht für den Angeklagten: er blieb, wenn kein weiterer Schritt erfolgte, ungekränkt und im Vollbesitze aller seiner Rechte. In der processsüchtigen Zeit, welche auf die Errichtung der Schwurgerichte folgte, mögen oft Fälle vorgekommen sein, wo mit der Anklage gedroht, die postulatio unternommen, aber das weitere Verfahren unterlassen wurde. Für den Ankläger freilich ergab sich aus der postulatio eine moralische Verpflichtung, die Anklage, zu welcher er sich gemeldet, wirklich zu unternehmen. Dem Staate lag daran, dass die Schuldigen zur Rechenschaft gezogen wurden: der Prätor musste also das Recht haben, wenn der in der postulatio bestimmte Ankläger keine Anstalten zur Anklage machte, einen andern zu bestellen. Nehmen wir z. B. an, Cicero hätte, als ihm durch die divinatio die Anklage gegen Verres zugesprochen war, die nominis delatio

*cis iudiciis accusare volunt, iudex eligere debet eum qui accuset, causa scilicet cognita, aestimatis accusatorum personis vel de dignitate vel ex eo quod interest, vel aetate vel moribus vel alia iusta de causa.*

unterlassen, so konnte ein anderer Ankläger, etwa Q. Caecilius Niger wieder auftreten, auch der Prätor selbst einen Andern zur Anklage veranlassen. Ueber die Frist, innerhalb deren spätestens die delatio erfolgen musste, finde ich keine Nachricht: sie hing wahrscheinlich von dem Ermessen des Prätors ab. Jedoch nur eine moralische Verpflichtung bestand für den Ankläger, eine rechtliche oder eine Bestrafung, wenn er die delatio nicht unternahm, ist nicht denkbar.[1])

Der Ausdruck nominis delatio ist ein allgemeiner geworden für Anklage überhaupt: seiner eigentlichen Bedeutung nach weist er darauf hin, dass der Ankläger dem Beamten den Namen eines Schuldigen angiebt und denselben dadurch veranlasst, die zur Bestrafung desselben nöthigen Schritte zu thun. Der Ausdruck steht gewissermassen in Wechselbeziehung zu dem Namen, welchen der Untersuchungsrichter (quaesitor) in diesem Falle führt. Dieser hatte ursprünglich die Pflicht, den Verbrecher aufzusuchen: der Ankläger unterstützt ihn darin. Deshalb kann es auch nicht zweifelhaft sein, dass der Ausdruck älter als die Schwurgerichte[2]) und für alle Arten von Criminalanklagen gebräuchlich war.

Ueber die Form der nominis delatio haben wir aus der republikanischen Zeit nur unsichere Andeutungen, auch von den classischen Juristen der Kaiserzeit keine allgemeine Vorschrift, sondern nur Nachricht über einen einzelnen Fall, welche indessen Schlüsse auf alle Anklagen und die früheren Zeiten gestattet. In dem Titel über Criminalanklagen enthalten die Digesten ein Bruchstück aus Paulus' Buche über Ehebruch, in welchem derselbe das Formular zu einer Anklage über Ehebruch giebt.[3]) Dies Formular hat sechs Theile,

[1]) Dass diese Verhältnisse auch noch später, ohne gesetzlich geregelt zu sein, dem Ermessen des Prätors anheim gegeben blieben, erhellt aus l. 3, 1 Dig. de accus. (XLVIII, 2), über welche Stelle wir später, wo wir über die Folgen der nominis delatio handeln, sprechen werden.

[2]) Dies geht z. B. auch daraus hervor, dass er sich schon in den Bruchstücken des Acilischen Gesetzes findet und dieses Gesetz war eines der ältesten über Schwurgerichte.

[3]) L. 3 Dig. de accus. (XLVIII, 2) *Libellorum inscriptionis conceptio talis est: consul et dies, apud illum praetorem vel proconsulem,*

erstens Jahr und Tag, an dem die Anklage vorgebracht wird, zweitens Name des Beamten, bei dem sie angebracht wird, drittens Name des Anklägers, viertens Name des Angeklagten, fünftens Name des Gesetzes, nach dem die Anklage geführt werden soll, sechstens Angabe des Verbrechens. Für diese Angabe des Verbrechens wird als nothwendig hingestellt die Bezeichnung des Ortes und der Person, mit welcher und des Monats, in welchem der Ehebruch begangen sei, als wünschenswerth die Bezeichnung auch des Tages und der Stunde, wo das Verbrechen statt gefunden habe. Jene Nothwendigkeit wird aus des Kaisers Augustus Gesetze über die Criminalprocessordnung hergeleitet: es habe für alle Criminalanklagen Angaben des Ortes und der Personen, an denen das Verbrechen begangen worden sei, so wie des Monates verlangt. Es könnte nach Paulus' Worten scheinen, als habe Augustus diese Genauigkeit der Angaben für alle Anklagen verlangt man darf indessen seine Worte nicht zu ängstlich auslegen. Bei einigen Verbrechen, wie Ehebruch, Mord, zuweilen auch bei andern, war allerdings die Angabe des Monates, in dem das Verbrechen begangen sein sollte, möglich[1]; aber bei einigen Verbrechen, z. B. dem fortgesetzter oder oft wiederholter Erpressung, Staatsdiebstahl, Majestätsverbrechen ist solche genaue Bezeichnung der Zeit oft undenkbar. Augustus musste in dem allgemeinen Gesetze sich mit oberflächlicherer Zeitangabe begnügen. Indessen er hat ein solches Formular für die Anklage nicht neu erfunden: er kann es genauer be-

---

*Lucius Titius professus est se Maeviam lege Iulia de adulteriis ream deferre, quod dicat eam cum Gaio Seio in civitate illa, domo illius, mense illo, consulibus illis adulterium commisisse. Utique enim et locus designandus est, in quo adulterium commissum est, et persona, cum qua admissum dicitur, et mensis. Hoc enim lege Iulia publicorum cavetur et generaliter praecipitur omnibus, qui reum aliquem deferunt. Neque autem diem neque horam invitus comprehendet.*

[1]) Wenn also Tacitus Ann. III, 14 bei der Erzählung von dem Processe gegen Piso wegen Germanicus' Ermordung sagt (accusatores) *in convivio Germanici, cum super eum Piso discumberet, infectos manibus eius cibos arguentes*, so ist dies von der Anklageschrift zu verstehen, in der es hiess, Piso habe dem Germanicus an dem und dem Tage, in dem und dem Zimmer Gift beigebracht.

stimmt haben, gebräuchlich war es schon vor ihm, d. h. also zur Zeit der Republik. Die Angabe der Consuln und des Tages, an dem die Anklage stattfand, so wie des Prätors, bei dem sie geschah, werden nicht als wesentlich erscheinen. Dagegen nothwendig sind vier Stücke, der Name des Anklägers, zweitens der des Angeklagten, drittens die Bezeichnung des Gesetzes, nach welchem der Process geführt werden soll, endlich die besondere Handlung, die als Anklagepunkt gilt. Diese Angaben mussten bei der nominis delatio dem Prätor schriftlich eingereicht werden: sie bildeten die Grundlage, auf welcher das spätere Verfahren stattfand. Wann die schriftliche Abfassung der Anklage eingeführt worden ist, lässt sich nicht bestimmen.[1]) Die erste ausdrückliche Erwähnung derselben findet sich im Jahre 52 v. Chr.; aber dass sie schon früher gebräuchlich war, wird mittelbar durch den Namen bewiesen, welchen die Gehülfen des Anklägers führen. Wenn sie subscriptores hiessen[2]), so folgt daraus, dass der eigentliche Ankläger etwas schrieb, das sie nachher unterschrieben, und dies kann nur die Anklage sein, welche dem Prätor schriftlich eingereicht wurde. Indessen auch die Handlung, wegen der jemand angeklagt wird, heisst subscriptio und vom Ankläger, der sie angiebt, wird gesagt, er schreibe sie unter. Das älteste Beispiel dieses Gebrauches findet sich in einer Jugendschrift Ciceros[3]), fällt mithin in eine Zeit, wo es Schwur-

[1]) Man vergleiche unsere Darstellung über das schriftliche Verfahren vor Gericht überhaupt C. R. I, 2, 137.

[2]) S. oben S. 68.

[3]) Dies älteste Beispiel findet sich bei Cic. de invent. II, 19, 58 *in quodam iudicio cum venefici cuiusdam nomen esset delatum et quia parricidii causa subscripta esset, extra ordinem esset acceptum, cum in accusatione alia quaedam crimina testibus et argumentis confirmarentur.* Aber ebenso sagt Ascon. ad Cic. p. Mil. 55 *Repetitus deinde* (M. Saufeius) *post paucos dies apud Considium quaesitorem est lege Plautia de vi, subscriptione ea, quod loca superiora occupasset et cum telo fuisset;* auch Senec. de benef. III, 26 *cum Maro* (der Ankläger) *convivas testaretur — et iam subscriptionem componeret; id. Apocolоc. extr. ducit illum ad tribunal Aeaci. Is lege Cornelia, quae de sicariis lata est, quaerebat. Postulat nomen eius recipi, edit subscriptionem.* Es folgen dann die Verbrechen des Kaisers Claudius. So ist auch *subscriptio in reum* bei Gell. II, 4, 1

gerichte nur für Amtsverbrechen gab: es bezieht sich aber auf ein gemeines Verbrechen, beweist also, dass der Gebrauch einer schriftlichen Anklage älter ist als die Schwurgerichte. Aus diesem für den Anklagegrund herkömmlichen Ausdrucke erkennt man, dass derselbe nicht an der Spitze der Anklageschrift stand, sondern etwas anderes vorherging. Vergleicht man also die von Paulus gegebene und vom Kaiser Augustus herrührende Vorschrift, so ergiebt sich, dass auch schon während der Republik die Form derselben die gleiche, wie später war. Zuerst stand der Name des Anklägers, dann der des Angeklagten: es folgte das Gesetz, nach dem die Anklage angestellt wurde, endlich die Handlungen des Angeklagten, wegen deren er belangt wurde. Daran schlossen sich die Namen derjenigen, welche den Ankläger unterstützten, vielleicht mit einigen stehenden Ausdrücken. Die Form der Anklageschrift zur Zeit der Schwurgerichte und auch schon früher war die gleiche, welche Augustus gesetzlich feststellte, indem er nur in unwesentlichen Punkten, namentlich bei der Angabe des Verbrechens, grössere Genauigkeit vorschrieb. Ob in älterer Zeit schon eine Anklageschrift gebräuchlich war, darüber haben wir keine Nachrichten. Bei den Processen, welche vor dem Sempronischen Gesetze über Amtsverbrechen, namentlich die der Statthalter stattfanden, scheint eine solche überflüssig gewesen zu sein; denn die Vorverhandlungen geschahen im Senate und von ihm erhielten die Senatscommissionen und ihre Vorsteher die Aufträge. In noch früherer Zeit musste, wenn überhaupt die Anklage schriftlich abgefasst wurde, doch die Form derselben wesentlich verschieden sein. Es lässt sich denken, dass seit der Zeit, wo die Beamten anfingen, über ihre Amtshandlungen und folglich auch über die Processe, welche sie leiteten, schriftliche Aufzeichnungen zu machen, sich auch die Ankläger der Schrift bedienten. Aber von Gesetzen, nach

---

zu verstehen. Verschieden dagegen ist der Gebrauch von *subscribere* und *subscriptio*, wenn es von den Censoren gesagt wird, welche, wenn sie jemandem eine *nota* gaben, den Grund derselben hinunterschrieben. So braucht es Cic. p. Cluent. 47, 131, welche Stelle von Geib, Römischer Criminalprocess S. 282 nicht richtig verstanden wird.

denen die Processe geführt wurden, gab es höchstens die der zwölf Tafeln: es hätte also diese Erwähnung in einer Anklageschrift fortbleiben müssen und auch für die Bezeichnung der verbrecherischen Handlungen des Angeklagten gab es nicht die feststehenden Ausdrücke, die, wie wir sehen werden, später nothwendig waren. Mithin ergiebt sich die Wahrscheinlichkeit, dass eine schriftliche Anklage erst mit der Einführung der Schwurgerichte in Gebrauch kam: wenigstens wurde erst seitdem ihre Form so, wie sie später während der Republik und im Kaiserreich blieb.[1])

Freilich erklärt man jetzt die nominis delatio, die subscriptio und die Abfassung einer schriftlichen Anklage anders, sieht auch das von Paulus angeführte Formular, von dem wir ausgegangen sind, verschieden an.[2]) Der Ankläger, sagt man, habe seine Anklage bei dem Prätor mündlich angebracht. Dieser habe darüber ein Protocoll (inscriptio) aufgenommen und die Aechtheit desselben durch die eigenhändige Unterschrift (subscriptio) des Anklägers bestätigen lassen. Das Formular eines solchen Protocolles habe uns Paulus an der Stelle, deren Erklärung wir oben versucht haben, erhalten. Dies sei die Regel gewesen; aber dabei habe es ihm auch schon während der Republik freigestanden, wie es in der späteren Kaiserzeit ausdrücklich erlaubt wurde, von dieser Form abzuweichen und, anstatt erst bei dem Prätor seine Erklärung zu Protocoll zu geben und zu unterschreiben, dieselbe gleich anfangs schriftlich aufgezeichnet und unterschrieben mitzubringen. Demnach wäre die mündliche Anklage die Regel, die schriftliche die Ausnahme gewesen und es hätte vier vor Gericht auf einander folgende Acte gegeben, die nominis delatio, die inscriptio, die subscriptio, die nominis receptio, welcher letztere, wie wir später erweisen werden, in der Aufnahme der Anklage in die Listen des Prätors bestand. Ich

[1]) In den Bruchstücken des Acilischen Gesetzes findet sich über diesen Punkt nichts, ein Beweis, dass durch dasselbe hierüber nichts Neues verordnet wurde.

[2]) Am besten wird diese Ansicht von Geib, Römischer Criminalprocess S. 281 auseinandergesetzt. Dass sie die jetzt gewöhnliche ist, erkennt man z. B. aus Rudorff Rechtsgeschichte II, 429.

halte diese Ansicht für unbegründet. Zuvörderst ist der Zweck eines solchen Protocolles nicht ersichtlich, wenn dessen Inhalt unmittelbar von eben dem Prätor, welcher jenes verfasst hat, in seine amtlichen Listen aufgenommen wird: es genügte, die Anklage einmal amtlich zu verzeichnen. Zweitens ist es nicht Römisch, ein Protocoll durch die Unterschrift des Anklägers beglaubigen zu lassen: dies geschah bei den Römern nicht durch blosses Unterschreiben, so dass davon der Name subscriptor und subscriptio hergeleitet werden könnte. Drittens hauptsächlich musste dieses Protocoll von dem Hauptankläger unterzeichnet, dieser also ganz besonders subscriptor genannt werden: dies geschieht aber nie. Nur seine Gehülfen heissen so. Bei ihnen muss es charakteristisch und von dem Hauptankläger verschieden gewesen sein, dass sie unter einer Schrift ihre Namen verzeichneten. Endlich heisst subscriptio, wie wir bemerkt[1]), nicht die Namensunterschrift des Anklägers, sondern die Angabe des Anklagegrundes. Sie wurde von dem Ankläger schriftlich abgefasst. Folglich müsste man, wenn man an ein durch den Prätor aufgenommenes Protocoll glaubt, annehmen, der Ankläger habe in demselben nicht bloss seine Unterschrift zur Beglaubigung hinzugefügt, sondern auch den Anklagegrund selbst hingeschrieben: dies passt nicht zum Charakter eines Protocolls.

Aus diesen Gründen ist die Idee eines Anklageprotocolles zu verwerfen und Paulus hat uns vielmehr das Formular einer vom Ankläger allein abgefassten Anklageschrift erhalten. Er deutet dies auch selbst an. Augustus, sagt er, habe die Angabe von Ort und Zeit allgemein bei Allen, welche jemanden anklagen, vorgeschrieben: er setzt also den Ankläger als handelnd voraus. Und ferner fügt er hinzu, wenn dieses Schriftstück nicht gehörig abgefasst sei, würde der Name des Angeklagten gelöscht, eine Verordnung, welche nur einen Sinn hat, wenn es von dem Ankläger ausgeht.[2]) Wenn also dies

---

[1]) S. die Stellen oben S. 145, aus denen sich ergiebt, dass dieselbe von dem Ankläger ausging.

[2]) Die Worte von Paulus sind zuerst *hoc generaliter praecipitur omnibus, qui reum aliquem deferunt*, nachher *Quodsi libelli inscriptionum le-*

die Form der Anklageschrift zur Zeit der classischen Juristen ist und dieselbe ausdrücklich als im Wesentlichen gleichlautend mit der durch Augustus vorgeschriebenen bezeichnet wird, dieser aber, wie oben bemerkt, auch nichts Neues verordnete, sondern nur die herkömmliche Sitte in festere Formen band, so wird man es wahrscheinlich finden, dass schon zur Zeit der Republik der Ausdruck profiteri, den Paulus in seiner Formel anwendet, gebräuchlich war.[1] Darnach lautete also z. B. die Anklageschrift in dem Processe gegen Verres so:

M. Licinio Cn. Pompeio cos. a. d. .... apud M'. Acilium praetorem M. Tullius professus est se C. Verrem de repetundis reum deferre, quod dicat eum u. s. w.

Die Gehülfen des Anklägers schrieben dann unter diese Schrift ihre Namen etwa mit der Formel: idem in eundem professus est.

Wir haben erwiesen, dass zur Zeit, als die Schwurgerichte bestanden, die Sitte einer schriftlichen Anklage herrschte. Aber dass sie allein möglich und nicht auch die mündliche Anklage erlaubt war, lässt sich eben so wenig erweisen, wie dass nicht auch schon vor den Schwurgerichten die schriftliche gestattet gewesen sei. Es lässt sich denken, dass, wenn ein armer und ungebildeter Mann bei einem Schwurgerichte eine Anklage erheben wollte, der Prätor ihm einen

---

*gitime ordinati non fuerint, rei nomen aboletur.* Unter dem *libellus inscriptionis*, welcher hier von Paulus, dann von Ulpian l. 2, 8 Dig. ad leg. Iul. de adult. (XLVIII, 5) erwähnt wird, ist also die Anklageschrift des Anklägers, nach welcher die *inscriptio* durch den Prätor erfolgt, zu verstehen.

[1]) Dass derselbe zur Zeit der classischen Juristen von dem Ankläger gebräuchlich war, wissen wir auch aus anderen Stellen, z. B. Paul. sent. II, 26, 6 *Occiso adultero dimittere statim maritus debet uxorem atque ita triduo proximo profiteri, cum quo adultero et in quo loco uxorem deprehenderit;* Cf. collat. IV, 3; Ulpian in l. 21 Dig. *rat. rem haberi* (XLVI, 8) *libello principi dato professus est.* Aber er war auch schon in republikanischer Zeit gebräuchlich und fand sich wahrscheinlich schon im Cornelischen Gesetze über Mord: Marcian (l. 1 Dig. ad leg. Cornel. de sic. XLVIII, 8) erklärt denjenigen für schuldig *qui cum magistratus esset — operam dedisset, quo quis falsum indicium profiteretur.* Die Bedeutung ist 'sich bei einem Beamten melden und vor demselben seine Willens-

Anwalt gab, welcher die schriftliche Abfassung derselben besorgte:[1]) ebenso, dass der Prätor unmittelbar die Anklage annahm. Denn die Controlle, welche durch die Vergleichung der schriftlichen Anklage und der Aufzeichnungen des Prätors ermöglicht wurde, war unwichtig. Ein Gesetz gab es, wie man aus dem Fehlen jeder derartigen Bestimmung in den Bruchstücken des Acilischen Gesetzes erkennt, darüber nicht: die Sitte musste allmälig beginnen.[2]) Erst in später Kaiserzeit wurde dem Ankläger die gesetzliche Wahl verstattet, entweder seine Anklage schriftlich einzureichen oder sie zu Protocoll zu geben.[3])

Der Anklagegrund wurde in der schriftlichen Anklage angegeben, aber nicht formlos in beliebigen Ausdrücken, sondern in solchen, die dem Gesetze, nach welchem verhandelt werden sollte, entsprachen. Diese Vorschrift giebt Paulus für die Anklage wegen Ehebruch, man müsse eben diejenigen Ausdrücke in der Anklage gebrauchen, auf welche es nach dem

meinung erklären, wie man z. B. aus Cic. p. Arch. 4, 7 flgd. erkennt. Auffallend war den Rechtsgelehrten in der von Paulus mitgetheilten Formel nur das Perfectum *professus est:* es scheint der hauptsächliche Grund gewesen zu sein, weshalb man an eine vorhergegangene mündliche Erklärung und an eine Aufzeichnung derselben durch den Prätor dachte. Indessen das Perfectum ist aus der Römischen Sitte zu erklären, nach welcher der Verfasser eines Schriftstücks sich in die Zeit versetzt, wo der Empfänger dasselbe liest, eine Sitte, die bekanntlich im Briefstile herrscht. Der Verfasser der Anklage schreibt also so, wie der Prätor beim Empfange derselben denkt: dann hat der Ankläger seine Meldung und Erklärung gethan.

[1]) Dieser Fall wird berührt l. 3, 2 Dig. de accus. (XLVIII, 2) *Item subscribere debebit is qui dat libellos, se professum esse, vel alius pro eo, si litteras nesciat.*

[2]) Verkehrt ist, was der falsche Asconius p. 128 über den Process gegen Verres bemerkt: *Cum enim in ius ventum esset, dicebat accusator apud praetorem reo: aio te Siculos spoliasse.* Eine schlechte Nachbildung einer vermeintlichen *legis actio*, wie Rudorff Rechtsgeschichte II, 429 richtig bemerkt.

[3]) Iust. Cod. l. 8 de accus. (IX, 2): *Si quis se iniuriam ab aliquo passum putaverit et querelam deferre voluerit, non ad stationarios decurrat, sed praesidialem adeat potestatem aut libellos offerens aut querelas suas apud acta deponens.* Hier ist freilich nicht von einer bestimmt formulirten Anklageschrift, sondern im Allgemeinen von einer Beschwerdeschrift die Rede.

Gesetze ankomme;[1]) wenn es in diesem Falle so war, musste es ebenso auch bei andern Criminalklagen sein. Die Worte einer solchen subscriptio kennen wir bei einer Anklage wegen Gewaltthat nach dem Plautischen Gesetze[2]): „der Angeklagte hätte höher gelegene Oerter besetzt und sei bewaffnet gewesen." Diese Worte standen in dem Plautischen Gesetze selbst. Also z. B. in den Gesetzen, nach denen Erpressungen von Beamten gestraft werden konnten, standen von Anfang an die Ausdrücke: 'fortgenommen, genommen, zusammengebracht, verschafft, entwendet.' Mithin lautete es in Ciceros Anklageschrift gegen Verres, derselbe habe aus Sicilien ungesetzlicher Weise Geld fortgenommen.[3]) Von den Processen über Giftmischerei, welche dem von Cluentius vorangingen, wurde zuerst der gegen Scamander geführt: die Anklage lautete, er habe „Gift gehabt zur Ermordung eines Menschen" (malum venenum habuisse[4]): bei dem zweiten Processe ging die Anklage auf Mitwissenschaft. Bei einer Anklage über Majestätsverbrechen mussten durchaus die Worte majestatem minuere vorkommen, zu denen noch die Handlung, wodurch die Majestät verringert sein sollte, hinzugefügt wurde.[5]) Zur Abfassung der Anklageschrift gehörte Gesetzeskenntniss und Bildung.

---

[1]) L. 3, 3 Dig. de accus. (XLVIII, 2) *Sed et si aliud crimen obiiciat, veluti quod domum suam praebuerit, ut stuprum materfamilias pateretur, quod alterum deprehensum dimiserit, quod pretium pro comperto stupro acceperit, et si quid simile, id ipsum libellis comprehendendum erit.*

[2]) Ascon. p. 55 *quod loca superiora occupasset et cum telo fuisset.* Vergl. C. R. II, 1, 281.

[3]) S. C. R. II, 1, 139. Cic. in Verr. Act. I, 18, 56 *tum praeterea quadringenties ex Sicilia contra leges abstulisse;* lib. 1, 10, 27 *Dixi prima actione me planum esse facturum, C. Verrem Hs. quadringenties contra leges abstulisse.* Cicero nennt zwar schon in der *divinatio* die Entschädigungssumme, welche er verlangen wollte (div. 5, 19), aber doch nur nach ungefährer Schätzung. Genaueres konnte er erst durch die nach der *delatio* unternommenen Untersuchung erfahren, in der Anklageschrift also hat er die Summe nicht genannt.

[4]) Cic. p. Cluent. 20, 56; vergl. C. R. II, 2, 21.

[5]) Vergl. C. R. II, 1, 228. Man vergl. auch Cic. de invent. II, 19, 58, wo diese Verschiedenheit der *subscriptio* und der späteren Anklage erwähnt wird.

Mit der nominis delatio hängt eine Förmlichkeit von Seiten des Anklägers zusammen, die zum Schutze gegen ungerechte Anklagen erfunden und auch im Privatrechte angewendet worden ist. Im Falle der Freisprechung des Angeklagten durfte gegen den Ankläger ein Process wegen Chicane (calumnia) erhoben werden, d. h. darüber, dass derselbe wissentlich falsche Anklage erhoben habe. Solchem Beginnen suchte man schon bei der Anklage selbst zu steuern, indem man sogleich bei dem Vorbringen derselben dem Ankläger den Schwur auferlegte, er klage nicht aus Chicane an. Dieser Schwur wird im Acilischen Gesetze in dem Capitel über die nominis delatio erwähnt und zwar so, dass es scheint, er sei unmittelbar auf dieselbe gefolgt, ehe irgend etwas Weiteres in der Fortführung des Processes geschehen.[1]) An anderer Stelle, wo dieser Schwur erwähnt wird, scheint es, als sei er vor der nominis delatio geleistet worden.[2]) Ich glaube, es war an sich gleichgültig, ob er vor oder nach der Einreichung der Anklageschrift geleistet wurde und finde eine Andeutung davon in dem Ausdrucke des Acilischen Gesetzes: der Schwur bildete mit der nominis delatio zusammen ein Ganzes. Noth-

[1]) Die Worte lauten vs. XIX *in ious educito nomenque eius deferto. Sei deiuraverit calumniae causa non po[stulare]).* Klenze p. 35 hatte die Worte *sei deiuraverit* mit dem Vorhergehenden verbunden, Mommsen und Rudorff ad legem Aciliam p. 448 verbinden sie mit dem Folgenden, das sie ungefähr so ergänzen *is praetor nomen recipito.* Bei der ersteren Erklärung ist die Wortstellung etwas ungeschickt. Dennoch bleiben wegen der Lückenhaftigkeit der Stelle manche Zweifel, namentlich weil es heisst *sei deiuraverit:* statt dessen müsste es, wenn es sich um einen nothwendig folgenden Processact handelte, nach dem sonstigen Gebrauche des Gesetzes *ubi deiuraverit* heissen.

[2]) So bei Liv. XXIII, 47 *nisi velut accusatores calumniam in eum iurarent ac nomen deferrent;* auch Cic. epist. VIII, 8, 3, wo der Schwur nach der *postulatio* als Vorbedingung zur wirklichen Anklage erwähnt wird. Unsicher ist die Stelle desselben bei Senec. controv. III, 19; Ascon. p. 64. Dagegen wird der entsprechende Schwur bei Privatprocessen nach der Aufstellung der Forderung und vor dem Fällen des Urtheils erwähnt im prätorischen Edicte l. 7 Dig. de damno infecto (XXXIX, 2) *praetor ait: damni infecti suo nomine promitti — iubebo ei, qui iuraverit non calumniae causa se id postulare.* Verschieden von diesem Schwure ist die rednerische Versicherung, die Cic. p. Sulla 31, 86 in dem Schlussworte seiner Vertheidigungsrede abgiebt.

wendig war er immer und dadurch unterscheiden sich die Criminalprocesse von den Privatprocessen, bei denen er nicht immer gefordert wurde: er war als nothwendig bei jenen zuerst durch den Prätor, dann seit es Schwurgerichte gab, durch die für diese gültigen Gesetze eingeführt worden. In der späteren Zeit der Kaiser bediente man sich zu demselben Zwecke einer schriftlichen Verhandlung, durch welche der Ankläger sich verpflichtete, die Klage zu Ende zu führen und, wenn er dieselbe aus Chicane begonnen hätte, der gebührenden Strafe dafür sich zu unterziehen.[1])

Man hat die Behauptung aufgestellt, zur nominis delatio sei die Gegenwart des Angeklagten nöthig gewesen.[2]) Diese Behauptung kann nicht richtig sein. Denn der Zweck der delatio besteht darin, den Anklagegrund und das Gesetz, nach welchem der Process stattfinden soll, festzustellen. Dabei wurde natürlich der Name des Angeklagten erwähnt, aber derselbe hatte keine Möglichkeit, den Act der nominis delatio, der von dem Ankläger allein ausging, zu hindern. Dass seine Gegenwart nicht nöthig war, zeigen viele uns überlieferte Fälle. Z. B. Milo wurde ausser wegen Clodius' Ermordung noch wegen Wahlumtriebe, wegen Genossenschaften, wegen Gewaltthätigkeit angeklagt und trotzdem oder vielleicht weil er vor Gericht nicht erschien, verurtheilt: er fehlte nicht bloss während des übrigen Processes, sondern auch schon während der nominis delatio. Ebenso wurden nach dem Pedischen Gesetze über des Dictators Cäsar Ermordung alle Schuldigen abwesend angeklagt und verurtheilt.[3]) In beiden Fällen

---

[1]) Ulpian in l. 7 Dig. de accus. (XLVIII, 2). Vergl. Geib Criminalprocess S. 555.

[2]) Sie ist aufgestellt und vertheidigt worden von Geib a. a. O. S. 271. Er stützt sich hauptsächlich darauf, dass diejenigen, welche im Staatsauftrage abwesend waren, nicht angeklagt werden durften (vergl. oben S. 80); sie mussten aber schon bei der *postulatio*, bei welcher doch auch der Name des Angeklagten vorkommen musste, abgewiesen werden. Geib verwechselt mit ihnen diejenigen, welche in eigenen Angelegenheiten abwesend waren, und kommt am Ende zu dem Ergebnisse, unsere Nachrichten seien unvollständig.

[3]) Ueber Milo siehe Ascon. p. 54 und C. R. II, 2, 434; über das Pedische Gesetz C. R. II, 2, 489.

wurden die Processe nach einem ausserordentlichen Verfahren geführt; aber dies bezog sich nicht auf eine Veränderung im Charakter der nominis delatio. Als hauptsächliches Beispiel wird bei dieser Frage der Process des Thermitaner Sthenius, den Cicero (in Verr. II, 38, 94) erzählt, angeführt, aber nicht richtig aufgefasst. Mit der Abwesenheit von Sthenius muss es eine eigene Bewandtniss gehabt haben, die Cicero absichtlich nicht aufklärt, eben so wenig wie er nachher bei der Erzählung von Sthenius' Verurtheilung (40, 98) erklärt, wodurch Verres bewogen wurde, denselben, trotzdem dass sein Ankläger nicht zum Termine erschienen war, zu verurtheilen. Dies war so sehr gegen alles Recht, dass es unglaublich ist: es muss ein eigenthümliches Verhältniss, das uns verschwiegen wird, stattgefunden haben. In Bezug auf seine Abwesenheit sagt Cicero, Sthenius habe sich nach Rom geflüchtet, um nicht wegen eines anderen Processes, der gegen ihn erhoben war, am Leben gestraft zu werden. Darauf macht Verres öffentlich bekannt, wenn jemand Sthenius trotz seiner Abwesenheit anklagen wolle, werde er ihn in die Liste der Verklagten aufnehmen *(sese eius nomen recepturum)*. Sthenius wird also angeklagt und der Prätor setzt ihm einen Termin nach 30 Tagen an, in welcher Zeit er bequem zurückkehren und sich stellen konnte. Indessen Sthenius erscheint nicht und wird verurtheilt: dabei erklärt Verres ausdrücklich, es sei erlaubt einen Abwesenden anzuklagen und er werde die Anklage annehmen.[1]) Inzwischen wendet sich Sthenius in Rom an den Senat: die Consuln äussern, es dürften in den Provinzen Abwesende nicht angeklagt werden und die allgemeine Meinung geht dahin, ein über den abwesenden Sthenius gefälltes Urtheil sei ungültig, und demgemäss wird ihm später, als er dennoch verurtheilt war, der Aufenthalt in Rom verstattet. Hier ist ein offener Widerspruch zwischen Verres' und des Senats Aussprüchen. Jener sagt, man dürfe ein Gericht gegen einen Abwesenden halten, dieser erklärt das Gegentheil. Verres'

[1]) Cic. in Verr. II, 38, 94 *Hic tum repente Pacilius quidam — ait, si liceret, nomen absentis deferre se velle. Iste vero et licere et fieri solere et se recepturum.*

Erklärung ist begründet. Denn es liegt in der Natur der Sache, dass ein Abwesender angeklagt werden darf, sobald ihm nur durch Ansetzen eines entfernten Termines die Möglichkeit des Erscheinens vor Gericht gegeben wird: die Entscheidung des Senates wäre unverständlich, wenn man nicht unter Abwesenheit etwas Besonderes verstände. Man nennt nämlich im Römischen Sinne abwesend diejenigen, welche in Staatsgeschäften abwesend sind.[1]) Diese dürfen nicht angeklagt, nicht vor Gericht gestellt werden: in Bezug auf sie hat der Senat Recht. Aber auch Verres muss für seine Erklärung einen Grund gehabt haben. Das Römische Recht bestimmte, die in Geschäften des Römischen Staates Abwesenden sollten nicht vor Gericht gestellt werden; aber daraus folgte nicht, dass diejenigen, welche in Geschäften von Gemeinden und andern Staaten abwesend waren, in ihrer Heimath nicht vor Gericht gestellt werden durften, und, wenn auch über diesen Punkt in jeder Gemeinde besondere Gesetze gelten mochten, so war die weitere Frage, ob solche Abwesende nicht doch vor das Gericht eines Römischen Beamten gezogen werden durften. Verres entschied sich für die strengere Auffassung, der Senat für die mildere: er wollte, dass in jeder Gemeinde die in Geschäften derselben Abwesenden vor Processen in ihrer Heimath geschützt sein sollten. Sthenius war in seiner Heimath sehr angesehen: man muss annehmen, dass er Gesandter derselben in Rom war und als er weitere Verurtheilung durch Verres befürchtete, plötzlich dorthin abging. Dann konnte Verres ihn nach seinen strengeren Grundsätzen vor sein Gericht laden, der Senat ihn schützen. Cicero hat dieses Verhältniss absichtlich nicht erwähnt, um nicht anzuerkennen, dass Verres guten, in den Umständen liegenden Grund hatte.[2])

[1]) Ich habe darüber gesprochen Studia Romana p. 172. Es beruht darauf die Lösung der grossen Streitfrage über den Rechtspunkt zwischen Cäsar und Pompejus.

[2]) Ebenso wird Verres seinen Grund dafür gehabt haben, Sthenius trotz des Nichterscheinens des Anklägers dennoch zu verurtheilen: Cicero lässt in rednerischer Weise Alles, was für Verres sprach, aus. Aehnlich wie mit Sthenius, verhält es sich mit Diodorus von Malta, dessen Process Cicero in Verr. IV, 19, 40 erzählt. Auch er war vor Verres nach Rom

Es ergiebt sich aus dieser Darstellung, dass man das von Cicero angeführte Beispiel nicht zur Richtschnur für das Verfahren nehmen darf, das bei gewöhnlicher Abwesenheit des Anzuklagenden eingetreten sei. Aber selbst wenn man von dieser Auffassung der 'Abwesenheit' absieht, so sagt Cicero doch nichts, woraus man schliessen könnte, der Anzuklagende habe bei der nominis delatio zugegen sein müssen. Verres selbst erklärt, er werde die Anklage gegen einen Abwesenden annehmen: der Ankläger fragt, ob er einen Abwesenden anklagen dürfe, d. h. ob Verres die Anklage annehmen wolle. Der Senat erklärt, ein Abwesender dürfe nicht reus werden, die allgemeine Meinung ist, ein Urtheilspruch über einen Abwesenden sei unzulässig.[1]) Immer ist nur von den auf die nominis delatio folgenden Acten, nirgends von dieser selbst die Rede. Dieser ganze Punkt gehört zu dem früher (S. 70) behandelten Abschnitte über diejenigen, welche nicht angeklagt werden durften. Er kam schon bei der postulatio zur Sprache und wird von Cicero nur deshalb mit der nominis delatio in Verbindung gebracht, weil er die einzelnen Acte des Processes nicht trennt.

Also bei der nominis delatio ist die Anwesenheit des Angeklagten nicht nothwendig. Sie veranlasst allerdings den Prätor zum Handeln und hat für den Angeklagten möglicher Weise den Process zur Folge; allein thätig ist bei ihr nur der Ankläger, und für ihn ergeben sich daraus unmittelbar rechtliche Folgen. Er macht sich dadurch dem Staate gegen-

---

geflohen und dann angeklagt worden: worauf er sich in Rom beschwerte und durchsetzte, dass sein Process aufgehoben wurde. Dabei erzählt Cicero, in seinem Falle habe Verres zuerst die Anklage eines Abwesenden gestattet. Verres scheint also für Sicilien überhaupt den Grundsatz durchgeführt zu haben, Abwesenheit in Geschäften einer Gemeinde nicht als Hinderniss eines Processes zu betrachten.

[1]) Die Lateinischen Ausdrücke sind vom Ankläger: *ait, si liceret, nomen absentis deferre se velle.* Von Verres: *si quis absentem Sthenium — reum facere vellet, sese eius nomen recepturum*, und nachher *se recepturum.* Vom Senate: *ne absentes homines in provinciis rei fierent;* dann *cum Sthenius reus factus esset, de absente iudicium nullum fieri placere.* Ebenso in Bezug auf Diodorus (IV, 19, 40) *tum primum — istum absentis nomen recepisse, reos fieri — absentes.*

über verbindlich, die Anklage in gehöriger Weise durchzuführen: thut er es nicht, so kann er selbst wegen praevaricatio oder tergiversatio bestraft werden, hat er wissentlich eine falsche Anklage unternommen, so ist er der calumnia schuldig.

## 4. Inscriptio.

Der Ankläger rief durch seine in bestimmten Ausdrücken abgefasste Anklage die Thätigkeit des Prätors hervor. Dieser nimmt, wenn sich nichts einwenden lässt, die Anklage an, indem er sie in das amtliche Verzeichniss der von ihm zu leitenden Processe einträgt. Schon seit alter Zeit fertigt jeder Beamte über seine Amtshandlungen schriftliche Verzeichnisse an, also auch der Prätor über die Processe, welche er leitet, und zwar hat er für diese ein besonderes Verzeichniss.[1]) Die Annahme der Klage geschah also durch die inscriptio[2]), d. h. dadurch, dass der Prätor dieselbe in dies amtliche Verzeichniss eintrug, und zwar in umgekehrter Ordnung, wie die Anklageschrift lautete. In die erste Rubrik des Verzeichnisses kam der Name des Angeklagten[3]), dann der des Anklägers.[4])

[1]) Ich schliesse dies aus dem Ausdrucke *recipere inter reos* (z. B. bei Tac. Ann. III, 70) oder *inter reos referre* (Cic. Phil. II, 23, 56; in Verr. V, 42, 109), der beweist, dass die *rei* eine besondere Stelle einnahmen.

[2]) Man sehe die oben S. 143 angeführten Stellen der Digesten.

[3]) Dies ergiebt sich aus dem hierfür herkömmlichen und häufigen Ausdruck *recipere nomen* (s. z. B. oben die aus Ciceros Verrinen angeführten Stellen), wobei immer der Name des Angeklagten folgt. Er war also die Hauptsache und gab dem Processe seine Bezeichnung. Eben dasselbe ergiebt sich auch aus den Ausdrücken, die ich kurz zuvor angeführt. Das Verzeichniss des Beamten wird *tabulae* genannt bei Cic. p. Cluent. 31, 87 und epist. VIII, 8, 3. Es ist übrigens eine richtige Bemerkung von Geib a. a. O. S. 283, dass, so häufig auch der Ausdruck *recipere reum* ist, doch das Substantivum *receptio* so nicht vorkommt. Die Ausdrücke *nomen deferre* und *recipere* werden jedoch schon vor der Zeit der Schwurgerichte gebraucht, z. B. von Liv. XXXVIII, 56 bei der ausserordentlichen gegen P. Scipios Unterfeldherrn beantragten Untersuchung, sicherlich nicht missbräuchlich. Denn die einzelnen Acte des Processes musste es immer geben. Dagegen die Bemerkung, die sich bei Ascon. p. 19 findet *ut in actis scriptum est*, bezieht sich auf die *acta diurna*, das Tageblatt Roms, nicht auf die *inscriptio*.

[4]) Cic. p. Cluent. 31, 86 *haerebat in tabulis publicis reus et accusator* von einem schwebenden Processe.

Auch der Anklagegrund, wie er in der Anklageschrift enthalten war, musste eingetragen und dadurch gleichsam beglaubigt werden. Denn ein einziger Prätor hatte häufig über mehrere Arten von Verbrechen zu entscheiden. Später im Laufe des Processes kamen noch andere Bemerkungen hinzu: namentlich wissen wir, wurde Freisprechung oder Verurtheilung oder überhaupt Beendigung des Processes eingetragen.[1]

Zwischen nominis delatio und inscriptio konnten mannigfache Verhandlungen stattfinden, an denen auch der Angeklagte Theil nahm. Indessen gesetzliche Vorschriften oder auch nur eine bestimmte Sitte gab es hierüber nicht. In den meisten Fällen trat kein Verzug ein[2]: wenn es bekannt war, dass der Anzuklagende keine gesetzlichen Gründe hatte, sich dem Processe zu entziehen, so erfolgte die inscriptio sogleich, wie es z. B. in den beiden aus Verres' Gerichtsverwaltung in Sicilien angeführten Fällen geschah. Eine Verzögerung trat nur in Bezug auf die Anklagbarkeit dessen ein, gegen den der Ankläger seinen Process richten wollte. War die Anklageschrift richtig aufgesetzt, so gab es für den Prätor keine Möglichkeit, dieselbe zurückzuweisen. Alle Fragen über Anklagbarkeit, welche wir bei der postulatio als möglich erwähnt haben, konnten, wenn postulatio mit nominis delatio zusammenfiel, oder sie bei jener nicht aufgeworfen oder nicht erledigt waren, jetzt zur Sprache kommen. In der Regel hatte der Angeklagte von dem gegen ihn beabsichtigten Processe gehört, sich von der postulatio an vor dem Prätor eingefunden und seine Einwendungen am Anfange gemacht: dann folgte die inscriptio unmittelbar.

Durch diese wurde der Angeklagte *reus*. Dieser vielgebrauchte Ausdruck war ursprünglich dem Civil- und Crimi-

[1]) Cic. epist. VIII, 8, 3 *in tabulas absolutum non retulit, ordinum iudicia perscripsit.*

[2]) Ich spreche von dem Gewöhnlichen; aber der Beamte hatte allerdings auch das Recht, eine Anklage als unbegründet zurückzuweisen. Ein solcher Fall liegt vor bei Cic. epist. VIII, 8, 3. Pausanias wollte M. Servilius in die *litis aestimatio* eines anderen Processes verwickeln. Der Prätor wollte diese Klage als unbegründet nicht annehmen (*recipere*), bis ein *index* auftrat, und durch seine Aussage einen Grund für die Anklage darbot.

nalprocesse gemeinsam; denn beide hatten die gleichen Formen.[1]) Später nach Trennung der beiden Processarten wurde er vorzugsweise von den in einem Criminalprocesse Angeklagten angewendet. Die Nachtheile, welche der reus erleidet, sind doppelter Art. Sie sind erstens in der Sitte begründet und entspringen aus dem Streben, das Mitleid der Richter zu erregen. In älteren Zeiten war bei zweifelhaften Fällen das Volk der höchste Richter über die Bestrafung eines Angeklagten: die Zulassung der Provocation durch den Beamten beruhte auf dem thätigen Mitgefühle desselben.[2]) Dieses Mitgefühl galt es hervorzurufen. Deshalb erschien der Angeklagte, sobald er reus geworden war, in Trauerkleidern, er war sordidatus.[3]) Er trug Bart[4]) und Haupthaar[5]) anders, wechselte sein Kleid,[6]) legte den Schmuck seines Standes ab[7]): kurz, er nahm sich so, wie es die Sitte für Trauernde verlangte. Es gab wenige, die im Gefühle ihrer Schuldlosigkeit oder im Uebermuthe diese äussere Sitte vernachlässigten.[8]) Nicht nur an den Gerichtsterminen zeigten sie sich so, sondern erschienen überhaupt nicht anders öffentlich und benutzten jede Gelegenheit, in solchem Aufzuge mit ihren Freunden und

---

[1]) Man sehe z. B. Cic. de orat. II, 43, 183; Festus p. 273 s. v.

[2]) Daher wird schon bei den ältesten Volksgerichten die Trauerkleidung des Angeklagten erwähnt, und zwar nicht bei ihm allein, sondern auch bei seinen Freunden und Geschlechtsgenossen. Man sehe Liv. II, 61; III, 58; IV, 42; Dionys. II, 45; VII, 54; VIII, 78; Plut. Cam. 36. Auffallend war es, dass bei Manlius Capitolinus' Processe die Verwandten nicht Trauer anlegten, Liv. VI, 20.

[3]) Man sehe z. B. Cic. de orat. II, 47, 195; p. Lig. 11, 32; p. red. in sen. 5, 12; p. Planc. 12, 29; Suet. Vit. 8. Vergl. überhaupt oben S. 125.

[4]) Gell. III, 4.

[5]) Plin. ep. VII, 27, 14.

[6]) Daher der allgemeine Ausdruck *vestem mutare* (vergl. Dio Cass. XXXVIII, 14) und *obsoleta vestis*, Cic. in Verr. I, 58, 152; Val. Max. VI, 4, 4. Man vergl. Fronto epist. III, 18.

[7]) Val. Max. VI, 4, 4. Daher kam ein Knabe, der das Mitleid erregen wollte, ohne bulla vor Gericht, Cic. in Verr. I, 58, 152.

[8]) So that es in alten Zeiten Ap. Claudius (Liv. II, 61), später P. Scipio (Gell. III, 4), P. Rutilius (Val. Max. VI, 4, 4), T. Milo (Plut. Cic. 35).

Verwandten das Mitleid des Volkes und ihrer Richter zu erregen.[1])

Auch rechtliche Nachtheile scheint schon die Versetzung in den Anklagestand mit sich gebracht zu haben. Wir haben indessen davon nur geringe Kunde. Im Jahre 66 v. Chr. war der bekannte L. Catilina aus Afrika, das er nach seiner Prätur verwaltet hatte, zurückgekehrt und alsbald wegen Erpressung verklagt worden. Darüber erzählt Sallust, angeklagt (reus) wegen Erpressung, sei er verhindert worden sich um das Consulat zu bewerben, weil er sich nicht innerhalb der gesetzlichen Zeit hätte melden können.[2]) Wie man auch diese Worte auffassen mag, es ergiebt sich aus ihnen, dass die Criminalanklage ein Hinderniss bei der Meldung gewesen ist. Dies würde ein bedeutender rechtlicher Nachtheil sein. Indessen wir haben noch eine weitere Nachricht über diese Thatsache in der Rede, welche Cicero bei seiner Bewerbung um das Consulat im Jahre 64 v. Chr. gehalten hat. Er sagt dort, sein Mitbewerber Catilina dürfe auf keine Unterstützung durch die Vornehmsten des Staates rechnen, da diese ihm, von dem Consul L. Volcatius Tullus als Beirath zugezogen, nicht einmal erlaubt hätten, sich um das Consulat zu bewerben.[3]) Das Gesetz bestimmte, dass die Bewerber sich innerhalb einer vorgeschriebenen Zeit bei dem Vorsitzenden der Wahlversammlungen zu melden hatten: aus denen, deren Meldung angenommen war, wurde die Liste der Bewerber gebildet. Diese Erklärung giebt Asconius zu der Stelle Ciceros und fügt hinzu, Catilina sei, weil ihm Schwierigkeiten gemacht wurden, von der Bewerbung zurück getreten. Hierbei entsteht nun die Frage, worin die Schwierigkeit bestand, wie Catilina dazu kam, sich trotz der Anklage, welche über ihm schwebte, zu bewerben, und weshalb der Consul die angesehensten Männer

[1]) Umgekehrt von den Freudenbezeigungen, welche bei einer Freisprechung eintraten, spricht Cic. p. Sull. 31, 88.

[2]) Sall. Cat. 18 *Post paulo Catilina, pecuniarum repetundarum reus, prohibitus erat consulatum petere, quod intra legitimos dies profiteri nequiverat.*

[3]) Cic. orat. in tog. cand. p. 89 Orell. *A quibus enim petis (consulatum)? A principibus civitatis, qui tibi cum L. Volcatio cos. in consilio*

des Staates in seinen Beirath wählte, um über die von jenem ungemeldete Bewerbung zu entscheiden. Hätte das Gesetz verordnet, ein reus dürfe sich nicht melden und Catilina wäre

---

*fuissent, ne petendi quidem potestatem esse voluerunt?* Dazu macht Asconius folgende Bemerkung: *Paulo ante diximus Catilinam cum de provincia Africa decederet petiturus consulatum et legati Afri questi de eo in senatu — pervenissent. Professus deinde est Catilina petere se consulatum. L. Volcatius Tullus consul consilium publicum habuit, an rationem Catilinae habere deberet, si peteret consulatum. Nam quaerebatur repetundarum. Catilina ob eam causam destitit a petitione.* Es ist mir unerfindlich, weshalb Drumann (Römische Geschichte V, 393) in diesen Nachrichten einen Widerspruch mit Sallusts Zeugnisse gefunden hat, wodurch er theils Andere, theils Becker Handbuch der Antiquitäten II, 2, 31 irre führte. Er selber irrte in zwei Punkten. Die Worte Ciceros *cum consuli in consilio fuissent* erklärt er, der Consul habe im Senate eine Berathung anstellen lassen: sie beziehen sich aber ihrem Wortlaute nach auf eine Art richterlicher Entscheidung, bei welcher der Consul nach Römischer Sitte seinen Beirath hatte. Zweitens erkennt Drumann nicht, dass der Process gegen Catilina während zweier Jahre geführt, 66 v. Chr. begonnen und 65 mit Freisprechung beendet wurde. Corte zu Sallust a. a. O. hat das Verhältniss richtig erkannt. Es war folgendes: Catilina hatte als Proprätor die Provinz Africa gehabt im Jahre 67: er kam von dort etwa in der Mitte des Jahres 66 nach Rom zurück. Denn Cicero (p. Cael. 4, 10) deutet an, er sei wenigstens während eines Theiles des Jahres nicht in Rom gewesen und Sallust a. a. O. erzählt, er sei von der Zeit der Consulwahlen bis zum Ende des Jahres dort gewesen. Die Consulwahlen machten in jenem Jahre Schwierigkeit. Denn die in ihnen erwählten Consuln P. Autronius Paetus und P. Cornelius Sulla wurden wegen Wahlbestechung verurtheilt, und verloren ihr Amt: es mussten neue Wahlen stattfinden, bei denen Catilina als Bewerber auftrat. Dies geschah etwa im October. Damals waren schon Gesandte aus Africa mit Klagen über Catilina in Rom, sie fanden als Ankläger P. Clodius. Sallust sagt, Catilina sei *reus* gewesen im Jahre 66 und dies wird durch Ascon. p. 89, auch durch Cicero selbst bestätigt. Denn beide sagen, der Consul L. Volcatius, der im Jahre 66 sein Amt führte, habe über Catilinas Bewerbung entschieden. Er hatte nämlich die erneute Wahlversammlung zu leiten und zog bei der Entscheidung über Catilinas Bewerbung die angesehensten Männer des Staates als Beirath zu Hülfe. Dagegen sagt Asconius p. 85, Catilina sei im Jahre 66 v. Chr. von P. Clodius angeklagt worden: er giebt das Jahr an, in dem die Termine gehalten wurden und die Freisprechung erfolgte. Auf diese Weise vereinen sich alle Berichte der Schriftsteller und von einem Widerspruche bleibt nichts übrig.

reus gewesen, so hätte er sich auf keine Weise melden können, oder, hätte er dennoch die Unverschämtheit gehabt, so würde ihn L. Volcatius sofort, ohne einen ausserordentlichen Beirath zu befragen, abgewiesen haben. Es muss eine besondere Bewandtniss mit Catilina gehabt haben, bei der er selbst sich melden konnte, ohne seiner Meinung nach das Gesetz zu verletzen, und der Consul erst nach sorgfältiger Berathung entschied. Ich stelle darüber eine Vermuthung auf, ohne deren Richtigkeit zu behaupten. Catilinas Process kam, wie bezeugt wird, erst im Jahr 65 zur Entscheidung, die Anklage war im Jahr 66 erfolgt: bis zu welchem Punkte der Process bis zum Schlusse des Jahres 66 gedieh und namentlich, an welchem Punkte er sich zur Zeit der Consulwahlen befand, ob erst die postulatio oder nominis delatio oder schon die inscriptio geschehen war, weiss man nicht: selbst die genaue Zeit der Consulwahlen ist unbekannt. Angenommen nun, das alte Gesetz über die Consulwahl oder irgend ein neueres (denn auch ein solches, z. B. von L. Sulla, oder ein anderes über Criminalverbrechen lässt sich denken) bestimmte, ein reus solle nicht zur Bewerbung zugelassen werden und bei Catilina hatte die nominis inscriptio noch nicht stattgefunden, so konnte einerseits dieser sich auf den Wortlaut des Gesetzes stützen, andererseits der Consul, einer strengeren Auslegung folgend, die Meldung ablehnen. Sallust nennt Catilina allerdings reus; aber man braucht seinen Ausdruck nicht in juristisch genauem Sinne zu verstehen. Im Uebrigen giebt er als Grund, weshalb Catilina an seiner Bewerbung gehindert wurde, nur mittelbar seine Anklage, unmittelbar die Abweisung bei der Meldung an. Indessen lassen sich noch andere Möglichkeiten der Erklärung von Catilinas Fall denken: immer wird man dabei zu dem Ergebnisse kommen, dass nach Römischer Auffassung derjenige, welcher wegen eines Criminalverbrechens förmlich in Anklagestand versetzt war, von der Bewerbung um Ehrenämter ausgeschlossen war. Denn was vom Consulate gilt, muss auch von den andern Aemtern gelten: vom Volkstribunate galt es nicht.

Einer solchen Sitte scheint ein Vorgang des Jahres 54 v. Chr., von dem Asconius p. 19 Orell. berichtet, zu widersprеchen. Dieser erzählt von M. Scaurus' Processe, der wegen Erpressung in seiner prätorischen Provinz Sardinien angeklagt wurde. Seine Anklage war erfolgt und die Ankläger hatten eine Frist von 30 Tagen erhalten, benutzten sie jedoch nicht und gaben dafür folgenden Grund an: inzwischen würden die Consulwahlen stattfinden, sie befürchteten, Scaurus möchte mit dem in Sardinien geraubten Gelde das Consulat erkaufen, wie es sein Vater gethan hätte, und dann, ehe das Urtheil über ihn gesprochen werden könnte, das Amt antreten und wieder andere Provinzen ausplündern, ehe er Rechenschaft über seine frühere Verwaltung gäbe.[1]) Dieser Fall fällt ungefähr in gleiche Zeit, wie der Catilinas, es handelt sich um das gleiche Verbrechen der Erpressung: daraus scheint hervorzugehen, dass es keine gesetzliche Bestimmung über die Abweisung von rei bei der Bewerbung um curulische Aemter gab. Eine Vereinigung dieses scheinbaren Widerspruches finde ich nur darin, dass M. Scaurus sich gemeldet hatte, ehe er reus wurde. Die Consulwahlen im J. 54 waren bekanntlich so stürmisch, dass sie nicht zu Stande kamen und die neuen Consuln, erst im 7. Monate des Jahres 53 v. Chr. erwählt, sogleich ihr Amt antraten. Dennoch kann kein Zweifel sein, dass die Meldung der Bewerber zur gewöhnlichen Zeit, d. h. etwa im Monate Juli 54, stattfand: damals wurde die Candidatenliste aufgestellt. Dagegen die Anklage geschah nach dieser Zeit. Der entscheidende Termin, an dem die Verurtheilung erfolgte, war, wie Asconius sagt, a. d. IIII Non. Sept.: die Ankläger hatten mit ihren Beweisen nicht die ihnen gestattete Frist von 30 Tagen gewartet. Nehmen wir an, sie hätten nur die Hälfte derselben benutzt, so gewannen sie Zeit, um den Process in etwa vierzehn Tagen vor dem Eintritte der grossen Römischen Spiele zu beenden.[2]) Hätten sie die volle Frist abgewartet, so wäre

[1]) Asconius' Worte (p. 19) lauten so: *Neque profecti sunt ad inquirendum. Cuius rei hanc causam reddebant, quod interea comitia consularia futura erant: timere ergo se, ne Scaurus ea pecunia, quam ab sociis abstulisset, emeret consulatum et, sicut pater eius fecisset, antequam de eo iudicari posset, magistratum iniret ac rursus ante alias provincias spoliaret quam rationem prioris administrationis redderet.*

[2]) Vergl. oben S. 120.

es ihnen ergangen, wie Verres es in seinem Processe wünschte. Hiernach ist es wahrscheinlich, dass die Meldung zum Consulate vor der Versetzung in den Anklagestand stattfand; das Gesetz bestimmte aber nur, rei sollten sich nicht melden dürfen: dass sie aus der Liste der Bewerber gestrichen werden sollten, verlangte es nicht. Mithin liegt in den Nachrichten über Scaurus' Process kein Widerspruch mit den wohl beglaubigten Zeugnissen über die rechtlichen Nachtheile, welche die rei trafen.[1])

Ein weiterer rechtlicher Nachtheil der in Anklagestand versetzten Personen ergiebt sich aus Aeusserungen Ciceros über Verres als Angeklagten: er bezieht sich auf die Fähigkeit zum Dienste als Geschworener. Damals waren die Senatoren allein Geschworene, dergestalt dass sie, wenn sie ein Amt bekleideten, austraten, nach Beendigung desselben wieder eintraten. Nun spricht Cicero von Verres so, dass man erkennt, er war während seines Processes zwar auf der Liste der Geschworenen, aber er that keinen Dienst, hoffte jedoch nach seiner Freisprechung wieder als Geschworener thätig zu sein.[2]) Daraus darf man schliessen, dass Verres, sobald er reus wurde, bis zur Entscheidung seines Processes aus dem Geschworenendienste austrat, und, was bei ihm geschah, wird überhaupt für alle, die wegen eines Criminalverbrechens in Anklagestand versetzt waren, gelten.[3]) Wann und wie diese gesetzliche Bestimmung getroffen worden ist, wissen wir nicht: vielleicht hat erst das Cornelische Gesetz und dann die darauf folgenden diesen Punkt berührt.

---

[1]) Wie es sich mit Scaurus' Vater verhielt, lässt sich bei der unzureichenden Ueberlieferung nicht sagen. Wahrscheinlich handelte es sich bei demselben um eine Anklage wegen Wahlbestechungen, worauf Cic. Brut. 30; de orat. II, 69 deutet, und bei einer solchen fand ein anderes Verhältniss statt.

[2]) Man s. C. R. II, 2, 106 und 518.

[3]) In den Bruchstücken des Acilischen Gesetzes ist von diesem Punkte natürlich nicht die Rede. Denn zu seiner Zeit gab es Schwurgerichte nur für die Senatoren, diese aber waren vom Geschworenenamte ausgeschlossen. Ueberdem ist in ihm nur von der Aufstellung der Richterliste die Rede und für sie waren auch Angeklagte geeignet: nur der wirkliche Dienst als Geschworene war ihnen versagt.

Der grösste Nachtheil konnte den Angeklagten durch Untersuchungshaft treffen. Seit alter Zeit war es Römisches Recht, dass Angeklagte, mochte ihr Verbrechen ein politisches oder gemeines sein, verhaftet wurden;[1]) denn ihre Strafe war Lebensstrafe, die sonst nicht vollzogen werden konnte. Vielfach vertrat sogar die Untersuchungshaft die Strafe selbst, indem der Beamte den Schuldigen, wenn ihn im Falle der Verurtheilung eine nicht entsprechende Strafe getroffen hätte, im Einverständnisse mit den Volkstribunen, als Vertretern des Volkes, nicht förmlich verurtheilte, sondern als Untersuchungsgefangenen in Haft behielt. Allmälig milderte sich die Strenge der Strafe, insbesondere bei politischen Verbrechen, und Verbannung wurde die höchste Strafe: dann war Untersuchungshaft unnütz.[2]) Bei gemeinen Verbrechen fand keine solche Milderung statt: die derselben unzweifelhaft Schuldigen erlitten Todesstrafe und Untersuchungshaft. Zuweilen wurde selbst bei solchen Verbrechen, die in der Regel nur mit Verbannung geahndet wurden, sobald gemeine Missethat zum Vorschein kam, Verhaftung des Schuldigen vorgenommen. Im Jahre 141 v. Chr. geschah dies bei dem gewesenen Prätor L. Tubulus, der sich bei einem Processe über Meuchelmord hatte bestechen lassen:[3]) man liess ihn zuerst in die Verbannung gehen, als aber bei dem Processe gemeine Verbrechen offenbar wurden, holte man ihn mit Gewalt vor Gericht und setzte ihn in das Gefängniss, in dem er freiwillig starb. Etwas ähnliches war bei Pleminius, P. Scipios Legaten, geschehen.[4]) Dennoch lauteten die Processe beider eigentlich auf Missbrauch der Amtsgewalt, d. h. auf ein politisches Verbrechen.

Die Schwurgerichte verhingen als höchste Strafe Aechtung, bei welcher Untersuchungshaft undenkbar ist. Dennoch war da-

[1]) Man vergl. unsere Darstellung in C. R. I, 2, 155 flgd.

[2]) Nur selten und bei höchster politischer Aufregung war es möglich, dass man einen Angeklagten gefangen setzte und dann nach gefälltem Urtheile in die Verbannung gehen liess. So geschah es bei einigen der gestürzten Zehnmänner, C. R. I. 2, 30.

[3]) S. C. R. I, 2, 157.

[4]) S. C. R. I, 2, 312.

mit dieselbe für den Criminalprocess überhaupt nicht aufgehoben. Denn die Schwurgerichte entschieden nur über zweifelhafte Fälle: wo der Verbrecher geständig oder auf der That ertappt war, verhängte der Beamte selbständig die Strafe und diese Strafe beschränkte sich, dem alten Gesetze gemäss, nicht auf Acchtung. Dass selbst für politische Verbrecher in diesem Falle Hinrichtung erlaubt war, beweist der Process der Catilinarischen Verschworenen: für gemeine Verbrecher würden wir zahlreiche derartige Fälle aufführen können, wenn sie überhaupt geschichtlich überliefert würden. Die Verhaftung des Angeklagten bei der nominis delatio erfolgte also, sobald derselbe sein Verbrechen gestand oder der Beamte entschied, derselbe sei auf der That ertappt. Verwies der Beamte dagegen den Fall an das Schwurgericht, so war die Verhaftung unnütz. In seiner Vertheidigungsrede für Murena schildert Cicero[1]) die Beschäftigung des Prätors, der über Staatsdiebstahl zu richten hatte. Dies Amt, sagt er, ist traurig und schlimm: auf der einen Seite voll von Thränen und Jammer auf der andern voll von Ketten und Angebern. Also Ketten kommen bei den Processen, welche der Prätor über Staatsdiebstahl leitet, vor, d. h. Verhaftung des Angeklagten, ehe die Strafe an ihm vollzogen wird, und zwar drohen die Ankläger mit Ketten: sie verlangen unter Aufführung von Beweisen und Angebern, dass der Prätor den Angeklagten in Ketten wirft. Dies ist keine eigentliche Untersuchungshaft, die schon bei der Versetzung in Anklagestand eintritt, aber auch keine Bestrafung mit Gefängniss, sondern eine dem Römischen Verfahren eigenthümliche, in der Mitte zwischen Strafe und Möglichkeit der Strafe stehende Verhaftung. Noch mehr in den gewöhnlichen Gang des Verfahrens führt uns die Erzählung Ciceros von der Ermordung eines gewissen Asuvius

[1]) Cic. p. Mur. 20, 42 *Quid tua sors? tristis, atrox, quaestio peculatus, ex altera parte lacrimarum et squaloris, ex altera plena catenarum atque indicum.* So haben alle Handschriften. Ich bedaure, dass ich mich in meiner Ausgabe dieser Rede Ciceros durch die früheren Erklärer habe verleiten lassen, den sicher überlieferten Text zu ändern und *tabularum* statt *catenarum* zu schreiben. Ich hatte damals den Römischen Criminalprocess noch nicht untersucht.

aus Larinum.[2]) Die Freunde und Freigelassenen des Ermordeten ermittelten, zuletzt sei in seiner Gesellschaft Avilius gewesen: sie greifen ihn und führen ihn vor den Triumvir Q. Manlius und dieser lässt nach dem Geständnisse des Vorgeführten auch Oppianicus mit Gewalt aus seinem Hause vor Gericht bringen. Den Letzteren entliess der Triumvir wieder; aber dies macht ihm Cicero zum Vorwurfe und behauptet, er sei bestochen worden. Er verlangt, jener hätte gefangen gesetzt und als offenbarer Mörder am Leben bestraft werden sollen. Wenn nicht bei dem Processe eine Haft hätte eintreten können, wäre es unnütz gewesen, Asuvius und Oppianicus mit Gewalt vor Gericht zu bringen: es hätte genügt, sie anzuklagen und erforderlichen Falls die Aechtung gegen sie auszusprechen. So geschah es wirklich bei andern Processen wegen Mord, z. B. bei dem gegen Sex. Roscius, der wegen Vatermord angeklagt war, bei C. Fabricius, der wegen Giftmischerei vor Gericht stand[1]): er ging, nach Ciceros launiger Erzählung während der pathetischen Rede seines Anwaltes von dem Gerichte aus in die Verbannung, mithin hatte gegen ihn, trotz der schweren, von Cicero angeführten Verdachtsgründe, keine Verhaftung stattgefunden.

Die Untersuchungshaft hing also von der Entscheidung des Beamten ab. Im Jahre 59 v. Chr. handelte es sich um einen Mordversuch gegen Pompejus: ein Römischer Ritter L. Vettius sollte an der Spitze desselben stehen. Die Sache kam im Senate zur Sprache und Vettius wurde dort verhört. Er gestand, er habe einen Dolch gehabt, um Pompejus zu tödten. Wegen dieses Geständnisses beschloss der Senat, er solle ins Gefängniss geworfen werden. Denn er hatte, mochte er auch später seine Unschuld betheuern, offen seine Schuld bekannt. Der Senat fügte bei seinem Beschlusse hinzu, wer ihn aus dem Gefängnisse entliesse, würde gegen den Staat handeln. Dies war eine moralische Drohung gegen Volkstribunen, die etwa aus politischer Intrigue Lust bekommen könnten, ihn frei zu lassen. Sie war nicht umsonst; denn der Tribun P. Vatinius

[1]) Cic. p. Cluent. 13, 37. Vergl. C. R. II, 2, 21.

führte Vettius am folgenden Tage in die Volksversammlung[1]: er hätte ihn vielleicht auch in Freiheit gesetzt, wenn er sich nicht vor der dadurch verursachten Aufregung gescheut hätte. Vettius wurde alsbald vor das ordentliche Gericht gestellt: der Prätor M. Crassus führte die Untersuchung de vi nach dem Lutatischen Gesetze, aber sicherlich ohne ein Schwurgericht. Er verurtheilte ihn als geständig. Die Strafe konnte nicht vollzogen werden, da er vorher im Gefängnisse starb.[2] Das Beispiel ist lehrreich: es zeigt, dass Untersuchungshaft von dem Beamten, der wiederum durch einen Senatsbeschluss bestimmt werden konnte, verhängt werden durfte, zugleich aber auch, wie mild man Verbrechen, die mit der Politik zusammenzuhängen schienen, betrachtete. Bei gemeinen Verbrechen war die Verhaftung Angeklagter häufig genug.

Freilich konnte auch bei ihnen Stellung von Bürgen, die schon in alten Zeiten bei Kaeso Quinctius' Processe angewendet worden war, eintreten. Der König Iugurtha liess bei seiner Anwesenheit in Rom seinen Nebenbuhler Massiva mit Hülfe seines Gesandten Bomilcar tödten. Die Sache wurde durch den Meuchelmörder, welchen dieser gedungen hatte, verrathen und kam vor Gericht. Der eigentliche Mörder wurde wahrscheinlich, als geständig oder auf der That ertappt, sogleich am Leben gestraft; aber auch Bomilcar war unzweifelhaft schuldig. Eigentlich gehörte die Sache nicht vor das Römische Gericht. Denn Bomilcar war Gesandter einer fremden Macht. Daher sträubte sich Iugurtha lange gegen dessen Anklage; aber das Aergerniss war zu gross: er musste den Process am Ende 'nach Völkerrecht' zulassen.[3] Bomilcar sollte also als offenbarer Mörder verhaftet werden, aber Iugurtha stellte für ihn funfzig Bürgen (vades). So blieb Bomilcar auf freiem Fusse, liess die Bürgen im Stiche und entfloh nach Numidien. Hier handelte es sich um Todesstrafe.

[1]) Vatinius that es, nicht der Consul Cäsar, wie Drumann II, 235 aus Cic. ad Att. II, 24 nicht richtig folgert: er äussert sich bestimmt in Vat. 10, 24.

[2]) Man sehe besonders die ausführliche Erzählung bei Cic. ad Att. II, 24.

[3]) S. Sall. Iug. 35.

Stand sie nicht in Aussicht, so war auch bei Nichtbürgern Verhaftung unnütz.[1])

Ausser der Aechtung verhängten die Schwurgerichte Ehren- und Geldstrafen. Nur für die Vollziehung der letzteren waren Vorkehrungen nöthig. Denn da zwischen der inscriptio und der Verurtheilung oft ein längerer Zeitraum verfloss, so wäre es dem Angeklagten möglich gewesen, sein Vermögen dem Arme der Gerechtigkeit zu entziehen.[2]) Es muss dem reus in solchem Falle die freie Verfügung über sein Vermögen genommen worden sein. Die Andeutungen, welche sich bei den alten Schriftstellern über diesen Punkt finden, sind spärlich. Wo Cicero von Verres' Kunstdiebstählen in Asien spricht, bemerkt er, er hätte etliche dort geraubte Gemälde und Statuen neulich, als er des Versiegelns halber dorthin gekommen, in Verres' Hause gesehen. Dazu giebt der falsche Asconius die Erklärung, es sei Sitte gewesen, dass der Ankläger das Haus und das Eigenthum des Angeklagten versiegelte, damit nicht die in Gefässen oder Statuen oder Schriften vorhandenen Anzeichen seiner Diebstähle entfernt würden.[3]) Diese Erklärung bringt nichts, was man nicht aus der Stelle Ciceros selber erfahren kann. Von einer weiteren, durch den Anklagestand beschränkten Verfügung über das Eigenthum spricht Cicero demnächst.[4]) Verres, sagt er, habe, seit er seine Hoffnung auf Freisprechung schwinden sah, die meisten der von ihm geraubten

[1]) In dem Capitalprocesse, den Verres in Sicilien gegen Sopater führen liess (Cic. in Verr. II, 28 flgd.), blieb der Angeklagte auf freiem Fusse, wenigstens anfangs.

[2]) Man lasse sich nicht durch die Nachricht Suetons Caes. 42 täuschen. Er sagt: *Cum locupletes eo facilius scelere se obligarent, quod integris patrimoniis exulabant, parricidas, ut Cicero scribit, bonis omnibus, reliquos dimidia parte multavit*, worüber C. R. II, 2, 476 zu vergleichen.

[3]) Cic. in Verr. lib. I, 19, 50 *Quas iste tabulas illinc, quae signa sustulit! quae cognovi egomet apud istum in aedibus nuper, cum obsignandi gratia venissem.* Dazu der falsche Asconius p. 171 *Moris fuit, ut accusator obsignaret domum et clausa omnia eius, quem accusaturus erat, ne qua furtorum indicia aut in vasis aut in signis aut in litteris constituta ab eo removerentur.*

[4]) Cic. in Verr. lib. I, 19, 51 und 52.

Statuen aus seinem Hause fortgebracht. Diese List werde ihm indessen nichts helfen. Denn er, Cicero, werde darüber Verres' Freunde zur Zeugenaussage zwingen und die Richter würden ihn um so eher verurtheilen, wenn sie sähen, dass er nicht gegen den Ankläger, sondern gegen den Quästor und den Käufer seiner gerichtlich versteigerten Güter kämpfe. Also, wenn nach der Verurtheilung Geldstrafe oder Vermögensverlust ausgesprochen wurde, konnte der Quästor diejenigen Güter, welche der Angeklagte vor der Verurtheilung bei Seite gebracht hatte, zurückfordern und auch der etwaige Käufer derselben hatte bestimmte Rechte über dieselben. Schenkungen nach der Versetzung in den Anklagestand konnten nicht gültig sein: selbst das Testament, das sonst bei den Römern die höchste Heiligkeit hatte, war gewissen Beschränkungen unterworfen. Tacitus (Ann. VI, 29) macht unter dem Kaiser Tiberius die Bemerkung, die Testamente der Majestätsverbrecher, die sich vor ihrer Verurtheilung das Leben genommen hätten, seien in Kraft geblieben und dies sei für Viele der Beweggrund gewesen, ihrer Verurtheilung zuvorzukommen. Unter andern Kaisern war dies anders: es bildete sich unter den Kaisern, als man auf strengere Rechtsnormen sah, eine ausführliche Rechtsgewohnheit, die in ihren Grundzügen schon während der Republik bestand. Ich deute hier die Eigenthumsbeschränkungen, welche den reus trafen, nur im Allgemeinen an. Besonderer Gesetze bedurfte es hierzu nicht: in den Bruchstücken des Acilischen Gesetzes findet sich nichts darüber. Da Geldstrafen seit den ältesten Zeiten gebräuchlich waren, musste es schon vor den Schwurgerichten eine Gerichtssitte über die Eintreibung derselben geben, die sich durch das prätorische Recht nach Bedürfniss fortbildete.

## 5. Interrogatio.

Bei den bisherigen Verhandlungen war die Anwesenheit des Angeklagten nicht nöthig, und war er zugegen, so erfuhren diese nur in so fern eine Veränderung, als der Angeklagte aus gesetzlichen Gründen jedes Erscheinen vor Gericht verweigern durfte. Bei den folgenden Verhandlungen muss der Angeklagte zugegen sein: ja bei der zunächst folgenden ist, streng genommen, der Ankläger nicht zur Anwesenheit verpflichtet.

Wenn die Aufnahme des Angeklagten in die Liste der Angeklagten geschehen ist, so muss er zunächst über die gegen ihn erhobene Anklage verhört werden. Zu diesem Zwecke muss er von derselben benachrichtigt werden, damit er sich an der Gerichtsstelle einfinde. Hierbei kommen zwei Fragen in Betracht, erstens, wie diese Benachrichtigung geschieht, und zweitens, innerhalb welcher Frist der Termin zu seinem Erscheinen angesetzt wird. Ueber beide Punkte gab es keine allgemeine gesetzliche Vorschrift: sie hingen von dem Ermessen des Prätors ab, der, wenngleich es für gewisse Fälle eine Sitte geben mochte, doch befugt war, nach den jedesmaligen Umständen seine Entscheidung zu treffen. Glaubte sich der Ankläger oder der Angeklagte durch diese beeinträchtigt, so stand es ihm frei, die Vermittelung der andern Beamten oder der Volkstribunen anzurufen.

Ueber die Art und Weise der Vorladung hören wir nichts: man darf daraus schliessen, dass es keine gesetzlich vorgeschriebene Art gab. Der Beamte wählte jedes Mittel, das ihm gut schien, um den Angeklagten vor Gericht zu bringen, blosse Bekanntmachung, wenn er selbst oder seine Freunde zugegen waren, oder seinen Amtsboten, der denselben nöthigenfalls mit Gewalt zur Stelle schaffen durfte. Betraf der Fall ein gemeines gefährliches Verbrechen, so war der Angeklagte mit Gewalt zur Stelle gebracht, oder es geschah auf Anordnung des Prätors, erforderlichen Falls durch die polizeiliche Hülfe der Triumvirn. War es ein politisches oder Amtsverbrechen und der Angeklagte selbst wohlhabend, so dass das Urtheil jedenfalls vollzogen werden konnte, so genügte die Bekanntmachung oder Benachrichtigung. Deshalb habe ich die Vorladung nicht als einen besonders zu erwähnenden Theil des Processes erachtet. Denn auch die Frist für das Erscheinen des Angeklagten vor Gericht war in ihrer Dauer nicht bestimmt. Im Allgemeinen musste sie kurz sein: der Angeklagte hatte keine Beweismittel zur Stelle zu bringen, sondern nur auf die ihm vorgehaltene Anklage zu antworten. Eine längere Frist lässt sich nur denken, wenn derselbe abwesend war. Wenn er schon bei den früheren Theilen des Processes zugegen gewesen war, bedurfte es sogar keines besonderen Termines für die interrogatio: sie knüpfte sich an die nominis delatio und inscriptio an. Wir haben einige Beispiele, wo diese an sich verschiedenen Acte des Processes zusammenfielen. Ich spreche nicht von den Processen des Jahres 52 v. Chr., in denen nach dem Pompejischen Gesetze ein vielfach abgekürztes Verfahren galt. Aber in den beiden Processen, welche Verres in Sicilien leitete, geschah alles an einem Tage (Cic. in Verr. II, 27 flgd.). In dem ersten Processe wird der Angeklagte von den Anklägern vor Gericht gestellt, die Anklage vorgebracht, angenommen, der Angeklagte läugnet: er erhält seinen Termin zur wirklichen Verhandlung noch an demselben Tage um die 9. Stunde. Bei dem zweiten Processe wird ebenfalls Alles an einem einzigen Tage abgemacht, nur der Termin selbst später anberaumt, damit der Angeklagte, der abwesend ist, erscheinen kann. Von Cicero wird erzählt, es sei bei ihm zwei oder drei Tage vor dem Schlusse seiner Prätur C. Manilius wegen Erpressung angeklagt worden (Plut. Cic. 9): Cicero setzte ihm den Termin zur Verhandlung der Sache auf den folgenden Tag an: folglich waren alle vorbereitenden Acte an einem einzigen Tage abgemacht worden. Diese Fälle waren bei politischen Processen und bedeutenden Persönlichkeiten selten, bei den gewöhnlichen Processen mussten sie häufig sein.[1])

Wir nehmen einen regelmässigen Process an, bei welchem der Angeklagte anwesend ist. Der Beamte hat ihn in Folge der inscriptio vorgeladen, er erscheint und es folgt die interrogatio. Ueber dieselbe hat man in neuerer Zeit nicht richtige Ansichten aufgestellt und Unwesentliches zu ihrem eigenthümlichen Charakter hinzugefügt. Man ging von der Aehnlichkeit mit der im Civilprocesse vorkommenden interrogatio aus und meinte, es hätte bei derselben dem Ankläger freigestanden,

[1]) Man vergl. z. B. die Processe wegen der Bacchanalien, wegen Giftmischerei, wegen Mord. Bei ihnen allen fielen die einzelnen Acte der Zeit nach zusammen.

einzelne bestimmte Fragen aufzuwerfen, um durch deren Beantwortung von Seiten des Angeklagten gleich von vorn herein eine schärfere Feststellung des vorliegenden Falles herbeizuführen und auf diese Weise, sowohl im Interesse der Anklage als der Vertheidigung, wenigstens die Hauptpunkte zu bezeichnen, auf welche sich die späteren Verhandlungen erstrecken würden.[1]) Ein Zeugniss für diese Auffassung der interrogatio giebt es nicht: sie steht mit der Erklärung, welche wir von der nominis delatio gegeben haben, in Widerspruch. Wenn der Ankläger schon bei dieser das Gesetz, nach dem er anklagen wollte, nennen und den Anklagegrund angeben musste, so musste die interrogatio eine andere Bedeutung haben. Die Aehnlichkeit mit dem Civilprocesse ist nicht entscheidend, weil es für die Weiterführung des Criminalprocesses auf besondere ihm eigenthümliche Entscheidungen ankommt. Die Erklärungen, welche sich bei alten Scholiasten finden, sind offenbar ungenügend, wenngleich sie den Weg zur richtigen Auffassung weisen. Der falsche Asconius will den Ausdruck *reum facere* erklären. Dieser, sagt er, bedeute dasselbe wie *legibus interrogare*. Denn wenn man an die Gerichtsstätte gekommen, sprach der Ankläger vor dem Prätor: ich behaupte, du hast die Sicilier geplündert. Wenn er schwieg, erfolgte die Verurtheilung: wenn er läugnete, erbat man von dem Beamten einen Termin und die Anklage begann.[2]) In dieser Erklärung ist die Formel, welche dem Ankläger in den Mund gelegt wird, falsch[3]); die Behauptung, dass Stillschweigen als Geständniss gegolten habe, werden wir

---

[1]) Dies ist die Ansicht von Geib Römischer Criminalprocess S. 272, die freilich mit seiner weiteren Meinung, dass auch derjenige Angeklagte, der sich für schuldig erklärte, zu fernerer Untersuchung gezogen wurde, zusammenhängt. Aber auch ohne diese zweite Meinung anzunehmen, hält Rudorff Rechtsgeschichte II. 428 jene Erklärung fest.

[2]) Pseudo-Ascon. ad Cic. in Verr. Act. I, 2, 5 *Quid est reum fieri nisi apud praetorem legibus interrogari? Cum enim in ius ventum esset, dicebat accusator apud praetorem reo: aio te Siculos spoliasse. Si tacuisset, lis ei aestimabatur ut victo: si negasset, petebatur a magistratu dies inquirendorum eius criminum et instituebatur accusatio.*

[3]) S. oben S. 150.

später erwägen; aber richtig ist die interrogatio als Ausgangspunkt für den eigentlichen Process aufgefasst und derselbe von dem Eingeständnisse oder Läugnen abhängig gemacht, wobei freilich ein dritter Fall, der möglich war, übergangen wird. Viel verkehrter ist die Erklärung eines andern Ciceronischen Scholiasten.[1]) Zwar liegt ebenfalls der richtige Gedanke zu Grunde, dass der Beginn der eigentlichen Anklage von der interrogatio abhängt; aber sie soll darin bestehen, dass der Ankläger fragt, ob der Angeklagte Alles nach den Vorschriften der Gesetze gethan habe. Dies ist widersinnig: nicht um Alles und nicht um Gesetze, sondern um eine bestimmte Handlung und um ein bestimmtes Gesetz handelt es sich. Der Scholiast hat sich durch den Ausdruck legibus interrogare täuschen lassen.

Wie nämlich die Ausdrücke postulare und nomen deferre, die eigentlich einzelne bestimmte Acte bei der Einleitung der Anklage bezeichnen, in die allgemeine Bedeutung anklagen übergegangen sind, so war es auch bei dem Worte interrogare der Fall. Will man anklagen überhaupt bezeichnen, ohne ein bestimmtes Verbrechen anzugeben, so sagt man: nach den Gesetzen jemanden fragen (legibus interrogare), d. h. nicht nach allen Gesetzen zusammen, sondern nach dem einen oder dem andern.[2]) Dagegen spricht man von einer bestimmten Anklage jemandes, so nennt man das bestimmte Gesetz, nach welchem die Anklage stattfindet.[3]) Daraus ent-

---

[1]) Schol. Bob. p. 342 *Interrogationis autem non una species erat, sed varia, ut alia significaret accusationis denuntiationem, qualis illa praescriptio est orationis eius, qua usus fuit in eum P. Clodius, cum legibus interrogasset. Legibus autem sic interrogabatur inquirente accusatore, an omnia secundum legum praescripta gesserit is, cui crimen intendebatur.* Es folgt dann die Erwähnung von zwei andern Arten der *interrogatio*, nämlich die *interrogatio testium*, und die dritte Art, um die es sich bei der Rede *de aere alieno Milonis* handelte.

[2]) So lässt Liv. XXXVIII, 50 P. Scipios Gegner bei dessen Processe sprechen *Neminem unum civem tantum eminere debere, ut legibus interrogari non possit.* Aehnlich ist der Ausdruck bei Pseudo-Ascon. p. 206 zu verstehen.

[3]) So Sall. Cat. 18 *designati consules legibus ambitus interrogati poenas dederant*; Ibid. 31 *Catilina — lege Plautia interrogatus erat ab L.*

sprang der Gebrauch der späteren Zeit, interrogare allein, ohne den Zusatz lege, für anklagen, zu sagen.[6]) Man kann demnach jemanden in einem einzelnen Processe nicht nach mehreren Gesetzen fragen, sondern nur nach einem einzigen, nämlich nach demjenigen, gegen welches der Angeklagte sich vergangen hat und nach welchem der Process stattfindet. 'Nach dem Plautischen Gesetze jemand fragen' heisst nach der vom Plautischen Gesetze gegebenen Begriffsbestimmung über ein Verbrechen eine Frage an jemand richten. Jenes Gesetz verbietet Beamten Gewaltthätigkeit: es erlaubt sie deshalb vor Gericht zu ziehen. Im Civilprocesse wird nie lege oder legibus interrogare gesagt.

Ueber den Inhalt der Frage, welche an den Angeklagten gerichtet wurde, haben wir keine genaue Auskunft: man kann nur, was der falsche Asconius sagt, benutzen. Der Inhalt der Frage ergiebt sich aber aus dem Charakter des Criminalprocesses. Derselbe war in Folge des Valerischen Provocationsgesetzes seit dem Beginne der Republik ein anderer, wenn der Angeklagte gestand als wenn er nicht gestand. In jenem Falle bedurfte es keines gerichtlichen Urtheils, in diesem konnte die Herbeiführung eines solchen nothwendig sein. Die Schwurgerichte hatten darin nichts geändert: sie konnten nur eintreten, wenn der Angeklagte läugnete. Immer kam es also zunächst darauf an, wirklich festzustellen, ob der Angeklagte sich für schuldig erklärte oder nicht: eine Frage, die vor dem Beginne des gerichtlichen Verfahrens an den Angeklagten gerichtet worden sein soll, kann sich nur auf diesen Punkt bezogen haben. Nach zwei der früher angeführten Stellen[7]) könnte es scheinen, als ob der Ankläger diese Frage

---

*Paulo*; Vellei. II, 13 *P. Rutilium — interrogatum lege repetundarum — damnaverant;* Cic. de dom. 10 *Quis me unquam ulla lege interrogavit? quis postulavit? quis diem dixit,* wo nicht die Reihenfolge des gerichtlichen Verfahrens angegeben wird: *diem dixit* scheint auf eine Anklage vor dem Volke zu gehen.

[6]) So Tac. Ann. VI, 21 *repetundarum — interrogant;* 14, 46 *damnatus — repetundarum Bithynis interrogantibus;* XIII, 14 *ne cuius facti — interrogaretur.*

[7]) Nämlich nach Sall. Cat. 31; Tac. Ann. XIV, 46. Indessen an

an den Angeklagten gerichtet habe. Indessen ist dies nicht glaublich. Denn sonst wäre eine schriftliche Anklage mit Angabe der Klagepunkte unnütz gewesen: es hätte genügt, wenn beide Parteien vor dem Richter erschienen wären und der Ankläger dort seine Frage an den Angeklagten gestellt hätte. Wir haben ein Beispiel einer solchen gerichtlichen Frage in einem Criminalprocesse aus der Zeit des Kaisers Augustus, das man unbedenklich auf die republikanische Zeit übertragen kann. Sueton führt einen Fall von der grossen Milde, mit welcher der Kaiser Recht zu sprechen pflegte, an.[1]) Es war jemand wegen Vatermordes angeklagt und die That durch die vorhergegangenen polizeilichen Untersuchungen offenbar. Gestand er seine That ein, so musste nach altem Herkommen die Todesstrafe an ihm durch Säcken vollzogen werden. Aber der Kaiser wollte diese Grausamkeit in der Hinrichtung vermeiden: er fragte also den Angeklagten so: Sicherlich hast du deinen Vater nicht getödtet. Er gab durch diese Form der Frage dem Angeklagten den Wunsch zu erkennen, er möchte die That läugnen, was er sonst, durch die Majestät des Kaisers erschreckt, vielleicht nicht gethan hätte. Diese Erzählung ist unverständlich, wenn man unter der Frage etwas anderes versteht, als die feierliche, an den Angeklagten gerichtete Frage über schuldig oder nicht schuldig: darnach kann kein Zweifel sein, dass der Beamte die Frage stellte und der Inhalt betraf die Schuld oder Unschuld. Der Beamte hatte die schriftliche Anklage, die wiederum nach den Worten des betreffenden Gesetzes abgefasst war. Er fragte also mit den Worten der Anklageschrift, ob der Angeklagte sich schuldig

der ersten Stelle, wo ohne Zweifel L. Paulus als Ankläger genannt wird, kann doch auch dieser als der entferntere Urheber der Frage bezeichnet werden und bei Tacitus hat *interrogare* die Bedeutung von anklagen überhaupt. Denn wenn man auch glauben wollte, der Ankläger habe die Frage gestellt, so fragten dennoch nicht die Bithynier selbst, sondern ihr Anwalt.

[1]) Suet. Aug. 33 *Dixit autem ius non diligentia modo summa, sed et lenitate. Siquidem manifesti parricidii reum, ne culleo insueretur, quod nonnisi confessi afficiuntur hac poena, ita fertur interrogasse: certe patrem tuum non occidisti.* Vergl. C. H. II. 2, 54.

bekenne, die in derselben angegebenen Handlungen begangen zu haben, also z. B. bei der oben angeführten Anklage nach dem Plautischen Gesetze, ob er höher gelegene Orte besetzt hätte und bewaffnet gewesen wäre und damit gegen das Plautische Gesetz verbrochen hätte.[1]) Wie der Kaiser Augustus jenen Vatermörder eigentlich hätte fragen sollen, weiss man nicht: nach Suetons Worten scheint es, als ob die Frage lauten musste: Hast du deinen Vater getödtet? Aber sehr leicht konnte auch der Kaiser, um seinen Wunsch nach verneinender Antwort deutlich hervortreten zu lassen, sich eine grössere Abweichung von dem Herkömmlichen erlauben. Ich glaube, dass sich schon in der Frage eine bestimmte Beziehung auf das Bejahen oder Verneinen des Angeklagten zeigte und benutze die in den Worten des falschen Asconius liegende Andeutung. Wahrscheinlich war die Frage *Aisne te* und es folgten dann die Anklagegründe; aber die Formel war, wie Augustus' Beispiel beweist, nicht nothwendiger Weise geboten und eine Abänderung derselben ohne Einfluss auf den Process. Die Antwort lautete entweder *aio* oder *nego*. Der Scholiast bemerkt, wenn der Angeklagte schwieg, hätte dies als Eingeständniss gegolten. Dieser Grundsatz ist sehr möglich. Denn im Allgemeinen wurden diejenigen, welche eingestanden, eben so behandelt, wie diejenigen, welche als offenbar galten, so dass ein Geständniss keinen Unterschied machte.[2]) Ja in dem Wesen der Provocation lag es, dass der Angeklagte seine Unschuld betheuerte, die Hülfe seiner Mitbürger

---

[1]) Dieser letztere Zusatz war nöthig, um vorkommenden Falles ein vollständig genügendes Geständniss vom Angeklagten zu erhalten. Derselbe konnte nämlich die in der Frage enthaltenen Thatsachen als richtig anerkennen, aber dennoch läugnen, dass er damit gegen das Plautische Gesetz verstossen habe. Dann bejahte er die Frage nicht und legte kein Geständniss ab.

[2]) Es lässt sich noch Anderes dafür anführen, dass Stillschweigen statt Geständniss gegolten habe. Donat zu Terent. Eunuch. II, 2. 23 macht die Bemerkung *Taciturnitas confessionis genus est, praesertim contra adversarii interrogationem*, worin zwar keine Rechtsregel, aber doch eine, vielleicht vom Rechte abgeleitete, Ansicht des gewöhnlichen Lebens ausgesprochen wird. Unbestimmt spricht auch Paulus in fr. 142 Dig. de reg. iur. (L. 17) *Qui tacet, non utique fatetur, sed tamen verum est eum non*

anrief und deren Mitleid erregte. Das Wesentliche ist nur, ob er läugnet oder nicht.

## 6. *Diei dictio* und *inquisitio.*

Bei der interrogatio sind zwei Fälle möglich. Der erste ist, dass der Angeklagte die ihm vom Prätor vorgelegte Frage bejaht, sich also für schuldig erklärt. Dann bedarf es weder eines gerichtlichen Urtheils, das in früherer Zeit durch die Entscheidung der Volksversammlung, später durch den Wahrspruch der Geschworenen herbeigeführt wird, noch des die Stelle desselben vertretenden Ausspruches des Prätors. Es kommt nur auf die Bestimmung der Strafe an, bei der allerdings noch mannigfache Verhandlungen stattfinden können. Also das weitere Verfahren in iure, ferner das ganze Verfahren in iudicio fällt fort: es bleibt nur nöthigen Falls das an das Verfahren in iudicio sich anschliessende zweite Verfahren in iure übrig, namentlich wenn es sich um die Auferlegung einer Geldstrafe handelt. Der Beweis für den Fortfall des Verfahrens in iudicio bei dem Geständnisse des Angeklagten liegt theils in der Natur der Sache, weil jede weitere Verhandlung unnütz ist und von einer Entscheidung des Volkes oder der Geschworenen nicht die Rede sein kann, wenn denselben nur die Verurtheilung gestattet ist, theils in der Geschichte des Römischen Criminalrechtes. Schon das erste Provocationsgesetz hatte beim Geständnisse des Angeklagten dem Beamten alle Macht der Bestrafung gelassen, und die Schwurgerichte hatten sich nur auf die zweifelhaften Fälle über Schuld und Unschuld bezogen.[1] Beispiele, bei

*negare.* Aber eine beinahe entscheidende Analogie bietet Gai. II, 24, der von der *cessio in iure* erzählt: *deinde postquam hic (cui res in iure ceditur) vindicaverit, praetor interrogat eum, qui cedit, an contra vindicet, quo negante aut tacente, tunc ei, qui vindicaverit, eam rem addicit.* Auch hier gilt Schweigen als Einwilligung.

[1]) Ich würde es für unnütz halten, eine an sich unzweifelhafte Frage weiter zu erwähnen, wenn nicht unbegreiflicher Weise in neuerer Zeit von Rechtsgelehrten die Behauptung aufgestellt worden wäre, auch beim Eingeständnisse des Angeklagten hätte ein gerichtliches Verfahren und

denen man nachweisen könnte, dass der Beamte an dem geständigen Angeklagten ohne weiteres gerichtliches Urtheil die

---

namentlich das Schwurgericht stattgefunden, und diese Behauptung dann wiederum von Rechtsgelehrten trotz ihrer Widerlegung festgehalten worden wäre. Geib, Römischer Criminalprocess S. 274, sagt, die Hauptstelle, aus der eine sofortige Bestrafung eines geständigen Angeklagten ohne weitere gerichtliche Verhandlungen folge, sei die S. 173 angeführte des falschen Asconius. Die *litis aestimatio*, von der dieser als unmittelbar auf das Geständniss folgend spreche, hätte mit der Verurtheilung in die gesetzliche Strafe nichts gemein: sie sei ein Gegensatz zu dieser und eine Eigenthümlichkeit des *crimen repetundarum*: sie solle die civilrechtlichen Ansprüche des Beschädigten geltend machen und es könnten bei ihr nur die Regeln des civilrechtlichen Verfahrens gelten, bei diesem aber mache das Geständniss des Angeklagten weiteren Verhandlungen ein Ende. Diese Ansicht von der *litis aestimatio* ist, wie wir später zeigen werden, unrichtig: sie folgte immer auf eine criminalgerichtliche Verurtheilung und wenn der Scholiast von jener spricht, setzt er diese als selbstverständlich voraus. Sie findet sich überdem nicht bei dem Erpressungsprocesse allein. Wenn Geib die Glaubwürdigkeit von Asconius läugnet, so ist dies sicherlich zuzugeben. Indessen dass in seinen Worten an jener Stelle dennoch viel Wahres liegt, haben wir erwiesen: in Betreff der Wirkungen des Geständnisses stützen wir uns aber auf ganz andere Gründe als auf die immerhin unsichere Bemerkung eines unbekannten Scholiasten. Zweitens sucht Geib die Schlüsse, die man aus dem Verfahren gegen die Catilinarischen Verschworenen zog, zu entkräften: dies, sagt er, sei ein ausserordentliches gewesen. Gegen Empörer und erklärte Feinde des Vaterlandes hätte man die Gesetze nicht zu beachten gehabt. Diese letztere Aeusserung ist sehr unjuristisch und verstösst gegen alle Staatsordnung. Ueber den Process der Catilinarischen Verschworenen selbst habe ich C. R. I, 2, 397 gehandelt. Wenn die Glaubwürdigkeit der Declamatoren, welche künstliche Rechtsfälle ersinnen, von Geib verdächtigt wird, so mag das bei diesen selbst erlaubt sein: indessen den Rechtsgrundsatz, dass an einem Geständigen die Strafe vollzogen wird, sprechen sie allgemein als gültig aus, Griechische Sitte erwähnen sie dabei nicht, müssen also an Römische denken. So sucht Geib die Gründe derjenigen, welche beim Geständnisse ein gerichtliches Verfahren für unnütz erachten, zu entkräften. Um ausserdem Beweise für das Fortsetzen des Processes auch bei einem Eingeständnisse anzuführen, missbraucht er Aeusserungen von Schriftstellern, wie Ciceros in Verr. I, 9, 25 *aliter* (d. h. *sine accusatione*) *condemnari reus, quamvis sit nocens, non potest*, und App. bell. civ. III, 50, wo es heisst, das Gesetz verlange, dass der vor Gericht Gestellte selbst die Anklage höre und erst, wenn er sich vertheidigt habe, abgeurtheilt werde, Aeusserungen, bei denen die Schriftsteller, eben weil sie

Strafe vollzog, giebt es zwar aus früherer Zeit[1]); aber die Schwurgerichte hatten an dieser Befugniss nichts geändert. Im Civilprocesse machte bekanntlich das Geständniss jedes

vollständige Processe aufführen wollten, nicht an geständige Angeklagte dachten. Ferner führt Geib Fälle an, wo der Angeklagte zwar die Thatsache eingestand, aber seine Strafbarkeit läugnete. Dahin gehören diejenigen Stellen, die aus Ciceros Verrinen angeführt werden: Cicero sagt häufig, Verres müsse diese oder jene Thatsache als richtig zugeben oder habe sie angegeben und nennt dies *fateri, confessio*, z. B. I, 5, 12; III, 95, 221; IV, 47, 104; V, 64, 166. Aber dass dies kein Eingeständniss seiner Schuld war, leuchtet ein: Verres behauptete trotzdem recht gehandelt zu haben. Wenn Cicero p. Lig. 1 sagt, Ligarius gestände ein, gegen Cäsar die Waffen geführt zu haben, so meint er, nicht aus rechtlichen, sondern aus politischen Gründen müsse ihm dennoch verziehen werden. Bei Val. Max. VIII, 1, 2 ist von keinem Geständnisse die Rede, an andern Stellen, auf die Geib sich stützt, von einem Eingeständnisse der Thatsache, bei dem man dennoch die Strafbarkeit läugnet. Entscheidendes Gewicht legt Geib auf die Form der Vertheidigung, die von den Rhetoren *deprecatio* genannt wird. Sie wird von Cic. de invent. I, 11, 15 so definirt *Deprecatio est, cum et peccasse et consulto peccasse reus se confitetur et tamen, ut ignoscatur postulat, quod genus perraro potest accidere.* Es handelt sich also bei ihr wieder um Fälle, wo der Angeklagte seine Strafbarkeit läugnet: sie gehört eigentlich nicht vor die Gerichte. Dies sagt der auctor ad Her. I, 14, 24: *Hoc (deprecatio) in iudicio non fere potest usu venire, nisi quando pro eo dicimus, cuius multa recte facta extant*, noch deutlicher gleich darauf *Ergo in iudicium non venit, at in senatum aut ante imperatorem et in consilium talis causa potest venire;* ebenso Quintil. V, 13, 5 *Deprecatio quidem, quae est sine ulla specie defensionis, rara admodum et apud eos solos iudices, qui nulla certa pronuntiandi forma tenentur — Quodsi quando apud principem aliumve, cui utrum velit liceat, dicendum erit* u. s. w., und VII, 4, 18 *In senatu vero et apud populum et apud principem et ubicunque iuris clementia est, habet locum deprecatio.* Also *deprecatio* ist Bitten um Gnade; nur vor denen findet dies statt, die mit dem Rechte der Bestrafung auch das der Begnadigung verbinden. Es ist ungehörig, daraus auf den regelmässigen Gang eines Criminalprocesses einen Schluss machen zu wollen. — Diese Ansicht Geibs, so sehr sie auf einer Vermischung verschiedener juristischer Begriffe beruht und eine rechtliche Unmöglichkeit annimmt, ist dennoch jetzt die herrschende. Man sehe z. B. Rein in Paulys Realencyclopädie IV, 215, Rudorff Römische Rechtsgeschichte II, 437. Die richtige Auffassung fand sich bei C. T. Zumpt *de legibus iudiciisque repetund.* p. 44.

[1]) Man sehe C. R. I, 2, 176.

weitere Verfahren unnütz: auch für den Criminalprocess wird eben derselbe Grundsatz als allgemein gültig bei den Declamatoren der Kaiserzeit ausgesprochen, die darauf ihre künstlichen Rechtsfälle bauten.[1]) Einer dieser Fälle (bei Quint. decl. 314), obwohl allzu künstlich ersonnen, ist doch interessant, weil er zur Beantwortung einer weitern auf das Geständniss des Angeklagten bezüglichen Frage führt. Ein Vatermörder war mit Stimmengleichheit freigesprochen worden: später verfällt er in Wahnsinn, gesteht sein Verbrechen ein und wird als geständig bestraft. Der Fall ist nach republikanischem Rechte vielleicht unmöglich. Denn Niemand darf zweimal wegen einer und derselben That vor einen und denselben Gerichtshof gestellt werden. Aber es entsteht die Frage, welchen Einfluss ein später im Laufe des Processes gemachtes Geständniss hat. Wir kennen ein solches Beispiel aus der Zeit des Kaisers Trajan. Plinius, als Ankläger, erzählt[2]), ein ehemaliger Proconsul Africas, Marius Priscus, habe, angeklagt wegen Erpressung in seiner Provinz, seine Vertheidigung aufgegeben und um die Bestimmung seiner Strafe gebeten. Er war also angeklagt worden, hatte bei der interrogatio seine Schuld geläugnet; aber nach der Rede des Anklägers, ohne die Vertheidigung zu versuchen, ein Geständniss abgelegt. In Folge davon hörte das weitere Verfahren in iudicio auf, ein Urtheil war nicht nöthig, die Verurtheilung wurde von dem Beamten, welcher den Vorsitz im Senat führte, ausgesprochen, es handelte sich nur noch um die Bestimmung des Strafmasses, bei der sich allerdings neue Schwierigkeiten ergaben.[3])

---

[1]) Quintil. decl. 314 *Magistratus de confesso sumat supplicium.* Es handelt sich um Vatermord und dann um die Frage, ob ein im Wahnsinne abgelegtes Geständniss gültig sei. Aehnlich ist der Fall bei Senec. controv. VIII, 1, wo es sich ebenfalls um den Begriff der *confessio* handelt, aber kein Zweifel geäussert wird, dass ein wirkliches Geständniss zur Hinrichtung genügt.

[2]) Plin. epist. II, 11, 2 *Marius Priscus accusantibus Afris, quibus proconsul praefuit, omissa defensione iudices petiit.*

[3]) Dass die Verurtheilung und der aus ihr hervorgehende Verlust des senatorischen Ranges (vergl. C. R. II, 2, 340) ohne einen weiteren Senatsbeschluss eingetreten war, sowie die Bedeutung des Ausdruckes *iudices petere* ergiebt sich aus Plinius' genauer Erzählung.

Das Verfahren fand damals im Senate statt und hatte gegen früher einige Abänderungen erlitten; dennoch musste auch in republikanischer Zeit ein während der gerichtlichen Untersuchung selbst abgelegtes Geständniss die gleiche Wirkung haben. Sobald es eintrat, hörte die weitere Verhandlung auf und der Beamte sprach das Urtheil. Aber das Geständniss musste vollständig sein und nicht blos auf die Thatsache, sondern auch auf die Schuld gehen. Selbst in diesem Falle unterlag es noch der Beurtheilung des Beamten, ob es mit den sonstigen Umständen übereinstimmte und nicht erheuchelt sei. Es lässt sich denken, dass über diese Zuverlässigkeit des Geständnisses mannigfache Verhandlungen stattfanden.[1])

Indessen zu einem Geständnisse des Angeklagten kam es bei den Römern selten. Dies lag an dem Grundsatze ihres Rechtes, das in seiner Scheu vor der Unsicherheit des menschlichen Urtheiles bei den durch gerichtliches Urtheil für schuldig erklärten Verbrechern geringere Strafen festsetzte. Läugnete also der Angeklagte bei der interrogatio seine Schuld, so waren drei Fälle möglich. Der erste war, dass er den Beamten von seiner Schuldlosigkeit überzeugte. Er konnte sogleich Beweise für seine Schuldlosigkeit anführen, indem er entweder die Unrichtigkeit der Thatsache darthat oder zeigte, dass er trotz der Richtigkeit derselben dennoch nicht gegen das Gesetz verbrochen habe. In diesem Falle hatte der Beamte die Gewalt, die Anklage zurückzuweisen und den Namen des Angeklagten aus der Anklageliste zu streichen. Da die Gewalt der collegialischen Beamten und der Volkstribunen nur auf das Verhindern, nicht auf das Gebieten ging, war es unmöglich, den Beamten zur Aufnahme einer gerichtlichen Unter-

---

[1]) Also z. B. das Geständniss der Catilinarischen Verschworenen war nicht ein solches, dass deshalb an sich die Strafe hätte vollzogen werden können: es kam dazu, dass ihr Verbrechen nach allen begleitenden Umständen offenbar war. Aehnlich verhielt es sich mit dem Geständnisse von L. Vettius, s. oben S. 168. Bei Tacitus Ann. XIII, 44 wird ein Fall erzählt, wo ein vornehmer Senator seine Frau tödtete und sein Freigelassener freiwillig die Schuld auf sich nahm. Hier kam bei der Voruntersuchung der wahre Thäter heraus, der indessen dennoch läugnete.

suchung, die er abzulehnen entschlossen war, zu zwingen. Ein hierher gehöriges Beispiel kennen wir aus der alten Zeit, das des Volscius Fictor, der die Klage über die Ermordung seines Bruders bei den Consuln zweier Jahre nicht hatte anbringen können.[1]) Aber es lassen sich viele ähnliche Fälle denken. Z. B. der spätere Dictator Cäsar soll, als er Untersuchungsrichter über Mord war, auch diejenigen als Mörder angesehen haben, welche Geächtete getödtet hatten.[2]) Dies konnte schon bei den früheren einleitenden Handlungen des Processes geschehen, aber sicherlich auch bei der interrogatio, wenn der Angeklagte hier zuerst erschien, wenn er auf die Frage des Beamten zwar die Thatsache der Ermordung zugab, aber seine Straflosigkeit behauptete. Dem Ankläger blieb in einem solchen Falle nichts übrig, als die Consuln zur ausserordentlichen Untersuchung zu bewegen, oder die Volkstribunen zu einem Volksgerichte zu veranlassen, oder endlich bis zu einem folgenden Jahre zu warten, dessen Prätoren vielleicht anderer Ansicht sein mochten.

Der zweite Fall war, dass dem Beamten die Schuld des Angeklagten, trotzdem dass derselbe läugnete, unzweifelhaft erschien, dass er annahm, er sei ein offenbarer Verbrecher (manifestus), sei auf der That ertappt. Der Begriff des manifestus ist uralt: er schreibt sich wenigstens seit der Gründung der Republik her, als P. Valerius durch sein Provocationsgesetz die Entscheidung des Volkes über zweifelhafte Fälle einführte.[3]) Wissenschaftlich begründet oder juristisch zur Nachachtung der Beamten festgestellt wurde derselbe nicht. Für Criminalverbrechen scheint das Hauptmerkmal, ob sie offenbar wären, in der öffentlichen Stimme gelegen zu haben: derjenige, von dessen Schuld Jedermann überzeugt war, galt als 'offenbar.' In diesem Falle entschied der Beamte ebenfalls selbstständig, ohne gerichtliche Untersuchung, ohne gerichtliches Urtheil, ohne Geschworene. Gegen Missbrauch der Amtsgewalt schützte der Einspruch der andern Beamten und der Volks-

---

[1]) Liv. III, 13.
[2]) S. C. R. II, 2, 144.
[3]) Vergl. C. R. I, 1, 166 und I, 2, 168.

tribunen, deren Hülfe Jedermann anrufen durfte. Es war im Grunde kein allzu bedeutender Unterschied zwischen dieser Entscheidung des Beamten, der einen Beirath aus eben den Classen der Bürgerschaft hatte, welche die Schwurgerichte besetzten, und der wirklichen richterlichen Untersuchung mit dem Wahrspruche der Geschworenen. Auch jene konnte sich auf Beweise und Zeugen gründen, mehrere Tage in Anspruch nehmen und die Beredsamkeit von Anwälten hervorrufen. Natürlich war, dass der Beamte, seit es Schwurgerichte gab, häufiger seine eigene Entscheidung zurückhielt, schon um seine Verantwortlichkeit zu erleichtern. Dennoch wurde sicherlich die grosse Menge der Processe über gemeine Verbrechen auf diese Weise zu Ende gebracht. Jener Vatermörder, den der Kaiser Augustus so gnädig behandelte,[1]) kam nicht vor das Schwurgericht: er wurde als manifestus bestraft. Auch L. Vettius, der jenen Mordversuch auf Pompejus gemacht,[2]) wurde nicht vor die Geschworenen gestellt; sonst wäre er nicht im Gefängnisse geblieben. Er hatte die Thatsache eingestanden, aber dennoch sich nicht für schuldig erklärt: er führte vielmehr Entschuldigungsgründe an, um deren halber er als Staatszeuge vom Senate Begnadigung und Belohnung verlangte. Der Prätor Crassus verurtheilte ihn als 'offenbar' schuldig. Auch bei politischen Verbrechen hat ab und zu diese Beamtengerichtsbarkeit stattgefunden: das berühmteste Beispiel ist das der Catilinarier.

Der dritte Fall endlich war, dass der Beamte die Entscheidung über Schuld oder Unschuld des Angeklagten für zweifelhaft erklärte. Dann erfolgte in älteren Zeiten das Urtheil des Volksgerichtes, seit den Schwurgerichten kam der Process vor diese. Der Ankläger erklärte, er wolle seine Anklage beweisen: dazu gehörte Zeit und Vollmacht. Die Bestimmung der Zeit, welche zur Herbeischaffung der Beweise, zur Untersuchung *(inquisitio)*[3]) nöthig war, also die Ansetzung

[1]) S. oben S. 176.

[2]) S. oben S. 168.

[3]) Denn dies ist dafür der eigentliche Ausdruck. Cic. in Verr. II, 4, 11 *Ecquem existimatis unquam ulla in provincia reum absentem contra*

des Termines zur weiteren Verhandlung hing von dem vorsitzenden Beamten ab: er folgte dabei der Zweckmässigkeit. Der 10. Tag wird als der gewöhnliche oder vielmehr als der nächst mögliche genannt;[1]) der 30. wurde in einem Processe über Erpressung in der Provinz Sardinien angesetzt (Ascon. in Scaur. p. 19), aber auch in andern Processen (Cic. in Vat. 14, 33; Serv. ad Virg. Aen. IV, 431). In Verres' Processe erhielt Cicero seinen Termin bekanntlich nach 110 Tagen (Cic. in Verr. I, 2; II, 1), nach 108 Tagen jener angebliche Ankläger, den Verres vor seinem Processe einschob. Noch längere Fristen mussten, wenn es sich um die entfernteren Provinzen handelte, gestellt werden. Indessen die Entscheidung hing durchaus von dem Ermessen des Beamten ab, und als Cicero in seiner Prätur einem Angeklagten, der in den drei letzten Tagen seines Amtes vorgefordert wurde, den Termin am folgenden Tage ansetzte, wurde nur seine Unbilligkeit getadelt, seine Befugniss nicht bestritten.[2]) Verres hatte in Sicilien in einem Processe den Termin an demselben Tage, wo die Anklage einlief, aber um die neunte Stunde (Cic. in Verr. II, 38, 92), in einem andern, der gegen einen Abwesenden gerichtet war, ungefähr nach 30 Tagen angesetzt (ibid. 39, 96). Es kam auf die Schwierigkeit, die Beweise zu sammeln, auf die Anwesenheit des Angeklagten, auf dessen und des Anklägers Wunsch, endlich auf die andern, vor eben demselben Gerichtshofe schwebenden Processe an.

Nämlich nach den Tagen oder Terminen, welche vom Prätor angesetzt wurden, bildete sich eine Reihenfolge, eine

*inquisitionem accusatoris tantis opibus, tanta cupiditate esse defensum?* Cic. p. Flacc. 5, 13 vom Ankläger *Qui comitatus in inquirendo?* Ebenso Cic. p. Mur. 21, 41 *inquisitio candidati, praenuntia repulsae.* Der Ankläger selbst heisst *inquisitor.* Cic. p. Flacc. 5, 13 *lege hac recenti ac nova certus est inquisitori comitum numerus constitutus;* Cic. Verr. Act. I, 2, 6 *ille Achaicus inquisitor.*

[1]) Ascon. in Corn. p. 58 *cum P. Cassius praetor decimo die, ut mos est, adesse iussisset;* Plut. Cic. 9 εἰθισμένων τῶν στρατηγῶν δέκα τοὐλάχιστον ἡμέρας διδόναι τοῖς κινδυνεύουσι. Als Termin wird er angegeben von Cic. ad Q. fr. II, 13, 1.

[2]) Plut. Cic. 9. Vergl. oben S. 172.

Ordnung (ordo) der vor jedem Gerichtshofe behandelten Processe. Bei der Bestimmung derselben waren freilich auch noch andere Gründe maassgebend. Z. B. wegen der Giftmischerei von Oppianicus stellte nach Ciceros Berichte Cluentius drei Processe an, den ersten gegen den Freigelassenen Scamander, den zweiten gegen dessen Herrn C. Fabricius. Bei diesem, sagt Cicero, bat der Ankläger, es möchte ihm der erste Platz in der Reihenfolge der Termine bewilligt werden, und erlangte dies, weil die Sache mit der ersten zusammenhing. Auch bei dem dritten Processe sagt Cicero, es sei für ihn der erste Platz festgesetzt worden.[1]) Also wenn mehrere Personen wegen gleichen oder ähnlichen Verbrechens angeklagt waren, pflegte der Beamte auf den Wunsch der Parteien die Processe unmittelbar auf einander folgen zu lassen. Dadurch konnte die früher bestimmte Reihenfolge der Processe verändert, wenigstens der für andere Processe früher bestimmte Termin hinausgeschoben werden. Denn es wurden nicht mehrere Processe vor einem und demselben Gerichtshofe und Beamten verhandelt, sondern einer nach dem andern, so dass, wenn der frühere länger dauerte oder ein neuer eingeschaltet wurde, der später angesetzte aufgeschoben werden musste. Dies benutzten Angeklagte, die ihren Process in die Länge ziehen wollten. Sie veranlassten Anklagen, deren Termin kurz vor ihrem eigenen angesetzt wurde: indem dann dieser beendet werden musste, wurde ihr eigener hinausgeschoben. Ein Beispiel der Art erwähnt Cälius bei Cicero im Jahre 51 v. Chr.[2]) C. Sempronius Rufus, von M. Tuccius angeklagt, wünschte seinen Process auf das folgende Jahr verschoben zu haben: er klagte also seinen Ankläger wegen Gewaltthat nach

[1]) Cic. p. Cluent. 20, 56 *uti ei locus primus constitueretur, propter causae coniunctionem impetravit*; ibid. 22, 59 *ab iisdem iudicibus — locus ei primus est constitutus.* Denn auch die Geschworenen waren die nämlichen. S. C. R. II, 2, 108.

[2]) Cic. epist. VIII, 8, 1. Cälius sagt dort von C. Sempronius *videbat, si extraordinarius reus nemo accessisset, sibi hoc anno causam esse dicendam.* Man hat den *extraordinarius reus* von einem Angeklagten verstanden, dessen Process *extra ordinem* geführt wurde: wir werden darüber bald nachher sprechen. Eine Nothwendigkeit zu dieser Erklärung ist nicht vorhanden: das Plautische Gesetz hat wahrscheinlich die Füh-

dem Plautischen Gesetze an, erlangte auch, dass für diesen zweiten Process ein Termin früher angesetzt wurde als für den ersten. Es war schon am Ende des Monats September, als die zweite Anklage erhoben wurde, er durfte also hoffen, seinen eigenen Process bis ins nächste Jahr zu verschieben.[1])

Am berühmtesten, aber auch am schwierigsten zu verstehen ist in dieser Beziehung der Process gegen C. Verres. Um die Beweise zu demselben zu sammeln, hatte Cicero 110 Tage verlangt und erhalten, aber seine Reise nach Sicilien und die Sammlung der Beweise in 50 Tagen vollendet. Wo er von dieser Sache spricht, klagt Cicero über eine Chicane, die Verres angewendet hatte. Dieser wünschte nämlich, seinen Process zu verzögern, nicht blos, um das Andenken an seine schlechte Provincialverwaltung allmälig erlöschen zu lassen, sondern auch, weil er für das nächste Jahr auf Veränderung und Unterstützung der Beamten rechnete. Cicero spricht über diese Chicane, welche zwar nicht den beabsichtigten Erfolg hatte, aber doch eine bedeutende Verzögerung herbeiführte, zweimal. An der ersten Stelle[2]) sagt er, Verres habe einen Ankläger aufgestellt, der einen Process über Bedrückungen Achajas erhob: dieser habe für die Sammlung der Beweise eine um zwei Tage kürzere Frist verlangt, als er selbst gegen Verres, habe aber seine Anklage nicht ernstlich betrieben. Denn er sei nicht einmal bis Brundisium gekom-

rung der Processe über Gewaltthat nicht *extra ordinem* angeordnet: s. C. R. II, 1, 276. Auf jeden Fall, geben alle Erklärer zu, geschah die Anklage gegen Tuccius aus einem anderen Grunde als die gegen Sempronius, wenngleich beide vor demselben Gerichtshofe zur Entscheidung kamen, vergl. C. R. II, 2, 168. Es konnte also Tuccius auch desshalb *extraordinarius reus* genannt werden, weil die Anklage gegen ihn in verschiedenartige Anklagen, von denen eine die gegen Sempronius war, eingereiht wurde. Cälius' Bericht ist zu zweideutig, als dass man auf ihn sichere Schlüsse bauen könnte.

[1]) Vergl. oben S. 120.

[2]) Cic. in Verr. lib. I, 2, 6 *Itaque cum ego diem inquirendi in Siciliam perexiguam postulavissem, invenit iste, qui sibi in Achaiam biduo breviorem diem postularet, non ut is idem conficeret diligentia et industria sua, quod ego meo labore et vigiliis consecutus sum. Etenim ille Achaicus inquisitor ne Brundisium quidem pervenit: ego Siciliam totam quinquaginta diebus sic obii, ut omnium populorum privatorumque litteras iniurias-*

men, woraus hervorgehe, dass er nur aufgestellt worden sei, um Cicero in der für die Anklage günstigen Zeit zu beschränken. An der zweiten Stelle spricht er etwas genauer,[1] er hätte für die Sammlung der Beweise nur 110 Tage verlangt, Verres dagegen habe einen Ankläger eingeschoben, der für die Sammlung der Beweise aus Achaja, also aus einer entfernteren Provinz, noch kürzere Zeit, nämlich 108 Tage, verlangte. Auf diese Weise habe Cicero drei Monate, die zum Führen des Processes gelegenste Zeit, verloren. Die alten Erklärer[2] geben, abgesehen von dem Namen des falschen Anklägers und des falschen Angeklagten, über die wir nicht urtheilen können, eine unmögliche Auslegung und auch die neueren Gelehrten haben die Schwierigkeit nicht genügend erklärt.[3] Der falsche Asconius glaubt, jene drei Monate,

*que cognoscerem, ut perspicuum cuivis esse posset hominem ab isto quaesitum esse, non qui reum suum adduceret, sed qui meum tempus obsideret.* Vergl. I, 3, 9 *non usque eo despiceret contemneretque ordinem senatorium, ut arbitratu eius deligeretur ex senatu, qui, dum hic quae opus essent compararet, causam interea ante eum diceret.*

[1] Cic. in Verr. lib. I, 11, 30 *Interposuistis accusatorem, qui cum ego mihi C et X dies solos in Siciliam postulassem, C et VIII sibi in Achaiam postularet. Menses mihi tres cum eripuissetis ad agendum maxime appositos, reliquum omne tempus huius anni me vobis remissurum putastis.*

[2] Pseudo-Ascon. p. 128 *Alii hunc Rupilium, alii Oppium putant. Sunt qui Rupilium dicunt accusatorem, Oppium reum, alii Q. Metellum Nepotem accusatorem, Curionem reum. Petiit autem Cicero C et X dies, Rutilius sive Oppius, suppositus a Verre, C et VIII petiit. Moris autem fuerat, ut agendi dies priori prior ordinaretur. Itaque si omni tempore postulato usus esset ad inquisitionem Tullius, futurum erat, ut prior locus ad agendum daretur ei, qui biduo breviorem diem postulaverat.* Idem p. 165 *hoc dicit, centum et X dies inquirendi in Sicilia postulari. Consequens erat, ut etiam si quinquagesimo die redissem, ut redii, statim accusarem. Quod ne possem facere, interposuistis accusatorem quendam cuiusdam ex Achaia rei, qui sibi C et VIII peteret, et ita factum est, ut quamvis ego festinato redierim, ille adhuc proficiscatur, non potuerim tamen agere, donec complerentur illo absente C et VIII dies. Sic enim erat a praetore legibus ordinatum, ut, si intra centum et octo dies ille inquisitor Achaicus advenisset, priore loco ageret. Ita factum est, ut prope tres menses — sine causa Tullius amisisset adversariorum dolo. Centum enim et octo dies plus quam tres menses sunt.* Unbedeutend sind die Bemerkungen des schol. Gronov. p. 388.

[3] Ich meine besonders Ferratius epist. IV, 3 p. 241, der, so ver-

welche Cicero bei der Anklage verloren hatte, seien jene 108 Tage, welche der Achäische Ankläger für sich verlangt hatte: er nimmt an, Cicero hätte, als er nach 50 Tagen aus Sicilien zurückkehrte, sogleich seine Anklage beginnen können: durch jenen falschen Ankläger sei er daran gehindert worden. Bei dieser Erklärung ist selbst die Rechnung äusserlich nicht richtig. Denn 108 Tage machen mehr als drei Monate aus und es heisst die rednerische Freiheit zu sehr ausdehnen, wenn man solche Uebertreibung gestatten will. Cicero kann überdem nicht über den Verlust jener ganzen 108 Tage klagen. Nehmen wir an, der falsche Ankläger sei am Tage nach Cicero vor dem Prätor aufgetreten und habe die Einleitung seines Processes in einem Tage durchgemacht, so müssen von jenen 108 Tagen doch die 50, welche Cicero in Sicilien verweilte, abgezogen werden. Es blieben so nur 58 Tage Verlust übrig, d. h. kaum zwei Monate. Aber schlimmer als diese falsche Rechnung, ist Asconius' Irrthum, als habe Cicero unmittelbar nach seiner Rückkunft aus Sicilien, also am 51. Tage nach der interrogatio seinen Termin zur Verhandlung des Processes haben können. Dies war unmöglich. Denn die Frist von 110 Tagen war vom Prätor in Uebereinstimmung mit beiden Parteien festgesetzt worden: wie der Ankläger Sicilien bereiste, so konnte es auch der Angeklagte thun und sicherlich haben es seine Freunde und Geschäftsführer gethan. Mit Einwilligung des Angeklagten hätte ohne Zweifel Cicero auch schon nach 50 Tagen vom Prätor, wenn derselbe Zeit hatte, die Ansetzung des Termins erlangen können; aber Verres, der den Process zu verzögern wünschte, gab diese Einwilligung nicht. Mithin können die drei Monate, deren Verlust Cicero beklagt, erst von dem 110. Tage an, an welchem Verres eingewilligt hatte, die Verhandlung zu beginnen, gerechnet werden. Hieraus lassen sich einige, nicht uninteressante Folgerungen über die Zeitverhältnisse des Processes gegen Verres ziehen. Der erste Termin nach dem

---

ständig und geschickt er sonst ist, sich doch hier zu sehr auf Asconius, dessen Unächtheit er nicht erkannt hatte, verlässt. Geib in seiner Geschichte des Römischen Criminalprocesses schweigt von der Schwierigkeit.

Ablaufe der 3 Monate fand am 3. August statt:[1]) nehmen wir an, der Process gegen den Achäischen Ankläger sei unmittelbar vorher geschlossen und die drei Monate genau erfüllt worden. Dann sind die drei Monate, welche Cicero verlor, Mai, Juni, Juli gewesen und die 110 Tage, welche Cicero zur Beweisaufnahme erhalten hatte, waren am Anfange des Monats Mai erfüllt. Mithin fällt Verres' Anklage durch Cicero in die erste Hälfte des Monats Januar: um einige Tage kann jene Zeit von drei Monaten, die er nach seiner Beschwerde durch den Betrug des Angeklagten verloren hatte, wohl kürzer gewesen sein. Dass die Anklage um diese Zeit erhoben wurde, stimmt sehr gut mit andern Nachrichten Ciceros. Innerhalb zehn Tage nach dem 1. Januar musste die Geschworenenliste für das Jahr fertig sein zur Zeit, als dieselbe aus den Römischen Rittern gebildet wurde[2]): damals unter der Herrschaft des Cornelischen Gesetzes bedurfte es keiner Auswahl und sie konnte noch früher aufgestellt werden. Der Prätor über Amtsverbrechen konnte auch schon früher Klagen annehmen. Nichts hindert zu glauben, der Process gegen Verres sei eine der erten Amtshandlungen des Prätors gewesen. Die postulatio sammt der divinatio kostete schwerlich mehr als einen Tag, nominis delatio, inscriptio, interrogatio folgten rasch auf einander: am 10. Januar konnte Cicero seine Frist für die Beweisaufnahme erhalten haben. Er rühmt sich, innerhalb 50 Tagen Sicilien bereist zu haben; dennoch reiste er schwerlich am folgenden Tage ab.[3]) Da er zuerst in Lilybaeum landete, wird er dort am Anfange Februars angekommen sein. Dies stimmt zu den Klagen, die er über die Stürme bei der Ueberfahrt ausspricht: damit, dass er

[1]) Cic. in Verr. Act. I, 10, 31.

[2]) Lex Acilia vs. XVI.

[3]) Er sagt sogar, er habe auf der Rückreise sein Leben aufs Spiel gesetzt, um nicht den Termin, d. h. den 110., ihm angesetzten, Tag zu versäumen, in Verr. II, 40, 99. Dies beweist nicht, dass er nur den letzten Theil seiner Frist zur Reise benutzte; aber so viel kann man doch daraus schliessen, dass er nicht unmittelbar nach der *interrogatio* abreiste. Sicherlich aber wird durch diese Nachricht die Ansicht derjenigen widerlegt, welche die 3 verlorenen Monate von dem 50. Tage nach der *interrogatio* an rechnen.

erzählt, er habe im härtesten Winter die Ebenen und Hügel von Agrigent besucht.[1] L. Metellus, Verres' Nachfolger in Sicilien, ging nach dem Ablaufe seines Amtsjahres so rasch als möglich nach seiner Provinz: er war durch Gesandtschaften von Städten noch besonders zur Eile angetrieben worden (in Verr. II, 4, 10). Er änderte sogleich Verres' ungerechte Einrichtungen: er gestaltete in weniger als 30 Tagen die ganze Provinz um (in Verr. II, 57, 140), bis Laetilius, Freund und Bote von Verres, kam und das Interesse des neuen Prätors für denselben in Anspruch nahm; Laetilius aber langte zwei Tage vor Cicero in Sicilien an (in Verr. II, 26, 64). Auch dies weist auf den Anfang Februars, und bestätigt, dass die Anklage im Anfange Januars begonnen wurde, folglich die Zeit von drei Monaten, welche Cicero durch Verres' Ränke verlor, ausserhalb der ihm vom Prätor zur Untersuchung bewilligten 110 Tage lag.[2]

Was übrigens diese Ränke von Verres anbetrifft, so sagt Cicero nirgends ausdrücklich, der Ankläger für Achaja sei falsch, die Anklage erdichtet gewesen, und er würde dies, wenn er Grund dazu gehabt hätte, auf das Stärkste hervorgehoben haben. Er klagt nur erstens über Verres' Einfluss, der eine, immerhin richtige Anklage gerade zu jener Zeit habe vorbringen lassen, zweitens und besonders darüber, das jener Ankläger eben 108 Tage Untersuchungszeit verlangte. Er brauchte nicht so viel Zeit, da er in Italien seine Beweise sammeln konnte. Hätte er eine kürzere Frist, wie sie für ihn hinreichte, verlangt, so wäre sein Process immer vor Verres' Sache zur Verhandlung gekommen, aber er hätte doch nicht drei Monate in Anspruch genommen. Er wurde zwar nicht während dieser ganzen Zeit geführt, sondern es kam die Unterbrechung durch die Wahlen hinzu, welche im Mo-

[1]) Cic. p. Scaur. § 25 *Peragrari — durissima quidem hieme valles Agrigentinorum atque colles.* Der Kalender war damals um mehr als einen halben Monat voraus. Wenn Cicero also etwa um die Mitte Februars in Agrigent war, befand er sich der Jahreszeit nach in dem kältesten Winter.

[2]) Dadurch ändern sich die Berechnungen, welche Ferratius epist. II, 1, p. 73 über Ciceros Sicilische Reise anstellt, ein wenig.

nate Juli stattfanden: Cicero selbst war in ihnen zum Aedilen erwählt worden. Diese Ränke von Verres zur Verschleppung seines Processes sind noch in anderer Beziehung lehrreich. Verres' Process war der erste, den M' Acilius Glabrio als Prätor über Amtsverbrechen annahm: wir haben von keinem früher angenommenen Kunde. Es folgte unmittelbar der über Erpressung von Achaja und bis zu dessen Verhandlung kein neuer; sonst würde Cicero nicht blos über jenen geklagt haben: wenigstens konnte in den 108 Tagen der Achäischen Untersuchungsfrist kein bedeutender Process zu Ende gebracht werden. Nun endete dieser Achäische Process im Monate Juli: der Process gegen Verres konnte, wenn keine neue Verschleppung eintrat, am Ende des Jahres zu Ende kommen. Es fanden also in jenem Jahre zwei grosse Processe vor dem Gerichtshofe über Amtsverbrechen statt: es hätten vielleicht noch ein paar kleinere beendet werden können. Immerhin aber ist die Zahl der Processe in einem Jahre nicht gross und jenes Jahr war ungefähr ein Durchschnittsjahr, nicht so reich an Processen, wie manche der späteren, aber doch durch Parteileidenschaften aufgeregt und namentlich voll von Erbitterung gegen den Senatorenstand, dessen Verwaltung man allgemein tadelte.

In Bezug auf die Reihenfolge der Processe ergiebt sich aus den geschilderten Vorgängen Folgendes. Am Tage nach der bewilligten Untersuchungsfrist, also bei Verres am 111. Tage, hatten die Parteien einen Termin vor dem Prätor: Cicero sagt ausdrücklich, (s. oben S. 190), er hätte zu demselben in Rom sein müssen oder der Process wäre verloren gegangen, der Angeklagte aus der Liste gestrichen worden. Aber zur Verhandlung kam es an diesem Tage nicht. Der Prätor überschlug vielmehr die vorliegenden Geschäfte und setzte darnach den endgültigen Termin fest. Er verhandelte nicht mehrere Processe neben einander, an einem Tage diesen, am folgenden einen andern, er führte jeden einzeln zu Ende. Die Reihenfolge richtete sich nicht nach der Anmeldung, sondern nach der Untersuchungsfrist: derjenige Process, bei dem die kürzeste Frist bewilligt war, wurde zuerst verhandelt. Dabei war es möglich, dass der Prätor selbst nicht die Zeit des endgültigen Termines bestimmen konnte: sie hing von der Dauer der Processe, die nicht in seiner Macht stand, ab. Wahrscheinlich setzte er einen Termin an, wie es ihm möglich schien: die Parteien mussten erscheinen, ohne sicher zu sein, dass die Verhandlung wirklich beginnen werde. Dennoch mussten sie bereit sein: der Ankläger stand, wenn er einen Termin versäumte, in Gefahr, dass die Anklage erlosch. Auf das Bestimmteste erhellt der Grundsatz, dass die Reihenfolge der Processe nach der Dauer der für einen jeden bewilligten Untersuchungsfrist bestimmt wurde, aus einem andern uns überlieferten Falle. Im Jahre 91 v. Chr. wurde M. Aemilius Scaurus von seinem Feinde Q. Servilius Caepio bei dem Gerichtshofe über Amtsverbrechen angeklagt: er klagte seinerseits unmittelbar nachher seinen Ankläger bei eben demselben Gerichtshofe an, erhielt eine kürzere Untersuchungsfrist und bewirkte dadurch, dass seine Anklage zuerst zur Verhandlung kam.[1]) Man hat auch behauptet, das Loos sei zur Bestimmung der Reihenfolge der Processe angewendet worden. Dies ist nicht wahrscheinlich. Denn wenn der Beamte die Macht hatte, einen später angemeldeten Termin aus besondern Gründen früher zu verhandeln, so durfte er auch von zwei zugleich angemeldeten Processen den einen zu früherer Beendigung auswählen: nur unter dieser Bedingung ist das Loos denkbar und wird in dem mit Absicht künstlich erdachten Rechtsfalle eines Declamators der Kaiserzeit erwähnt.[2]) Es konnte aus freiem Antriebe und ohne gesetzliche Nöthigung von dem Beamten einzeln angewendet werden.

Die Möglichkeit der Verzögerung, welche bei ihrer Rechtsverfassung in der 'Reihenfolge der Processe' läge, erkannten die Römer selbst. Sie waren daher gezwungen, für besonders schwere oder gefährliche Processe, deren rasche Beendigung im Interesse des Staates lag, die Reihenfolge aufzuheben und zu bestimmen, sie sollten ausser der Reihe *(extra ordinem)* behandelt werden. Im Allgemeinen lag eine solche Anordnung

[1]) Ascon. in Cic. Scaur. p. 21.

[2]) Quintil. Decl. 250. Rudorff Rechtsgeschichte II, 420 weist dem Loose eine zu weite Anwendung zu.

schon in der Macht des vorsitzenden Beamten, aber nur wenn seine Collegen und namentlich die Volkstribunen übereinstimmten. Dies war wegen der herrschenden Parteiungen bei irgend einem bedeutenden Verbrechen schwerlich jemals der Fall. Deshalb wurde in den Gesetzen über einzelne Verbrechen durch ausdrückliche Bestimmung festgesetzt, dieselben sollten ausser der Reihe verhandelt werden. In der ältern Zeit war dies Mittel der Beschleunigung unbekannt. Man ernannte statt dessen für die einzelnen Fälle entweder ausserordentliche Untersuchungsrichter oder liess die sonst nicht mit der Gerichtsbarkeit beschäftigten Consuln und Prätoren eintreten, wie bei den Bacchanalien und Giftmischereien. Nach Einsetzung der Geschworenengerichte verfuhr man eine Zeit lang ebenso, z. B. bei dem Manilischen und Varischen Gesetze.[1]) Bei dem Verbrechen des Vatermordes wird schon vor Sulla erwähnt, dass dasselbe „ausser der Reihe" behandelt wurde:[2]) ob aber in Folge einer selbständigen Entscheidung des Prätors oder in Folge einer gesetzlichen Bestimmung, wird nicht gesagt. Es ist möglich, dass erst Pompejus' Gesetz dies für alle Fälle verordnete: bei Sex. Roscius' Processe, der nach dem Cornelischen Gesetze stattfand, wird nichts derartiges erwähnt. Die erste Erwähnung einer ausserordentlichen Verhandlung einer Classe von Verbrechen findet sich in dem nach Sulla gegebenen Lutatischen Gesetze über Gewaltthat:[3]) wahrscheinlich wurde diese Bestimmung später auch auf andere Verbrechen, z. B. auf das der Genossenschaften[4]) übertragen. Im Jahre 52 v. Chr. nach P. Clodius' Ermordung wurde zuerst im Senate über einen wegen derselben anzustellenden Process verhandelt: man beschloss,[5]) erstlich, Clodius' Ermordung sei gegen den Staat geschehen, also als politisches Verbrechen zu behandeln. Zweitens, Clodius' Ermor-

[1]) S. C. R. II, 1, 224 und 257.

[2]) S. C. R. II, 2, 58, wo ich vielleicht zu rasch schon für die Zeit vor Sulla eine derartige Bestimmung angenommen habe.

[3]) S. C. R. II, 1, 271.

[4]) S. C. R. II, 2, 403.

[5]) Ascon. p. 44 und Cic. p. Mil. 6, 14. Vergl. C. R. II, 2, 406.

dung sollte „ausser der Reihe" zur Verhandlung kommen. Man wollte also damals ein sonst für Classen von Verbrechen übliches Verfahren auf einen Einzelfall anwenden, drang aber bei dem Einspruche eines Volkstribunen nicht durch.[1])

Während der Untersuchungsfrist hatte der Prätor wenig oder nichts mit dem Processe zu thun. Denn die Untersuchung selbst, das Sammeln der Beweise und Zeugen war gänzlich dem Ankläger überlassen. Cicero in seiner Rede gegen Verres erwähnt dabei zweierlei, ein Schreiben des den Process leitenden Beamten und das Gesetz.[2]) Das erste war ein amtliches Schreiben des Prätors, worin bezeugt wurde, dass eine bestimmte Person eine Anklage gegen den oder jenen erhoben hätte: auch das Verbrechen musste bezeichnet werden: alle Behörden und Privatpersonen wurden darin aufgefordert, den Ankläger beim Einberufen der Zeugen und Sammeln der Beweise zu unterstützen. Unter dem Gesetze ist dasjenige zu verstehen, nach welchem der Process geführt wurde: es regelte die Sammlung der Beweise für die Verbrechen und setzte eine Strafe für die Dawiderhandelnden fest.[3]) In den Bruchstücken des Acilischen Gesetzes findet sich eine

---

[1]) Noch eine andere Sache lässt sich durch diese Nachricht von dem Senatsbeschlusse erweisen. Nach ihm sollte Milo wegen Gewaltthat belangt werden; dennoch wird hinzugefügt, es solle dies ausser der Reihe geschehen. Folglich enthielt das Gesetz über Gewaltthat, nach dem die Anklage gegen Milo geschehen konnte, keine Bestimmung über die Reihenfolge: es war das Plautische gegen Beamte. Dagegen das Lutatische enthielt diese Bestimmung, s. C. R. II, 1, 271. In diesem war mit der Bestimmung über die Reihenfolge noch eine weitere Beschleunigung des Processes geboten, nämlich dass der Process an allen Fest- und Feiertagen geführt werden sollte. S. oben S. 128. Dies war von der ersten Bestimmung verschieden und fand sich mit ihr schwerlich immer verbunden.

[2]) Cic. in Verr. II, 26, 64 *Quod nisi ego meo adventu illius conatus aliquantum repressissem et apud Siculos non Metelli, sed Glabrionis litteris ac lege pugnassem, tam multos huc evocare non potuissem.*

[3]) Cic. in Verr. IV, 66 erwähnt es, wo er seine Bemühungen schildert, einen Senatsbeschluss der Gemeinde von Syracus zu erhalten: *nisi vehementius homini minatus essem, nisi legis sanctionem poenamque recitassem, tabularum mihi potestas facta non esset.*

Andeutung davon:[1]) in den späteren Criminalgesetzen mussten ähnliche Bestimmungen sein. Durch die Schwurgerichte war in dem Verhältnisse und der Pflicht des Anklägers nichts verändert worden: schon vor ihrer Errichtung mussten dieselben geregelt sein, und nicht blos etwa auf das Verbrechen der Erpressung bezogen sich diese Bestimmungen, sondern auf alle, auch die gemeinen Verbrechen,[2]) nicht blos auf die Sammlung der Beweise in den Provinzen, sondern auch auf Rom und die im Besitze des Angeklagten selbst befindlichen Schriften.[3])

So war also für die Anklage gesorgt: aber auch der Angeklagte musste im Interesse einer schnellen Erledigung des Processes in den Stand gesetzt werden, seine Vertheidigung vorzubereiten. Unsere Kunde hiervon ist sehr gering. Wir haben nur bei einem einzelnen Processe über Wahlumtriebe des Jahres 63 v. Chr. die zufällige Nachricht, dass M. Cato, als er gegen L. Murena die Anklage vorbereitete, von dem Angeklagten einen Wächter gesetzt erhielt, der sich von allen Schritten des Anklägers unterrichtete: in Folge eines Gesetzes soll derselbe gesetzt worden sein.[4]) Es ist eben dasselbe Gesetz, das über die Vollmacht des Anklägers handelte. Es bestand schon vor der Zeit der Schwurgerichte, wurde dann bei der Errichtung derselben verändert und allmälig auf alle Verbrechen ausgedehnt. Gesetzlich also sollte der Angeklagte von den Schritten, die gegen ihn geschahen oder vorbereitet wurden, in Kenntniss erhalten werden: trotzdem hatte der

---

[1]) S. lex Acilia v. XXXI. Vergl. C. R. II, 1, 148.

[2]) Eine Andeutung davon macht Tacitus Ann. II, 74 bei der Erzählung von dem Processe gegen Cn. Piso wegen der Vergiftung von Germanicus. Der neue Statthalter Syriens Cn. Sentius schickte eine berüchtigte Giftmischerin Martina, eine Freundin des Calpurnischen Hauses, nach Rom *postulantibus Vitellio ac Veranio ceterisque qui crimina et accusationem tamquam adversus receptos iam reos instruebant.* Nach Annahme der Anklage hatten die Ankläger ein Recht, dies zu thun: damals nahmen sie dies Recht voraus.

[3]) Denn in Folge eben desselben Gesetzes hatte Cicero Verres' eigene Rechnungsbücher in Beschlag genommen (Cic. in Verr. I, 23, 60; IV, 16, 36) und sein Eigenthum versiegelt (ibid. I, 19, 50).

[4]) Plut. Cat. min. 21. Vergl. C. R. II, 2, 224 und meine Einleitung zu Cicero p. Mur. p. XXIX.

Ankläger seine Geheimnisse und wollte sie haben. Als bei der divinatio in Verres' Processe Q. Caecilius als zweite Forderung verlangte, er möchte Cicero als Gehülfe beigegeben werden, verbat sich dieser solche Hülfe. Er fürchtete nicht nur Cäcilius' sonstige Treulosigkeit, sondern wünschte auch nicht, dass durch ihn seine Pläne an den Angeklagten verrathen werden möchten.[1])

Wir haben den Gang eines Criminalprocesses von der nominis delatio an bis zum Ende der inquisitio in seinen Hauptzügen geschildert, und dabei namentlich die Zeit nach Sulla, in der für alle Verbrechen Schwurgerichte bestanden, im Auge gehabt. Die einzelnen Punkte waren immer die gleichen; aber die Zeiten zwischen denselben waren nicht immer dieselben. In Verres' Processe betrug der dem Ankläger zur Untersuchung verstattete Zeitraum 110 Tage: unzweideutig giebt er an, dass er während dieser ganzen Frist ausserhalb Roms in Sicilien verweilen konnte, dass er nichts mit dem Processe zu thun hatte, sondern derselbe inzwischen ruhte. Aber in den Ueberbleibseln des Acilischen Gesetzes heisst es, wahrscheinlich in dem Capitel, das über die nominis delatio und die Auswahl der Richter für den einzelnen Process handelt, am 20. Tage nach der nominis delatio solle der Ankläger in Bezug auf die Auswahl der Richter einen besondern Act vornehmen, und später am 60. oder wenigstens nach dem 50. Tage nach geschehener nominis delatio solle der Prätor etwas auf eben dieselbe Auswahl Bezügliches vornehmen: bei diesen Handlungen wird die Anwesenheit der Parteien an der Gerichtsstätte vorausgesetzt.[2]) Dies stimmt auf keine Weise zu den Vorgängen im Verrinischen Processe; denn sowohl am 20., wie am 60. Tage war der Ankläger, Cicero, von Rom abwesend und der Prätor hätte ihm nicht eine so lange Untersuchungsfrist bewilligen dürfen, wenn er gesetzlich genöthigt gewesen wäre, während derselben in Rom anwesend zu sein. Unter nominis delatio aber kann das Acilische Gesetz nichts anderes als das von uns angegebene

[1]) Cic. div. 16, 51.
[2]) S. C. R. II, 1, 130.

verstehen; denn im Anfange des Capitels sind uns die Worte erhalten: „er soll den Angeklagten auf die Gerichtsstätte führen und die nominis delatio vornehmen.“ Damit kann nur jener erste Act gemeint werden, in Folge dessen der Prätor den Angeklagten in seine Listen einschrieb, die interrogatio hielt und die inquisitio verstattete. Selbst wenn man darunter einen späteren Act, etwa eine nach geschehener inquisitio erneute Anklage verstehen wollte, geriethe man in Widerspruch mit den Nachrichten über Verres' Process. Denn Cicero deutet an, er hätte unmittelbar nach der inquisitio das eigentliche Verfahren beginnen können, wenn nicht ein Achäischer Process dazwischen gekommen wäre.

Man muss eine Verschiedenheit des Verfahrens nach dem Acilischen Gesetze anerkennen. Die Frist zur Untersuchung konnte nach ihm nicht länger als 10 Tage dauern: nach dieser musste der Ankläger in Rom sein. Dennoch wird in dem Acilischen Gesetze die Aufsuchung von Zeugen und die Sammlung von Beweisen in den Städten Italiens erwähnt:[1]) wahrscheinlich befanden sich darin auch Anordnungen über die in den Provinzen zu führenden Untersuchungen. Denn dass nach diesem Gesetze auch Statthalter von Provinzen zur Rechenschaft gezogen werden konnten, steht durch die uns überlieferten Processe fest. Diese Schwierigkeit mit Sicherheit zu beseitigen ist bei der mangelnden Kunde von Processen nach dem Acilischen Gesetze nicht möglich: man muss sich mit einer Vermuthung begnügen. Nach dem Acilischen und den nächstfolgenden Gesetzen galt für die Schwurgerichte die sogenannte ampliatio, seit dem Servilischen des Volkstribunen Glaucia die comperendinatio, seit dem Cornelischen bestand beides nebeneinander, das erste für die gemeinen, das zweite für Amtsverbrechen, seit dem Aurelischen Gesetze war für alle Criminalprocesse in gleicher Weise nur ein Termin erlaubt. Von den Eigenthümlichkeiten dieser drei Verfahrungsarten erwähne ich hier nur dies eine, dass bei der ampliatio die Untersuchung so oft erneuert werden konnte, als es den Richtern beliebte: bei der comperendinatio fand nur

[1]) S. oben S. 106.

eine einmalige Erneuerung statt: seit dem Aurelischen Gesetze wurde der Process in einem Zuge zu Ende geführt. Die Folge davon war, dass bei der ampliatio der Termin zur Verhandlung alsbald festgesetzt werden konnte. Wenn die Beweise für Schuld oder Unschuld nicht ausreichten, wurde ein neuer Termin angesetzt nach derjenigen Frist, welche die Parteien verlangt hatten. In dieser Frist konnte die inquisitio erneuert werden. Dagegen schon bei der comperendinatio, wo nur ein einziger neuer Termin gestattet war, musste die Sammlung der Beweise im Wesentlichen vor dem Beginne der Verhandlungen beendet sein: in noch höherem Grade, als seit dem Jahre 70 v. Chr. nur ein einziger fortlaufender Termin gehalten wurde. Auf diese Weise erklärt sich die Verschiedenheit der Fristen im Acilischen Gesetze von denen, welche wir später bezeugt finden: ja wir werden weiter schliessen müssen, dass die Veränderung derselben durch eben jene Gesetze geschah, welche eine Umformung des gesammten Verfahrens herbeiführten, zuerst durch das Servilische, dann das Cornelische und Aurelische Gesetz. Diese Veränderungen waren leicht möglich, weil die Länge der Fristen nicht durch altes Herkommen bestimmt, sondern dem Ermessen des Beamten und der Zweckmässigkeit überlassen war.

Wahrscheinlich wurde auch die „Reihenfolge der Processe" unter der Herrschaft der ampliatio anders geregelt als später. Wenn nach Belieben ein neuer Termin und zwar erst nach längerer Frist angesetzt werden durfte, so hatte es nichts gegen sich, während dieser Frist einen neuen Process zu beginnen: die Processe waren damals mehr in einander verschlungen, während man später jeden ohne Unterbrechung zu beendigen suchte. Eine weitere Bedeutung dabei hatte die grössere Anzahl der Gerichtshöfe mit eigenen Prätoren, welche später entstand: nach den ersten Gesetzen über Amtsverbrechen kamen gar verschiedenartige Verbrechen bei einem und demselben Gerichtshofe zur Verhandlung. Diese Einzelheiten des Verfahrens in ihrer allmäligen Ausbildung und Entwickelung zu verfolgen ist uns bei der mangelhaften Kunde, welche wir haben, nicht möglich: man muss mit den Hauptsachen zufrieden sein.

## Dritter Abschnitt.

### Das Verfahren in iudicio.

#### 1. Allgemeines.

Die Untersuchung des Verbrechens ging von dem Ankläger aus: der Beamte gab dazu nur seine Einwilligung und eine Vollmacht, welche unter Androhung bestimmter Strafen alle Behörden innerhalb und ausserhalb Roms aufforderte, bei der Anstellung derselben behülflich zu sein. Der Erfolg des Processes hing von der Thätigkeit und Geschicklichkeit des Anklägers ab: der Beamte hatte von der Zeit an, wo er denselben gehörig eingesetzt, bis zu seinem Erscheinen in dem anberaumten Termine nichts mit der Sache zu thun. In älteren Zeiten hatte der Beamte, wie sein allgemeiner Name quaesitor beweist, allerdings auch die Pflicht gehabt, Verbrechen und Verbrecher aufzusuchen und eine selbständige Thätigkeit bis zu dem Punkte geübt, wo ein Privatmann als Ankläger ihm die weitere Verpflichtung abnahm: seit der Ausbildung des Staates hatte er selbst diese Thätigkeit grösstentheils eingestellt und erwartete, bis auf wenige ausserordentliche Fälle, die ihm von dem Eifer der Privatankläger zukommende Thätigkeit. Aus diesem Verhältnisse ergiebt sich der Charakter des ganzen Verfahrens in iudicio. Es kommt bei demselben nicht darauf an, die Schuld oder Unschuld des Angeklagten zu erweisen, sondern nur darauf, ob die Anklage richtig ist. Der Ankläger hat die Pflicht, die Beweise zu sammeln und vorzutragen, die Richter, sie zu beurtheilen: der Beamte vermittelt nur ihren Verkehr, und ertheilt nachher dem Ankläger, je nachdem er gut oder schlecht war, Belohnung oder Strafe. Für den Angeklagten entspringt daraus die Aufgabe, die Beweise des Anklägers zu widerlegen. Kann er dies am besten durch Darlegung seiner Unschuld erweisen, so mag er darauf sein Augenmerk richten: die Hauptsache aber ist die Widerlegung. Es lassen sich nicht einzelne Rechtsregeln, die aus diesem allgemeinen Charakter hervorgehen, anführen; dennoch mag es sie gegeben haben.

Nach der Pause, in welcher die inquisitio gehalten worden war, erschienen die Parteien wieder vor Gericht: in der Zwischenzeit hatte der Beamte nichts von dem Processe erfahren, weder wie der Ankläger seine Pflicht erfüllte, noch wie der Angeklagte die Beschuldigungen zu entkräften gedachte. Die Parteien selbst hatten einander ihre Pläne möglichst verheimlicht: der dem Ankläger von dem Angeklagten beigegebene Wächter war ein geringer Nothbehelf, er konnte nur Aeusseres berichten. Der Weg, den der Ankläger einschlagen wollte, blieb dem Angeklagten unbekannt. Im Attischen Processe ging dem Termine, der vor den Geschworenen gehalten wurde und mit dem Urtheilsspruche endete, eine von dem Beamten geführte Instruction des Processes, die ἀνάκρισις, vorher: in ihr wurden die Beweismittel vorgebracht, geprüft, festgestellt, am Ende schriftlich abgefasst und im Gewahrsame des Gerichtes verwahrt. Im Termine selbst kam es darauf an, vermittelst derselben den Geschworenen eine bestimmte Ueberzeugung beizubringen. Bei den Römischen Volksgerichten ging dem eigentlichen Termine, der an einem einzigen Tage beendet wurde, ein dreimaliger, in bestimmten Zwischenräumen anberaumter Termin vorher, an dem unter Vorsitz eines Beamten die Sache untersucht, die Beweismittel geprüft, kurz Alles so vorbereitet wurde, dass die Entscheidung leicht gefällt werden konnte. Mit diesem Volksprocesse hat das Ausnahmeverfahren des Jahres 52 v. Chr., wie es nach dem Pompejischen Gesetze angeordnet war, die grösste Aehnlichkeit: es ist kein Zweifel, dass es nach jenem eingerichtet wurde. Dagegen bei dem gewöhnlichen Schwurgerichtsprocesse kamen dessen Bestandtheile ohne Kenntniss von einander zusammen. Der Beamte wusste ausser dem allgemeinen Strafantrage nicht, welchen Weg die Anklage einschlagen würde, der Angeklagte nicht, worauf er sein Hauptaugenmerk zu richten hatte.

Die Aufgabe für beide Parteien war schwer: sowohl der Ankläger, von dem Alles ausging, wie der Angeklagte, der unvermutheten Angriffen zu begegnen hatte, bedurfte Uebung und Gewandtheit und man versteht, wie sie gezwungen waren, Anwälte zu benutzen: dem Staate und dem vorsitzenden Beamten selbst musste daran gelegen sein. Man begreift auch die Formen, welche der Schwurgerichtsprocess annahm, zuerst die ampliatio. Das natürliche war, dass der Ankläger eine gewisse Summe von Verdachtsgründen gegen den Angeklagten zusammenbrachte. Drang er damit nicht durch, so versprach er neue zu sammeln und erbat einen weiteren Termin. So zog sich der Process hin, bis die Richter die Ueberzeugung gewannen, der Angeklagte sei unschuldig. Nachdem Beamte und Anwälte sich länger geübt hatten, war die comperendinatio möglich, d. h. nur ein zweiter Termin, bei dem Versäumtes von Anklage und Vertheidigung nachgeholt werden durfte. Am schwierigsten war das Verfahren, als die Verhandlungen in einem Zuge fortgingen: besonders die Vertheidigung, für jeden Angriff bereit, musste in fieberhafter Unruhe sein. Trotzdem waren für die Herbeischaffung der nothwendigen Beweismittel zuweilen Pausen geboten.

Der Ankläger hatte bei der nominis delatio seine Anklage, welche die Gründe derselben nach den bestehenden Gesetzen enthielt, dem Gerichte eingereicht, aber natürlich nur in so weit, als ihn dazu die vorhergehende Privatuntersuchung oder auch die Angaben der Beschädigten selbst in Stand gesetzt hatten. Diese Kunde konnte nicht genau sein: sicher wurde sie erst, wenn er auf Grund der amtlichen Vollmacht den einzelnen Verdachtsgründen nachging und die Beweisführung ins Auge fasste. Erst beim Beginne des Verfahrens in iudicio konnte die Anklageacte endgültig festgestellt werden. Nehmen wir z. B. den Process gegen Verres. In der Rede, welche er bei der divinatio hielt, behauptet Cicero, Verres habe in der Provinz Sicilien was es an Gold, an Silber, an Kunstwerken in den Städten und Heiligthümern gab, geraubt und deshalb verlange er von ihm 100 Millionen Sesterzen gesetzlich zurück. Dies war die Angabe, die Cicero bei der postulatio und nominis delatio machte und auf Grund derselben wurde Verres in die Liste der Angeklagten aufgenommen.[1]) Cicero erwähnt hier also nur Erpressung von Geld. Nachdem er dagegen durch die Bereisung der Provinz Verres' Verwaltung genauer kennen gelernt, spricht er anders. Er sagt in der vor den Geschworenen gehaltenen Anklagerede: 'Ich behaupte, dass C. Verres Vieles gewaltthätig, Vieles grausam gegen die Römischen Bürger und gegen die Bundesgenossen, Vieles gegen die Götter und Menschen sündlich gethan, insbesondere ausserdem, dass er 40 Millionen Sesterzen aus Sicilien ungesetzlicher Weise fortgenommen hat.'[2]) Kein Wunder, dass Cicero die Summe des erpressten Geldes hier geringer angiebt. Dies war die Folge seiner Untersuchungsreise in Sicilien. Anfänglich hatten die Beschädigten, wie es zu geschehen pflegt, ihren Verlust übertrieben. Aber ebenfalls nicht wunderbar ist, dass er nach gehaltener Untersuchung nach anderer Seite hin seine Anklage erweiterte: er stellte sie schliesslich auch auf andere vielfache Amtsverbrechen, welche, wenn erwiesen, capitale Bestrafung zur Folge haben mussten. Hierbei blieb er. Denn die für den zweiten Termin geschriebenen Reden beschäftigen sich vielfach mit denselben, namentlich das fünfte Buch. Hierbei musste er auch bleiben und darauf hin wurde am Ende den Geschworenen die Frage über schuldig oder nicht schuldig vorgelegt.

Freilich ist nicht jede Veränderung der anfänglichen Anklagegründe bei dem Verfahren in iudicio erlaubt, und

---

[1]) Die Worte Ciceros lauten so div. 5, 19: *Quod auri, quod argenti, quod ornamentorum in meis (provinciae Siciliae) urbibus, aedibus, delubris, quod in unaquaque re beneficio senatus populique Romani iuris habui, id mihi tu, C. Verres, eripuisti atque abstulisti: quo nomine abs te sestertium millies ex lege repeto.* Man hat diese Worte allerdings so verstanden, dass man die Summe auf die ganze Entschädigungssumme, d. h. die Summe des geraubten Geldes und die dafür zu zahlende Geldstrafe, bezog und aus dem Verhältnisse der 100 Millionen, welche hier gefordert werden, mit den später erwähnten 40 Millionen auf die Höhe der Geldstrafe geschlossen. Indessen dieser Versuch ist missglückt. S. C. R. II, 2, 342.

[2]) Cic. in Verr. Act. I, 18, 56 *Dicimus, C. Verrem cum multa libidinose, multa crudeliter in cives Romanos atque socios, multa in deos*

hierbei unterscheidet sich das Verfahren vor dem Volksgerichte wesentlich von dem vor dem Schwurgerichte. Bei jenem kann die Anklage während der drei Untersuchungstermine vollständig umgeändert werden, wenn nur der Strafantrag der nämliche bleibt, d. h. entweder auf Capital- oder auf Geldstrafe lautet. Denn die Befugniss des Volksgerichts ist unbegrenzt. Dagegen das Schwurgericht zerfällt in verschiedene Gerichtshöfe, von denen jeder seine besonderen Verbrechen als seine Befugniss hat. Z. B. bei Verres' Anklage musste auch der zweite Antrag auf Amtsverbrechen lauten und als A. Gabinius wegen Majestätsverbrechens angeklagt wurde, so musste die endgültige Anklage immer auf „verringerte Majestät" gehen, selbst wenn sich bei der quaestio zeigte, dass er nicht sowohl ein Majestätsverbrechen als eine Erpressung an einem befreundeten Könige begangen hatte. Oder man musste den mit der nominis delatio begonnenen Process fallen lassen und einen neuen beginnen. Mithin ergiebt sich aus der Erweiterung der Anklage, wie sie bei Verres' Processe stattfand, dass das Gesetz und der Gerichtshof, bei dem derselbe begonnen wurde, sich nicht nur auf Gelderpressung, sondern auf Amtsverbrechen überhaupt bezog. Nach dem Julischen Erpressungsgesetze wäre eine solche Veränderung der Anklage nicht mehr möglich gewesen.

In seiner rhetorischen Jugendschrift behandelt Cicero folgenden Fall. Jemand war wegen Vatermordes angeklagt worden. Dies war der Grund der nominis delatio gewesen: aus diesem Grunde hatte der Prätor ihn in die Liste der Angeklagten aufgenommen. Als der Process selbst begann, brachte der Ankläger viele Beweise für die Giftmischerei des Angeklagten vor, erwies aber den Vatermord nicht. Der Vertheidiger, sagt Cicero, müsse dann die Freisprechung verlangen. Denn im Falle der Verurtheilung müsse die Strafe für Vatermord eintreten, dessen der Angeklagte nicht schuldig sei: auch sei der Process gegen das Recht „ausser der Reihenfolge"

*hominesque nefarie fecerit, tum praeterea quadringenties sestertium ex Sicilia contra leges abstulisse.* Den zweiten Theil der Anklage bezüglich der Gelderpressung wiederholt Cicero Act. II, 1, 10, 27.

verhandelt worden.[1]) Dieser Fall spricht nicht gegen unsere Darstellung. Denn er fällt vor die Zeit der Schwurgerichte, als der Beamte allein den ganzen Process entschied und nur im Nothfalle die Entscheidung des Volksgerichtes eingeholt wurde. Nach dem Cornelischen Gesetze, als gemeine Verbrechen vor die Geschworenen kamen, hätte dieser Widerspruch zwischen den beiden Anklagen nicht vorkommen können: wäre der Process vor die Geschworenen gekommen, so musste ohne Zweifel Freisprechung erfolgen. Später unter dem Kaiser Augustus änderte sich das Verhältniss wieder bei gewissen Gerichtshöfen. Ein grosser Theil der Criminalgerichtsbarkeit wurde damals dem Senate übertragen: der Kaiser bildete überdem die höchste Instanz. Vor den Geschworenen blieb auch die republikanische Einrichtung bestehen, dass im Anfange des Verfahrens in iudicio die Anklagegründe festgestellt wurden: eine Veränderung in ihnen war nur in so weit möglich, als die Befugniss des besonderen Schwurgerichtshofes, vor welchem die Sache verhandelt wurde, ging. Dagegen die Befugniss des Senates und des Kaisers war nicht beschränkt. Vor ihnen konnte der Process bei jedem Punkte geändert, ein anderer Anklagegrund, z. B. Majestätsverbrechen statt Erpressung, und umgekehrt, aufgestellt und dennoch das Verfahren ohne Unterbrechung fortgesetzt worden. Richtig deutet dies Quintilian an.[2])

Wenn der Anklagegrund erst nach den Untersuchungen des Anklägers endgültig festgestellt wurde, so folgt daraus mit Nothwendigkeit, dass der Beamte dabei eben dieselben Befugnisse hatte, wie früher bei der nominis delatio. Hatte der Ankläger trotz seiner Untersuchung nichts gefunden, woraus sich die Wahrscheinlichkeit der Schuld ergab, so durfte der Beamte den Namen des Angeklagten streichen und der Process hörte einstweilen auf. Legte der Angeklagte ein Ge-

---

[1]) Cic. de invent. II, 19, 58.

[2]) Quintil. Inst. orat. III, 10, 1 *Plures (controversiae in eadem causa sunt) diversi (generis), ut si quis sacrilegii et homicidii simul accusetur. Quod nunc in publicis iudiciis non accidit, quoniam praetor certa lege sortitur: principum autem et senatus cognitionibus frequens est et populi fuit.*

ständniss ab, so bedurfte es keines Urtheils und die Strafe wurde vollzogen. War seine Schuld trotz seines Läugnens offenbar, so bedurfte es zur Vollstreckung der Strafe ebenfalls keines Urtheils. Diese Entscheidungen, gewissermassen Wiederholung des Verfahrens bei der nominis delatio, traf der Beamte mit seinem Beirathe, wobei auch die Einsprache seiner gleichberechtigten Collegen und der Volkstribunen am Platze war.

Wenn das Verfahren in iure die Erklärung des Beamten, dass es eines richterlichen Urtheils bedürfe, zum Ergebniss hatte, so kam es zu dem Verfahren in iudicio. Dies fand in der älteren Zeit vor dem Volke statt: dann galten dafür die Regeln und Formen der Volksversammlung überhaupt. Seit es Geschworene gab, also seit C. Gracchus und L. Sulla, kam die erste Art des Verfahrens vor dem Volke ausser Gebrauch. Man begnügte sich mit den geringeren Strafen, welche die den Schwurgerichten zugestandene Befugniss erlaubte. Wir haben demnach im Folgenden nur von den Schwurgerichten zu handeln, sowohl von denen, die es bis auf Sulla über Amtsverbrechen, als auch denen, die es später über alle Criminalverbrechen gab.

Das erste Erforderniss dafür war die Bildung des Schwurgerichtes, dessen Vorsitzender eben derselbe Beamte war, der das Verfahren in iure geleitet hatte. Ueber die allgemeinen Erfordernisse zum Amte eines Geschworenen, wie sie in der jährlichen Richterliste zum Ausdrucke kamen, habe ich gesprochen, ebenso über die Hindernisse, welche einen einzelnen Geschworenen zu seinem Amte für einen einzelnen Fall unfähig machen konnten.[1]) Die Auswahl der für einen besondern Process thätigen Geschworenen bestand anfangs aus drei, durch eine bestimmte Frist getrennten, Acten: erstens jede der beiden Parteien schlug aus der Richterliste eine bestimmte Anzahl vor, zweitens jede Partei erlas aus der von der Gegenpartei vorgeschlagenen Anzahl wiederum eine bestimmte Anzahl, wahrscheinlich die Hälfte, drittens der Beamte ernannte ausserhalb der Richterliste, aber aus derselben

[1]) S. oben S. 20 flgd.

Classe von Römischen Bürgern eine bestimmte Anzahl. Seit dem Cornelischen Gesetze des Jahres 80 v. Chr. fand die Bildung des Schwurgerichtes ebenfalls durch drei Acte statt: erstens die für den Process nöthige Unterabtheilung der zehn (decuria), in welche die Richterliste zerfiel, wurde der Reihe nach berufen und dem vorsitzenden Beamten angewiesen. Zweitens aus dieser Decurie wurde durch das Loos die erforderliche Anzahl der Geschworenen von dem Beamten gezogen (sortitio). Drittens aus diesen so aufgestellten Geschworenen wurden von jeder der beiden Parteien eine bestimmte Anzahl verworfen (rejectio). Eine Ausnahme machten die Processe über Genossenschaften, bei denen der Ankläger vier Tribus von Geschworenen bezeichnete, dann der Angeklagte eine derselben verwarf. Indessen diese Processe waren wenig zahlreich, entstanden spät und hörten mit der Republik auf.

Diese drei Acte fanden nach einander, aber wahrscheinlich in bestimmten, von dem jedesmaligen Gesetze angeordneten Fristen statt: die in dem Acilischen Gesetze dafür bestimmten Fristen mögen später bei grösserer Vereinfachung des Verfahrens verringert worden sein. Beendet waren alle drei Acte, ehe der Termin begann. Denn in seiner zu Anfange des Termines gehaltenen Anklagerede gegen Verres sagt Cicero, der Angeklagte hätte so lange Hoffnung gehegt, das Gericht bestechen zu können, bis man zur Verwerfung der Richter gekommen wäre, nach der Verwerfung habe er an seiner Freisprechung verzweifelt: Cicero deutet an, die Namen der Richter befänden sich in den Händen Aller, er nennt die Richter, welche er, welche Verres verworfen hatte.[1]) Selbst in den Processen über Genossenschaften ging die Bildung des Schwurgerichtes dem Termine vorher: Cicero in seiner Vertheidigung von Plancius beklagt sich über eine angebliche Härte, die dabei stattgefunden habe.[2]) Eine Ausnahme machen nur die Processe des Jahres 52 v. Chr., die nach dem Pompejischen Gesetze gehalten wurden. Bei ihnen

---

[1]) Cic. in Verr. Act. I, 6, 16. Vergl. C. R. II, 2, 117 flgd.

[2]) S. C. R. II, 2, 392.

fand die Verwerfung der Richter am Ende des Termines unmittelbar vor der Abstimmung statt.[1]) Was der Grund dieser Abweichung von der gewöhnlichen Anordnung war, darüber kann man nur eine Vermuthung aufstellen. Ich glaube, er liegt darin, dass man zwischen Erloosung und Verwerfung der Geschworenen einen Zeitraum verlangte, um den Parteien die nöthige Zeit zur Musterung der erloosten Personen zu gestatten. Bei dem gewöhnlichen Verfahren hatte man Zeit gehabt, die beiden Acte an verschiedenen Tagen vorzunehmen. Da aber nach Pompejus' Gesetze der Process nur einen Tag dauern sollte, war man gezwungen, die Verwerfung an das Ende desselben zu verlegen. Indessen was auch der Grund dafür gewesen sein mag, es war eine Abweichung von dem sonst gebräuchlichen Verfahren und überdauerte nicht das Jahr 52 v. Chr.

Die Aufsicht über die Geschworenen hatte der vorsitzende Beamte.[2]) Er hatte darauf zu halten, dass die zu dem Amte Berufenen erschienen, dass sie bei den Sitzungen zugegen waren, dass sie ihre Pflicht bei dem Fällen des Urtheils erfüllten. Die Stellung der Geschworenen zu dem Vorsitzenden war ebenso wie die der Senatoren zu den Consuln oder dem Prätor: die Säumigen wurden durch Amtsboten geholt, durch Geldstrafen zum Erscheinen gezwungen, ihre Abwesenheit von Rom musste beschränkt sein.[3]) Wer durch Krankheit, Familientrauer oder andere Sachen verhindert war, hatte diese Hindernisse dem Beamten zu melden, der darüber mit seinem Beirathe entschied.[4]) Indessen im Allgemeinen war man da-

[1]) S. C. R. II, 2, 400.

[2]) Der eigentliche Ausdruck dafür war *coercere*. Cicero p. Cluent. 53, 147 sagt von dem Vorsitzenden, der seine Befugnisse durch das Gesetz erhalten hatte: *Quid est, Q. Naso, cur tu in isto loco sedeas? quae vis est, qua abs te hi iudices, tali dignitate praediti, coerceantur?* S. oben S. 130.

[3]) Wir haben kein Beispiel einer solchen Bestrafung eines Geschworenen überliefert; aber die Nothwendigkeit derselben ergiebt sich aus der Aehnlichkeit mit den Senatoren. S. Beckers Handbuch der Römischen Alterthümer II, 2, 406.

[4]) Einen solchen Fall führt Cic. Phil. V, 5, 14 an. Ein Geschworener, der nach M. Antonius' Richtergesetze zugleich in Athen Richter ist,

bei milde: wir haben nur bei dem Tullischen Gesetze über Wahlbestechungen Kunde von einer Bestimmung, welche mit auffallender Strenge die Anwesenheit der Geschworenen bei dem Processe erzwingen sollte: bei andern Processen wird sie nicht nöthig gewesen sein.[1]) Selbst darauf hielt der Vorsitzende nicht ängstlich, dass die Zahl der erloosten und durch Verwerfung endgültig eingesetzten Geschworenen immer beisammen wäre und den Verhandlungen regelmässig beiwohnte. Im Acilischen Gesetze ist davon die Rede, dass, wenn zwei Drittel der „anwesenden Richter" zum Urtheilsprechen bereit sind, dies vor sich gehen soll, und das auffallendste Beispiel wird aus dem Processe gegen Oppianicus berichtet, wo bei den Schlussverhandlungen ein Geschworener fehlte, weil er in einem Privatprocesse zu thun hatte: er würde selbst beim Fällen des Urtheils gefehlt haben, wenn er nicht von Seiten der Vertheidigung herbeigeholt worden wäre.[2]) Die Römischen Beamten konnten sich von der Aehnlichkeit, welche das Schwurgericht mit ihrem frei gewählten Beirathe hatte, nicht losmachen. Erst in der Kaiserzeit trat hierin eine strengere Ordnung ein.

Zu den Unterbeamten des vorsitzenden Beamten gehört der Herold.[3]) Er hat die Verpflichtung, jeden, mit dem derselbe etwas verhandeln will, mit lauter Stimme zum Erscheinen aufzufordern (citare).[4]) Dasselbe findet also auch beim Criminalprocesse statt und zwar nicht nur bei dem Verfahren in iudicio, sondern auch bei dem in iure. Da der eigentliche

---

entschuldigt sich in Rom mit seinen Amtsgeschäften in Athen: soll der Prätor diese Entschuldigung gelten lassen?

[1]) Man vergl. die darüber C. R. II, 2, 269 aufgestellte Vermuthung.

[2]) S. C. R. II, 2, 122 und vergl. oben S. 33. Verschieden war natürlich das Verhältniss in denjenigen Criminalprocessen oder denjenigen Verhandlungen, wo der Prätor nur sein freigewähltes *consilium* hatte. Hier kommt es auf die Zahl nicht an. Daher entlässt Verres selbst ein Mitglied seines Beirathes zu einem Privatprocesse und andere gehen ebenfalls fort, ohne von dem Prätor gehindert zu werden. Cic. in Verr. II, 29, 71 flgd.

[3]) S. oben S. 110.

[4]) Verschieden davon ist es, den Befehl erlassen, dass jemand erscheinen solle. Cic. de dom. 47, 45 *qui neque adesse sit iussus neque citatus neque accusatus.*

Termin also mit der Bildung des Schwurgerichtes begann, ist das Erste, dass der Herold die Namen der Geschworenen, die zu erscheinen haben, aufruft. Wer nicht erscheint, muss sich entschuldigen: er kann, wenn die Entschuldigung fehlt oder nicht angenommen wird, mit Geldbusse bestraft werden. Es findet demnach, wenn die Bildung des Schwurgerichtes und der eigentliche Termin nicht auf einen und denselben Tag fallen, eine doppelte Citation statt.[1]) Handelt es sich um die Bildung des Schwurgerichtes, so müssen alle Geschworenen, die möglicher Weise erloost werden können, erscheinen, also zur Zeit bis auf die Cornelischen Gesetze und im Jahre 52 unter dem Pompejischen Gesetze die ganze Richterliste, seit dem Cornelischen Gesetze die für den einzelnen Fall bestimmten Decurien. Beim eigentlichen Termine erschienen natürlich nur die erloosten und nach der Verwerfung übrig gebliebenen Geschworenen. Nach ihnen wird der Angeklagte aufgerufen, dann der Ankläger.[2]) Diese drei, die Geschworenen und die beiden Parteien, wurden beim Beginne jeder Verhandlung aufgerufen: ihre Gegenwart war zum ordentlichen Verfahren nothwendig. Ein erneutes Aufrufen durch den Herold fand statt, sobald im Verlaufe des Processes die eine oder die andere Partei zum besondern Auftreten berufen werden sollte. Auch bei den einzelnen Zeugen geschah deshalb ein Aufrufen.[3]) Man hat einen Unterschied zwischen dem Aufrufen der Parteien gemacht, das zu Anfange eines Termins geschah, und demjenigen, das während der Verhandlungen nöthig war. Jenes, sagte man,[4]) hätte zu drei wiederholten Malen gesche-

[1]) Eine Citation vor dem Beginne des ganzen Processes wird erwähnt von Cic. in Verr. II, 17, 41, eine beim Beginne des Termines bei Cic. in Verr. I, 7, 19.

[2]) Diese Reihenfolge ergiebt sich aus Cic. in Verr. II, 40, 98 *Citat reum: non respondit. Citat accusatorem — citatus accusator — non adfuit.* Der Aufruf des Angeklagten wird sonst noch erwähnt, z. B. von Cic. div. 13, 41; in Verr. II, 40, 97; p. Cluent. 17, 49; 18, 50; 21, 58; p. Mil. 19, 50; Plut. Brut. 27; Suet. Tib. 11; der des Anklägers z. B. bei Ascon. p. 59. Vergl. Quintil. VI, 4, 7 und über den Aufruf bei Volksgerichten C. R. I, 2, 263.

[3]) Cic. p. Flacc. 15, 34; in Verr. II, 59, 146.

[4]) So Geib Römischer Criminalprocess S. 302, der indessen gesteht,

hen müssen: dann erst hätte z. B. über einen abwesenden Angeklagten geurtheilt werden dürfen. Eine ähnliche Vorschrift findet sich allerdings in der Kaiserzeit, als das Verfahren gegen Abwesende überhaupt mehr ausgebildet war.[1]) Während der Republik findet sich davon keine Andeutung. Als Heraclius bei Verres wegen Capitalverbrechen angeklagt war und zum Termine nicht erschien, wollte ihn Verres sogleich verurtheilen. Seine Freunde machten ihn jedoch darauf aufmerksam, nach seinem eigenen Grundsatze, d. h. nach seinem Edicte, dürfe er dies nicht vor der zehnten Stunde, also am Schlusse des Termines thun (Cic. in Verr. II, 17, 41). Das Provincialedict ist dem Römischen Gebrauche nachgebildet. Dieser gebot also dreimaligen Aufruf nicht: er kannte nur eine einzige Art des Aufrufens überhaupt, knüpfte aber an das Nichterscheinen nach dem Aufrufe bei den verschiedenen Theilnehmern des Processes verschiedene Folgen.

## 2. Ordnung des Verfahrens.

Die Ordnung des Processverfahrens festzustellen ist aus zwei Gründen schwer.[2]) Erstlich änderte sich dasselbe in wesentlichen Punkten mehrere Male durch die ampliatio, die comperendinatio und den zusammenhängenden Process des Aurelischen Gesetzes. Besondere Schwierigkeit veranlasste auch das Pompejische Gesetz des Jahres 52 v. Chr., dem man mit Unrecht eine dauernde Wirkung beilegte. Der zweite Grund für die Schwierigkeit des Erkenntnisses liegt darin, dass die Ciceronischen Reden, welche die Hauptquelle

---

dass es dafür keinen Beweis giebt und seine Meinung nur auf das spätere Verfahren gründet.

[1]) Man sehe l. 10 Dig. de publ. iud. (XLVIII, 1).

[2]) Man vergleiche darüber Geib Römischer Criminalprocess S. 318 flgd., auch Rudorff Rechtsgeschichte II, 437 flgd. Sehr nützlich war mir auch die Schrift von I. H. A. Escher *de testium ratione quae Romae Ciceronis tempore obtinuit* (Turici 1842), besonders wegen der genauen Erforschung der Schriften Ciceros. Ich habe sie als Hauptquelle für die zunächst folgende Untersuchung dankbar benutzt. Ueber die Anordnung des Processverfahrens wird p. 122 flgd. gehandelt.

bilden, nicht so geschrieben, wie gehalten wurden. Sie geben uns kein genaues Bild der Processe, über welche sie handeln. Absichtlich wird dasselbe zurückgedrängt: zum Theil sind sie aus verschiedenen kleineren Reden, die gehalten wurden, zusammengefügt.[1] Die Ordnung des Verfahrens ist in doppelter Hinsicht zu untersuchen, erstens in Bezug auf die Reihenfolge, in welcher die einzelnen Acte vorgenommen wurden, zweitens in Bezug auf die Zeit, welche ihnen bewilligt wurde.

## a. Die Reihenfolge des Verfahrens.

Der vorsitzende Beamte selbst tritt in dem ganzen Criminalprocesse und namentlich im Schwurgerichte nirgends anders handelnd auf, als dass er Entscheidungen fällt. Er lässt die verschiedenen Personen in seiner Gegenwart handeln. Nur im Volksgerichte übernimmt er die Rolle des Anklägers und beantragt beim Volke die Strafe: deshalb wird in diesem Falle das Verfahren anders geordnet sein müssen. Ferner giebt es bei den Römern keinen vom Staate bestellten Beamten, dessen Pflicht in der Anklage besteht. Wenn also weder der Prätor den Termin mit einer Darstellung des Verbrechens, über das verhandelt werden soll, eröffnet noch es einen andern Beamten dazu giebt, so ist die natürliche und nothwendige Ordnung, dass der Ankläger zuerst spricht, jener Privatmann, der die Verpflichtung übernommen hat, als Theil des Staates das Interesse desselben zu vertreten. Wenn aber der Ankläger den Richtern zuerst eine einseitige und nur auf Anschuldigen gerichtete Darstellung gab, so war es ferner im Interesse der Gerechtigkeitspflege natürlich, dass alsbald der Vertheidiger folgte. Dadurch erhält das Beweisverfahren erst die dritte Stelle.

Bei diesem Beweisverfahren hat man einen Unterschied gemacht zwischen den schriftlichen Beweisen, mochten die-

[1] Vergl. die Einleitung zu meiner Ausgabe von Ciceros Rede für Murena p. XVI. Ueber die Zusammenstellung kleinerer Reden in eine grössere spricht Asconius in Cic. p. Corn. p. 62 *Cicero ipse significat quatriduo Cornelium defendisse, quas actiones contulisse eum in duas orationes apparet.*

selben in Urkunden aller Art oder in schriftlichen Zeugenaussagen bestehen, und den mündlichen Aussagen der Zeugen: jene, behauptete man,[1]) seien meistentheils von den Anwälten in ihren Reden an den betreffenden Stellen vorgelesen, diese erst bei dem Zeugenverhöre vorgebracht worden. Als Beweis führt man Stellen Ciceronischer Reden an, wo Urkunden und schriftliche Beweise zur Begründung einer vorgebrachten Beschuldigung verlesen werden. Dies geschieht in der That ziemlich oft. Aber, wenn Cicero z. B. in seiner Rede für Sestius (4, 11) ein Schreiben von sich aus seinem Consulate, das eine deutliche Schilderung der damaligen gefährlichen Lage des Staates giebt, oder wenn er in der Rede für Flaccus (9, 20) Schreiben von Pompejus und Hypsäus, die von der allgemeinen Leichtfertigkeit der Griechischen Staaten im Führen von Rechnungsbüchern zeugen, oder, wenn er ebendaselbst (12, 27) einen Senatsbeschluss vorlesen lässt, woraus sich ergiebt, dass es dem Statthalter freistand, zur Anschaffung einer Flotte Steuern aufzulegen, oder, wenn er in eben demselben Processe (32, 78) einen Senatsbeschluss, eine gerichtliche Entscheidung von Flaccus, einen Brief von Q. Cicero anführt, so darf man daraus keine solche Folgerung ziehen. Diese Urkunden sind nicht unmittelbare Beweise für die Unschuld der Angeklagten, sondern mittelbare, um eine Zeitlage, die der Redner schildern will, klar zu machen, um eine gelegentliche Behauptung zu bekräftigen. Bei dem wirklichen Beweisverfahren würden sie, als zu weit hergeholt, zurückgewiesen worden sein: in der Rede eines Anwaltes, um Eindruck auf die Gemüther der Geschworenen zu machen, waren sie nicht unzweckmässig. Etwas anders ist das Verhältniss der von Cicero nur geschriebenen Reden gegen Verres. Hier werden allerdings wirkliche Beweisstücke während der Rede des Anklägers verlesen;[2]) aber wie sie aufzufassen sind, deutet er an einer andern Stelle an, wo er sagt, die übrigen Erpressun-

[1]) So Escher a. a. O. p. 122 und auch Geib Criminalprocess S. 343.

[2]) Von Escher am a. O. werden angeführt Cic. in Verr. I, 33, 83 und 84; II, 74, 183; III, 17, 44; 43, 102; 71, 167; V, 57, 148. Aehnlich verhält es sich mit Cic. p. Cael. 22, 55, über welche Stelle zu vergl. oben S. 201.

gen, die Verres sich in Milet erlaubt habe, wolle er, ohne sie jetzt zu berühren, für das Beweisverfahren aufheben und jetzt nur eine einzige Art von Erpressung erwähnen.[1]) Einzelnes nämlich aus dem Beweisverfahren, das ihm wünschenswerth erscheint, hebt er schon in seiner Anklagerede hervor: daraus dass er dies thut, folgt nicht, dass er es nicht noch einmal bei dem Beweisverfahren vorgebracht hat. Ja aus der Art und Weise, wie diese Urkunden in den Reden erwähnt werden, geht hervor, dass sie noch in einem andern Theile des Processes von Neuem vorgebracht worden sind. Cicero sagt nur zu dem Schreiber, er solle diese oder jene Urkunde verlesen. Es wäre gegen alles vernünftige Processverfahren, wenn es erlaubt wäre, auf so einfache Weise Beweisstücke vor den Geschworenen anzuführen; sie müssen geprüft und beglaubigt sein: erst dann kann der Vorsitzende ihre Verlesung gestatten. Es deutet somit ihre Anwendung in der Anklagerede auf eine dem eigentlichen Termine vorhergehende Untersuchung: eine Trennung der Beweisstücke beweist sie nicht. Selbst die Vertheidiger dieser Ansicht geben zu, dass zuweilen Urkunden mit den mündlichen Zeugenaussagen zusammen erst nach der Anklagerede vorgebracht wurden.[2])

Vernünftiger Weise liegt die Einheit des Beweisverfahrens nicht in den Mitteln, durch welche der Beweis geführt wird, sondern in den Anklagepunkten oder den Theilen des Beweises. In dem Processe gegen Verres legte Cicero eine bedeutende Wichtigkeit derjenigen Erpressung bei, welche der Angeklagte bei der Uebernahme des von dem unmündigen P. Junius in Stand gehaltenen Castortempels verübt hatte. (Cic. in Verr. I, 50 flgd.) Als Beweisstücke dabei werden genannt die Zeugenaussagen von P. Titius und M. Junius, der beiden Vormünder, von L. Domitius, die Bedingungen, die Verres für die Wiederherstellung des Tempels aufgestellt hatte, die Rechnungsbücher von L. Habonius. Diese Beweismittel von ein-

[1]) Cic. in Verr. I, 34, 86 *ea omnia testibus integra reservabo, illud, quod neque taceri ullo modo neque dici pro dignitate potest, cognoscite.*

[2]) Escher a. a. O. führt an Cic. in Verr. I, 20, 156; II, 20, 50; I, 10, 28. Er hätte noch viele andere Stellen anführen können.

ander zu trennen und die Urkunden einem andern Punkte zuzuweisen wie die Zeugenaussagen wäre sehr unzweckmässig gewesen. Wo Cicero von Verres' Raube der Statue des Mercur aus Tyndaris spricht, sagt er (in Verr. IV, 39), er habe zum Beweise seiner Behauptungen Zeugen und Urkunden mitgebracht: ist es wahrscheinlich, dass die Richter mit diesen Beweisen in verschiedenen Abschnitten des Processes, zuerst etwa mit den Urkunden, später mit den Zeugenaussagen bekannt gemacht worden sind? Am deutlichsten ergiebt sich die Zusammengehörigkeit aller Beweismittel und ihre Vertheilung nach den Anklagepunkten aus einer Stelle, wo Cicero sein Verfahren im ersten Termine gegen Verres rechtfertigt und zeigt, für die Belehrung der Geschworenen sei das Anführen der Beweise zweckmässiger gewesen als lange Reden. Z. B., sagt er (lib. I, 10, 28), als es sich um die gegen den Halesiner Dio verübte Erpressung handelte, seien die Richter aufmerksam gewesen, als Dio selbst und die übrigen, die seine Geschäfte während jener Zeit kannten, auftraten, als man fand, Dio habe während jener Zeit Geld aufgenommen und Güter verkauft, als die Rechnungsbücher seiner Geschäftsfreunde vorgelegt wurden, als seine Freunde und Bekannte ihre Aussagen machten. Ohne Unterschied werden Urkunden und Zeugenaussagen, die auf einen und denselben Punkt bezüglichen zusammen, erwähnt.

Diese Ordnung des Processverfahrens, dass zuerst die Rede des Anklägers, dann die des Vertheidigers, an dritter Stelle die Beweisaufnahme erfolgt, wird durch ausdrückliche Zeugnisse bestätigt. Wo Cicero seinen Gegner Hortensius in Verres' Processe beweist, dass jedes Verfahren die Verurtheilung des Angeklagten zur Folge haben würde, sagt er (I, 9, 26): 'Ich gebe dir jenes Acilische Gesetz zurück, nach welchem Viele nach einmaliger Anklage, einmaliger Vertheidigung, einmaligem Zeugenverhöre verurtheilt wurden' und ferner: 'Ich will anklagen: du sollst antworten. Nachdem ich meine Zeugen gestellt, werden die Geschworenen es für schimpflich halten, den Angeklagten nicht sofort zu verurtheilen.' So sehr erscheint hier diese Ordnung als im allgemeinen Römischen Rechte begründet, dass sie sowohl nach dem Acilischen wie nach dem Servilischen Gesetze, das eine bedeutende Veränderung des sonstigen Verfahrens herbeiführte, als gültig angegeben wird. In eben derselben Rede (I, 18, 35) giebt Cicero den Unterschied zwischen dem Verfahren, das er bei Verres' Processe beobachtete, und dem sonst üblichen dahin an, zwischen jener gewöhnlichen Art der Anklage und der neuen, von ihm angewendeten, sei nur die Verschiedenheit, dass bei jener die Zeugen vorgeführt würden, wenn Alles gesagt sei, d. h. wenn der Ankläger seine vollständige, Alles umfassende Rede gehalten habe, bei dieser sie dagegen für die einzelnen Anklagepunkte gestellt würden. In seiner Rede für Flaccus (10, 21) beklagt sich Cicero über die Leidenschaftlichkeit der Belastungszeugen. Sonst bei andern Processen, sagt er, käme zuerst der Ankläger, der scharf und heftig spreche, dann der Vertheidiger, der bittend und demüthig antworte: an dritter Stelle träten endlich die unparteiischen Zeugen auf. Sowohl nach dem Cornelischen Gesetze, als nach dem Aurelischen, welches das Verfahren in allen Schwurgerichten gleichmässig gestaltete, erscheint die Reihenfolge der Verhandlungen so, wie sie es bei den Römischen Verhältnissen natürlicher Weise sein musste.

In dem Abschnitte, den Quintilian in der Unterweisung für den Redner den Zeugen widmet (V, 7), spricht er auch besonders darüber, wie der Vertheidiger die Belastungszeugen in der Achtung der Geschworenen herabsetzen könne: er müsse, je nach den Umständen, über ihre geringe Zahl oder ihre Menge, über ihren niedrigen Stand oder ihre einflussreiche Stellung, über ihren Hass oder andere Gründe ihrer Feindschaft sprechen. Es gelänge dem Redner zuweilen, in seiner Rede die Glaubwürdigkeit derselben herabzusetzen. Dies, fügt er hinzu, sei in jenen Zeiten leichter und häufiger gewesen, wo die Zeugen nicht nach Beendigung der Reden gefragt wurden.[1]) Also zu Quintilians Zeit fand das Zeu-

[1]) Quintil. V, 7, 25 *Quod iis temporibus, quibus testis non post finitas actiones rogabatur, et facilius et frequentius fuit.* Die ältere, den Handschriften nicht entsprechende, Lesart *non nisi post finitas actiones* war sinnwidrig. Denn die Widerlegung der Zeugen kann nicht leichter sein, wenn die Vernehmung derselben erst nach Beendigung der Reden erfolgt.

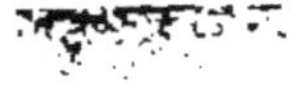



genverhör nach Beendigung der Reden (actiones) statt; aber es hatte Zeiten gegeben, wo es nicht nach Beendigung der Reden gehalten wurde. Dies stimmt scheinbar nicht zu dem von uns gewonnenen Ergebnisse, dass das Beweisverfahren nach den Reden des Anklägers und des Vertheidigers eintrat: aber nur scheinbar. Unter Reden (actiones) versteht Quintilian die zusammenhängenden Vorträge der Anwälte: wenn er von der Beendigung derselben spricht, meint er, dass nach denselben keine weitere ausführliche Rede gehalten wurde. Wir haben erwiesen, dass die Verhandlungen mit solchen Reden begannen: daraus folgt nicht, dass nicht auch später, nach dem Zeugenverhöre, andere Reden gehalten werden durften. Zur Zeit, als die comperendinatio galt, ergiebt sich von selbst, dass ein Theil der Reden nach dem Zeugenverhöre fiel. Aber auch vor dem Servilischen und nach dem Aurelischen Gesetze konnten ausser den Anfangsreden noch mannigfache andere Reden gehalten werden: wir wissen dies z. B. bestimmt von C. Cornelius' Processe, den Cicero führte.[1]) Quintilian deutet auf die Zeiten der Republik, wenn er im Gegensatze zu seiner Zeit bemerkt, es seien ehemals die Zeugen nicht nach Beendigung der Reden vernommen worden. Die Richtigkeit von Quintilians Bemerkung können wir an zwei Fällen, von denen Plinius unter Trajan berichtet, erkennen, bei den Processen gegen Marius Priscus, den Proconsul Africas, und Julius Bassus, den Statthalter Bithyniens.[2]) In beiden Processen, die im Senate verhandelt wurden, dauerten die Reden der beiderseitigen Anwälte, die einander erwiderten, mehrere Tage; das Ende aber bildete die Beweisaufnahme. Die Veränderung, die also eingetreten ist, schreibt man dem Gesetze von Cn. Pompejus im Jahre 52 v. Chr. zu:[3]) dies

[1]) Ascon. in Cic. Cornel. p. 62. Vergl. oben S. 212.

[2]) S. Plin. epist. II, 11, 18 und IV, 9, 15. Bei den beiden Processen, welche Tacitus Ann. II, 30 und III, 13 schildert, dem gegen Libo Drusus und Cn. Piso, ist seine Darstellung zwar malerisch, aber doch im Einzelnen ungenau.

[3]) So thut es Escher a. a. O. p. 130–134, der Einiges über dessen Bedeutung richtig erkennt, aber sowohl darin irrt, dass er ihm eine längere Dauer über das Jahr 52 v. Chr. hinaus zuschreibt, als auch in

ist unmöglich, weil dessen Geltung sich auf eben jenes Jahr beschränkte und nachher das alte Verfahren, wie es vorher bestanden hatte, wieder eintrat. Aber allerdings gab dasselbe das Vorbild, insofern es die Vorlesung der Beweisaufnahme, wie sie vorher aussergerichtlich stattgefunden hatte, nach den Reden der Anwälte an den Schluss des Termines verlegte. Ihm folgte aller Wahrscheinlichkeit nach der Kaiser Augustus, als er das gesammte Processverfahren neu ordnete. Er wollte den Rednern nicht die Gelegenheit nehmen, ihre Beredsamkeit zu zeigen, vernichtete aber die Wirkung, welche sie auf die Richter ausüben konnten. Deshalb verlegte er die Beweisaufnahme an das Ende des Termines und gestattete nachher keine weiteren zusammenhängenden Reden. Wenn der Process einen einzigen Termin hatte, wenn es einen einzigen Ankläger und Vertheidiger gab, wenn diese beiden nur einmal eine Rede hielten, war die Reihenfolge des Verfahrens von den ältesten Zeiten bis tief in die der Kaiser die gleiche, wie sie sich nach dem natürlichen Bedürfnisse gestaltet hatte. In vielen Fällen des gewöhnlichen Lebens, bei gemeinen Leuten war damit der Process zu Ende und es erfolgte der Urtheilsspruch. Selbst unter den gerichtlichen Reden Ciceros giebt es eine, die in einem solchen Processe gehalten zu sein scheint, die für den Dichter Archias: die Sachlage war so einfach, der Streitpunkt so unbedeutend, dass es schwerlich weiterer Vertheidigung bedurfte. Ciceros Rede ist unmittelbar nach der des Anklägers Gratius gehalten: auf sie folgten die Aussagen von M. Lucullus und den Gesandten von Heraclea.[1]) Verwickelter aber wurde der Process, wenn mehrere Ter-

dem Beweisverfahren, das es vorgeschrieben haben soll. Die richtige Ansicht über die Zeit der Veränderung scheint Walter Geschichte des Römischen Rechtes II, 851 zu haben, während Rudorff Römische Rechtsgeschichte II, 440 kurz, aber entschieden unrichtig behauptet, die Beweisführung hätten die Redner entweder in die *actiones* verflochten oder ihnen nachfolgen lassen.

[1]) Der Ankläger wird erwähnt 6, 12, die beiden Zeugen 4, 8. Cicero sagt von beiden *dicit* und *dicunt*: er wusste bei seiner Rede vorher, was sie aussagen würden. Weitere Zeugen kamen nicht vor. Vergl. C. R. II, 2, 237.

mine stattfanden, oder der eine Termin mehrere Tage dauerte, oder überhaupt mehrere Ankläger oder Vertheidiger auftraten. Der unächte Asconius macht zu der Stelle Ciceros in den Verrinischen Reden, wo derselbe von der comperendinatio spricht, die Bemerkung, bei dem zweiten Termine habe zuerst der Vertheidiger, dann der Ankläger seine Rede gehalten, so dass der letztere, abgesehen vielleicht von einem erneuten Zeugenverhöre, den Schluss aller Verhandlungen gebildet habe.[1]) Eine solche Ordnung ist unmöglich. Es ist gegen die Gerechtigkeit, dem Ankläger das letzte Wort zu gestatten: am wenigsten ist dies denkbar, wo Geschworene, ohne durch bestimmte Vorschriften gebunden zu sein, nach ihrer Ueberzeugung das Urtheil fällen. Hiermit gewinnen wir einen festen Grundsatz, nach dem wir die Reihenfolge einer öfter wiederholten Anklage und Vertheidigung ordnen können: so oft jene vorangegangen ist, wird diese nothwendiger Weise nachfolgen. Der zweite Grundsatz liegt in der eben erläuterten Nachricht Quintilians. Zu seiner Zeit folgt die Beweisaufnahme immer als besonderer Act auf die Reden der Anwälte: zu republikanischer Zeit sind also zwei Fälle denkbar. Entweder nahm die Beweisaufnahme, ebenfalls als besonderer Act, eine andere Stelle ein, d. h. geschah in der Mitte der Verhandlungen, oder sie bildete überhaupt keinen besondern, einheitlichen Act, sondern konnte nach Bedürfniss getheilt werden. Wir werden im Folgenden erweisen, dass Zeugenverhöre sowohl nach den ersten als nach den wiederholten Reden der Anwälte stattfanden: folglich bildete der Zeugenbeweis während der Republik keinen besondern Act, sondern wurde nach Bedürfniss an verschiedenen Stellen gehalten.

Es lässt sich noch eine andere Theilung des Beweisverfahrens denken, nämlich in das der Anklage und das der Vertheidigung: dann könnte das erstere nach der Rede des

[1]) Ascon. p. 163 zu Cic. in Verr. 1, 9, 26. Er ist ausführlich widerlegt worden von Ferratius epist. 1, 9, der sowohl die in der Sache liegende Unmöglichkeit als auch die falsche Erklärung von Ciceros Worten, auf der die Bemerkung beruht, nachweist. Er hat damit alle neueren Gelehrten vollständig überzeugt.

Anklägers, das zweite nach der des Vertheidigers vorgenommen werden. Diese Ordnung würde zu einem Criminalprocesse passen, bei welchem der Beamte die Wahrheit der Thatsachen untersuchte und nach Anhörung der Anklage und Vertheidigung selbständig die Schuld oder Unschuld des Angeklagten ermittelte: sie passt nicht zu dem Römischen Verfahren, bei welchem der Ankläger seine Anschuldigungen zu erweisen hat. Deshalb findet sich diese Ordnung des Beweisverfahrens bei den Römern nicht. Die Beweismittel der Belastung und Entlastung bilden ein einheitliches Ganze. Wenn eine Trennung des Beweisverfahrens stattfindet, ist dieselbe nur so denkbar, dass anfangs nicht alle Beweismittel für die gleichen Thatsachen vorgebracht werden oder neue Thatsachen zur Sprache kommen.

Ueber die Reihenfolge der Verhandlungen, welche herrschte, so lange die ampliatio gebräuchlich war, haben wir kein unmittelbares Zeugniss. Denn in den Bruchstücken des Acilischen Gesetzes ist von dem Zeugenbeweise nicht die Rede.[1]) Aber ein mittelbares Zeugniss liegt in den früher angeführten Worten Ciceros,[2]) der Anklage, Vertheidigung, Zeugenbeweis als herkömmliche Ordnung nennt, ferner in Ciceros Rede für Sex. Roscius, bei der, weil es sich um ein gemeines Verbrechen handelte, ampliatio stattfand. Es war nur ein Ankläger, C. Erucius, nur ein Vertheidiger, Cicero: die Zeugen sollen erst verhört werden[3]) und es wird keiner, der schon gesprochen hätte, erwähnt. Also hat Cicero seine Rede unmittelbar als Antwort auf die Anklage, mit welcher der Process begann, gehalten. Dazu passt der Schluss derselben. Er wendet

---

[1]) Freilich glaubte Rudorff in Z. XXXV des Acilischen Gesetzes, wo die Ueberschrift eines Paragraphen lautet *Praetor uti interroget* eine Beziehung auf das Zeugenverhör zu finden und bestimmte darnach dessen Stelle, s. Rechtsgeschichte II, 440. Diese Erklärung wird theils durch anderes theils besonders dadurch widerlegt, dass der Prätor nicht das Zeugenverhör hält. Vergl. C. R. II, 1, 149.

[2]) Cic. in Verr. I, 9, 26 *Ego tibi illam Aciliam legem restituo, qua lege multi semel accusati, semel dicta causa, semel auditis testibus condemnati sunt.* Vergl. oben S. 215.

[3]) Man sehe 29, 82; 30, 84; 35, 100; 30, 102.

sich an die Richter, die zur Gerechtigkeit und Beseitigung des herrschenden Unglücks ermahnt werden, aber er entbehrt alles Pathos, mit welcher sonst wohl der Angeklagte dem Mitleide der Richter empfohlen und sein Elend im Falle der Verurtheilung geschildert wird. Ob der Termin wiederholt wurde, wissen wir nicht. Wenn es geschah, so musste nach erneuter Anklage und Vertheidigung auch ein neues Beweisverfahren eintreten. Dass in einem und demselben Termine doppelte Reden der Parteien und doppeltes Beweisverfahren stattfand, glaube ich nicht. Die Richter stimmten nach der ersten Beweisaufnahme ab und erkannten, wenn ihnen Zweifel blieben, auf einen zweiten Termin.

Als comperendinatio galt, musste ein doppelter Termin stattfinden. Die Ordnung war also folgende: Anklage, Vertheidigung, Beweisverfahren, dann erneute Anklage, erneute Vertheidigung, erneutes Beweisverfahren. In Verres' Processe begannen die Verhandlungen mit der uns erhaltenen Rede Ciceros: nach der Entgegnung des Vertheidigers Q. Hortensius folgte das Beweisverfahren. Im zweiten Termine wollte Cicero mit derjenigen Rede beginnen, die er schriftlich abfasste: das beweist namentlich der Eingang derselben. Nach derselben sollte die Erwiderung des Angeklagten und dann ein erneutes Zeugenverhör folgen: es wird öfters auf Zeugen, die erst sprechen würden, verwiesen.[1])

Durch das Aurelische Gesetz wurde die Nothwendigkeit des zweiten Termines aufgehoben, aber dafür war einmalige Wiederholung des Termines auf den Antrag der Parteien gestattet. Im Processe gegen M. Fontejus wegen Erpressung, dem ersten nach diesem Gesetze, in dem wir Ciceros Vertheidigungsrede besitzen, waren zwei Ankläger, M. Plaetorius und M. Fabius (10, 36). Von Vertheidigern wird nur Cicero genannt: er sprach sowohl im ersten wie im zweiten Termine.[2]) Zuerst hatte der

[1]) Die Stellen sind von Escher a. a. O. p. 124 vollständig angeführt worden. Ich hebe die bedeutendsten hervor: I, 34, 86; 39, 100; 40, 103; 61, 157; II, 20, 50; 42, 102; 65, 156; 71, 175; 72, 177; 76, 186; III, 25, 63; 27, 66; 41, 97; 43, 103; 46, 109; IV, 9, 19; 22, 48; 25, 55; 67, 150; V, 7, 15; 17, 43; 57, 147; 59, 154; 63, 164.

[2]) Cic. p. Font. 16, 57 *de quo homine, iudices (tum enim mihi videor*

Ankläger gesprochen, dann der Vertheidiger, bei der Erneuerung wieder zuerst der Ankläger, dann wieder Cicero. Das Zeugenverhör hatte stattgefunden, als Cicero die uns erhaltene Rede hielt [1]), d. h. also nach der ersten Rede des Vertheidigers. Es hätte ein erneutes Beweisverfahren nach Ciceros Rede stattfinden können. Denn er fordert die Gegner auf, einen glaubwürdigen Römischen Bürger von den vielen, die in Fontejus' Provinz gewesen wären, anzugeben: den wolle er als Lobredner und Zeugen anführen. [2]) Seine Rede endet pathetisch mit Anrufung des Mitleids der Richter, wie es beim Schlusse der Verhandlungen zweckmässig war.

Bei dem Processe gegen A. Cluentius wird nur ein einziger Ankläger genannt, T. Attius [3]); Vertheidiger war Cicero: er rühmt sich nach alter Sitte den Process allein bis zu Ende geführt zu haben. [4]) Er musste also jedenfalls auf die anfängliche Rede des Anklägers erwidern, und die uns erhaltene Rede ist diese erste Vertheidigung: sie giebt die Geschichtserzählung und deutet auf keine vorhergegangene Vertheidigung. Die Zeugen sollen erst auftreten (6, 18 und 70, 198). Dennoch lässt er auch das schon schriftlich abgefasste Zeugniss eines gegenwärtigen Zeugen verlesen (60, 168). Wahrscheinlich ist die Rede, wie sie uns vorliegt, bei ihrer schriftlichen Abfassung aus zwei Reden, wie sie wirklich gehalten wurden, zusammen geschmolzen. [5]) Es fand ein doppelter Termin statt, von denen jeder aus Anklage, Vertheidigung und Beweisverfahren bestand.

Im Processe gegen L. Murena war Serv. Sulpicius Ankläger mit drei Gehülfen, M. Cato, C. Postumus, einem Römischen

—

*hoc prope causa duabus actionibus perorata debere dicere) de quo vos homine ne ab inimicis quidem ullum fictum probrosum non modo crimen, sed ne maledictum quidem audistis;* id. 17, 40 *M. Fonteius ita duabus actionibus accusatus est.* Vergl. C. R. II, 2, 216.

[1]) Man sehe 13, 28 über das Zeugniss der Gallier.

[2]) Cic. p. Font. 7, 16 *quis est ex eo numero, qui vobis auctor placeat? eo nos iam laudatore et teste utemur.*

[3]) Cic. p. Cluent. 23, 62 und öfter.

[4]) Cic. p. Cluent. 70, 199 *qui totam hanc causam vetere instituto solus peroravi.* Vergl. oben S. 89.

[5]) S. oben S. 212.

Ritter, und einem jungen Manne Serv. Sulpicius.[1]) Alle vier traten redend auf: Cicero widerlegt ihre Anschuldigungen ausdrücklich.[2]) Der Vertheidiger waren drei, ausser Cicero noch Q. Hortensius und M. Crassus. Sie hatten sich in die Vertheidigung so getheilt, dass Hortensius zuerst antwortete und den Hauptankläger Ser. Sulpicius widerlegte, Cicero über die gesammte Anklage zuletzt sprach[3]): folglich hatte es Crassus hauptsächlich mit den Anschuldigungen der Gehülfen des Anklägers zu thun. In Ciceros Rede findet sich keine Andeutung eines zukünftigen Zeugenverhöres: er nimmt im Gegentheile die Beschuldigungen, Murena habe sich bei seiner Rückkehr empfangen, sich bei seiner Bewerbung von einer Menge begleiten lassen, habe Gastmähler und Spiele gegeben[4]), als erwiesen an und behauptet nur, Murena habe damit nicht gegen das Gesetz verstossen. Es folgte kein weiteres Beweisverfahren, sondern Ciceros Rede bildete den Beschluss des Processes. Das Beweisverfahren fiel in die Mitte des Processes. Folglich wechselten Ankläger und Vertheidiger mit einander ab, das Beweisverfahren fand an dem Schlusse der ersten Vertheidigungsrede statt. Es hätte, wenn dazu Bedürfniss gewesen wäre, auch nach Ciceros Rede erneut werden können. Zuerst sprach Serv. Sulpicius: ihm antwortete Q. Hortensius[5]): es schloss das Beweisverfahren. Nach diesem Beschlusse der ersten actio folgten C. Postumus und der jüngere Sulpicius, auf sie M. Crassus und wahrscheinlich erneutes Beweisverfahren. Den Beschluss machten M. Cato und Cicero, worauf die Verhandlungen beendet waren.

In dem Processe gegen P. Sulla kennen wir nur einen Ankläger L. Torquatus: von ihm allein scheint eine Rede ge-

[1]) Man vergl. die Einleitung zu meiner Ausgabe der Rede p. Murena (Berol. 1859) p. XIII flgd.

[2]) Cic. p. Mur. 27.

[3]) Dies darf man aus Ciceros Bemerkungen 23, 48 schliessen, verglichen mit 20, 54.

[4]) Man sehe Cic. p. Mur. 33 und 35.

[5]) Denn in dieser Reihenfolge werden die Vertheidiger von Cicero genannt und Hortensius soll besonders gegen Sulpicius aufgetreten sein, nach 23, 48.

halten worden zu sein. Die beiden Vertheidiger, Q. Hortensius und Cicero, hatten sich dahin geeinigt, dass jener über die erste Verschwörung, bei der Sulla gewesen sein sollte, dieser über die zweite, folglich auch an zweiter Stelle sprechen sollte.[1]) Daraus ergiebt sich, dass auf die Anklageacte, welche alle Anklagepunkte enthielt, zwei Anwälte erwiderten und hinter einander sprachen. Zeugenaussagen oder sonstige Beweise werden nicht erwähnt: die Gründe zur Anklage, welche Cicero widerlegt, ergaben sich aus allgemein zugänglichen Urkunden, aus den Aussagen der Allobrogen (13, 36 flgd.), aus der Aussage von C. Cornelius, der vielleicht Torquatus bei der Anklage unterstützte (18, 51), aus allbekannten Thatsachen, wie der Abreise von P. Sittius (20, 56), Sullas Verhältniss zu der Sullanischen Colonie in Pompeji (21, 60), aus seinem Benehmen bei dem Cäcilischen Gesetze (22, 62), aus einem Briefe Ciceros (24, 67). Ein Zeugenverhör hatte nicht stattgefunden: der Ankläger droht erst mit dem Verhöre der Sclaven (28, 78): Cicero erklärt, er fürchte keinen Zeugen (28, 79). Die Beweisaufnahme geschah also unmittelbar nach Ciceros Rede. Ob dann die actio noch einmal durch Anklage und Vertheidigung erneut wurde, wissen wir nicht: möglich ist es, möglich auch, dass Cicero dabei noch einmal sprach und sich darauf der leidenschaftliche Schluss der uns erhaltenen Rede bezieht: er ist so abgefasst, als ob er der Abstimmung unmittelbar vorhergegangen wäre.

Im Processe gegen L. Flaccus fanden wenigstens zwei actiones statt, d. h. erneute Verhandlungen, deren jede mit einer Rede des Anklägers begann: der Process dauerte längere Zeit.[2]) Ankläger war Laelius, aber als seine Gehülfen werden Luccejus, L. Balbus und Appulejus Decianus genannt[3]), von denen indessen die beiden letzten wohl kaum besonders mit eigentlichen Reden aufgetreten sind. Vertheidiger waren Q. Hortensius und Cicero: jener hatte schon gesprochen, als dieser

[1]) Man sehe 1, 3; 4, 12; 5, 14; 18, 51.

[2]) Cic. p. Flacc. 17, 41 erwähnt einen Zeugen, der seine Aussage gemacht hatte und starb, ehe Cicero die uns erhaltene Rede hielt.

[3]) Man sehe über diese Gehülfen Cic. p. Flacc. 33, 81 und Schol. ad Cic. p. Flacc. p. 229 Orell.

seine Rede hielt (17, 41 und 23, 54), und einige Anklagepunkte vollständig behandelt. Cicero erwähnt Zeugen, die aufgetreten waren [1]), aber auch einen, der erst nach seiner Rede auftreten könnte. [2]) Ob er wirklich aufgetreten ist, bezweifle ich: Cicero will nur seinem etwaigen Zeugnisse begegnen. Ich glaube, Ciceros Rede hat den Schluss der Verhandlungen gebildet: darauf deutet ihre leidenschaftliche peroratio, die, wenn sie wirklich so gehalten wurde, unmittelbar darauf folgende Abstimmung der Geschworenen wahrscheinlich macht. Es würde demnach die Ordnung der Verhandlungen ähnlich gewesen sein wie in dem Processe gegen Murena, nur dass dieser, weil es sich um die Verwaltung einer Provinz handelte, sehr viel länger dauerte.

Der Process gegen P. Sestius über Gewaltthätigkeit hat eine Eigenthümlichkeit, wie sie nur bei einem durchaus politischen Processe vorkommen kann. Ankläger war M. Tullius Albinovanus, den Cicero in seiner Rede nirgends mit Namen nennt: er spricht nur einmal von dem Ankläger. [3]) Wahrscheinlich hat es weiter keinen gegeben, wenigstens hat Niemand weiter bei der Anklage eine Rede gehalten. Aber Vertheidiger gab es mehrere: Cicero spricht von den „übrigen", welche auf die Anklagepunkte erwidert haben. [4]) Es müssen im Ganzen wenigstens vier gewesen sein: die beiden letzten waren Q. Hortensius und Cicero. Der erstere hatte alle Anklagepunkte, welche die anderen Vertheidiger übrig gelassen,

---

[1]) Nämlich 4, 10 und 35, 37; 15, 34; 17, 39.

[2]) Cic. p. Flacc. 21, 51 *Eum tu testem spe recuperandi fundi paterni venire ad testimonium dicendum coegisti, qui quoniam testimonium nondum dixit, quidnam sit dicturus, expecto.*

[3]) Cic. p. Sest. 36, 78. Wir kennen den Namen aus Cic. ad Q. fr. II, 3, 5; in Vat. 1, 3 und 17, 41.

[4]) Cic. p. Sest. 2, 5 *Sed quoniam singulis criminibus ceteri responderunt,* ibid. 2, 3 *extremus dicendi locus,* den Cicero hat. Deshalb sagt der Scholiast von Bobbio p. 292 *Hanc igitur eandem causam plurimi defenderunt, in quis fuit Q. Hortensius, M. Crassus, L. Licinius Calvus.* Diese Bemerkung ist möglicherweise richtig. Crassus wird von Cicero in seiner Rede (21, 48) als anwesend erwähnt und, wenngleich eine Andeutung, dass er eine Vertheidigungsrede gehalten, vermisst wird, so war doch solche Vertheidigung möglich. Auch L. Licinius Calvus war

besprochen [1]), Cicero sprach nur noch über die allgemeine Lage des Staates. Er erwähnt keine Zeugenaussagen, kein Beweisverfahren. [2]) Dennoch muss es ein solches gegeben haben und ein Zeuge wird uns unter anderen [3]) mit Namen genannt. Cicero bezieht sich auch nicht auf eine der seinigen vorhergehende Rede des Anklägers. Folglich müssen in diesem Processe mehrere Vertheidiger hinter einander, ohne Unterbrechung durch den Ankläger, gesprochen haben und das Zeugenverhör hatte früher nach der ersten Rede des Anklägers und eines der Vertheidiger stattgefunden. Auf Ciceros Rede folgte unmittelbar die Abstimmung.

Im Processe gegen M. Caelius fand das umgekehrte Verhältniss, wie bei dem eben erläuterten statt. Es werden vier Ankläger genannt, zuerst L. Atratinus, dann L. Herennius, P. Clodius und ein gewisser Balbus: alle hatten Reden gehalten. [4]) Dagegen Vertheidiger waren nur M. Crassus und nach ihm Cicero. [5]) Entweder also mussten diese beiden jeder zweimal antworten oder die Ankläger hatten sich so getheilt, dass mehrere zusammen die erste Anklagerede hielten und Crassus auf sie antwortete, dann auf die zweite, von einem oder mehreren Anklägern gehaltene Rede Cicero folgte. Im ersteren Falle, wenn vier Termine stattgefunden hätten, wäre das Beweisverfahren in den ersten so erschöpft worden, dass nach dem vierten Termine kein weiteres Zeugenverhör nöthig gewesen wäre. Cicero aber erwähnt theils schon abgelegte Zeu-

bei dem Processe zugegen und zwar auf des Angeklagten Seite; denn Cic. ad Q. fr. II, 4, 1 erzählt, er habe auf P. Sestius' Bänken gesessen. Daraus schliesst Drumann Römische Geschichte V, 665 fälschlich, er sei Zeuge in diesem Processe gewesen. Vergl. oben S. 117.

[2]) Daher sagt Cicero p. Sest. 2, 3 *Et quamquam a Q. Hortensio — causa est P. Sestii perorata nihilque ab eo praetermissum est, quod aut pro republica conquerendum fuit aut pro reo disputandum.* Vergl. 6, 14

[3]) Er führt nur einen Beschluss der Decurionen Capuas an (4, 10) und einen Brief von sich während seines Consulates (4, 11).

[3]) Von Cicero ad Q. fr. II, 4, 1. Bekannt ist auch, dass P. Vatinius als Zeuge auftrat, gegen den Cicero seine *interrogatio* hielt. Es ergiebt sich aus ihr, dass Cicero auch bei der Beweisaufnahme für Sestius thätig war.

[4]) Cic. p. Cael. 1, 2 und 3, 7; 11, 25 und 27; 21, 53.

[5]) Cic. p. Cael. 10, 23.

genaussagen (22, 55), theils verweist er auf andere, die folgen sollen.[1]) Mithin ist der zweite Fall wahrscheinlicher, dass jeder der beiden Vertheidiger mehreren der Ankläger zusammen erwiderte.

Der Process gegen L. Balbus war ähnlich dem gegen Sestius. Einem Ankläger standen drei Vertheidiger gegenüber, M. Crassus, dann Cn. Pompejus, endlich Cicero.[2]) Vom Beweisverfahren erwähnt Cicero nichts, nicht einmal von dem, das stattgefunden hatte, geschweige von einem zukünftigen. Es fiel also an das Ende der ersten actio, bei der Crassus die Vertheidigung geführt hatte: Cicero sagt von ihm, er habe „die ganze Anklage" entwickelt. Bei der zweiten actio erwiderte Cicero zusammen mit Pompejus auf die erneute Anklagerede.

In M. Scaurus' Processe wegen Erpressung, sagt Asconius, der Ankläger seien vier gewesen, P. Valerius Triarius, dann seine drei Gehülfen L. Marius und M. und Q. Pacuvius Claudius: wie weit sich diese Gehülfen an den Reden betheiligten, wissen wir nicht, in Ciceros Entgegnung werden sie nicht erwähnt. Dagegen Vertheidiger werden sechs genannt[3]), P. Clodius, M. Marcellus, M. Calidius, M. Cicero, M. Messalla Niger, Q. Hortensius. Man nimmt jetzt an, die Schlussrede habe Cicero gehalten und es sei diejenige, aus der Bruchstücke übrig sind. Ich sehe zu dieser Vermuthung keinen Grund, glaube vielmehr, dass die Vertheidiger in derjenigen Reihenfolge sprachen, wie Asconius sie nennt.[4]) Dann war Cicero der vierte. Ueber die Stelle, welche das Beweisverfahren einnahm, ist das Urtheil etwas unsicher. Cicero spricht von einer ersten actio, die der Ankläger mit der Vorführung nur eines einzigen Zeugen beendet habe und vergleicht damit sein eigenes Verfahren

---

[1]) Man sehe 2, 4; 8, 19 und 20; 10, 24; 28, 66; 30, 73.

[2]) Der Ankläger wird erwähnt 10, 25 und 14, 32; die Vertheidiger 1, 2 und 7, 17.

[3]) Ascon. p. 19 und 20.

[4]) Jene Vermuthung stellte auf C. Beier in seiner Ausgabe *Ciceronis orationum* u. s. w. p. 197 und ihm folgte Drumann Römische Geschichte VI, 38. Als Grund führen sie nur an, Cicero habe gewöhnlich zuletzt gesprochen.

in Verres' Processe, wo er im ersten Termine vor der comperendinatio ganz Sicilien als Zeuge aufgeboten hatte.[1]) Er erwähnt dann weiter 'die frühere actio', welche der Ankläger durch sein Verfahren unnütz gemacht habe. Daraus ergiebt sich, dass Cicero bei der zweiten actio sprach. Von Zeugen erwähnt Cicero einen einzigen, Valerius, der in der ersten actio aufgetreten war. Was er von den übrigen Zeugen erzählt, konnte er aus des Anklägers Rede, ohne sie selbst vernommen zu haben, wissen.[2]) Deshalb fand in diesem Processe das Beweisverfahren zum kleineren Theile nach der ersten, grösstentheils nach der zweiten actio statt. Von den Vertheidigern sprachen mehrere hintereinander in Erwiderung einer einzigen Rede des Anklägers.

---

[1]) Die Worte werden jetzt (von Beier a. a. O. p. 179 und nach ihm von Orelli Cic. oper. ed. I tom. II p. 265 § 29) so herausgegeben . . *Isti Aetnam ardere dicant, sic Verrem operuisse Siciliam teste tota. Tu uno comperendinasti reum teste producto. At quo teste? Di immortales! non satis, quod uno, non quod ignoto, non quod levi: etiamne Valerio teste primam actionem confecisti, qui patris tui beneficio civitate donatus gratiam tibi non illustribus officiis, sed manifesto periurio retulit?* Man hat diese Stelle als Beweis angeführt, dass noch in Scaurus' Processe die durch das Servilische Gesetz eingeführte *comperendinatio* gegolten, d. h. dass es bei ihm nur zwei *actiones* habe geben können. Dieser Beweis ist hinfällig, weil Ciceros obige Worte sehr unsicher sind: die Stelle ist verderbt, die Lesart der Herausgeber durch Vermuthung entstanden und zwar durch eine falsche. Cicero stellt die *comperendinatio* in Verres' Processe der *prima actio* in Scaurus' Processe gegenüber: die Worte *tu uno comperendinasti reum* sind unrichtige Ergänzung. Sichere Verbesserung ist nicht möglich: . . *comperendinatum* gehört zum Vorigen, zu Verres' Processe: das Weitere, etwa *Tu teste* u. s. w. zum Folgenden. Die Stelle spricht also mehr gegen, als für die *comperendinatio* in Scaurus' Processe und deshalb habe ich sie im C. R. II, 2, 211 nicht benutzt. Indessen eine *prima actio* gab es in demselben: von ihr sagt Cicero gleich nachher *Sed omnis ista celeritas ac festinatio, quod inquisitionem, quod priorem actionem totam sustulisti.*

[2]) Man sehe § 14 flgd. Orell., ferner § 18, wo es z. B. heisst *Si nitere testibus — quemadmodum mihi cum quoque sit confligendum, considerabo.* Ich stimme also nicht mit Escher a. a. O. p. 128 überein, wenn er meint, sie seien schon früher verhört worden, und deshalb annimmt, in Scaurus' Processe seien die Zeugen ausnahmsweise zwischen der Rede des Anklägers und des Vertheidigers verhört worden.

Ueber Ciceros Reden für C. Cornelius ist uns kein Urtheil möglich, weil wir sie nicht besitzen. Nach Asconius' Bericht über dieselben sprach er vier Tage für den Angeklagten, war also wahrscheinlich der einzige Vertheidiger. Als er die Reden herausgab, fasste er sie in zwei zusammen. Die Zeugenaussagen gingen dahin, Cornelius habe die Handlung, in welcher der Ankläger Majestätsverringerung fand, wirklich begangen. Cicero gab also die Thatsache zu, läugnete aber die in ihr liegende Majestätsverringerung. Das Beweisverfahren fand am Ende einer actio statt und Cicero machte das Eingeständniss der Thatsache erst in der darauf folgenden Vertheidigungsrede.[1])

In dem Processe gegen Cn. Plancius gab es zwei Ankläger, M. Iuventius Laterensis und L. Cassius Longinus[2]), und zwei Vertheidiger, Cicero und Q. Hortensius.[3]) Ciceros Rede war die zweite und wurde am Tage nach der von Hortensius gehalten. Cicero erwähnt Zeugen, welche gesprochen haben,[4]) und zwar in Verbindung mit der Rede des Hauptanklägers M. Iuventius: Zeugen, die erst aussagen sollen, erwähnt er nicht. Demnach war die Anordnung des Processes einfach. Es fanden zwei actiones statt, von denen die letzte einen Tag, die erste, wenn man die Vorbereitungen zu den Verhandlungen mitrechnet und bedenkt, dass die erste Anklagerede ausführlicher war, vielleicht zwei Tage dauerte: die Vertheidigung der ersten actio fiel auf den der zweiten actio vorhergehenden Tag. Zuerst hielt M. Iuventius die Anklagerede, ihm er-

[1]) Asconius p. 60 flgd. Ich erwähne diesen Process, weil Escher a. a. O. glaubt, auch in ihm habe das Beweisverfahren zwischen den Reden des Anklägers und des Vertheidigers stattgefunden.

[2]) Cic. p. Planc. 1, 2 und 21, 58.

[3]) Cic. p. Planc. 15, 37 *huiusce rei — causa — disputata hesterno die copiosissime a Q. Hortensio.* Ich verstehe nicht, wie Drumann Römische Geschichte III, 99 auf den Gedanken kam, diese Worte auf Hortensius' Thätigkeit im Senate zu beziehen, die doch sicherlich nicht Tags vorher stattgefunden hatte, und demgemäss zu läugnen, dass er Plancius' Vertheidiger gewesen sei.

[4]) Cic. p. Planc. 12, 31 *Et quidem emissus per imprudentiam, emissus, ut cognostis, necessarii hominis optimique adulescentis rogatu.* Ich beziehe darauf auch die Andeutungen 22, 54 und 11, 27.

widerte Hortensius: dann folgte das Beweisverfahren. Am folgenden Tage sprach L. Cassius, dessen Rede, zusammen mit der von Laterensis, Cicero widerlegte. Ob noch ein erneutes Beweisverfahren stattfand, wissen wir nicht.[1])

In allen diesen Processen, deren Verhältnisse uns durch die Reden Ciceros besser bekannt sind als alle andern, findet sich gleichmässig, dass das Beweisverfahren erstens von Seiten beider Parteien zusammen stattfindet, also Belastungs- und Entlastungszeugen nach den einzelnen Anklagepunkten geordnet auftreten und ebenso auch Urkunden aller Art mit den Zeugen vereint werden. Die Beweisaufnahme geschieht nicht nach der Rede der einen Partei, sondern nach den beiderseitigen Reden, also, wenn der Process aus mehreren Parteireden (actiones) besteht, zum Theil in der Mitte des Processes, zum Theil am Ende desselben. Die Nachricht Quintilians, von der wir ausgegangen sind, dass die Beweisaufnahme (probatio) ehemals nicht nach Beendigung der Parteireden geschah, wird bestätigt.

Im Uebrigen herrschte während der Republik mannigfache Abwechselung in der Anordnung: bald wechselten die actiones der Parteien, eine um die andere ab, bald, wenn die Zahl der Anwälte auf beiden Seiten ungleich war, erwiderte einer mehreren der Gegenpartei. Dies blieb ebenso in der Kaiserzeit. Z. B. in dem Processe gegen Cn. Piso über Germanicus' Tod waren vier Ankläger, Fulcinius Trio und drei ehemalige Legaten von Germanicus, Q. Servaeus, Q. Veranius und P. Vitellius und drei Vertheidiger M. Lepidus, L. Piso und Livineius Regulus. Jene theilten sich so in die Anklage, dass jedem bestimmte Punkte zur ausführlichen Erörterung angewiesen wurden: Fulcinius Trio, der nicht Germanicus' Begleiter gewesen war, also von den Sachen, die in Asien geschehen waren, nichts wissen konnte, erhielt das frühere

[1]) Ich spreche nicht über die Rede Ciceros für Milo, weil dieselbe nach dem Pompejischen Gesetze gehalten wurde, auch nicht über die für C. Rabirius; denn dessen Process fand vor dem Volke statt. Auch die für Rabirius Postumus lasse ich hier aus, weil sie zum Processe gegen A. Gabinius gehörte. Escher a. a. O. p. 128 flgd. thut nicht recht daran, auch diese Reden bei diesem Punkte zu erörtern.

Leben des Angeklagten zugewiesen. Darauf sprachen die drei andern Ankläger hintereinander. Die drei Vertheidiger sprachen ebenfalls hintereinander: wahrscheinlich hatten sie sich auch in die einzelnen Anklagepunkte getheilt. Beim zweiten Termine sprachen zuerst wieder die drei Ankläger, welche über Cn. Piso's Verhalten in Asien und Syrien handelten: die weitere Vertheidigung, die schon angesetzt war, fiel fort, weil sich der Angeklagte das Leben nahm.[1]) In einem Processe unter Trajan, den Plinius beschreibt[2]), waren zwei Angeklagte, Marius Priscus, ehemaliger Proconsul Africae, und Flavius Martianus. Die gemeinsame Anklagerede gegen beide hielt Plinius, es folgte an eben demselben Tage Claudius Marcellinus, der Vertheidiger des letzten Angeklagten, am folgenden Tage Salvius Liberalis, der Vertheidiger von Marius Priscus, dann der zweite gemeinsame Ankläger Cornelius Tacitus und endlich noch Catius Fronto, Vertheidiger von Marius: der zweite Angeklagte scheint eine erneute Vertheidigung für unnütz gehalten zu haben. In einem andern Processe, den Plinius erzählt[3]), waren drei Ankläger und ein Vertheidiger. Es sprachen zuerst zwei Ankläger, Pomponius Rufus und Theophanes, die sich in die einzelnen Anklagepunkte getheilt hatten, dann zwei Vertheidiger, Plinius, der besondere Anklagepunkte zur Widerlegung erhalten hatte[4]), und L. Albinus, der auf den Rest der Anklagepunkte erwiderte. Bei erneutem Processe, obwohl an eben demselben Tage, sprach der dritte Ankläger, Herennius Pollio und wiederum Theophanes, der schon einmal gesprochen hatte: darauf für den Angeklagten zwei neue Vertheidiger, Titius Homullus und Catius Fronto. Hier ist der Unterschied gegen die republicanische Zeit, dass nicht am Ende der ersten Vertheidigungsreden eine Beweisaufnahme stattfand und dadurch ein förmlicher Abschnitt im Processe, eine actio gebildet wurde; im Uebrigen aber zeigt sich durchgehende Aehnlichkeit mit den republikanischen Formen und

[1]) Man sehe Tac. Ann. III, 11 flgd.
[2]) Plin. ep. II, 11.
[3]) Plin. epist. IV, 9.
[4]) Plin. epist. IV, 9, 4 flgd.

doch wiederum bei jedem einzelnen Falle Verschiedenheit, die sich nach der Anzahl und Geschicklichkeit der Ankläger und Vertheidiger bestimmte.

Es ist ersichtlich, dass es für die Reihenfolge der Verhandlungen in einem Criminalprocesse keine gesetzlichen Bestimmungen gab: selbst in der ersten Kaiserzeit gab es nur die eine, von Augustus getroffene feste Anordnung, dass das gesammte Beweisverfahren nach Beendigung der Anklage- und Vertheidigungsreden stattfinden sollte. Es ist also nicht zu verwundern, dass zuweilen auch Eigenthümlichkeiten stattfanden. Das natürliche war, dass der Beginn der Verhandlungen mit einer vollständigen Anklagerede gemacht wurde, welche alle Anklagepunkte, die überhaupt geltend gemacht werden sollten, enthielt. Dies musste die Grundlage des ganzen Processes sein und daher sehen wir, dass zuweilen selbst mehrere Ankläger hintereinander sprachen, um alle Punkte zu berühren. Aber als Cicero seinen Process gegen Verres führte, erkannte er, dass dies Verfahren für seinen Zweck nicht förderlich sei. Er selbst giebt nur an, Verres hätte den Process in das nächste Jahr verschleppen wollen, um dann mit Hülfe seiner Freunde desto leichter eine Freisprechung herbeizuführen: ich glaube, es war ihm auch erwünscht, den Process, der ihm viel Zeit kostete, möglichst bald los zu werden, da er im folgenden Jahre mit dem Amte der Aedilität beschäftigt war. Deshalb liess er die Anklagerede aus und zwang dadurch den Anwalt des Angeklagten, der nichts zu erwidern fand, auch seine Vertheidigungsrede aufzugeben. Cicero hielt nur eine kurze Einleitungsrede, ungefähr so, wie er sie später in der uns erhaltenen ersten actio herausgab, vielleicht noch kürzer. Darauf erwiderte Hortensius, indem er eine ausführliche Rede verlangte; aber der Prätor nach Befragung der Richter entschied für Cicero.[1]) Es blieb also

---

[1]) Ich beziehe darauf die Worte Ciceros lib. 1, 11, 31 *Ego meum consilium cum iudicibus tum populo Romano probavi.* Sie deuten darauf, dass die Geschworenen ihre Zufriedenheit mit Ciceros Verfahren aussprachen. Cicero spricht über dasselbe zweimal, erstens Act. 1, 18, 55 und lib. 1, 9, 24 flgd.

dem Angeklagten nichts übrig, als sich in die Neuerung zu fügen. Demnach stand es Cicero frei, sogleich das Beweisverfahren zu beginnen. Er hätte dies kurz durch Vorführen der Zeugen und Vorlegen der Urkunden thun können; indessen er that mehr. Er hatte die Anklage nach den einzelnen Punkten derselben zerlegt und gab bei jedem Punkte eine kurze Darlegung desselben als Einleitung: auf sie mochte Hortensius erwidern.[1] Cicero that somit eigentlich nichts, als dass er die erste actio nach einem andern Grundsatze in kleine Abschnitte zerlegte: Anklage, Vertheidigung und Beweisverfahren folgten auf einander wie gewöhnlich, nur stückweise. Er gewann damit, dass er die einzelnen Punkte sogleich bewies und konnte diejenigen Punkte, welche am auffälligsten waren, zuerst vornehmen, so dass nach Beendigung der actio die Schuld des Angeklagten offenbar war. Cicero bemerkt, sein Verfahren sei nicht ganz neu, die Angesehensten des Staates hätten eben dasselbe früher gethan und wären nur in so fern abgewichen, als sie auch die Einleitungen zu den einzelnen Anklagepunkten wegliessen. Der unächte Asconius bemerkt, die Brüder M. und L. Lucullus hätten es im Processe gegen L. Cotta so gemacht und wir haben keinen Grund, es zu bezweifeln.[2] Wir kennen sogar ein ähnliches Beispiel aus der Kaiserzeit. Als Libo Drusus unter Tiberius wegen Majestätsverbrechen angeklagt war, konnte er keinen Vertheidiger finden, Ankläger aber waren vier: sie stritten unter einander über die Anklagerede und am Ende liess der eine von ihnen C. Vibius seine Ansprüche fallen und begann ohne An-

---

[1]) Eine Andeutung solcher Erwiderung finde ich z. B. lib. I, 58, 151; III, 78, 182 und 88, 205. Freilich muss das Urtheil hierüber schwanken, da man nicht weiss, was Cicero später beim Schreiben dieser Reden hinzugesetzt hat.

[2]) Die Worte Ciceros Act. I, 18, 55 sind *Faciam hoc non novum, sed ab iis, qui nunc principes nostrae civitatis sunt, ante factum, ut testibus utar statim.* Der falsche Asconius p. 150 bemerkt dazu *Verum dicit. Etenim L. Lucullus et item M. Lucullus, ambo consulares, Marcus vero et triumphalis. Hi cum accusarent L. Cottam, non usi sunt oratione perpetua, sed interrogatione testium causam peregerunt.*

klagerede die einzelnen Anklagepunkte zu erörtern. Dies war ganz ähnlich wie Cicero es gethan hatte.[1])

Bei jedem Processe ging also den Verhandlungen eine Anordnung über die Reihenfolge derselben vorher. Die Ankläger hatten sich geeinigt, wie ein jeder die Anklage zu führen habe: der Hauptankläger vertheilte die Rollen unter sich und seine Gehülfen. Bei der Vertheidigung hatte die Hauptstimme natürlich der Angeklagte: Plinius erzählt bei dem Processe von Julius Bassus, der Angeklagte habe ihn um Widerlegung bestimmter, besonders schwerer Anklagepunkte gebeten.[2]) Aber wie auch immer diese Vereinbarung unter den Anklägern und Vertheidigern war, die Entscheidung über die endgültige Anordnung lag in der Hand des Vorsitzenden. Dies deutet Cicero bei Verres' Processe an, bestimmt sagt es Tacitus bei dem gegen Cn. Piso[3]): bei Libos Processe hat er die Bestätigung durch den Senat, als selbstverständlich, der Kürze halber ausgelassen.

### b. Die Zeitgrenzen des Verfahrens.

Die Bemühungen der Gesetzgebung um die Rechtspflege wären erfolglos gewesen, wenn es den Parteien freigestanden hätte, ihre Vorträge und das Beweisverfahren nach Belieben auszudehnen: namentlich der Vertheidiger hätte dann die Möglichkeit gehabt, jeden Urtheilsspruch zu verhindern. Dass der Missbrauch der Rede bei den Römern bekannt war und vielfach angewendet wurde, beweisen die Vorgänge im Senate, in welchem öfters ein missliebiger Beschluss durch die Ausdehnung der Reden verhindert wurde: die Beschränkung ergab sich mit Nothwendigkeit bei Gesetzesvorschlägen und Volksgerichten, bei denen der Entscheidungstermin nur einen Tag dauern durfte. Deshalb ist es eine irrige Meinung, erst Cn. Pompejus habe im Jahre 52 v. Chr. durch sein Richtergesetz eine Beschränkung der den Anwälten zugemessenen Zeit ein-

---

[1]) Man sehe Tac. Ann. II, 30.
[2]) Plin. epist. IV, 9, 4 und 12.
[3]) Tac. Ann. III, 10.

geführt.[1]) Eine solche Beschränkung hat es immer gegeben. Sie konnte ausgehen entweder von dem vorsitzenden Richter mit seinem Beirathe oder durch ein Gesetz getroffen werden. Das erstere geschah in älterer Zeit und immer bei dem gewöhnlichen Criminalprocesse; denn wir hören von keinem Gesetze, das allgemein gegolten hätte, und es konnte auch keines geben. Wie bei dem Volksgerichte der vorsitzende Beamte den Rednern die Zeit zumass[2]), so war es auch bei den gewöhnlichen Processen der Fall: etwaige Ungerechtigkeit des Richters konnte durch die Einsprache der Tribunen beseitigt werden. Erst seit die Schwurgerichte bestanden, erschien eine gesetzliche Regelung als nöthig. Zwar findet sich in den Bruchstücken des Acilischen Gesetzes nichts hierauf bezügliches; aber die Lücken in denselben sind so gross, dass trotzdem eine solche Bestimmung in demselben gestanden haben kann. In Bezug auf Verres' Process sagt Cicero zuerst, wenn er die gesetzmässige Zeit zum Reden benutze, werde ihm der Angeklagte entgehen.[3]) Noch bestimmter schreibt er über eben denselben Punkt später: der Angeklagte würde vielleicht sorgsam darauf achten, dass er ihm keine Stunde von seinen gesetzmässigen Stunden erlasse: er würde sich beklagen, wenn Cicero nicht alle Zeit, die ihm durch das Gesetz gestattet sei, vollständig benutze; indessen was das Gesetz ihm seinetwegen gebe, das müsse ihm freistehen zu benutzen oder nicht zu

---

[1]) Es hängt dies damit zusammen, dass man die Bedeutung des Pompejischen Gesetzes als eines Ausnahme- und nur für ein Jahr gültigen Gesetzes verkannte. Daher sind die Ansichten bei Rudorff Rechtsgeschichte II, 440 und Walter Geschichte des Röm. Rechts II, 850 nicht richtig; aber auch z. B. Ideler Handbuch der Chronologie II, 1 irrt, wenn er meint, Pompejus habe zuerst bei den Gerichten eine Beschränkung der Zeit und genaue Eintheilung derselben durch Wasseruhren eingeführt.

[2]) Z. B. bei C. Rabirius' Processe erhielt Cicero als Vertheidiger eine halbe Stunde Zeit (C. R. 1, 2, 304) und ähnlich musste es bei anderen Volksgerichten sein.

[3]) Cic. in Verr. Act. I, 11, 32 *Si utar ad dicendum meo legitimo tempore — reus ne elabatur summum periculum est.* Verkehrt ist die Erklärung, welche hierzu der schol. Gronov. p. 396 giebt.

benutzen.[1]) Hieraus ist ersichtlich, erstens dass ein Gesetz, nicht blosse Sitte die Beschränkung der Zeit für den Ankläger verfügte, zweitens dass diese Beschränkung in Stunden ausgedrückt war. Das Gesetz, von dem Cicero spricht, kann nicht ein altes, vor Erlass der Schwurgerichte gegebenes sein, es konnte auch nicht für alle Verbrechen die gleiche Zeit festsetzen. Mithin ist es das Gesetz, welches über Amtsverbrechen handelte, d. h. entweder das Servilische, welches den Process über Amtsverbrechen regelte, oder ein Cornelisches. Denn wenngleich Sulla keine besonderen Bestimmungen über Amtsverbrechen gab, so konnte er doch über die Formen aller Processe Bestimmungen treffen. In einer späteren Rede, die er für den wegen Erpressung angeklagten L. Flaccus hielt, sagt Cicero, es wären dem Ankläger sechs Stunden verstattet.[2]) Dies ist nicht jene Anzahl von Stunden, von der Cicero in den Verrinischen Reden spricht: Cicero hatte bei seiner Anklage gegen Verres, die so viele und weitläuftige Anklagepunkte umfasste, eine längere Zeit. Nämlich Flaccus' Process wurde nach dem so eben erlassenen Julischen Gesetze geführt, das, wenngleich strenger als die früheren, doch einen weit geringeren Umfang hatte und nur Erpressung behandelte. Es konnte für die Anklage eine geringere Stundenzahl festsetzen. Denn die Zeit für verschiedene Verbrechen, also für verschiedene Gerichtshöfe war verschieden, für Majestätsverbrechen anders als für Wahlumtriebe, für Mord anders als für Fälschung. Die längste Zeit aber musste dem Ankläger bei dem Gerichtshofe über Amtsverbrechen gestattet sein, bei dem die weitläuftigsten Processe zur Verhandlung kamen. Es war eine nicht zu billigende und deshalb bald wieder beseitigte Neuerung von Cn. Pompejus, dass er in seinem Ausnahmegesetze für alle Verbrechen gleichmässig ein und dieselbe Stundenzahl ansetzte.

---

[1]) Cic. in Verr. I, 9, 25 *Hic tu fortasse eris diligens, ne quam ego horam de meis legitimis horis remittam. Nisi omni tempore, quod mihi lege concessum est, abusus ero, queritre — Quod mihi lex mea causa dedit, eo mihi non uti non licebit?*

[2]) Cic. p. Flacc. 33, 82 *Cui sex horas omnino lex dedit.*

Wenn aber für die Anklage eine bestimmte Stundenzahl galt, so muste eben dasselbe für die Vertheidigung gelten, und zwar erhielt sie eine längere Zeit. Pompejus gab dem Ankläger zwei, dem Vertheidiger drei Stunden [1]); bei Cn. Pisos Processe wurden zur Anklage zwei, zur Vertheidigung drei Tage vom Senate bestimmt [2]); bei Julius Bassus' Processe hatte der Ankläger nach dem Gesetze sechs, der Vertheidiger neun Stunden erhalten. [3]) In allen drei Fällen hatte also die Vertheidigung um ein Drittel mehr Zeit als die Anklage und dieses Verhältniss werden wir als das allgemein gültige annehmen müssen. Die Nachricht bei Bassus' Processe giebt uns noch etwas weitere Andeutung. Nach dem Gesetze, sagt Plinius, habe der Ankläger sechs Stunden, der Angeklagte neun Stunden erhalten. Der Process fand über Erpressung statt, namentlich über Geschenke, welche der Angeklagte in seiner Provinz angenommen haben sollte. Das letzte Gesetz aber, das über dieses Amtsverbrechen gegeben wurde, war das Julische aus Cäsars Consulat, dessen Geltung während der Kaiserzeit unbestritten ist: es hatte namentlich auch die Annahme von Geschenken verboten. Folglich spricht Plinius vom Julischen Erpressungsgesetze. Der Kaiser Augustus hatte, als er eine neue Ordnung der Rechtspflege unternahm, diesen Punkt in Bezug auf die Zeit der Reden entweder gar nicht oder für das Verbrechen der Erpressung nicht berührt. Die von Plinius angegebene Zeit, sechs Stunden, stimmt mit der von Cicero bei Flaccus' Processe genannten, der ebenfalls über Erpressung stattfand: die Vermuthung, dass derselbe nach dem Julischen Gesetze geführt wurde, wird durch diese Uebereinstimmung bestätigt und es bleibt kein Zweifel, dass dieses Gesetz für die Vertheidigung neun Stunden anordnete. Indessen, wie schon bemerkt, mochte auch das Verhältniss zwischen Anklage und Vertheidigung alt hergebracht und bei allen Gerichtshöfen das gleiche sein, die vorgeschriebene Stundenzahl war verschieden. Eine Andeutung darüber fin-

---

[1]) Ascon. in Cic. p. Mil. p. 40.
[2]) Tac. Ann. III, 13.
[3]) Plin. epist. IV, 9, 9.

det sich bei Plinius in dem schon benutzten Berichte über Marius Priscus' Process.[1]) Derselbe fand über ein Verbrechen statt, das im Cornelischen Gesetze über Mord verboten war, darüber, dass Marius für Geld ein ungerechtes Criminalurtheil gefällt hatte. Es waren zwei Angeklagte, folglich musste die Zeit verlängert werden und Plinius deutet dies an: zu der anfänglichen Zeit sei etwas hinzugefügt und die Bemessung derselben auf das Reichlichste zuertheilt worden. Er sprach aber beinahe fünf Stunden. Daraus würde sich ergeben, dass in gewöhnlichen Fällen bei diesem Verbrechen vier oder wahrscheinlich drei Stunden der Anklage, vier der Vertheidigung gewährt wurden. Indessen ist dieser Schluss unsicher. Denn der Fall war wegen der zwei Angeklagten und weil er gleichsam ein Anhängsel eines andern Processes über Erpressung bildete, eigenthümlich, und der Senat, vor dem er verhandelt wurde, hatte es in seiner Gewalt, nach Befinden der Umstände eine längere oder kürzere Zeit festzusetzen. Dies ergiebt sich namentlich aus dem auch schon berührten Processe Pisos.[2]) Er wurde geführt sowohl über Majestätsverbrechen als auch wegen Mord, was vor den gewöhnlichen Gerichtshöfen zu gleicher Zeit unmöglich war: deshalb bestimmte der Senat zwar nach Analogie der gewöhnlichen Processe, aber doch ausnahmsweise zwei und drei Tage für die Reden. Noch eine andere Eigenthümlichkeit hatte dieser Process: nach der Anklage wurden dem Angeklagten sechs Tage zur Vorbereitung seiner Vertheidigung gestattet. Es geschah, weil der Process unmittelbar nach Pisos Ankunft in Rom geführt wurde, weil keine Voruntersuchung, weil keine Frist für das Sammeln der Beweise von beiden Seiten stattgefunden hatte. In der republikanischen Zeit findet sich von solchem Zwischenraume zwischen Anklage und Vertheidigung keine Spur.

Diese Beschränkung der Zeit für die beiderseitigen Reden ist jedoch nur für die erste Anklage und die erste Vertheidigung bezeugt: ich glaube, sie galt auch für die Erneuerung

[1]) Plin. epist. II, 11, 14.
[2]) S. oben S. 237.

derselben, für die folgenden actiones. Cicero erwähnt die sechs Stunden in Flaccus' Processe allerdings nur in Beziehung auf die anfängliche Anklage; Plinius aber bei Bassus' Processe lässt die zweite Verhandlung eben so lange dauern als die erste und deutet bei jener ebenfalls eine gesetzliche Beschränkung an.[1]) Am ersten Sitzungstage, der bis zum Anbruche der Nacht dauerte, fand die erste Anklage mit sechs Stunden, dann der Anfang der Vertheidigung mit $3^1/_2$ Stunden statt: am zweiten Tage dauerte die Sitzung bis in die Nacht, es wurden Lampen in den Senat gebracht. Es fand zuerst der Schluss der ersten Vertheidigung mit $5^1/_2$ Stunden, dann die erneute Anklage statt. Diese kann, wenn man annimmt, dass Vorbereitungen zum Processe fortfielen und der Senat rechtzeitig begann, sehr wohl ebenfalls sechs Stunden gedauert haben. Der dritte Sitzungstag wurde ganz von der erneuten Vertheidigung eingenommen und dauerte gewiss neun Stunden.[2]) Hiernach ist es wahrscheinlich, dass die Gesetze für die Schwurgerichte für jede Anklage, für jede Vertheidigung eine gleiche Zeit bestimmten. Gegen Verres hielt Cicero die zweite Anklagerede nicht, aber er schrieb sie so, wie er sie hätte halten können, und sie wird nicht kürzer gewesen sein, als die erste, wenn er gewollt, hätte sein können.

Für die Beweisaufnahme konnte das Gesetz keine Zeitgrenzen aufstellen: denn diese hing von der Zahl und Art der Zeugen und Urkunden, so wie von dem gegenseitigen Verhalten der Parteien ab. Die Beschränkung, welche hierbei wenigstens für ein Verbrechen bezeugt ist, hängt mit einem andern Grunde zusammen. Aber trotz dieser gesetzlichen Be-

[1]) Er sagt epist. IV, 9, 14 von demjenigen, der bei der zweiten Verhandlung die Hauptrede hielt *impudentissime — tempus sibi et quidem laxius vindicarit.* Eine ähnliche Andeutung macht schon Cic. in Verr. I, 11, 32 *Nunc mihi temporis eius, quod mihi ad dicendum datur, quoniam in animo est causam omnem explicare, habenda ratio est diligenter.*

[2]) Bei dem anderen von Plinius (II, 11) erwähnten Processe gegen Marius Priscus ist die Zeiteintheilung nicht auf gleiche Weise ersichtlich; namentlich wird nicht gesagt, dass die Redner die ihnen verstattete Zeit voll brauchten, auch fand bei dem einen Angeklagten keine erneute Vertheidigung statt. Vergl. oben S. 231 und 238.

schränkungen ergiebt sich eine grosse Gewalt des vorsitzenden Beamten. Ursprünglich hatte er den ganzen Gang des Processes und die Ausdehnung der einzelnen Theile desselben nach eigenem Ermessen festgestellt: selbst als die ersten Schwurgerichte eingesetzt waren, verblieb ihm diese Feststellung unbeschränkt. Denn so lange die ampliatio galt, lohnte es sich kaum, die Zeit der Anklage und Vertheidigung zu beschränken. Erst als mit Einführung der comperendinatio die Beschränkung auf zwei Termine eintrat, wurde auch die Zeit für die Reden gesetzlich bestimmt. Es musste einen Unterschied machen, ob jemand wegen einer einzelnen Erpressung oder wegen vieler Fälle oder gar ausserdem noch wegen anderer Verbrechen angeklagt wurde: nicht jeder Process über Mord, nicht jeder über Majestätsverbrechen durfte vernünftiger Weise die gleiche Zeit in Anspruch nehmen. Kurz, wenngleich uns Näheres nicht überliefert ist, trotz der gesetzlich gezogenen Grenzen war die Entscheidung des Beamten von grosser Bedeutung.

### 3. Die gerichtlichen Reden *(actiones)*.

Das Verfahren in iudicio, über dessen Anordnung im Allgemeinen ich gesprochen habe, zerfiel in drei Theile, von denen die beiden ersten, wie ich erwiesen, während der Republik in einander verschlungen waren, der dritte immer selbstständig bestand, in die Reden (actiones), die Beweisaufnahme (probatio), die Fällung des Urtheils.

Ueber die Reden lässt sich sehr viel sagen, wenn man die Entwickelung der Beredsamkeit bei den Römern verfolgen und zeigen will, wie dieselbe allmälig zu derjenigen Vollendung gelangte, welche wir in den letzten Zeiten der Republik finden. Im Allgemeinen verkannten kühlere Beurtheiler nicht, wie geringen Einfluss auch der geschickteste Redner auf die Entscheidung ausüben konnte: am deutlichsten führt dies Cicero in seiner Anklagerede gegen Verres aus. Hortensius hatte geklagt, dass Cicero bei dem ersten Termine keine herkömmliche und kunstgemässe Rede gegen den Angeklagten gehalten habe. Cicero führt unter anderm als Entschuldigung an[1]), wo es sich um Erpressung handele, komme es auf die Reden der beiderseitigen Anwälte wenig an und die Geschworenen passten dabei nicht auf: erst bei der Beweisaufnahme, wenn Urkunden vorgelegt und Zeugen verhört würden, passten alle auf. Anders freilich war es in denjenigen Processen, in welchen es sich bei feststehender Thatsache um die juristische Auffassung handelte, wie z. B. beim Majestätsverbrechen. Als Gabinius, der durch Geld bestochen den vertriebenen König Aegypteus in sein Reich wieder eingesetzt hatte, wegen Majestätsverbrechens angeklagt wurde, handelte es sich darum, ob er dadurch die Majestät des Volkes verringert hätte: Zeugen konnten hierbei wenig helfen, es kam auf die geschickte Auseinandersetzung der Redner an.[2]) Eben so war es in dem Processe gegen C. Cornelius, der von Cicero vertheidigt wurde. Er hatte, als er ein Gesetz als Volkstribun beantragte, dasselbe statt durch einen Herold vorlesen zu lassen, selber vorgelesen und dadurch den Einspruch der andern Tribunen unmöglich gemacht, die tribunicische Gewalt und damit die Majestät des Volkes verringert. Die Thatsache läugnete Cicero nicht, aber er bewies, dass Cornelius nicht hartnäckig auf seinem Gesetze bestanden, sondern es zurückgezogen hatte: also eine Verringerung der Majestät hatte nicht in seiner Absicht gelegen, er wurde freigesprochen.[3]) In vielen Fällen konnte die Beredsamkeit des Anwaltes entscheidend wirken, in andern trat sie allerdings gegen die Beweisaufnahme zurück, blieb aber doch immer von grosser Bedeutung, und zwar um so mehr, da es bei den Römern keinen öffentlichen und deshalb gewissermassen unparteiischen Beamten weder für die Anklage noch für die Vertheidigung[4]) gab.

Zwei Theile der Reden verlangen eine besondere Betrachtung, derjenige, in welchem das Leben des Angeklagten im Allgemeinen angegriffen oder vertheidigt wird und der den Anfang zu bilden pflegt, und der Schluss, in welchem

[1]) Cic. in Verr. I, 10, 27.

[2]) Vergl. C. R. II, 1, 130, wo überhaupt über den Begriff der *maiestas imminuta* gehandelt ist.

[3]) Man sehe Asconius p. 60.

[4]) Vergl. Cic. p. Mur. 2, 4.

die Anwälte auf die Gefühle der Richter einzuwirken suchen. Beide Theile haben bei den Römern eine Bedeutung und eine Ausbildung gewonnen, wie sie sich bei uns nicht findet und mit strenger Gerechtigkeitspflege nicht vereinbar erscheint: die Reden erhalten eine eigenthümliche Färbung durch ein persönliches Element, das sich zwar überall zeigt, insbesondere jedoch in dem Anfange und dem Schlusse hervortritt. Nicht der Handlung, der Thatsache gilt der Kampf, sondern der Person. Bei den Griechischen Rednern mag dies noch auffallender hervortreten, aber auch bei den Römischen weicht es von unserm Gefühle ab. Der Grund davon liegt hauptsächlich in der ursprünglichen Einrichtung des Römischen Criminalprocesses, nach welcher die Entscheidung zweifelhafter Fälle dem Volke anheim fiel. Es sollte dabei nicht das strenge Recht, das sich bei Wenigen ausbildet und zu festen Regeln gestaltet, sondern das Gefühl der Menge massgebend sein, die durch augenblickliche Einflüsse bewegt wird und diese weder unterdrücken kann noch soll.[1]) Diesen Ursprung konnten auch die Schwurgerichte, wenngleich sie nie in eigentlicher Vertretung des Volkes entscheiden sollten, nicht verläugnen. Sie hätten sich vielleicht davon frei gemacht, wenn sie es nicht bei den gewöhnlichen Verbrechen mit den zweifelhaften Fällen zu thun gehabt hätten, wo das strenge Recht den Richter im Stiche lässt und auf das Rechtsgefühl zurückgegangen werden muss, bei den Amtsverbrechen aber politische Gründe ins Spiel gekommen wären. Hätten wir Kunde von den Fällen des gewöhnlichen Lebens, so würden wir wahrscheinlich finden, dass die Anwälte nicht minder sachlich sprachen, als es bei uns der Fall zu sein pflegt. Dagegen wenn es bei politischen Processen erlaubt und allgemeine Sitte war, Kinder, Verwandte, Freunde in Trauerkleidern vor Gericht zu bringen, wenn politisch einflussreiche Männer offen ihre Theilnahme durch Wort und That bezeugten, kann man sich nicht wundern, dass die Anwälte in ihren Reden einer gleichen Richtung folgten und nicht nur mit sachlichen, son-

[1]) Vergl. oben S. 127.

dern auch mit persönlichen, das Gefühl der Richter erregenden Gründen kämpften.

Zum Theil trug dazu die Gesetzgebung noch in anderer Hinsicht bei. Es gab bei den Römern keine Verjährung der Verbrechen: bei jedem Processe konnten alle ähnlichen Verbrechen, welche ein Angeklagter begangen hatte, ohne besondere Anklage, zur Besprechung und Entscheidung gebracht werden. Dadurch erhielt die Verhandlung einen wesentlich auf die Person gerichteten Charakter. Ueberdem gab es seit der Errichtung der Schwurgerichte durch Gracchus einen allgemeinen Gerichtshof für Amtsverbrechen, vor dem alle Verbrechen, die ein Senator oder senatorischer Beamter begangen hatte, anhängig gemacht werden durften. Dadurch erhielten die Reden der Anwälte über das frühere Leben der Angeklagten eine unmittelbare, für das Urtheil massgebende Wichtigkeit. Als Cicero Verres anklagte, that er dies auf Bitten und im Interesse der Provinz Sicilien und kein Zweifel, dass er sowohl selber das Hauptgewicht auf dasjenige legte, was Verres in Sicilien gethan hatte [1]), als auch die Geschworenen sich dadurch am meisten bestimmen liessen. Dennoch brachte Cicero auch Verres' früheres öffentliches Verhalten zur Sprache: das ganze erste Buch der von ihm geschriebenen Anklagerede bezieht sich darauf. Es gehört eben so zur Anklage wie die übrigen, die Richter können Verres eben so gut wegen des Unrechtes, das er vor seiner Verwaltung Siciliens gethan hat, bestrafen wie für das, was er in Sicilien selbst begangen hat. Deshalb hat Cicero seine Anklage so gestellt, dass er im Allgemeinen vielfach willkürlich und grausam gegen Römische Bürger und Bundesgenossen, vielfach ruchlos gegen Götter und Menschen gehandelt habe [2]); aber wenn er in derselben nur die Summe des in Sicilien geraubten Geldes angiebt, so beweist das nicht, dass er nicht auch das vor der Verwaltung Siciliens anderswo Erpresste geltend zu machen

[1]) Vergl. z. B. lib. I, 21, 63 *unum aliquod de nefariis istius factis eligam, quo facilius ad Siciliam possim aliquando, quae mihi hoc oneris negotiique imposuit, pervenire.*

[2]) Cic. in Verr. Act. I, 18, 56, welche Stelle oben S. 151 angeführt ist.

beabsichtigte. Schon bei der ersten Verhandlung hatte er über diese Schandthaten Zeugen gestellt, z. B. Charidemus aus Chios über die in Samos geraubten Statuen (I, 20, 52), P. Tettius über Verres' Verhalten in Lampsacus (ibid. 28, 71), den jungen Malleolus nebst Mutter und Grossmutter, denen Verres ihr Vermögen entwendet hatte (ibid. 37, 93), M. Octavius Ligur über Verres' Verhalten als städtischer Prätor (ibid. 48, 126), Cn. Fannius über dessen Unredlichkeit bei den öffentlichen Bauten (ibid. 49, 128). Cicero beabsichtigte auch für die der Sicilischen Prätur vorhergehenden Amtsverbrechen Ersatz zu fordern. Er beklagt sich, dass Verres die in Samos geraubten Statuen bei Seite geschafft habe (ibid. 19, 51), er erwähnt, Verres habe nach seiner Anklage das dem Malleolus entwendete Gut zum Theil wieder gegeben (ibid. 36, 93). In diesem Falle also gehörte das frühere Leben des Angeklagten wesentlich zum Processe und ausser ihm findet sich in Ciceros ganzer Anklagerede, so ausführlich sie auch ist, nichts, weshalb nicht Verres unmittelbar verurtheilt werden konnte.[1])

Dagegen seit dieser allgemeine Gerichtshof über Amtsverbrechen durch das Julische Gesetz aufgehoben war, und bei den andern Gerichtshöfen diente eine Schilderung des früheren Lebens des Angeklagten nur mittelbar dem Processe: es war eine herkömmliche Sitte der Anklage, bei jedem Verbrechen den Angeklagten auch in seinem übrigen Leben als abscheulich und verwerflich darzustellen, und für die Vertheidigung, ihn von solchen Vorwürfen zu reinigen. Derartig sind die meisten Vertheidigungsreden Ciceros, z. B. die für Sulla (Cic. p. Sulla 24, 69 flgd.) und für Cälius (p. Cael. 2, 3) wegen Gewaltthat, für L. Murena (p. Mur. 6, 11 flgd.) und Plancius (p. Planc. 6, 27) wegen Amtserschleichung. Cn. Pompejus hatte allerdings in seinem Richtergesetze diese Art der Reden abschaffen wollen, ebenso wie er die Lobredner abschaffte, und daher finden wir derartiges nicht in Ciceros Rede für Milo; aber es lebte nachher wieder auf und bestand unter den Kaisern als herkömmliche Uebung in der

[1]) Vergl. Cic. in Verr. I, 12, 32.

Beredsamkeit. Freilich änderte sich damals für die bedeutenderen Processe, welche im Senate entschieden wurden, wiederum das Verhältniss. Denn der Senat hatte, wie ehemals der Gerichtshof über Amtsverbrechen, die Befugniss, die vom Gesetze bestimmte Strafe zu ändern und nicht über ein einziges Verbrechen allein, sondern über das ganze Verhalten des Angeklagten zu entscheiden. Also als Cn. Piso wegen Giftmischerei und Majestätsverbrechen angeklagt wurde, begann Fulcinius Trio, dem das frühere Leben des Angeklagten überwiesen war, die Anklage und erzählte von Pisos Verhalten in Spanien, wobei er Erpressung geübt haben sollte. Tacitus nennt diese Anklage „eitel“, nicht weil nicht unter andern Umständen für eine solche Erpressung bei dieser Gelegenheit Ersatz gewährt worden wäre, sondern weil die etwaige Strafe für jedes der beiden andern Verbrechen viel grösser war.[1]) In diesem Falle war die Anklage des früheren Lebens unnütz und geschah nur, weil sie der Sitte gemäss war. In dem Processe gegen Julius Bassus[2]) sollte die Grundlage der Vertheidigung durch eine Darstellung des früheren Lebens gelegt werden.

## 4. Die Beweisaufnahme *(probatio)*.

Gesetzliche Vorschriften über den Beweis gab es bei den Römern nicht. Es war weder bestimmt, in welchen Fällen eine Anklage für bewiesen zu halten sei, d. h. bei welcher Anzahl von Zeugen oder Urkunden, bei welcher Beschaffenheit derselben, noch dass der Richter nur, wenn Schuld oder Unschuld durch sachliche Gründe bewiesen sei, verurtheilen oder freisprechen könne. Es kam lediglich auf die Ueberzeugung der Richter an, die in verschiedenen Fällen auf verschiedene Weise hervorgerufen wurde. Diese Richtung auf die wechselnde Ansicht der Personen, nicht auf die in den Thatsachen selbst liegende Beschaffenheit zeigt sich schon in den Anfängen des republikanischen Criminalprocesses. Der

[1]) Tac. Ann. III, 10 und 13.
[2]) Bei Plin. epist. IV, 9, 4.

Beamte entscheidet über den auf der That ertappten Verbrecher. Selbst dieser Begriff wird nicht bestimmt, sondern richtet sich nach der Ansicht des Beamten. Ist das Volk oder später als dessen Stellvertreter die Volkstribunen nicht dieser Ansicht, so tritt Ueberzeugung gegen Ueberzeugung und es siegt die des Volkes, die nicht durch Rechtsregeln, sondern durch zufällige Umstände und die Leidenschaft hervorgerufen wird. Die Schwurgerichte, welche allmälig zum Theil an die Stelle des Volkes traten, wurden von Gracchus aus politischen Gründen errichtet, um die Macht des Senates zu brechen. Selbst wenn es im Sinne des Römischen Rechtes gelegen hätte, sie durch feste Regeln über den Beweis zu binden, es wäre unzweckmässig gewesen, die Macht der Römischen Ritter dadurch zu beschränken. Auch die folgenden Zeiten der Republik haben sich von dieser Anschauung nicht frei gemacht. Es lag überhaupt nicht im Römischen Rechte, ein gerichtliches Urtheil durch Regeln, welche von der innern Beschaffenheit der Thatsachen hergenommen waren, zu binden. Im Privatrechte, das äusserlich und innerlich mit dem Criminalrechte zusammenhing, war die Entscheidung einem von den Parteien vereinbarten Richter überlassen: äusserlich war ihm der Punkt, auf den sein Urtheil gehen sollte, gegeben, aber durch welche Gründe oder Beweise er sich bei seinem Urtheile bestimmen lassen wollte, blieb ihm überlassen.

Deshalb lässt sich nur vom äusserlichen Standpunkte aus über die Beweisaufnahme handeln, welcher Art die Beweismittel waren und wie dieselben vorgelegt, auch wohl benutzt zu werden pflegten. Wir unterscheiden diese nach zwei Gesichtspunkten: sie sind entweder solche, die unmittelbar auf das Verbrechen sich beziehen, oder mittelbare d. h. solche, die erst vermittelst einer sich daran knüpfenden Folgerung mit dem Verbrechen in Verbindung gebracht werden. Zweitens die Beweismittel bestehen entweder aus Personen, d. h. Zeugen (testes), oder Sachen, im Allgemeinen hier Urkunden (tabulae) genannt, oder den nach Römischem Begriffe zwischen Personen und Sachen stehenden Slaven, die auf eine eigenthümliche Weise zum Beweise benutzt werden dürfen.

## a. Die Beweismittel.

### I. Die Zeugen.

Eine juristische Erklärung des Begriffs eines Zeugen findet sich bei den Römern nicht, aber nach den Eigenschaften, die demselben zugeschrieben werden, muss man sagen, es sei eine freie Person, die vor Gericht entweder von einem Ankläger oder einem Angeklagten vorgeführt wird und dort ihre Kenntniss von einem vor Gericht anhängigen Processe darlegt. Wesentlich ist der freie Stand des Zeugen; denn Sclaven werden nie so genannt. Ob die Aussage vor dem Beamten allein bei dem Verfahren in iure oder vor den Geschworenen oder sonst in iudicio und auf welche Weise, ob mündlich oder schriftlich gemacht wird, ist gleichgültig. Wesentlich ist auch, dass sie auf Veranlassung eines Anklägers oder Angeklagten gemacht wird, d. h. dass die Anklage schon erhoben worden ist. Denn ehe dies geschieht, giebt es keinen Zeugen, sondern einen Angeber (index).[1] Dieser Begriff ist mit dem eines Zeugen am nächsten verwandt.

Einen Angeber kann es nur geben, ehe eine Sache gerichtlich anhängig gemacht und ehe ein Ankläger aufgetreten ist: er hat also nichts mit dem Gerichte zu thun und kann jedes Standes sein. Die Nachricht eines alten Scholiasten[2], Senatoren könnten nicht indices sein, ist nicht richtig. Es liegt nicht im Geiste der Römischen Gesetze, einen einzelnen

---

[1]) Ich schliesse mich also im Wesentlichen der Begriffsbestimmung, welche Escher a. a. O. p. 1 giebt, an: nur lässt er das Merkmal des freien Standes, das er sonst als wesentlich anerkennt, aus. Wenn Th. Mommsen in der Zeitschrift für Alterthumswissenschaft 1844 p. 457 sagt, ein *testimonium* geschehe nur vor besetzter Gerichtsbank, so ist der Ausdruck nicht recht klar. Der Eid ist, wie sich ergeben wird, bei Zeugen nicht durchaus nothwendig.

[2]) Pseudo-Asconius p. 114 sagt: *Certa sunt, in quibus impunitas indici detur, in causa proditionis, maiestatis et si quid huiusmodi est. Certae etiam personae sunt, quae indices fieri possint. Itaque neque repetundarum causa per indices agi solet neque senatoria persona potest indicium profiteri salvis legibus. Index est autem, qui facinoris, cuius ipse est socius, latebras indicat impunitate proposita.* Von den übrigen Bemerkungen, welche der Scholiast macht, wird später die Rede sein: die

Stand von den allgemeinen Rechten und Pflichten der Bürger auszuschliessen. Allerdings stand das Geschäft und auch der Name eines Angebers in schlechtem Rufe, ähnlich wie der eines „Anklägers." Deshalb werden sich Senatoren so viel wie möglich gehütet haben, als Angeber aufzutreten und wir kennen aus republikanischer Zeit keinen solchen Fall. Aber unter Tiberius' Regierung wird Vibius Serenus bei einem Majestätsverbrechen Angeber genannt [1]), der Sohn eines gewesenen Prätors, also ohne Zweifel senatorischen Standes. Eben so war zu derselben Zeit bei Libo Drusus' Processe ein Senator Firmius Catus der Angeber und es kann keinen Unterschied machen, dass er nachher, als die Sache im Senate zur Verhandlung kam, wirklich auch an der Anklage Theil nahm. [2]) Dass aber unter den Kaisern ein Verbot gegen die Angeberei von Senatoren und noch dazu bei Majestätsverbrechen erlassen worden sei, davon haben wir nicht Kunde. Während der Republik hatte nur die Sitte, nicht ein Gesetz, die Senatoren davon ausgeschlossen.

Das Römische Recht bedurfte der Angeber, eben so wie der Ankläger: es kann auch ursprünglich in den meisten Fällen nicht für unanständig gegolten haben, ein Verbrechen den Beamten anzugeben. Als ein Sclave die Verschwörung zur Zurückführung der Tarquinier anzeigte [3]), die Angeber einer Vestalin (Liv. VIII, 15), einer gefährlichen Giftmischerei (Liv. VIII, 18), einer Sclavenverschwörung in Rom (Liv. XXII, 33), von Feuersbrünsten in Rom (Liv. XXVI, 27) und Capua (Liv. XXVII, 3), einer Verschwörung gefangener Carthager in Setia (Liv. XXXII, 26), der Bacchanalien (Liv. XXXIX, 12), alle diese Angeber, wenngleich zum Theil aus dem niedrigsten Stande, galten deshalb, weil sie ein zu ihrer Kunde gekommenes Verbrechen bei den Beamten zur Anzeige gebracht hatten, nicht als verächtlich. Denn keine Regierung kann bei der Auffin-

Begriffsbestimmung, welche er von dem Angeber aufstellt, ist, wie sich aus den Beispielen ergiebt, zu eng.

[1]) Tac. Ann. IV, 28. Wir werden auf diese Stelle alsbald zurückkommen. Vergl. Tac. Ann. IV, 13.

[2]) Tac. Ann. II, 27 flgd.

[3]) Liv. II, 4; Dionys. V, 7.

dung von Verbrechen und Verbrechern der Beihülfe von Privatpersonen entbehren, sondern es gilt für die Pflicht guter Bürger, durch Angeben der dem Staate Gefahr drohenden Uebelthaten zur Erhaltung desselben beizutragen. Ganz besonders aber verlangten dies die Römischen Beamten, die weder selbst zahlreich waren noch eine wohlgegliederte Polizei zu ihrer Verfügung hatten. Wie sie die Anklage Privatpersonen überliessen und sie durch Aufstellung von Belohnungen ermunterten, eben so thaten sie es bei der Aufsuchung von Verbrechen: es bildete sich eine Art von Privatindustrie, die vom Streben nach Gewinn geleitet ein Geschäft daraus machte, ungesetzliche Handlungen zur Anzeige zu bringen. Am Ende des Freistaates erscheinen die 'Angeber' als eine verächtliche und gefährliche Classe von Menschen, die im Dienste mächtiger Beschützer standen, diesen allerlei Nachrichten zutrugen, die zu Anklagen oder Beschuldigungen verwerthet werden konnten, und dafür zum Theil von der Freigebigkeit ihrer Gönner, zum Theil von der gemachten Beute ihren Lebensunterhalt hatten. Von drei der ärgsten Volksaufwiegler seiner Zeit erzählt Cicero[1]), sie hätten solche Banditen und Angeber in ihrer Umgebung gehabt. Dies waren Auswüchse der Freiheit, die mit dem Parteitreiben der Republik zusammenhingen: sie fielen mit der Kaiserregierung fort. Aber das Uebel der Angeber blieb bestehen, es wuchs sogar, besonders beim Majestätsverbrechen: es war mit der ganzen Einrichtung des Römischen Gerichtswesens verbunden.

Nämlich wie der Eifer der Ankläger durch gesetzlich verheissene Belohnungen angespornt wurde[2]), eben so geschah es bei den Angebern. In allen angeführten Fällen wurden den Angebern Belohnungen zugesprochen, an Geld, an Ehren, wenn es Sclaven waren, die Freiheit. Bei der Catilinarischen Verschwörung beschloss der Senat, wer eine Anzeige über

[1]) Von Catilina sagt er p. Mur. 24, 49, er sei gewesen *vallatus indicibus atque sicariis*, von Clodius p. Sest. 44, 95 *stipatus semper sicariis — munitus indicibus*, von Catilinas Mitverschworenem Lentulus p. Sest. 25, 70 *Quis Lentuli societates cum indicibus, quis insaniam libidinum — recordatur?*

[2]) Vergl. oben S. 62 flgd.

dieselbe mache, solle, wenn er ein Sclave wäre, die Freiheit und 100,000 HS., wenn ein Freier, Straflosigkeit und die doppelte Summe erhalten (Sall. Cat. 30): L. Vettius und Q. Curius werden als solche, die besondere Belohnungen erhalten hatten, genannt (Suet. Caes. 17). Dies waren ausserordentliche Untersuchungen, veranlasst durch besondere Ereignisse: auch bei den gewöhnlichen Gerichten herrschte der gleiche Grundsatz. Bei dem Gerichtshofe über Staatsdiebstahl werden Angeber genannt von Cicero (p. Mur. 20, 42), derselbe sei auf Seiten der Ankläger voll von Ketten und Angebern. Diese müssen also bei ihm etwas gewöhnliches gewesen sein. Deshalb ist es nicht denkbar, dass bei ihm Angeber ausserordentlich mit Geldsummen, welche der Prätor nach Gutdünken festsetzte, belohnt wurden. Nach Analogie der Ankläger wird man glauben müssen, der Angeber habe einen bestimmten Theil des veruntreuten und durch seine Angaben wiedergewonnenen Geldes erhalten. Als nach Cäsars Ermordung M. Antonius beschuldigt wurde, den Staatsschatz geplündert zu haben, trug er selbst auf eine Untersuchung darüber an und der Senat beschloss, ein Angeber dabei sollte den zehnten Theil des veruntreuten Geldes erhalten.[1]) Man könnte denken, diese Belohnung für den Angeber sei damals sehr hoch bestimmt worden und nach dem Cornelischen Gesetze über Staatsdiebstahl nicht so gross gewesen. Allein sie war die gewöhnliche: als C. Cassius eine feindliche Stadt erobert hatte, befahl er den Einwohnern alles Geld, Gold und Silber auszuliefern: denen, die etwas von ihrem Eigenthume verheimlichten, drohte er mit dem Tode, den Angebern verhiess er den zehnten Theil dessen, zu dessen Auffindung sie behülflich wären, und, wenn sie Sclaven wären, ausserdem die Freiheit.[2]) Demnach werden wir den zehnten Theil als die gesetzliche Belohnung der Angeber bei dem Verbrechen des Staatsdiebstahls und vielleicht auch bei ähnlichen, bei denen es sich um Geld handelte, annehmen dürfen.

---

[1]) App. bell. civ. III, 54.
[2]) App. bell. civ. IV, 73.

In Bezug auf das Verbrechen der Wahlumtriebe erzählt Cicero, im Jahre 56 v. Chr. sei P. Sestius von einem Angeber Cn. Nerius vor Gericht gefordert worden, d. h. der Angeber war vor Gericht erschienen, hatte seine Aussage gemacht und die Anklage von Sestius verlangt.[1]) Auch in seiner Vertheidigungsrede für Murena erwähnt Cicero (p. Mur. 26, 54) Angebereien der Vertheiler. Von den Gesetzen über Wahlumtriebe wurden damals auch die Helfershelfer der Bewerber aus dem Volke betroffen, aber zugleich wohl auch Angeber aus ihrer Mitte durch Belohnungen angelockt. Auch bei einem Processe über Mord wird ein Angeber erwähnt, aber ohne Andeutung einer Belohnung, die er hätte erwarten können.[2]) Bei den Processen über Gewaltthat werden wir Angeber unter besonderen Verhältnissen später erwähnen. Darnach wurden im ganzen Criminalprocesse Angeber zugelassen und aufgemuntert. Z. B. bei Processen über Fälschung ist die Nothwendigkeit derselben ersichtlich; aber auch bei denen über Amtsverbrechen oder später denen über Erpressung müssen sie erlaubt gewesen sein, wenngleich sie hier meist mit den Beschädigten zusammenfielen. Ueber die Belohnungen geben

---

[1]) Cicero ad Q. fr. II, 3, 5 *A. d. IIII Id. Febr. Sestius ab indice Cn. Nerio, Pupinia, de ambitu est postulatus.* Es ist unrichtig, wie Geib Römisches Criminalrecht S. 104 und Rein Criminalrecht S. 729 es thun, *index* hier als gleichbedeutend mit *accusator* aufzufassen. Diese Bedeutung hat *index* nicht. Die Erklärung von Ciceros Worten habe ich im Texte gegeben. Was aus der Klage wurde, wissen wir nicht: vielleicht fand sie erst später statt und Sestius wurde erst 52 v. Chr. nach dem Pompejischen Gesetze wegen Wahlumtriebe verurtheilt. Dass *index* hier wirklich den Angeber bedeutet, ergiebt sich aus den bald darauf folgenden Worten Ciceros: *Sed idem Nerius index edidit ad allegatos Cn. Lentulum Varum et C. Cornelium*, Worten, deren Sinn, zum Theil wegen kritischer Unsicherheit, nicht klar ist. Dass Nerius ein gewöhnlicher Bürger war, erkennt man aus der Hinzufügung der Tribus, die freilich auch deshalb genannt ist, um anzudeuten, in welcher Tribus Sestius Bestechungen geübt haben sollte. Vergl. C. R. II, 2, 256.

[2]) Cic. p. Cluent. 13, 39 *Extrahitur domo latitans Oppianicus a Manlio, index Avillius ex altera parte coram tenetur.* Auch vorher § 38 *nullo teste, nullo indice.* Aehnlich wird bei einer angeblichen Verschwörung gegen Cn. Pompejus ein Angeber Licinius genannt bei Cic. p. Mil. 24, 65, Ascon. p. 51.

unsere kärglichen Nachrichten nur wenig Kunde, aber, dass es solche gab, beweisen sie. Wahrscheinlich wurden sie in der Zeit vor den Schwurgerichten nach dem Gutdünken der Prätoren gegeben, später in den Gesetzen über die Schwurgerichte bestimmter festgesetzt.

Eine besondere Classe unter den Angebern machen diejenigen aus, die selbst Theilnehmer eines Verbrechens sind und dann ihre Genossen angeben.[1]) Sie wurden von den Römern seit den ältesten Zeiten benutzt, und die früher von uns angeführten Beispiele von Angebern waren zum Theil dieser Art, z. B. bei der Giftmischerei, welche durch eine Theilnehmerin des Verbrechens verrathen wurde, worauf dieselbe durch einen Senatsbeschluss Straflosigkeit erhielt (Liv. VIII, 18). Bei den Bacchanalien waren die beiden Angeber, durch welche das Verbrechen zuerst entdeckt wurde, ebenfalls Theilnehmer gewesen: ausser ihnen wurden noch andere Angeber durch Zusicherung von Straflosigkeit und andere Belohnungen angelockt (Liv. XXXIX, 14), nicht, indem man auch den schlimmsten Uebelthätern anheim stellte, auf diese Art von der Strafe los zu kommen, sondern indem man die am wenigsten Betheiligten zuliess. Die Form war, dass der Beamte, welcher die Untersuchung führte, einen Antrag beim Senate stellte und dieser dem Angeber den öffentlichen Schutz (fides publica) zusicherte. Dies genügte. Denn sobald die Beamten durch den Senat gebunden waren, konnten sie dadurch, dass sie keine Anklage annahmen, den Schutz gewähren: auch Geldbelohnungen und die Freiheit an Sclaven konnte der Senat verleihen. Zu andern Belohnungen an Römische Bürger war die Einwilligung des Volkes nöthig, wie sie z. B. bei den Angebern der Bacchanalien eingeholt wurde (Liv. XXXIX, 19). Selbständig konnten die Beamten an solche Angeber weder Belohnungen noch Straflosigkeit gewähren: wenn ein einzelner es auch hätte thun wollen, bei dem gleichen Rechte, das

[1]) Der falsche Asconius p. 114 scheint sogar diese allein unter *indices* zu verstehen: *Index est autem, qui facinoris, cuius ipse est socius, latebras indicat impunitate proposita.* Vergl. oben S. 247. Dass diese Erklärung nicht richtig ist, ergiebt sich aus dem Vorigen.

seinen Amtsgenossen, und dem höheren, das den Volkstribunen zustand, wäre er nicht im Stande gewesen, seinen Beschluss durchzuführen.

Die Einsetzung der Schwurgerichte machte hierbei zunächst keinen Unterschied: die Gesetze, nach denen sie bestanden, enthielten nichts über solche Angeber. In seiner Rede gegen Q. Caecilius beweist Cicero, jener sei Verres' Gehülfe bei dessen Erpressungen gewesen und habe die Beute mit ihm noch nicht getheilt. 'Deshalb, führt er fort, wenn du verlangst, es solle dir das Recht des Angebers verliehen werden, weil er mit dir zusammen gehandelt habe, so habe ich nichts dagegen, in so fern es durch das Gesetz erlaubt wird: Ankläger aber darfst du nicht sein.'[1]) Es ist eine boshafte Aeusserung Ciceros: von seiner Erlaubniss hängt weder das eine noch das andere ab, sondern von der des vorsitzenden Prätors: er spricht nur von dem, wogegen er nichts einwenden würde. Das Gesetz, das er erwähnt, kann nicht ein allgemeines über Angeber sein. Ein solches gab es nicht: man muss also darunter dasjenige verstehen, nach dem der Process gegen Verres geführt wurde, das Servilische. Cicero spricht den Worten nach zweifelnd, ob es einen Angeber zuliesse, dem Sinne nach verneinend: das allgemeine Gesetz über Amtsverbrechen liess einen Theilnehmer an den Verbrechen nicht als Angeber zu.[2]) Indessen in der Erwähnung der Möglichkeit einen Angeber zuzulassen, liegt doch die Andeutung, dass nach andern Gesetzen, d. h. nach den Gesetzen, welche das Verfahren in andern Gerichtshöfen regelten, also überhaupt bei andern Verbrechen Angeber erlaubt waren. So

[1]) Cic. div. 11, 34 *Quapropter si tibi indicium postulas dari, quod tecum una fecerit, concedo, si id lege permittitur.*

[2]) Denn verschieden hiervon ist, was Cic. in Verr. I, 38, 97 anführt, es habe eine Menge Leute gegeben, die sich ihm als Zeugen gegen Verres anboten, um sich von der Gefahr eines Processes, von der Verbindung der Verbrechen zu befreien. Dies waren Leute, die durch ihre Willfährigkeit gegen Cicero sich dessen Gunst und dadurch Straflosigkeit erkaufen wollten. Im Gegentheile darf man schliessen, dass, wenn bei Verres' Processe Angeber erlaubt gewesen wären, wirklich einige aufgetreten wären.

ergiebt sich, dass bei einigen Schwurgerichten der Prätor die gesetzliche Befugniss hatte, Theilnehmern am Verbrechen Straflosigkeit und wohl auch Belohnungen zu gewähren. Während der Republik, glaube ich, war dies bei den Gerichtshöfen über Staatsdiebstahl, Wahlbestechung und Fälschung der Fall. Bei den beiden ersten habe ich oben Beispiele von solchen Angebern angeführt, von dem dritten vermuthe ich es nur nach der Natur des Verbrechens. Dagegen bei dem Verbrechen der Gewaltthat erlaubte das Gesetz nicht, einen Angeber zuzulassen. Daher wurde bei der Catilinarischen Verschwörung, bei der es sich um dasselbe handelte, den Angebern nach alter Sitte Straflosigkeit zugesichert.[1]) Cicero, der die Untersuchung leitete, würde sie, wenn er gedurft hätte, selbständig versprochen haben. Als im Jahre 59 der Angeber Vettius viele vornehme Bürger wegen beabsichtigter Gewaltthat angeben wollte, verlangte er Straflosigkeit durch einen Senatsbeschluss: er behauptete, Mitwisser und Genosse des beabsichtigten Verbrechens gewesen zu sein. Er wurde deshalb selber wegen Gewaltthat verurtheilt und verlangte auch noch nach seiner Verurtheilung, als Angeber auftreten und deshalb straflos ausgehen zu dürfen.[2]) Wäre der Prätor M. Crassus, der ihn verurtheilte, befugt gewesen, einen Angeber zuzulassen, so wäre ihm sein Verlangen wohl erfüllt worden. Es scheint also unter den Verbrechen ein Unterschied in dieser Beziehung bestanden zu haben, der nicht nach der Gefährlichkeit derselben, sondern nach andern Gründen bestimmt wurde.[3])

Die Zeugen unterscheiden sich von den Angebern, über welche wir gehandelt, dadurch, dass sie nur nach gericht-

[1]) Sall. Cat. 30 und 47; Dio Cass. XXXVII, 34; Suet. Caes. 17; Cic. in Cat. III, 4. 8.

[2]) Cic. ad Att. II, 24. Vergl. oben S. 178.

[3]) In der Kaiserzeit scheint der Gebrauch der Angeber weiter ausgedehnt worden zu sein, namentlich bei dem Majestätsverbrechen: die gesetzlichen Bestimmungen, welche sich darüber l. 5, 7 C. ad leg. Iul. mai. (IX, 8) und l. 7. 2 Dig. ad leg. Iul. mai. (XLVIII, 4) finden, scheinen auf Kaiser Augustus' Gesetz zurückzugehen. Ganz gehörten der Kaiserzeit die *delatores* an, die sich während der Republik noch nicht finden (s. meine Note zu Cic. p. Mur. 20, 42): sie deuten auf eine Aenderung der Rechtspflege.

licher Einleitung eines Processes angewendet werden: zweitens dadurch, dass sie freien Standes sind. Diese zweite Bedingung erschien im Alterthume so natürlich, so nothwendig, dass sie von den Römern nirgends unmittelbar erwähnt wird. Aber die Aussagen von Zeugen (testimonia) werden von denen der Sclaven, die auf der Folter geschahen, immer getrennt[1]): wer Römischer Anschauung folgen will, kann die letzteren zwar unter den Beweismitteln eines Criminalprocesses anführen, muss ihnen aber eine besondere, von den Zeugenaussagen unabhängige Stellung anweisen. Es ist auch nicht richtig, was man zum Theil angenommen hat, im Allgemeinen habe zwar dieser Unterschied gegolten, indessen in besondern Fällen, namentlich in Processen über Majestätsverbrechen, seien auch Sclaven auf dieselbe Weise, wie Freie, zur Zeugenaussage zugelassen worden.[2]) Man verwechselt dabei Angeber mit Zeugen: jene konnten, auch wenn sie Sclaven waren, ihre Aussagen ohne Folter machen und davon finden sich gleichmässig unter der Republik und der Kaiserregierung Beispiele. Eigentliche Zeugen waren frei und sprachen ohne Folter, wenigstens während der Republik. So lange dieselbe bestand, kam Folterung von Zeugen selbst in den unterworfenen Provinzen nicht vor. Es werden uns viele Fälle berichtet, in denen die Statthalter, z. B. Verres, gegen Bundesgenossen körperliche Qualen verhängten, besonders um Geld zu erpressen, aber vor

---

[1]) Z. B. Cicero orat. partit. 34, 117 und auct. ad Her. II, 6, 9 unterscheiden bei einem Criminalprocesse ausdrücklich *argumenta, testes, quaestiones,* und sprechen über jedes dieser Mittel beim Beweisverfahren abgesondert; ebenso handelt Cic. de invent. II, 14, 46 zuerst über *argumenta,* dann über *quaestiones, testimonia;* vergl. 16, 50. Cic. de orat. II, 27, 116 zählt unter den Sachen, welche der Redner zu behandeln hat, auf *tabulae, testimonia, pacta, conventa, quaestiones, leges* u. s. w.; ibid. 40, 173 *quaestiones, testes, tabulas.* Unter dem Kaiser Tiberius bei der Anklage von Libo Drusus (Tac. Ann. II, 28) werden Zeugen von den Aussagen der Sclaven ausdrücklich getrennt, und deshalb behandelt Val. Max. VIII, 4 und 5 die *quaestiones* und die *testes* in verschiedenen Capiteln.

[2]) Es hat dies Escher a. a. O. p. 21 genügend gegen Heineccius Antiq. Rom. IV, 18, 48 und Dieck historische Versuche über das Criminalrecht der Römer S. 82 dargethan.

Gericht war die Folter unbekannt bei Angeklagten und bei Zeugen.

Die Fähigkeit der Freien zur Zeugenaussage war im Allgemeinen unbeschränkt: es gab keine Classe derselben, kein Alter, kein Geschlecht, das durch Gesetz oder Sitte in allen Criminalprocessen ausgeschlossen gewesen wäre. Man nimmt jetzt an, in älterer Zeit hätten die Frauen vor Gericht kein Zeugniss ablegen dürfen, und da es durch sichere Beispiele feststeht, dass sie es später durften, stellt man weiter die Vermuthung auf, Sulla habe ihnen durch seine Gesetze die Fähigkeit dazu gegeben.[1]) Diese letztere Vermuthung gründet sich auf folgenden Schluss. Papinian bemerkt[2]), bei Majestätsverbrechen würden auch Frauen gehört: die Verschwörung Catilinas habe eine Frau, Fulvia, entdeckt und der Consul M. Cicero ihre Angabe benutzt. Das Gesetz über Majestätsverbrechen, das der Catilinarischen Verschwörung vorherging, war das Cornelische: wenn also nach demselben Frauen als Zeugen zugelassen wurden, so war Sulla der Urheber dieser Einrichtung. Gesetzt dieser Schluss wäre richtig, so würde daraus nur die Fähigkeit der Frauen für ein einziges Verbrechen und einen einzigen Gerichtshof folgen; wir kennen aber Beispiele aus eben derselben Zeit, wo Frauen bei andern Gerichtshöfen Zeugniss ablegten. Papinian hätte also verkehrter Weise, was sich auf ein einziges Verbrechen bezog, als allgemeine Vorschrift aufgefasst. Er spricht aber nicht von einem vor Gerichte abgelegten Zeugnisse. Sein Ausdruck, Frauen würden gehört, ist zweideutig und kann eben sowohl auf Zeugenaussage wie auf Angeberei sich beziehen: dass er

[1]) Die Unfähigkeit der Frauen, vor Gericht Zeugniss abzulegen, wird angenommen von Geib Röm. Criminalpr. S. 336 und Escher de testium ratione p. 37; in welcher Zeit ihnen die Fähigkeit dazu beigelegt worden sei, geben sie nicht an. Denn die Vermuthung, Sulla habe ihnen diese Fähigkeit ertheilt, welche theils von älteren Gelehrten, theils von Dieck historische Versuche über das Criminalrecht der Römer S. 87. Rosshirt im N. A. des Criminalrechtes XI, 414 aufgestellt wird, hat Escher a. a. O. p. 38 widerlegt.

[2]) Papinian l. 8 Dig. ad leg. Iul. mai. (XLVIII, 4) *In quaestionibus laesae maiestatis etiam mulieres audiuntur: coniurationem denique Sergii Catilinae mulier detexit et M. Tullium cos. indicium eius instruxit.*

die letztere meint, geht aus dem Worte, welches er über Fulvia braucht, hervor. Es stimmt mit der Geschichte; denn Fulvia trat nur als Angeberin, nicht als Zeugin auf. Papinian wusste überdem sehr wohl, dass Catilinas Process nicht über ein Majestätsverbrechen stattgefunden hatte. Denn er wurde nicht vor dem Schwurgerichte, bei dem allein Majestätsverbrechen vorkamen, geführt, sondern fand 'nach Sitte der Vorfahren' vor dem Beamten statt. Papinian hat dies Beispiel nur angeführt, um zu beweisen, dass man in der Republik ebenso, wie man es unter den Kaisern bei allen Majestätsverbrechen that, bei staatsgefährlichen Verbrechen die Angaben von Frauen benutzte: an ihre Fähigkeit, vor Gericht eine Aussage zu machen, dachte er nicht.

Die Annahme, sie hätten in älterer Zeit kein gültiges Zeugniss ablegen dürfen, gründet sich auf die fabelhafte Erzählung von der Tarratia oder Tarquinia. Sie war eine Vestalische Jungfrau und erhielt wegen ihrer Freigiebigkeit von dem Römischen Volke grosse Ehren, erstlich dass sie, wenn sie 40 Jahre alt wäre, sollte heirathen, und zweitens, dass sie allein von allen Frauen sollte 'Zeugniss ablegen' dürfen. Das erste ist ein Vorrecht, das später alle Vestalinnen überhaupt hatten: wahrscheinlich wird es das zweite auch sein. Plutarch, der von der Tarquinia erzählt, sagt[1]), sie habe das Recht erhalten, dass man von ihr allein Zeugniss annahm. Der Ausdruck ist schwankend: unter Zeugniss kann man sowohl ein vor dem Richter abzulegendes, als auch ein in Privatrechtsgeschäften gültiges verstehen; denn vom Gerichte erwähnt Plutarch nichts. Gellius dagegen bemerkt, es sei der Tarratia das Recht gegeben worden, 'Zeugniss zu sagen', ein Ausdruck, der allerdings besser auf gerichtliches Zeugniss passt.[2]) Aber er setzt hinzu, die Nachricht von der Tarratia habe er aus dem Horatischen Gesetze geschöpft und in diesem finde sich der Ausdruck, sie solle *testabilis* sein. Was Gellius von dem

[1]) Plut. Popl. 8 ἔσχε δὲ τιμὰς ἀντὶ τούτου μεγάλας, ἐν αἷς ἦν καὶ τὸ μαρτυρίαν αὐτῆς δέχεσθαι μόνης γυναικῶν.

[2]) Gell. VI, 7 *plurimi honores fiunt, inter quos ius quoque testimonii dicendi tribuitur testabilisque una omnium feminarum ut sit datur. Id verbum est ipsius legis Horatiae.*

Sagen eines Zeugnisses berichtet, rührt von seiner eigenen Erklärung her: überliefert war nur der Ausdruck *testabilis*. Dieser aber muss, wie aus dem Gegensatze (intestabilis) hervorgeht, von demjenigen erklärt werden, von dem sowohl ein Zeugniss angenommen, als auch dem selber ein Zeugniss abgelegt wird. Dies sagen die classischen Rechtslehrer[1]), die indessen, wo sie die thatsächlichen Folgen für einen intestabilis besprechen, nur anführen, es sei derjenige, der weder ein Testament machen noch als Zeuge zu einem Testamente hinzugezogen werden dürfe.[2]) Wo sie von der Fähigkeit, als Zeuge vor Gericht aufzutreten, sprechen, erwähnen sie keinen der beiden Ausdrücke. Daraus darf man schliessen, dass sowohl im Horatischen Gesetze testabilis von demjenigen gesagt wird, der das Recht hat, selber ein Testament zu machen und bei dem eines andern Zeuge zu sein, als auch Gellius mit seiner scheinbar anders lautenden Erklärung nichts anders gemeint hat. Die Vestalinnen aber, die nicht unter Vormundschaft oder in der väterlichen Gewalt standen, hatten allein von allen Frauen das Recht, ein Testament zu machen (Gell. I, 12, 9): es schrieb sich von diesem Horatischen Gesetze her. Von der Fähigkeit, vor Gericht Zeugniss abzulegen, handelt weder dies noch sonst die Erzählung von der Tarquinia.

Wir kennen in der späteren Zeit, aus der allein wir Kunde über dergleichen Verhältnisse haben, etliche Beispiele von Frauen, die vor Gericht als Zeugen auftraten. Ich will nicht Sempronia anführen, die Schwester von Tib. und C. Gracchus, die von einem Volkstribunen in einer Volksversammlung aufgefordert wurde, Ti. Gracchus' angeblichen Sohn anzuerkennen (Val. Max. III, 8, 6): es handelte sich dabei nicht um ein Gericht und der Tribun durfte mit jedem aus dem Volke, wie er wollte, verhandeln. Aber in Verres' Processe legten die Mutter und die Grossmutter des Mündels Malleolus Zeugniss vor den Richtern ab (Cic. in Verr. I, 37, 94). In P. Clodius' Processe über Religionsverletzung legten Cäsars Mutter Aurelia, seine Schwester Julia, sowie andere Frauen, die

[1]) Gaius in l. 26 Dig. qui test. facere p. (XXIV, 1).
[2]) Ulpian l. 18, 1 Dig. qui test. facere p. (XXIV, 1).

bei dem Feste der guten Göttin zugegen gewesen waren, Zeugniss ab (Suet. Caes. 74; schol. Bob. in Cic. p. 336, 337, 338); in Milos Processe wegen Clodius' Ermordung nennt Asconius (p. 41) unter den Zeugen, die gerichtlich verhört wurden, die Schwiegermutter des Ermordeten Sempronia, seine Frau und Albanische Jungfrauen; im Processe gegen Flaccus sagten Falcidius' Mutter und Schwester zu Gunsten des Anklägers aus (Cic. p. Flacc. 27, 93). Unter den Kaisern finden sich zahlreiche Beispiele und Beweise, aus denen hervorgeht, dass Frauen sowohl bei andern Processen, als auch besonders bei Criminalprocessen als Zeugen auftreten durften.[1])

Die Fähigkeit zur Zeugenaussage war also bei den Römern nicht durch das Geschlecht beschränkt, aber sie war es auch nicht durch Alter, Stand oder Sitte. Hätte es bei ihnen ein gesetzlich festgestelltes System über den Beweis gegeben, so dass eine Verurtheilung nur bei einer bestimmten Zahl von Zeugen erlaubt gewesen wäre, so hätte auch die Vollgültigkeit der Zeugen bestimmt werden müssen. Indessen es lag lediglich in der Hand des Richters, freizusprechen oder zu verurtheilen, er sollte die Glaubwürdigkeit eines Zeugen in jedem einzelnen Falle prüfen und volle Freiheit haben. Deshalb finden wir bis in die letzten Zeiten der Republik keine Spur, dass man die Fähigkeit, Zeugniss vor Gericht abzulegen, eingeschränkt hat, weder als es noch keine Schwurgerichte gab noch in den ersten Gesetzen über die Schwurgerichte. Der Process gegen L. Flaccus, den Cicero vertheidigte, beruhte hauptsächlich auf den Zeugnissen von Griechen. Von einem derselben, Nicomedes, behauptet Cicero, er sei wegen Diebstahls und Betruges verurtheilt, von einem andern, Lysanias, er sei wegen Entwendung von Staatseigenthum verurtheilt und aus dem Senate gestossen worden.[2]) Beide also

[1]) Sie werden von Escher a. a. O. p. 40 angeführt: ich werde einige im Verlaufe der Untersuchung erwähnen. Bei Cic. in Verr. IV, 45, 100 wird erzählt, in Catina hätten die Priesterinnen vor dem Senate von Catina Aussagen über Verres' Räubereien gemacht. Es war ein wirkliches Gericht; aber ich habe es nicht angeführt, weil es für Römische Sitte nicht beweisend ist.

[2]) Cic. p. Flacc. 18, 43.

hatten Einbusse an ihrer Ehrenhaftigkeit erlitten, dennoch aber Zeugniss abgelegt. Im Processe gegen Verres handelte es sich auch um C. Malleolus' Erbschaft, die er zum Theil unterschlagen haben sollte. Jener war mit Hinterlassung eines unmündigen Sohnes gestorben, der auch noch als Verres städtischer Prätor war, unter Vormundschaft stand. Cicero liess diesen jungen Malleolus als Zeuge auftreten: er sagt von ihm, dies sei die erste Aeusserung, die er unter Schmerz und Klage auf dem Markte thue. Der junge Mann war also zur Zeit des Processes entweder noch unmündig oder er hatte eben erst die männliche Toga angelegt, auf jeden Fall hatte er noch nicht dasjenige Alter, das später in einigen Fällen als nöthig zum vollgültigen Zeugnisse angesehen wurde.[1]) Wir haben somit aus der Zeit bald nach Sulla Beispiele, welche beweisen, dass die zwei Classen von Leuten, die später von gerichtlicher Zeugenaussage ausgeschlossen waren, als Zeugen auftraten: es gab in dieser Beziehung auch, als schon die Schwurgerichte bestanden, keine Beschränkung, selbst nicht in dem prätorischen Edicte, durch welches manche Verhältnisse der Zeugen geregelt wurden. Freilich mochte der Prätor in einzelnen Fällen, wo ihm durch unglaubwürdiges Zeugniss eine verderbliche Wirkung ausgeübt zu werden schien, hindernd eintreten.

Als man die Nothwendigkeit der Beschränkung bei Zeugenaussagen erkannte, musste man zugleich eine Verschieden-

---

[1]) Cic. in Verr. I, 37, 94 *cur cogis sodalis filium hanc primum in foro vocem cum dolore et querimonia emittere?* Escher a. a. O. p. 27 beurtheilt diesen Fall nicht richtig: er sagt, es sei zweifelhaft, ob Malleolus wirklich eine Zeugenaussage gemacht habe und ob er damals unmündig gewesen sei. Das Letztere wird in der That nicht gesagt, aber doch angedeutet, er sei damals zuerst auf dem Markte aufgetreten, und in Bezug auf das Erstere kann man an keine andere Aeusserung als an eine Zeugenaussage denken. Ueber den zweiten Fall dagegen, wo Cicero den Mündel Junius auftreten lässt (Cic. in Verr. I, 56), urtheilt Escher richtig, derselbe habe kein Zeugniss abgelegt. Dasselbe glaube ich auch von in Verr. II, 33, 80 *dicet etiam praetextatus Sopatri filius*, von dem Cicero indessen andeutet, dass er ihn als Zeuge aufrufen könne, und unter einem *praetextatus* kann man, wie auch immer die Sicilische Sitte war, doch nur an einen Unmündigen denken.

heit unter den Verbrechen und Processen in dieser Beziehung anerkennen. Z. B. bei Processen über Mord oder Giftmischerei ist es billig, Jeden zu hören: da diese Verbrechen oft unter ehrlosen und wenig glaubwürdigen Personen vorkommen, erforderte es das Interesse des Staates, auch solche zum Ablegen ihres Zeugnisses zuzulassen. Dagegen, wo es sich z. B. um Wahlumtriebe oder politische Verbrechen handelte, konnte das Ablegen von Zeugniss auf solche Personen, die politisch glaubwürdig waren, beschränkt werden. Diesen Unterschied scheint man unter der Kaiserregierung beachtet zu haben: während der Republik nicht. Von einem allgemeinen Gesetze der Art würden wir Kunde haben: es könnte erst nach dem Aurelischen Richtergesetze erlassen worden sein, und würde dann auch für die Kaiserzeit gegolten haben, in der es, wie wir erweisen werden, nicht bestand. In Bezug auf einzelne Verbrechen haben wir nur eine einzige Nachricht über das Julische Repetundengesetz, also eines der letzten Strafgesetze, welche unter der Republik erlassen wurden. Marcellus in den Digesten[1]) sagt, Cassius Longinus sei der Ansicht, wer wegen schimpflichen Lebens aus dem Senate gestossen, dürfe nicht Richter sein oder ein Zeugniss ablegen, weil das Julische Repetundengesetz dies verbiete. Die Erklärung dieser Nachricht ist unsicher. Denn es wird nicht der unmittelbare Inhalt des Julischen Gesetzes angegeben, sondern eine Folgerung aus ihm abgeleitet. Es bestimmte, dass die wegen Erpressung Verurtheilten ihren Rang als Senatoren verloren. Nach der Analogie davon stellt Cassius Longinus die Ansicht auf, wenn ein Senator wegen anderer Unsittlichkeit verstossen worden, müsse er ebenso wie der durch gerichtliches Erkenntniss Verstossene behandelt werden: er giebt also eine juristische Erklärung, nicht die Worte des Gesetzes. Man könnte deshalb zweifeln, ob das Julische Gesetz beides 'Richter sein und Zeugniss ablegen' verboten und ob nicht

---

[1]) Marcellus in l. 2 Dig. de senat. (I, 9) *Cassius Longinus non putat ei permittendum, qui propter turpitudinem senatu motus nec restitutus est, iudicare vel testimonium dicere, quia lex Iulia repetundarum hoc fieri vetat.*

vielleicht nur das erste im Gesetze gestanden habe, das zweite nur auf Cassius' Folgerung beruhe. Indessen beides stand wirklich im Gesetze. Denn auf dies, als auch unter den Kaisern gültige Gesetz bezieht sich der Ausspruch der Digesten, ein wegen Erpressung Verurtheilter dürfe nicht ein Zeugniss öffentlich sagen oder Richter sein oder anklagen.[1]) Hier wird der Zusatz gemacht, ein Verurtheilter dürfe nicht öffentlich Zeugniss sagen. Wenn dies heissen soll, er dürfe nicht in einem Criminalprocesse zeugen, so ist dieser Unterschied zwischen einem Criminal- und Privatprocesse weder sonst bekannt noch an sich verständlich. Es kann der Sinn nur sein, wo es auf öffentliche Beglaubigung ankomme, solle ein wegen Erpressung Verurtheilter diese nicht ertheilen können: Zeugniss aussagen ist ebenso zu verstehen, wie in Gellius' oben (S. 258) angeführter Nachricht über die Vestalischen Jungfrauen: es ist eine Umschreibung des alten Ausdrucks testabilis. Dies wird für das Julische Gesetz deutlich bezeichnet durch Paulus' Nachricht, ein wegen Erpressung Verurtheilter dürfe weder zu einem Testamente noch zu einem Zeugnisse zugezogen werden.[2]) Vielleicht brauchte es den Ausdruck: 'ein Zeugniss öffentlich sagen': sein Sinn sollte der oben angegebene sein.[3]) Die Fähigkeit, Zeugniss vor einem Criminalgerichte abzulegen, schränkte es nicht ein. Dies ergiebt sich selbst aus einer andern seiner Bestimmungen. Die wegen calumnia Verurtheilten, d. h. diejenigen, welche eine wissentlich falsche Anklage wegen Erpressung erhoben hatten, belegte es mit mannigfachen Strafen, aber Zeugniss in einem Criminalprocesse abzulegen, verbot es ihnen nicht.[4])

[1]) Venulejus l. 6, 1 Dig. de leg. Iul. rep. (XLVIII, 11) *Hac lege damnatus testimonium publice dicere aut iudex esse postulareve prohibetur.*

[2]) Paulus l. 15 Dig. de test. (XXII, 5) *Repetundarum damnatus nec ad testamentum nec ad testimonium adhiberi potest.*

[3]) Es ist eben derselbe, der auch in der Vorschrift der Digesten über die wegen Pasquill Verurtheilten liegt, l. 21 Dig. eod. tit. *Ob carmen famosum damnatus intestabilis fit.*

[4]) Papinian l. 13 Dig. eod. tit. *Quaesitum est an in publicis iudiciis calumniae damnati testimonium iudicio publico perhibere possint. Sed neque lege Remmia prohibentur et Iulia lex de vi et repetundarum et peculatus eos homines testimonium dicere non vetuerunt.*

Es gab mithin während der Republik keine Beschränkung der Fähigkeit vor einem Criminalgerichte Zeugniss abzulegen. Erst als sich in der Kaiserzeit ein System des Beweises zu entwickeln begann, traf man Bestimmungen für einzelne Gerichtshöfe, die sich allmälig weiter ausdehnten. Der Kaiser Augustus machte den Anfang damit. Callistratus in den Digesten spricht davon, man müsse die Glaubwürdigkeit des Zeugen genau prüfen, und deshalb vor Allem seine Lage erforschen, ob sein Leben anständig und unbescholten oder bescholten und tadelnswerth sei, ob er reich oder arm sei, so dass er Gewinnes halber etwas aussagen könnte, ob er dem, gegen den er aussage, Feind, oder dem, für welchen er spreche, Freund sei: erst wenn er in dieser Beziehung als unverdächtig erscheine, sei er zuzulassen. Nachdem er diese Grundsätze durch Erlasse der Kaiser erläutert, führt er fort[1]: 'Im Julischen Gesetze über Gewaltthat wird bestimmt, es solle nach diesem Gesetze kein Zeugniss gegen den Angeklagten ablegen, wer unerwachsen sei, wer in einem Criminalprocesse verurtheilt und nicht begnadigt sei, wer in öffentlichen Fesseln oder Gewahrsam sei, wer sich zum Thierkampfe verdungen habe, eine Frau, die mit ihrem Körper Geschäfte treibe oder getrieben habe, wer durch gerichtliches Urtheil oder sonst überführt sei, dass er Geld angenommen habe, um ein Zeugniss abzulegen oder nicht abzulegen'. Ueber die ersten Worte dieser Nachricht werden wir später handeln. Die übrigen sprechen von zwei Classen von Personen, erstlich von denen, die ihrer Jugend halber kein Urtheil haben, zweitens von denen, die wegen Ehrlosigkeit nicht glaubwürdig sind. Dass beide Classen in früherer Zeit zu Zeugenaussagen fähig waren, haben wir bemerkt: es bleiben hier noch zwei Fragen übrig, erstens ob jene beiden Classen, wie die Gesetzesworte zu be-

[1]) Callistratus l. 3, 5 Dig. eod. tit. *Lege Iulia de vi cavetur, ne hac lege in reum testimonium dicere liceat, qui se ab eo parenteve eius liberaverit quive impuberes erunt quique iudicio publico damnatus erit, qui eorum in integrum restitutus non erit, quive in vinculis custodiave publica erit, quive ad bestias ut depugnaret se locaverit quaeve palam quaestum faciat feceritve quive ob testimonium dicendum vel non dicendum pecuniam accepisse iudicatus vel convictus erit.*

sagen scheinen, nur als Belastungszeugen unzulässig waren oder überhaupt, zweitens ob die Unfähigkeit sich auf den einen Process über Gewalt beschränkte.

In Bezug auf die erste Frage giebt Callistratus allerdings den angeführten Gesetzesworten einen scheinbar allgemeinen Sinn[1]), man dürfe einige wegen der Unsicherheit ihres Urtheils, andere wegen der Schande ihres Lebens nicht zu einem glaubwürdigen Zeugnisse zulassen. Indessen diese Allgemeinheit des Sinnes verschwindet, wenn man seine Erklärung als nur zu den Gesetzesworten gehörig auffasst: dass er dabei die Beschränkung der Bestimmung auf Belastungszeugen erwähnte, war nicht nothwendig. Andere Rechtslehrer haben die Ausschliessung von Unmündigen entschieden nur für die Belastung des Angeklagten angenommen, wie Ulpian, man könne Unmündigen nicht ein Zeugniss auferlegen[2]), ein Zwang zum Zeugnisse findet aber nur gegen den Angeklagten statt. Ebenso sagt Venulejus, der Ankläger dürfe Niemanden zum Zeugnisse citiren, der in einem öffentlichen Gerichte angeklagt oder jünger als 20 Jahre sei, in welcher letzteren Stelle zugleich eine nähere Erklärung des unbestimmten Begriffes der Unmündigkeit liegt. Ueberdem steht es durch weitere Anführung[3]) fest, dass die Worte des Gesetzes wirklich nur von den Belastungszeugen handelten und es ist nicht erlaubt, dieselben willkürlich weiter auszudehnen. Darnach bestand in dieser

---

[1]) Callistratus l. 3, 5 Dig. eod. tit. *Nam quidam propter lubricum consilii sui, alii propter notam et infamiam vitae suae admittendi non sunt ad testimonii fidem.*

[2]) Ulpian l. 19, 1 Dig. eod. tit. *Sed nec pupillis testimonium denuntiari potest;* Venuleius l. 20 eod. tit. *In testimonium accusator citare non debet eum, qui iudicio publico reus erit aut qui minor viginti annis erit.* Die *iudicio publico rei* sind diejenigen, welche Callistratus an der S. 263 angeführten Stelle in Haft und Banden befindlich nennt.

[3]) In der collat. Mos. et Rom. leg. IX, 2. Escher a. a. O. p. 26, der eine andere Ansicht über diesen ganzen Punkt hat, bezieht sich auf die Einleitungsworte der hier angeführten Stelle Ulpians: *Eadem lege quibusdam testimonium omnino, quibusdam interdicitur invitis,* und erklärt *testimonium omnino* von Belastungs- und Entlastungszeugen zusammen. Aber der Gegensatz ist *quibusdam invitis,* was sich auf die später zu erwähnende Zeugenunfähigkeit bezieht.

Beziehung ein Unterschied zwischen den Zeugen zu Gunsten des Angeklagten, wie er an sich denkbar ist und auch bei einem andern Punkte der Zeugenaussage, den wir alsbald erwähnen werden, vorkommt. Callistratus selber erklärt an einer Stelle, wo er von den Aussagen der Sclaven handelt, man dürfe den Angaben derjenigen Sclaven, die unter 14 Jahren alt wären, gegen den Angeklagten nicht glauben[1]): er bestimmt hier ein niedrigeres Alter als Grenze, weil, wie er selbst sagt, es hierbei auf das Ertragen der Folter ankomme. Sonach ist es sicher, dass der Kaiser Augustus seine Beschränkung der Fähigkeit zu Zeugenaussagen nur zu Gunsten des Angeklagten aussprach: Entlastungszeugen sollten, nach wie vor, von allen Classen und jedem Alter angenommen werden.

Die zweite Frage, ob jene Einschränkung sich nur auf das Julische Gesetz über Gewaltthat oder auf alle Criminalprocesse bezog, ist ebenfalls in beschränkendem Sinne zu beantworten. Abgesehen von dem schon angeführten Grunde, dass wir keine Nachricht von einer allgemeinen Beschränkung der Fähigkeit zu Zeugenaussagen haben und sie haben würden, wenn es eine solche gegeben hätte, abgesehen also hiervon, wäre sie unglaublich. Denn in einem Processe z. B. über Mord oder Giftmischerei wäre es unzweckmässig gewesen, Zeugen, die sich in Haft befanden oder verurtheilt waren, nicht zuzulassen. Eben so wenig durften sie in den Processen über Majestätsverbrechen ausgeschlossen werden, die man unter den Kaisern auf alle Weise begünstigte. Augustus gab jenes Gesetz über Gewaltthat. Ohne eine allgemeine Verfügung konnte die Beschränkung der Zeugenfähigkeit, welche er dabei aussprach, für das Cornelische Gesetz über Mord und Fälschung, für das Julische über Erpressung nicht gelten.[2]) Unter den zum Zeugnisse Unfähigen führt Callistratus die unzüchtigen Frauen auf. Nun erzählt Sueton vom Kaiser Clau-

[1]) Callistratus in l. 15, 2 Dig. de quaest. (XLVIII, 18).

[2]) Man darf die Bestimmung des Julischen Gesetzes über Gewaltthat, welche über die Unfähigkeit der Freigelassenen zur Zeugenaussage handelte, nicht anführen. Das Gesetz wurde früher erlassen als die allgemeine Regel für die Criminalprocesse und so wurde jene Bestimmung, die allgemein werden sollte, in diese Regel wieder aufgenommen.

dius (Claud. 15), er habe gegen einen Römischen Ritter, der wegen Unzucht angeklagt war, öffentliche Dirnen als Zeugen angenommen und dieser sei deshalb so in Zorn gerathen, dass er dem Kaiser Thorheit und Grausamkeit vorgeworfen und Griffel und Schreibtafel ins Gesicht geschleudert habe. Hätte Claudius dabei ungesetzlich verfahren, so konnte der Angeklagte sich über mehr als Thorheit und Grausamkeit beklagen: auch würde der Kaiser bei seiner Gesetzeskenntniss die Gesetze nicht so verletzt haben. Papinian, von den Zeugenaussagen der wegen calumnia Verurtheilten sprechend, bemerkt[1], in den Julischen Gesetzen über Gewaltthat, Erpressung und Staatsdiebstahl werde ihnen die Zeugenaussage nicht entzogen: folglich wusste er, dass dergleichen Bestimmungen in einzelnen Gesetzen standen und für einzelne Gerichtshöfe, nicht für den Criminalprocess im Allgemeinen gültig waren.[2] Auch in dem Julischen Gesetze über Ehebruch fand sich die Bestimmung, eine nach demselben verurtheilte Frau dürfe kein Zeugniss ablegen.[3] Hätte Augustus ein allgemeines Gesetz über die Unfähigkeit zur Zeugenaussage erlassen wollen, so würde er in diesem besondern Gesetze nicht diese Bestimmung getroffen haben.

Indessen trotzdem dass allein das Gesetz über Gewaltthat jene Unfähigkeitserklärung gegen Unmündige und gewisse Classen von Ehrlosen enthielt, begreift man doch, von welchem Einflusse dies auf alle Criminalprocesse sein musste. Die

---

[1] Man sehe die S. 262 angeführte Stelle.

[2] Ich weiche in diesen Ausführungen von der Ansicht der Gelehrten ab. Z. B. Geib Römisches Criminalrecht S. 336 fasst die oben erwähnten Beschränkungen der Gesetze als allgemein auf und stellt sie mit denjenigen, welche wir demnächst anführen werden, zusammen. Auch Escher a. a. O. p. 26 flgd. glaubt, es handele sich nicht nur um Zeugen gegen den Angeklagten, sondern um Zeugen überhaupt, und ist geneigt, auch die anderen Bestimmungen für allgemein zu erklären. Dadurch kommt er dazu, die Unfähigkeit zur Zeugenaussage als eine Art von Ehrlosigkeit hinzustellen.

[3] Paulus l. 18 Dig. eod. tit. *Ex eo, quod prohibet lex Iulia de adulteriis testimonium dicere condemnatam mulierem, colligitur etiam mulieres testimonii in iudiciis dicendi ius habere.* Eine gerichtlich verurtheilte Frau ist von einer gewerbsmässigen Buhlerin verschieden.

Rechtslehrer führen jene Bestimmung der früher erwähnten Stellen sichtlich mit der Absicht an, darnach die Glaubwürdigkeit von Zeugen überhaupt zu regeln: ja ihre Worte z. B. über die Unmündigen lauten theilweise allgemein. Die Rechtsanschauung wurde dadurch gewissermassen schwankend und bestimmte das Urtheil der Richter in vorkommenden Fällen. Festhalten aber muss man, dass die Unfähigkeit zur Zeugenaussage nirgends in den Rechtsquellen als Strafe für ein Verbrechen und als Folge der Ehrlosigkeit aufgefasst wird, sondern als Sicherung gegen ungerechtfertigte Anklage. Selbst die früher angeführte Bestimmung[1]) über verurtheilte Frauen galt vielleicht nur bei Processen wegen Ehebruch und, wenn sie allgemeine Geltung hatte, bildete sie eine Ausnahme.

Während der Republik gab es, wie oben bemerkt, keine Unfähigkeit zur Zeugenaussage für Alter, Geschlecht oder Sittlichkeit: selbst eine Unfähigkeit für gewisse Verhältnisse war gesetzlich nicht festgestellt. Es liegt in der Natur der allgemeinen menschlichen Verhältnisse, dass Kinder nicht gegen ihre Eltern als Zeugen aussagen und auch andere Grade der nächsten Verwandtschaft werden ähnlich betrachtet. Bei den Römern war die Achtung vor der Familie so gross, dass es nothwendiger Weise darüber in dieser Beziehung wenigstens thatsächlich beobachtete Regeln geben musste. Ferner in der Natur der Römischen Staats- und gesellschaftlichen Verhältnisse liegt eine ähnliche Betrachtung des Bandes zwischen Patronen und Freigelassenen. Indessen wird niemals irgend ein hierauf bezügliches Gesetz erwähnt. Aus den Erwähnungen späterer gesetzlicher Vorschriften ergiebt sich zweierlei. Erstens ein Zeugniss der in solchen Verhältnissen stehenden Personen für einander war immer erlaubt. Denn es gab keinen Begriff eines vollgültigen Zeugen, der Richter war an keine bestimmte Regel über den Beweis gebunden. Es war ihm unbenommen, einem Zeugnisse, das z. B. Verwandte für einander ablegten, nicht zu glauben, und die Anwälte hatten die Pflicht, darauf aufmerksam zu machen. Folglich handelt es sich nur um den Fall, dass dergleichen Personen

[1]) S. Paulus l. 18 Dig. eod. tit. an der eben angeführten Stelle.

gegen einander aussagen, und zwar auch hier nur darum, ob sie zur Aussage gezwungen werden dürfen: eine freiwillige Aussage unterliegt der Beurtheilung der Richter. Zweitens das Verhältniss zwischen Eltern und Kindern konnte unberücksichtigt bleiben wegen der väterlichen Gewalt, die dem Vater gegen die Kinder das Recht des selbständigen Urtheils gewährte, den Kindern kein Recht irgend einer Art gegen den Vater gestattete. Daher finden wir in den späteren gesetzlichen Bestimmungen dies Verhältniss nicht erwähnt.

Wir haben aus republikanischer Zeit nur zwei Andeutungen über die Unfähigkeit in gewissen Verhältnissen Zeugenaussagen zu machen. Aus einer Rede des alten M. Cato haben wir ein Bruchstück[1]), worin es heisst, man lege gegen Verwandte für einen Clienten Zeugniss ab, ein Zeugniss gegen einen Clienten lege Niemand ab. Das Verhältniss zwischen Patron und Client gilt also für näher als das zwischen Verwandten; aber ein Gesetz giebt es darüber nicht, sondern nur Sitte. Bei dem Processe gegen C. Marius wegen Amtserschleichung[2]) sollte C. Herennius gegen den Angeklagten Zeugniss ablegen. Er weigerte sich dessen, weil Marius' Eltern und anfangs Marius selbst Clienten seiner Familie gewesen wären. Solche Zeugenaussage sei gegen die väterliche Sitte und deshalb entbinde das Gesetz die Patrone von der Nothwendigkeit. Plutarch, der dies erzählt, kann nicht meinen, das Gesetz über Amtsverbrechen, nach welchem der Process geführt wurde, enthalte diese Bestimmung. Denn in dem Acilischen Gesetze, welches für diesen Process galt, findet sich keine Spur davon; auch hätte dann Marius die väterliche Sitte nicht anzuführen brauchen, und es wäre für die Richter nicht nothwendig gewesen, über den Fall zu berathen und zu beschliessen, wie sie es gethan haben sollen. Plutarch versteht also unter dem Griechischen Ausdrucke 'Gesetz' nur das Herkommen.[3]) Dieser Fall zeigt deutlich das Verfahren. Wenn

---

[1]) Bei Gell. V, 13, 4 *Adversus cognatos pro cliente testatur, testimonium adversus clientem nemo dicit.*

[2]) Plut. Mar. 5.

[3]) So versteht es auch Plutarch selbst an einer andern Stelle, Rom. 13, wo er von dem durch Romulus begründeten Verhältnisse zwischen

ein Zeuge unter diesen Verhältnissen seine Aussage verweigerte, so entschied der Beamte und dessen Beirath: es galt dasselbe Recht wie später: nur wurde es auf andere Weise zur Geltung gebracht. Die republikanische Sitte ging sogar noch weiter als die spätere. Einige Verhältnisse im Staatsdienste wurden so angesehen, als ob sie eine Art verwandtschaftlicher Bande bildeten: wir wissen dies namentlich von dem Verhältnisse der Quästoren zu den ihnen vorgesetzten Consuln und Prätoren. Daher tadelte Cicero Verres (in Verr. I, 15, 41; 30, 77), dass er den ihm einst in der Provinz vorgesetzten Cn. Dolabella vor Gericht bekämpft und durch seine Aussagen zu dessen Verurtheilung beigetragen hatte. Es ist die Frage, ob Verres auf seinen Wunsch von der Nothwendigkeit der Zeugenaussage durch die Richter entbunden worden wäre; aber er hätte sich wenigstens nicht freiwillig dem Ankläger anbieten müssen.[1])

Als der Kaiser Augustus das Gerichtsverfahren ordnete, erhob er das Herkommen wenigstens theilweise zum Gesetze. In seinem Strafprocesse hiess es[2]), wider seinen Willen könne man nicht zum Zeugnisse gezwungen werden gegen Schwiegervater, Schwiegersohn, Stiefvater, Stiefsohn, Vetter, Muhme, die Kinder derselben oder nähere Verwandte, ebenso sollte nicht zum Zeugnisse gezwungen werden der eigene Freigelassene, der der Kinder, Eltern, des Mannes, der Frau, auch nicht des patronus und der patrona, und überhaupt sollten nicht patroni oder patronae gegen ihre Freigelassenen, noch Freigelassene gegen ihren patronus auszusagen gezwungen wer-

*patroni* und *clientes* spricht und bemerkt καταμαρτυρεῖν τε πελάτου προστάτην ἢ προστάτου πελάτην οὔτε νόμος οὐδεὶς οὔτε ἄρχων ἠνάγκαζεν.

[1]) Vergl. oben S. 45 über die Unfähigkeit zur Anklage im gleichen Falle, so wie später über den Eid der Zeugen.

[2]) Paul. l. 4 Dig. h. t. *Lege Iulia iudiciorum publicorum cavetur, ne invito denuntietur, ut testimonium dicat adversus socerum, generum, vitricum, privignum, sobrinum, sobrinam, sobrino natum eosve qui priore gradu sint, item ne liberto ipsius, liberorum eius, parentium, viri, uxoris, item patroni, patronae adversus libertos neque liberti adversus patronum cogantur testimonium dicere.* Man vergl. Paulus l. 10 Dig. de gradibus (XXXVIII, 10): *Praeterea lege iudiciorum publicorum contra affines et agnatos testimonium inviti dicere non cogimur.*

werden. Vollständig den Wortlaut des Gesetzes haben wir hierin schwerlich, aber doch den Sinn desselben. Augustus erliess dies allgemeine Gesetz nach dem über Gewaltthat. In dem letzteren hatte er, wie schon (S. 269) bemerkt, bestimmt, einige andere Classen von Personen und insbesondere eigene oder der Eltern Freigelassenen sollten nicht gegen den angeklagten patronus aussagen dürfen, d. h. also ihr Zeugniss sollte in keinem Falle, mochten sie es freiwillig ablegen oder dazu gezwungen werden sollen, angenommen werden. Er hatte auch in eben demselben Sondergesetze ein Capitel über diejenigen hinzugefügt, welche nicht wider ihren Willen gezwungen werden sollten, Zeugniss abzulegen.[1]) In dem späteren allgemeinen Gesetze versetzte Augustus die Freigelassenen aus der Classe derjenigen, die in keinem Falle gegen den Angeklagten zeugen durften, in die derjenigen, welche nicht wider ihren Willen Zeugniss ablegen durften. Er erweiterte den Kreis der Freigelassenen, indem er nicht blos die eigenen und die der Eltern, sondern auch die der Kinder, des Mannes und der Frau, sowie die der patrona nannte; aber er hob ihre allgemeine Unfähigkeit zur Zeugenaussage auf und gestattete nur, dass sie nicht gezwungen werden durften es zu thun. Er fügte sogar im Allgemeinen hinzu, patroni sollten nicht gegen ihre Freigelassenen, Freigelassene nicht gegen ihre patroni zur Zeugenaussage gezwungen werden. So blieb die Gesetzgebung in der That etwas unsicher und ungleichmässig, erstens weil das Julische Gesetz über Gewaltthat das Verhältniss der patroni und Freigelassenen anders auffasste als die allgemeine Strafprocessordnung und dass beide Auffassungen neben einander fortbestanden, beweisen die Ausführungen der Rechtsgelehrten. Zweitens war dadurch auch die Auffassung des Verhältnisses zwischen Eltern und Kindern, obwohl es in den Gesetzen nicht erwähnt wurde, unsicher geworden. Wenn das Verhältniss zwischen Clienten und Frei-

[1]) Collat. Mos. et Rom. leg. IX, 2: *Capite octogesimo septimo his: homines inviti in reum testimonium ne dicant, qui sobrinus est ei reo propiorve cognatione coniunctus quive socer, gener, vitricus privignusque eius erit.*

gelassenen sich vor Gericht gelockert hatte, musste etwas ähnliches auch bei Eltern und Kindern eintreten. Die republikanische Anschauung war gewesen, dass zwischen ihnen jede Zeugenaussage unerlaubt sei, und sie findet sich auch noch später, schon weil das Zeugniss unglaubwürdig ist.[1]) Aber der Gebrauch vor Gericht war entschieden so, das Zeugniss zwischen Eltern und Kindern sei erlaubt, nur dürfe es nicht erzwungen werden. Unter dem Kaiser Tiberius wurde Vibius Serenus von seinem eignen Sohne angeklagt: das Volk war darüber zwar erbittert, aber der Kaiser nahm die Anklage und das Zeugniss an.[2])

Als solche, die zu allen Zeiten und unter allen Umständen zur Zeugenaussage unfähig waren, bleiben übrig die Richter und die Anwälte: ihre Unfähigkeit liegt so sehr in der Natur der Sache, dass sie in den Rechtsquellen kaum erwähnt wird. Unter den Richtern sind indessen nur diejenigen zu verstehen, welche wirklich in einem Processe entscheiden, also erstens nicht diejenigen, welche überhaupt richterliche Eigenschaft besitzen. Es kann z. B. ein Prätor oder Consul in dem Processe, der vor einem andern Prätor oder Consul geführt wird, Zeuge sein.[3]) Ferner sind unter den Richtern die jedesmal entscheidenden Geschworenen zu verstehen. In Milos Processe gehörte M. Cato zu den Geschworenen: wäre er es nicht gewesen, so hätte ihn Cicero wahrscheinlich als Zeugen vorgeführt. Denn Cato sollte von Clodius eine drohende Aeusserung gegen Milos Leben gehört

[1]) Paulus in Coll. IX, 3: *Adversus se invicem parentes et liberi itemque liberti nec volentes ad testimonium admittendi sunt, quia rei verae testimonium necessitudo personarum plerumque corrumpit.* S. Paul. Sent. rec. V, 15, 3. Id. l. 9 Dig. de test (XXII, 5). *Testis idoneus pater filio aut filius patri non est.*

[2]) Tac. Ann. IV, 28 flgd. Die grosse Verschwörung gegen den Kaiser Nero wurde von einem Freigelassenen, der seine Herren angab, entdeckt und bei derselben gab Lucanus seine eigene Mutter an, Tac. Ann. XV, 55 und 56.

[3]) Arcad. l. 21. 1 Dig. de test. (XXII, 5) *Illud quoque incunctabile est, ut, si res exigat, non tantum privati, sed etiam magistratus, si in praesenti sint, testimonium dicant. Item senatus censuit praetorem testimonium dare debere in iudicio adulterii causa.*

haben. Jetzt musste sich Cicero begnügen, M. Favonius' Zeugniss darüber, dass Cato sich über jene Drohung von Clodius geäussert habe, zu benutzen.[1]) Bei Verres' Processe trat ein von dem Angeklagten verworfener Geschworener C. Cassius später als Zeuge auf.[2]) Dagegen kann, wenn der Process ohne Geschworene geführt wird, ein Mitglied des Beiraths als Zeuge auftreten: er scheidet dann für den einzelnen Fall aus dem Beirathe. So that es Verres in dem Processe, der gegen den Lampsacener Philodamus geführt wurde.[3]) Dass die Anwälte nicht zugleich als Zeugen auftreten durften, wird als kaiserliche Einrichtung von einem Rechtslehrer ausdrücklich angeführt.[4]) Aber es galt schon in der Republik. Bei einer von Verres' Erpressungen bemerkt Cicero (in Verr. II, 8, 24), der Vertheidiger des Angeklagten, Hortensius, wisse sie besser als irgend ein anderer: dessen Zeugenaussage werde ihm nicht durch Verres' Unschuld, sondern durch die Ausnahme des Gesetzes entrissen. Was hier von dem Vertheidiger gesagt wird, muss man auch auf dessen Gehülfen und die Ankläger beziehen. Das Gesetz, welches Cicero erwähnt, ist vielleicht dasjenige, nach dem Verres' Process geführt wurde: wenigstens scheint in den Ueberbleibseln des Acilischen Gesetzes einiges über die Zeugen gesagt zu sein.[5]) Aber selbst, wenn davon nichts in den Gesetzen über die Schwurgerichte stand, musste es allgemeine Gerichtssitte sein, die beiderseitigen Anwälte von der Zeugenaussage zu entbinden.[6])

---

[1]) Cic. p. Mil. 16, 44. Vergl. C. R. II, 2, 463.

[2]) Cic. in Verr. III, 41, 97. Dagegen aus Cic. p. Cluent. 70, 198 darf man nicht, wie Escher a. a. O. p. 47 erweist, schliessen, ein Geschworener hätte zugleich Zeuge sein können, und bei Cic. p. Planc. 17, 42, wo von der Tribus die Rede ist, wird *testis* nicht im gerichtlichen Sinne verstanden.

[3]) Cic. in Verr. I, 20, 74.

[4]) Arcadius l. 25 Dig. de test. (XXII, 5) *Mandatis cavetur, ut praesides attendant, ne patroni in causa, cui patrocinium praestiterunt, testimonium dicant.*

[5]) Man sehe Lex. Acil. vs. XXXII, wo die Ergänzungen der Gelehrten freilich willkürlich sind. Pseudo-Ascon. p. 209 bemerkt zu der angeführten Stelle Ciceros: *non licet, ut testimonium defensori denuntiet accusator.*

[6]) Eine andere Rechtsregel führt Cicero p. Sex. Rosc. 36, 102 an:

Die Zeugen sind entweder Belastungs- oder Entlastungszeugen: jene dienen der Anklage, diese der Vertheidigung. Jene ist im Römischen Rechte nicht unbedeutend bevorzugt. Quintilian[1]) sagt, es gebe zwei Arten von Zeugen, erstens die freiwilligen, zweitens diejenigen, denen in Criminalprocessen gesetzlich die Nothwendigkeit der Zeugenaussage auferlegt wird. Der ersten Art bedienen sich beide Parteien, die andere sei nur den Anklägern verstattet. Quintilian spricht von der Einrichtung seiner Zeit, aber sie war die nämliche, wie während der Republik: eine etwaige Verschiedenheit würde er eben so gut wie bei der Reihenfolge der Verhandlungen[2]) bemerkt haben. Zudem beziehen sich die Beispiele, welche er bei seiner Abhandlung über die Zeugen anführt, alle auf die Zeit der Republik. Dies ist eine unmittelbare Nachricht über das Verhältniss der Zeugen im Römischen Strafprocesse. Mittelbare haben wir auch aus republikanischer Zeit. In seiner Vertheidigungsrede für Sex. Roscius erzählt Cicero, wie Roscius Capito die von der Gemeinde Ameria an Sulla geschickten Gesandten getäuscht habe: dies, sagt er, würden die Richter von den Gesandten selbst erfahren können, wenn der Ankläger ihnen den Zwang der Zeugenaussage auferlegen wollte.[3]) Cicero als Vertheidiger hatte also nicht das Recht dazu und freiwillig wollten die Gesandten in einem gefährlichen Processe nicht als Zeugen auftreten. In der Rede gegen Flaccus widerlegt Cicero die Aussage der Acmonenser gegen den Angeklagten: dieselbe sei falsch, behauptet er, und andere Zeugen würden nichts gegen Flaccus aussagen, aber sie seien vom Ankläger nicht zur Aussage ge-

---

Niemand dürfe in eigener Sache Zeuge sein. Er führt sie auf die Sitte der Vorfahren zurück und verlangt, dass deshalb T. Roscius Capito nicht als Zeuge zugelassen werde. Durchgesetzt hat er seine Forderung in diesem Falle schwerlich.

[1]) Quintil. V, 7, 9 *duo genera sunt testium, aut voluntariorum aut eorum, quibus in iudiciis publicis lege denuntiatur: quorum altero pars utraque utitur, alterum accusatoribus tantum concessum est.*

[2]) S. oben S. 210.

[3]) Cic. p. Sex. Rosc. 38, 110 *id quod ex ipsis cognoscere potueritis, si accusator voluerit testimonium eis denuntiare.*

zwungen worden.[1]) Hätte er sie selbst berufen und zur Aussage zwingen können, so hätte ihm eine leichtere und unmittelbare Widerlegung zu Gebote gestanden.[2])

Somit fand zur Zeit der ersten Kaiser und der Schwurgerichte bei dem Zeugenbeweise eine bedeutende Bevorzugung der Anklage vor der Vertheidigung statt. Sie erklärt sich theils aus der Nothwendigkeit, welche der Staat hatte, den Ankläger, dem er seine Pflichten in Bezug auf die Verfolgung der Verbrechen übertragen hatte, auch mit den nöthigen Mitteln dazu auszurüsten, theils aus der Abneigung, welche die Römer im Allgemeinen gegen die Anklage hatten. Dem Angeklagten boten sich Freunde und Zeugen freiwillig dar[3]). Dennoch trug zu dieser Bevorzugung auch der Zufall und die geschichtliche Entwickelung bei. Obwohl wir keine sichere Kunde haben, scheint es doch nicht, dass sie vor Errichtung der Schwurgerichte statt fand. Ich will mich nicht auf eine zweifelhafte Stelle von Tacitus, in der er den Unterschied seiner eigenen und der republikanischen Zeit in Bezug auf die Nothwendigkeit der Beredsamkeit erörtert, berufen[4]); denn an

---

[1]) Cic. p. Flacc. 15, 36 *Non deduxi, inquit, Sextilium. Cedo tabulas. Non deportari. Fratres saltem exhibe. Non denuntiari.* Aehnlich handelt es sich in eben derselben Rede 37, 93 um das Zeugniss von Falcidius, der vom Ankläger nicht vorgeladen war: *veniret — si esset denuntiatum. Tu certe coegisses, si ullum firmamentum in illo teste posuisses.* Cicero als Vertheidiger würde ihn berufen haben, wenn er gedurft hätte.

[2]) Cic. p. Cluent. 57, 157 bemerkt, wenn das Cornelische Gesetz über falsches Zeugniss auf die Römische Plebs angewendet würde, werde Niemand aus dieser mehr ein Zeugniss ablegen. Hierin liegt kein Beweis, dass es zu Ciceros Zeit keinen Zwang zur Zeugenaussage gegeben habe. Denn Cicero spricht eben nur von dem freiwilligen Zeugnisse, das immer für die Vertheidigung nöthig war und vielfach auch bei der Anklage vorkam. Vergl. Escher a. a. O. S. 51.

[3]) Sehr hübsch spricht dies Cicero p. Mur. 22, 45 aus *Magnum est enim te comparare ea, quibus possis hominem e civitate, praesertim non inopem neque infirmum, exturbare, qui et per se et per suos et vero etiam per alienos defendatur. Omnes enim ad pericula propulsanda concurrimus et qui non aperte inimici sumus et alienissimi, in capitis periculis amicissimorum officia et studia praestamus.*

[4]) Tac. dialog. 30.

ihr ist nur von der Gerichtsbarkeit des Volkes die Rede. Aber die Beamten, welche den Vorsitz der gewöhnlichen Gerichte führten, konnten, wie sie dem Ankläger seine Vollmacht gaben, leicht auch dem Angeklagten zu genügenden Vertheidigungsmitteln verhelfen: es gab eben noch kein Gesetz über diese Verhältnisse. Als dieses von C. Gracchus gegen Amtsverbrechen gegeben wurde, ging die Strömung der öffentlichen Meinung gegen die Angeklagten: es kam darauf an, dem bedrückten Volke zu seinem Rechte gegen die Beamten zu verhelfen. Deshalb wurde in das Gesetz über Amtsverbrechen eine Bestimmung gebracht, welche dem Ankläger die Vollmacht ertheilte, Zeugen für sich zu erzwingen: über den Angeklagten, der mächtig und reich war, schwieg das Gesetz. Von hier aus übertrug sich dieses Verhältniss allmälig auf die Gesetze über die meisten andern Verbrechen, wahrscheinlich mit den gleichen oder ähnlichen Ausdrücken. Es bestand auch unter den ersten Kaisern. Der jüngere Plinius erzählt[1]), wie die Bithynier ihren ehemaligen Proconsul Rufus Varenus wegen Erpressung beim Senate verklagten. Als dort die Sache zur Verhandlung kam, verlangte Varenus unter dem Widerspruche der Ankläger, es möchte auch ihm erlaubt werden, Entlastungszeugen aus der Provinz zu berufen. Der Senat gestattete es nach heftigen Verhandlungen und Plinius, als Anwalt des Angeklagten, bemerkt, er habe eine Sache verlangt, die weder im Gesetze stand, noch auch gebräuchlich, aber doch gerecht war. Aus diesen Ausdrücken ergiebt sich, dass das Julische Gesetz über Erpressung, nach dem Varenus' Process geführt werden sollte, kein Verbot gegen die zwangsweise Berufung von Entlastungszeugen enthielt; denn sonst hätte der Senat sie nicht durch einen einfachen Beschluss gestatten können. Das Gesetz erlaubte sie nur nicht ausdrücklich, daher konnte der Senat ergänzend eintreten, zumal diese Erlaubniss auch schon früher, wenngleich selten, also wohl auch in republikanischer Zeit durch Beschluss des Beamten und seiner Richter, gegeben worden war. Man erkennt aus diesem Beispiele die Richtung der Zeit auf gleich-

[1]) Plin. epist. V, 20; vergl. VI, 13.

mässige Gewährung des Zeugenzwanges für den Ankläger und den Angeklagten. Der Senat hatte einmal gestattet, was der Mehrheit als billig erschien: die spätere Kaiserzeit hob die Bevorzugung der Anklage gesetzlich auf. Selbst die Republik hatte die in demselben liegende Ungleichheit erkannt. Plinius erzählt[1]) an einer andern Stelle, von eben demselben Processe gegen Varenus und der Entscheidung des Senates sprechend, ein Senator hätte den Antrag gestellt, es möchte zum Erpressungsgesetze ein Zusatz in den gleichen Ausdrücken, wie sie sich beim Gesetze über Wahlumtriebe fänden, gemacht und dadurch der Angeklagte dem Ankläger in Bezug auf den Zeugenbeweis ein für allemal gleichgestellt werden. Das letzte, damals gültige Gesetz über Wahlumtriebe war zwar vom Kaiser Augustus erlassen, aber aller Wahrscheinlichkeit nach hatte es eine solche Bestimmung aus den früheren Gesetzen über eben dasselbe Verbrechen übernommen.[2]) Es ergiebt sich somit, dass die Bevorzugung des Anklägers in dem Wesen des Römischen Rechtes von Anfang an begründet war, dann allmälig durch ein Sondergesetz für die meisten Verbrechen und Gerichtshöfe eingeführt, und am Ende bei der Veränderung des Anklagesystems ebenso allmälig wieder abgeschafft wurde.

Der Lateinische Ausdruck für den Zwang zur Zeugenaussage ist *testimonium denuntiare* oder auch blos denuntiare.[3]) Waren die Zeugen ausserhalb Roms, namentlich in

[1]) Plin. ep. VI, 5.

[2]) In den oben S. 273 angeführten Worten Quintilians möge man keinen Widerspruch gegen die Gleichstellung von Ankläger und Angeklagten in Bezug auf den Zeugenbeweis finden. Denn zu Quintilians Zeit hatte, wie Modestinus l. 1 Dig. de leg. Iul. ambitus (XLVIII, 14) sagt, die Geltung des Gesetzes über Wahlumtriebe wegen Veränderung der Wahlen aufgehört: es kamen also thatsächlich keine Processe der Art vor.

[3]) Für den ersten Ausdruck vergleiche man z. B. Cic. p. Rosc. Amer. 38, 110; in Verr. I, 19, 51; II, 27, 66; für den zweiten Quint. V, 7, 9; Cic. p. Flacc. 15, 35; Val. Max. VIII, 1, 10; Callistratus l. 3, 6 Dig. de test. (XXII, 5), Paulus l. 4 eod. tit. Bei dem einfachen Verbum *denuntiare* kann man allerdings auch an eine andere mit Strafandrohung verbundene Vorladung denken, aber es wird doch vorzugsweise von dem Zwange zur Zeugenaussage gebraucht. Vergl. C. T. Zumpt zu Cic. in Verr. V, 1, 10 und Sell die Recuperatio der Römer S. 289.

der Provinz, so heisst es auch *evocare*[1]) Dass dabei wirklich ein Zwang ausgeübt, also im Falle des Ungehorsams eine Strafe vollstreckt wurde, geht aus dem gebrauchten Ausdrucke selbst hervor: es liegt in ihm die Andeutung einer hinzugefügten Drohung. Es wird aber auch durch die früher angeführte Stelle Quintilians bewiesen. Endlich wird auch in den Rechtsquellen und bei andern Schriftstellern 'Zeugenaussage ankündigen' und 'zur Zeugenaussage zwingen' als gleichbedeutend gebraucht.[2]) Ueber die Art und Weise, wie dieser Zwang ausgeübt wurde, sind uns nur Schlüsse erlaubt. Ehemals las man in der Stelle Quintilians, wo von den beiden Arten von Zeugen gesprochen wird[3]), die zweite Art bestände aus denjenigen, welchen der Richter die Zeugenaussage aufzuerlegen pflege. Daraus schloss man, der richterliche Beamte selbst oder bei Schwurgerichten der Vorsitzende derselben habe unmittelbar den Befehl zur Zeugenaussage erlassen und nahm nur etwa eine Ausnahme bei den Processen über Erpressung, wo die Zeugen weit entfernt in den Provinzen lebten, also nicht unmittelbar einzeln vom Richter den Befehl erhalten konnten, an.[4]) Bei der verbesserten Lesart von Quintilians Worten giebt die Entscheidung für keinen Zweifel Raum: unmittelbar ging die Ladung zur Zeugenaussage von dem Ankläger, mittelbar von dem richterlichen Beamten aus, und zwar in allen Fällen, mochten die Zeugen aus der Ferne berufen werden müssen oder in der Nähe weilen. Dass der Ankläger unmittelbar die Zeugen vorlud, sagen die Quellen deutlich. Cicero[5]) erzählt von zwei Zeugen aus

[1]) Plin. epist. V, 20, 5; VI, 5, 1; Suet. Claud. 15. Dagegen *citare testem* wird vom Herold gesagt, der den vor Gericht erschienenen Zeugen auffordert, seine Aussage zu machen. S. Escher a. a. O. S. 60 und oben S. 210.

[2]) So Paulus l. 4 Dig. h. t. *testimonium denuntiare* und *cogere testimonium dicere;* Cic. p. Flacc. 37, 92; 6, 14; 8, 18; schol. Bob. in Cic. p. 236.

[3]) S. die oben S. 273 angeführte Stelle.

[4]) In diese Verlegenheit kam z. B. Escher a. a. O. p. 57. Seine Entscheidung ist am Ende verständig, wird ihm aber schwer und die Verbindung zwischen der *inquisitio* und *denuntiatio* konnte er nicht erkennen.

[5]) Cic. in Verr. II, 27, 65 *Quibus ego testimonium denuntiari, quo-*

Sicilien, Heraclius und Epicrates, die er gegen Verres vorzuladen wünschte. Sie wollten auch gern freiwillig kommen und wurden deshalb von ihm nach Messana bestellt. Indessen sie wurden von dem Prätor Siciliens, L. Metellus, einem Freunde von Verres, zurückgehalten. Darauf erzählt Cicero weiter, er habe ihnen den Zwang zur Zeugenaussage auferlegt und zugleich dem Statthalter Siciliens davon Meldung gethan: trotzdem seien sie noch nicht erschienen. Cicero sagt ausdrücklich, er selbst habe den Zwang auferlegt; auch hatte er keine Zeit, erst an den Prätor in Rom zu berichten und von diesem eine besondere Vorladung zu erwirken. Aehnlich heisst es an andern Stellen Ciceros, der Ankläger habe die denuntiatio ausgesprochen, plötzlich, ohne die Möglichkeit eines besondern vom Römischen Prätor einzuholenden Befehles anzudeuten.[1]) Nicht nur in denjenigen Processen, wo die Zeugen aus der Ferne beschafft wurden, geschah es so, sondern auch bei denen, wo sie in Rom weilten. Cicero in seiner Rede für Scaurus (§ 23) erzählt, ein Freigelassener habe eine Klage gegen Q. Mutto angestellt und auf die Frage des Prätors, welchen Termin er zur Beschaffung der Zeugen verlange, geantwortet, acht Stunden, bis er auf dem Ochsenmarkte seine Untersuchung angestellt hätte. In seiner Rede für Sex. Roscius sagt Cicero[2]), der Ankläger könne dadurch, dass er gewisse Personen zur Zeugenaussage zwänge, die Sache aufklären. Auch noch in der Kaiserzeit war das Verhältniss das nämliche, wie der von uns schon angeführte Process gegen Rufus Varenus unter Trajan beweist.[3])

*rum nomina edidi Metello, cupidissimi veniendi, maximis iniuriis affecti, adhuc non venerunt.*

[1]) So Cic. in Verr. 1, 10, 51 *non putasti me tuis familiarissimis in hanc rem testimonium denuntiaturum*; p. Flacc. 6, 14 *adiunxit illo, ut eos, qui domo exire nolebant, testimonii denuntiatione terreret*; ibid. 8, 18 *locupletes homines et graves, ne sibi adversentur, testimonii denuntiatione deterret*; ibid. 37, 92 *Tu certe coegisses (testimonium dicere), si ullum firmamentum in illo teste posuisses.*

[2]) Cic. p. Sex. Rosc. 38, 110 *id quod ex ipsis cognoscere poteritis, si accusator voluerit testimonium eis denuntiare.*

[3]) Plin. epist. V, 20, 2 *Varenus petiit, ut sibi quoque defensionis causa evocare testes liceret.*

Immer ist es der Ankläger, der unmittelbar, ohne einen Auftrag für den besondern Fall, den Zwang zur Zeugenaussage ausübt. Indessen mittelbar ist es der richterliche Beamte, der den Befehl dazu giebt, indem er dem Ankläger die amtliche Bescheinigung ausstellt, dass seine Anklage angenommen ist, und ihm Vollmacht zur Vorbereitung derselben giebt. Es ist die nämliche Vollmacht, die wir oben[1]) erwähnt haben: in ihr wurde ausser dem, dass die Frist zur Vorbereitung bestimmt wurde, namentlich die Berechtigung ertheilt, wenn es nöthig wäre, Zeugen zum Erscheinen vor Gericht zu zwingen. Diese Verbindung zwischen der inquisitio im Allgemeinen und dem Zwange zur Zeugenaussage tritt in dem Processe gegen Verres deutlich hervor[2]): Cicero verbindet das von dem Prätor M' Glabrio ertheilte amtliche Schreiben mit dem Zwange, den er bei der Berufung der Zeugen ausübt. Aber ebenso geschieht es bei den Processen gegen Q. Mutto und Rufus Varenus.[3]) Bei der Ausführung dieser dem Ankläger ertheilten Vollmacht konnten dann noch gerichtliche Entscheidungen anderer Römischen Beamten nothwendig werden. Denn der Ankläger durfte zwar dem Zeugen die Nothwendigkeit des Erscheinens in Rom ankündigen; weigerte sich derselbe indessen, so durfte er selbst nicht weiter Zwang ausüben. Er meldete ihn bei dem vorgesetzten Römischen Beamten und dieser hatte die Verpflichtung, durch geeignete Mittel das Verlangen des Anklägers zur Ausführung zu brin-

---

[1]) S. oben, S. 184.

[2]) Cic. in Verr. II, 26, 64 *Quod nisi ego meo adventu illius conatus aliquantum repressissem et apud Siculos non Metelli, sed Glabrionis litteris ac lege pugnassem, tam multos huc evocare non potuissem.*

[3]) Cic. p. Scaur. 23 *A quo (L. Aelio) cum quaereretur, quam provinciam aut quam diem testium postularet;* Plin. epist. VI, 5, 2 *Addidit etiam petendum a consulibus, ut referrent — an placeret in futurum — adici, ut, sicut accusatoribus inquirendi testibusque denuntiandi potestas — esset, ita reis quoque fieret.* Wahrscheinlich schon vor Einsetzung der Schwurgerichte fand das gleiche Verhältniss beim Zeugenzwange statt. Im Bantinischen Gesetze (Corp. Inscr. Lat. I, 45) heisst es *neve quis mag(istratus) testimonium poplice ei deferri neive denuntiari (sinito).* Der Beamte selbst legt nicht selbst den Zwang auf, ist doch aber die Quelle desselben.

gen. Das Gesetz, nach welchem die Vollmacht ertheilt wurde, bestimmte für den Beamten, der dieselbe hindern oder nicht unterstützen würde, eine Strafe.

Bei dieser ausserordentlichen Gewalt, welche zum Besten der Gerichte dem Ankläger eingeräumt wurde, wäre eine unerträgliche Belästigung nicht nur der Bundesgenossen, sondern auch der innerhalb und ausserhalb Roms wohnenden Römischen Bürger entstanden, wenn nicht einige Einschränkungen hinzugekommen wären. Wir kennen zwei der Art. Erstens die höchste Zahl der Zeugen, welche der Ankläger zwangsweise vor Gericht bringen durfte, war gesetzlich bestimmt, verschieden bei den verschiedenen Processen. Wir haben darüber nur eine einzige zufällige Nachricht. In M. Scaurus' Processe über Erpressung, der nach dem Julischen Gesetze geführt wurde, sagte der Ankläger, er dürfe 120 Zeugen zur Aussage zwingen: er habe aber nichts gegen die Freisprechung des Angeklagten, wenn derselbe so viele Personen aus seiner Provinz namhaft machen könne, denen er nichts genommen hätte.[1]) Mithin war 120 die höchste Zahl von Zeugen, welche nach diesem Gesetze zur Zeugenaussage gezwungen werden durften, nicht etwa die derjenigen, die freiwillig auf Wunsch des Anklägers oder des Angeklagten auftreten durften. Denn dagegen spricht sowohl der Ausdruck, in dem jene Nachricht gegeben wird als auch der Zweck der gesetzlichen Bestimmung, die nicht das gerichtliche Verfahren abkürzen, sondern vor unnützer Belästigung schützen sollte.[2]) Hätte Cicero seinen Process gegen Verres zu Ende geführt, so würde er nach den Andeutungen, die er in seinen geschriebenen Reden giebt, viel mehr Zeugen nach Rom gebracht haben. Das Streben des Anklägers war darauf gerichtet, wo möglich, freiwillige Zeugen zu erhalten: erst, wenn diejenigen, welche Aussagen

[1]) Val. Max. VIII, 1, 10 cum *accusator diceret lege sibi centum atque viginti hominibus denuntiare testimonium licere.*

[2]) Richtig fasst diese Bestimmung Geib Römischer Criminalprocess S. 330, der namentlich auch eine Bemerkung von Cic. de fin. II, 19, aus der man eine allgemeine Beschränkung der Zeugen im Römischen Processe folgern wollte, sachgemäss erklärt und als nicht hierauf bezüglich erweist. Vergl. C. R. II, 2, 325.

machen konnten, sich weigerten zu erscheinen, trat der Zwang ein.[1]) Wie viele Zeugen bei andern Verbrechen erzwungen werden durften, wissen wir nicht: in einem Privatprocesse über Grenzen war die Zahl auf zehn bestimmt.[2]) Indessen nicht in allen Criminalprocessen war die Zahl der Zwangszeugen bestimmt[3]): welche dies waren, wissen wir nicht. Sicherlich gehörten dazu nicht die Processe über Majestätsverbrechen, deren Wichtigkeit jede, auch noch so lästige Massregel zu rechfertigen schien. Denn trotz der Beschränkung auf eine bestimmte Zahl war die Erlaubniss, Zeugen zur Aussage zwingen zu dürfen, sehr lästig, namentlich für die Provinzen. In L. Flaccus' Processe, erzählt Cicero[4]), gebrauchte der Ankläger vielfach den Kunstgriff, in den Städten Asiens alle diejenigen, welche nicht Lust hatten nach Rom zu kommen, durch die Androhung, er wolle sie zur Zeugenaussage zwingen, zu erschrecken: dadurch erlangte von ihnen alle Aussagen, die er haben wollte.

Ueber eine zweite Einschränkung des Zeugenzwanges wird uns erst in der Kaiserzeit berichtet. Greise, heisst es[5]), Kranke, Soldaten, die im Staatsdienste Abwesenden oder überhaupt solche, die nicht kommen können, werden nicht wider ihren Willen zur Zeugenaussage gezwungen. Diese Vorschrift trägt den deutlichen Stempel der Kaiserzeit; aber ihr Inhalt musste, wenigstens theilweise, schon während der Republik

[1]) Man sehe die Erzählung bei Cic. in Verr. II, 26, 65.

[2]) Man sehe das sogenannte Mamilische Gesetz z. E. in Gromatici veteres I, 263.

[3]) Dies ergiebt sich aus Arcadius in l. 1, 2 Dig. h. t. *Quamquam quibusdam legibus amplissimus numerus testium definitus sit, tamen ex constitutionibus principum haec licentia ad sufficientem numerum testium coartatur, ut iudices moderentur et eum solum numerum testium, quem necessarium esse putaverint, evocari patiantur, ne effrenata potestate ad vexandos homines superflua multitudo testium protrahatur.* In der späteren Kaiserzeit wurde also durch den Beamten für jeden einzelnen Fall die Zahl der Zwangszeugen festgesetzt.

[4]) Cic. p. Flacc. 6, 14 und 8, 18.

[5]) Scaevola l. 8 Dig. h. t. *Inviti testimonium dicere non coguntur senes, valetudinarii vel milites vel qui cum magistratu reipublicae causa absunt vel quibus venire non licet.*

gelten. Die Soldaten wurden damals sicherlich nicht erwähnt: sie gehören zu den im Staatsdienste Abwesenden. Aber dass sie, ebenso wie sie nicht angeklagt werden durften, auch von dem Zeugenzwange entbunden sein mussten, leuchtet ein. Dass das Alter von der Zeugenpflicht ebenso gut, wie von andern Staatspflichten entband, ist wahrscheinlich.[1]) Ueber die Entschuldigung durch Krankheit haben wir eine, wenngleich unsichere, Andeutung bei den Processen über Wahlumtriebe.[2]) Bei ihnen war man strenger als bei andern Processen: wir haben oben bemerkt, dass bei ihnen die Verpflichtung zur Zeugenaussage sich auch auf die Entlastungszeugen bezog. Bei diesen Personen musste erforderlichen Falles ihre Nichtverpflichtung zur Zeugenaussage erst durch anderweitige Entscheidung des Beamten, der überhaupt zwischen ihnen und dem Ankläger vermittelte, festgestellt werden.

Interessant ist die Frage, wer die Kosten für die Herbeischaffung der Zeugen zu tragen hatte. Diese waren unbedeutend oder nicht vorhanden, wenn die Zeugen in Rom lebten. Das öffentliche Leben, das jeden Wohlhabenden einen Theil seiner Zeit auf dem Markte, dem Sitze der Gerichte, zubringen liess, und die Abhängigkeit, in der die Vornehmen von den Armen, die Armen von den Reichen lebten, machte, dass man auch einen etwaigen Zeitverlust bereitwillig ertrug. Lebten aber die Zeugen in den übrigen Städten Italiens oder gar in den Provinzen, so waren die Kosten bedeutend. Nur über den letzteren Fall, der hauptsächlich bei den Processen wegen Erpressung eintrat, haben wir Nachrichten, und zwar in der Rede, welche Cicero für L. Flaccus hielt. Man könnte denken, der Römische Staatsschatz habe die Kosten getragen. Davon findet sich keine Andeutung. Denn dass die Zeugenpflicht eine Last des Einzelnen war, den sie traf, war weder gerecht noch, wenn die Zeugen arm waren, durchführbar. Dagegen, dass der Ankläger oder vielmehr die Beschädigten,

---

[1]) Während der Republik entband davon wohl das 60. Jahr, wie es auch Befreiung von den Senatorpflichten brachte (Senec. de brev. vit. 20; Plin. epist. IV, 23), unter den Kaisern vielleicht erst das 70. Jahr (l. 3 Dig. L. 6 *de iure immunitatis* 3, 6).

[2]) Cic. p. Mur. 23, 47. S. C. R. II, 2, 250 und oben S. 276.

deren Sache er führte, die Kosten trugen, war billig, weil sie im Falle des Sieges Entschädigung erhielten. In seiner Rede für Flaccus tadelt Cicero das Verfahren des Anklägers in Asien: 'die welche die Heimath nicht zu verlassen wünschten, schreckte er durch die Androhung der Zeugenaussage, die, welche sich zu Hause nicht halten konnten, brachte er durch reichliches und freigebiges Reisegeld in Aufregung.'[1]) Also Reisegeld erhielten alle Zeugen; aber ein Theil mochte trotzdem nicht die Heimath verlassen, den andern versprach der Ankläger es reichlich auszuwirken, von den Staaten nämlich, in deren Interesse sie reisen sollten. 'Wohlhabende und würdige Leute, sagt er an einer andern Stelle[2]), schreckte er durch Androhung der Zeugenaussage, dürftige und leichtfertige lockte er durch Hoffnung auf eine Gesandtschaft und ein von ihrer Gemeinde zu gewährendes Reisegeld, auch durch eigene Freigiebigkeit'. Also auch persönlich liess es sich der Ankläger Geld kosten, um Zeugen zu gewinnen: er nahm sie auf seine Kosten mit nach Rom und erhielt sie dort. Daher Cicero an einer andern Stelle[3]) von Zeugen in dem nämlichen Processe sagt, sie wohnten im Hause des Anklägers und hätten, wenn sie nur in einem einzigen Worte wankten, keinen Platz, wohin sie zurückkehren könnten, und von einem andern Zeugen[4]), der gestorben war, dessen Tod hätte dem Ankläger eine bedeutende Erleichterung verschafft; denn er hätte einen gefrässigen Gastfreund verloren. Indessen trotz dieser Privatfreigiebigkeit der Ankläger fielen doch die Hauptkosten für die Herbeischaffung der Zeugen den Beschädigten selber zu, und wenn zu Kaiser Trajans Zeit die Bithynier sich

---

[1]) Cic. p. Flacc. 6, 14 *Adiunxit illa, ut eos, qui domo exire nolebant, testimonii denuntiatione terreret, qui domi stare non poterant, largo et liberali viatico commoveret.*

[2]) Cic. ibid. 8, 18 *locupletes homines et graves, ne sibi adversentur, testimonii denuntiatione deterret: egentes et leves spe legationis et viatico publico, privata etiam benignitate prolectat.*

[3]) Cic. ibid. 10, 22 *una ex domo prodeunt: si verbo titubaverint, quo revertantur, non habebunt.*

[4]) Cic. ibid. 17, 41 *Cuius mors te aliqua re levavit; edacem enim hospitem amisisti.*

dagegen sträubten, dass auch der Angeklagte das Recht erhalte, Zeugen aus der Provinz zu berufen (Plin. ep. V, 20), so konnten sie als einzigen haltbaren Grund für ihre Weigerung nur den anführen, es würde durch die Kosten dafür ihre Provinz zu sehr beschwert. Der Römische Staatsschatz, finde ich, hatte nur in dem einen Falle Kosten von einem Processe, wenn in Veranlassung desselben eine Gesandtschaft nach Rom geschickt wurde. Denn dann hatte der Staatsschatz für deren Unterhalt in Rom bestimmte Ausgaben. Cicero wirft drei Gesandten, die im Processe gegen Flaccus auftraten, vor, sie hätten den Staatsschatz betrogen, indem sie erklärten, sie wären mit neun Sclaven angekommen, während sie ohne alle Begleitung gekommen waren.[1])

Die Vorbereitung des Processes gegen Verres muss bedeutende Kosten verursacht haben. Wer sie getragen, wird uns unmittelbar nirgends berichtet. Aber Cicero hatte die Anklage nicht aus persönlicher Feindschaft, nicht in Verfolgung besonderer politischer Zwecke unternommen, sondern auf Bitten der überwiegenden Anzahl der Staaten Siciliens. Er wird also selbst keine Kosten für die Herbeischaffung der Zeugen oder der andern Beweismittel aufgewendet haben: als er etliche Zeugen für den Process zu haben wünschte, begnügte er sich, die Zwangsladung an sie auf amtlichem Wege zu erlassen und reiste, ohne den Erfolg seiner Massregel abzuwarten, aus der Provinz ab.[2]) Die Kosten trug die Provinz, die sich dann an der Strafsumme, welche dem Angeklagten bei seiner Verurtheilung auferlegt wurde, entschädigte. Auch die persönlichen Unkosten, welche Cicero durch seine Reise in Sicilien behufs der inquisitio hatte, können nicht bedeutend gewesen sein. Er hatte wenige Begleiter, wohnte bei Gastfreunden oder auf Kosten der Gemeinden, welche seine Hülfe nachgesucht hatten.[3]) Andere Ankläger nahmen sich freilich anders. Von D. Laelius, dem Ankläger in Flaccus' Processe, sagt Cicero[4]), er sei nicht mit Begleitern, sondern

[1]) Cic. p. Flacc. 10, 43.

[2]) Cic. in Verr. II, 27, 65. Vergl. oben S. 270.

[3]) Vergl. Cic. in Verr. IV, 11, 25.

[4]) Cic. p. Flacc. 5, 13 *Qui comitatus in inquirendo! comitatum dico?*

mit einem Heere in der Provinz umhergezogen und habe ungeheuren Aufwand gemacht: damit Niemand zweifele, dass dies auf Kosten der Provinz geschehen sei, fügt er hinzu, in Folge von der Belästigung, welche Laelius' Anklage der Provinz verursacht, sei im Julischen Gesetze eine besondere Bestimmung über die Zahl der Begleiter eines Anklägers getroffen worden.

Den Uebergang von diesen Zeugenaussagen einzelner Personen zu den schriftlichen Zeugnissen und den Urkunden, von denen wir später zu sprechen haben, bilden die Zeugnisse von Gemeinden und Corporationen, deren bei Criminalprocessen häufig Erwähnung geschieht. Zwar bei den gemeinen Verbrechen werden sie selten vorgekommen sein: desto häufiger waren sie bei politischen Processen, namentlich denen über Erpressung. Die zahlreichen, mit verschiedenem Rechte begabten Gemeinden der Provinzen standen den Römischen Beamten zwar als staatlich anerkannte, aber doch nur als privatrechtliche Corporationen gegenüber [1]): sie hatten, wenn sie Unrecht erlitten, keine andere Möglichkeit zu ihrem Rechte zu gelangen, als überhaupt Privatpersonen. Der Unterschied bestand nur darin, dass diese unmittelbar selbst vor Gericht erscheinen und ihre Sache führen konnten; dagegen Gemeinden und Corporationen mussten Vertreter senden, Gesandte, wie man sagte, die den nämlichen Charakter hatten, wie andere Gesandte, durch welche öffentliche Angelegenheiten betrieben wurden. [2]) Wir haben erwähnt, dass sie auf Kosten ihrer Gemeinden reisten, so wie, dass sie in Rom gewisse Leistungen aus dem Staatsschatze erhielten. Sie werden erwählt in der gesetzmässigen Form, in der überhaupt die Vertretung der Gemeinden stattfindet. Bei Italischen Städten waren es die Decurionen, welche einen Beschluss fassten und

---

*immo vero quantus exercitus! quae iactura, qui sumptus, quanta largitio. — Quarum rerum invidia lege hac recenti ac nova certus est inquisitori comitum numerus constitutus.* Vergl. C. R. II, 2, 324.

[1]) Man sehe C. R. II, 2, 82 über den Begriff des *peculatus*.

[2]) Solche Gesandte zur Verfolgung von Anklagen wegen Erpressung werden schon vor der Gracchischen Gesetzgebung erwähnt bei App. bell. civ. I, 22.

Gesandte wählten[1]), bei den Gemeinden Siciliens der Griechische Senat, bei denen Asiens die Volksversammlung. Diesen Unterschied spricht deutlich Cicero in seiner Rede für Flaccus aus: er hätte bei Verres' Processe aus Sicilien Zeugen von Gemeinden vorgebracht; aber das seien Zeugnisse nicht einer aufgeregten Volksversammlung, sondern eines geschworenen Senates gewesen.[2]) Deshalb erwähnt Cicero bei den Zeugnissen im Verrinischen Processe bisweilen die vorhergehenden Senatsverhandlungen, namentlich diejenigen, welche in Syracus stattgefunden hatten (Cic. in Verr. IV, 52); dagegen tadelt er bei Flaccus' Vertheidigung die Zeugnisse der Gemeinden Asiens als unglaubwürdig und schildert, wie ein solcher Volksbeschluss zu Stande komme (Cic. p. Flacc. 7, 15 flgd.). Wie in M. Fontejus' Processe die Gallischen Zeugen, von denen einige nicht nur ihre eigenen, sondern auch ihres Volkes Unrecht rächen sollten, erwählt waren, deutet Cicero nicht an.

Die Zahl der Gesandten, welche zu einem Criminalprocesse abgeordnet zu werden pflegten, war verschieden: ich finde bei Verres' Processe drei oder zwei erwähnt[3]), in Flaccus' Processe ebenfalls drei, aber auch einen, jedoch mit der Andeutung, dass dies ungewöhnlich war.[4]) Wenn es eine Mehrzahl war, so pflegte einer der erste, der Hauptsprecher

---

[1]) Ein Beispiel bietet Cic. p. Arch. 4, 8 dar: *Adsunt Heraclienses legati, nobilissimi homines, huius iudicii causa cum mandatis et cum publico testimonio venerunt, qui hunc ascriptum Heracliensem dicunt.* Bei Cic. p. Sest. 4. 9 handelt es sich nur um eine *laudatio*, aber diese war ebenso abgefasst wie ein Zeugniss. Eine ähnliche *laudatio municipii* findet sich bei Cic. p. Cluent. 69, 196.

[2]) Cic. p. Flacc. 7, 17 *Ego testes a Sicilia publice deduxi, verum erant ea testimonia non concitatae contionis, sed iurati senatus.* Die letzten Worte darf man nicht auf einen besondern Eid beziehen, den die Senatoren bei Abfassung ihres Zeugnisses abgelegt hätten: ein solcher ist nicht recht denkbar und die Gegenüberstellung der aufgeregten Menge passt dazu nicht. Es ist also derjenige Eid zu verstehen, den die Senatoren bei der Wahl der Gesandten leisteten. Escher a. a. O. S. 85 lässt die Sache unentschieden.

[3]) Drei Gesandte hatte Enna gesendet (Cic. in Verr. IV, 51, 113), ebenso viele die Entellini (in Verr. III, 87, 200); dagegen zwei die Centuripini (in Verr. III, 45, 108) und Tyndaritani (IV, 42, 92).

[4]) Cic. p. Flacc. 18, 43; 15, 34.

zu sein.[1]) Hierin ist kein Unterschied zwischen diesen gerichtlichen Gesandten und denen, die sonst zur Besorgung von Gemeindeangelegenheiten nach Rom geschickt wurden. Von andern Genossenschaften als staatlich anerkannten Gemeinden finde ich nur bei Verres' Processe die der Centuripinischen Bauern (aratores Centuripini) erwähnt. Sie waren verschieden von der staatlichen Gemeinde von Centuripae und bestanden aus Landleuten, die in allen Theilen Siciliens die Aecker bebauten. Es scheint nicht, dass sie eine besondere Corporation bildeten. Aber da sie alle durch Verres' Habsucht gelitten, wählten sie, man weiss nicht wie, drei Abgeordnete und schickten sie als ihre Vertreter nach Rom.[2])

Die von solchen Vereinen herrührenden Zeugnisse mussten, weil sie Mehrere betrafen und nicht durch die Leidenschaft Einzelner, sondern nach gemeinsamer Berathung Vieler abgefasst waren, ein besonderes Gewicht haben. Cicero stellt sie den Privatzeugnissen mit einem gewissen Nachdrucke gegenüber.[3]) Auch in der äussern Form waren sie überzeugender. Sie bestanden nämlich erstens aus einer von der Gemeinde in herkömmlicher Weise[4]) abgefassten Urkunde, in welcher die Gründe des Tadels oder des Lobes angegeben und die Gesandten, welche sie überbringen sollten, namhaft gemacht waren. Dies ist das eigentliche 'öffentliche Zeugniss' (testimonium publicum), das besonders häufig von Cicero in seiner Anklageschrift gegen Verres angeführt, auch verlesen wird, um den Richtern dessen Inhalt von Neuem einzuschärfen: wenn es zu Gunsten des Angeklagten lautete, wird es

---

[1]) Cic. p. Flacc. 18, 43; Cic. in Verr. IV, 7, 15.

[2]) Cic. in Verr. III, 45, 108.

[3]) Z. B. *testimonia publice dantur* bei Cic. in Verr. II, 49, 120; *legatus et publice testis* in Verr. II, 64, 156; *publice dicunt* in Verr. IV, 51, 113, und häufig *testimonium publicum* an den theils angeführten theils anzuführenden Stellen.

[4]) So erwähnt Cic. p. Flacc. 18, 43 diejenigen, welche die Abfassung der Urkunde beaufsichtigt hatten (*scribendo adfuerunt*), also für die Uebereinstimmung derselben mit dem Beschlusse einstanden. Es ist auch keine Frage, dass diese Zeugnisse, ganz wie andere Beschlüsse, nach der Mehrheit der Stimmen abgefasst worden; denn Cic. in Verr. IV, 66, 145 sagt, beinahe mit allen Stimmen hätte der Senat von Syracus die lan-

auch 'Lobschrift' (laudatio) genannt.[1]) Einige von diesen mochten allgemein abgefasst sein, andere auf Einzelheiten eingehen.[2]) Zweitens bestand die Mitwirkung der Gemeinden bei einem Criminalprocesse in der Thätigkeit der von ihnen abgeschickten Gesandten. Sie traten auch mündlich als Zeugen auf, indem sie im Auftrage ihrer Gemeinden die Anklagen oder das Lob wiederholten und ausführten. Die Gesandten aller Gemeinden Siciliens, welche ein öffentliches Zeugniss geschickt hatten, werden von Cicero als solche angeführt, die auch eine mündliche Zeugenaussage thaten[3]): ja es erscheint sogar diese mündliche Aussage, eben weil sie mehr in das Einzelne eingehen konnte, als die Hauptsache.[4]) In Verres'

---

datio Verris aufgehoben, und dass die Stimmenmehrheit auch bei den Volksversammlungen, die Cic. p. Flacc. 7 schildert, entschied, ist sicher. Dass die Volksbeschlüsse gegen Flaccus versiegelt und zwar in der gewöhnlichen Weise versiegelt übergeben wurden, sagt Cic. p. Flacc. 16, 37.

[1]) So Cic. in Verr. III, 31, 74 *Cognoscite Agyrinensium publicas litteras, deinde testimonium publicum civitatis. Recita litteras publicas, testimonium publicum.* Es werden hier andere Urkunden der Gemeinde von derjenigen, welche besonders für den Process abgefasst war, unterschieden. Ein *testimonium publicum* der Liparenser wird in Verr. III, 37, 85, das der Tissenser III, 38, 87, der Amestratiner III, 39, 89, der Thermitaner III, 42, 99, der Imacharenser III, 43, 100 erwähnt. Im Allgemeinen werden die *litterae publicae civitatum* und *testimonia publica* angeführt III, 75, 175. Das *testimonium Aetnensium* wird verlesen III, 44 und 45, das *testimonium aratorum Centuripinorum* III, 45, 108, die *testimonia* anderer Gemeinden erwähnt V, 24, 61. Für den Angeklagten war das *testimonium Heracliensium* bei Cic. p. Arch. 4, 8. Also alle Staaten, welche überhaupt bei Verres' Anklage mitwirkten (man sehe die Namen bei Cic. in Verr. II, 49, 120; 64, 156; IV, 8, 17; III, 78, 178) hatten solche schriftliche Urkunden abgefasst.

[2]) So ging die *laudatio*, welche der Senat von Syracus anfänglich für Verres abgefasst hatte, ins Einzelne ein und zählte die Punkte, welche in Verres' Verwaltung gelobt wurden, auf. Cic. in Verr. IV, 64, 144. Dagegen beklagt sich Cic. p. Flacc. 19, 45, dass in dem Zeugnisse eines Staates allgemeine Beschuldigungen, ohne Nennung der beschädigten Personen, enthalten waren.

[3]) So die Gesandten von Halesus, Catina, Centuripae, Panormus (in Verr. II, 49, 120), die anderer Gemeinden II, 64, 156; die von Enna IV, 51, 113; die *legati Agyrinenses* III, 31, 74; *Entellinorum legati tres* III, 87, 200; die von Malta IV, 47, 104; III, 34, 80.

[4]) So war es mit den Gesandten von Tyndaris Cic. in Verr. IV, 42,

Processe hatte der eine Gesandte von Centuripä so eifrig gegen den Angeklagten gesprochen und so viele Einzelheiten, die ausserhalb des Zeugnisses seiner Gemeinde, ja ausserhalb der Anklage Ciceros lagen, vorgebracht, dass Q. Hortensius ihn einen Ankläger, nicht einen Zeugen nannte (Cic. in Verr. II, 64, 156). Daher wurden diese Gesandten von den Gegnern auch in das Kreuzverhör genommen. Am bekanntesten ist das Beispiel von Hejus, dem ersten der Mamertinischen Gesandten: als sie bei dem ersten Termine auftraten, um, wie ihnen von ihrer Gemeinde aufgetragen war, zum Lobe von Verres zu sprechen, liess Cicero C. Hejus vortreten und fragte ihn nach zweierlei, erstlich, wie es sich mit den Statuen verhalten hätte, die Verres ihm genommen hatte, sodann nach dem Baue des Lastschiffes für Verres. Durch die Antworten, welche er der Wahrheit getreu geben musste, wurde die von der Gemeinde Messanas abgesandte Lobrede vernichtet. In ähnlicher Weise droht Cicero die übrigen Gesandten der Mamertiner fragen zu wollen und giebt die Fragen, die er an sie stellen will, an.[1]) Es kann kein Zweifel sein, dass in gleicher Weise auch der Vertheidiger das Recht hatte, die Gesandten, welche für die Anklage waren, zu befragen. Zuweilen waren den Gesandten von ihren Gemeinden noch besondere Aufträge in Betreff des Processes gegeben. Z. B. die drei Gesandten der Gemeinde von Enna hatten den Auftrag erhalten, zuerst sich an Verres zu wenden und ihn um Rückgabe der Statue der Ceres und Victoria zu bitten: im Falle sie ihnen zurückgegeben würde, sollten sie nicht als Zeugen auftreten.[2]) Viele ähnliche Aufträge werden vorgekommen sein.

Dass Gesandte allein, ohne ein schriftliches Zeugniss von den Gemeinden zu einem Processe abgeordnet wurden, war

---

92. Auch bei Flaccus' Processe erscheinen die mündlichen Aussagen wichtiger als die schriftlichen Urkunden, welche sie mitbrachten, Cic. p. Flacc. 15 flgd.

[1]) Cic. in Verr. IV, 67, 150; vergl. 7, 16; II, 5, 13; V, 18, 47.

[2]) Cic. in Verr. IV, 51, 113. Eine ähnliche Verhandlung mit Verres hatten die Gesandten von Tyndaris über eine Statue des Mercur gehabt, Cic. in Verr. IV, 42, 92. *Mandata* werden auch bei den Gesandten von Heraclea erwähnt, Cic. p. Arch. 4, 8; bei denen von Messana, Cic. in Verr. II, 5, 14. Vergl. ibid. II, 61, 155; 67, 161.

kaum möglich. Wenigstens musste ein Beglaubigungsschreiben, in dem auch der Zweck der Gesandtschaft stand, mitgegeben werden, und dieses Schreiben galt mittelbar als ein öffentliches Zeugniss. Cicero in seiner Rede für Cluentius spricht zuletzt von Gemeinden und einzelnen Personen, die sich für den Angeklagten interessirten. Die Nachbargemeinden desselben, sagt er, hätten nicht eine schriftlich abgefasste laudatio für ihn geschickt, sondern gewünscht, die angesehensten Leute, die den Richtern bekannt wären, möchten nach Rom kommen und den Angeklagten persönlich loben.[1]) Hier handelt es sich nicht um ein eigentliches Zeugniss, sondern nur um eine laudatio. Sodann waren die Erschienenen nicht amtlich beglaubigte Vertreter ihrer Gemeinden: sie konnten nur allenfalls durch ihre Menge andeuten, wie die Stimmung in ihren Gemeinden sei. Umgekehrt war es wohl möglich, dass von Gemeinden nur ein schriftliches Zeugniss ohne Gesandte eingeschickt wurde. Der Art war z. B. der Senatsbeschluss der Gemeinde Capua, den Cicero zu Gunsten von P. Sestius verlesen liess (Cic. p. Sest. 4, 9). Aber selten war dies gewiss. Denn es fielen die persönlichen Aussagen der Gesandten und das Kreuzverhör, das mit ihnen angestellt werden konnte, fort: der Werth eines solchen Zeugnisses war unbedeutend. Ausserdem waren die Gesandtschaften aller Staaten in Rom überaus häufig: es konnte den Gemeinden nie an Eingeborenen, welche ihr Zeugniss persönlich abgaben, fehlen. In seiner Rede für Archias (4, 8) führt Cicero es als etwas Besonderes an, die Gesandten von Heraclea seien nur dieses Processes halber geschickt worden, und ein ähnliches geschah bei Balbus' Processe (Cic. p. Balb. 18, 41). Dagegen findet sich kein Beispiel, dass Gemeinden und Corporationen ebenso wie Privatpersonen vom Ankläger zur Zeugenaussage gezwungen werden konnten. Es lässt sich die Möglichkeit davon auch nicht denken. Da es nicht in der Macht des Anklägers stand, die Zeugen selbständig zu verhören, konnte er auch nicht

[1]) Cic. p. Cluent. 69, 197. *Non illi in libellis laudationem decretam miserunt, sed homines honestissimos, quos nosceremus omnes, huc frequentes adesse et hunc praesentes laudare voluerunt.*

das Zeugniss eines ganzen Senates oder einer Volksversammlung entgegen nehmen. Es genügte nöthigen Falls, wenn er die einflussreichsten und mit den Verhältnissen vertrauten Gemeindemitglieder nach Rom lud. Auch standen dem Ankläger mannigfache Mittel, wie sie Cicero in seiner Rede für Flaccus (6, 14 flgd.) schildert, zu Gebote, um freiwillige Aeusserungen der Gemeinden hervorzurufen.

Quintilian giebt, wo er von der Kunst des Redners beim Zeugenverhöre spricht, zwei Arten von Zeugnissen an. Die erste bilden die schriftlichen Zeugnisse (testimonia per tabulas), die zweite die persönlichen Aussagen von Zeugen, über welche eben gehandelt worden ist. Von den schriftlichen Zeugnissen sagt er, sie würden nur freiwillig ausgestellt[1]): folglich war der Zeugenzwang auf das persönliche Erscheinen vor Gericht beschränkt. Wie nach Römischer Rechtssitte jede Urkunde durch sieben Zeugen, welche dieselbe untersiegeln, Beglaubigung erhält, so werden die Zeugenaussagen jemandes, wenn sie nicht an der Gerichtsstätte gemacht werden, durch die Siegel von sieben Römischen Bürgern, welche in diesem Falle *signatores* heissen, beglaubigt und zur Vorbringung vor Gericht fähig gemacht. Ihre Bedeutung ist in diesem Falle eine etwas weitere als sonst. Während sie bei andern Urkunden nur bescheinigen, dass dieselbe mit der Urschrift übereinstimmt, sollen sie den Zeugen, der eine Aussage macht, durch ihre Anwesenheit veranlassen, die Wahrheit zu reden: sie vertreten gewissermassen den Gerichtshof, der nicht nur bezeugt, dass der Zeuge seine Aussage in einer bestimmten Weise gemacht hat, sondern auch auf die Wahrhaftigkeit des Aussagenden einen Einfluss ausübt. Diese Bedeutung der signatores ergiebt sich aus Quintilian, wenn er sagt, die Glaubwürdigkeit eines schriftlichen Zeugnisses sei geringer als die eines mündlichen, weil jenes in Gegenwart weniger

[1]) Quint. V, 7 *Testimonia dicuntur aut per tabulas aut a praesentibus. Simplicior contra tabulas pugna. Nam et minus obstitisse videtur pudor inter paucos signatores et pro diffidentia premitur absentia. Si reprehensionem non capit ipsa persona, infamare signatores licet. Tacita praeterea quaedam cogitatio refragatur his omnibus, quod nemo per tabulas dat testimonium nisi sua voluntate.*

Personen abgelegt sei, ferner, wenn er dem Anwalte räth, erforderlichen Falles die Glaubwürdigkeit der signatores zu verdächtigen.[1]) In welchen Fällen schriftliche Zeugnisse erlaubt oder gewöhnlich waren, erhellt aus Quintilians Worten nicht. Man sollte meinen, sie wären dann zweckmässig gewesen, wenn der Zeuge von Rom entfernt lebte. Aber dass sie hierauf nicht beschränkt waren, zeigt Quintilian, der dies nicht erwähnt. Es scheint demnach, dass sowohl von den am Orte des Gerichtes Anwesenden als von Abwesenden ein schriftliches Zeugniss gleich zulässig war. Indessen zur Zeit der Republik waren überhaupt schriftliche Zeugnisse nicht gebräuchlich. Wo Tacitus von der Nothwendigkeit der Be-

[1]) Im Verlaufe seiner Auseinandersetzung über die Zeugen §. 32 sagt Quintilian *Saepe inter se collidi solent inde testatio, hinc testes: locus utrimque: haec enim se pars iureiurando, illa consensu signantium tuetur.* Es kann kein Zweifel sein, dass *signantes* hier die nämlichen sind wie die *signatores* der früheren Stelle, die Zeugen, welche durch ihr Siegel die Richtigkeit beglaubigen. Wenn man indessen unter *testatio* ein 'schriftliches Zeugniss' versteht, so erhebt sich die Schwierigkeit, wie man den Eid der Zeugen zusammenstellen kann mit der Uebereinstimmung der *signatores* bei einem schriftlichen Zeugnisse. Jener Eid bürgt für die Richtigkeit der Aussage, die Uebereinstimmung der *signatores* oder *signantes* beweist nur, dass jemand eine Aussage gemacht hat, nicht dass diese wahr oder richtig ist. Auch an den moralischen Einfluss, den nach Quintilian die *signatores* auf die Beschaffenheit der Zeugenaussage ausüben, darf man nicht denken; denn Quintilian spricht ausdrücklich von der Uebereinstimmung der *signatores*. Die Schwierigkeit löst sich, wenn man unter *testatio* eine schriftliche Urkunde versteht, die in der gleichen Weise, wie ein 'schriftliches Zeugniss', durch die *signatores* beglaubigt wird. Selbst der Zusammenhang bei Quintilian verlangt diese Auffassung. Er behandelt nach einander den Widerspruch der Zeugen zuerst mit der *testatio*, dann mit dem Indicienbeweise *(argumenta)*, endlich mit andern Zeugen. Wollte man *testatio* als 'schriftliches Zeugniss' auffassen, so würde Quintilian den Widerspruch zwischen Zeugen und Urkunden, welche letztere er doch V, 5 selbst unter den Beweismitteln aufgeführt hatte, auslassen, überdem, was ohne weiteren Zusatz unpassend ist, unter Zeugen nur mündliche Zeugen verstehen. Escher a. a. O. p. 97 suchte die Schwierigkeit dieser Stelle durch die Annahme, *signantes* seien von den *signatores* verschieden, zu lösen. Er ist deshalb mit Recht von Th. Mommsen in der Zeitschrift für Alterthumswissenschaft 1844 S. 467 getadelt worden; indessen auch Mommsens Erklärung ist nicht befriedigend.

rksamkeit für die republikanische Zeit spricht, erwähnt er, Zeugenaussagen habe man nicht abwesend noch schriftlich abgeben dürfen, sondern sei gezwungen gewesen, es persönlich und anwesend zu thun.[1]) Hierin liegt nicht, dass die Republik schriftliche Zeugnisse nicht gestattete: Quintilian würde dies erwähnt haben. Indessen sie waren ungewöhnlich. Bei den vielen Criminalprocessen, die wir aus der Republik kennen, wird kein einziges Beispiel eines schriftlichen Zeugnisses erwähnt.[2]) Wir wären berechtigt, dieselben für die Republik zu läugnen, wenn es nicht feststünde, dass die sogenannten Lobreden (laudationes) vielfach schriftlich abgegeben worden sind. Diese sind auch eine Art von Zeugnissen, wenngleich nicht über die unmittelbar vor Gericht kommenden Fragen. Ich glaube, auf diese allein beschränkten sich während der Republik die 'schriftlichen Zeugnisse': so konnte Tacitus ihren Gebrauch für die ältere Zeit des Staates läugnen, und Quintilian von ihnen sprechen, als ob sie von jeher möglich gewesen wären. Als Pompejus durch sein Gesetz für das Jahr 52 v. Chr. Ausnahmegerichte eingesetzt hatte, gab es bei diesen keine schriftlichen Zeugnisse; denn z. B. bei Milos Processe werden nur Zeugen, die persönlich an der Gerichtsstätte auftraten, erwähnt. Erst unter den Kaisern ka-

[1]) Tac. dialog. 36 *cum testimonia quoque in iudiciis non absentes nec per tabellam dare, sed coram et praesentes dicere cogerentur.*

[2]) Zwar führt Escher a. a. O. p. 80 zwei Fälle aus Criminalprocessen an, zuerst Cic. in Verr. V, 39, 104, wo es heisst, Verres habe sich nach dem unglücklichen Zuge gegen die Seeräuber von den Schiffscapitänen der Sicilischen Flotte schriftlich bezeugen lassen, wie viele Soldaten auf jedem Schiffe gewesen wären: dieses Zeugniss habe er für einen Process, der etwa gegen ihn angestrengt werden möchte, zu benutzen die Absicht gehabt. Zweitens in der Rede für Murena 24, 49 erwähnt er *testificationes*, die der Ankläger Serv. Sulpicius vor Einleitung des Processes vorgenommen habe. Beide Fälle gehören nicht hierher. Hier handelt es sich um Zeugen, die während des Processes ihre Aussage schriftlich machen, dort um Urkunden, die vor Einleitung desselben aufgenommen werden. Selbst in Privatprocessen der Republik sind uns schriftliche Zeugnisse nicht bekannt und die *testimonia Fufiorum* bei Cic. p. Flacc. 20, 48 und die *testificatio* bei Cic. p. Quinct. 6, 25 und 21, 68 sind anderer Art. Noch viel unkritischer sind die Aeusserungen von W. Rein Römisches Privatrecht S. 922 über die schriftlichen Zeugnisse.

men 'schriftliche Zeugnisse' auch ausserhalb jener allgemein gehaltenen Lobreden auf. Von einer Freundin der Kaiserin Mutter Livia, der Urgulania, erzählt Tacitus[1]), sie sei so hochmüthig gewesen, dass sie es unter ihrer Würde gehalten hätte, vor Gericht als Zeugin zu erscheinen. Es war ein Process, der im Senat geführt wurde, also ein Criminalprocess: man schickte einen Prätor, der sie in ihrem Hause verhörte und ihr 'schriftliches Zeugniss' in den Senat brachte. Tacitus schilt über diesen Hochmuth: er sagt, es sei alte Sitte gewesen, dass selbst die Vestalischen Jungfrauen auf dem Markte als gerichtliche Zeugen auftraten. Selbst zu seiner Zeit war schriftliches Zeugniss für Frauen, die am Sitze des Gerichtes weilten, nicht gewöhnlich, noch viel weniger für Männer. Die Sitte kann nur langsam zugenommen haben. Ich denke, sie beschränkte sich auf Abwesende: hier war sie nützlich und bei der engeren Verbindung, die zwischen dem Mittelpunkte des Reiches und den Provinzen eintrat, vielleicht nothwendig.

Zu einer Zeugenaussage gehört nach Römischen Begriffen ein Eid. Quintilian bemerkt in seiner Abhandlung über die Zeugen, es seien von Anwälten zuweilen ganze Classen von Zeugnissen für unglaubwürdig erklärt worden, z. B. die vom Hörensagen; denn bei diesen würden die Reden von Leuten, die nicht geschworen hätten, vorgebracht.[2]) Er hält also den Eid für ein wesentliches Erforderniss eines Zeugen. Im Processe gegen Flaccus beruhte der Beweis auf den Aussagen Griechischer Zeugen. Gegen diese spricht Cicero. Ein Griechischer Zeuge, sagt er, denkt nicht an die Worte seines Eides, sondern an die, durch welche er verletzen kann. Ein Eid ist ihm ein Scherz, ein Zeugniss ein Spiel.[3]) Ebenso in der Rede für Fontejus, wo es sich um das Zeugniss eines Galliers handelte. Glaubt ihr, sagt Cicero, dass jene Völker durch die Heiligkeit des Eides, durch die Furcht vor den

[1]) Tac. Ann. II, 34.

[2]) Quintil. V, 7, 5 *tota genera testimoniorum (elevata esse), ut de auditionibus; non enim ipsos esse testes, sed iniuratorum afferre voces.*

[3]) Cic. p. Flacc. 5, 11 *Graecus testis cum ea voluntate processit, ut laedat, non iurisiurandi, sed laedendi verba meditatur. — quibus ius iurandum iocus est, testimonium ludus.*

Göttern bewegt werden[1])? Dann erwähnt er ausführlich die Gottlosigkeit der Gallier, nimmt also an, ein Gottloser könne, weil er nicht einen vollgültigen Eid leisten könne, auch kein vollgültiger Zeuge sein. In der Rede für Sulla vertheidigt sich Cicero gegen den Vorwurf des Anklägers, dass er in den Gerichten unumschränkt herrsche: die, gegen welche er Zeugniss abgelegt, seien verurtheilt, die, für welche er gesprochen, freigegeben worden. Cicero entgegnet, das sei nicht unumschränktes Herrschen, wenn man mit einem Schwure die Wahrheit rede, Glauben zu finden.[2]) Er sagt also nicht blos, er habe zufällig bei seiner Zeugenaussage geschworen, sondern erklärt im Allgemeinen jede Zeugenaussage als verbunden mit einem Schwure.[3]) Demgemäss finden sich in allen Criminalreden Ciceros, sobald Zeugen erwähnt werden, zahlreiche Andeutungen, dass dieselben geschworen haben, zuweilen selbst da, wo es für uns auffallend ist. Z. B. in dem Processe des Lampsaceners Philodamus, den Cicero so ergreifend schildert, trat C. Verres als Zeuge auf. Er war damals im Amte: es könnte scheinen, dass bei ihm ein Zeugeneid unnöthig war. Aber er hat, wie Cicero[4]) ausdrücklich bemerkt, geschworen. Etwas mit einem Schwure, oder nachdem man geschworen hat, sagen, bedeutet in den Reden Ciceros so viel als 'Zeuge sein'.[5]) So sehr galt der Eid als wesentliche Bedingung der

---

[1]) Cic. p. Font. 13, 30 *An vero istas nationes religione iurisiurandi ac metu deorum immortalium in testimoniis dicendis commoveri arbitramini?* In eben derselben Rede 11, 24 sagt er von dem berühmten M. Scaurus, gegen dessen Zeugenaussage ein Angeklagter freigesprochen wurde: *Huius, cuius iniurati nutu prope terrarum orbis regebatur, iurati testimonio — creditum non est.*

[2]) Cic. p. Sull. 7, 21 *non esse hoc regnum, cum verum iuratus dicas, probare.*

[3]) Nicht so beweisend sind die Worte Senecas de ira II, 29 *De parvula summa iudicaturo tibi res sine teste non probaretur, testis sine iureiurando non valeret.* Sie schreiben dem Eide nur die Glaubwürdigkeit des Zeugnisses zu.

[4]) Cic. in Verr. I, 33, 84.

[5]) Man sehe z. B. Cic. in Verr. I, 5, 14; 53, 139; II, 33, 80; IV, 23, 50; V, 7, 16; 11, 27; 34, 90; p. Scaur. 11, 24; p. Cael. 2, 4; 8, 20; 22, 55.

Zeugenaussage. Trotzdem beruhte er nicht auf einem Gesetze, sondern nur auf alter Sitte, von welcher bei Erfordern der Umstände abgewichen werden konnte. Die Vestalischen Jungfrauen und der Flamen Dialis durften aus religiösen Gründen nicht schwören, der letztere überhaupt nicht (Paul. Diac. p. 104; Liv. XXXI, 50), die ersteren nur selten und nur bei der Vesta (Senec. Exc. contr. VI, 8). Dadurch entstanden Schwierigkeiten bei den gerichtlichen Zeugenaussagen dieser Personen: der Prätor löste sie, indem er für diese Fälle keinen Zwang zum Eide eintreten liess: dies ging in das prätorische Edict über[1]) und dann in die Schwurgerichte, wenigstens wissen wir nicht, dass darüber eine weitere Bestimmung erlassen worden ist. Wenn aber der Prätor in diesem Falle den Eid erlassen konnte, so spricht die Wahrscheinlichkeit dafür, dass er es auch in andern konnte, und man dürfte sich nicht wundern, wenn man auch von nicht beschworenen Zeugenaussagen hörte. Indessen ich finde kein sicheres Beispiel davon. Wenn Cicero in seiner Rede für Plancius in Bezug auf das frühere Leben des Angeklagten T. Torquatus, Q. Metellus und L. Flaccus als gegenwärtig anführt, sich auf ihre Aussage beruft und sie ausdrücklich ein Zeugniss nennt (Cic. p. Planc. 11, 27), so sieht es nicht aus, als ob sie ihre Aussage beschworen haben. Allein sie bezog sich nicht eigentlich auf Anklagepunkte und fällt mehr in die Classe der Lobreden, die mit der Beweisaufnahme nur lose zusammenhängen. Geleistet aber wurde der Eid von dem Zeugen, ehe er seine Aussage begann. Dies lässt sich aus den früher angeführten Stellen schliessen, in denen es immer heisst, der Zeuge habe gesprochen, nachdem er geschworen: ausdrücklich wird es berichtet aus der späteren Kaiserzeit[2]), die damit keine neue

[1]) Gell. X, 15, 31 *Verba praetoris ex edicto perpetuo de flamine Diali et de sacerdote Vestae adscripsi: sacerdotem Vestalem et flaminem Dialem in omni mea iurisdictione iurare non cogam.* Die Bestimmung stammt, wie der Ausdruck *in omni iurisdictione* beweist, aus der Zeit, wo der städtische Prätor Civil- und Criminalgerichtsbarkeit hatte. Vergl. C. R. I, 2, 101 und A. F. Rudorff *Edicti perpetui quae reliqua sunt* (Lips. 1869) p. 105.

[2]) In l. 9 Iust. cod. de test. (IV, 20) heisst es *Iurisiurandi religione testes priusquam perhibeant testimonium, iamdudum artari praecipimus.*

Sitte einführte. Wenn man einer Bemerkung des falschen Asconius glauben darf[1]), ging der Zeugeneid dahin, nicht blos nichts Falsches zu sagen, sondern auch von der Wahrheit nichts zu verschweigen. Geleistet wurde er an einem auf der Gerichtsstätte befindlichen Altare, den der Zeuge anfasste[2]), und es kam in ihm als Hauptgott, bei dem geschworen wurde, wenigstens in republikanischer Zeit, der Capitolinische Jupiter vor.[3])

Bei den Zeugnissen von Gemeinden und Corporationen (S. 285) war ein doppelter Eid möglich. Er konnte erstlich von den Gemeinden, welche dieselben ausstellten, geleistet werden. Zwar, wenn der Beschluss von der Volksversammlung und dem Senate ausging, lässt sich ein Eid nicht denken, und Cicero nennt solche Beschlüsse ausdrücklich nicht verpflichtet durch einen Eid.[4]) Aber in Archias' Processe bezeichnet er die durch Gesandte überbrachte Erklärung des Municipiums Heraclea in Betreff des Angeklagten als früheren Ehrenbürgers als eine wegen des dabei geleisteten Eides glaubliche.[5]) Archias' Ehrenbürgerrecht sollte erwiesen werden: die schriftlichen Urkunden waren im Bürgerkriege untergegangen, es waren beinahe 30 Jahre seit der Thatsache, die bezeugt werden sollte, vergangen, die ganze Verfassung der Stadt umgestaltet worden. Unmöglich konnte der Senat von Heraclea als solcher die erforderliche Thatsache bezeugen: das höchste war, dass etliche Mitglieder desselben oder andere Bürger der Stadt die Thatsache aus ihrer Erinnerung versicherten und diese Versicherung durch einen Eid

[1]) Pseudo-Ascon. p. 184 *Quia iurati testes produci solent, non solum ne falsa dicant, verum etiam ne, quae vera sunt, taceant.*

[2]) Cic. p. Flacco 36, 90 *Ergo is, qui si aram tenens iuraret, crederet nemo, per epistolam quod volet iniuratus probabit.*

[3]) Daher sagt Cic. p. Font. 14, 30 von den Gallischen Zeugen in Fontejus' Processe: *Ab iisdem gentibus sanctis et in testimonio religiosis obsessum Capitolium est atque ille Iuppiter, cuius nomine maiores nostri vinctam testimoniorum fidem esse voluerunt.*

[4]) Cic. p. Flacc. 6, 15 *psephismata non iureiurando constricta.* Eine andere Stelle, an der scheinbar dem Senate ein Eid zugeschrieben wird, ist oben S. 288 erwähnt.

[5]) Cic. p. Arch. 4, 8 *integerrimi municipii iusiurandum fidemque.*

bekräftigten. Der Senat bestätigte in seinem Beschlusse, dass dieses Zeugniss abgelegt worden war: Cicero konnte mit Grund von einem dabei geleisteten Eide sprechen. Ausser einem solchen besondern Falle konnte von einem Eide der ein Zeugniss ausstellenden Gemeinden nicht die Rede sein. Dagegen wenn die Gesandten der Gemeinden mündlich als Zeugen und in einem Kreuzverhöre auftraten, wurden sie vereidigt: wir wissen es durch Ciceros ausdrückliche Erwähnung bei C. Hejus, dem Gesandten der Mamertiner, der mit einer Lobschrift für Verres von seiner Vaterstadt abgeschickt war, aber von Cicero im Kreuzverhöre befragt, die Verbrechen dessen, welchen er loben sollte, angeben musste.[1]) Sein Fall war in so fern eigenthümlich, als er gezwungen wurde, gegen den Auftrag seiner Gemeinde auszusagen; aber den Zeugeneid leistete er als Gesandter seiner Gemeinde.[2]) Daher wird auch von den Alexandrinischen Gesandten, die bei C. Rabirius' Processe auftraten, angedeutet, sie hätten einen Eid geleistet.[3]) Von den Gesandten befreundeter Gemeinden Galliens, die bei Fontejus' Processe auftraten, heisst es, sie hätten nach einem Eide für den Angeklagten Zeugniss abgelegt[4]), und in seiner Rede für Flaccus (4, 9) verknüpft Cicero seine Klagen über die Unzuverlässigkeit Griechischer Eide und Zeugenaussagen mit den von ihm angeführten Zeugnissen Griechischer Gemeinden.

Eine Eigenthümlichkeit des Römischen Gerichtsverfahrens sind die Lobreden *(laudationes)*[5]). Sie gingen aus der

[1]) Cic. in Verr. II, 5, 13; IV, 8, 18. Sein Fall wird von Escher a. a. O. p. 116 nicht ganz richtig beurtheilt.

[2]) Verres selbst trennte die Pflichten, die Hejus als Gesandter seiner Vaterstadt und als Zeuge überhaupt hatte, nicht. Denn er beantragte, er solle wegen der schlechten Erfüllung des ihm gegebenen Auftrages mit der Strafe der Ehrlosigkeit belegt werden, Cic. in Verr. IV, 8, 18.

[3]) Cic. p. C. Rab. 13, 36 *Ubi semel quis peieraverit, ei credi postea etiamsi per plures deos iuret, non oportet*, was zwar allgemein gesagt wird, aber doch nur verständlich ist, wenn auch diese Gesandten geschworen hatten und überhaupt zu schwören pflegten.

[4]) Cic. p. Font. 11, 32 *cum omnes in Gallia qui sunt socii populi Romani atque amici, M. Fonteium incolumem esse cupiant, iurati privatim et publice laudent.*

[5]) Vergl. oben S. 293.

Oeffentlichkeit des Verfahrens hervor und aus dem Streben, das Gefühl der Richter zu erregen: ihre höchste Anwendung fanden sie bei den grossen politischen Processen, durch welche die Bürgerschaft gespalten wurde. Bei den Volksgerichten waren sie beschränkt durch die Macht des vorsitzenden Beamten, der nach Belieben das Wort gestattete. Selbst von den Beamtengerichten darf man sie nicht ausschliessen. Da diese nach eigenem Gutdünken, wen sie wollten, in ihren Beirath aufnahmen und sogar gesetzlich an die Meinung des Volkes gebunden waren, musste der Einfluss, den angesehene Männer oder Städte auf ihre Entscheidung ausübten, bedeutend sein. Zur Zeit, als die Schwurgerichte eingesetzt wurden, war das System der Lobreden sehr ausgebildet: bei Verres' Processe sagt Cicero[1]), zehn Lobredner sei die gleichsam gesetzmässige und von der Sitte gebotene Zahl: wer sie nicht stellen könne, für den sei es anständiger, keinen Lobredner zu stellen.

Der Unterschied der Lobreden und der Zeugnisse ist schwankend, die Verwandtschaft derselben einleuchtend: jede Lobrede ist gewissermassen ein Zeugniss[2]), wenn auch nur für den allgemeinen Charakter des Angeklagten. Der Sprachgebrauch ist unsicher, und von jedem Zeugen, der für den Angeklagten spricht, kann man sagen, er lobe ihn. In Fontejus' Processe traten viele Zeugen für den Angeklagten auf: Cicero sagt von ihnen, sie hätten ihn gelobt,[3]) und ihre Aussage war eine Lobrede. Bei Balbus' Processe waren Gesandte der Gaditaner zugegen, welche dem Angeklagten bezeugten, dass er nach ihrem Wunsche das Römische Bürgerrecht angenommen habe: Cicero[4]) nennt sie ausdrücklich Lobredner.

[1]) Cic. in Verr. V, 22, 57 *Primum in iudiciis qui decem laudatores dare non potest, honestius est ei nullum dare quam illum quasi legitimum numerum consuetudinis non explere.*

[2]) Daher nennt Cic. p. Flacc. 15, 36 die *laudatio Acmonensium*, die von den Anklägern für ungültig erklärt wurde, ausdrücklich ein *testimonium*.

[3]) Cic. p. Font. 14, 32 an der kurz zuvor angeführten Stelle.

[4]) Cic. p. Balb. 18, 41 *laudatores ad hoc iudicium summos homines ac nobilissimos, deprecatores huius periculi missos videtis.* In M. Fon-

Die einzige Lobrede, welche Verres bei seinem Processe aufweisen konnte, war die der Mamertiner; aber die Gesandten, welche sie überbrachten, wurden wie Zeugen behandelt und im Kreuzverhöre befragt.[1]) Kurz, jedes Zeugniss für den Angeklagten gilt als Lobrede und jede Lobrede kann als Zeugniss behandelt werden. Dennoch muss zwischen einer eigentlichen Lobrede und einem eigentlichen Zeugnisse ein bestimmter, greifbarer Unterschied gewesen sein. Denn in seinem Ausnahmegesetze für das Jahr 52 v. Chr. verbot Cn. Pompejus die Lobredner, weil er sie für einen Missbrauch hielt.[2]) Zeugen für den Angeklagten konnte er nicht verhindern: sonst hätte überhaupt kein gerichtliches Verfahren stattfinden können. Eine Lobrede, wie sie die Gaditaner für Balbus oder die Mamertiner für Verres eingeschickt, oder wie sie die Syracusaner für eben denselben unter Aufzählung seiner einzelnen Verdienste[3]) hatten schicken wollen, bezog sich ganz eigentlich auf die Anklage: sie konnte wesentlich auf die Belehrung der Richter einwirken. Dagegen wenn sich eine Lobrede nur auf das frühere Leben des Angeklagten, über das nicht Gericht gehalten werden sollte, bezog oder wenn sie in allgemeinen Ausdrücken denselben den Richtern empfahl, so war sie unnütz und nach Pompejus' Ansicht für eine strenge Rechtspflege hinderlich. Wahrscheinlich hatte Pompejus in seinem Gesetze einiges hinzugefügt, um den Charakter der verbotenen Lobreden näher zu bestimmen, aber damit schwerlich jeden Zweifel beseitigt. Er selber, heisst es, hätte später bei T. Munatius Plancus' Processe dem Angeklagten eine Lobrede gewährt und er pflegte getadelt zu werden, dass er damit seine eigenen Gesetze übertreten habe. Wahrscheinlich hat er dies nicht thun wollen: er dachte, die Lobrede, wie er sie einschickte, sei erlaubt; indessen die Richter, besonders auf Antrieb von M. Cato, entschieden gegen ihn.[4])

tejus' Processe hatte die Stadt Massilia eine Lobrede eingesandt. Cic. p. Font. 6, 14.

1) Man sehe die kurz zuvor S. 299 angeführten Stellen.

2) Dio Cass. XL, 52. Vergl. C. R. II, 2, 470.

3) S. oben S. 288.

4) Dio Cass. XL, 55; Plut. Pomp. 55 und Cat. 48.

Die Römer waren bei Processen, sobald nur das Verbrechen' nicht widerwärtig war, leicht erbittlich: die Angeklagten galten ihnen als Elende, die Verurtheilung als ein Unglück. Sie unterstützten die Handhabung der Gerechtigkeit wenig und überliessen die Strenge denen, die zur richterlichen Entscheidung berufen waren. Es galt allgemein als Pflicht eines angesehenen Mannes, einen Angeklagten, mit dem er nicht gerade in Feindschaft stand, den Richtern zu empfehlen, und Cicero (epist. I, 9, 19) spricht die damals gangbare Ansicht offen in einem Briefe an P. Lentulus aus. Zehn Lobredner verlangte die Sitte: so viele hatte M. Scaurus bei seinem Processe, darunter neun gewesene Consuln (Ascon. p. 28): noch mehr führt Cicero in dem sehr zweifelhaften Processe gegen Cluentius an (Cic. p. Cluent. 69, 197 flgd.): es ist kein Zweifel, dass auch Verres, wenn sein Process zu Ende geführt worden wäre, viele Lobredner unter den angesehensten Männern gefunden haben würde. Lobreden galten einmal als ein wünschenswerthes Beiwerk eines anständigen Processes. Man kann unter denselben eine doppelte Eintheilung machen. Erstlich gingen sie, wie die Zeugnisse, entweder von Einzelnen oder von Gemeinden und Corporationen aus: wir haben Beispiele von beiden angeführt. Zweitens wurden sie entweder mündlich vor dem versammelten Richtercollegium gegeben oder schriftlich (per tabellas). So war unter den Lobrednern, welche Scaurus stellte, ein grosser Theil abwesend und schickte eine schriftliche Lobrede: so that es Pompejus bei Plancus' Processe: Cicero schreibt an Lentulus, dieser habe oft aus dem äussersten Ende der Welt Lobreden für Angeklagte geschickt (Cic. epist. I, 9, 19). Dass diese schriftlichen Lobreden eine Beglaubigung durch Untersiegelung von Zeugen erhielten, wie es bei den 'schriftlichen Zeugnissen' der Fall war, ist undenkbar. Die mündlichen Lobreden bestanden oft aus längeren, sorgfältig ausgearbeiteten Vorträgen, welche demüthige Bitten an die Richter enthielten (Ascon. p. 29).

Das Verfahren des Anklägers, welcher die Beweismittel für einen Criminalprocess zusammensucht, haben wir, wo wir von der durch den Beamten ertheilten Vollmacht sprachen, berührt.[1]) Es handelte sich dort hauptsächlich um einen Process wegen Erpressung, für den Zeugen und Beweise meist in der Provinz zu suchen sind. Aber ähnlich ist das Verfahren des Anklägers in anderen Processen, und Cicero schildert es in seiner Rede für L. Murena, den sein Mitbewerber um das Consulat, Ser. Sulpicius Rufus, der Amtserschleichung anklagte. Der Ankläger ist noch nicht amtlich zu seiner Anklage ermächtigt, aber er bereitet dieselbe schon während der Wahlen vor. Man sah dich, sagt Cicero von ihm, wie du die Untersuchung anstelltest[2]): dann erwähnt er die einzelnen Theile dieser Untersuchung, zuerst das Beobachten, nämlich des Gegners, ob er während der Wahlen etwas Gesetzwidriges thue. Wenn er etwas derartiges bemerkt, so ist das Nächste, jemanden zu finden, der es als Zeuge vor Gericht bekunden kann und will. Dies ist das Anschaffen von Zeugen *(testificatio)*.[3]) Sind die Zeugen nicht freiwillig zur Aussage bereit, so hat der Ankläger das Recht, sie zu zwingen. Es ist für ihn wünschenswerth, sogleich zu erfahren, was der Zeuge aussagt: er führt ihn also bei Seite und fasst seine Aussage schriftlich ab (seductio testium). Daran schliesst sich das Beiseitetreten (secessio subscriptorum) der Freunde des Anklägers, welche der Aussage des Zeugen zuhören und durch ihre Unterschrift bezeugen, dass derselbe wirklich die betreffende Aussage gethan hat.[4]) Der Ankläger gewinnt so nicht

[1]) Man sehe oben S. 279.

[2]) Cic. p. Mur. 21, 49 *Etenim te inquirere videbant, tristem ipsum, maestos amicos, observationes, testificationes, seductiones testium, secessiones subscriptorum.*

[3]) Dieser Ausdruck findet sich oft bei Cicero, immer in der gleichen Bedeutung, z. B. Brut. 20, 277; Phil. IX, 6, 15; epist. I, 1, 2; in Verr. IV, 42, 92; V, 39, 102.

[4]) Ich glaube, dass *subscriptor* hier diese Bedeutung hat und nicht die gewöhnliche, wonach es einen Gehülfen des Anklägers bezeichnet. Zu der Zeit, die Cicero in Ser. Sulpicius' Benehmen schildert, gab es noch keinen Ankläger: noch viel weniger kann es einen Gehülfen desselben geben. Eine Anklage kann Jedweder unternehmen, sich also, ehe er den Auftrag dazu hat, dafür vorbereiten; aber die Wahl von Gehülfen entscheidet sich erst vor dem Prätor, welcher den Auftrag ertheilt. Gesetzt aber, *subscriptor* bedeute hier den Gehülfen der Anklage, so begreift man nicht, wozu derselbe bei Seite treten soll, wenn schon der

nur einen bestimmten Grund für seine Anklage, sondern er bindet auch den Zeugen selbst und hat, im Falle derselbe bei dem Processe selbst nicht sollte zugegen sein können, ein schriftliches Zeugniss. Der Angeklagte befindet sich, so lange die wirkliche Anklage vor Gericht noch nicht bekannt gemacht ist, im Dunkeln; allein er kann auch Einiges zur Abwendung derselben thun: er kann ebenfalls eine testificatio vornehmen.[1]) Wenn er etwas thut, das Verdacht erregen könnte, so nimmt er jemanden zum Zeugen und lässt dessen Zeugniss beglaubigen. So machte es Verres, um zu verhüten, dass der Verlust der Sicilischen Flotte gegen die Seeräuber auf deren mangelhafte Bemannung geschoben würde. Er liess die Befehlshaber der Schiffe zu sich rufen, verzeichnete ihre Aussagen und liess dieses Schriftstück durch seine Freunde beglaubigen.[2]) Vieles ähnliche hatte Verres gethan, namentlich indem er scheinbare Kaufcontracte schloss. Für uns hat solcher Verkehr der Parteien mit ihren Zeugen etwas Befremdendes: für die Römer, welche die ganze Vorbereitung des Processes den Anklägern überliessen, hatte er es nicht. Quintilian (V, 7, 11) giebt in voller Naivetät Vorschriften darüber, wie man seine Zeugen gegen verfängliche Fragen der Gegenpartei schützen könne. Man müsse sie sorgfältig zu Hause vorbereiten und namentlich auf solche Fragen, wie sie von den Gegnern gestellt werden könnten, einüben: dann würden sie entweder in ihren Aussagen sich gleich bleiben oder, wenn sie einmal schwanken sollten, doch leicht wieder auf den richtigen Punkt zurückgebracht werden können. Für diese Römische Auffassung ist auch bezeichnend, wenn eben derselbe Quintilian (V, 7, 32) es als einen Kunstgriff der An-

---

Ankläger selbst den Zeugen aufgefunden hat. Allerdings findet sich der Ausdruck *subscriptor* für denjenigen, der etwas durch seine Unterschrift beglaubigt, erst in spätern Rechtsquellen, noch nicht bei Cicero. Allein bei diesem kann man auch nicht den später gewöhnlichen Ausdruck *signator* nachweisen.

[1]) Man vergl. oben S. 293. Diese *testificatio* erwähnt Cic. in Verr. V, 39, 102.

[2]) Ueber eine ähnliche *testificatio* vergl. Cic. Brut. 80, 277 und Cic. Verr. IV, 42, 92.

wählte angiebt, einen dazu angestifteten Zeugen auf die Bänke der Gegner zu schicken[1]), damit er von dort aufgerufen, desto mehr Schaden anrichte.

## II. Die Urkunden *(tabulae)*.

Das nächste Beweismittel, das bei Criminalprocessen zur Anwendung kommt, beruht auf Sachen und besteht aus Schriftstücken. Sie wurden schon in dem vorigen Abschnitte, der von den Zeugen handelte, erwähnt, aber theils in unmittelbarer Verbindung mit Zeugen theils zum Ersatz derselben. Der allgemeine Name für dieselben ist tabulae.[2]) Wir unterscheiden bei ihnen die öffentlichen Urkunden, d. h. die des Römischen Volkes, und die Privaturkunden, welche wieder in diejenigen zerfallen, welche im Besitze von Einzelnen, und diejenigen, welche im Besitze von Gemeinden oder Corporationen sind. Im Allgemeinen gilt bei den Urkunden eben dieselbe Bevorzugung der Anklage vor der Vertheidigung, wie wir sie bei den Zeugen gefunden haben. Wir haben darüber Nachricht, auch die Analogie spricht dafür und die Art der Ausführung. Gegen Zeugen stand dem Ankläger ein Zwang zu in Folge der amtlichen Vollmacht, welche er vom Prätor zur Führung der Untersuchung erhalten hatte. Nun erzählt Cicero ausführlich, welche Noth er bei der Führung der Untersuchung in Syracus hatte, um in den Besitz eines Beschlusses, welchen der dortige Senat gegen Verres gefasst hatte, zu kommen. Einer der Senatoren stellte sich ihm entgegen: Cicero las das Gesetz vor, das über die dem Ankläger zu ertheilende Vollmacht handelte: 'alle Urkunden und Schriftstücke würden ihm zu Gebote gestellt'. Als trotzdem jener Senator und der Prätor Siciliens selbst widerstrebte, drohte Cicero, las die Strafbestimmung des Gesetzes vor und kam

---

[1]) Vergl. oben S. 246.

[2]) Er findet sich so bei Quintil. V, 5, aber auch schon bei Cic. in Verr. Act. I, 18, 56 *Hoc testibus, hoc tabulis privatis publicisque auctoritatibus ita vobis planum faciemus cet.*, und auch bei Cic. p. Font. 2, 3 werden *testes* und *tabulae* als die Beweismittel, wodurch eine Erpressung dargethan werden kann, genannt; ebenso bei Gell. XIV, 2, 4.

so in den Besitz der gewünschten Urkunde.[1]) Hieraus ist ersichtlich, dass dem Ankläger ebenso gut Gewalt gestattet war, um in den Besitz aller Urkunden zu kommen, wie es ihm freistand, zur Zeugenaussage zu zwingen: alle Folgerungen und Einzelheiten, die wir früher beim Zeugenzwange kennen gelernt haben, werden in gleicher Weise für die Urkunden gelten: nur werden sie bei diesen nicht öfter erwähnt, weil ihre Ausübung in die persönliche Freiheit nicht so tief eingriff wie beim Zeugenzwange.[2]) Diese Gewalt ging bei den Urkunden in gewisser Beziehung weiter als bei dem Zeugenzwange: sie umfasste das Recht einer förmlichen Haussuchung. Cicero wünschte bei der Untersuchung, die er gegen Verres in Sicilien führte, in den Besitz gewisser Papiere einer Gesellschaft von Staatspächtern zu kommen. Er ging unerwartet in das Haus eines ehemaligen Vorstandes dieser Gesellschaft, des L. Vibius, hielt eine genaue Haussuchung, fand die gewünschten Papiere und versiegelte sie.[3]) Eine andere Haussuchung hielt Cicero zu Syracus in Apronius' Hause.[4])

Die öffentlichen, d. h. dem Römischen Staate gehörigen, Urkunden stellte das Gesetz dem Ankläger ausnahmslos zur beliebigen Benutzung: dies war, da die Fäden der ganzen Verwaltung in Rom zusammenliefen und dort alle Acten der früheren Zeit aufbewahrt wurden, eine sehr bedeutende Menge. Also z. B. im Processe gegen Verres standen dem Ankläger alle amtlichen Schriften, welche dessen Thätigkeit im Staate betrafen, zu Gebote. Es wird erwähnt die Rechnung, welche er als Quästor abgelegt hatte (I, 14, 36), die Edicte, welche er als Prätor in Rom und in Sicilien erlassen hatte (I, 45,

[1]) Cic. in Verr. IV, 66, 149 *Ego legem recitare, omnium mihi tabularum et litterarum fieri potestatem — nisi legis sanctionem poenamque recitassem, tabularum mihi potestas facta non esset.*

[2]) Bei den Processen über Wahlumtriebe war wahrscheinlich die Befugniss des Angeklagten gleich der des Anklägers auch in Bezug auf Urkunden. S. oben S. 276.

[3]) Cic. in Verr. II, 74, 182 *Sane homini praeter opinionem improviso incidi. Scrutatus sum, quae potui, et quaesivi omnia: inveni duos solos libellos. — Itaque obsignavi statim.*

[4]) Cic. in Verr. III, 66, 154 *Haec epistola est — quam nos Syracusis in aedibus Apronii, cum litteras conquireremus, invenimus.*

116), die von ihm geführten Acten über die Sache des Mündels Junius (I, 55, 143), die Acten von L. Piso, dem Fremdenprätor über die Sachen, worin er gegen die Entscheidungen von Verres als städtischer Prätor Einspruch that (I, 46, 119), verschiedene Entscheidungen und Edicte von Verres in Sicilien (II, 12, 31; 13, 33; 43, 107; III, 10, 26; 14, 36; 36, 63; 40, 92; V, 21, 54; 22, 56). Hierzu gehören auch die Acten über die Thätigkeit anderer Beamten, sowie die Acten über frühere Processe, welche in Rom aufbewahrt wurden. So werden die Rechnungen, welche der berühmte P. Servilius nach Besiegung der Seeräuber abgelegt hatte, angeführt (I, 21, 57), die vollständigen Verhandlungen über den Process des Lampsaceners Philodamus (31, 79 und 33, 83), die Acten über den Process gegen Cn. Dolabella wegen Erpressung (38 96), das Voconische Gesetz, aus dem Cicero einiges vorlesen liess (I, 41, 106), das Bündniss von Messana und Tauromenium mit dem Römischen Volke (V, 19, 50). In seiner Rede für Flaccus liess Cicero (p. Flacc. 9, 20) den amtlichen Briefwechsel zwischen Pompejus und Plautius Hypsaeus verlesen. Kurz, es gab keine Gattung von Urkunden in den reichen Archiven Roms, welche nicht dem Ankläger für die Vorbereitung eines Processes ausgeliefert wurde.

Unter den Privaturkunden nahmen bei einem Processe über Erpressung in einer Provinz diejenigen eine hervorragende Stelle ein, welche von Gemeinden herrührten und entweder in dem Briefwechsel, den sie mit dem Statthalter oder dessen Dienern gehabt hatten, oder in Senats- und Volksbeschlüssen bestanden.[1]) So führt Cicero in seiner Rede gegen Verres an die eherne Tafel zu Ehren von Sthenius, welche einen Senatsbeschluss der Thermitaner enthielt (II, 46, 112), ein Schreiben von L. Metellus an die Sicilier (III, 17, 45), Staatsschriften der Agyrinenser und Amestratiner (III, 31, 74 und 39, 89), der Thermitaner und Imacharenser (III, 42, 99 und 100), der Menäner (43, 102), die öffentlichen Listen

---

[1]) Freilich werden auch sie, in weiterer Bedeutung des Wortes, *publicae litterae* genannt bei Cic. p. Flacc. 10, 23 *privatae litterae nullae proferuntur, publicae retentae sunt in accusatorum potestate.*

über die Zahl der Staatspächter (51, 120), den Contract der Gemeinde Segeste über das Wegschaffen einer Statue (IV, 35, 79), die Acten der Tyndaritaner über eine Statue des Mercur (IV, 42, 92), die schon früher erwähnten Verhandlungen und Beschlüsse der Syracusaner. Es gab keine Art von Urkunden in den Gemeinden, welche dem Ankläger nicht zu Gebote gestanden hätte.

Unter den Privaturkunden Einzelner nehmen eine hervorragende Stelle die Rechnungsbücher ein, welche nach alter Sitte jeder ordentliche Römische Bürger über seine Einnahmen und Ausgaben zu führen hatte. In allen Fällen, wo es sich um eine unerlaubte Einnahme, z. B. bei Erpressungen, oder gesetzwidrige Ausgaben, z. B. bei Wahlumtrieben, handelte, ergab sich aus ihnen ein deutlicher Beweis für das Verbrechen, und selbst wenn sie nicht geführt worden waren, lag darin ein Verdachtsgrund. Aber auch bei andern Verbrechen, z. B. dem des Giftmordes, liess sich aus ihnen nachweisen, ob der Angeklagte Geld für die Gehülfen des Verbrechens aufgewendet hatte oder nicht.[1]) Bei Verres' Processe hatte Cicero die Rechnungsbücher des Angeklagten und seines Vaters: er hatte sie genau untersucht und geordnet, um jeden Abgang und Zugang des Vermögens festzustellen: er wies aus ihnen die Diebstähle des Angeklagten schlagend nach.[2]) Aber auch alle andern Schriften sowohl des Angeklagten als auch anderer Privatpersonen standen dem Ankläger zu Gebote. In Verres' Processe wird erwähnt das Rechnungsbuch des Habonius (I, 57, 150), die Rechnungsbücher ehrenwerther Leute, welche über Verres' Unredlichkeit bei der Eintreibung einer Geldstrafe Auskunft gaben (I, 60, 156), die Papiere von L. Carpinatius, Verres' vertrautem Gehülfen (I, 70, 169), ebenso die von L. Canulejus (I, 74, 183), die Papiere des Panormitaners Diocles (III, 40, 92), Briefe des Prätors L. Metellus an verschiedene Personen (III, 53, 123),

[1]) Man sehe Cic. p. Cluent. 12, 34; 14, 40; 30, 82. Wer in väterlicher Gewalt ist, führt keine Rechnungsbücher: daher war M. Caelius entschuldigt, dass er keine hatte, Cic. p. Cael. 7, 17.

[2]) Cic. in Verr. I, 23, 60 flgd.; IV, 16, 36.

ein Brief des Timarchides, des accensus von Verres (66, 154), die Briefschaften, welche Cicero in Syracus bei L. Carpinatius unter den eingegangenen, in Rom bei L. Tullius, einem Freunde von Verres, unter den abgesandten Briefen gefunden hatte (71, 167), ein Brief von Verres an seinen Vertheidiger Hortensius (81, 189), das Rechnungsbuch von C. Hejus, dem Mamertiner (IV, 6, 12). Papiere aller Art, die sich bei dem Angeklagten oder bei andern Personen fanden, durfte der Ankläger vermöge der ihm vom Prätor ertheilten Vollmacht aufsuchen und mit sich nehmen.[1]) Sein Recht, überall Haussuchungen zu halten, war, so viel wir wissen, uneingeschränkt: das Einzige, was dem davon Betroffenen frei stand, war, sich in Rom entweder an den Prätor oder in der Provinz an den Statthalter zu wenden; aber die Worte des Gesetzes scheinen so allgemein gewesen zu sein, dass nur wenig Schutz möglich war.[2])

Die meisten dieser Papiere nahm der Ankläger in der Urschrift an sich. Er versiegelte dieselben in Gegenwart von Zeugen und übergab sie so versiegelt bei dem Beweisverfahren dem Gerichte. So machte es Cicero, als er die Haussuchung bei Verres gehalten hatte (Cic. in Verr. I, 19, 50), so, als er in Sicilien im Hause des Römischen Ritters L. Vibius nach Papieren gesucht hatte (ibid. II, 74, 182), so aber auch, als er von den Gemeinden Siciliens die auf die Anklage

---

[1]) Wir können diese Gewalt des Anklägers am deutlichsten aus Ciceros Processe gegen Verres erkennen: es war die einzige Anklage, welche er unternahm und sie ist uns aus seinen Reden ausführlich bekannt. Doch haben wir auch aus anderen Processen einzelne Nachrichten. Z. B. bei Fontejus' Processe hatte der Ankläger den Briefwechsel zwischen dem Angeklagten und seinen Legaten in Beschlag genommen (Cic. p. Font. 8, 18). In dem Processe gegen Libo Drusus, der unter Tiberius geführt wurde, brachte der Ankläger die geheimsten Papiere des Angeklagten vor (Tac. Ann. II, 30).

[2]) Eigenthümlich ist, was Cic. in Verr. III, 47, 112 erzählt. Er verlangte von Apronius, dem Pächter des Zehnten vom Leontinischen Acker, seine Rechnungsbücher *(tabulae)*. Als jener Ausflüchte machte, führte ihn Cicero vor Gericht und zwang ihn zu dem Geständnisse, er habe keine Rechnungsbücher geführt.

bezüglichen Papiere ausgeliefert erhielt (ibid. IV, 66, 149).[1]) Ehe der Verschluss dieser Urkunden geschah, nahm wahrscheinlich der Ankläger von ihnen eine Abschrift, um den Inhalt derselben für weitere Nachforschungen zu benutzen. Wenigstens erzählt Cicero, er habe Verres' Rechnungsbücher sorgfältig gelesen und geordnet (Cic. in Verr. I, 23, 60), was er doch nur konnte, wenn ihm der Inhalt längere Zeit zu Gebote stand. Ebenderselbe erzählt (Cic. in Verr. I, 57, 149), als er Verres' amtliche Papiere versiegelt gehabt habe, hätte sich derselbe geweigert, die Rechnungen mit Habonius, der auf Kosten der Erben von P. Junius die Herstellung des Castortempels besorgt hatte, abzuschliessen. Habonius habe sich also an Cicero gewendet, um für diesen Zweck die Herausgabe der betreffenden Papiere zu erlangen. Bei dieser Herausgabe fanden wahrscheinlich mannigfache Förmlichkeiten im Eröffnen und Wiederversiegeln statt. In ähnlicher Weise hatte früher Cn. Dolabellas Ankläger dessen amtliche Papiere und Rechnungen versiegelt und Verres hatte deshalb über sein Legatenamt seine Rechnung erst nach Dolabellas Verurtheilung abgelegt (Cic. in Verr. I, 38, 98).

Einige Papiere brauchten indessen nach ausdrücklicher Bestimmung des Gesetzes über Erpressung dem Gerichte nur in Abschrift vorgelegt zu werden: es waren wahrscheinlich Handlungsbücher, welche fortwährend benutzt werden mussten. So war es z. B. mit den Rechnungen der Staatspächter (Cic. in Verr. I, 70, 187 flgd.). Cicero wollte die der Sicilischen Staatspächter während Verres' Verwaltung benutzen: er liess also eine Abschrift anfertigen und durch Zeugen beglaubigen, und zwar war die Abschrift so genau, dass sie auch die Ver-

---

[1]) Verschieden von diesem Versiegeln ist das Versiegeln, welches die Gemeinden bei ihren Acten vornehmen, um zu bezeugen, dass dieselben von ihnen ausgehen. So werden die *laudationes* der Gemeinden, von denen wir oben S. 290 gesprochen haben, mit dem öffentlichen Siegel verschlossen nach Rom gebracht und dem Gerichte vorgelegt (Cic. p. Flacc. 15, 30), und als Cicero aus dem geheimen Archive der Syracusaner eine vollständige Liste von Verres' Diebstählen erhielt, musste diese, ehe sie ihm übergeben wurde, durch das öffentliche Siegel als von der Gemeinde ausgehend bestätigt werden, Cic. in Verr. IV, 63, 140.

fälschungen der Urschrift darstellte, aus denen Cicero den Richtern bewies, dass Verres Geld empfangen hätte. Kurz, bei der Herbeischaffung und Aufbewahrung der Urkunden wurde alle Vorsicht, welche man verlangen kann, beobachtet. Bei der Vorlegung vor Gericht war das erste, dass die Siegel geprüft und die Beglaubigung untersucht wurde.[1]) Deshalb wurde in dem Gesetze über Erpressung bestimmt, dass die schriftlichen Zeugnisse und Lobreden von Gemeinden durch die Gesandten drei Tage nach ihrer Ankunft in Rom dem Prätor des Gerichtshofes überreicht und bei demselben niedergelegt werden sollten. Dies war bei der Unzuverlässigkeit vieler Gemeinden und ihrer Vertreter nothwendig, bei den Urkunden, welche der Ankläger gesammelt und durch Römische Bürger hatte beglaubigen lassen, unnütz.[2])

### III. Die Aussagen der Sclaven *(quaestiones)*.

Die Sclaven nehmen nach der Anschauung des Alterthums eine Mittelstufe zwischen Personen und Sachen ein: mit den letzteren haben sie gemeinsam, dass sie im Eigenthume eines Andern stehen, mit den erstern, dass sie einen freien Willen haben. Dieser Anschauung entspricht die Behandlung der Sclaven als Beweismittel im Criminalprocesse. Der erste Grundsatz des Römischen Rechtes ist, dass keine Aussage eines Sclaven anders als glaubwürdig betrachtet wird als auf der Folter. Was bei dem Freien der Eid ist, das ist beim Sclaven die Folter. Er hat nicht Theil an den Göttern des Staates, in welchem er dient: die des Volkes, aus dem er stammt, hat er verloren. Da er also durch keine religiösen

---

[1]) Man sehe Cic. p. Flacc. 15, 36.

[2]) Cic. p. Flacc. 9, 21 *Quam habere auctoritatem aut quam fidem possunt (litterae)? Triduo lex ad praetorem deferri, iudicum signis obsignari iubet: tricesimo die vix deferuntur.* Der Schol. Bob. in Cic. p. Flacc. p. 238 bezieht dies auf alle Urkunden, welche der Ankläger gesammelt hatte, und seine Erklärung wird z. B. von Geib Römischer Criminalprocess S. 364 angenommen. Indessen aus Cicero, der nur von einer *laudatio* spricht, ergiebt sich dies nicht und ist auch an sich nicht wahrscheinlich.

Bande veranlasst wird, die Wahrheit auszusagen, soll die Furcht vor körperlichen Schmerzen die Heiligkeit des Eides ersetzen. Jede Befragung eines Sclaven zu gerichtlichen Zwecken ist eine peinliche Frage (quaestio).[1]) Es wird uns als Merkwürdigkeit von einem Sclaven erzählt, der beschuldigt wurde, einen andern Sclaven getödtet zu haben: trotzdem, dass er nicht gestand, wurde er dem Herrn des ermordeten Sclaven ausgeliefert und hingerichtet. Nach seiner Hinrichtung fand sich der Sclave, der ermordet sein sollte, wieder ein. Ein anderer Sclave, der Ermordung eines Römischen Ritters angeklagt, wurde sechsmal, ohne ein Geständniss abzulegen, gefoltert und dann, als ob er gestanden hätte, bestraft.[2]) In seiner Rede für Cluentius (64, 180) erzählt Cicero, ein Sclave der Sassia habe zwei seiner Mitsclaven getödtet und ausserdem einen Diebstahl begangen. Er wurde durch das Geständniss seines Mitschuldigen und mittelbare Beweise überführt, dennoch aber noch gefoltert, um ein volles Geständniss zu erzwingen.

Aehnlich standen die Sclaven, wenn sie, ohne selbst angeklagt zu sein, bei der Anklage gegen einen Andern eine Aussage zu machen hatten. Ohne Folter wurde ihnen nicht geglaubt. Deshalb durften sie nicht vor dem Gerichte, nicht in dessen öffentlicher Sitzung auftreten. Ihre Aussagen mussten erst durch Freie, welche wirklich Zeugen sein konnten, beglaubigt und dann in dieser Form dem Gerichte mitgetheilt werden. Aber selbst so war die Beweiskraft derselben nicht gleich der von Freien. Die Römer missbilligten die Gesetze derjenigen Staaten, in denen die Folter auch gegen Freie angewendet wurde.[3]) Der Zwang, der bei den Aussagen von

[1]) Dies ist, wie viele Stellen der Schriftsteller beweisen, der eigentliche Ausdruck dafür. Ulpian in l. 15, 41 Dig. de iniuriis (XLVII, 10) giebt bei Gelegenheit einer Stelle des prätorischen Edictes die Erklärung: *Quaestionem intelligere debemus tormenta et corporis dolorem ad eruendam veritatem. — Cum igitur per vim et tormenta habita quaestio est, tum quaestio intelligitur.*

[2]) Man sehe Val. Max. VIII, 4, 1 und 2.

[3]) Cic. orat. part. 34, 118 (*dicendum*) *de institutis Atheniensium, Rhodiorum, doctissimorum hominum, apud quos etiam, id quod acerbissimum est, liberi civesque torquentur.*

Sclaven stattfand, schien die Wahrhaftigkeit derselben zu beeinträchtigen[1]), und noch Kaiser Augustus verfügte, man solle bei einer Untersuchung nicht mit der Folterung der Sclaven anfangen, auch ihren Aussagen nicht eben Glauben schenken.[2]) Es kamen bei den Sclaven zwei Erwägungen dazu, um ihre Vernehmung nur ausnahmsweise zu gestatten. Erstens, sie gehören zur Familie, deren Ruhe und Sicherheit gestört wird, wenn sie gegen das Oberhaupt aussagen dürfen: wie man andere Familienmitglieder nicht als Zeugen zulässt, so darf man es auch bei den Sclaven nicht thun, zumal da sie in den ältesten Zeiten wirklich mit der Familie zusammenlebten.[3]) Zweitens die Sclaven sind ein Eigenthum ihrer Herren und werthvoll: die Folter verringert ihren Werth. Deshalb kann dieselbe nur selten stattfinden.

Man kann daher drei Fälle unterscheiden, in denen die peinliche Frage mit Sclaven behufs einer Zeugenaussage vorgenommen wird, erstlich, wenn dies für ihre Herren geschieht, zweitens wenn es gegen ihre Herren und drittens, wenn es im Interesse fremder Personen geschieht. Der erste Fall ist gewöhnlich seit den ältesten Zeiten, gewissermassen sogar allein zulässig. Wenn ein Herr, eines Verbrechens angeklagt, seine Unschuld versichert, so bietet er als Beweis dafür dem Gerichte seine Sclaven zur Befragung an: deren Aussage soll zur Bekräftigung seiner eigenen Versicherung dienen.[4]) In seiner Vertheidigung für Sex. Roscius erwähnt Cicero den Fall, dass der Angeklagte seinen Vater mit Hülfe der Scla-

---

[1]) Man vergleiche, was Quint. V, 4 über die Gemeinplätze der Redner, die sich hierauf beziehen, sagt.

[2]) Ulpian l. 1 pr. Dig. de quaest. (XLVIII, 18) *non esse a tormentis incipiendum et d. Augustus constituit neque adeo fidem quaestioni habendam.* Man vergl. damit das von Paulus in l. 8 eod. tit. angeführte Edict.

[3]) Noch Cic. p. Dejot. 11, 30 sagt *Servum sollicitare verbis, spe promissisque corrumpere, abducere domum, contra dominum armare, hoc est non uni propinquo, sed omnibus familiis nefarium bellum indicere*, u. s. w.

[4]) Geib Römischer Criminalprocess S. 142 geht so weit, hierin allein den Grund zu suchen, weshalb die Sclaven bei ihrer Aussage gefoltert wurden. Dies ist nicht wahrscheinlich. Denn, wie die oben angeführten Beispiele beweisen, fand die Folter auch statt, wenn es sich nicht um das Interesse der Herren handelte.

ven umgebracht habe: er würde, sagt er, dann diese zum peinlichen Verhöre versprechen; aber er könne es nicht thun, weil sie durch die Proscription und den Verkauf der Güter in den Besitz von Chrysogonus und der Ankläger gekommen seien.[1]) Cicero bemerkt, es sei gewöhnlich, dass dies bei einer solchen Anschuldigung geschehe. Bei Cn. Pisos Processe wegen Germanicus' Ermordung versicherte der Angeklagte seine Unschuld und bot seine Sclaven, welche die Gehülfen bei der Vergiftung gewesen sein sollten, zur peinlichen Frage an.[2]) Die Ankläger gingen darauf nicht ein: man liess diesen Anklagepunkt fallen. Hier ging die Aufforderung zur Befragung der Sclaven von dem angeklagten Herrn aus; aber sie konnte auch von den Anklägern ausgehen, welche den Angeklagten aufforderten, seine Sclaven Preis zu geben, und wenn er es nicht thäte, daraus einen Schluss auf seine Schuld machen wollten. Derartiges ereignete sich bei des Redners M. Antonius' Processe über Incest. Die Ankläger verlangten die Folterung eines Sclaven, der seinen Herrn begleitet haben sollte: Antonius traute nicht der Standhaftigkeit des Sclaven und zögerte. Aber dieser verlangte selbst die peinliche Frage und bewirkte durch seine Standhaftigkeit die Freisprechung seines Herrn.[3])

Aehnlich war es, wenn die Sclaven im Interesse ihres Herrn, ohne dass derselbe Ankläger oder Angeklagter war, eine Aussage machen sollten. Bei Milos Processe über Clodius' Ermordung wurden die diesem gehörigen Sclaven peinlich verhört: die Erben hatten sie freiwillig dem Ankläger zur Verfügung gestellt, als ihr Eigenthum, über das sie nach

---

[1]) Cic. p. Sex. Rosc. 28, 77 *Reliquum est, ut per servos id admiserit. O di immortales! rem miseram et calamitosam, quod in tali crimine quod innocenti saluti solet esse, ut servos in quaestionem polliceatur, id Sex. Roscio facere non licet. Vos, qui hunc accusatis, omnes eius servos habetis.*

[2]) Tac. Ann. III, 14 *offerebatque familiam reus et ministros in tormenta flagitabat.*

[3]) Val. Max. VI, 7, 1. Ob in dem ähnlichen Falle bei Val. Max. VIII, 3, 3 die Aufforderung von dem Angeklagten oder dem Ankläger ausging, ist ungewiss. Der Sclave konnte aber durch seine Standhaftigkeit doch nicht die Verurtheilung seines Herrn hindern.

Belieben verfügen konnten. Cicero[1]) läugnet die Glaubwürdigkeit ihrer Aussagen, aber nur wegen der Art und Weise des Verhörs: dass dies selbst gegen das Herkommen sei, behauptet er nicht. Hier war eine förmliche Anklage vor Gericht vorhergegangen. Aber auch ohne dass dies der Fall war, indessen mit der Absicht, eine solche anzustellen, konnte nur nach dem Belieben des Herrn ein peinliches Verhör mit den Sclaven vorgenommen werden. Als der ältere Oppianicus gestorben war, beschloss dessen Wittwe Sassia, vermuthend, ihr Mann sei vergiftet worden, ein Verhör der Sclaven anzustellen: sie kauft von Oppianicus' Arzte A. Rupilius dessen Sclaven Strato, nimmt einen ihrer eigenen Sclaven Ascla und lässt sich von dem jüngeren Oppianicus, der seines Vaters Sclaven ererbt hatte, einen dritten Sclaven Nicostratus ausliefern. Mit diesen stellt sie ein Verhör an, das ohne Ergebniss und Folgen bleibt (Cic. p. Cluent. 63, 176). Oppianicus hatte einen Vergiftungsversuch gegen Cluentius Habitus gemacht. Man hatte einen Sclaven seines Arztes Cleophantus, mit Namen Diogenes, bestochen, dem Kranken Gift zu geben, aber die Sache war verrathen worden. Habitus wollte Beweise für das Verbrechen sammeln. Also kaufte er, nach dem Rathe seiner Freunde, jenen Sclaven Diogenes und stellte ein Verhör mit ihm an (Cic. p. Cluent. 16, 47). Auch hier fand die Anklage gegen die Giftmörder erst später statt und bei ihr kamen die Aussagen des Sclaven zur Geltung.[2]) Es stand jedem Herrn frei, seinen Sclaven, über dessen Körper und Seele er freie Verfügung hatte, dem peinlichen Verhöre zu unterwerfen, entweder um seine eigene Unschuld bei einer Anklage zu beweisen, oder um die Schuld eines Andern, gegen den er eine Anklage erheben wollte oder erhoben hatte, darzuthun.

---

[1]) Cic. p. Mil. 22, 59 figd.

[2]) In Caelius' Processe bestand ein Anklagegrund darin, derselbe habe einen Vergiftungsversuch gegen Clodia vermittelst deren Sclaven gemacht. Diese Sclaven aber hatte Clodia freigelassen, wie Cicero p. Cael. 29, 68 andeutet, um nicht, wenn sie wirklich verhört würden, in ihrer Anschuldigung widerlegt zu werden, oder, wenn sie das Verhör nicht gestattete, Verdacht zu erregen.

Dagegen wider den Willen des Herrn und Eigenthümers einen Sclaven als Beweismittel zu gebrauchen, war nicht erlaubt, am wenigsten, wenn es sich um das Interesse des Herrn selbst handelte. Hier kam noch die Rücksicht auf die Zusammengehörigkeit des Sclaven mit seinem Herrn dazu. Wie Zeugenaussagen der Freigelassenen gegen ihre patroni nicht gestattet waren[1]), so konnte auch nach uraltem Gesetze keine Aussage des Sclaven gegen seinen Herrn gelten: es war selbst eine, nur von den höchsten Behörden ausdrücklich gestattete Ausnahme, wenn die Anzeige eines Sclaven gegen seinen Herrn angenommen werden sollte. Cicero erzählt, der Volkstribun Cn. Domitius habe, als er vor dem Volksgerichte einen Process gegen M. Scaurus führte, die Angaben von dessen Sclaven, die ihm freiwillig gemacht wurden, verschmäht.[2]) Er hätte sie, weil es sich um ein ausserordentliches Volksgericht handelte, annehmen dürfen, wollte aber doch lieber der sonstigen gerichtlichen Sitte folgen.[3]) Es gab nur eine Ausnahme, nämlich bei den geistlichen Gerichten über den Incest Vestalischer Jungfrauen. Daher erzählt Livius zum Jahre 337 v. Chr., als eine Vestalische Jungfrau Minucia angeklagt war, hätten die Priester vor dem Processe ihr verboten, ihre Sclaven zu verkaufen oder zu verstecken.[4]) Als die geistlichen Gerichte über dieses Verbrechen abkamen und weltliche an ihre Stelle traten, wurde diese Ausnahmebestimmung in die Gesetze über dieselben nicht aufgenommen: daher hören wir bei dem oben erwähnten Processe des Redners Antonius, dass es in seinem freien Willen stand, ob er seine Sclaven zum Verhöre stellen wollte oder nicht.[5]) Man

[1]) S. oben S. 207.

[2]) Cic. p. Deiot. 11, 31 und Dio Cass. fragm. 100. Vergl. C. R. I, 2, 322.

[3]) Eben denselben altrömischen Grundsatz spricht Cic. p. Dejot. 1, 3 aus: *Nam cum more maiorum de servo in dominum ne torqueri quidem liceat, in qua quaestione dolor elicere veram vocem posset etiam ab invito;* ferner p. Mil. 22, 60 *maiores nostri in dominum de servo quaeri noluerunt, non quia posset verum inveniri, sed quia videbatur indignum esse et domini morte ipsa tristius.*

[4]) Liv. VIII, 15 *cum decreto eorum (pontificum) iussa esset sacris abstinere familiamque in potestate habere.*

[5]) Val. Max. VI, 8, 1 und oben S. 313.

dachte um so weniger daran, bei diesen Schwurgerichten von der Sitte der Vorfahren abzuweichen, als dieselbe auch in den Gesetzen über die übrigen Schwurgerichte, sowohl denen vor Sulla über Amtsverbrechen als denen nach Sulla über gemeine Verbrechen, beobachtet wurde. Dies sagt ausdrücklich Cicero[1]), setzt indessen hinzu, eine Ausnahme mache das Gesetz über Incest und nach demselben habe z. B. gegen Clodius ein Verhör der Sclaven stattgefunden. Er spricht von P. Clodius' bekanntem Processe über die Verletzung des Festes der bona dea und dem Fufischen Gesetze über Religionsfrevel, das bei Gelegenheit dieses Verbrechens gegeben wurde.[2]) Es erlaubte das Verhör der Sclaven des Angeklagten, wahrscheinlich in Nachahmung des Verfahrens vor dem geistlichen Gerichte: das Gesetz war von Clodius' Feinden als Einzelgesetz entworfen worden und hatte dadurch diese dem Römischen Rechte sonst fremde Härte erhalten. Dass bei Clodius' Processe wirklich das peinliche Verhör der Sclaven des Angeklagten verlangt wurde, davon haben wir auch weitere Nachricht. Fünf von Clodius' Sclaven, heisst es[3]), wurden vom Ankläger verlangt: der Angeklagte hatte sie nach Gallien und Griechenland geschickt, so dass ihr Verhör nicht stattfinden konnte. Wirklich verhört wurde eine Sclavin Pompejas, der Gemahlin Cäsars, mit welcher der Incest begangen sein sollte. Da Cäsar dem Angeklagten nicht feindlich entgegentrat, Pompeja aber nicht freiwillig Beweise für den Incest, der auch sie traf, geliefert haben wird, war es der Zwang des Gesetzes, nach dem die Sclaven gestellt werden mussten. Folglich verordnete dieses nicht allein das Verhör der Sclaven des Angeklagten, sondern allgemein, es sollten bei diesem Verbrechen alle Sclaven, mochten sie Fremden oder selbst dem Angeklagten gehören, peinlich befragt werden. Dies war der Brauch des alten geistlichen Gerichtes gewesen, den das Fufische Gesetz aus ihm hinübernahm.

---

[1]) Cic. p. Mil. 23, 59 *De servis nulla lege quaestio est in dominum, nisi de incestu, ut fuit in Clodium.* Unter *leges* versteht er also die über die einzelnen Schwurgerichte erlassenen Gesetze.

[2]) Man sehe über dasselbe C. R. II, 2, 272.

[3]) In den schol. Bob. p. 338.

In allen übrigen Schwurgerichten der Republik fand kein Verhör der Sclaven gegen ihre Herren statt, es sei denn, dass der Angeklagte freiwillig, um seine Unschuld zu erweisen, dieselbe wünschte oder gestattete. Weder die Majestätsgesetze, noch die über gemeine Verbrechen, noch auch das Pompejische Ausnahmegesetz, so streng es sonst war, verordneten dies. Im Processe Milos wegen Clodius' Ermordung traten die Ankläger, lange ehe der Process eingeleitet wurde, mit der Forderung auf, es sollten die Sclaven theils anderer Personen theils des Ermordeten theils auch des Anzuklagenden und seiner Frau verhört werden.[1]) Bei dem Processe selbst stellte der Ankläger an Milo die erneute Forderung auf Auslieferung von vier seiner Sclaven: Milo hatte sie freigelassen und erklärte, er habe keine Gewalt über sie. Das Gericht entschied, der Ankläger solle aus der Zahl dieser Sclaven, so viele er wolle, 'angeben'.[2]) Indessen, dass bei dem Processe die Sclaven Milos nicht peinlich verhört worden sind, steht fest. Denn Cicero spricht in seiner Vertheidigungsrede so, als ob die Freilassung der Sclaven durch Milo den beabsichtigten Erfolg gehabt hat: wenn jener sie nicht freigelassen hätte, sagt er, hätte er sie der Folter Preis geben müssen.[3]) Das Gericht also kann nur beschlossen haben, der Ankläger möchte die von Milo freigelassenen Sclaven nennen: es wolle ihm dazu behülflich sein, sie als freie Leute, als Zeugen zu verhören. Für diese Auffassung spricht auch, dass, während die Forderung nur auf vier Sclaven ging, das Gericht keine Zahl bestimmte. Aus diesen Vorgängen darf man nicht schliessen, in Pompejus' Gesetze sei das Verhör von Sclaven, und namentlich derer des Angeklagten, erlaubt gewesen: sonst würde Cicero in starken Widerspruch mit sich selbst kommen. Denn die oben erwähnte Behauptung, dass

---

[1]) Es hatten sich mehrere Parteien gebildet, um verschiedene Processe anzustrengen: daher die Verschiedenheit der Forderungen, von welcher Ascon. p. 35 berichtet. Vergl. C. R. II, 2, 421 flgd.

[2]) Ascon. p. 40 *Domitius ex sententia iudicum pronuntiavit, ut ex servorum eorum numero accusator quot vellet ederet.*

[3]) Cic. p. Mil. 21, 57 flgd. *Quos nisi manu misisset, tormentis etiam dedendi fuerunt conservatores domini.*

in keinem Gesetze die Folterung der Sclaven gegen ihre Herren gestattet sei, spricht er eben in seiner Vertheidigungsrede für Milo aus. Welchen Grund zur Klage und Beschwerde hätte er gehabt, wenn Pompejus' Gesetz solche von der Sitte abweichende Härte anbefohlen hätte! Trotzdem dass dieses keine Anordnung deshalb traf, konnten die Ankläger dennoch ihre Forderung auf das Verhör der Sclaven stellen. Vor der Einsetzung des Gerichtes thaten sie es in grösserem Umfange, weil man allgemeine Ausnahmemassregeln erwartete und diese leicht auch eine von der Sitte abweichende Strenge einführen konnten. Nach dem Erlasse des Pompejischen Gesetzes stellte der Ankläger seine Forderung, weil er behauptete, dadurch könne die Schuld oder Unschuld von Milo am leichtesten dargethan werden. Für den Angeklagten bestand kein Zwang, der Forderung nachzukommen; aber er setzte sich dann allen nachtheiligen Folgerungen, welche daraus über seine Schuld gezogen werden konnten, aus.[1])

Also in den Schwurgerichten war während der Republik das Verhör der Sclaven gegen ihren Herrn nicht geboten, ebenso wenig in dem alten Gerichtsbrauche. Aber es kamen Fälle vor, wo ohnedem die Ermittelung der Wahrheit unmöglich war und an dieser Ermittelung das Wohl des Staates hing. Dann beschloss der Senat ausnahmsweise die Sclaven, mochten sie auch dem Angeklagten selbst angehören, zu befragen. Dieser Art waren die früher von uns angeführten Fälle, in denen Sclaven als Angeber ihrer Herren

[1]) Man vergl. oben S. 313 über Antonius' Process. Einen ähnlichen Fall berichtet Cic. p. Sull. 28, 78. Sulla war wegen Theilnahme an der Catilinarischen Verschwörung angeklagt, aber sein Process wurde nach dem Plautischen Gesetze über Gewaltthat geführt, von dem Verhören der Sclaven konnte also dabei nicht die Rede sein. Dennoch sagt Cicero *Quaestiones nobis servorum accusator et tormenta minitatur, in quibus quamquam nihil periculi suspicamur: tamen*, es folgt eine rhetorische Auslassung über die Unglaubwürdigkeit der Geständnisse auf der Folter. Die Ausführung der Drohung, welche von dem Ankläger ausging, war unmöglich; denn die Abstimmung stand bevor. Der Ankläger hatte durch Hinweisung auf die Sclaven nur den Verdacht der Richter erregen wollen, und gegen ihn spricht Cicero.

auftraten und dafür Belohnungen erhielten[1]): sie hätten nöthigenfalls auch Zeugen sein können. Cicero berichtet, die Römer hätten, wenngleich sie im Allgemeinen ein Verhör der Sclaven gegen ihre Herren nicht zuliessen, doch gewollt, dass ein solches Verhör in Betreff eines Incestes und der Catilinarischen Verschwörung stattfinden solle.[2]) Das letztere geschah in Folge des Senatsbeschlusses (Sall. Cat. 30), der alle, welche Kenntniss von der Verschwörung hätten, zu Angaben aufforderte und auch den Sclaven für diesen Fall Belohnungen aussetzte. Aber das Verfahren gegen die Catilinarischen Verschwörer fand bekanntlich 'nach Sitte der Vorfahren' statt, nicht vor einem Schwurgerichte. Bei ihm wäre ein Verhör der Sclaven nicht zulässig gewesen: bei einem durch besonderes Gesetz bestellten Gerichtshofe wäre es ebenso, wie bei den alten Beamtengerichten in Folge eines Senatsbeschlusses möglich gewesen.

So blieb die Gesetzgebung in diesem Punkte während der Republik. Der Dictator Cäsar änderte nichts. Als er ein Edict erliess, dass Niemand über eine bestimmte Summe in gemünztem Golde oder Silber haben sollte, und das Volk verlangte, er möchte den Sclaven, die ihre Herren dabei verriethen, eine Belohnung aussetzen, lehnte er dies ab und verschwor sich, niemals dem Zeugnisse eines Sclaven gegen sei-

---

[1]) S. oben S. 248. Aehnliches geschah bei den Sclaven der Campaner nach Liv. XXVI, 27 und XXVII, 3.

[2]) Cic. orat. part. 34, 118 *de nostrorum etiam prudentissimorum hominum institutis, qui cum in dominum de servis quaeri noluissent, de incestu tamen et coniuratione, quae facta me consule est, quaerendum putaverunt.* Man glaubte früher (z. B. Geib Römischer Criminalprocess S. 348), überall, wo es sich um Hochverrath handelte, hätte eine Ausnahme von der Regel stattgefunden. Indessen Osenbrüggen zu Cic. p. Mil. p. 14 bemerkte richtig, dass Cicero nicht von allen Hochverrathsprocessen, sondern nur von der Catilinarischen Verschwörung besonders spreche. Seine Ansicht ist später anerkannt worden, man sehe z. B. Rein in Paulys Realencyclopädie VI, 2 p. 2031 und Rudorff Römische Rechtsgeschichte II p. 446. Man irrt freilich auch noch jetzt darin, bei den gewöhnlichen Schwurgerichten über solchen Hochverrath sei das Verhör gegen Sclaven geboten gewesen. Dies war nicht der Fall. Ueberhaupt herrschen noch vielfach irrige Ansichten über das peinliche Ver-

nen Herrn glauben zu wollen.[1]) Freilich die Acchtungen der Triumvirn verliessen diesen Grundsatz und erschütterten das gegenseitige Vertrauen zwischen Herren und Sclaven. Aber es war eine Ausnahmemassregel, ebenso wie die Sullanische Acchtung. Der Kaiser Augustus folgte bei seinen Gesetzen dem altrömischen Grundsatze: sein Majestätsgesetz verlangte nicht die peinliche Frage der Sclaven gegen ihre Herren. Als unter Kaiser Tiberius Libo Drusus nach dem Majestätsgesetze belangt werden sollte, schritt der Ankläger erst zur Anklage, als er eine genügende Anzahl von Zeugen und auch Sclaven, welche gegen Libo aussagen konnten, gefunden hatte. Bei dem Processe erklärte sich Libo für unschuldig und der Senat beschloss, die peinliche Frage mit seinen Sclaven anzustellen. 'Und weil, führt Tacitus fort, durch einen alten Senatsbeschluss die peinliche Frage gegen das Leben des Herrn verboten wurde, so befiehlt Tiberius, schlau und Erfinder eines neuen Rechtes, einzelne (vom Ankläger genannte) an den Staatsagenten zu verkaufen, damit nämlich gegen Libo mit den Sclaven ohne Verletzung des Senatsbeschlusses ein Verhör gehalten werden könnte.[2])' Welchen Senatsbeschluss Tacitus hier meint, lässt sich nicht sagen; aber dass Tiberius zuerst einen juristischen Kunstgriff ausfindig machte, um das alte Gesetz zu umgehen, und dass Augustus in seinem Majestätsgesetze keine derartige Bestimmung hatte, ist einleuchtend. Hiermit scheint eine Nachricht von Dio Cassius über den Kaiser Augustus in Widerspruch zu stehen. Er erzählt[3]), dieser habe im Jahre 8 v. Chr. eine Massregel getroffen, die eine verschiedenartige Beurtheilung fand. Es sei nämlich nicht erlaubt gewesen, einen Sclaven gegen seinen Herrn zu foltern: der Kaiser habe also befohlen, sobald das Bedürfniss, einen solchen Sclaven zu foltern, eintrete, solle er entweder an ihn selbst oder an den Staat

---

hör der Sclaven. Ich bin deshalb über diesen Punkt etwas ausführlicher gewesen, um die Uebereinstimmung der scheinbar widersprechenden Nachrichten zu erweisen.

[1]) Ausführlich erzählt von Dio Cass. XLI, 38.

[2]) Tac. Ann. II, 28 und 30.

[3]) Dio Cass. LV, 5.

verkauft werden, damit er, dem Angeklagten fremd geworden, peinlich verhört werden könnte. Dies hätten einige getadelt, weil durch die Veränderung des Herrn das Gesetz aufgehoben würde, andere hätten gesagt, es sei nothwendig, weil viele deswegen gegen den Kaiser selbst und gegen die Behörden Verschwörungen machten. Darnach hat schon der Kaiser Augustus den Kunstgriff erfunden, durch den Verkauf der Sclaven an den Staat das alte Gesetz zu umgehen: es scheint sogar, dass er dies nicht für einen einzelnen Process erfand, sondern seinem Kunstgriffe eine allgemeinere Bedeutung gab. Dennoch ist es schwer glaublich, dass Tacitus bei seinem bestimmt ausgesprochenen Tadel gegen Tiberius oder Dio Cassius bei seiner ausführlichen Erzählung der Zeitgeschichte sich geirrt hat. Es lässt sich eine befriedigende Lösung des scheinbaren Widerspruches finden. Augustus hatte ein Gesetz über Ehebruch gegeben, das später, mannigfach ausgelegt und erweitert, während der Kaiserzeit in Geltung blieb. Dieses Gesetz verlangte, weil es sich um ein Verbrechen handelte, das in der Regel mit Beihülfe von Sclaven ausgeführt wurde, auch das Verhör dieser und verordnete deswegen, dass eine Freilassung derselben innerhalb einer bestimmten Frist nicht stattfinden dürfe. Die Anklage deshalb stand zunächst dem beleidigten Ehegatten oder dem Vater innerhalb der nächsten zwei Monate frei, später auch Fremden. Der Wortlaut des Gesetzes verordnete zwar zweifellos das peinliche Verhör der Sclaven des Angeklagten[1]; dennoch war er in Bezug auf den Fall, wenn Fremde anklagten, etwas schwankend. Nun ereignete sich im Jahr 8 v. Chr. ein Fall von Ehebruch, wo durch das Verhör der Sclaven des Angeklagten bei der Anklage eines Fremden der alte Gerichtsbrauch, dass Sclaven nicht gegen ihren Herren befragt werden durften, verletzt wurde.[2]) Hier, bestimmte Augustus, sollte durch Ver-

[1]) Dies ergiebt sich aus l. 27, 6 Dig. ad leg. Jul. de adult. (XLVIII, 5), wo es heisst, das Gesetz, d. h. das Julische, befehle mit den Sclaven und Sclavinnen der angeklagten Personen ein Verhör anzustellen. Ebenso wird das Gesetz erwähnt l. 3 Cod. ad leg. Jul. de adult. (IX, 9).

[2]) Man vergleiche besonders Collatio Mos. et Rom. leg. IV. 11 *De*

kauf der Sclaven an den Staat die alte Sitte umgangen werden: in allen übrigen Processen blieb das Verhör der Sclaven gegen ihre Herren unter allen Umständen ausgeschlossen. Diese Lösung des Widerspruches zwischen Tacitus und Dio Cassius beruht zwar nur auf einer Vermuthung, ist aber doch wahrscheinlich. Denn sie knüpft sich an eine wohl bezeugte Thatsache, die nicht von Dio Cassius' Glaubwürdigkeit allein abhängt. Keiner der beiden Schriftsteller hat sich geirrt. Augustus erliess wirklich, wie Dio erzählt, eine allgemeine Massregel, wenngleich dieselbe auf ein einzelnes Verbrechen beschränkt blieb. Er wurde von Einigen wegen Verletzung der alten Sitte getadelt, von Andern mit der Nothwendigkeit entschuldigt: Dio begründet sie mit den gegen Augustus gerichteten Verschwörungen, weil der Ehebruch benutzt wurde, um politischen Einfluss zu gewinnen und Versuche zum Sturze von Augustus selbst zu machen. Aber auch Tacitus hat nicht geirrt, sondern nur, was in der nothwendigen Entwickelung lag, zum Tadel gegen Tiberius benutzt. Dieser erfand wirklich ein neues Recht, in so fern er eine bei dem Verbrechen des Ehebruches nach der Auslegung der Rechtslehrer gestattete Massregel zuerst auf das Majestätsverbrechen anwendete; aber er konnte sich durch Augustus' Vorgang rechtfertigen.

Es bleibt der dritte Fall übrig, wenn Sclaven über andere Personen als ihre Herren aussagen sollten. Hierbei kam in Betracht die Rücksicht auf das Eigenthum des Herrn, das weder durch die mit dem Verhöre nothwendig verbundene Folter verschlechtert werden darf noch überhaupt einem Fremden zu Gebote gestellt zu werden braucht. Die Sclaven des ermordeten Sex. Roscius waren durch den Verkauf von dessen Gütern theils an die Ankläger des jungen Sex. Roscius, theils an ihren Helfershelfer Chrysogonus gekommen.

*mariti alterius marito vel patre accusante quaestionem habendam esse palam esse. An idem extraneo accusatori permitti debeat quaero. — Sed quoniam non facile tale delictum sine ministerio servorum admitti creditum est, ratio eo perduxit, ut etiam extraneo accusante mancipia quaestioni tormentorum subiicerentur a iudicibus.* Ich könnte meine Ansicht noch weiter begründen, wenn es nicht zu weitläufig wäre, auf die verwickelten Bestimmungen dieses Julischen Gesetzes näher einzugehen.

Roscius' Anwälte verlangten deren Auslieferung zum Verhöre, das um so leichter möglich war, weil Chrysogonus bei dem Processe nicht als Partei auftrat. Indessen die Auslieferung erfolgte nicht: Cicero (p. Sex. Rosc. 28 und 41) beklagt sich darüber und behauptet, die Unschuld des Angeklagten würde bei einem solchen Verhöre sogleich an den Tag kommen: dass er ein Recht hätte, dasselbe zu verlangen, sagt er nicht. Bei Milos Processe wurde anfänglich das Verhör der Sclaven, welche Fausta, Milos Gattin, besass, dann von Clodius' und seiner Begleiter und fremder Sclaven, verlangt (Ascon. p. 35): wirklich gehalten wurde es nicht. Da Milo seine eigenen Sclaven dem Verhöre zu entziehen suchte, werden seine Freunde nicht gewillt gewesen sein, die ihrigen herzugeben. Nach diesen Beispielen, die uns allein aus der republikanischen Zeit bekannt sind, kommt man zu der Folgerung, dass ohne Einwilligung des Herrn eine Folterung der Sclaven nicht gestattet war: der Prätor führte in seinem Edicte unter den Fällen, wo er eine Entschädigungsklage wegen Injurien gestatten würde, auch den an, wenn jemand einen fremden Sclaven geschlagen oder gegen den Willen seines Herrn peinlich befragt hätte.[1]) Selbstverständlich war es daher, dass der Herr, auch wenn er das Verhör gestattete, dennoch für den angerichteten Schaden Entschädigung erhielt: weshalb von fremden Sclaven niemals ganze Haushaltungen verhört wurden, auf die Gefahr hin, dass keiner derselben etwas Erhebliches aussagte, sondern nur einzelne bestimmt namhaft gemachte, von denen man irgend ein Ergebniss erwarten durfte.[2]) Meistens, wenn der Ankläger von dem Verhöre fremder Sclaven sprach, beabsichtigte er nur, daraus rhetorische Schlüsse zu ziehen, wie sie Cic. orat. part. 34, 117 empfiehlt, ohne das Verhör selbst zu verlangen.

Wenn während der Republik die Folterung der Sclaven gegen ihre Herren, so sehr sie auch im Allgemeinen unter-

---

[1]) Ulpian l. 15, 34 Dig. de iniuriis (XLVII, 10) *Praetor ait: Qui servum alienum adversus bonos mores verberasse deve eo iniussu domini quaestionem habuisse dicetur — iudicium dabo.*

[2]) Kurz wird dies ausgesprochen von Paulus rec. sent. V, 16, 3.

sagt war, doch in einzelnen wenigen Fällen vorkommen konnte, so mussten auch eine Menge damit zusammenhängender Fragen erörtert werden. Ein Mittel, der Belastung durch die Aussagen ihrer Sclaven zu entgehen, bestand für die Herren darin, sie frei zulassen: als freie Leute konnten sie nur, wie andere Zeugen, durch den Eid gebunden werden.[1]) Dies Mittel blieb während der Republik erfolgreich. Bei Milos Processe[2]) wurden seine Sclaven nicht gefoltert. Nur bei dem religiösen Inceste erliess das geistliche Gericht bei der Erhebung der Anklage ein Verbot, die Sclaven zu veräussern: es hätte eine Freilassung derselben als ungültig betrachtet. Deshalb brauchte P. Clodius, nach dem Fufischen Gesetze angeklagt, ein anderes Mittel, indem er seine Sclaven versteckte.[3]) Als Augustus bei dem Verbrechen des Ehebruches die Folterung der Sclaven gebot, verband er damit das Verbot, dieselben während zweier Monate nach Entdeckung des Verbrechens freizulassen: innerhalb dieser Zeit war Freilassung ungültig. Als die Folterung der Sclaven allgemeiner wurde, erging auch eine allgemeine Verordnung des Kaisers Pius, Sclaven, mit der Absicht sie der Folter zu entziehen freigelassen, sollten dennoch gefoltert werden.[4]) Auch andere Fragen, welche das spätere Recht ausführlich behandelte, mussten schon während der Republik angeregt werden. Z. B. dass Sclaven, welche einer Gemeinde oder Corporation gehörten, dennoch gegen die einzelnen Mitglieder der Corporation aussagen durften, eben weil sie Eigenthum der Gesammtheit, nicht des Einzelnen wären.[5]) Dagegen ein Sclave, der mehreren Herren gehörte, durfte gegen keinen derselben aussagen.[6]) Ferner über Sclaven, welche durch Erbschaft zufielen, über solche, die mit Unrecht in jemandes Eigenthum stehen, oder gar über freie Leute, die zeitweise in Sclaverei stehen, über die Sclaven der

[1]) Vergl. Cic. p. C. Rab. 5, 10.
[2]) S. oben S. 317.
[3]) S. oben S. 316.
[4]) Ulpian l. 1, 13 Dig. de quaest. (XLVIII, 18). Vergl. l. 1, 19.
[5]) Man sehe l. 1, 7 Dig. h. t.
[6]) S. l. 3. Dig. h. t.

Ehegatten und der nächsten Verwandten[1]) konnten mannigfache Fragen aufgeworfen werden. Sie mochten, eben weil die betreffenden Fälle selten waren, durch den jedesmaligen Gerichtshof verschiedene Lösung erfahren: erst die Kaiserregierung stellte, da sie die Aussagen der Sclaven als Beweismittel zuliess, bestimmte Regeln auf.

Die Aussagen von Sclaven sind nicht geeignet, unmittelbar vor dem Gerichtshofe abgelegt zu werden. Die Folter, welche damit verbunden ist, gewährte den Römern einen so widerwärtigen Anblick, dass sie dieselbe nicht öffentlich vornehmen lassen wollten. Es war im Kriegszustande, in höchster Bedrängniss der Stadt und gegen offene Feinde, dass im Jahre 210 v. Chr. der Consul M. Marcellus mitten auf dem Markte Sclaven peinlich verhören liess und durch ihre Geständnisse Campaner der Anlegung einer Feuersbrunst überführte. (Liv. XXVI, 27). In dem gewöhnlichen Gerichtsverfahren ist jedes Verhör von Sclaven heimlich und fern vom Gerichte. Bei Milos Processe fand es in dem atrium Libertatis statt (Cic. p. Mil. 22, 59), allerdings einem öffentlichen Locale, wahrscheinlich weil Clodius' Haus durch seinen Tod aufgelöst war und die betreffenden Sclaven schon vorher in einer Art von öffentlichem Gefängnisse aufbewahrt worden waren. Es giebt nicht ein öffentliches und ein häusliches Verhör der Sclaven, die man als unter einander verschieden angenommen hat[2]), sondern nur ein heimliches: es wird entweder in dem Hause des Herrn gehalten oder in irgend einem andern beliebigen Locale. Um vor Gericht glaubwürdig zu erscheinen, müssen die Aussagen in die Form eines 'schriftlichen Zeugnisses', von dem wir oben gesprochen, gebracht, d. h. durch sieben Zeugen beglaubigt werden. Das Verhör geht von dem Ankläger aus, sei es, dass der Sclave selbst ein Verbrechen begangen hat oder von seinem Herrn in einem

[1]) Man sehe l. 2 und l. 1, 8 Dig. h. t.

[2]) So thut es z. B. Rein in Paulys Realencyclopädie VI, 203. Geib Römischer Criminalprocess S. 349 scheint zwar nur eine einzige Art von Verhör anzunehmen, versteht aber unter dem dabei erwähnten *quaesitor* nicht richtig den Vorsitzenden des Gerichtshofes. Rudorff Römische Rechtsgeschichte II, 448 äussert sich unbestimmt.

andern Processe freiwillig oder unfreiwillig gestellt wird. Es bildet sich neben dem Prätor und seinen Beisitzern ein analoges Collegium: wie jener das Zeugenverhör der Freien leitet, so dieses das Verhör der Sclaven. Dies heisst, wie bemerkt, mit eigentlichem Namen quaestio: derjenige also, der dieselbe leitet, wird *quaesitor* genannt, mit eben demselben Ausdrucke, der für den Vorsitzenden des Gerichtshofes üblich ist. Aber dass dabei nicht an diesen selbst zu denken ist, ergiebt sich z. B. aus der Rede Ciceros für Milo (22, 60), wo er sich so tadelnd über das Verfahren bei dem Verhöre äussert, wie er es über den Vorsitzenden des Gerichtes nicht thun konnte. Als Grund für die Unglaubwürdigkeit der Aussagen von Sclaven wird angeführt, dass ihr Verhör von dem quaesitor geleitet werde[1]): dies würde unmöglich sein, wenn der quaesitor der Prätor wäre, der überhaupt den Gerichtshof leitet. Man würde sonst mit gleichem Rechte sagen können, das Gerichtsverfahren überhaupt sei unglaubwürdig. Zu diesem quaesitor, der das Verhör leitet[2]), wird ein beliebiger, aber möglichst ehrenwerther und glaubwürdiger Mann gewählt, der ebenfalls glaubwürdige Männer als eine Art von Beirath hinzuzieht. Dieser Beirath hat einen dreifachen Zweck. Er soll erstlich für den Verlauf und das Ergebniss des Verhörs Zeugniss ablegen, zweitens durch sein Ansehen und seinen moralischen Einfluss die Sclaven von leichtsinnigen Aussagen abhalten, drittens über den Verlauf des Verhöres Beschlüsse fassen. Wie bei dem schriftlichen Zeugnisse die Zeugen auf die Aussage der Zeugen einwirken sollen, so erwähnt Cicero bei dem Sclavenverhöre das 'Ansehen' der zum Beirathe Berufenen, das auf die Wahrhaftigkeit der Aussagen Einfluss gehabt habe,[3]) und bei einem andern Verhöre bemerkt er tadelnd, es sei vielleicht ein Bauer, aber kein 'bra-

---

[1]) Cic. p. Sull. 28, 78 *illa tormenta gubernat dolor, moderatur natura cuiusque cum animi tum corporis, regit quaesitor, flectit libido.*

[2]) Quintil. V, 4, 2, sagt, bei dem Verhöre der Sclaven käme es darauf an *quis ei praefuerit.*

[3]) Cic. p. Cluent. 63, 176 *Cum essent animi servorum et spe et metu temptati, ut aliquid in quaestione dicerent, tamen, ut arbitror, auctoritate advocatorum et vi tormentorum adducti in veritate manserunt.*

ver Mann' zugegen gewesen.[1] Der quaesitor mit seinem Beirathe sorgt dafür, dass die Folter nicht in unnütze Grausamkeit ausarte, bestimmt die etwaige Wiederholung derselben[2], beschliesst endlich nach Stimmenmehrheit und in den nämlichen Formeln wie die Richter selbst.[3] Wer die Fragen stellt, wird nirgends gesagt; aber schwerlich der Ankläger, wahrscheinlich der quaesitor. Denn es kam bei der Stellung auf Vorsicht an. Ob die Parteien zugegen sein müssen, weiss man nicht. Bei Milos Processe, scheint es nach Ciceros Darstellung[4], dass nur der Ankläger anwesend war: der Anwalt des Angeklagten hätte ein derartiges Verhör, wie Cicero es schildert, nicht zugeben können. Die Folter selbst vollzog einer, der tortor oder carnifex genannt wird[5], aber nicht immer der öffentliche Nachrichter, sondern auch ein gedungener oder eigener Sclave.

Ein durch Folter zu erpressendes Geständniss verlangt, wenn man die Wahrheit erforschen will, vielfache Vorsicht, deren es bei freiwilligen Zeugenaussagen nicht bedarf. Z. B. ist Einsperrung der zu Folternden zweckmässig, damit sie nicht entlaufen oder Verabredungen treffen. So waren bei Milos Processe Clodius' Sclaven vor ihrem Verhöre abgesondert eingesperrt (Cic. p. Mil. 22, 60), und später war dies wahrscheinlich immer der Fall (Tac. Ann. III, 22). Grösste Vorsicht war bei der Stellung der Fragen nöthig. Ulpian sagt[6], wer ein Verhör mit Sclaven leite, müsse im Allgemeinen fragen, wer ein Verbrechen begangen, nicht, ob eine bestimmte Person etwas gethan habe. Denn die erste Art

[1]) Cic. p. Cluent. 66, 182 *nullo adhibito non dicam viro, ne colonum forte adfuisse dicatis, sed bono viro.*

[2]) Denn Sassia, Oppianicus' Frau, liess die Sclaven zweimal wegen der nämlichen Sache foltern, Cic. p. Cluent 64, 181; eine sechsmalige Folter wird bei Val. Max. VIII, 4, 2, eine achtmalige ebendaselbst § 3 erwähnt.

[3]) Cic. p. Cluent. 63, 177 *Hoc postquam ceteri comprobarunt, ex omnium sententia constitutum est satis videri esse quaesitum.* Vergl. 65, 182.

[4]) Cic. p. Mil. 22, 60.

[5]) Cic. p. Cluent. 63, 177; p. Mil. 21, 57; Phil. XI, 3, 7.

[6]) Ulpian in l. 1, 22 Dig. de quaest. (XLVIII, 18) *Qui quaestionem habiturus est, non debet specialiter interrogare, an Lucius Titius homici-*

der Fragen gebe dem zu Verhörenden an die Hand, was der quaesitor zu hören wünsche. Darüber mag, wie Ulpian bemerkt, ein besonderer Erlass des Kaisers Trajan ergangen sein, aber der Grundsatz, dass dergleichen Fragen bei Sclaven unzulässig seien, galt schon während der Republik.[1]) Der Verfasser der Schrift an Herennius[2]) erwähnt unter den Gemeinplätzen, die ein Redner gegen die Glaubwürdigkeit der Aussagen von Sclaven vorbringen könne, auch den, man dürfe dem Schmerze nicht glauben, weil der Sclave oft wisse oder vermuthen könne, was der quaesitor zu hören wünsche, und einsehe, dass, wenn er dies gesagt, sein Schmerz aufhören werde. Darauf beruht auch der Tadel, den Cicero über das bei Milos Processe gehaltene Verhör von Clodius' Sclaven ausspricht. Der quaesitor beginnt zwar damit, den Sclaven zur Wahrheit zu ermahnen; aber die Frage lautet nicht, wer von beiden, Clodius oder Milo, den Hinterhalt gelegt, sondern, ob Clodius den Hinterhalt gegen Milo gelegt hat: daraus schliesst der Sclave, der quaesitor wünsche die Bejahung der Frage und antwortet demgemäss. Erst die Androhung von Strafe macht, dass er die Frage verneint. Es ist nicht nur diese Androhung von Strafe und das Versprechen von Belohnung, die Cicero bei diesem Verhöre tadelt, sondern auch die Ungeschicklichkeit in der Fragestellung.[3])

Ueber das Verhör wurde ein Protokoll geführt[4]), und zwar ein ausführlicheres als es bei dem mündlichen Zeugenverhöre vor Gericht nöthig war. Die einzelnen vorgelegten Fragen wurden verzeichnet, so wie die Anworten darauf, ferner, ob der Sclave sogleich oder erst im Verlaufe der Folter gestanden, ob er frühere Aussagen widerrufen hatte oder sich

*dium fecerit, sed generaliter, quis id fecerit; alterum enim magis suggerentis quam requirentis videtur, et ita D. Traianus rescripsit.*

[1]) Diese Bemerkung über die Unzulässigkeit der sogenannten Suggestivfragen hat Geib Römischer Criminalprocess S. 351 gemacht.

[2]) Auct. ad Her. II, 7, 10.

[3]) Cic. p. Mil. 22, 60 *quae erat aut qualis quaestio? Heus tu, Rufio, verbi causa, cave si mentiaris. Clodius insidias fecit Miloni? Fecit. Certa crux. Nullas fecit. Sperata libertas. Quid hac quaestione certius?*

[4]) Es wird *tabellae* genannt bei Cic. p. Cluent. 65, 184.

gleich geblieben war. Alles dieses und Aehnliches war wesentlich für die Beurtheilung und Glaubwürdigkeit (Quint. V, 4, 2). Das Protokoll wurde am Schlusse verlesen und nach der gewöhnlichen Weise, wie es bei Urkunden der Fall war, mit den Siegeln der Anwesenden versehen[1]), dann dem Gerichte vorgelegt. Die Redner konnten, da es den Parteien freistand, bei dem Verhöre zugegen zu sein, schon vor der Beweisaufnahme in ihren Reden auf die Aussagen der Sclaven Bezug nehmen. Möglich war es auch, dass, wenn bei der Beweisaufnahme ein besonderer, vorher übersehener Punkt zur Sprache kam, eine Erneuerung des Verhörs stattfand. Im Allgemeinen aber war der Gebrauch der Protokolle über das Verhör der Sclaven ganz so, wie der der schriftlichen Zeugnisse überhaupt.[2])

### b. Vorlegen der Beweismittel vor Gericht.

Nicht die Gattung der Beweismittel, sondern der innere Zusammenhang der Anklage bestimmte den Gang des Beweisverfahrens. Die Leitung desselben lag in der Hand des vorsitzenden Beamten. An ihn wendeten sich, wenn die Verhandlung begonnen hatte, die Parteien mit ihren Anträgen. Er liess den Ankläger aufrufen und wenn er beendet, den Vertheidiger reden: die Beweisaufnahme erfolgte auf seinen Befehl. Er liess, wie es heisst, die Zeugen aufrufen[3]), womit er seine Bewilligung zum Beginne der Beweisaufnahme gab, aber es wurde auch bei den einzelnen Zeugen ausdrücklich seine Erlaubniss zum Verhöre eingeholt.[4]) Nichts geschah ohne des Beamten Einwilligung und soweit die Gesetze oder

[1]) Cic. p. Cluent. 65, 184.

[2]) Geib Römischer Criminalprocess S. 361 schliesst aus der von uns oben anders erklärten Stelle von Cic. p. Sull. 28, 78, das Verhör der Sclaven habe erst nach den Vorträgen der Redner stattgefunden. Das hätte eine unerträgliche Verzögerung des Processes gegeben. Das Verhör geschah, wie die Besorgung der übrigen Beweismittel, vor dem Beginne des Processes.

[3]) Cic. in Verr. II, 30, 75 *Tum repente iste* (Verres) *testes citari iubet.*

[4]) Cic. de orat. II, 60, 245, wo es heisst, man hätte gefragt *licet rogare?* mit einer Höflichkeitsformel, wie sie sich z. B. bei denen, welche einen Rechtsgelehrten um Rath fragen (*licet consulere?*), wiederfindet.

der Gerichtsbrauch es gestatteten, war er Herr über das Beweisverfahren. Als in Verres' Processe ein Römischer Ritter C. Numitorius als Zeuge von den Römischen Bürgern erzählte, welche der Angeklagte hatte hinrichten lassen, löste der vorsitzende Prätor M' Acilius Glabrio den Gerichtshof plötzlich auf, sehr gegen den Wunsch des Anklägers, dem die Erbitterung des Volkes erwünscht war (Cic. in Verr. V, 63, 163). Aehnlich scheint es der vorsitzende Beamte am ersten Tage des Zeugenverhörs bei Milos Processe gemacht zu haben (Ascon. p. 41). Es mochte daher auch vorkommen, dass der Beamte, wenn einmal ein längerer Abschnitt des Processes eingeleitet war, sich zeitweise entfernte, wenngleich die bei Macrobius (Sat. II, 12) erzählte Anecdote von dem Richter, der während des Zeugenverhörs bei Seite ging, sich mehr auf Privat- als auf Criminalprocesse zu beziehen scheint. Unmittelbar griff der vorsitzende Beamte nur selten in die Beweisaufnahme ein. Die Vorlage der Beweismittel geschah durch die betreffende Partei, wobei der Gegenpartei die Prüfung und Widerlegung zustand und nur eine etwa nothwendige Entscheidung dem Beamten und seinem Beirathe zufiel. Der Haupttheil des Beweisverfahrens liegt im Zeugenverhöre.

Wer Quintilians Vorschriften über das Zeugenverhör (V, 7, 9) überlegt, kann nicht zweifeln, dass nach allgemeiner Römischer Gerichtsverfassung das Zeugenverhör von den Parteien ausging. Er giebt nur Lehren darüber, was der Ankläger, dann, was der Angeklagte zu thun hat: nirgends erwähnt er dabei den vorsitzenden Beamten, der eben so wie die Geschworenen, nur als Zuhörer gedacht wird. Wenn derselbe dabei vorkommt, so sind das Fälle, wie wir sie angeführt haben, wo der Vorsitzende vermöge seines allgemeinen Aufsichtsrechtes sich in die Verhandlungen der Parteien einmischt.[1] Wie die Anklage selbst und alle Vorbereitungen dazu von den Parteien ausgehen, so wird von ihnen auch das Verhör gehalten. Oefters wird ausdrücklich berichtet, die Parteien hätten die Fragen an die Zeugen gestellt. Von seinem Ver-

[1]) Ausführlich hat diesen Punkt Escher a. a. O. S. 100 behandelt, dem auch alle neueren Gelehrten gefolgt sind.

fahren im ersten Termine des Verrinischen Processes sagt Cicero, er habe zuerst jeden Punkt der Anklage erörtert, dann den betreffenden Zeugen gefragt.[1]) Er sagt, er wolle Verres' Freunde fragen, ob sie nicht bei ihm Statuen gesehen hätten, die später verschwunden wären.[2]) Bei dem Verhöre des Mamertiners Hejus giebt er sogar die einzelnen Fragen, die er an den Zeugen gerichtet habe, an.[3]) Er stellt dem Angeklagten die Wahl, aus den Zeugen einen beliebigen auszusuchen: er wolle ihn dann über die Kunstdiebstähle befragen.[4]) Von Verres selbst heisst es in dem Protokolle, das bei des Lampsaceners Philodamus Processe über das Zeugenverhör aufgenommen wurde, vom Ankläger befragt hätte er geantwortet.[5]) In der Rede für Flaccus sagt Cicero von den Zeugen aus Griechenland, sie antworteten dem Ankläger immer mehr als sie gefragt würden[6]); er lobt ferner den Gehülfen des Anklägers, dass er scharfsinnige Fragen an die Zeugen stelle.[7]) Ueberall werden die Parteien als diejenigen genannt, welche die Fragen an die Zeugen richteten, und es ist nicht glaublich, dass dabei immer gemeint sei, die Parteien hätten sich der Vermittelung des vorsitzenden Beamten bedient: wenigstens zuweilen würde angeführt werden, dass dieser unmittelbar die Fragen stellte. Dies Verhältniss geht aus den ausdrücklichen Worten Ciceros so deutlich hervor, dass selbst der falsche Asconius es erkannte.[8])

---

[1]) Cic. in Verr. I, 11, 29 *Sic me ipsum egisse memoria tenetis, ut in testibus interrogandis omnia crimina proponerem et explicarem, et cum rem totam in medio posuissem, tum denique testem interrogarem.*

[2]) Cic. in Verr. I, 19, 51.

[3]) Cic. in Verr. IV, 12, 27 *Cum quaesissem — respondit. Quaesivi, an misisset: respondit — Rogavi —: dixit. Quaesivi — negavit.*

[4]) Cic. in Verr. IV, 22, 48.

[5]) Cic. in Verr. I, 33, 84 *Cedo mihi ipsius Verris testimonium. — Ab accusatore rogatus respondit.*

[6]) Cic. p. Flacc. 4, 10 *Nunquam nobis ad rogatum respondent, semper accusatori plus quam ad rogatum.*

[7]) Cic. p. Flacc. 33, 82 *Quod ornabat facile locum, quem prehenderat, et acute testes interrogabat.* Andere ähnliche Stellen werden wir später anführen.

[8]) Pseudo-Ascon. p. 165 *Tenere debemus, interrogationes testium et*

Das Verhör jedes Zeugen kann ein doppeltes sein, erstlich das eigentliche Verhör, das von derjenigen Partei geführt wird, welche ihn aufgestellt hat, zweitens das Kreuzverhör, das von der Gegenpartei ausgeht. Für das erste ist der eigenthümliche Ausdruck *rogare*, für das zweite *interrogare*. Dies giebt ein Ciceronianischer Scholiast an[1]) und es wird durch genaue Erklärung einiger Stellen bestätigt. Beim Einholen der Erlaubniss zum Verhöre gebrauchte die Partei, welche einen Zeugen stellt, den Ausdruck rogare und den Zeugen selbst, der antworten soll, redet sie mit eben demselben Worte an: von dem Zeugen, der antwortet, heisst es, er antworte auf die Frage (ad rogatum)[2]). An diesen Stellen erwartet man den eigentlichen, juristischen Ausdruck zu finden. Dagegen, wo Cicero bestimmt das Kreuzverhör bezeichnen will, braucht er das Wort interrogare.[3]) Indessen steht dieser Sprachgebrauch selbst bei Cicero nicht fest[4]) und verwischte sich später immer mehr. Das Verbum interrogare überwog und wird z. B. von Quintilian in dem Abschnitte über das Zeugenverhör (V, 7, 26) abwechselnd mit rogare gebraucht. Das Substantivum interrogatio war immer für Verhör und Kreuzverhör gebräuchlich, da rogatio eine andere Bedeutung hatte.

*accusatoris et defensoris esse, et eius, qui producit, et eius, contra quem producuntur.* Id. p. 182 *Interrogabatur autem (testis) ab eo, contra quem productus est;* id. p. 151 *Apparet ex hoc dicto, testes suos etiam ipsum accusatorem interrogare consuesse.*

[1]) Schol. Bob. p. 343 *Erat alia praeterea interrogatio testium, sicut ipse M. Tullius P. Vatinium testem interrogavit. Proprie namque interrogatio dicebatur, qua testes redarguebantur.*

[2]) Cic. p. Flacc. 4, 10 an der eben angeführten Stelle. Eben derselbe Ausdruck findet sich in dem amtlichen Protokolle über das Verhör von Verres in Philodamus' Processe bei Cic. in Verr. I, 33, 84, welche Stelle wir ebenfalls schon angeführt haben.

[3]) So in dem Processe, der vor Verres in Sicilien geführt wurde, Cic. in Verr. II, 30, 75 *Tum repente iste testes citari iubet. Dicit unus et alter breviter. Nihil interrogatur*, d. h. es findet kein Kreuzverhör statt. Als Cicero selbst als Zeuge aufgetreten war, erzählt er von sich (ad Q. fr. III, 4, 3) *neque (reus) me quidquam interrogarit.*

[4]) So sagt z. B. Cic. Verr. I, 11, 29 und IV, 22, 48 vom Verhöre im Allgemeinen *in testibus interrogandis;* auch *rogo* scheint so allgemein gebraucht zu sein p. Flacc. 10, 23. Dagegen in Verr. II, 62, 152 und

Von der Partei, welche einen Zeugen stellt, sagt man am häufigsten *dare*, aber auch *producere*.[1]) Ist derselbe durch den Herold aufgerufen und erschienen, so können zuerst allgemeine Fragen über dessen Zulassung erörtert werden. Soll das Verhör beginnen, so wendet sich die Partei an den vorsitzenden Beamten mit der Frage *licet rogare*?[2]), nach erhaltener Erlaubniss an den Zeugen mit den Worten *te rogo*.[3]) Der Zeuge, mag er etwas selbst gesehen oder nur von ihm gehört haben, mag er es sicher oder nicht sicher wissen, antwortet immer mit *arbitror*, um anzudeuten, dass er nur seine persönliche Ansicht äussert und nicht unumstössliche Wahrheit vorträgt.[4]) Hatte der Zeuge die ihm von seiner Partei gestellten Fragen beantwortet, so stand es der Gegenpartei unmittelbar frei, nachdem sie sich dazu die Erlaubniss des Vorsitzenden erbeten, das Kreuzverhör zu beginnen. Denn dass die Gegenpartei erst nach der eigenen Partei Fragen stellte, ist natürlich und ergiebt sich aus Quintilians Bemerkung (V, 7, 22), die Pflicht des Vertheidigers beim Zeugenverhöre sei deshalb leichter als die des Anklägers, weil er beim Beginne des Kreuzverhöres wisse, was der Zeuge gesagt habe. Also z. B. bei Milos Processe, der in dieser Beziehung allen Processen, die vor einem Schwurgerichte geführt wurden, gleich war, stellten die Ankläger viele Zeugen. Zuerst wurde von ihnen C. Cassinius Schola vorgeführt, der bei Clodius'

IV, 12, 27 möchte ich nicht hierher rechnen. In seiner Rede gegen Vatinius, die bei einem Kreuzverhöre gehalten wurde, sagt Cicero anfänglich mit eigentlichem Ausdrucke von dem Verhöre *rogare*, von dem Kreuzverhöre *interrogare* (I, 1), im Verlaufe der Rede aber braucht er auch von den Fragen, welche er selbst an Vatinius richtet, einige Male *rogare*, so 14, 35 und 16, 40.

[1]) Man sehe z. B. Quint. V, 7, 9.

[2]) Cic. de orat. II, 60, 245 *Pusillus testis processit. Licet, inquit, rogare? Philippus. Tum quaesitor properans, Modo breviter.* Vergl. S. 320.

[3]) Cic. p. Flacc. 10, 23 *Quid tu istum roges, Laeli, qui prinsquam hoc te rogo dixeris, plura etiam effundat quam tu ei domi ante praescripseris?*

[4]) Cic. Acad. II, 47, 146 *(maiores voluerunt) qui testimonium diceret, ut arbitrari se diceret etiam quod ipse vidisset.* Vergl. Cic. p. Font. 12, 29. Selbst in der kurzen Zeugenaussage bei Liv. III, 13 kommt *arbitrari* vor.

Ermordung zugegen gewesen war und die Schrecklichkeit der That mit den schwärzesten Farben darstellte. Als darauf einer von Milos Vertheidigern, M. Marcellus, mit ihm das Kreuzverhör anstellen wollte, wurde er vom Volke bedroht und unterbrochen. Der Vorsitzende hob also für jenen Tag die Gerichtssitzung auf und fuhr erst an den beiden nächsten Tagen mit der Beweisaufnahme fort. Da hielten das Kreuzverhör M. Cicero, der nachher allein die Vertheidigung führte, M. Marcellus, ein zweiter Anwalt, und der Angeklagte selbst (Ascon. p. 41). In dem Kreuzverhöre handelte es sich unter anderm um die genaue Feststellung der Zeit des Mordes und deshalb musste die Stunde, in der Clodius von Rom abreiste und die übrigen Zeitpunkte seines Verweilens festgestellt werden. Es gelang dem einen Vertheidiger M. Marcellus, den schon genannten Zeugen Cassinius Schola in Widersprüche zu verwickeln, so dass sich am Ende herausstellte, Clodius sei in ein und derselben Stunde in Interamna und in Rom gewesen (Cic. p. Mil. 18, 46). Dieses Ergebniss war von bedeutendem Einflusse auf den Process. Denn die Ankläger hatten behauptet, Milo hätte Clodius nach dem Leben getrachtet und der Mord sei lange vorbereitet gewesen. Dies wurde durch das Kreuzverhör widerlegt und die Verurtheilung erfolgte nur, weil Milo bei unerwarteter Begegnung und Verwundung des Gegners die Ermordung mit Absicht verursacht hatte.

Aus dem Processe gegen Verres werden uns mehrere Beispiele des Kreuzverhöres berichtet. In ihm hatten die Anwälte des Angeklagten das Kreuzverhör der Belastungszeugen unterlassen, wie sie selbst äusserten, in wohlberechneter Absicht, wie Cicero sagt, im Bewusstsein der Schuld. Cicero fordert also im zweiten Termine den Angeklagten auf, jetzt ein Kreuzverhör anzustellen: er wolle seine Zeugen von Neuem vorführen (Cic. in Verr. V, 59, 155).[1] Dennoch war Verres alle Tage bei dem Verhöre zugegen: bei der Aussage eines Zeugen M. Annius, der behauptete, der Anführer der Seeräuber sei nicht hingerichtet worden, sondern an seiner Stelle

[1] Was Quintil. VI, 3, 98 von der witzigen Antwort Ciceros auf eine von Hortensius' Reden berichtet, bezieht sich, wie aus Plut. Cic. 7 (Apophthegm. p. 205) hervorgeht, auf das Verfahren nach der Verurtheilung.

Römische Bürger, erhob er sich plötzlich und erklärte, er habe mit Absicht so gehandelt, um nicht in den Verdacht der Bestechung zu kommen, und habe zwei Anführer der Seeräuber noch zu Hause in Ketten (in Verr. V, 29, 73). Dagegen Cicero hatte von seinem Rechte des Kreuzverhöres Gebrauch gemacht. Als der Mamertiner C. Hejus die Lobrede seiner Vaterstadt als deren erster Gesandter vorgetragen,[1]) zwang ihn Cicero durch das Kreuzverhör, als sein Zeuge aufzutreten. Er fragte ihn, ob er gewisse Bildwerke, die Verres von ihm gekauft haben wollte, feil gehalten hätte, dann als er dies verneinte, ob er sich durch die Höhe der gebotenen Geldsumme habe zum Verkaufe bewegen lassen. So brachte Cicero das Geständniss heraus, dass jener von Verres zum Verkaufe gezwungen worden sei (Cic. in Verr. IV, 7, 16). Ferner fragte Cicero, als er so viel herausgebracht, ob noch irgend etwas anderes von Hejus' Eigenthume an Verres gekommen sei. Hejus antwortete ja: Verres hätte ihn gebeten, gewisse Teppiche nach Agrigent zu schicken. Cicero fragte weiter, ob er sie geschickt. Antwort, natürlich, er hätte dem Prätor gehorchen müssen. Weitere Frage, ob die Teppiche in Agrigent angekommen seien. Antwort, ja. Endliche Frage, ob sie zurückgekommen seien, und Antwort, bis jetzt noch nicht. (Cic. in Verr. IV, 12, 27). Ein anschauliches Bild eines Verhöres und Kreuzverhöres. Es schlossen sich daran noch andere Fragen über das Lastschiff, das sich Verres von den Mamertinern hatte bauen lassen (Cic. in Verr. V, 18, 47).

Das Kreuzverhör ist das wirksamste Mittel zur Erforschung der Wahrheit: dabei zeigt sich die Geschicklichkeit der Anwälte und die Tauglichkeit der Zeugen am deutlichsten. Es wurde von den Römern im ausgedehntesten Massstabe angewendet, indem sie dasselbe nicht nur zur Aufklärung der vor Gericht verhandelten Thatsachen oder zur Untersuchung der Glaubwürdigkeit der Zeugen, sondern zur Befriedigung von Privatfeindschaften und politischem Hasse benutzten. Ein berühmtes Beispiel davon bietet Ciceros Rede gegen P. Vatinius. Im Februar des Jahres 56 v. Chr. wurde P. Sestius von M.

[1]) Vergl. oben S. 289.

Tullius Albinovanus wegen Gewaltthätigkeit nach dem Plautischen Gesetze angeklagt: unter den Zeugen gegen ihn trat P. Vatinius auf, mit dem Cicero, einer der Vertheidiger des Angeklagten, damals in bitterster Feindschaft lebte. Er benutzte also die Gelegenheit, welche ihm das Kreuzverhör darbot, um seinem Zorne gegen den Zeugen Luft zu machen und dessen ganzes politisches Leben der schonungslosesten Kritik zu unterziehen. Seine Rede, die er selbst interrogatio in der eigentlichsten Bedeutung des Wortes nennt,[1]) wendet sich fast ganz gegen Handlungen des Zeugen, die mit dem vorliegenden Processe nichts zu thun hatten: erst am Ende derselben thut er einige wenige Fragen, die mit der Sache zusammenhängen. Aber selbst diese Fragen sind nicht so gestellt, dass er eine Antwort darauf erwartete oder abwartete: die ganze Rede ist nicht so, dass man daraus erkennen könnte welche Fragen Cicero dem Zeugen wirklich zur Beantwortung vorgelegt hat. Es war auch nicht Ciceros Absicht, dies zu thun: er wollte die Gelegenheit benutzen, um Vatinius' politisches Treiben blosszustellen, woraus sich dann freilich auch einiger Gewinn für die Freisprechung von Sestius ergab. Man darf nicht zweifeln, dass Cicero die Rede, wie sie uns vorliegt, wirklich so bei dem Zeugenverhöre gehalten hat. In seinen Briefen erzählt er, er habe bei Sestius' Processe Vatinius nach Gutdünken zusammengehauen unter dem Beifalle der Götter und Menschen,[2]) und, was er als Inhalt seines Kreuzverhöres angiebt, findet sich wirklich in der uns erhaltenen Rede. In unserer Zeit würde solcher Missbrauch des Zeugenverhöres nicht geduldet werden: dass er bei den Römern gemissbilligt worden sei, davon findet sich keine Spur. Aber man begreift, wie durch das Uebermass des politischen Treibens die Handhabung der Gerechtigkeit erschwert wurde. Es war eine nothwendige Massregel, dass Pompejus im Jahre 52 v. Chr. durch Beschränkung der Zeit für die

---

[1]) In einem Briefe an Lentulus (epist. I, 9, 7): *tota vero interrogatio mea nihil habuit nisi reprehensionem illius tribunatus, in quo omnia dicta sunt libertate animoque maximo de vi, de auspiciis, de donatione regnorum.*

[2]) Cic. ad Q. fr. II, 4, 1 *Vatinium, a quo palam (Sestius) oppugnabatur, arbitratu nostro concidimus diis hominibusque plaudentibus.*

Processe eine Reinigung des Staates vornahm. Unter den Kaisern, als das politische Leben allmälig erstarb, hörte dieser Missbrauch von selbst auf.

Ueber den ganzen Process wurde ein schriftliches Protocoll aufgenommen, das unter den Acten desjenigen Beamten, der den Vorsitz geführt hatte, aufbewahrt wurde.[1]) Eine besondere Stelle nehmen darin die Ergebnisse des mündlichen Zeugenverhöres ein: sie hiessen *testium dicta*.[2]) In seiner Rede gegen Verres führt Cicero das Protocoll, welches über den Process des Lampsaceners Philodamus geführt war, an: ein Abschnitt desselben enthielt Verres' Zeugenaussage. Den Anfang derselben wissen wir nicht: im Verlaufe heisst es: 'Nicht lange nachher kamen wir in das Haus.' Dies ist die Erzählung, wie sie Verres von seinem Aufenthalte in Lampsacus im Zusammenhange giebt. Nach Beendigung derselben richtete der Ankläger noch einige Fragen an Verres; denn es heisst weiter: 'von dem Ankläger gefragt antwortete er, in diesem Processe habe er nicht die Absicht, die ihm von der Stadt Lampsacus zugefügten Beleidigungen zu verfolgen, er beabsichtige dies bei anderer Gelegenheit zu thun.' Also die Fragen und Antworten wurden in diesem Falle nur ihrem Inhalte nach, nicht wörtlich verzeichnet.[3]) In anderen Fällen mag das Letztere geschehen sein[4]), wie es wahrscheinlich immer bei dem Verhöre der Sclaven geschah. Eine bestimmte Norm gab es dafür nicht. Diese schriftlichen Protocolle wurden dann theils in eben denjenigen Processen, in welchen sie geführt worden waren, benutzt, wenn einer der Anwälte in seiner Rede auf das Zeugenverhör zurückkommen wollte[5]), theils waren sie als öffentliche Actenstücke für andere Processe anwendbar, wie wir gesehen haben, dass in Verres' Pro-

[1]) Mit allgemeinem Namen nennt Cic. p. Cluent. 23, 62 dies Protocoll *tabulae publicae*.

[2]) Dieser Ausdruck findet sich Cic. p. Cluent. 23, 62; p. Rab. Post. 11, 30. Ascon. p. 40 sagt von Milos Processe *testium dicta*; aber p. 52 auch *testium verba*.

[3]) Cic. in Verr. I, 31, 79 und 33, 84.

[4]) Man sehe oben über das Kreuzverhör von C. Hejus S. 335.

[5]) Man sehe z. B. Cic. in Verr. I, 37, 94; 49, 128; II, 8, 23; IV, 24, 53; p. Cluent. 23, 62; p. Cael. 22, 55; p. C. Rab. 4, 8; 11, 30.

cesse die etliche Jahre vorher geführten Protocolle über Philodamus' Process benutzt wurden.

Dies also war die in der altrömischen Gerichtssitte begründete und während der ganzen Republik gebräuchliche Art des Zeugenverhörs. Eine Ausnahme von ihr machten die Processe des Jahres 52 v. Chr., als Cn. Pompejus, zum alleinigen Consul mit besonderer Vollmacht ernannt, durch sein Gesetz ein abgekürztes Verfahren einführte. Die Eigenthümlichkeit desselben bestand nicht nur darin, dass der Process durch Aufstellung fester Zeitgrenzen rasch zu Ende geführt, dass alles unnöthige, auf Streben nach eitler Beredsamkeit, auf Erregung des Volkes, auf Beeinflussung der Geschworenen berechnete Beiwerk verboten wurde, sondern namentlich auch darin, dass das Zeugenverhör, der Haupttheil des Beweisverfahrens, in iure geschah und dem Verfahren in iudicio voranging. Dies war eine Nachbildung des Verfahrens, wie es schon seit alter Zeit in der Gerichtsbarkeit des Volkes stattgefunden hatte, und wurde durch diese Aehnlichkeit ermöglicht: sonst wäre es eine Verkehrtheit gewesen, den Geschworenen die Hauptbeweise, durch welche ihr Urtheil geleitet werden musste, zu entziehen. Das Protocoll des Zeugenverhöres, wie es in iure aufgenommen und von dem vorsitzenden Beamten und seinem Beirathe bestätigt war, wurde am Gerichtstermine nach den Reden der Anwälte verlesen: was in ihm besonders erwähnenswerth und auf die Entscheidung von Einfluss war, mochten die Anwälte in ihren Reden hervorheben und ausführen. Aber diese Art des Verfahrens war eine Ausnahme und hörte mit dem Jahre 52 v. Chr. auf: sie hat keinen unmittelbaren Einfluss auf das spätere Gerichtsverfahren gehabt. Cäsar betrachtete sie als ungerecht, weil dadurch der persönliche Verkehr zwischen den Geschworenen und Zeugen aufgehoben wurde. Der Criminalprocess unter den Kaisern, so sehr man sich auch bemühte, ihn zu kürzen und von allem schädlichen Beiwerke zu reinigen, schloss sich dennoch an die Formen, welche in der übrigen Zeit der Republik gegolten hatten, an.[1])

[1]) Man vergl. unsere ausführliche Darstellung des Pompejischen

Die Behandlung der Urkunden und schriftlichen Beweise war mit dem Zeugenverhöre verbunden und konnte mannigfache Erörterungen von beiden Seiten hervorrufen. Zunächst kam es auf die Beglaubigung der Urkunden, d. h. die beigedrückten Siegel der Zeugen an: schon hierbei waren Beanstandungen häufig.[1]) Noch weitere Verhandlungen knüpften sich an den Inhalt: wir haben oben bemerkt[2]), dass mit den Gesandten der Gemeinden, welche lobende oder tadelnde Zeugnisse überbrachten, ein vollständiges Verhör angestellt wurde. Nur die eigentlichen laudationes nehmen bei dem Beweisverfahren eine besondere Stelle ein, d. h. diejenigen mündlichen oder schriftlichen Zeugnisse, welche, ohne durch Erwähnung von Einzelheiten zu gegnerischer Erörterung Anlass zu geben, nur eine Empfehlung des Angeklagten enthielten. Sie waren von der Beweisaufnahme getrennt und schlossen sich an die letzte Rede der Vertheidigung an: die laudatores bildeten den Uebergang zu den advocati, welche während der Abstimmung selbst durch ihre Gegenwart und ihre Bitten auf die Geschworenen Einfluss auszuüben suchten. An dieser Stelle werden sie in M. Scaurus' Processe erwähnt, wo nach dem Schlusse von Ciceros Rede zehn Lobredner, die angesehensten Männer des Staates, theils schriftlich theils mündlich auftraten: der letzte derselben war der Bruder des Angeklagten, ein junger Mann, der mit demüthiger Bitte an die Geschworenen endete.[3]) Auch Cn. Pompejus versuchte im Jahre 52 v. Chr. bei Munatius Plancus' Processe eine schriftliche laudatio den Geschworenen vorzulegen, und zwar am Tage des Gerichts selbst. Denn M. Cato befand sich unter den erst am Gerichtstage erloosten 80 Geschworenen und wurde in Folge seiner Weigerung, die laudatio zuzulassen, von dem Angeklagten verworfen (Plut. Cat. 48). Der Gerichtstag aber begann mit den Reden der Anwälte, es folgte die Verlesung des Zeugenverhörs: für die

---

Gesetzes und des Gerichtsverfahrens im Jahre 52 v. Chr. in C. R. II, 2, 446 flgd.

[1]) Man sehe z. B. Cic. p. Flacc. 15, 30.

[2]) S. oben S. 335.

[3]) Ascon. p. 28.

laudatio bleibt nur die Stelle unmittelbar vor dem Schlusse der Verhandlungen übrig.

Das Verhältniss der Reden der Anwälte zu den Beweismitteln ergiebt sich aus der Stelle, welche nach der obigen Darstellung diese beiden Theile im Verlaufe des Processes einnahmen. Weder Zeugenaussagen noch Urkunden können von den Anwälten eher in ihren Reden wörtlich angeführt und ausgiebig benutzt werden als sie bei der Beweisaufnahme festgestellt sind. Ein Redner kann allerdings im Allgemeinen auf das, was er durch die Aussagen der Zeugen oder durch Urkunden zu beweisen gedenkt, Bezug nehmen und wir haben manche derartige Beispiele angeführt. Aber er liess nicht während seiner Rede einen neuen Zeugen auftreten. Denn dann hätte er ihn auch vereidigen lassen und dem Kreuzverhöre des Gegners aussetzen müssen. Dergleichen findet sich in keiner der uns erhaltenen Reden Ciceros: nur die schriftlich abgefassten und beglaubigten Zeugnisse kommen in den Reden vor. Eben so wenig konnten die Anwälte in denselben Urkunden anführen, welche nicht bei der Beweisaufnahme geprüft waren. Eine Ausnahme mögen vielleicht zuweilen Gesetze, öffentliche Acten, Briefe hochgestellter Personen, bei denen allen es weder einer Beglaubigung noch Prüfung bedurfte, machen. Wenn z. B. Cicero in seiner Rede gegen Verres (I, 41, 106) Stellen aus dessen Edicte verlesen lässt und dann durchgeht, so kann es zweifelhaft sein, ob er dies auch bei der Beweisaufnahme vorgelegt hat. Sicherlich hat er dies nicht gethan bei dem Cornelischen Gesetze über Mord, dessen Anfang er in seiner Vertheidigungsrede für Cluentius (54, 148) erläutert, oder bei den Briefen von Pompejus und Hypsaeus, die er in seiner Rede für Flaccus (9, 20) verliest, oder bei Senatsbeschlüssen (12, 27). Aber dies sind Ausnahmen.[1]) Das bei weitem Häufigste ist, dass die Urkunden, von denen der Redner Gebrauch macht, vorher bei der Beweisaufnahme anerkannt und geprüft werden.

Daraus ergiebt sich die Verschiedenheit der Reden, die vor und derer, die nach der Beweisaufnahme gehalten werden. Die

---

[1]) Vergl. oben S. 213.

ersteren müssen das Allgemeine behandeln: erst die späteren können auf die eigentlichen Anklagepunkte sowohl angreifend als vertheidigend eingehen. Noch mehr verloren die Reden an Bedeutung, als in der Kaiserzeit das ganze Beweisverfahren an den Schluss des Processes verlegt wurde. Sie konnten dann allerdings immer noch, wie früher die Hälfte der Reden, allgemeine Fragen und Grundsätze behandeln, die Glaubwürdigkeit der Zeugen oder Urkunden im Allgemeinen besprechen; allein alle Wichtigkeit lag in dem Beweisverfahren. Die Reden der Anwälte sanken immer mehr zu einer eitel prunkenden Beredsamkeit herab. Schon für Ciceros Zeit ist ganz richtig, was er in seiner geschriebenen Rede gegen Verres (I, 10, 27) zu seinem Gegner Q. Hortensius äussert. 'Wir verheimlichen die Erfahrung, die wir oft bei unseren Reden gemacht haben. Wer schenkt uns jemals rechte Aufmerksamkeit, wenigstens bei dieser Art von Processen, wo etwas fortgenommen oder entwendet sein soll? Richtet sich nicht alle Erwartung der Richter auf die Urkunden oder die Zeugen?' Anders war es freilich bei denjenigen Processen, wo es sich, wie z. B. bei Majestätsverbrechen, um die Erklärung von Rechtsbegriffen und Gesetzen handelte.

Wir haben oben (S. 246) die Beweise eingetheilt in unmittelbare und in mittelbare: die letzteren bilden den sogenannten Indicienbeweis. Er ist ein künstlicher Beweis, *probatio artificialis*, wie Quintilian (V, 8) sagt. Indem man annahm, der künstliche Beweis bilde sich erst nach dem natürlichen, stellte man in neuerer Zeit die Ansicht auf, der Indicienbeweis sei den Römern bis zum Untergange der Republik unbekannt geblieben und habe erst in der Kaiserzeit allmälig Ausbildung gefunden.[1]) Diese Ansicht, so sehr sie auf einem Fortschritte der Entwickelung zu beruhen scheint, ist dennoch unrichtig: der Indicienbeweis ist den Römern von jeher bekannt gewesen, mit Vorliebe ausgebildet und be-

[1]) Aufgestellt wurde diese Ansicht von Abegg *de sententia condemnatoria ex solis indiciis secundum principia iuris Romani haud admittenda.* Vratislaviae 1838. Die Widerlegung hat Geib Römischer Criminalprocess S. 144 und 355 gegeben: sie ist so vollständig, dass sich kaum etwas hinzufügen lässt.

sondern in den Schwurgerichten angewendet worden. Die vollständige Ungebundenheit der Richter in ihrem Urtheile verlangte die Zulassung aller mittelbaren Beweise. Mochten sie Beamte oder das Volk oder später Geschworene sein, immer entschieden sie nach ihrem Gewissen oder ihrem Gutdünken. Alles also, was auf dieses Gutdünken, dieses Gefühl der Richtenden wirkte, wurde von den Parteien aufgesucht. Ferner mittelbare Beweise sind für Laien in der Rechtswissenschaft am überzeugendsten: eine Ausschliessung derselben hätte sich nur bei der durch Rechtswissenschaft vermittelten Erkenntniss von ihrer Unzuverlässigkeit, also bei einem gelehrten Richterstande bilden können, wie er erst in der späteren Kaiserzeit entstand. Der Mangel an Entwickelung einer Beweistheorie, den man bei den Römern findet, spricht für die Zulässigkeit mittelbarer Beweise. Drittens die rhetorischen Schriften der Römer schon aus der republikanischen Zeit geben ausführliche Regeln über die Auffindung und Behandlung der Indicien (auct. ad Her. II, 2 flgd.; Cic. de invent. II, 4 flgd.; orat. part. 32 flgd.) und Quintilian (V, 8 flgd.) erwähnt bei seiner Darstellung nicht, dass seine Zeit von der früheren darin abweiche. Endlich werden während der ganzen Republik Processe erwähnt, in denen der Indicienbeweis entweder ausschliesslich oder hauptsächlich zur Anwendung kam. Nicht lange vor Cicero wurde ein Process gegen T. Cälius aus Terracina geführt, der seinen Vater getödtet haben sollte: in einer rhetorischen Schrift bildet Cicero einen Fall von Ermordung eines Reisegefährten genau den wirklichen Verhältnissen nach.[1]) In beiden Processen kam es nur auf mittelbare Beweise an. Alle Reden, welche Cicero in Criminalprocessen gehalten hat, sind voll von Indicienbeweisen. Er beginnt seine Vertheidigung mit einer Schilderung des früheren Lebens der Angeklagten, macht in den Reden, welche über Wahlbestechungen handeln, Parallelen zwischen den glücklichen und unglücklichen Candidaten, alle laudationes bezwecken nur durch äusserlich hinzukommende Umstände die Unschuld

[1]) Den ersten Fall erzählen Cic. p. Sex. Rosc. 23, 64; Val. Max. VIII, 1, 13; den zweiten Cic. de invent. II, 4, 14.

der Angeklagten darzuthun. Im Processe Milos über Clodius' Ermordung war der Inhalt der Klage und der Vertheidigung von vorn herein so, dass es fast nur auf Indicien ankam. Der Ankläger stellte den Satz auf, Milo habe Clodius nach dem Leben getrachtet, Cicero wollte das Gegentheil erweisen (Ascon. p. 42). Die Zeugen waren sämmtlich parteiisch: der Beweis beruhte auf Schlüssen aus mittelbaren Thatsachen. Cicero sprach über das Privatleben Milos, seine politischen Verhältnisse, sein Betragen vor und nach der That. Die Ankläger führten als Zeugen an die Schwiegermutter und die Frau des Ermordeten, die von den Verhältnissen vor der That wussten, die Jungfrauen von Alba longa, die aussagten, was nach der That geschehen sei. Auch bei diesem Processe beruhte die Entscheidung wesentlich auf Indicien.

Wenn man die Entstehung des Römischen Criminalprocesses durch das Valerische Provocationsgesetz und die Eintheilung der Verbrechen in offenbare und nicht offenbare betrachtet, so könnte man fast auf die Vermuthung kommen, die Römer hätten diejenigen Fälle, welche durch unmittelbare Beweise entschieden werden konnten, offenbar, dagegen die andern, wo der Indicienbeweis zur Anwendung kam, nicht offenbar genannt, und die letzteren anfänglich dem Volke, später dem Schwurgerichte zugewiesen. Indessen diese Vermuthung erscheint nicht begründet. Der Eintritt der Provocation hängt von dem Ermessen des Beamten und der thätig sich äussernden Theilnahme des Volkes ab: er wird immer auf die beiderseitige persönliche Ueberzeugung, nie auf Gründe, welche in der Sache selbst liegen, zurückgeführt. Eines der ältesten Beispiele von Provocation ist das unter den Decemvirn. In dem Hause eines vornehmen Senators L. Sestius wurde ein Leichnam aufgefunden und der Herr des Hauses deshalb wegen Mordes vor das Volksgericht gestellt. Wenn die Ueberlieferung[1]) genau ist, gab es für das Verbrechen nur einen Indicienbeweis; dennoch spricht Livius von einer res manifesta. Wenigstens ersieht man hieraus, dass nach

[1]) Man sehe Liv. III, 33 und Cic. de rep. II, 36. Vergl. C. R. I, 1, 312.

der Ansicht der späteren Römer ein Verbrechen, das nur auf Indicien beruhte, dennoch 'offenbar' sein konnte.

Die Römer haben den Indicienbeweis schon in republikanischer Zeit vielleicht mehr ausgebildet als es bei uns der Fall ist, aber hauptsächlich nach einer andern Seite hin. Bei uns bezweckt man Wahrheit der richterlichen Entscheidung, untersucht also wissenschaftlich, unter welchen Bedingungen der mittelbare Beweis zur Erkenntniss des wirklich Geschehenen führen könne. Auch die Römer thaten dies zum Theil, stellten z. B. den Grundsatz auf, jedes einzelne Indicium müsse auf natürliche Weise durch Zeugenaussage, Urkunden oder Geständniss erwiesen und nicht erst wieder durch ein Indicium wahrscheinlich gemacht werden.[1]) Indessen hauptsächlich sah man auf den Erfolg, auf Verurtheilung oder Lossprechung: man bildete die Theorie des mittelbaren Beweises aus, indem man dem Ankläger die Mittel zur Verurtheilung, dem Angeklagten die der Lossprechung an die Hand gab. Die Anwendung dieses mittelbaren Beweises ist eben dieselbe wie die des unmittelbaren: nur wird jener, weil er der Schlüsse und Folgerungen bedarf, mehr der zusammenhängenden Rede des Anwaltes bedürfen als dieser. Bei Verres' Processe hatte Cicero in Zeugen und Urkunden unmittelbare Beweise für verübte Erpressung; es bedurfte also, um den Angeklagten zur Verurtheilung zu bringen, keiner ausführlichen Rede.

Als eine hervorragende Eigenschaft eines guten Anwaltes wird von den alten Lehrern der Beredsamkeit angeführt, dass er im Wortwechsel *(altercatio)* geschickt sein müsse. Cicero sagt von dem berühmten Redner Crassus, er hätte im Wortwechsel Niemanden gehabt, der ihm gewachsen gewesen wäre[2]), und deutet an, dass dabei mit lauter Stimme und Geschrei verhandelt zu werden pflegte. Quintilian (VI, 4) hält diesen Theil des Processes für so wichtig, dass er darüber besondere und ausführliche Vorschriften giebt. Aber welcher Theil des

---

[1]) Quintil. V, 12, 2 *Traditum fere est, argumentum oportere esse confessum. dubiis enim dubia probari qui possunt? Quaedam tamen, quae in alterius rei probationem ducimus, ipsa probanda sunt.*

[2]) Cic. Brut. 43, 159 und 44, 164.

Processes dies war, wird nirgends gesagt. Es gab auch schwerlich eine besondere, für den Wortwechsel bestimmte Stelle: er war nicht nothwendig. Bei allen Berathungen kann ein solcher Wortwechsel entstehen. Z. B. in der Volksversammlung werden zuerst Reden gehalten, nachher, wenn auf einzelne Fragen eingegangen wird, kann es zwischen den Parteiführern zu einem Wortwechsel kommen.[1]) Auch im Senate war solcher Wortwechsel häufig. Cicero (ad Att. I, 16, 10) erzählt, welche altercatio zwischen ihm und Clodius entstanden sei, bestehend in kurzen Fragen und witzigen Antworten.[2]) Dergleichen konnte auch vor Gericht vorkommen, theils, wenn nach den zusammenhängenden Reden der in ihnen etwa angegriffene Theil sich verantwortete oder eine einzelne Sache zur Sprache brachte[3]), theils bei der Beweisaufnahme, selbst noch nach derselben und zwar nicht nur zwischen den Parteien, sondern auch zwischen den Geschworenen. Wenn z. B. bei Munatius Plancus' Processe Cato als Richter sich gegen die Vorlesung von Pompejus' Lobschrift erklärte, so konnte dies ohne einen starken Wortwechsel zwischen ihm und der Partei des Angeklagten nicht abgehen.[4]) Die Rhetoren haben darüber Vorschriften zu geben: hier ist es nicht nöthig, auf diesen zufälligen Bestandtheil des Processes, der eine grosse Wirkung äussern kann, aber keine juristische Bedeutung hat, weiter einzugehen.

## 5. Das Urtheil.

Die Thätigkeit des vorsitzenden Beamten bestand in der Aufrechterhaltung der äusseren Ordnung. Es wird ihm eine Aufsicht über die Geschworenen, die Ertheilung der Erlaubniss

---

[1]) Liv. IV, 6 *cum in contionem et consules processissent et res a perpetuis orationibus in altercationem venisset.* Es folgt eine Frage des Volkstribunen und eine Antwort des Consuls.

[2]) Ebenso Cic. ad Att. IV, 18, 1; epist. I, 2 init.

[3]) Dies meint Quintil. VI, 4, 1 *Altercationis praecepta poterant videri tunc inchoanda, cum omnia, quae ad continuam orationem pertinent, peregissem: nam est usus eius ordine ultimus.*

[4]) S. oben S. 300 und 330.

zum Sprechen für Anwälte und Zeugen, die Beobachtung der Zeiteintheilung zugeschrieben:[1]) seine Entscheidungen gehen nur auf diese Verhältnisse. Mit dem Verhöre der Zeugen selbst, mit der Anklage, mit der Herbeischaffung der Beweismittel hat er nichts zu thun. Schon aus dieser allgemeinen Betrachtung wird man schliessen können, dass der Beamte über das Schuldig oder Unschuldig des Angeklagten keine Meinung äussert, und wir finden wirklich niemals eine Spur, dass zwischen der Beweisaufnahme oder den Reden der Anwälte und dem Fällen des Urtheils ein besonderer Theil des Processes, der eine Erklärung des Beamten über die Rechtsfrage enthielt, stattfand. Bei dem Processe von M. Scaurus berichtet Asconius (p. 20) von den Reden der sechs Vertheidiger, dann (p. 28) von den Reden der zehn laudatores. Daran schliesst sich die Erzählung, wie Scaurus mit seinen Freunden und Verwandten ihre Bitten an die Geschworenen gerichtet hätten, und der Bericht über die Abstimmung. Ebenso bei Milos Processe, wo nach der Vertheidigungsrede Ciceros die Verwerfung der Richter und die Abstimmung erzählt wird (Ascon. p. 53). Auch unter den Kaisern blieb es so, wie z. B. die Nachrichten von Cn. Pisos Processe unter Tiberius (Tac. Ann. III, 17), von Julius Bassus' Processe unter Trajan (Plin. epist. IV, 9, 16) beweisen. Nirgends ist eine Stelle für einen, wenn auch nur vorläufigen Ausspruch des vorsitzenden Beamten. Hätte er stattgefunden, so würde er bei dem Tadel oder Lobe, mit dem uns von so vielen Entscheidungen der Geschworenen erzählt wird, erwähnt werden. Er ist nach der eigenthümlichen Einrichtung des Römischen Gerichtsverfahrens nicht denkbar. In Folge der Provocationsgesetze war ein richterliches Urtheil nur nöthig, wenn die Entscheidung über schuldig oder unschuldig zweifelhaft war: die Schwurgerichte traten statt eines Theiles dieser früher dem Volke zustehenden richterlichen Entscheidungen ein. Folglich hatte der Beamte, sobald er das Schwurgericht zuliess, damit schon erklärt, sein eigenes Urtheil sei schwankend und er wünsche die Meinung der gesetzlich eingesetzten Geschworenen zu hören. So wenig wie der Beamte,

[1]) Dahin gehört auch das S. 333 angeführte Beispiel, wo der Beamte nur ein kurzes Verhör eines Zeugen gestattet.

wenn er den von ihm selbst erwählten Beirath fragen wollte, vorher seine Ansicht aussprach, ebenso wenig konnte er es bei seinem gesetzlichen Beirathe thun. Auch die Analogie mit dem Privatprocesse tritt hier hervor. Der Prätor überträgt die Entscheidung der Rechtsfrage dem Privatrichter: er empfängt diese von ihm, ohne seine eigene Ansicht zu äussern.[1])

Ueber die Fragestellung war ebenfalls keine Verhandlung nöthig: wir haben davon bei den Nachrichten über so viele

---

[1]) Im Acilischen Gesetze vs. XXXVIII findet sich die Ueberschrift eines Paragraphen *Iudex ne quis disputet,* von dem Paragraphen selbst leider nichts, vergl. C. R. II, 1, 150. Was Mommsen in Corp. Inscr. Lat. I, 67 zur Erklärung dieser Worte anführt, passt nicht recht. Dass der Richter gesetzlich habe schweigen müssen, soll beweisen Tac. Ann. I, 74, wo es heisst, in Granius Marcellus' Processe habe Tiberius *rupta taciturnitate* erklärt, auch er wolle beim Urtheile seine Stimme abgeben. Hier handelt es sich weder um *disputare,* sondern um eine einzelne Aeusserung, noch um gesetzliches Stillschweigen, sondern um die dem Tiberius eigenthümliche Verschlossenheit. Als zweite beweisende Stelle wird Plin. ep. II, 11, 9 angeführt, wo vor Beginn einer gerichtlichen Untersuchung ein Senator *iure senatorio* die persönliche Anwesenheit des einen der Angeklagten forderte: als Senator, sagt Mommsen, habe er diese Aeusserung thun dürfen, als Richter nicht. Aber hier ist von einer Vergleichung und einem Gegensatz zwischen Richtern und Senatoren nicht die Rede. Im Senate gelten auch bei Processen die Formen des Senates und Tacitus meint nur, was jener Senator that, hätte ihm als Senatoren freigestanden. Endlich führt Mommsen Asconius' Worte (p. 41) über das Zeugenverhör in Milos Processe an: *ut priusquam causa ageretur, testes per triduum audirentur, dicta eorum iudices confirmarent:* vor Pompejus' Gesetze habe es den Geschworenen nicht freigestanden, wenn sie etwas über den vorliegenden Process wussten, dies vorzubringen, durch Pompejus' Gesetz seien sie dazu aufgefordert worden. Die richtige Erklärung jener Worte s. C. R. II, 2, 459. Auch was Rudorff *ad legem Aciliam* p. 460 bei seiner willkürlichen Ergänzung des Acilischen Gesetzes anführt, gehört nicht hierher. Denn bei Cic. de fin. II, 10, 62 handelt es sich um die leise zu einem Nachbarn gesprochenen Worte eines Geschworenen, wie sie hundertfach vorkommen konnten, bei Gell. XIV, 2, 16 flgd. um spitzfindige und praktisch unnütze Fragen in Bezug auf einen Privatrichter, bei Tac. de caus. corr. eloq. 39 um die Worte des Vorsitzenden, der die Verhandlungen beginnen heisst, und den Anwalt, der bei der Beweisaufnahme inne hält. Denn *patronus* ist dort der Anwalt, nicht, wie Rudorff meint, der Richter. Die Worte des Acilischen Gesetzes bleiben dunkel.

Processe keine Spur. Dies lag theils in der eigenthümlichen Einrichtung der Römischen Schwurgerichte, theils in dem Mangel an Entwickelung in der Römischen Rechtsanschauung, theils endlich in der Allgemeinheit des Urtheils, welches die Geschworenen zu fällen hatten. Das erste Schwurgericht, das eingesetzt wurde, das über Amtsverbrechen, hatte allerdings eine allgemeinere Bedeutung. Es umfasste sowohl Erpressung, als Bestechung bei Wahlen und andere Amtsverbrechen überhaupt. Der Ankläger konnte in seiner Anklage einen oder mehrere Punkte umfassen, auf die eine niedere oder höhere Strafe stand. Aber die Geschworenen hatten immer nur das allgemeine Urtheil zu fällen, ob der Angeklagte schuldig oder nicht schuldig sei. Ferner, Erpressung konnte in einem oder in vielen Fällen begangen worden sein; aber diese Fälle wurden in der Anklage selbst nicht getrennt, daher auch das Urtheil der Geschworenen nur allgemein lautete. Z. B. Ciceros Anklage gegen Verres ging auf zwei Punkte, erstlich auf Willkür und Grausamkeit gegen Bundesgenossen und Römische Bürger, zweitens auf Erpressung von 40 Millionen Sesterzen in Sicilien. Cicero[1]) legt zwar ein besonderes Gewicht auf den zweiten Punkt, erwähnt doch aber auch den ersten, der die Möglichkeit einer härteren Strafe gegen Verres gewährte. Die Geschworenen entschieden über die Anklage im Allgemeinen, ohne die beiden Punkte zu trennen: wenn er auch nur bei einem schuldig war, wurde Verres verurtheilt. Ferner der zweite Punkt der Erpressung bestand wiederum aus vielen einzelnen Fällen, in denen Erpressung geübt sein sollte: auf diese gingen die Geschworenen nicht ein. Wenn Verres auch nur in einem Falle Geld widerrechtlich genommen hatte, musste er für schuldig erklärt werden. Daher kam es auch auf die Summe von 40 Millionen, die Cicero angiebt, nicht an. Seit dem Julischen Erpressungsgesetze änderte sich dies zum Theil. Willkür und Grausamkeit waren in ihm nicht mehr verboten: der Ankläger hätte sie nach ihm nicht zur Sprache bringen dürfen.

---

[1]) Cic. in Verr. Act. I, 18, 56. Vergl. oben S. 202.

Die übrigen Schwurgerichte umfassten, abweichend von jenem ersten Gesetze über Amtsverbrechen, einen einzelnen, abgegränzten Kreis gleichartiger Verbrechen. Z. B. bei den Majestätsgesetzen handelte es sich um die Verringerung der Majestät, und, wenn nur eine einzige der in der Anklageschrift erwähnten Thatsachen gegründet erschien, musste Verurtheilung erfolgen. Ebenso war es bei den Gerichten über Gewaltthat und die gemeinen Verbrechen der Cornelischen Gesetze. Wenn in ihnen ein Unterschied zwischen Verbrechen in Bezug auf die Strafe gemacht war, so zeigte sich dieser Unterschied in den Worten des Gesetzes, die in der Anklageschrift vorkommen mussten. Man begreift, dass nach dem Schlusse der Verhandlungen keine Erörterung über die Fragestellung möglich war. Denn auf mildernde Umstände und Entschuldigungen, welche der Verbrecher etwa anführen konnte, nahm das Gesetz keine Rücksicht. Glaubten die Geschworenen an dergleichen, so mochten sie freisprechen: auch bei dem auf den Urtheilsspruch folgenden Verfahren konnte es berücksichtigt werden. Das Gesetz selbst kümmerte sich nicht darum, und bei der Fragestellung kam es nicht in Betracht. Wir haben sogar keine Spur, dass nach dem Schlusse der Verhandlungen die Anklageschrift den Geschworenen noch einmal vorgelesen und dadurch in das Gedächtniss zurückgerufen wurde.[1]) Es scheint, dass eine blosse Aufforderung an die Geschworenen, zum Urtheile zu schreiten, erfolgte. Der Herold sagte nach dem Schlusse der Parteiverhandlungen *dixere*[2]), womit nicht nur das Ende der eigentlichen Reden, sondern auch das der Beweisaufnahme bezeichnet wurde: unmittelbar daran schloss sich das Fällen des Urtheils.

Die Geschworenen haben während der Verhandlungen die Pflicht, denselben zuzuhören, um den Process kennen zu lernen *(causam cognoscere)*. Man sagt von ihnen, 'sie sitzen'

[1]) Es ist zu bedauern, dass die Bruchstücke des Acilischen Gesetzes an dieser Stelle (vs. XLVI etwa) so lückenhaft sind, dass man aus ihnen nichts schliessen kann.

[2]) Dies war das zu Quintilians Zeit gebräuchliche Wort (Quint. I, 5, 43), aber auch wahrscheinlich von Anfang an gewöhnlich, wenngleich Cic. p. Cluent. 27, 73 *dixerunt* sagt. Man sehe ausserdem Cic. in Verr.

zu Gericht und wenn sie sich zu den Bänken begeben, auf denen sie Platz nehmen sollen, gehen sie um zu Gericht 'zu sitzen': ihre Versammlung heisst 'eine Sitzung.'[1]) Aus ihrer Ruhe traten die Geschworenen nur heraus, wenn sie von dem Vorsitzenden behufs einer Entscheidung befragt wurden. Dabei aber kamen einige für uns auffallende Eigenheiten des Römischen Verfahrens vor. Die Geschworenen waren nicht gezwungen, den Verhandlungen während ihrer ganzen Dauer beizuwohnen, sondern es war ihrem eigenen Gewissen überlassen, sich über die Sachlage zu unterrichten. Der erste Termin gegen Verres dauerte etwa 9 Tage: die Geschworenen hätten also eigentlich während dieser ganzen Zeit anwesend sein müssen; aber es ist zweifelhaft, ob sie diese Ausdauer für nöthig gehalten haben. Wir haben einige Nachrichten, welche die Abwesenheit eben derjenigen Geschworenen, welche später das Urtheil fällten, bei der Beweisaufnahme darthun. In den Bruchstücken des Acilischen Gesetzes, nach welchem die ampliatio erlaubt war, heisst es, wenn zwei Drittel der anwesenden Geschworenen zum Abgeben des Urtheils bereit wären[2]), solle dasselbe geschehen. Wie man diese Stelle auch auffassen mag, aus dem Ausdruck 'die anwesenden Richter' ergiebt sich, dass nicht alle Geschworenen anwesend zu sein brauchten: wenn diese Anwesenheit für das Ende des Pro-

II, 30, 76. Die Anmerkung von Pseudo-Ascon. p. 162 ist ziemlich verkehrt, die der alten Erklärer zu Terent. Heaut. III, 1, 28 nichtssagend.

[1]) So sagt z. B. Cic. p. Cluent. 38, 105 *a quibus (iudicibus) si qui quaereret sedissentne iudices in C. Fabricium, sedisse se dicerent;* p. Rab. Post. 5, 10 *Modo vos iidem in A. Gabinium iudices sedistis;* p. Cluent. 37, 103 *cum — paucos dies ex subsortitione sedisset:* p. Rosc. Amer. 53, 103 *si idcirco sedetis;* Ascon. p. 40 von Milos Processe *ipsi protinus sessum irent;* Cic. in Verr. I, 7, 19 *quo quidem die primum, iudices, citati in hunc reum consedistis — aspectu consessuque vestro;* p. Flacco 17, 41 *Atque hic Dorylensis — cum efferretur magna frequentia consessuque vestro;* p. Mil. 1, 2 *non enim corona consessus vester cinctus est.* Freilich werden diese Ausdrücke nicht von den Geschworenen ausschliesslich gebraucht, sondern eben so gut auch von dem vorsitzenden Beamten, von den Anwälten, von den Zeugen, sowie auch von andern Versammlungen, z. B. von Schauspielen.

[2]) S. das Acilische Gesetz vs. XLIX *ubi duae partes iudicum qui aderunt.* Vergl. C. R. II, 2, 122.

cesses, wo das Urtheil zu sprechen war, nicht geboten wurde, konnte sie noch weniger bei den vorhergehenden Verhandlungen gefordert werden. C. Junius, der Vorsitzende eines Gerichtshofes über Giftmord, hatte in dem Processe gegen Oppianicus eine Nachloosung vorgenommen, durch die C. Fidiculanius Falcula als Geschworener berufen wurde. Er nahm an dem Urtheile Theil, hatte aber nur wenige Tage als Geschworener gesessen, den Verhandlungen nicht von Anfang an beigewohnt. Cicero[1]) giebt zu, dass dies Hass gegen ihn erregt hätte; aber verboten war es nicht, und die Geldstrafe, zu welcher er verurtheilt wurde, erfolgte aus andern Gründen. Noch viel weniger wurde das Urtheil, an dem er Theil genommen hatte, ungültig. Cicero[2]) erzählt noch weiter von den Vorgängen beim letzten Termine in Oppianicus' Processe. Zufällig, sagt er, fehlte einer der Geschworenen, C. Stajenus, weil er einen Privatprocess hatte; denn der Schluss der Verhandlungen war plötzlich und unerwartet eingetreten. Die Ankläger waren damit zufrieden: der Angeklagte und sein Anwalt, ein Volkstribun, waren es nicht. Sie verlangten zuerst unter vielem Schelten von dem Vorsitzenden des Gerichts, es sollte jener fehlende Geschworene geholt werden. Am Ende machte sich der Volkstribun selbst auf und holte ihn herbei. Also dass ein Geschworener bei einem Theile der Verhandlungen fehlte, dagegen hatten weder die Parteien noch der Beamte etwas: es muss etwas ganz gewöhnliches gewesen sein. Selbst bei dem Fällen des Urtheils hätte er fehlen können, wenn nicht der Angeklegte, wie Cicero es darstellt, ein besonders Interesse an seiner Anwesenheit gehabt hätte. Ferner ergiebt sich, dass der Vorsitzende des Gerichtes die Macht besass, das Erscheinen desselben zu erzwingen. Denn an ihn wendet sich der Angeklagte mit seiner Beschwerde. Aussergewöhnlich war, dass im Interesse des Angeklagten ein Volkstribun den Geschworenen herbeischaffte. Es war eine Beschränkung dieser Unordnung, als Pompejus im Jahre 52 v. Chr. das ganze Beweisverfahren vor den eigentlichen Ge-

[1]) Cic. p. Cluent. 37, 103; p. Caec. 10, 29. Man vergl. C. R. II, 2, 112 flgd.

[2]) Cic. p. Cluent. 27, 74.

richtstermin verlegte. Denn für den einen Tag, der so für die Reden der Anwälte, das Verlesen der Zeugnisse und das Urtheil übrig blieb, konnte der Vorsitzende die stetige Gegenwart aller Geschworenen verlangen und wird sie verlangt haben. Wenn trotzdem das Verfahren nach dem Pompejischen Gesetze als ungerecht getadelt wurde, so lag die Ursache darin, dass damit der Grundsatz aufgestellt war, die Geschworenen brauchten die Zeugen nicht selbst zu hören: es konnte vorkommen, dass kein einziger von denen, die das Urtheil füllten, beim Zeugenverhöre gewesen war. Die Sitte bei Gerichten war ebenso, wie sie beim Senate und der Volksversammlung war. In einem Volksgerichte fand die Beweisaufnahme vor dem eigentlichen Gerichtstermine statt. An jener nahm Theil, wer wollte: wer es nicht gethan, erkundigte sich bei andern, am Fällen des Urtheils war er nicht gehindert. Als unter den Kaisern auch der Senat Gerichtsbarkeit hatte, durfte ohne Zweifel, auch wer bei den Verhandlungen nicht immer zugegen gewesen war, dennoch an der Abstimmung Theil nehmen. Es galten überhaupt bei dem Gerichtsverfahren mit einigen Ausnahmen eben dieselben Regeln, wie bei der Verwaltung.[1])

Mit der eben besprochenen Eigenthümlichkeit hängen zwei andere für uns befremdende Erscheinungen zusammen, die Verwerfung der Geschworenen durch die Parteien und ihre Beeidigung. Von Verwerfung der Richter konnte bei den anfänglichen Schwurgerichten nicht die Rede sein. Nach dem Acilischen Gesetze war das Verfahren bei der Aufstellung des Richtercollegiums so, dass jede Partei eine Anzahl Geschworene aus der Richterliste vorschlug, die Gegenpartei aus dieser vorgeschlagenen Zahl die Hälfte auslas: dazu kamen von dem Beamten ausserhalb der Richterliste gewählte Geschworene.[2]) Hier ist für weitere Verwerfung durch die Parteien keine Möglichkeit denkbar. Dagegen bei den Pro-

[1]) Wir haben selbst ein Beispiel, wo der vorsitzende Beamte während des Zeugenverhöres fortging bei Macrob. II, 12 (vergl. oben S. 330). Dies wird als Nachlässigkeit getadelt, machte aber das Verfahren selbst nicht ungültig.

[2]) S. C. R. II, 1, 125. Vergl. oben S. 206.

cessen, welche nach den Cornelischen Gesetzen geführt wurden, wird Verwerfung erwähnt, und zwar vor dem Beginne der Verhandlungen. Denn Cicero spricht in seinen Reden gegen Verres von der schon stattgefundenen Verwerfung.[1]) Sehr natürlich, dass diese jetzt nothwendig wurde. Denn der Vorschlag der Geschworenen wurde seitdem theils durch die Reihenfolge der für die Gerichte gebildeten Decurien theils durch das Loos ausgeführt: ausserdem musste noch den Parteien ihr rechtmässiger Einfluss auf die Bildung des Gerichtes gewahrt werden. Auch nach dem Aurelischen Gesetze, welches drei Stände der Geschworenen einführte, war eine Verwerfung durch die Parteien nothwendig. Sie geschah ebenfalls zu Anfange des Termines, vor dem Beginne des Gerichtsverfahrens. Wir haben einen genauen Bericht über den Verlauf des Processes gegen P. Clodius wegen Religionsfrevels, der zwar in Folge eines besonderen Gesetzes, aber doch in den damals allgemein üblichen Formen geführt wurde. Cicero erzählt zuerst von der Verwerfung durch den Ankläger und durch den Angeklagten, dann von den Verhandlungen, wie die Geschworenen die Anklage anfänglich sehr streng nahmen, am Ende aber ihrer Mehrheit nach freisprachen.[2]) Indess aus dieser beim Beginne der Verhandlungen vorgenommenen Verwerfung darf man nicht schliessen, nach Anschauung der Römer hätten die übrig bleibenden Geschworenen die strenge Verpflichtung gehabt, den Verhandlungen beizuwohnen. Denn das Pompejische Gesetz des Jahres 52 v. Chr. verordnete, die Verwerfung solle erst nach Schluss der Verhandlungen, unmittelbar vor der Abstimmung stattfinden.[3]) Vielleicht nahm

[1]) S. C. R. II, 2, 119. Dasselbe darf man aus Cic. p. Cluent. 27, 74 *In consilium erant ituri iudices XXXII* schliessen: die Zahl der Geschworenen, welche das Urtheil fällen sollten, war, als es zur Abstimmung kam, schon bestimmt, also die Verwerfung hatte am Anfange des Termines stattgefunden. Vergl. oben S. 206.

[2]) Cic. ad Att. I, 16, 3 flgd. Vergl. über den Process C. R. II, 2, 270 flgd. Man darf übrigens hieraus schliessen, dass die Verwerfung immer zuerst durch den Ankläger und dann durch den Angeklagten geschah. Ebendies ergiebt sich aus dem sogleich anzuführenden Processe Milos.

[3]) Ascon. p. 40 *prius autem quam sententiae ferrentur, quinos ex singulis ordinibus accusator, totidem reus reiceret.* Vergl. C. R. II, 2, 167.

Pompejus diese Veränderung vor, um Bestechung der Richter zu erschweren; aber er bezeugte damit, die Anwesenheit derselben bei den Verhandlungen sei nicht durchaus nothwendig.

Dass die Geschworenen einen Eid zu leisten hatten, steht fest[1]); aber darüber, wann sie denselben leisteten, haben wir nur eine einzige unmittelbare Nachricht. Im Acilischen Gesetze, als das Collegium der Geschworenen zu Anfange der Verhandlungen durch Vorschlag und Wahl der Parteien eingesetzt wurde, finden sich, kurz ehe von der Abstimmung gehandelt wird, die Worte, die Richter sollten, ehe sie zur Abstimmung schritten, schwören.[2]) Dies muss derjenige Eid sein, welchen die Geschworenen zur Versicherung ihrer Gewissenhaftigkeit und Unparteilichkeit abzulegen haben. Darnach also wurden die Geschworenen erst nach dem Schlusse der Verhandlungen, unmittelbar vor der Abstimmung vereidigt. Der Eid der Geschworenen war dem des Senates nachgebildet, aus dem die Schwurgerichte selbst hervorgingen: derselbe schwur aber in der Art, dass die Senatoren, wenn sie ihre Stimme abgaben, den Eid leisteten, nicht vorher, ehe die Verhandlung der betreffenden Sache begann.[3]) Wenn dies die Stelle der Eidesleistung nach dem Acilischen Gesetze war, so ist kein Grund, an eine Veränderung durch die späteren Richtergesetze zu glauben. Nach dem Pompejischen Gesetze, welches die endgültige Bestimmung der Richter an das Ende der Verhandlungen verlegte, wäre eine frühere Vereidigung sogar nicht denkbar. In dem berühmten Gesetze, worin Justinian bei allen Processen die Niederlegung der Bibel vor Gericht anordnet, spricht er von den 'alten Richtern', sie hätten das Stimmtäfelchen nicht eher erhalten, als

---

[1]) Es wird auch ausdrücklich erwähnt von Cic. in Verr. Act. I, 10, 32; 13, 40; p. Cluent. 43, 121; de invent. I, 30, 48.

[2]) Lex Acil. Z. XLIV *in consilium antequam ibunt facito iurent sese non* .... Wenngleich die Worte lückenhaft sind, ist es doch nicht zweifelhaft, dass in *consilium antequam ibunt* zu ergänzen ist und dies wird von den Herausgebern gleichmässig angenommen. Dieselben glauben freilich noch an einen zweiten, schon vorher abgeleisteten Eid, indessen ohne genügenden Grund. S. C. R. II, 2, 149 und 151.

[3]) Man sehe den Beweis davon in C. R. I, 1, 258.

bis sie den Richtereid geleistet hätten.[1]) Es war durchgängige Sitte des Römischen Alterthums, dass die Geschworenen ihren Eid leisteten, kurz ehe sie ihre Stimme abgaben. Sie traten einzeln vor, leisteten den Eid an dem Altare, der auch zur Vereidigung der Zeugen gedient hatte[2]), empfingen das Stimmtäfelchen und schritten endlich zur Abstimmung.

Die Abstimmung in den alten Schwurgerichten war besonders bei einem Punkte von unserm Verfahren verschieden, einem Punkte, der nothwendigerweise weitere Verschiedenheiten zur Folge hatte. Wenn die Geschworenen zur Abstimmung schreiten, heisst es von ihnen, sie gehen zum Beirath *(in consilium ire)*.[3]) Damit ist nicht gemeint, dass sie zu einer Berathung gehen, sondern dass sie den Beirath des Beamten, welcher den Process leitet, bilden sollen, und der Ausdruck 'gehen' ist nur gebraucht, weil die Geschworenen, indem sie die Pflicht des Beirathes ausüben, körperlich gehen müssen, ganz ähnlich, wie von der Art der Abstimmung im Senate der Ausdruck 'durch Gehen der Meinung jemandes beipflichten' (ire in sententiam alicuius) hergenommen ist. Denn eine Berathung der Geschworenen über die Entscheidung, welche sie abzugeben hatten, fand nicht statt. Erstens wird sie nicht erwähnt und doch wäre dies irgend einmal nothwendig gewesen. Es hätte dann auch irgend einen Vorsitzenden, einen Obmann derselben geben müssen, von dem sich nirgends eine Spur findet.[4]) Zweitens aber verträgt sich die Art der Abstimmung, welche wir später schildern werden,

[1]) L. 14 Cod. de iud. (III, 1) *Cui enim non est cognitum, antiquos iudices non aliter iudicialem calculum accepisse, nisi prius sacramentum praestitissent?*

[2]) S. oben S. 201.

[3]) Bei dem bekannten Sprachgebrauche führe ich nur an Cic. p. Cluent. 27, 74 *In consilium erant ituri iudices;* 29, 83 *Cur eum cum in consilium iretur — abesse patiebantur? cur cum in consilium mittebant, Staienum iudicem non requirebant?* 20, 55 *Cum in consilium iri oporteret.* Von dem Ankläger gesagt *mittere in consilium* bei Cic. in Verr. I, 9, 26; von einem Einzelnen Cic. p. Quint. 9, 34 *tibi instat Hortensius, ut eas in consilium.* *Mittere in consilium* wird von dem Vorsitzenden gesagt bei Caelius in Cic. ep. VIII, 8, 3.

[4]) Man hat allerdings eine solche in den Bruchstücken des Acilischen Gesetzes zu finden gemeint, s. C. I. L. I, 1, 415.

nicht mit einer Berathung der Geschworenen. Diese kann nur den Zweck haben, durch gegenseitiges Austauschen der Ansichten und sobald nicht Einstimmigkeit herrscht, durch Abstimmen innerhalb des Collegiums eine Entscheidung als Meinung der gesammten Geschworenen hervorzubringen. Die Geschworenen aber traten bei den Römern einzeln, nicht in ihrer Gesammtheit auf: eine Berathung unter ihnen hätte keinen Zweck gehabt.

Die Abstimmung war in der Regel geheim. Wir haben nur die Kunde, dass in den Jahren 80 bis 70 v. Chr. bei einem Theile der Processe öffentliche, also mündliche Abstimmung erlaubt war. Cicero[1]) bemerkt, dass bei Oppianicus' Processe wegen Giftmord, der nach dem Cornelischen Gesetze geführt wurde, der Angeklagte die Erlaubniss hatte, öffentliche Abstimmung zu verlangen: er deutet aber zugleich an, dass diese Erlaubniss später aufgehoben wurde. Ferner ergiebt sich aus Ciceros Reden gegen Verres, dass in diesem Processe geheime Abstimmung stattfand und die Namen der Geschworenen, die den Angeklagten etwa freisprechen würden, nicht bekannt werden konnten. Daraus erkennt man die Begrenzung der öffentlichen Abstimmung bei den Schwurgerichten: sie war bei den gemeinen Verbrechen nach den Cornelischen Gesetzen und zwar auf Antrag des Angeklagten, erlaubt: das Aurelische Richtergesetz des Jahres 70 v. Chr., das überhaupt eine Ausgleichung des Verfahrens zwischen den gemeinen und den Amtsverbrechen herbeiführte, hob diese Erlaubniss wieder auf und gestattete bei allen Schwurgerichtsprocessen nur geheime Abstimmung. War aber die Abstimmung öffentlich, so war mit ihr noch eine weitere Förmlichkeit nothwendig verbunden, nämlich die Loosung über die Reihenfolge der einzelnen Geschworenen, wie sie auftreten, den Eid ablegen und ihre Stimme abgeben sollten. Wir haben über die Loosung in diesem Falle ausdrückliche Nachricht und man begreift ihre Zweckmässigkeit, um jede Beeinflussung der Geschworenen zu hindern: bei geheimer Abstimmung ist eine bestimmte Reihenfolge derselben ohne

[1]) Cic. p. Cluent. 27, 75. Vergl. C. R. II, 2, 120.

Wichtigkeit und wir haben von ihr keine Nachricht. Zweifelhaft kann es sein, ob in den Schwurgerichten vor dem Sempronischen Gesetze öffentliche oder geheime Abstimmung galt. Für die erste spricht die Aehnlichkeit mit dem Senate, aus dem die Schwurgerichte hervorgingen: in ihm galt, auch wenn er richterliche Entscheidungen fällte, nur mündliche Abstimmung. Für die geheime Abstimmung spricht die Aehnlichkeit mit den Volksgerichten, in denen seit dem Cassischen Gesetze des Jahres 137 v. Chr., wenn es sich um Geldstrafe handelte, geheime Abstimmung galt[1]): die ersten Schwurgerichte aber durften nur auf Geldstrafe erkennen. Ich finde keine Andeutung, welche eine bestimmte Entscheidung über diesen Punkt gestattete.

Freilich ist es auch nicht sicher bezeugt, dass C. Gracchus, als er die Schwurgerichte über Amtsverbrechen dem Ritterstande übertrug, zugleich die geheime Abstimmung in denselben einführte: die Bestimmungen über die Abstimmung, welche sich in dem wenige Jahre nach C. Gracchus erlassenen Acilischen Gesetze finden, sind so ausführlich und gehen so ins Einzelne, dass man auf die Vermuthung kommen kann, durch dies letztere sei zuerst eine Abstimmung durch Täfelchen angeordnet worden und bis dahin habe die von den Senatsgerichten hergenommene öffentliche Abstimmung bestanden. Für wahrscheinlich halte ich indessen diese Annahme nicht. Für Gracchus war es zweckmässiger, die neuen Geschworenen dadurch, dass er die Stimme der Einzelnen der Controlle entzog, vollständig dem Einflusse der Beamten und des Senates zu entziehen: M'. Acilius konnte, weil er in andern Einzelheiten der Abstimmung von dem Sempronischen Gesetze abwich, zur Ausführlichkeit darüber veranlasst werden. Auf jeden Fall handelt es sich hierbei nur um wenige Jahre: das Acilische Gesetz kennt nur geheime Abstimmung, und da diese auch nach dem Cornelischen Gesetze bei Amtsverbrechen gilt, ist eben dieselbe unbedenklich bei allen übrigen Gesetzen,

---

[1]) Vergl. C. R. I, 2, 290. Geib Römischer Criminalprocess S. 364 bezieht die sogenannten *leges tabellariae* unmittelbar auf die Abstimmung in den Schwurgerichten, was nicht richtig ist.

welche bis zum Cornelischen über Amtsverbrechen handelten, anzunehmen.

Eine Schwierigkeit entsteht bei der geheimen Abstimmung durch die Frage, wie es gehalten wurde zur Zeit und in denjenigen Fällen, wo die sogenannte ampliatio galt, d. h. in allen Schwurgerichten bis zum Servilischen Gesetze und später in der Zeit vom Cornelischen Gesetze bis zum Aurelischen, von 80 bis 70 v. Chr., bei den gemeinen Verbrechen. Sobald die ampliatio galt, konnte entweder nach dem ersten Termine das Urtheil über schuldig oder unschuldig gefällt, oder auch ein neuer Termin, so oft es beliebte, angesetzt werden. In diesen Fällen ist nicht immer ein gleiches Verfahren beobachtet worden. Der falsche Asconius[1]) meldet, die Geschworenen hätten dann drei Täfelchen erhalten, auf deren einem die Worte N. L. gestanden hätten. Dass dies für das Acilische Gesetz, zu dessen Erwähnung gerade Asconius seine Bemerkung macht, nicht richtig ist, erhellt aus den Bruchstücken desselben, so lückenhaft sie sonst auch sind: und, wenn es für dies Gesetz nicht richtig ist, kann es überhaupt nie gegolten haben, wie sich aus der Form der Täfelchen, mit welchen gestimmt wurde, ergiebt. Im Acilischen Gesetze finden sich zuerst in dem Paragraphen, welcher über die Art und Weise der Abstimmung handelt, die Worte: 'wenn zwei Drittel der anwesenden Richter', nachher: 'es sollen diejenigen, welche sich geweigert haben ein Urtheil zu fällen, entfernt werden.'[2]) Wie man diese auch auffassen mag, sie beweisen, dass zuerst festgestellt wurde, ob zwei Drittel der Richter zum Fällen des Urtheils bereit, d. h. ob ihnen die Entscheidung klar wäre, und weiter, dass, wenn zwei Drittel zum Urtheilen entschlossen waren, die übrigen dazu noch nicht ent-

[1]) Ascon. p. 108 Orell. *In divinatione et in aliis (causis) maioribus universi iudices in cistam tabulas simul coniiciebant suas easque inscriptas litteras habentes A, absolutionis, C, condemnationis, cum de alicuius capite agebatur, N et L, ampliationis: his enim litteris significabant non liquere.* Vergl. auch die etwas undeutliche Bemerkung oben desselben Ascon. p. 164. Dass dessen Nachrichten falsch sind, erkannte Rudorff *Ad legem Aciliam* p. 487. Vergl. C. R. II, 1, 152 und II, 2, 128.

[2]) Lex Acil. XLIX *De) reis quo modo iudicetur. Ubi duae partes iudicum quei adesunt)* und *iudice)s quei iudicare negarint, semovent(ur.*

schlossenen abzutreten hatten. Mithin kann von einer Abstimmung mit drei Täfelchen, von denen eines die Worte N. L. enthielt, nicht die Rede sein. Dazu passt die spätere Bestimmung des Gesetzes über die Stimmtäfelchen, bei denen eine dritte Inschrift N. L. nicht denkbar ist. Aber in welcher Weise die Entscheidung, ob eine ampliatio stattfinden solle oder nicht, stattfand, darüber enthalten die Bruchstücke keine Nachricht. Wenn sie indessen die Worte gebrauchen, einige hätten sich geweigert das Urtheil zu fällen, so deutet dies auf mündliche Abstimmung. Dieselbe war unverfänglich und verrieth die Abstimmung des Geschworenen nicht: sie verletzte die sonstige Verborgenheit des Urtheils nicht. Er erklärte nur, er sei bereit, ein Urtheil zu fällen. So also geschah es: der Vorsitzende befragte am Schlusse des ersten Termines die Geschworenen mündlich, ob der Process geschlossen oder fortgesetzt werden sollte.

Diese Art und Weise der vorläufigen Abstimmung blieb dieselbe, wenn nach dem Cornelischen Gesetze bei gemeinen Verbrechen geheime Abstimmung statt fand. Fand dagegen öffentliche, mündliche Abstimmung statt, so wurde diese vorläufige Abstimmung mit der folgenden entscheidenden über schuldig oder unschuldig vereinigt. Ein Beispiel davon giebt Cicero in seiner Erzählung vom Processe gegen Oppianicus[1]), wo er ausdrücklich bemerkt, die freisprechenden, verurtheilenden und zum Urtheile noch nicht entschlossenen hätten zusammen ihre Stimme abgegeben. Das Verhältniss war, wie sich aus seinen sonstigen Andeutungen ergiebt, so, dass von den 32 Geschworenen, welche das Urtheil abgaben, fünf freisprachen, siebzehn verurtheilten, zehn sich als unentschieden erklärten. Er fügt hinzu, wenn einer mehr für unentschieden gestimmt hätte, würde ein neuer Termin, eine ampliatio statt gefunden haben: es hätten dann nicht zwei Drittel ein bestimmtes Urtheil abgegeben. Diese Bestimmung, die schon das Acilische Gesetz enthielt, galt, so oft und so lange überhaupt die ampliatio bestand. Sie war hergenom-

---

[1]) Cic. in Cluent. 28, 73. Vergl. C. R. II, 2, 128.

men von der Sitte der andern Versammlungen, bei denen immer zwei Drittel die Gesammtheit darstellten.[1])

Die geheime Abstimmung geschieht nach dem Acilischen Gesetze in folgender Weise. Es wird ein Gefäss zur Aufnahme der Stimmtäfelchen gebracht, das eine bestimmte Grösse hat *(sitella)*, sodann die Täfelchen selbst *(sors* oder *sorticula)*: sie sind von Buchsbaumholz, vier Römische Zoll lang, von bestimmter Breite, auf der einen der mit Wachs überzogenen Seiten steht A (absolvo), auf der andern C (condemno). Der Prätor giebt jedem Geschworenen öffentlich ein solches Täfelchen in die Hand, der Geschworene löscht, je nachdem seine Abstimmung ausfallen soll, den einen auf demselben geschriebenen Buchstaben aus und trägt das Täfelchen offen und mit entblösstem Arme, aber den geschriebenen Buchstaben mit den Fingern bedeckend, an den Platz, wo das Gefäss steht, zeigt das Täfelchen dem Volke und den übrigen Geschworenen und wirft es in das Gefäss. Bei diesem Verfahren können drei Arten von Stimmen entstehen; denn der Geschworene kann auch beide Seiten seines Täfelchens auslöschen. Weder der Beamte noch die übrigen Geschworenen können dies eher bemerken, als die Täfelchen herausgenommen und verlesen werden. Zwar waren, so lange es einem Geschworenen freistand, sich für unfähig zur Entscheidung zu erklären, wahrscheinlich unter denen, welche ihre Stimme abgaben, nicht viele, die ihr Täfelchen ohne Urtheil abgaben. Dennoch kam es vor und das Gesetz selbst erkannte die Befugniss dazu an, indem es solche Täfelchen als 'stimmenlos' *(sine suffragio)* bezeichnete. Daraus folgt zugleich, dass das Gesetz diese stimmenlosen Täfelchen nicht den freisprechenden zurechnete; denn in diesem Falle würde es dieselben nicht erwähnt, sondern nur, wenn die absolute Mehrheit für Verurtheilung war, diese ausgesprochen haben. Den verurtheilenden Stimmen die stimmlosen Täfelchen zuzuzählen war offenbare Härte. Die 'stimmenlosen' Täfelchen kamen also an sich zur Berechnung. Ueber die Art und Weise derselben haben wir nur eine leise Andeutung. Es heisst in den Bruchstücken

[1]) Vergl. C. R. II, 2, 151.

des Acilischen Gesetzes 'wenn die meisten Stimmen condemno lauteten'[1]), solle etwas geschehen, d. h. ohne Zweifel die Verurtheilung ausgesprochen werden. Hier wird von den 'meisten' Stimmen gesprochen, welcher Ausdruck nach Lateinischem Sprachgebrauche eine Vergleichung unter mehr als zwei Theilen voraussetzt. Die Bestimmung für die Verurtheilung war also, wenn unter den drei Classen der abgegebenen Stimmtäfelchen die meisten, d. h. auch nur eines mehr als für Freisprechung oder stimmenlos, condemno zeigten, sollte der Angeklagte verurtheilt werden. Demgemäss trat die Freisprechung ein, wenn eine Stimme mehr dafür war als entweder für Verurtheilung oder stimmenlos. Es galt nicht die absolute Mehrheit der Stimmenden, sondern eine relative.

Indessen war auch der dritte Fall möglich, dass mehr Stimmtäfelchen 'ohne Abstimmung' waren als für Verurtheilung oder Lossprechung. Denn wenn jene besonders gezählt, und, wie sich aus der Fassung der Bestimmung über die Verurtheilung ergiebt, nicht den freisprechenden gleichgestellt wurden, musste es auch die Möglichkeit geben, dass sie die Mehrheit bildeten. Was dann geschah, darüber fehlt uns beglaubigte Kunde. Weder Freisprechung noch Verurtheilung konnte erfolgen: der Process musste als unentschieden zu Boden fallen. Den Römern war solche Beendigung eines Processes nicht ungewohnt. Bei der Gerichtsbarkeit der Volksversammlung wurde für den gerichtlichen Termin ein einziger Tag bestimmt: verstrich dieser durch beabsichtigte Verzögerung oder durch Zufall ohne Ergebniss, so hörte der Process auf und musste, wenn er wieder aufgenommen werden sollte, wieder von vorn beginnen.[2]) Selbst bei dem ordentlichen Processgange gab es ähnliches. Angeklagte, die man weder freisprechen mochte noch nach den bestehenden Gesetzen genügend bestrafen konnte, liess der Prätor in vorläufiger Untersuchungshaft, bis sie eine entsprechende

---

[1]) Lex Acil. p. LV *sei sententia)e ibei plurumae erunt condemno, pr(aetor) qu(ei* . . . . . Man vergl. C. R. II, 1, 155 flgd.

[2]) Man sehe C. R. I, 2, 285.

Strafe erlitten zu haben schienen.[1]) Im Jahre 172 v. Chr. wurde in Folge eines Gesetzes über den gewesenen Consul M. Popilius eine ausserordentliche Untersuchung von dem Prätor C. Licinius gehalten. Zwei Termine waren ohne Entscheidung verflossen: da setzte der Prätor den dritten Termin auf den 15. März fest, an welchem Tage er sein Amt niedergelegt hatte. Damit hörte die Untersuchung auf[2]): der Angeklagte war weder freigesprochen noch verurtheilt worden. Die Römer kannten also einen derartigen Ausgang eines Processes, dass derselbe, ohne Entscheidung, nur aufhörte. So geschah es auch nach dem Acilischen Gesetze bei dem Schwurgerichte über Amtsverbrechen, wenn die Zahl der stimmenlosen Täfelchen die relative Mehrheit bildete. Die Folgen waren in diesem Falle nicht die gleichen, wie bei der Freisprechung und dies spricht das Acilische Gesetz selbst aus. Es folgen in ihm nach dem Paragraphen über die Verurtheilung einige Worte, deren Sinn ist, über den, der nach dem vorliegenden Gesetze verurtheilt oder freigesprochen wäre, solle später wegen ebenderselben Thatsache keine weitere gerichtliche Verhandlung stattfinden.[3]) Diese Worte an sich, wenn man von ihrem Sinne absieht, beweisen, dass in dem Gesetze nicht nur von zwei Fällen, der Verurtheilung oder Freisprechung, sondern auch noch von einem dritten Falle die Rede war. Denn wären nur jene beiden Fälle möglich gewesen, so hätte der Gesetzgeber gesagt 'über wen gerichtlich entschieden wäre (iudicatum), der dürfe nicht weiter vor Gericht gestellt werden': dies war der einfachste und zweckmässigste Ausdruck[4]): einer zweifachen Theilung desselben bedurfte es nicht und darin, dass sie sich findet, liegt eine Bestätigung des aus andern Gründen gewonnenen Ergebnisses, dass die Geschwore-

[1]) C. R. I, 2, 150.

[2]) Liv. XLII, 22.

[3]) Lex Acilia vs. LVI: *Quei ex h. l. condemnatus) aut apsolutus erit, quom eo h. l. nisei quod post ea fecerit aut nisei quod praevaricationis caussa factum erit, a(ut nisei de litibus) aestumandis aut nisei de sanctioni hoiusce legis actio nei es(to*: . . .

[4]) Denn, wie der auct. ad Her. II, 13, 19 sagt: *Iudicatum est id, de quo sententia lata est aut decretum interpositum.*

nen durch Stimmenmehrheit den Process auch unentschieden lassen konnten. Die Bestimmung jener Worte also ist, wer verurtheilt oder freigesprochen wäre, dürfe wegen der nämlichen Thatsache nicht wieder vor Gericht gestellt werden: folglich darf, wenn der Process durch die Mehrheit der stimmenlosen Täfelchen beendet ist, eine neue Anklage wegen der nämlichen Thatsache von dem nämlichen Ankläger erhoben werden. So war es auch bei einem Volksgerichte, wenn der Termin durch Zufall ohne Entscheidung geblieben war; wenn es dennoch nicht geschah, so lag dies, wie uns berichtet wird, an religiösen Gründen und wir haben ein Beispiel, dass die nämliche Thatsache wirklich vor ein neues Volksgericht, wenn auch mit anderem Strafantrage gebracht wurde.[1]) Dies war auch bei einem vor dem Schwurgerichte unentschieden gebliebenen Processe der Fall. Wer verurtheilt oder freigesprochen ist, kann weder vor einem neuen Schwurgerichte noch in einem Privatgerichte belangt werden: dagegen wessen Process unentschieden geblieben ist, kann beides und, wenn der Ankläger die Mühe und die Zufälle einer neuen Criminalanklage scheut, steht ihm doch eine Privatklage frei. Dies kann von bedeutenden Folgen sein. War einem Römischen Bürger Unrecht geschehen, so konnte derselbe den Beamten entweder vor dem Schwurgerichte oder im Privatprocesse wegen Entschädigung belangen. Fiel seine Criminalanklage durch die Mehrheit der stimmenlosen Täfelchen, so stand ihm neben erneuter Klage vor dem Schwurgerichte die leichtere Privatklage zu Gebote, die ihm bei einer Freisprechung im Schwurgerichte verschlossen war.

Die Abstimmung der Geschworenen durch Wachstäfelchen erhielt sich bis zum Ende der Republik. Aus der Zeit des Cornelischen Gesetzes haben wir über die geheime Abstimmung nur eine einzige Nachricht. Bei dem im Jahre 75 v. Chr. geführten Processe gegen A. Terentius Varro liess dessen Vertheidiger Q. Hortensius den Geschworenen 'verschiedenfarbige Stimmtäfelchen' geben.[2]) Dies ist so zu ver-

[1]) S. C. R. I, 2, 311.

[2]) Cic. in Verr. Act. I, 13, 40 *(quomodo conqueror) hoc factum esse*

stehen. Das Gesetz bestimmte nur, die Stimmtäfelchen sollten mit Wachs überzogen sein: Hortensius liess also, mit Beistimmung des von ihm gewonnenen Prätors, dem Wachse der einen Seite des Täfelchens eine andere Farbe geben als der andern. Da die Geschworenen einzeln vortraten und nur den entscheidenden Buchstaben mit den Fingern bedeckend, den übrigen Theil des Täfelchens sehen liessen, konnte man bemerken, welche Farbe das Täfelchen eines jeden Geschworenen hatte und dadurch genügend feststellen, wie er gestimmt hatte. Die Art der Abstimmung war somit zur Zeit des Cornelischen Gesetzes im Wesentlichen die nämliche, wie im Acilischen Gesetze. Dass die Geschworenen in Verres' Processe, wenn es zum Urtheile gekommen wäre, einzeln hätten vortreten und ein mit Wachs überzogenes Stimmtäfelchen abgeben müssen, erkennt man auch aus einer andern Aeusserung Ciceros,[1]) wo er die Verschiedenheit der Abstimmung bei der divinatio und dem eigentlichen Processe berührt.

In späterer Zeit haben wir ebenfalls eine Andeutung von dem Fortbestehen der alten Abstimmungsart. Beim Processe gegen P. Clodius wegen Religionsfrevels, heisst es,[2]) gaben die meisten Geschworenen ihre Stimmen in den Buchstaben verwischt ab. Es bestand also die Sitte, dass die Geschworenen die Täfelchen mit den Buchstaben beschrieben erhielten: war dies der Fall, so muss auch das übrige Verfahren bei der Abstimmung ungefähr das nämliche geblieben sein. Beim Processe gegen Milo nach dem Pompejischen Gesetze soll M. Cato seine freisprechende Stimme offen abgegeben haben:

---

*in hac civitate, cum senatorius ordo iudicaret, ut discoloribus signis iuratorum hominum sententiae notarentur?* Darauf bezieht sich auch Cic. div. 7, 24 *ceratam unicuique tabellam dari cera legitima, non illa infami ac nefaria,* und Act. I, 6, 17 *nullus color.* Die Erklärung, welche Pseudo-Ascon. p. 109 und 117 giebt, ist unklar und ungeschickt, aber seine Nachricht, dass dies bei Varros Processe vorgekommen wäre, schwerlich zu verwerfen. Vergl. oben S. 138.

[1]) Cic. div. 7, 24 *non singulos ferre sententias, sed universos constituere: ceratam unicuique tabellam dari cera legitima, non illa infami ac nefaria.*

[2]) Plut. Caes. 10, Cic. 29. Vergl. oben S. 353 und C. R. II, 2, 273.

hätte er sie früher abgegeben, als es der Fall war, so würde vielleicht die Mehrheit seinem Beispiele gefolgt sein.[1]) Also einzeln wurden damals die Stimmen abgegeben und geheim; denn dass Cato es offen that, wird als Ausnahme angeführt. Man findet auch in dieser Nachricht keinen Grund, um eine Veränderung in der Abstimmung durch Pompejus' Gesetz anzunehmen. Selbst bei dem letzten Gesetze der Republik, dem Pedischen, durch das Cäsars Ermordung gestraft wurde, fand geheime Abstimmung, wahrscheinlich durch Stimmtäfelchen nach alter Sitte statt.[2])

Dass mit der Abstimmungsart, wie sie das Acilische Gesetz vorschrieb, auch jene durch stimmenlose Täfelchen herbeigeführte Beendigung des Processes Bestand hatte, ist nicht wahrscheinlich. Wir kennen die Abstimmungsverhältnisse vieler Processe der späteren Zeit, so bei M. Scaurus, A. Gabinius, bei T. Annius Milo, bei M. Saufejus, bei Sex. Clodius, bei P. Clodius. Es heisst immer, eine bestimmte Anzahl von Stimmen hätte sie freigesprochen oder verurtheilt: von Täfelchen, welche ohne Abstimmung gewesen wären, ist nirgends die Rede. Dies kann bei so zahlreichen Processen nicht Zufall sein, zumal bei manchen derselben die Entscheidung wirklich zweifelhaft, die Geschworenen wegen der Abneigung des Volkes oder des Senates zur Entscheidung unlustig waren. Es kann also bei diesen Processen nur eine zwiefache Entscheidung möglich gewesen sein, entweder loszusprechen oder zu verurtheilen. Dennoch liess sich bei geheimer Abstimmung nicht hindern, dass Geschworene die beiden Seiten der Stimmtäfelchen gleichmässig verwischten. Ich finde nur eine Möglichkeit, dies, was man nicht hindern konnte, für das Ergebniss der Abstimmung gleichgültig zu machen. Man musste die 'stimmenlosen' Täfelchen entweder den freisprechenden oder den verurtheilenden zurechnen. Das Letztere wäre gegen die

[1]) Vell. II, 47. Vergl. C. R. II, 2, 468.

[2]) App. bell. civ. III, 95 und IV, 27. Vergl. C. R. II, 2, 493. Ich erwähne dies, weil Rudorff ad leg. Acil. 488 eine Abstimmung mit weissen und schwarzen Steinchen annimmt, wahrscheinlich verführt durch die ungenaue Lateinische Uebersetzung Appians.

Billigkeit gewesen: ich glaube also, dass man alle stimmenlosen Täfelchen als freisprechende zu zählen befahl. Dieser Annahme widerspricht die Nachricht, die wir von der Abstimmung in P. Clodius' Processe haben, nicht.[1]) Die meisten Geschworenen, heisst es, gaben ihre Stimmtäfelchen verwischt ab, dennoch schien die Mehrzahl für die Freisprechung zu sein. Es kam auf die Entscheidung an, ob ein Stimmtäfelchen wirklich verwischte Buchstaben hatte: dann wurde es den freisprechenden zugezählt. War es dagegen nicht vollständig verwischt, sondern noch leserlich, so galt das Täfelchen nicht. Es stimmten bei Clodius' Processe etwa 70 Geschworene. Die meisten, nehmen wir an 40, hatten ihre Täfelchen verwischt: von diesen wurden 14 für ungültig erklärt, dagegen 26 als stimmenlos den freisprechenden zugezählt. Neun Stimmen sprachen offenbar frei, 25 verurtheilten. So wurde der Angeklagte losgesprochen.[2]) Ueber die Zeit, wann diese Veränderung in der Abstimmung eintrat, lässt sich nichts bestimmtes sagen. Das Cornelische Gesetz konnte für die gemeinen Verbrechen kaum eine Beendigung durch unentschiedenes Urtheil zulassen, und wenn dies hierfür nicht erlaubt war, wird man es auch für Amtsvergehen nicht annehmen dürfen. In den Verrinischen Reden Ciceros findet sich keine Andeutung, dass eine Freisprechung anders als durch ein freisprechendes Urtheil erfolgen konnte, und es scheint, dass der Redner im Anfange seiner zweiten Rede[3]) die Möglichkeit einer solchen Beendigung des Processes, wenn sie vorhanden gewesen wäre, nicht hätte mit Stillschweigen übergehen können. Das Richtergesetz des Volkstribunen C. Ser-

[1]) Man sehe die kurz zuvor angeführten Stellen bei Plut. Caes. 10 und Cic. 29.

[2]) Es lässt sich vielleicht noch die Möglichkeit denken, dass ein Geschworener keinen der beiden auf dem Stimmtäfelchen befindlichen Buchstaben auslöschte. Thatsächlich muss dies indessen wohl nicht möglich gewesen sein. Denn bei diesem Processe gegen Clodius wollten die Richter nicht stimmen; dennoch heisst es von keinem, er habe die beiden Buchstaben stehen lassen. Einen derselben musste er auslöschen, er konnte aber auch beide auslöschen.

[3]) Man lese I, 2 flgd.

vilius Glaucia hob die Verschleppung eines Processes durch ampliatio auf: vielleicht schaffte es zugleich die Beendigung durch stimmenlose Täfelchen ab. In beiden Massregeln zeigte sich ungefähr ein gleiches Streben.[1])

Die Stimmtäfelchen wurden nach dem Acilischen Gesetze von den Geschworenen in eine Urne geworfen: es gab damals nur eine Classe von Geschworenen. Die gemeinsame Urne blieb, als das Plautische Gesetz Leute von verschiedenem Stande zum Richteramte zuliess und auch als das Aurelische im Jahre 70 v. Chr. den Senatoren, Rittern und Aerartribunen zu gleichen Theilen das Richteramt übertrug. Aber im Jahre 59 v. Chr. verordnete das Gesetz des Prätors Q. Fufius Calenus für jeden der drei Stände eine besondere Urne.[2]) Man beabsichtigte eine Art von Controlle über die Abstimmung, aber auch wohl Beschleunigung derselben. Dabei ist es geblieben bis zum Schlusse der Republik. Nach der Abgabe der Stimmen folgt die Auszählung derselben. Entweder der Beamte selbst oder ein von ihm bestimmter Geschworener[3]) neigt die Urne nach den Zuschauern zu, nimmt die Täfelchen einzeln heraus, verliest sie und giebt sie den Geschworenen zur Prüfung. Dabei können, wie der

---

[1]) Es kann auch die weitere Frage entstehen, was geschehen sei, wenn die freisprechenden und verurtheilenden Stimmen gleich waren, ein Fall, der bei der Sorglosigkeit, mit der man das Fehlen eines oder mehrerer Geschworenen gestattete, zu jeder Zeit vorkommen konnte. Eine gerade Zahl von Richtern, nämlich 32, haben wir bei Oppianicus' Processe gefunden. Dass in diesem Falle Freisprechung eintrat, ist nicht zweifelhaft und wahrscheinlich waren die Ausdrücke der Gesetze so, dass Gleichheit der Stimmen als freisprechend vorgesehen war. Verschieden war der von Caelius bei Cic. epist. VIII, 8, 3 erwähnte Fall. Hier handelte es sich nicht um einen selbständigen Process, sondern um das Anhängsel eines Processes, das bei der Einziehung der Strafsumme entstanden war. Hier verordnete allerdings das Julische Gesetz über Erpressung *quod eorum iudicum maior pars iudicarit, id ius ratumque esto* und demgemäss zögerte in dem erwähnten Gerichte der Vorsitzende, ob der Angeklagte freizusprechen sei. Am Ende entschloss er sich doch dazu; denn es war im Gesetze eine offenbare Nachlässigkeit des Ausdrucks.

[2]) Vergl. C. R. II, 2, 292.

[3]) Denn die Ergänzung der lückenhaften Bruchstücke in lex Acilia Z. LIII ist unsicher.

schon erwähnte Process gegen Clodius beweist, Entscheidungen über die Bedeutung und Geltung der einzelnen Stimmen nöthig werden. Aus der Zählung der Stimmen, die, mögen die Geschworenen einem oder verschiedenen Ständen angehören, immer gleiche Geltung haben, ergiebt sich die Verurtheilung oder Freisprechung. Aber diese erfolgt nicht unmittelbar durch den Wahrspruch der Geschworenen, die niemals in ihrer Gesammtheit, sondern nur einzeln auftreten. Was sie beschliessen, beschliessen sie für den Beamten, der sie gesetzlich berufen, geleitet und befragt hat. Der Beamte allein ist es, der ein Urtheil zu sprechen hat: sein Urtheil ist an den Ausspruch der Geschworenen gebunden.

Dass dies die Römische Anschauung ist, ergiebt sich aus der ganzen Einrichtung des Römischen Criminalprocesses, so wie aus der Stellung der Beamten überhaupt: sie tritt besonders deutlich in der Erzählung von einem Criminalprocesse hervor, den Cicero als Prätor leitete. Es war bei ihm C. Licinius Macer wegen Erpressung angeklagt worden. Er erwartete, da er mächtige Freunde hatte, seine Freisprechung, ging also nach Beendigung des Termines, während die Geschworenen zur Abstimmung schritten, nach Hause, um seine Trauerkleider abzulegen und als Sieger im Processe zurückzukehren. Indessen, als er eben hinausgehen wollte, begegnete ihm M. Crassus mit der Nachricht, er sei mit allen Stimmen verurtheilt, er sah selbst, wie der Prätor sich anschickte, seine praetexta abzulegen, um das Urtheil zu sprechen. Sofort ging er in das Haus zurück und erdrosselte sich, indem er dem Prätor melden liess, er sei nicht als Verurtheilter, sondern als Angeklagter gestorben. Auf diese Nachricht sprach Cicero das Urtheil nicht aus: Macer war der Schande und den Nachtheilen einer Verurtheilung entgangen.[1]) Also weder die Abstimmung der einzelnen Geschworenen noch das Ergebniss, welches aus der amtlichen Zählung ihrer Stimmen hervorging, war im Stande, einen Angeklagten in einen Verurtheilten zu verwandeln oder ihm seine Freisprechung zu

[1]) Val. Max. IX, 12, 7; vergl. Plut. Cic. 9; Cic. ad Att. I, 4, 2.

bringen: erst der vorsitzende Beamte, wenn er den Wahrspruch der Geschworenen feierlich verkündet, bewirkt beides.

Bis zu diesem Punkte geht das Verfahren in iudicio, dessen Ziel darauf hinausläuft, dem Beamten einen festen Anhalt, auf Grund dessen er ein erneutes Verfahren in iure beginnen kann, zu geben. Es tritt an die Stelle des Eingeständnisses oder der Ertappung auf der That, in welchen Fällen es keines richterlichen Spruches, keiner Geschworenen und keines Beweisverfahrens bedarf.

Die Entscheidung der Geschworenen sollte auf der Ueberzeugung beruhen. Als die Schwurgerichte zuerst eingesetzt wurden, traten sie an die Stelle des Senates, der sich in seinen Urtheilen immer von politischen Gründen leiten liess, mochten dieselben in der allgemeinen Stellung der Angeklagten oder in der Stellung der Ankläger oder in anderen Verhältnissen liegen. Gerade darin, dass die Senatoren, das strenge Recht missachtend, die Angeklagten ihres eigenen Standes geschont hatten, lag für C. Gracchus der Beweggrund, das Richteramt den Rittern zu übertragen und ihnen einen bedeutenden Theil der Befugnisse, welche bisher die Volksgemeinde gehabt hatte, anzuvertrauen. Aber auch das Volk selbst war weder an bestimmte Rechtsregeln noch an Gesetze gebunden: wie es die Provocation durch leidenschaftliche Theilnahme für den Angeklagten erzwang, so folgte es bei der Entscheidung selbst lediglich seinem Gefühle. Durch ihren Ursprung also waren die Geschworenen auf ein durchaus freies Urtheil hingewiesen und die Gesetze, nach denen sie richteten, regelten nur die Form des Processes oder stellten Begriffe von Verbrechen auf, deren Erklärung und Anwendung sie dem Gefühle der Richtenden überliessen. Daher werden uns öfters Angeklagte genannt, die entweder trotz ihrer Schuld freigesprochen oder trotz ihrer Unschuld verurtheilt wurden. L. Murena, den Cicero in seinem Consulate vertheidigte, war sicherlich schuldig: er wurde aus politischen Gründen freigesprochen, weil man bei der drohenden Catilinarischen Verschwörung keine neue Consulwahl vornehmen wollte.[1]) M. Scaurus soll wegen seines hohen Adels von der

[1]) Cic. p. Flacc. 39, 98.

Anklage der Bestechung, M'. Aquillius wegen seiner Tapferkeit in einem Processe wegen Erpressung freigesprochen worden sein.[1]) C. Cosconius, vielfach schuldig, wurde losgesprochen, weil sich auch sein Ankläger als moralisch schlecht erwies.[2]) Unter den Gründen, die Cicero für die Nothwendigkeit einer Verurtheilung von Verres anführt, hebt er besonders den Hass, der damals gegen den Senat und die senatorischen Gerichte herrschte, hervor.[3]) Verurtheilung von Unschuldigen fand besonders zu jener Zeit statt, als die Ritter ihre Richtergewalt missbrauchten, um politische Macht zu erlangen. Es stand daher in dem Belieben der Geschworenen, ob und in wie weit sie der Beweisaufnahme Aufmerksamkeit schenken wollten. Von P. Servilius Isauricus heisst es, dass er einst zufällig auf dem Markte vorübergehend, als ein Process gehalten wurde, gegen den ihm sonst selbst dem Namen nach unbekannten Angeklagten auftrat und erzählte, derselbe sei ihm kürzlich auf der Laurentinischen Strasse begegnet und habe vor ihm nicht vom Pferde steigen wollen. Nach dieser Rede hörten die Geschworenen kaum die übrigen Zeugen an, sondern verurtheilten den Angeklagten. Diese Verletzung der Richterpflicht wird von den Römern nicht getadelt, sondern als Beweis einer heilsamen Zucht gelobt: den Wahrspruch der Richter deshalb für ungültig zu erklären fiel Niemanden ein, auch gab es keine Behörde, die es hätte thun können.

Die Beurtheilung der Beweismittel stand gänzlich in dem Belieben der Richter. Als Q. Metellus Numidicus wegen Erpressung angeklagt war und seine Rechnungsbücher bei den Geschworenen herumgereicht wurden, sah Niemand unter denselben sie an.[4]) Bei den Zeugen wurden vor Gericht diejenigen Eigenschaften beachtet, welche auch sonst im gewöhnlichen Leben den meisten Eindruck zu machen pflegen. Die Lehrer der Beredsamkeit gaben vielfache Vorschriften sowohl für den Ankläger wie für den Angeklagten, wie in den Reden

[1]) Val. Max. VIII, 1, 10; Cic. p. Flacc. 39, 98.
[2]) Val. Max. VIII, 1, 8.
[3]) Cic. in Verr. I, 8.
[4]) Val. Max. II, 10, 1; Cic. p. Balb. 5, 11; ad Att. I, 16, 4.

und später im Verhöre die Glaubwürdigkeit der Zeugen zu erheben oder herabzusetzen sei: diese Vorschriften haben nicht einen juristischen Charakter, so dass sie bestimmte Classen von Zeugen für vollgültig, andere für nicht vollgültig erklären, sondern gehen nur darauf aus, die Leidenschaften der Geschworenen zu erregen und dadurch den Erfolg des Processes zu bestimmen.[1]) Dass ein einziger Zeuge für die Entscheidung eines Processes nicht genüge, bemerkten schon die alten Rechtslehrer, aber es fiel den Römern nicht ein, deshalb eine gesetzliche Bestimmung zu geben. Als der berühmte Rechtslehrer Q. Scaevola als einziger Zeuge gegen einen Angeklagten ausgesagt hatte, fügte er eine Warnung an die Geschworenen hinzu, es sei nicht wohlgethan, einen Angeklagten auf ein einziges Zeugniss hin zu verurtheilen.[2]) Die Entscheidung des Schwurgerichtes war in jeder Beziehung uneingeschränkt, und es ist richtig, wenn Cicero sagt, alle Macht der Götter sei auf die Geschworenen übertragen oder wenigstens mit ihnen getheilt worden.[3])

[1]) Am kürzesten findet man sie bei Quintil. V, 7. Escher de testium ratione p. 130 flgd. hat ein eignes Capitel zusammengestellt *de fide testimoniis habita* und darin die Stellen von Rednern und Rhetoren gesammelt, in denen Zeugen gelobt und getadelt werden. So schätzbar eine solche Zusammenstellung ist, so gewährt sie doch kein anderes Ergebniss, als dass es dem Gerichte freistand nach Belieben zu entscheiden.

[2]) Val. Max. IV, 1, 11. Ein einziges Zeugniss wird dennoch angeführt in dem Schwurgerichtsprocesse bei Cic. p. Scaur. 29, und in einem andern Criminalprocesse bei Val. Max. VI, 1, 7.

[3]) Cic. p. Mur. 1, 2 *Quae cum ita sint, iudices, et cum omnis deorum immortalium potestas aut translata sit ad vos aut certe communicata vobiscum.*

# Vierter Abschnitt.

## Das Nachverfahren in iure.

Mit der Feststellung des Wahrspruches der Geschworenen war das Verfahren in iudicio beendet: es begann der zweite Theil des Verfahrens in iure. Der vorsitzende Prätor verkündete den Wahrspruch: seine Rede hatte zwei Theile. Erstlich gab er das Stimmenverhältniss der Geschworenen an, wie viele freigesprochen, wie viele verurtheilten. Als in Folge des Fufischen Gesetzes die drei Stände der Geschworenen, Senatoren, Ritter und Aerartribunen ihre Stimmtäfelchen in abgesonderte Urnen warfen und demgemäss die Abstimmung der einzelnen Stände bekannt war, verlangte dennoch dies und die folgenden Gesetze, dass der Vorsitzende nur das allgemeine Ergebniss der Abstimmung bekannt machte.[1] Der zweite Theil seiner Rede bestand darin, dass er in Folge der Abstimmung entweder freisprach oder verurtheilte. Seit uralter Zeit, wahrscheinlich seit dem Beginne der Republik, wo man den Unterschied zwischen offenbaren Verbrechen und nicht offenbaren, deren Schuld gerichtlich erklärt werden musste, feststellte und für die letzteren eine mildere Strafe verordnete, war es Sitte, sich der Ausdrücke *videri* bei dem verurtheilenden, *non videri* bei dem freisprechenden Erkennt-

---

[1]) Man sieht dies aus Caelius' Erzählung bei Cic. epist. VIII, 8, 3. Es handelt sich um eine *litis aestimatio*, wo die nämlichen Richter wie in dem eigentlichen Processe entscheiden. *Cum aequo numero sententiae fuissent, Laterensis* (der vorsitzende Prätor) *leges ignorans pronuntiavit quid singuli ordines iudicassent.* Die Unkenntniss der Gesetze bestand darin, dass Laterensis die Zahlenverhältnisse der einzelnen Stände, nicht blos das allgemeine Verhältniss der Stimmen angab.

nisse zu bedienen; es lag darin die Andeutung von der Unsicherheit des menschlichen Urtheiles. Mit diesem Ausdrucke videri wurde der in dem Anklageacte vorkommende Hauptausdruck verbunden, z. B. bei einer Majestätsklage der Ausdruck maiestatem minuere, bei einer Anklage wegen Erpressung etwa pecuniam contra leges auferre. Die Rede des Beamten war verschieden nach der Anklage, länger, wenn dieselbe mehrere, kürzer, wenn sie nur einen Punkt enthielt.[1]) In denjenigen Fällen, wo sich an das Urtheil unmittelbare Folgen in Bezug auf die Ausführung desselben knüpften, war kein Grund, die Verkündigung aufzuschieben. Z. B. wäre Sex. Roscius aus Ameria verurtheilt worden, so musste der Prätor sogleich die Strafe der Acchtung über ihn aussprechen. Aehnlich war es mit allen Verbrechern: diejenigen Strafen, welche unmittelbar vollzogen werden konnten, wurden auch unmittelbar nach der Verkündigung der Schuld von dem Beamten ausgesprochen.[2]) Wir haben nur keine Nachricht darüber, weil die Sitte herrschte, dass die Verurtheilten sich der Verkündigung der Strafe entzogen und freiwillig in die Ver-

---

[1]) Der allgemeine Ausdruck, welcher in dem Urtheile immer vorkommt, ist *videri*. Cic. Acad. II, 47, 146 *maiorum — diligentia — quae iurati iudices cognovissent, ut ea non esse facta, sed ut videri pronuntiarentur.* Cicero ad Att. IV, 16, 8 schreibt im Gerichtsstile *Drusus, Scaurus non fecisse videntur,* d. h. sind freigesprochen worden; in Pis. 40, 97 *tum tu ipse de te fecisse videri pronuntiavisti.* Dass aber die Ausdrücke *fecisse* und *facta esse* nur allgemeine waren und in dem Urtheile nur vorkamen, wenn sie in der Anklageacte gebraucht waren, beweist Cic. in Verr. II, 38, 93. Die Anklage hatte dort gelautet *Sthenium litteras publicas corrupisse:* Verres' Urtheil war *Sthenium — corrupisse videri.* Bei Apulei. apolog. de mag. 2 p. 381 Oud. lautete die Anklage *testamentum falsum esse,* das Urtheil *verum videri et ratum esse debere.* Ebenso sagt Plin. epist. V, 1, 6, er habe in einem Privatprocesse entschieden *Videtur — mater tua iustas habuisse causas irascendi tibi.* Derselbe Ausdruck wird bekanntlich von allen Arten von Urtheilen gesagt, so von dem des Senates, z. B. bei Sall. Cat. 48, des Consuls, z. B. Liv. XXXII, 2. Man sieht, es ist eine uralte Formel.

[2]) Auch in einem Processe, wo nur Geldstrafe stattfand, sprach Verres unmittelbar nach der Verurtheilung die Höhe der Geldstrafe aus und verlangte die Bezahlung derselben in einem und demselben Termine. Cic. in Verr. II, 38, 93.

bannung gingen. Wir wissen also auch nicht, in welchen Ausdrücken das Aussprechen der Strafe erfolgte. Wir haben nur zwei Nachrichten über freisprechende Urtheile. Erstlich in einem Processe gegen M. Servilius über Gelder, die er von dem wegen Erpressung verurtheilten C. Claudius erhalten haben sollte, fand Freisprechung statt: der Prätor fügte nach Verkündigung dieses Urtheiles am Ende mit der gewöhnlichen Formel hinzu: 'ich werde das Geld nicht eintreiben.' Die Anklage hatte nämlich darauf gelautet, dass Servilius Geld empfangen habe, und daran hatte sich der Antrag an den Prätor geknüpft, es von ihm einzutreiben.[1]) Zweitens bei einer Freisprechung wegen Testamentsverfälschung setzte der Richter hinzu, das Testament müsse gültig sein.[2]) Für alles dies, was der vorsitzende Beamte spricht, namentlich für die Verkündigung des von den Geschworenen gefällten Spruches ist der häufig vorkommende Lateinische Ausdruck *pronuntiare*.

## 1. Das Nachverfahren im Falle der Freisprechung

### a) wegen *calumnia*.

Gegen den Urtheilspruch des Beamten gab es kein Rechtsmittel: wir werden sogar später erwähnen, dass keine Behörde die gesetzliche Befugniss besass, den Lauf des Processes, bis es zum Urtheile gekommen war, zu hemmen oder zu ändern. Es gab keine zweite Instanz, welche die Beweise von Neuem geprüft hätte: ihre Idee ist den Römern bis zur Kaiserzeit fremd. Es gab keine Beamten, keine Behörde, welche Mängel in der Form des Verfahrens hätte rügen und deshalb das gefällte Urtheil umstossen können: selbst eine Begnadigung in unserm Sinne des Wortes war unmöglich. Alles hatte in der Hand des vorsitzenden Beamten und seiner ihm gesetzlich zugeordneten Geschworenen gelegen, die zwar auch

---

[1]) Cael. bei Cic. ep. VIII, 8, 3 *pronuntiarit, quid singuli ordines iudicassent et ad extremum, ut solent, non redigam.*

[2]) Apulej. apol. p. 881 an der S. 878 angeführten Stelle. Marcianus l. 1, 5 Dig. ad SC. Turpil. (XLVIII, 10) führt als Beispiel einer Verurtheilung in einem Processe über *calumnia* an: *L. Titius temere accusasse videtur.*

aus eigenem Antriebe handeln konnten, aber ihre eigentliche Triebfeder in den Parteien und ihren Anwälten fanden. Die letzteren, also Privatpersonen, waren es, denen der Staat seine richterlichen Interessen anvertraut hatte: den Ankläger erwarteten, wenn er seine Pflicht erfüllte, grosse Belohnungen. Natürlich, dass er auch verantwortlich gemacht wurde. Indessen diese Verantwortlichkeit war nur bei einer Freisprechung des Angeklagten denkbar. War derselbe verurtheilt worden, so hatte der Ankläger offenbar seine Pflicht gethan. Bei einer Freisprechung waren zwei Fälle denkbar: der Ankläger konnte wissentlich einen Unschuldigen angeklagt oder durch seine Nachlässigkeit den Spruch des Gerichtes herbeigeführt haben. Dazu kam der dritte Fall, wenn er ohne Grund von seiner Anklage zurückgetreten war. Alle drei Fälle waren ebenso gut strafbar, wie der Ankläger, im Falle er die Anklage glücklich durchgeführt hatte, Belohnung verdient hatte. Wir erwähnen diese drei Fälle hier, weil das gerichtliche Verfahren über die beiden ersten an dieser Stelle stattfand, und schliessen ihnen der Vollständigkeit halber auch den dritten an.

Der erste Fall umfasst, was in engerem Sinne *calumnia* genannt wird:[1]) calumniari heisst wissentlich eine falsche Anklage erheben.[2]) Zur Schuld gehört das Bewusstsein von der Unrichtigkeit der Beschuldigungen.[3]) Wie dieses Vergehen in den Zeiten vor den Schwurgerichten bestraft worden ist, darüber fehlt es uns an Kunde, aber dass es als starkes Ver-

---

[1]) Die allgemeine Bedeutung von *calumniari* auch im juristischen Sinne ergiebt sich aus l. 233 Dig. de verb. sign. (L, 16) und besonders aus Dig. de calumn. (III, 6), wo in l. 3 auch derjenige, der Geld empfangen hat, um eine Anklage nicht anzustellen, *calumniator* genannt wird. Verschieden davon ist die weitere, nicht juristische Bedeutung, in der jede chicanöse Auslegung des Rechtes oder anderer Sachen *calumnia* heisst.

[2]) So sagt Marcian l. 1, 1 h. t. *calumniari est falsa crimina intendere, praevaricari vera crimina abscondere, tergiversari in universum ab accusatione desistere;* Paul. S. R. I, 5, 1 *calumniosus est, qui sciens prudensque per fraudem negotium alicui comparat.*

[3]) Dies ist es, was Gajus IV, 178 von der *calumnia* in Privatprocessen sagt *calumnia in affectu est.*

brechen angesehen wurde, ist nicht zweifelhaft.[1]) Es wird ein Remmisches Gesetz genannt, das über wissentlich falsche Anklage gehandelt habe: die Zeit, in der es gegeben wurde, seine Dauer und Bestimmungen sind unsicher und haben verschiedene Ansichten hervorgerufen. Es wird dreimal erwähnt. Papinian stellt die Frage auf, ob die wegen falscher Criminalanklage Verurtheilten in Criminalprocessen als Zeugen auftreten dürfen[2]): das Remmische Gesetz, antwortet er, hindere sie nicht, auch die Julischen Gesetze über Gewaltthat, Erpressung und Staatsdiebstahl schliessen sie nicht aus, der Richter müsse ihnen keinen Glauben schenken. Hieraus darf man folgern, dass das Remmische Gesetz den genannten Julischen vorangeht, d. h. vor dem Dictator Cäsar gegeben ist, und ferner, dass es, in gewisser Beziehung wenigstens, noch zur Zeit der klassischen Rechtslehrer in Geltung war. Hätte es eine Bestimmung über die Zeugenaussagen der wegen calumnia Verurtheilten enthalten, so würde Papinian dieselbe als noch zu seiner Zeit gültig betrachten. Dies Letztere ergiebt sich auch in noch ausgedehnterem Masse aus Marcians allgemeiner Bemerkung, über die calumniatores würde eine Strafe nach dem Remmischen Gesetze verhängt:[3]) man darf aus ihr noch weiter folgern, dass dies das einzige Gesetz über dieses Verbrechen geblieben ist.

Eine bestimmtere Andeutung über die durch das Remmische Gesetz verhängte Strafe glaubte man in der dritten Erwähnung desselben zu finden. In seiner Rede für Sex. Roscius spricht

---

[1]) Das Verbrechen von M. Volscius Fictor (s. C. R. I, 1, 203) gehört nicht hierher. Er hatte allerdings Kaeso Quinctius fälschlich wegen Mordes anklagen wollen, hatte es aber nicht ausgeführt, und war am Ende nur als Zeuge in einem Volksprocesse aufgetreten. Deshalb wurde er ausserordentlicher Weise bestraft. Vielleicht darf man indessen aus diesem Processe schliessen, dass der Versuch einer falschen Anklage nicht strafbar war.

[2]) Papinian l. 13 Dig. de testib. (XXII, 5) *Quaesitum scio an in publicis iudiciis calumniae damnati testimonium in iudicio publico perhibere possint. Sed neque lege Remmia prohibentur et Iulia lex de vi et repetundarum et peculatus eos homines testimonium dicere non vetuerunt.*

[3]) Marcian l. 1, 2 Dig. ad Sconsultum Turpil. (XLVIII, 16) *Calumniatoribus poena lege Remmia irrogatur.*

Cicero von der Leichtfertigkeit der Anklage: die Ankläger hätten sich durch ihre Geldgier verleiten lassen und hätten dabei vergessen, dass die Ansicht der gegenwärtigen Geschworenen und das Remmische Gesetz eine Geltung haben müsste.[1]) Daraus sieht man, dass das Remmische Gesetz vor Sullas Gesetzgebung gegeben war und trotz derselben seine Geltung beibehielt, ferner, dass die Entscheidung über die calumnia von eben denselben Geschworenen, welche in dem Hauptprocesse urtheilten, gefällt wurde. Bald darauf äussert Cicero,[2]) wenn er den Charakter der in Roscius' Processe urtheilenden Geschworenen recht kenne, so würden sie den Anklägern den Buchstaben K (calumniator) so an den Kopf heften, dass sie später niemand anders als ihr Geschick anklagen könnten. Auch hieraus erkennt man, dass die über falsche Anklage entscheidenden Richter eben dieselben Geschworenen waren, welche in dem Processe selbst urtheilten. Aber man hat weiter gefolgert, die durch das Remmische Gesetz verhängte und zu Ciceros Zeit gültige Strafe habe in der Brandmarkung mit dem Buchstaben K bestanden.[3]) Diese Ansicht ist aus zwei Gründen unmöglich. Erstlich ist es eine für Ciceros Zeit unerhörte Strafe, jemanden zu brandmarken, an der Stirne, wie man annimmt, mit glühendem Eisen. In einem Zeitalter, wo die grausame, alte Art der Hinrichtung für die grössten Verbrecher unter den Römischen Bürgern längst ab-

[1]) Cic. p. Sex. Rosc. 10, 55 *Ita tamen quaestus te cupidum esse oportebat, ut horum existimationem et legem Remmiam putares aliquid valere oportere.*

[2]) Cic. ibid. 20, 57 *si ego hos bene novi, litteram illam, cui vos usque eo inimici estis, ut etiam Kalendas omnes oderitis, ita vehementer ad caput affigent, ut postea neminem alium nisi fortunas vestras accusare possitis.* Die Bemerkung des schol. Gronov. p. 431 zu diesen Stellen Ciceros sagt nichts. Sie lautet *legem Remmiam] qua, qui calumniabatur, damnabatur, si crimen approbare non poterat.* Die weitere Bemerkung desselben p. 432 giebt ebenso wenig Belehrung.

[3]) Die Hauptuntersuchung über diesen Gegenstand ist Henr. Brenemanni *Lex Remmia sive de legis Remmiae exitu liber singularis. Accedit dissertatio de fatis calumniatorum sub imperatoribus* (in Ever. Ottonis thesaur. iur. III, 1561 flgd.) Darauf gründen sich die Ansichten der Neueren, z. B. von Rein Criminalrecht S. 809, Rudorff Römische Rechtsgeschichte

geschafft war, wo alle Gesetze über Schwurgerichte als höchste Strafe die Aechtung einsetzten, sollte für Bürger, oft des höchsten Ranges, bei einem zwar an und für sich sehr hassenswerthen, aber doch nicht so abscheulichen Verbrechen eine Strafe bestanden haben, wie sie für die schlechtesten Sclaven von grausamen Herren, der Sicherheit halber, angewendet wurde! Dies wäre eine Anomalie in der ganzen Gesetzgebung gewesen.[1]) Zweitens handelt es sich in Ciceros Rede um den Fall, dass jemand gerichtlich wegen falscher Anklage verurtheilt wird, solche Verurtheilte aber werden nach Römischem Rechte immer milder bestraft als offenbare Verbrecher. Folglich welche Strafe müsste man für diese annehmen, wenn schon jene so hart bestraft wurden!

Indessen Ciceros Ausdruck ist schwerlich nur figürlich zu nehmen. Es ist von einem Buchstaben die Rede, der einen wegen falscher Anklage Verurtheilten bezeichnet, und von einem Anheften an den Kopf: dies muss seinen Grund in einem wirklichen Vorgange haben. Auch finden sich zwei ähnliche, wenngleich leise Andeutungen. Plinius lobt den Kaiser Trajan dafür, dass er Angeber und böswillige Ankläger geächtet habe, und spricht von deren blutloser und eisernen Stirne, die sie nicht mehr vergeblich zum Brandmarken darbieten, sagt, dass sie nicht mehr über das ihnen zukommende Mal lachten.[2]) Dies hat Plinius mit rhetorischer Uebertreibung in

II, 450, Geib Criminalprocess S. 291. Fermtius epist. p. 22 äussert dieselbe Ansicht.

[1]) Man scheint dieses Auffallende auch zum Theil gefühlt zu haben, ging aber doch mit Stillschweigen darüber hinweg. Rein a. a. O. S. 811 sagt: 'Gegen das Ende des Röm. Freistaates nahm bei der zunehmenden Verderbtheit des Röm. Volkes auch die Zahl der falschen Ankläger zu und die *lex Remmia* scheint selten geübt worden zu sein.' Diese wunderliche Aeusserung beruht erstlich auf dem Glauben, dass überall, wo der Ankläger von dem Angeklagten *calumniator* genannt wird, ein Fall von *calumnia* stattfindet, während dieser nur bei einer schwer herbeizuführenden Verurtheilung vorliegt, zweitens auf dem Gedanken, dass man beliebig einen *calumniator* bestrafen oder nicht bestrafen konnte, was von ausserordentlicher Gesetzlosigkeit zeugen würde. Der eigentliche Grund dieser Aeusserung liegt indessen in der Anomalie einer solchen Strafe zu Ciceros Zeit.

[2]) Plin. pan. 35 *utque, ut antea, exsanguem illam et ferream*

dem blühenden Stile seiner Zeit gesprochen: er meint nichts, als dass falsche Ankläger von Trajan ihren gebührenden Lohn erhielten. Es muss ihre Strafe mit der Stirn, mit Brandmarken, mit Malen zu thun gehabt haben; aber dass dies zu Trajans Zeit der Fall war, liegt nicht darin: es widerspricht dem sogar Plinius' übrige Erzählung. Denn er berichtet von dem Vermögensverluste und der Deportation der Ankläger. Der Kaiser Julian sagt zu seinen Feinden und Verläumdern, sie verlangten nach dem Buchstaben K und wünscht ihnen, die Götter möchten ihn ihnen für ihre falsche Anklagen gegen ihn geben.[1]) Auch er erklärt diesen Buchstaben für den Lohn falscher Anklage, ohne seinen Gebrauch noch zu seiner Zeit anzugeben.[2]) Man kommt zu dem Schlusse, dass die Strafe des Brandmarkens einmal im Römischen Rechte galt und durch ihre Eigenthümlichkeit sich für immer im Andenken erhielt, aber frühzeitig abkam und durch andere Strafe ersetzt wurde. Mit dem Remmischen Gesetze hat sie nichts zu thun und keiner der alten Schriftsteller setzt sie mit demselben in Verbindung. Sie ist demselben sogar entgegengesetzt. Sie passt für die älteste Zeit, als falsches Zeugniss mit Herabstürzen vom Tarpejischen Felsen geahndet wurde, als Todesstrafe auf Bestechlichkeit stand, als alle Strafen mit grausamen körperlichen Schmerzen verbunden waren. Keine dieser Strafen erhielt sich bis zum Ende des Freistaates: sie wurden durch juristische Auslegung und die Einwirkung der Tribunen allmälig gemildert. Leider haben wir keine Kunde, wie die zwölf Tafeln falsche Anklage bestraften: selbst für sie passt kaum mehr die Strafe des Brandmarkens, obwohl es möglich ist, dass sie damals, wenigstens für die offenbaren Fälle der falschen Anklage beibehalten wurde.[3])

---

*frontem nequidquam convulneratam praebeant punctis et notas suas rideant.*

[1]) Julian Misopogon p. 360 Spanh.: πόθος δὲ ὑμᾶς εἰσεισι τοῦ κάππα καὶ ὑμῖν γε αὐτὸ οἱ πολιοῦχοι τῆσδε τῆς πόλεως θεοὶ διπλοῦν δοῖεν, ὅτι πρὸς τούτῳ καὶ τὰς ἀστυγείτονας ἐσυκοφαντήσατε πόλεις.

[2]) Andere Stellen, die man hier anführt. Cic. div. 21, 68 und de dom. 19, 49, gehören nicht hierher.

[3]) Dass die Sache selbst, wenngleich nicht der Ausdruck *calumnia* in den zwölf Tafeln vorkam, erhellt aus l. 233 Dig. de verb. sign. (L, 16).

Das Remmische Gesetz, dessen Bestimmungen auch noch unter den Kaisern galten, muss einer viel späteren Zeit angehören. Es ist ein tribunicisches; denn das Remmische Geschlecht ist nicht als adlig bekannt. Ich vermuthe, dass es etwa in die Zeit der Gracchen fällt, als die Schwurgerichte für Amtsverbrechen bestanden, und für diese besonders gegeben wurde. Die alte Strafe der Brandmarkung hörte bald nach den zwölf Tafeln selbst für die auf offenbar falscher Anklage ertappten Verbrecher auf: man wählte dafür die symbolische Strafe, den Uebelthäter für unfähig zum Anklagen und für ehrlos zu erklären, und die Ausführung dieser Strafe war leicht, da ein einziger Prätor neben der Civilgerichtsbarkeit auch die Criminalgerichtsbarkeit in der Hand hatte. Schon von so alter Zeit schreibt sich der Ursprung der Bestimmung des prätorischen Edictes, welches die wegen falscher Anklage Verurtheilten unter den Ehrlosen aufführt, her.[1]) Als nach Einsetzung der Schwurgerichte auch andere Prätoren Criminalprocesse leiteten, wurde ein Gesetz nothwendig, erstens um die Ausführung der Strafe gegen falsche Ankläger gleichmässig zu ordnen und an feste Formen zu binden, zweitens um bei den häufiger werdenden Criminalprocessen, welche sich auch gegen hervorragende Männer richteten, eine Sicherung gegen böswillige Anklage zu gewähren. Die Massregel war auf der einen Seite verschärfend, auf der andern mildernd, in so fern ein bestimmter Begriff der calumnia aufgestellt wurde. Wenn es allgemein erlaubt wurde, die Amtsführung der Beamten im weitesten Sinne vor das Schwurgericht zu bringen, waren gesetzliche Bestimmungen, welche falsche Anklagen hinderten, nothwendig: sonst hätte die Unzufriedenheit der Regierten jede Regierung unmöglich gemacht. Ob in dem Acilischen Gesetze die calumnia erwähnt wurde, ist sehr zweifelhaft: für die Erwähnung der praevaricatio, die in ihm vorkommt, gab es einen besonderen Grund.

Der Inhalt des Remmischen Gesetzes bezog sich zuerst auf die Begriffsbestimmung der calumnia und zwar nach zwei Seiten hin. Erstlich während früher überhaupt eine ränke-

[1]) Vergl. oben S. 40.

volle Anklage so hiess, wurde calumnia jetzt als wissentlich falsche Anklage bestimmt: wahrscheinlich wurden die Ausdrücke sciens prudensque, wie später[1]), dabei gebraucht. Zweitens fand eine Beschränkung auf Criminalprocesse (iudicia publica) statt. Denn davon, dass das Remmische Gesetz sich auch auf Privatprocesse bezogen habe, findet sich keine Spur und wenn in dem Digestentitel (III, 6) de calumniatoribus hauptsächlich von Privatprocessen die Rede ist, so wird dort ein anderer und weiterer Begriff der calumnia aufgestellt[2]), wie er sich erst in der Kaiserzeit entwickelt hat. Auch hierin liegt ein Grund für die Wahrscheinlichkeit, dass das Remmische Gesetz erst nach der Einrichtung der ersten Schwurgerichte gegeben wurde, als die Trennung der Criminalgerichtsbarkeit von der Privatgerichtsbarkeit begonnen hatte.

In Betreff der Strafe, welche das Remmische Gesetz verhängte, kommt man in Verlegenheit. Aechtung war selbst nach den strengsten Anschauungen der Römischen Kaiserzeit im Allgemeinen zu hart, da die Schwurgerichte nicht immer dieselbe verhängten, Geldstrafen schwer zu bemessen; von Verlust des ganzen Vermögens kann nicht die Rede sein. Die Ehrlosigkeit, die ausgesprochen wurde, war wenigstens keine vollständige; denn, wie ausdrücklich bemerkt wurde, enthielt das Remmische Gesetz für den wegen calumnia Verurtheilten nicht das Verbot, später als Zeuge aufzutreten.[3]) Es bleibt als Strafe nur die Unfähigkeit übrig, eine öffentliche Anklage zu unternehmen[4]), und eine Andeutung davon, dass dies die Strafe war, findet sich in der einzigen Stelle, an der Cicero dieses Gesetz erwähnt.[5]) Die Richter, sagt er, würden dem Ankläger den Buchstaben K so an den Kopf heften, dass er später Niemanden als sein Schicksal anklagen könnte. Der Verurtheilte durfte nicht weiter Ankläger sein:

---

[1]) S. die oben S. 375 aus Paul. S. R. I, 5, 1 angeführte Stelle.

[2]) Vergl. die oben S. 375 angeführte Stelle.

[3]) Man sehe l. 13 Dig. de test. (XXII, 5) an der S. 376 angeführten Stelle.

[4]) Vergl. oben S. 39 flgd.

[5]) S. oben S. 377.

dies war seine einzige Strafe. Sie erscheint vielleicht gering, war es aber in der That nicht. Es war schon ein bedeutender Verlust an politischer Ehre, der eine fernere Laufbahn fast unmöglich machte, wenn ein Senator das Recht anzuklagen und damit auch zu vertheidigen verlor. Noch grösserer Verlust drohte ihm, da er, einmal gerichtlich wegen falscher Anklage verurtheilt, kaum einer Anklage wegen Amtsverbrechen, später wegen Erpressung entgehen konnte. Leute nicht senatorischen Standes kamen, so lange die Republik bestand, selten dazu, eine wichtigere Criminalanklage zu erheben: wer dabei wegen falscher Anklage verurtheilt wurde, lief Gefahr, in schlimmeren Fällen ausserdem nach dem Cornelischen Gesetze über Mord vor Gericht gestellt zu werden. Deshalb genügte die Strafe des Remmischen Gesetzes während der Republik: erst in der Kaiserzeit fühlte man das Bedürfniss, ausserordentliche Strafen hinzuzufügen, bei denen der Grundsatz herrschend wurde, die Strafe des falschen Anklägers nach der Strafe, auf welche er bei seiner Anklage angetragen hatte, zu bemessen.

Ueber den Process gab das Remmische Gesetz nur in gewisser Beziehung Bestimmungen. Hätte es verordnet, dass nur Geschworene entscheiden sollten, und wer diese sein sollten, und wer die Klage anzunehmen hätte, kurz hätte es eine Processordnung aufgestellt, ähnlich dem Acilischen oder Servilischen oder den späteren Richtergesetzen, so würde seine Dauer keine lange gewesen sein: es hätte bei den Aenderungen, welche die Processordnungen durchmachten, fallen müssen. Es wäre dann auch ein eigener Gerichtshof nöthig gewesen. Dass dies nicht der Fall war, beweist die früher angeführte Stelle Ciceros, nach der bei einer falschen Anklage über Mord die nämlichen Geschworenen wie über das Verbrechen selbst entschieden: eben dasselbe ergiebt sich aus einem andern Beispiele, das wir später erwähnen werden, so wie aus der ganzen Entwickelung der Gesetzgebung. Es war nur ein Grundsatz, den das Remmische Gesetz aufstellte und der auch in der Kaiserzeit beibehalten worden ist, nämlich der, dass über calumnia nach Beendigung des Processes und zwar von eben demselben Richter, der in diesem entschieden hätte, erkannt werden sollte. Mit diesem Verfahren droht Cicero den Anklägern von Sex. Roscius, dies fand auch in M. Scaurus' Processe statt, wo M. Cato, als vorsitzender Richter, nach Freisprechung des Angeklagten die Geschworenen über die etwaige calumnia der Ankläger entscheiden liess.[1]) Das gleiche Verfahren fand, wie wir später erwähnen werden, bei der praevaricatio statt, und auch unter den Kaisern bei der calumnia. Z. B. als im Jahre 32 n. Chr. ein Römischer Ritter, M. Terentius, wegen seiner Freundschaft mit dem gestürzten Sejanus angeklagt wurde, rechfertigte er sich so überzeugend, dass seine Ankläger unmittelbar mit der Verbannung oder dem Tode bestraft wurden.[2]) Eben dies geschah bei Abudius Rufus, dem Ankläger von Lentulus Gaetulicus.[3]) Unter den Kaisern, nach der Veränderung der gesammten Rechtspflege, wurden oft falsche Ankläger lange nach Beendigung der Processe, in denen sie die Verurtheilung jemandes bewirkt hatten, bestraft; aber bei der calumnia, welche nur bei Freisprechung stattfand, blieb die unmittelbare Anknüpfung an den eigentlichen Process das regelmässige.

Das Verfahren in iudicio hörte damit auf, dass die Geschworenen ihren Wahrspruch abgaben. Dies war nach dem Remmischen Gesetze der Zeitpunkt, an dem im Falle der Freisprechung über die calumnia des Anklägers entschieden wurde, folglich fand das Verfahren darüber in iure statt und der vorsitzende Beamte allein war dafür verantwortlich. Dies ist nicht zu verwundern. Das Verfahren über calumnia fand nur bei Freisprechung des Angeklagten statt: die meisten Freisprechungen aber geschahen ohne das Schwurgericht. Wie der Beamte auch nach der Einsetzung desselben durch das Cornelische und früher schon durch das Sempronische Gesetz geständige oder auf der That ertappte Verbrecher verurtheilte, so sprach er auch diejenigen Angeklagten, deren Unschuld sich alsbald ergab, sofort, ohne eigentliches Verfahren in iudicio frei. Wenn sich dabei eine calumnia des

[1]) Ascon. p. 30.
[2]) Tac. Ann. VI, 9.
[3]) Tac. Ann. VI, 30.

Anklägers ergab, so war seine Bestrafung eben so billig als nach gehaltenem Schwurgerichte. Auch für diese Fälle galt das Remmische Gesetz. Es war vor dem Cornelischen Gesetze gegeben, als die gemeinen Verbrechen noch nicht vor das Schwurgericht kamen: es musste die Bestrafung der calumniatores durch die Beamten allein verordnen. Thatsächlich freilich war es ziemlich gleich, ob der Beamte in iure oder in iudicio, ob er ohne Schwurgericht oder nach Beendigung desselben entschied; denn die Geschworenen, welche ihm in iudicio gesetzlich beigeordnet waren, hatte er der Sitte nach auch in iure und war durch sie nicht weniger gebunden.

Aber das Remmische Gesetz ging noch weiter. Es verordnete bei Freisprechung des Angeklagten die Nothwendigkeit einer Entscheidung durch den Beamten, ob der Ankläger ein wissentlich falscher sei: dass die Anklage falsch gewesen, stand durch den Wahrspruch der Geschworenen fest. Dies erkennt man aus Asconius' Erzählung über die Vorgänge bei M. Scaurus' Processe. Scaurus war mit grosser Stimmenmehrheit freigesprochen worden. Als der Prätor Cato, heisst es, die Geschworenen über die Ankläger abstimmen lassen wollte und viele aus dem Volke ihre Hände drohend gegen die Ankläger ausstreckten, gab er der unerfahrenen Menge nach und liess am folgenden Tage die Geschworenen über die calumnia der Ankläger abstimmen, wobei die Freisprechung des Hauptanklägers sowohl als auch seiner Gehülfen erfolgte.[1]) Der Prätor wollte also nach Beendigung des Processes die Geschworenen über die Ankläger abstimmen lassen, ohne dazu in der Beschwerde des Angeklagten oder in eigener Muthmassung einen Grund zu haben: es muss dies eine von dem Gesetze vorgeschriebene, nothwendige Form gewesen sein. Bei einer Verurtheilung handelte es sich um die Belohnung der Ankläger: bei einer Freisprechung konnte davon nicht die Rede sein; aber sie konnten ausserdem, dass sie über etwaige calumnia entschieden, auch über praevaricatio oder tergiversatio urtheilen. Sie sollten überhaupt denselben ein Zeugniss über ihre Ehrenhaftigkeit und ihre gewissenhafte

[1]) Ascon. zu Cic. p. Scaur. p. 30.

Pflichterfüllung geben. Nach Asconius' Erzählung erscheint die Abstimmung, welche Cato unmittelbar nach gefälltem Urtheile veranlassen wollte, als Form ohne besondere rechtliche Folgen. Als dabei ein Geschrei des Volkes über falsche Anklage sich erhob, gab Cato demselben thörichter Weise nach und erklärte, er wolle die Entscheidung der Geschworenen über etwaige calumnia einholen, verschob deswegen auch, da jetzt längere Verhandlungen nothwendig wurden, die Entscheidung auf den folgenden Tag. Cato hätte, da er erkennen musste, dass die Anklage gegen Scaurus nur zu gegründet gewesen war, dem Verlangen des Volkes nicht nachgeben sollen. Dies beweist, dass er selbst darüber zu entscheiden hatte, dass das Urtheil über calumnia in iure und nicht in iudicio geschah. Ueber dies dem Processe nachfolgende Urtheil der Geschworenen über die Ankläger haben wir, eben weil es meist leere Form blieb, keine weitere Kunde[1]); indessen wird ihm zu vergleichen sein, dass in der Kaiserzeit bei den im Senate geführten Processen dieser dem Ankläger Dank und Anerkennung für seine Thätigkeit aussprach.[2])

Fassen wir die Untersuchung über das Remmische Gesetz und die calumnia zusammen. Ungehörigkeiten in der Anklage wurden von jeher durch den Beamten, welcher die Entscheidung über die Verbrechen hatte, gestraft: insbesondere war durch uralte Sitte für wissentlich falsche Anklage die barbarische Strafe der Brandmarkung bestimmt, die sich allmälig durch das Einschreiten der Volkstribunen milderte. Das Verfahren dabei konnte kaum anders sein als bei Vergehungen oder Verbrechen überhaupt: es musste ein Ankläger auftreten, der Beamte entschied in offenbaren Fällen selbständig, sonst mit Hinzuziehung des Volkes oder der Tribunen oder in ausserordentlicher Strafe. Als nach Ein-

[1]) Dennoch sprechen gewissermassen dafür die S. 377 angeführten Worte Ciceros über das Remmische Gesetz. Erklärt man sie genau, so sieht man, dass es keiner besondern Anregung von Seiten Ciceros bedurfte, um ein Urtheil über *calumnia* hervorzurufen. Wenn die Geschworenen nach Roscius' Freisprechung ihre Meinung über seine Ankläger abgaben, konnten sie selbständig darauf erkennen.

[2]) S. den bei Plin. ep. III, 9, 23 angeführten Senatsbeschluss.

setzung der Schwurgerichte für Amtsverbrechen vornehme Personen angeklagt und die Fälle böswilliger Anklage häufiger wurden, richtete die Gesetzgebung ihr Augenmerk auf diesen Punkt. Das Remmische Gesetz bestimmte zuerst den Begriff der wissentlich falschen Anklage, und als Strafe dafür Unfähigkeit zu fernerer Anklage oder Vertheidigung vor Gericht; aber den besonders dafür möglichen Process hob es auf. Es sollte vielmehr bei jeder Anklage der Beamte nach deren Beendigung ein Urtheil über den Ankläger abgeben, bei einem Schwurgerichte mit den Geschworenen als Beirathe, bei andern Processen mit seinem gewöhnlichen Beirathe: dabei kam etwaige calumnia zur Entscheidung. Der Antrag dazu konnte natürlich von dem Angeklagten, aber auch von den Geschworenen oder dem Volke ausgehen: ob ihm stattgegeben werden sollte, entschied der Beamte. Ob eben dasselbe Gesetz auch den Schwur, welchen der Ankläger vor dem Beginne der Anklage über die Redlichkeit derselben zu leisten hatte, einführte, ist zweifelhaft. Möglich aber ist es.[1])

Es war also das Verfahren über calumnia wesentlich von dem über Amts- oder gemeine Verbrechen verschieden. Es war dafür kein besonderer Ankläger nöthig, die Entscheidung erfolgte nur in Verbindung mit den Processen, welche den Anlass zur calumnia gegeben hatten, die Strafe war geringer. Die wegen calumnia Verurtheilten werden von den classischen Juristen ausdrücklich von denjenigen, welche sonst in einem Criminalprocesse verurtheilt werden, getrennt[2]), ein Beweis, dass das Remmische Gesetz in seiner Hauptsache,

[1]) Vergl. oben S. 152. Ist dies der Fall, so würde man als Zeit des Remmischen Gesetzes die vor dem Acilischen, in welchem der Schwur schon vorkommt, annehmen können. Doch wäre dieser Schluss nicht richtig. Es heisst in diesem Gesetze *Si deieraverit* 'im Falle er den Schwur geleistet hat;' derselbe war also nicht immer nothwendig. Vielmehr scheint das Remmische nach dem Acilischen und vor dem Cornelischen gegeben zu sein.

[2]) Ulpian in l. 43, 11 Dig. rit. nupt. (XXIII, 2): *Si qua calumniae iudicio damnata sit ex causa publici iudicii et quae praevaricationis damnata est, publico iudicio damnata esse non videtur.* Ebendasselbe deutet derselbe l. 4 Dig. de accus. et inscr. (XLVIII, 2) an: *Is qui iudicio publico damnatus est, ius accusandi non habet. · Sed etiam calumnia no-*

d. h. das Anhängsel eines Criminalprocesses fortbestand. Augustus hat weder als er einzelne Criminalgesetze[1]) gab noch als er die gesammte Strafprocessordnung regelte, andere Bestimmungen über die calumnia erlassen. Erst allmälig änderten sich die Verhältnisse, erstlich durch die Schärfung der Strafen, namentlich durch die Anwendung der Todesstrafe bei Majestätsverbrechen und durch Uebertragung eines Theiles der Criminalgerichtsbarkeit an den Senat. Als die Strafen härter wurden, war es billig, auch die wissentlich falschen Ankläger härter zu bestrafen und man half sich durch ausserordentliche Strafen, die zu der theilweisen Ehrlosigkeit, welche das Remmische Gesetz verhängte, hinzukamen. Ferner, da der Senat als stehender Gerichtshof eintrat, brauchte er nicht immer unmittelbar nach Beendigung der Processe über etwaige calumnia zu entscheiden; denn er wusste auch nach längerer Zeit den Verlauf jedes Processes. Namentlich war so die Gelegenheit gegeben, auch im Falle der Verurtheilung eines Angeklagten, wenn sich später dessen Schuldlosigkeit erwies, die Ankläger als wissentlich falsche zu strafen. Dies war ein Mangel des Verfahrens in republikanischer Zeit gewesen: ebenso wenig wie es für den unschuldig Verurtheilten ein Rechtsmittel gab, bestand für den schuldigen Ankläger, nach Beendigung des Processes durch Verurtheilung, die Möglichkeit einer Bestrafung. Oft also fand unter den Kaisern eine Trennung der Entscheidung über calumnia von dem eigentlichen Processe statt: damit wurde der Grundsatz des Remmischen Gesetzes, dass die nämlichen Richter, welche in dem Processe entschieden hatten, auch über die calumnia urtheilen sollten, doch nicht verletzt. Die tyrannischen Kaiser schütz-

---

*tatis ius accusandi ademptum est.* Rein Römisches Criminalrecht S. 810 erkennt diesen Unterschied zwischen den Processen über *calumnia* und denen über andere Verbrechen ganz richtig, nimmt aber dennoch an, bei der *calumnia* habe nur der Angeklagte die Anklage erheben können: er beweist dies mit einem Beispiele der spätern Kaiserzeit, als sich dies Verhältniss wesentlich geändert hatte. Der Name *crimen extraordinarium*, den man diesem Processe über *calumnia*, im Gegensatze zu den sonstigen *crimina publica* gab, ist weder bei den alten Rechtslehrern gebräuchlich noch passend.

[1]) Dies beweist auch die S. 376 angeführte Stelle Papinians.

ten auch wissentlich falsche Ankläger: ihre Nachfolger liessen sowohl sie als andere Ankläger, welche den Sturz Unschuldiger verursacht hatten, strafen.

### b. wegen *praevaricatio.*

Die Bestimmungen über calumnia sollten den Einzelnen gegen die Unbilden der Ankläger schützen und der Staat hatte, indem er das Recht der Anklage durch die eigenen Organe aufgab, die Verpflichtung, diesen Schutz in ausreichendem Masse zu gewähren. Nicht minder war er indessen verpflichtet, auch für die strenge Handhabung der Gerechtigkeit zu sorgen. Es ist nützlich, sagt Cicero in Sex. Roscius' Vertheidigung, wenn es viele Ankläger im Staate giebt, um die Frechheit durch Furcht zu zügeln: ein Unschuldiger kann, wenn er angeklagt ist, freigesprochen, ein Schuldiger, wenn er nicht angeklagt wird, nicht verurtheilt werden.[1] Man begünstigte also den Ankläger, verlangte aber dafür auch, dass er die Anklage ernst und ordentlich führte. Er sollte nicht *praevaricator* sein. Der Ausdruck ist, wie Plinius bemerkt, vom Pflügen hergenommen[2] und bedeutet den Ankläger, der vom geraden Wege seiner Pflicht zu Gunsten des Angeklagten abweicht. Der Sprachgebrauch beschränkt die praevaricatio auf den Ankläger, welcher dem Angeklagten durchhilft; an und für sich kann sie auch auf die Pflichtverletzung von Seiten der Anwälte, ja selbst der Richter gehen.[3] Wenn der

[1]) Cic. p. Sex. Rosc. 20, 56 *Accusatores multos esse in civitate utile est, ut metu contineatur audacia. — Innocens, si accusatus sit, absolvi potest, nocens, nisi accusatus fuerit, condemnari non potest.*

[2]) Plin. nat. hist. XVIII, 179 *Arator nisi incurvus praevaricatur, inde translatum hoc crimen in forum.* Paul. Diac. bei Festus s. v. p. 226 giebt eine sehr dürftige Erklärung; Cic. orat. part. 36, 126 *significat eum, qui in contrariis causis quasi varie positus esse videatur* (vergl. Labeo bei Ulpian l. 1, 1 Dig. de praev. XLVII, 15) nur eine ungefähre Beschreibung, ohne den Ursprung des Wortes zu erklären

[3]) So sagt Cic. p. Cluent. 21, 58 von dem Vertheidiger in C. Fabricius' Processe *addebat etiam ipse nova quaedam vulnera, ut — interdum non defendere, sed praevaricari accusationi videretur.* Im Allgemeinen sagt Quint. IX, 2, 87 *ego in universum neque oratoris puto esse unquam*

Anwalt seine Pflicht verletzte und gegen seinen Schützling handelte, so wurde dies nicht geahndet. Erst in der späteren Kaiserzeit erschien auch dieser Fall als strafbar und wurde ausserordentlicher Weise bestraft: diejenige Strafe, welche während der Republik als eigentliche galt und auch später immer bei praevaricatio ausser einer ausserordentlichen angewendet wurde, fand nicht statt.[1]) Für die Richter, welche von ihrer Pflicht abgewichen waren, gab es zum Theil seit den ältesten Zeiten andere, viel härtere Strafen: zum Theil wurden sie nicht bestraft. Wenngleich also der Sprachgebrauch eine Ausdehnung der praevaricatio auf alle bei einem Processe thätigen Personen gestattete, so bleibt dieselbe dennoch während der Republik auf die Pflichtwidrigkeit der Ankläger beschränkt, d. h. darauf, dass dieselben, statt den Schuldigen durch alle möglichen Mittel zur verdienten Strafe zu bringen, demselben durchhalfen, dadurch gleichsam Genossen seines Verbrechens wurden und das Interesse des Staates schädigten.

Die praevaricatio des Anklägers zeigt sich darin, wenn er die wahren Anklagegründe verheimlicht, wenn er mit dem Angeklagten gemeinsames Spiel treibt, wenn er sein Amt als Ankläger leichtfertig verwaltet, und falsche Entschuldigungen zulässt.[2]) Er verräth seine eigene Sache und unterstützt die

---

*praevaricari;* ebenso XII, 1, 24 *praevaricatorem donabimus oratoris illo sacro nomine.* Dass *praevaricatio* auch mit Bezug auf ein bestochenes Richtercollegium gesagt werden könne, ergiebt sich aus Cic. orat. part. 36, 125.

[1]) Ulpian l. 1, 1 Dig. de praevar. (XLVII, 16) *Is autem praevaricator proprie dicitur, qui publico iudicio accusaverit. Ceterum advocatus non proprie praevaricator dicitur. Quid ergo de eo fiet —? hic extra ordinem solet puniri.* Macer l. 3, 2 eod. tit. *Quodsi advocato praevaricationis crimen intendatur, publicum iudicium non est nec interest, publico an privato iudicio praevaricatus dicatur.* Die Strafe der Ehrlosigkeit, welche den unredlichen Ankläger traf, wurde bei dem Anwalte, der *praevaricator* war, nicht angewendet. S. l. 4 und 5 eod. tit.

[2]) Marcian l. 1, 1 Dig. ad Sctum Turpil. (XLVIII, 16) an der oben S. 375 angeführten Stelle; § 6 ibid. *Praevaricatorem eum esse ostendimus, qui colludit cum reo et translaticie munere accusandi defungitur eo quod proprias quidem probationes dissimularet, falsas vero excusationes admitteret.*

der Gegner.[1]) Es gilt für praevaricatio, wenn der Ankläger das, was er sagen muss, übergeht, oder, was öfters wiederholt und eingeprägt werden muss, flüchtig und kurz berührt.[2]) Cicero nennt seinen Feind M. Antonius seinen praevaricator, weil er ihn lobte.[3]) Es gab nichts, was zur Freisprechung des Angeklagten beitragen konnte, das nicht, wenn es vom Ankläger ausging, unter den Begriff der praevaricatio fiel.[4])

Die praevaricatio ist in zwei Beziehungen von der calumnia verschieden. Erstlich sind bei der letztern die Richter unmittelbar nach Beendigung des Processes im Stande, ein vollgültiges Urtheil darüber zu fällen, ob der Ankläger wissentlich eine falsche Anklage erhoben hat. Wenn sie freisprechen, können sie erkennen, ob die angeführten Belastungsgründe einen Verdacht rechtfertigten oder nicht. Dagegen bei der praevaricatio findet ein Verdunkeln der Verdachtsgründe statt. Die Richter werden bei ihrem freisprechenden Urtheile kaum im Stande sein, zu beurtheilen, ob nicht noch andere Verdachtsgründe als die vorgebrachten vorhanden sind: während bei der calumnia der Vertheidiger das Interesse hat, etwaige Ränke des Anklägers zu enthüllen, haben bei der praevaricatio beide Parteien das gleiche Interesse und die Unredlichkeit des Anklägers kann erst durch einen neuen Ankläger zu Tage kommen. Somit wird bei der praevaricatio meistens zwischen dem ursprünglichen Processe und dem über die Unredlichkeit des Anklägers einige Zeit verfliessen.

Zweitens übt diese einen anderen Einfluss auf etwaige Wiederholung des Processes aus. Es war uralter Grundsatz des Römischen Rechtes, dass über ein und dieselbe Criminalsache nicht mehr gerichtliche Urtheile als ein einziges mög-

---

[1]) Ulpian l. 1 Dig. h. t. *Praevaricator est quasi varicator, qui diversam partem adiuvat prodita causa sua.*

[2]) Plin. ep. I, 20 *Alioqui praevaricatio est, transire dicenda, praevaricatio etiam cursim et breviter attingere, quae sint inculcanda, infigenda, repetenda.*

[3]) Cic. Phil. II, 11, 23.

[4]) Man vergl. noch Cic. in Pis. 10, 23; div. 18, 58; p. Cluent. 32, 87; Ascon. p. 87.

lich waren: um ihn aufrecht zu erhalten, bedurfte es keiner gesetzlichen Bestimmung. Die Beamten fällten seit dem Beginne der Republik kein gerichtliches Urtheil und, wenn das Volksgericht geurtheilt hatte, so durfte dasselbe nach dem allgemeinen Begriffe eines solchen nicht wiederholt werden. Dagegen als die Schwurgerichte anfingen, bedurfte es darüber einer besondern gesetzlichen Bestimmung und sie findet sich wirklich in den Bruchstücken des Acilischen Gesetzes erhalten.[1]) Dabei aber wird vorausgesetzt, dass ein ordentlicher Process stattgefunden und namentlich auch der Ankläger seine Pflicht erfüllt hat. Sobald derselbe die Anklage nur zum Scheine geführt hat, muss eine erneute Anklage erlaubt sein. Bei der calumnia ist eine solche Wiederholung des Processes nicht denkbar.

Aus dieser Verschiedenheit der beiden Arten, wie der Ankläger seine Pflicht verletzen konnte, ist die verschiedene Behandlung, welche sie im älteren Römischen Rechte erfuhren, erklärlich. Die Aehnlichkeit tritt in der Form des Processes und in der spätern Strafe hervor. Wenn bei der calumnia zuweilen ein besonderes Verfahren nöthig war, so war dies noch nöthiger bei der praevaricatio, die von dem eigentlichen Processe getrennt zu sein pflegte. Ueber die Strafe der ältesten Zeit haben wir keine Kunde: ich glaube, es gab keine. Die älteste Zeit strebte mehr nach dem Schutze der Angeklagten als nach Strenge in der Bestrafung, die im Gegentheile gemildert werden musste: nur dies eine war natürlich, dass der Beamte dem praevaricator das Recht zur Anklage und Anwaltschaft entzog, eine Strafe, die als die einzige während der ganzen Republik bestehen blieb.[2]) Als die Schwurgerichte eingesetzt wurden, mussten die einzelnen Gesetze nicht nur jenen eben erwähnten allgemeinen Grundsatz des Römischen Rechtes aussprechen, dass eine Freisprechung nur in dem Falle einer ernsten und pflichtmässigen Anklage als immer gültig und dauernd angesehen werden sollte: sondern es musste auch

---

[1]) Man sehe Lex Acil. vs. LV und C. I. L. I, 1, 158.

[2]) S. oben über die Strafe des *calumniator* S. 381 und ausserdem tab. Heracl. 120; l. 6, 3 Dig. de decur. (L, 2).

zweitens, da die Entscheidung über die praevaricatio von dem eigentlichen Processe durch einen Zwischenraum getrennt war, eine Anordnung über die Richter getroffen werden. Das Acilische Gesetz sagt, es solle der jedesmalige Prätor, aber von den Geschworenen diejenigen, welche bei der Führung des eigentlichen Processes im Amte gewesen wären, entscheiden.[1]) Denn es erwähnt die Geschworenen, 'so weit sie noch leben,' deutet also damit an, dass diese der Richterliste eines andern Jahres entnommen sein können als desjenigen, in welchem die praevaricatio verhandelt wird. Diese Verhandlung kann dadurch in ihrem Ergebnisse fast zufällig werden. Findet sie längere Zeit nachher statt, so sind möglicher Weise mehrere von den früheren Geschworenen verstorben, andere können wegen anderer Hindernisse bei der Verhandlung nicht entscheiden: die Zahl der Richter ist zufällig. Indessen diese Entscheidung geht nur darauf, ob praevaricatio stattgefunden hat oder nicht; denn die Worte des Gesetzes lauten, 'wenn der Mehrheit dieser Geschworenen zur Genüge erwiesen sei,' dass die Freisprechung durch praevaricatio stattgefunden habe, dann solle ein neuer Process eingeleitet werden. Dieser neue Process wird dann in gewöhnlicher Weise geführt. Die Entscheidung über praevaricatio, sieht man, beruht hauptsächlich auf dem Beamten, der unter eigner Verantwortlichkeit sich durch den auf eigene Kenntniss gegründeten Spruch der früheren Geschworenen leiten lässt: es kann keine Frage sein, dass er vor der Einrichtung der Schwurgerichte selbständig die Entscheidung hatte. Ob bei derselben noch besondere Formen beobachtet wurden, darüber haben wir nicht sichere Kunde.[2])

[1]) S. Lex Acil. vs. LXXV und C. R. II, 1, 173.

[2]) Cic. orat. part. 36, 126 führt, um zu beweisen, dass sich die *praevaricatio* nur auf den Ankläger beziehe, an *quod ea littera de accusatore soleat dari iudici.* Daraus sieht man, dass geheime Abstimmung, wie bei den sonstigen Schwurgerichten, stattfand. Aber 'diesen Buchstaben' bin ich nicht im Stande zu erklären. Sollte man bei der *praevaricatio* andere Stimmtäfelchen als die mit C und A beschriebenen angewendet haben? etwa mit P beschriebene? Möglich, aber nothwendig war es nicht. Richtig übrigens bemerkt Rudorff ad leg. Acil. p. 521, nach den Gesetzesworten sei der wegen *praevaricatio* Angeklagte bei Stimmen-

Es war also bei der praevaricatio ein doppeltes Verfahren nothwendig, zuerst über diese selbst, dann über die erneute Anklage: der Anlass zu beiden ging von einem neuen Ankläger aus, der, um seine Anklage beginnen zu können, zuerst durch die Erstreitung eines Urtheils über praevaricatio das Hinderniss hinwegräumen musste, das in dem früher erlassenen Urtheile lag. So lange es Beamtengerichte allein gab, war das erste Verfahren kaum möglich: wenn der eine Beamte eine Anklage abgewiesen oder den Angeklagten freigesprochen hatte, konnte der andere sie annehmen und verurtheilen. Erst mit den Schwurgerichten entstand das Bedürfniss zu einem solchen Verfahren, und wie es sich damals bildete, so blieb es auch bis in die Kaiserzeit, fortgepflanzt durch die verschiedenen Richtergesetze. Derartig war das Verfahren, in dem Livius Drusus im Jahre 54 v. Chr. freigesprochen wurde: er wurde mit vier Stimmen der Aerartribunen freigesprochen; die beiden andern der damals das Richteramt verwaltenden Stände, die Senatoren und Römischen Ritter, hatten ihn verurtheilt.[1]) Der Kaiser Augustus erliess in seiner allgemeinen Strafgerichtsordnung die ausdrückliche Bestimmung, wenn ein Angeklagter die Anklage gegen sich damit abweisen wolle, er sei wegen eben derselben Anschuldigung schon von einem andern angeklagt und freigesprochen worden, so solle die neue Anklage nicht eher stattfinden, als über die praevaricatio der früheren Anklage entschieden wäre.[2]) Dies scheint das

---

gleichheit freigesprochen worden; aber den Schluss, den er daraus auf das Julische Gesetz bei Cic. ep. VIII, 8 zieht, ist nicht richtig.

[1]) Cic. ad Q. fr. II, 16, 3. Drumann Römische Geschichte VI, 31 verwechselt mit diesem Verfahren den Process, welchen Lucretius gegen Livius Drusus in eben demselben Jahre anstrengte (Cic. ad Att. IV, 16, 5 und 8). Dass dieser letztere verschieden war, zeigt schon die Erwähnung von der Verwerfung der Richter: von ihr konnte bei der *praevaricatio* nicht die Rede sein. Auch der bei Cic. epist. VIII, 8, 3 erwähnte Process gegen Servilius fand nicht wegen *praevaricatio* unmittelbar statt, sondern war ein Anhängsel eines andern Processes über Erpressung. Dies erkennt man aus dem dabei gefällten Urtheile *non redigam.* S. oben S. 374.

[2]) Macer l. 3, 1 Dig. h. t. *Nam si reus accusatori publico iudicio ideo praescribat, quod dicat, se eodem crimine ab alio accusatum et abso-*

Gesetz zu sein, auf welches sich auch Plinius dafür beruft, dass ein Process erst beendet sein müsse, ehe über etwaige praevaricatio des Anklägers dabei entschieden würde, weil man aus der Anklage selber am besten die Redlichkeit des Anklägers beurtheilen könne,[1]) was sich freilich, wenn es auch nicht ausgesprochen wurde, schon aus den früheren Richtergesetzen ergab.

Trotz der Verschiedenheit der praevaricatio von der calumnia in Bezug auf Ursprung und Verfahren wurde doch zwischen diesen beiden Vergehen eines Anklägers eine Verbindung herbeigeführt durch den Turpilianischen Senatsbeschluss vom Jahre 61 n. Chr. Er wurde, wie Tacitus (Ann. XIV, 41) berichtet, bei Gelegenheit eines Falles von praevaricatio gefasst, enthielt aber, wie aus dem erklärenden Titel der Digesten (XLVIII, 16) hervorgeht, auch die calumnia, bezog sich sogar auch auf die dritte Pflichtwidrigkeit, welche sich ein Ankläger zu Schulden kommen lassen konnte, nämlich die *tergiversatio*. Sie besteht darin, wenn der Ankläger ohne rechtlichen Grund von der Anklage zurücktritt,[2]) in welchem Falle die Löschung des Namens des Angeklagten in der Anklageliste eintreten musste. Die Sache war schon während der Republik bekannt, erschien aber nicht als straffällig[3]):

---

*lulum, cavetur lege Iulia publicorum, ut non prius accusetur, quam de prioris accusatoris praevaricatione constiterit et pronuntiatum fuerit.* Diese Bestimmung beweist nicht, dass vor Augustus für die *praevaricatio* ein anderes Verfahren galt oder in einigen Gesetzen über Schwurgerichte keine Bestimmung getroffen war: der Kaiser wollte nur, ehe ein neuer Process begonnen wurde, den Ankläger des früheren ausdrücklich als *praevaricator* verurtheilt wissen.

[1]) Plin. ep. III, 9, 30 *Est lege cautum, ut reus ante peragatur, tunc de praevaricatore quaeratur, quia optime ex accusatione ipsa accusatoris fides cognoscitur.* Bei diesem Processe fand übrigens eine Verletzung dieses Gesetzes, wie sie nur bei der freieren Gerichtsbarkeit des Senates möglich war, statt. Zuerst wurde der Ankläger als *praevaricator* verurtheilt, dann der Process selbst durch Freisprechung beendet — sehr auffallend, wie Plinius selbst bemerkt; aber die Verurtheilung des Anklägers geschah, wie er andeutet, hauptsächlich aus andern Gründen und seine Strafe war härter als die eines gewöhnlichen *praevaricator*.

[2]) Man sehe Marcian an der S. 375 angeführten Stelle.

[3]) Ein Beweis dafür liegt schon darin, dass Cicero, wenngleich er

es galt, wie wir später bemerken werden, schlechthin der Grundsatz, dass, wenn der Ankläger nicht erschien, der Process aufhörte. Schien dem Prätor die Anklage begründet, so veranlasste er einen andern Ankläger aufzutreten: hätte es eine Strafe für den nicht erscheinenden Ankläger gegeben, so würde Verres sie bei Sthenius' Processe verhängt haben (Cic. in Verr. II, 40, 99).[1]) Auch in der ersten Kaiserzeit war das Aufgeben einer Anklage schwerlich strafbar. Unter Tiberius im Jahre 24 v. Chr. klagte Vibius Serenus seinen Vater wegen Majestätsverbrechen an: das Volk drohte dem Ankläger als offenbarem Vatermörder mit den äussersten Strafen und derselbe gab erschreckt die Anklage auf, floh auch aus Rom. Mit Tiberius' Einverständniss wurde er zurückgebracht und zur Fortsetzung der Anklage gezwungen; aber von seiner Bestrafung hören wir nicht, er scheint sogar belohnt worden zu sein (Tac. Ann. IV, 28 flgd.). Ein Zwang wurde hier angewendet, weil es sich um Aufruhr und gefährliche Staatsverbrechen handelte: bei einem andern Processe hätte man keinen Zwang gebraucht. Wahrscheinlich unter dem Kaiser Nero zuerst wurde durch den erwähnten Turpilianischen Senatsbeschluss tergiversatio als straffällig anerkannt und es entwickelte sich eine weitläuftige Gesetzgebung, welche das Amt des Anklägers als ein öffentliches hinstellte und jede Pflichtwidrigkeit dabei nach Massgabe des angerichteten Schadens mit den härtesten Strafen ahndete.

### 2. im Falle der Verurtheilung.

#### a) Die *litis aestimatio*.

Die Verurtheilung führte viel weitläuftigere Verhandlungen als die Freisprechung herbei. Ueber die capitale Strafe,

---

das Wort oft von andern Sachen, ab und zu auch von dem gerichtlichen Ankläger gebraucht, dennoch nie von der *tergiversatio* als strafwürdig spricht.

[1]) Auf eine Bestrafung der *tergiversatio* darf man nicht schliessen aus Cic. p. Cluent. 31, 86 *nec sine ignominia calumniae relinquere (potuerat) accusationem Cluentius.* Dies heisst nur, Cluentius würde, wenn er die Anklage aufgegeben hätte, in den schimpflichen Verdacht gekommen sein, als sei dieselbe falsch gewesen.

welche das Schwurgericht verhängte, werde ich später sprechen. Die nicht capitalen Strafen bestanden in Ehrlosigkeit, d. h. Verlust des Ranges und in Unfähigkeit zu Aemtern. Zu ihrer strengen Durchführung bedurfte es nicht besonderer Massregeln: die Oeffentlichkeit des Lebens sorgte dafür, dass kein Verurtheilter zu den ihm entzogenen Ehrenrechten gelassen wurde. Dagegen bei den Processen über Amtsverbrechen, später denen über Erpressung nach dem Julischen Gesetze, ferner denen über Staatsdiebstahl und, seit es einen besondern Gerichtshof dafür gab, vielleicht auch denen über Wahlumtriebe,. wurde auch Geldstrafe verhängt. Für die Verhängung und Vollstreckung derselben waren ausführliche Bestimmungen nothwendig, wie wir sie hauptsächlich durch die Bruchstücke des Acilischen Gesetzes kennen lernen. Die Grundsätze dafür standen seit alter Zeit fest. Denn Geldstrafen waren im Römischen Rechte von jeher üblich: es kam nur auf die Form an, in welcher nach Einsetzung der Schwurgerichte die Höhe derselben bestimmt werden sollte. Dies Verfahren heisst 'die Schätzung des Processes' *(litis aestimatio)*[1]): sie ist auf das engste mit dem Schwurgerichte verknüpft und doch von demselben wesentlich verschieden. Cicero in seiner Vertheidigungsrede für Cluentius[2]) spricht über die Beschuldigung, dass der Angeklagte bei einem Processe wegen Giftmischerei die Geschworenen durch Bestechung zur Verurtheilung bewogen habe. Einer der Geschworenen, P. Septimius Scaevola, ein Senator, wegen Amtsverbrechen angeklagt, war bei der Schätzung des Processes unter andern zur Erstattung der Summe verurtheilt worden, die er als Geschworener in jenem Processe empfangen haben sollte.[3]) Cicero wünscht zu zeigen, dass diese Verurtheilung

[1]) Man sagt *litis aestimatio*, wenn es sich nur um einen einzigen Fall, in dem Ersatz geleistet werden soll, handelt oder wenn der Process als ein Ganzes betrachtet wird, aber *litium aestimatio*, wenn man die einzelnen Fälle, wie sie bei einem grösseren Processe vorkommen, unterscheidet. S. C. R. II. 1, 159 flgd.

[2]) Cic. p. Cluent. 41, 115 flgd.

[3]) Cic. in Verr. Act. I, 13, 38. Die Stelle wird auch von den neuesten Herausgebern nicht richtig herausgegeben, doch kann über den allgemeinen Sinn kein Zweifel sein.

für Septimius' Schuld nicht beweisend sei. Wenn der Angeklagte in dem eigentlichen Processe einmal verurtheilt sei, sagt er, seien die Geschworenen bei der litis aestimatio nicht mehr sorgfältig. Entweder halten sie den Angeklagten, den sie einmal verurtheilt haben, für ihren Feind und lassen deshalb ohne Schwierigkeit auch eine schwere capitale Beschuldigung zu, oder sie glauben mit dem eigentlichen Urtheile ihre Pflicht erfüllt zu haben und sind nachlässig. Deshalb komme es sehr oft vor, dass in Erpressungsprocessen dem Verurtheilten eine Ersatzsumme wegen eines Majestätsverbrechens bei der litis aestimatio auferlegt würde und doch, wenn deshalb ein Majestätsprocess anhängig gemacht werde, Freisprechung eintrete: alltäglich sei es, dass wenn bei der litis aestimatio eines Erpressungsprocesses erklärt werde, das erpresste Geld sei an Andere gekommen, eben diese, an die es gekommen sein sollte, nachher, wenn es deshalb zu einem besondern Processe käme, freigesprochen würden. Denn die litis aestimatio, erklärt Cicero, sei kein Gericht. Es ergiebt sich aus dieser Darstellung Ciceros, dass eben dieselben Geschworenen, welche bei dem Fällen des eigentlichen Urtheils entschieden haben, auch bei der litis aestimatio thätig sind: sonst würde ihre Sorgsamkeit oder Nachlässigkeit nicht erklärlich sein. Aber Cicero führt nur die der grossen Menge einleuchtenden Gründe für die Verschiedenheit der litis aestimatio von dem vorhergehenden Verfahren an: den eigentlichen juristischen Unterschied der beiden Theile des Processes übergeht er.

Als die Schwurgerichte noch nicht bestanden, wurde eine Anklage über Erpressung, welche die Spanischen Provinzen gegen ihren Statthalter bei dem Senate vorbrachten, so verhandelt[1]), dass der Senat zuerst in seiner Gesammtheit sich von der Schuld des Angeklagten überzeugte, sodann aus der Zahl der Senatoren unter Mitwirkung der beiden Parteien Recuperatoren ernannt wurden, welche die einzelnen Punkte genauer untersuchten und die Entschädigungssumme festsetzten. Der Senat in seiner Gesammtheit entspricht den Ge-

[1]) Liv. XLIII, 2. S. C. R. II, 1, 12 flgd.

schworenen, welche über die Schuld oder Unschuld des Angeklagten entscheiden, die Recuperatoren den Geschworenen, vor denen die litis aestimatio geführt wird: diese sind aus der Zahl jener entnommen, weil sie den Verhandlungen von Anfange an beigewohnt haben. Als unter dem Kaiser Trajan Marius Priscus, der Proconsul Afrikas, angeklagt wurde, gab er die Vertheidigung auf, d. h. erklärte sich für schuldig, und verlangte Richter.[1]) Sie wurden ihm vom Senate gegeben und entsprechen ebenfalls den bei der litis aestimatio thätigen Geschworenen. Dass sie vom Senate gewählt wurden, kam von der Veränderung der Gerichtsverfassung unter den Kaisern her. Zur Zeit der Schwurgerichte musste die Ernennung der Richter, welche den Process schätzten, verschieden sein.

Der Hauptunterschied der litis aestimatio von dem mit dem Urtheile schliessenden Verfahren besteht darin, dass jene in iure geschieht: der Prätor ist allein dafür verantwortlich und seine Entscheidung sollte der Sitte nach nur durch die Befragung seines Beirathes beschränkt sein. Indessen das Gesetz, welches ihn für das Verfahren in iudicio an den Spruch der Geschworenen bindet, sorgt dafür, dass auch bei den weiteren Verhandlungen jede Willkür eines Einzelnen ausgeschlossen bleibt. Es schreibt dem Beamten die Befragung seines Beirathes vor: er muss entscheiden, wie die Mehrheit desselben bestimmt hat. Im Acilischen Gesetze heisst es bei den Paragraphen über die litis aestimatio zweimal 'nach der Meinung der Mehrheit des Beirathes'.[2]) So werden in diesem Gesetze die Geschworenen selbst bei denjenigen Verhandlungen, deren Ergebniss das eigentliche Urtheil ist, nicht genannt. Aber in diesem Beirathe sind eben dieselben Ge-

---

[1]) Plin. ep. II, 11 *Marius Priscus accusantibus Afris, quibus proconsul praefuit, omissa defensione iudices petiit.*

[2]) Lex Acilia vs. LVII *quei ex h(ace) l(ege) condemnatus erit, q(uaestori) praedes facito det de consili maioris partis sententia, quanti eis censuerint* . . . und LX *(nomine suo parentisve suei quoive ipse parens suos heres siet litem aestumatam esse queive eiei iudicei consiliove eius maiorei parti eorum satis fecerit regia populeive ceivisve suei nomine litem aestumatam esse sibei* . . . .

schworenen, welche das Urtheil gefällt haben. Wenn der Prätor bei der divinatio und den andern Vorbereitungen für den Process in seinen Beirath die Geschworenen beruft[1]), so muss er dies in noch höherem Grade bei den nachfolgenden Verhandlungen thun, da es wichtig ist, dass die nämlichen Personen über die Strafsumme entscheiden, welche dem Beweisverfahren beigewohnt haben. Dass dies wirklich der Fall war, ergiebt sich einmal aus den Worten Ciceros, wo er von einer nach dem Cornelischen Gesetze gehaltenen Schätzung der Processe spricht, zweitens aus dem Verfahren vor der Einsetzung der Schwurgerichte und dem bei den kaiserlichen Senatsgerichten. Dies war mithin keine besondere Anordnung des Acilischen Gesetzes, sondern allgemeine Gerichtssitte. Wenn das Gesetz dennoch bei der litis aestimatio einen andern Ausdruck für die Geschworenen hat als bei dem eigentlichen Processe, so liegt der Grund davon erstlich in der Verschiedenheit der Stellung, die sie einnehmen. Sie fällen zwar auch die Entscheidung, treten aber gegen den vorsitzenden Beamten zurück. Zweitens liegt der Grund in der Zusammensetzung der Geschworenen, welche die Schätzung vornehmen. Es sind die nämlichen, welche vorher das Urtheil gefällt haben, aber nicht alle. Wenn schon bei dem Verfahren in iudicio nicht nothwendiger Weise alle, welche zum Fällen des Urtheiles verpflichtet waren, zu dieser Pflicht angehalten wurden[2]), wenn einige theils bei der Beweisaufnahme, theils beim Urtheilsprechen fehlen durften, wenn ferner denen, die urtheilten, die Möglichkeit gelassen war, entweder sich offen dem Urtheilen zu entziehen oder durch ein stimmenloses Täfelchen davon sich zu entbinden, so ist es undenkbar, dass man darauf gehalten habe, die Gesammtheit der früheren Geschworenen für die Schätzung des Processes zusammenzuhalten. Der Prätor entliess also nach Fällung des Urtheiles die Geschworenen in ihrer Gesammtheit, behielt aber, wenn noch die Schätzung des Processes nothwendig war, einen Theil derselben, wahrscheinlich diejenigen, die zu dieser Dienstleistung

[1]) S. oben S. 137.
[2]) S. oben S. 319.

bereit waren, zurück. Dadurch erklärt sich der Ausdruck 'Beirath', der sich im Acilischen Gesetze findet: es war Zufall, wer und wie viele von den Geschworenen blieben. Ihre Abstimmung musste auch eine verschiedene sein, weder geheim, wie früher, noch in den strengen Formen, welche für die Fällung des Wahrspruches vorgeschrieben waren. Das Acilische Gesetz sagt: 'nach der Meinung der Mehrheit des Beirathes'. Die Abstimmung war, wie überhaupt beim Beirathe, mündlich und erfolgte nach einfacher Mehrheit, wahrscheinlich auf den Vorschlag des Beamten.

Mithin nahm das auf die Urtheilsfällung folgende Verfahren eine Art Sonderstellung ein. Es geschah in iure. Dennoch war der Beamte gesetzlich gebunden, und auch gegen den Einspruch anderer Beamten und namentlich der Volkstribunen geschützt. Dass seit dem Acilischen Gesetze das Verfahren bei der Schätzung geändert worden sei, ist weder bezeugt noch wahrscheinlich: es war in der Natur der Sache und der Römischen Sitte gleich begründet. Nur in Bezug auf die Personen der den Process Schätzenden musste eine Aenderung eintreten, als auch die Geschworenen selbst aus anderen Ständen und in geringerer Zahl gewählt wurden.

Man kann bei der Abschätzung der Processe drei Theile unterscheiden. Der erste ist kurz und schloss sich wahrscheinlich oft unmittelbar an die Fällung des Urtheils an. Das Acilische Gesetz verordnet, nach Verurtheilung des Angeklagten solle der Prätor nach der Meinung der Mehrheit seines Beirathes eine Summe bestimmen, auf welche sich der Schadenersatz wahrscheinlicher Weise belaufen würde, und für dieselbe Bürgen von dem Angeklagten verlangen. Stellt dieser dieselben nicht, so werden seine Güter durch den Quästor des Staates mit Beschlag belegt. Diese Anordnung entspricht dem Verfahren, welches bei Einsetzung der Schwurgerichte gegen Staatsschuldner üblich war: früher war ein verschiedenes beobachtet worden. Bei dem Processe L. Scipios hatte der Prätor nach geschehener Verurtheilung den Verurtheilten, als derselbe sich weigerte, die Strafe zu bezahlen, also auch nicht Bürgen für dieselbe stellte, ins Gefängniss zu führen befohlen: es bedurfte erst der Einsprache eines Volkstribauen, damit die Person des Verurtheilten unbehelligt blieb und nur seine Güter mit Beschlag belegt wurden.[1]) Bei der Einsetzung der Schwurgerichte war allgemeiner Grundsatz, die Person des Verurtheilten aus dem Spiele zu lassen und sich nur an das Vermögen zu halten, und dieser Grundsatz wurde durch die spätere Gesetzgebung nicht geändert. Für die vorläufige Ansetzung der Strafsumme gab die Anklage einen Anhalt: in ihr war die Summe, welche zurückgefordert wurde, angegeben.

Bei der Schätzung selbst sind zwei Fälle denkbar. Entweder war die Verurtheilung nur wegen eines einzigen Punktes erfolgt und dieser allein kam zur Sprache: dann war die Schätzung nicht schwierig. Die Sache wurde noch einmal mit besonderer Beziehung auf den Schadenersatz untersucht. Der zweite Fall war, dass viele und verschiedenartige Punkte zur Sprache kamen, wie bei den grossen politischen Processen, wo es sich um längere Verwaltung von Provinzen handelte. Cicero in seiner Anklagerede gegen Verres führt viele Punkte, wo derselbe des Geldgewinnes halber Unrecht gethan hatte, aus: wäre es zur regelrechten Beendigung des Processes gekommen, so hätte er vielleicht noch mehr namhaft gemacht. Die Verhandlungen dabei konnten lange dauern: die Geschworenen theilten sich vielleicht, um in einzelnen Ausschüssen zu berathen[2]), sie verfuhren, wie Cicero sagt, nicht

---

[1]) Liv. XXXVIII, 60. Vergl. C. R. II, 2, 318.

[2]) Eine solche Theilung liegt in der Römischen Sitte, die selbst bei dem eigentlichen Criminalprocesse der früheren Zeit die Hinzuziehung eines Privatrichters erlaubt hatte, s. C. R. I, 2, 294. Eine Andeutung von solcher Vereinzelung der Geschworenen für die Schätzung der Processe glaubte ich früher (C. R. II, 1, 163) in den Worten des Acilischen Gesetzes (v. LXII *iudex quei eam rem quaesierit queive iudex ex hace lege factus erit*) zu finden, indem ich annahm, der den ganzen Process leitende Richter habe für die einzelnen Ausschüsse gleichsam Unterrichter ernannt. Indessen lassen sich jene Worte auch anders erklären: der nach dem vorliegenden Gesetze ernannte Richter kann auch ein späterer Prätor sein. Die Schätzung der Processe konnte sich in das folgende Jahr hinziehen und dann trat an die Stelle des Richters, welcher die Untersuchung im Processe geführt hatte, der jedesmalige Prätor für die Schwurgerichte, wie er nach dem Acilischen Gesetze

mit gleicher Sorgfalt wie bei dem Urtheile selbst, sie, entschieden nach Stimmenmehrheit in mündlicher Abstimmung. Die Ansätze der Geschworenen blieben oft tief unter den Forderungen der Beschädigten. In Verres' Processe forderte Cicero anfangs, ehe er den Process näher untersucht hatte, 100 Millionen Entschädigung (div. 5, 19): später, als er Zeugen und Beweise gesammelt, gab er nur 40 Millionen an (Act. I, 18, 56; lib. I, 10, 27). Bei der Schätzung wurden den Siciliern nur 3 Millionen zuerkannt[1]), eine verhältnissmässig geringe Summe, so dass Cicero in den Verdacht kam, er habe sich bestechen lassen. Aber gegen diesen Verdacht spricht die Dankbarkeit, welche die von Cicero vertheidigte Provinz später gegen ihn bezeugte: Verres wurde bei der Schätzung der Processe von Hortensius geschickt vertheidigt, die Geschworenen glaubten mit der Verurtheilung genug gethan zu haben, Cicero war mit seinem Erfolge zufrieden und hatte gegen Verres nicht persönliche Rache zu befriedigen, von den Siciliern selbst mochten viele, zufrieden mit der grösseren Sicherheit für die Zukunft, ihre Ansprüche gegen die mächtigen Gönner des Verurtheilten nicht weiter verfolgen. Es wurden bei der Schätzung der Processe oft geringe Summen als Entschädigung zuerkannt, namentlich so lange das alte Gesetz über Amtsverbrechen bestand und neben Erpressung jede Ungerechtigkeit in der Amtsführung zur Entscheidung kam. Von C. Cato, dem Proconsul Macedoniens, wird erzählt, der Ersatz, zu welchem er verurtheilt wurde, habe nur 4000, andere sagen 8000 Sesterzen betragen.[2])

jährlich ernannt werden sollte. Selbst wenn man für die Zeit dieses Gesetzes, wo die Zahl der Geschworenen sehr gross war, Unterrichter annimmt, so wird eine solche Spaltung derselben für die spätere Zeit, wo die Zahl der Geschworenen verhältnissmässig gering war, nicht glaublich sein.

[1]) So erzählt Plut. Cic. 8. Die Lesart gewaltsam zu ändern liegt kein Anlass vor. Denn es war sehr wohl möglich, dass ein Theil der Kunstwerke, welche Verres geraubt hatte, zurückgegeben und nicht bloss der doch schwer festzusetzende Werth dafür erstattet wurde.

[2]) Vell. II, 8; Cic. in Verr. III, 80, 184; IV, 10, 22 und daselbst die Noten der Herausgeber.

Im Allgemeinen war es Sitte, wenn der Angeklagte einmal verurtheilt war, bei der Schätzung der Processe Forderungen aller Art geltend zu machen. Cicero[1]) sagt, es sei sehr oft geschehen, dass bei den wegen Erpressung Verurtheilten Processe von Majestätsverbrechen abgeschätzt wurden, d. h. bei der Schätzung der Processe wurden Fälle zur Sprache gebracht, die eigentlich Majestätsverbrechen enthielten. Man suchte so nebenbei Ungerechtigkeiten der Beamten zu strafen. Bei Verres' Processe kamen, da Cicero nicht blos dessen Verwaltung Siciliens, sondern auch sein Verhalten in früheren Aemtern zur Sprache brachte, mehrere Fälle vor, die schon bei dem Processe Cn. Dolabellas entschieden worden waren. Z. B. war in Athen aus dem Tempel der Minerva eine grosse Menge Gold fortgenommen worden: Dolabella hatte dafür Ersatz leisten müssen. Cicero[2]) behauptet, Verres habe eigentlich diese Erpressung veranlasst, und sei dafür zum Ersatze heranzuziehen. Diese Ausdehnung der litis aestimatio lag in dem Charakter des Gesetzes über Amtsverbrechen. Seit das Julische Gesetz sich auf Erpressung allein beschränkte und für andere Amtsverbrechen besondere Gesetze gegeben waren, trat die Sonderung der Gerichtshöfe in Bezug auf Verbrechen und Personen auch bei der Schätzung der Processe immer mehr hervor, und erst, als unter den Kaisern die Gerichtsbarkeit des Senates eingerichtet wurde, konnten verschiedenartige Verbrechen, wie beim Processe selbst, so bei der Schätzung der Processe zur Entscheidung gebracht werden.

Der Ersatz, welchen der Verurtheilte zu leisten hatte, war theils ein einfacher, theils ein mehrfacher; aber leider sind unsere Nachrichten so vereinzelt, dass wir nicht im Stande sind, die Fälle, in denen auf jenen oder auf diesen erkannt wurde, anzugeben. Man kann nur im Allgemeinen sagen, dass anfänglich für alle Fälle nur einfacher Ersatz bestimmt war, allmälig aber auch mehrfacher Ersatz aufkam, nämlich doppelter und vierfacher: darüber hinaus ist man niemals gegangen.[3]) Bis zum Acilischen Gesetze galt nur einfacher

[1]) Cic. p. Cluent. 41, 116. Vergl. oben S. 397.

[2]) Cic. in Verr. I, 17, 45.

[3]) Vergl. C. R. II, 1, 161; II, 2, 342.

Schadenersatz: dieses bestimmte für einzelne, uns nicht näher bekannte Fälle doppelten Ersatz.[1]) Das Julische Gesetz verordnete auch vierfachen Ersatz: wir kennen aber als Fall, wo er eintrat, nur den einen, auf einer Verordnung des Kaisers Augustus beruhenden, wenn die Anwälte sich für ihre Bemühungen gegen das Cincische Gesetz zu viel Lohn ausbedungen hatten. Aber es muss auch viele andere Fälle gegeben haben, schon in der republikanischen Zeit. Denn es gab sowohl in Civil- wie in Criminalprocessen eine Classe von Anklägern, welche *quadruplatores* heissen: ihr Name wird hergeleitet von dem vierfachen Ersatze, der den Verurtheilten in solchen Processen auferlegt wurde.[2]) Bei dem Verbrechen der Erpressung bemerkt man eine Neigung der Gesetzgebung, durch Erhöhung des Ersatzes grössere Strenge zu beweisen und unter den späteren Kaisern wurde der vierfache Ersatz hierfür wohl gewöhnlich. Bei der Schätzung der Processe wurden die einzelnen Fälle betrachtet und je nach ihrer Verschiedenheit ein einfacher oder mehrfacher Ersatz auferlegt. Bei Staatsdiebstahl galt wahrscheinlich immer vierfacher Ersatz.

Dass bei dem Verbrechen der Erpressung die Geldstrafe dazu dienen sollte, um den Beschädigten ihren Verlust zu ersetzen, ergiebt sich aus dem Zwecke des ganzen Verfahrens, aus dem Namen, welchen es führt, aus den Bestimmungen des Acilischen Gesetzes[3]), in dem ausführliche Vorschriften über die Vertheilung der Gelder an die klagbaren Parteien ent-

[1]) S. Lex Acil. vs. LIX.

[2]) Im Allgemeinen erwähnt *quadruplatores* der auct. ad Her. II, 26, 41; in einem Civilprocesse Cic. in Verr. II, 7, 21, aber in einem Criminalprocesse Cic. div. 7, 24. Ihren Namen leitet Paul. Diac. p. 259 M. von dem vierfachen Ersatze her, der falsche Ascon. p. 110 und 208 entweder davon oder von dem vierten Theile des Ersatzes, den sie als Belohnung erhielten. Aber bei der letzten Ableitung lässt sich der Name nicht erklären.

[3]) Unter Tiberius wurde C. Silius wegen Erpressung und Majestätsverbrechen angeklagt und verurtheilt. Aber von den Einwohnern der Provinz, die er verwaltet hatte, verlangte niemand Geld zurück; deshalb konnte die Strafsumme auch nicht darnach angesetzt werden: nur seines Majestätsverbrechens halber wurden ihm die Geschenke, welche

halten waren. Aber daraus folgt nicht, dass, wenn mehrfacher Ersatz statt fand, dieser ganz den Beschädigten zufiel. Diese hätten dann einen bedeutenden Vortheil gehabt und solche Ermunterung zur Anklage mochte die Gesetzgebung scheuen. Aus der späteren Kaiserzeit, wo vierfacher Ersatz des Erpressten geleistet wurde, haben wir die Nachricht, der doppelte Ersatz sei den Beschädigten zugefallen, die andere Hälfte desselben dem Staatsschatze.[1]) Aus der republikanischen Zeit haben wir keine solche Nachricht. Wenn es von Augustus heisst, er habe verordnet[2]), die Anwälte sollten für ungesetzlich genommene Bezahlung den vierfachen Ersatz leisten, so wird nicht hinzugesetzt, die Parteien sollten diesen vierfachen Ersatz zurückerhalten: wahrscheinlich floss, mit Ausnahme der einfachen, ungesetzlich genommenen Strafsumme, das übrige in die Staatskasse. Also die Beschädigten erhielten während der Republik nur einfachen Ersatz: was darüber an Strafe gezahlt wurde, gehörte dem Staate. Wohl möglich aber, dass für alles von Privatleuten oder Gemeinden erpresste Geld nur einfacher Ersatz geleistet wurde, mehrfacher allein für das, was dem Staate entwendet war. Wir können selbst in den schlimmsten Fällen von Erpressung nur einfachen Schadenersatz nachweisen. A. Gabinius hatte von dem Könige Ptolemaeus Auletes zehntausend Talente erhalten, um dafür den König wieder in den Besitz Aegyptens zu setzen[3]): in Rom wurde er dafür und für andere Erpressungen unter andern auch nach dem Julischen Gesetze über Erpressung angeklagt. Es war ein sehr schlimmer Fall: Gabinius hatte ohne Befehl gehandelt und man beschuldigte ihn, er habe sich bestechen lassen für die genannte Summe, während er selbst behauptete, er habe das Geld nur für Kriegszwecke erhalten.[4]) Die Richter entschieden, er habe das Geld zur Beste-

ihm Augustus gegeben, wieder genommen. Dies sagt Tacitus Ann. IV, 20 *Saevitum in bona, non ut stipendiariis pecuniae redderentur, quorum nemo repetebat, sed liberalitas Augusti avulsa, computatis singillatim quae fisco petebantur.*

[1]) L. 3 Iust. cod. de adsess. (I, 51).

[2]) Dio Cass. LIV, 18. Vergl. oben S. 98.

[3]) Cic. p. C. Rab. 8, 21; Plut. Ant. 3.

[4]) Cic. p. C. Rab. 12, 34.

chung erhalten und dies war nach dem Julischen Gesetze, mochte er sonst gesetzlich oder ungesetzlich gehandelt haben, strafbar. Als er verurtheilt war, kam bei der Schätzung der Processe auch dieses Geld, das er vom Könige Ptolemäus erhalten hatte, zur Sprache: der Ankläger gab es auf zehntausend Talente an und die Richter setzten die Summe so hoch an.[1]) Aber der Ersatz war einfach. Dies ergiebt sich aus der Rede, welche Cicero für C. Rabirius, der zur Aufbringung jener Summe beitragen sollte, hielt. Hätte die Strafsumme, die Gabinius zahlen sollte, das Doppelte oder gar Vierfache betragen, so musste Cicero sie nennen; er spricht aber nur von zehntausend Talenten und läugnet die Möglichkeit, dass, wie es nach einigen Aeusserungen des Anklägers scheinen konnte, Gabinius eilftausend Talente erhalten hätte.[2]) Es wäre, wenn Gabinius einen mehrfachen Ersatz hätte leisten sollen, eine so ungeheure Summe herausgekommen, dass sie uns sicherlich überliefert worden wäre.[3]) Aber selbst dieser einfache Schadenersatz diente in diesem Falle nicht dazu, die Beschädigten zu entschädigen. Denn Ptolemäus hatte durch Gabinius' Bestechung seinen Zweck erreicht und sein Königreich wieder erhalten. Es wäre Thorheit gewesen, ihm nun auch noch sein Geld dazu zurückzuerstatten. Auch waren bei dem Processe die Gesandten des Königs nicht gegen Gabinius aufgetreten: sie hatten ihn gelobt.[4]) Unmöglich konnten sie selber den Ersatz verlangen. In diesem merkwürdigen Processe liegt also unzweifelhaft ein Fall vor, wo

[1]) Cic. p. C. Rab. 11, 30 *At non modo abs te decem milia obiecta sunt, sed etiam ab his aestimata.*

[2]) Cic. l. l. *Non intelligo hoc quale sit: utrum accessionem decumae, ut nostri facere coactores solent in centesima, an decessionem de summa fecerit. Si accessionem, undecim milia talentum ad Gabinium pervenerunt.*

[3]) Cicero nennt als Geldsumme, welche Gabinius von Ptolemäus erhalten habe, zehntausend Talente oder 240 Millionen Sesterzen (p. C. Rab. 8, 21), Dio Cass. XXXIX, 35 sagt, Gabinius sei verklagt worden, weil er mehr als 400 Millionen HS. während seiner Provincialverwaltung erpresst habe. Das Aegyptische Geld machte also nur die Hälfte der gesammten Erpressungen aus; denn Gabinius hatte auch sonst in Syrien und namentlich in Judäa arg gewirthschaftet, viel schlimmer als Verres in Sicilien.

[4]) Cic. p. C. Rab. 11, 31.

wegen ungesetzlicher Erpressung von einem befreundeten Könige[1]) nur einfacher Ersatz geleistet wurde und dieser dem Römischen Staatsschatze zu Gute kam. In noch viel höherem Grade fand ein etwaiger mehrfacher Ersatz nur für diesen statt.

Aber auch in schlimmeren Fällen von Erpressung, als es der von Gabinius bei seinem Feldzuge gegen Aegypten gewesen war, finden wir nur einfachen Ersatz und je nach den Umständen Wiedererstattung an die Beschädigten oder Bereicherung des Staatsschatzes. Nach dem Julischen Gesetze wurde unter Trajan ein Process über Erpressung gegen Caecilius Classicus, den Statthalter des Bätischen Spaniens, geführt: das Urtheil lautete, das Vermögen, das er vor seiner Provincialverwaltung gehabt hätte, solle von dem übrigen getrennt, jenes seiner Tochter, dieses den Beschädigten gegeben, ausserdem das Geld, welches er während seiner Verwaltung zur Bezahlung seiner Schulden verwandt hätte, wieder eingefordert werden.[2]) Also einfacher Ersatz für alle Erpressungen, welcher Art sie auch sein mochten, und Zurückerstattung an diejenigen Einwohner, welche sich meldeten und ihre Ansprüche bewiesen. Der ärgste Fall von Erpressung oder Bestechung wurde unter eben demselben Kaiser, ebenfalls nach dem Julischen Gesetze verhandelt. Marius Priscus, der Proconsul Afrikas, hatte siebenhunderttausend Sesterzen für die ungerechte Hinrichtung eines Römischen Ritters empfangen: sein Urtheil lautete in Bezug auf die Geldstrafe, jene Summe sollte aus seinem Vermögen für den Staatsschatz eingezogen werden.[3]) Eine Rückgabe an denjenigen, welcher die Bestechung verübt, konnte natürlich nicht statt finden; aber auch von Entschädigung der Verwandten des Hingerichteten ist nicht die Rede.

[1]) Dass diese ganz ebenso standen, wie die übrigen Bundesgenossen und die Römischen Bürger, ergiebt sich schon aus dem Acilischen Gesetze, wo sie bei der *litis aestimatio* mit diesen in gleicher Weise genannt werden, Z. LX und LXIII.

[2]) Plin. ep. III, 9, 17. Vergl. C. R. II, 2, 345.

[3]) Plin. ep. II, 11, 19. In einem andern Falle bei Plin. ep. IV, 9 handelte es sich nur um die Annahme von Geschenken, ohne unredliche Absicht. Sicherlich fand, da keine criminalgerichtliche Bestrafung ein-

Diese Rechtsanschauung, dass bei der an Privatpersonen verübten Erpressung die Strafsumme zuerst dem Staate und erst in zweiter Linie dem Beraubten zufällt, ergiebt sich auch aus dem Verfahren nach Abschätzung der Processe, wie es in den Bruchstücken des Acilischen Gesetzes vorgeschrieben und auch später beobachtet wurde. Zur Schätzung der Processe war ebenso wenig wie zur Anklage selbst der Antrag der Beschädigten nöthig: sobald nur ein Fall erwiesen war, wurde der Ersatz bestimmt, mochte der Beschädigte darauf antragen oder nicht. Cicero hatte bei dem Processe gegen Verres nur Sicilien bereist und nur Privatpersonen und Gemeinden Siciliens hatten an der Anklage thätigen Antheil genommen; trotzdem konnten die Richter auch für die Erpressungen, welche Cicero dem Angeklagten in Rom, Italien, Griechenland und Kleinasien vorwirft, Schadenersatz verordnen: da die Beschädigten aus Griechenland und Asien sich schwerlich meldeten, flossen diese Entschädigungen in den Staatsschatz. Sie blieben darin, weil sie Niemand für sich in Anspruch nahm. Wenn nämlich die Schätzung der Processe geschehen und das Geld entweder durch die Bürgen oder den Verkauf der Güter des Verurtheilten beigetrieben ist, so melden sich die Beschädigten mit ihren Ansprüchen bei dem Prätor des Gerichtes, beweisen, dass für ihre Forderungen Ersatz geleistet worden, und innerhalb dreier Tage nach der Entscheidung darüber wird ihnen oder ihren Bevollmächtigten das Geld ausgezahlt.[1]) Weitere Vorschriften sind nothwendig im Falle, wenn das Vermögen des Verurtheilten zur Bezahlung der Strafsumme nicht ausreicht. Dann tritt eine verhältnissmässige Vertheilung des Vorhandenen ein (tributus). Innerhalb zehn Tage, nachdem das Vermögen zusammengebracht ist, setzt der Prätor einen Termin, nicht entfernter als hundert Tage, an. An ihm erscheinen diejenigen, welche Anspruch machen, persönlich oder durch Bevollmächtigte, die Vertheilung geschieht und das Geld wird so bald als

trat, nur einfacher Ersatz und zwar zum Besten des Staatsschatzes statt. Denn diejenigen, welche die Geschenke gegeben, forderten sie nicht zurück.

[1]) Lex Acilia Z. LX und LXI flgd. S. C. B. II, 1, 165 flgd.

möglich von dem Quästor ausgezahlt. Wenn jemand an diesem Termine fehlt, wird sein Antheil noch fünf Jahre lang für ihn aufgehoben: nachher verfällt er dem Staatsschatze. Genaue Vorschriften regeln die öffentliche Bekanntmachung aller bei diesem Verfahren vorkommenden Punkte und die sichere Aufbewahrung des Geldes. Im Wesentlichen müssen diese Vorschriften von allen Gesetzen, die über Erpressungen handelten, wiederholt worden sein: immer erscheint der Staatsschatz als derjenige, an den die vom Verurtheilten gezahlte Strafe fällt und der sie nur nach einem besonderen gerichtlichen Erkenntnisse herausgiebt.

Nur nach einer Seite hin erfuhren die späteren Gesetze über Erpressung eine Erweiterung gegen das Acilische. Der Volkstribun C. Servilius Glaucia machte durch sein Gesetz die nicht senatorischen Gehülfen des Beamten für die von demselben zu zahlende Ersatzsumme verantwortlich, und diese Bestimmung des Servilischen Gesetzes ging in die späteren, namentlich das Julische, mit denselben Worten über.[1]) Ein hieraus entstehendes Verfahren hiess nach der Ueberschrift des Capitels, in welchem es verordnet wurde, *quo ea pecunia pervenerit*. Wir lernen dasselbe aus Ciceros Rede für C. Rabirius Postumus kennen. Gegen ihn war, als A. Gabinius wegen Erpressung verurtheilt war und weder die Strafsumme zahlte noch ein dazu hinreichendes Vermögen besass, dies Verfahren anhängig gemacht worden, damit er das Fehlende decke. Ankläger war C. Memmius[2]), der auch in Gabinius' Processe die Anklage geleitet hatte, der Prätor und die Geschworenen waren ebenfalls die nämlichen.[3]) Cicero behauptet ferner, es sei Gerichtssitte, dass bei diesem Verfahren Niemand herangezogen würde, der nicht bei der Schätzung der Processe herangezogen wäre, bei der Schätzung aber würde Niemand genannt als in Folge der bei dem eigentlichen Pro-

[1]) Man sehe die ausführlichere Darstellung C. R. II, 1, 201 flgd.

[2]) Cic. p. C. Rab. 3, 7; 12, 32.

[3]) Cic. ibid. 5, 10 *Modo vos iidem in A. Gabinium iudices sedistis*; ibid. 13, 36 *ob eam causam iidem iudices retinentur, qui fuerant de reo, ut iis nota sint omnia neque quid fingi novi possit.*

cesse vorgekommenen Zeugenaussagen oder Urkunden[1]): es pflegten nicht Zeugen vorgeführt und verhört, sondern die beim Processe selbst vorgekommenen Zeugenaussagen vorgelesen zu werden.[2]) Auf dieser Sitte beruht Ciceros Vertheidigung. Denn C. Rabirius, sagt er, sei weder bei Gabinius' Processe noch bei der litis aestimatio genannt worden: folglich sei die gegen ihn erhobene Anklage selbständig, ein Process aber über Erpressung gegen C. Rabirius, einen Römischen Ritter, der auch nicht zu den Begleitern des Beamten gehöre, gesetzlich nicht zulässig.[3]) Die Schwäche dieser Beweisführung leuchtet ein. Das Gesetz befahl allerdings, bei einer etwaigen Untersuchung über den Verbleib des erpressten Geldes sollten die nämlichen Geschworenen entscheiden, welche bei der litis aestimatio und dem Hauptprocesse thätig gewesen wären, und wenn dies geschah, so war es natürlich, dass sie keine neue Beweisaufnahme zuliessen, sondern die schriftlichen Protokolle der früheren Verhandlungen benutzten. Aber dass diese Abkürzung des Verfahrens stattfinden müsse, sagte das Gesetz nicht, und Cicero spricht nie von der Nothwendigkeit.

Wenn bei dem Verbrechen der Erpressung, das an Privatpersonen verübt und von diesen anhängig gemacht wurde, um zu ihrem Eigenthume wiederzugelangen, dennoch die Geldstrafen grossentheils dem Staatsschatze zufielen, so kann bei dem Staatsdiebstahl, bei welchem ebenfalls eine Schätzung des Processes stattfand[4]), kein Zweifel sein, dass sowohl der Ersatz des Entwendeten, als auch die Strafe für die Entwendung, welche die vierfache war, dem Staatsschatze zufiel. Bei den Processen über Wahlbestechung wurde ebenfalls eine Geldstrafe verhängt[5]): sie musste sich nach der Grösse der Bestechung richten und machte eine Schätzung nothwendig. Aber die Strafsumme konnte weder dem Bestochenen noch

[1]) Cic. ibid. 4, 9.

[2]) Cic. ibid. 11, 32 *Iisdem testibus et quidem non productis, sed dictis testium recitatis quasi praeiudicata res ad has causas deferri solet.*

[3]) Cic. ibid. 6, 11.

[4]) Cic. p. Mur. 20, 42. Vergl. C. R. II, 2, 89 flgd.

[5]) S. C. R. II, 2, 230.

dem Bestechenden zufallen: sie kam in den Staatsschatz. Der Vorschlag, sie den Cassen der einzelnen Tribus zukommen zu lassen, wurde nicht angenommen.[1]) Der Dictator Cäsar erhöhte die Strafen für Verbrecher dergestalt, dass er für Vatermörder den Verlust des ganzen Vermögens, für andere Missethäter den des halben Vermögens bestimmte.[2]) Für diejenigen, welche wegen Erpressung, Wahlbestechung und Staatsdiebstahl angeklagt wurden, galt dies Gesetz nicht; bei den andern Processen wurde dadurch zwar keine litis aestimatio, aber doch ein Verfahren nothwendig, wodurch die Güter der Verurtheilten ganz oder zur Hälfte eingezogen wurden. Dies war eine bedeutende Bereicherung des Staatsschatzes. In der Kaiserzeit wurde diese Strafe mit einigen Veränderungen und Verschärfungen beibehalten und zum Staatsschatze kam der kaiserliche Fiscus hinzu, der in bestimmten Fällen die Geldstrafen oder die eingezogenen Güter der Verurtheilten empfing.

### b) Die Belohnung der Ankläger.

Es bleibt der letzte Act zu erwähnen übrig, welchen das Gericht, mit dem Prätor an der Spitze und den Geschworenen als dessen Beirath, zu besorgen hatte. Gleich nach dem Fällen des Urtheils hatte es sich, wenn Freisprechung erfolgt war, darüber ausgesprochen, ob dieselbe nach gesetzmässiger Anklage auf Grund der Unschuld des Angeklagten erfolgt oder durch ungerechte Mittel herbeigeführt worden sei. Im Falle der Verurtheilung blieb nach der Schätzung der Processe noch zu entscheiden übrig, ob der Ankläger seine Pflicht gethan habe und der Belohnungen, welche die Gesetze verhiessen, würdig sei, ferner in welcher Weise diese den einzelnen Anklägern zu gewähren seien. Welchen Grundsätzen man beim Belohnen der Ankläger folgte, darüber habe ich gesprochen.[3]) Bestanden die Belohnungen in Ertheilung des Bürgerrechtes, der Freiheit, anderer Vortheile, namentlich auch in Rangerhöhung für Römische Bürger, so besass der vor-

[1]) S. C. R. II, 2, 266.
[2]) S. C. R. II, 2, 477.
[3]) S. oben S. 52 flgd.

sitzende Prätor die gesetzmässige Gewalt, um die Beschlüsse des Gerichtes durchzuführen: wahrscheinlich waren ihm die Formen dabei auch gesetzlich vorgeschrieben, ähnlich wie bei der Eintreibung und Vertheilung der auferlegten Strafsummen. In Bezug auf Geldbelohnungen ergiebt sich aus dem Vorigen, dass sie, ebenso wie die Ersatzsummen an die Beschädigten, aus den dem Staate gehörigen Geldern bewilligt wurden. Der Staat gewann, sobald eine litis aestimatio statt fand, Geld: aus diesem durften die Richter, so viel nicht an die Beschädigten gezahlt wurde, an die Ankläger vertheilen. Zu anderen Bewilligungen aus dem Staatsschatze reichte die Befugniss der Richter nicht aus: es musste dann die Einwilligung des Senates dazu kommen, wie sie in der That bei staatsgefährlichen Verbrechen zur Beschaffung von Angebern öfters gegeben worden ist.[1]) Als in der Kaiserzeit bei allen Criminalprocessen Vermögensverlust der Verurtheilten eintrat, war auch bei allen Anklägern die Möglichkeit zu Geldbelohnungen vorhanden. So wenig wir auch Kunde darüber haben, kann man doch annehmen, dass diese Belohnungen sich nicht auf die eigentlich so zu nennenden Ankläger beschränkten: auch andern Gehülfen derselben, welche zur Herbeischaffung von Beweismitteln mitgewirkt hatten, ja selbst wichtigen Zeugen konnte so eine Entschädigung für Mühe und Zeit gewährt werden. Einen Zwang zur Annahme der gesetzlich zustehenden Belohnungen gab es nicht: Appius Claudius lehnte die Belohnung, welche er nach Milos Verurtheilung wegen Amtserschleichung erhalten sollte, ab.[2]) Dies war wahrscheinlich bei vornehmen Männern, welche im Staate eine Rolle spielen wollten, Sitte. Cicero hat für seine Anklage gegen Verres keine Belohnung irgend einer Art erhalten[3]), aber dies schliesst nicht aus, dass seine Gehülfen für ihre Thätigkeit entschädigt wurden. Die Form der Beschlussnahme über die Belohnungen der Ankläger war eben dieselbe wie bei der Schätzung der Processe. Der Prätor entschied nach der

---

[1]) S. oben S. 248.

[2]) Ascon. in Cic. p. Mil. p. 54.

[3]) Plut. Cic. 8 erzählt, die Sicilier hätten ihm während seiner Aedilität, d. h. nach Beendigung des Processes gegen Verres alles mögliche

Stimmenmehrheit seines Beirathes und dieser bestand aus Geschworenen, welche beim Processe selbst und dann bei der Schätzung thätig gewesen waren. Dass die Belohnungen von den Richtern ausgingen, wird ausdrücklich gesagt.[1])

Dies war der Abschluss eines Schwurgerichtes. Wenn, wie oben erwähnt, das Vermögen des Verurtheilten nicht für die Bezahlung der Geldstrafe ausreichte und deshalb ein Termin zur Vertheilung angesetzt werden musste, wenn diejenigen, welche Ansprüche hatten, mit dem Geltendmachen derselben zögerten, so konnten die Folgen eines Processes sich noch länger hinziehen. Sie waren indessen nicht gerichtlicher Natur und innerhalb fünf Jahre, bestimmte das Acilische Gesetz, sollte das nicht erhobene Geld dem Staatsschatze verfallen sein, ein Termin, der wahrscheinlich auch für die späteren Schwurgerichte galt.[2])

---

geschenkt, er aber habe diese Dankbarkeit nur insoweit benutzt, als er dadurch die Getreidepreise in Rom niedrig erhalten hätte.

[1]) Cic. p. Balb. 24, 54, wo im Vergleiche mit der Ertheilung des Römischen Bürgerrechtes durch Feldherrn gesagt wird *dubitandum fuit, quin, quo in genere iudicum praemia rata essent, in eodem iudicia imperatorum valerent?*

[2]) Von welcher Zeit an dieser Termin gerechnet wird, weiss man nicht. Die Ueberschrift des betreffenden Capitels lautet Z. LXVI *Reliqua pecunia) post quinquennium populei fiat*, von den Worten selbst ist nur Folgendes erhalten *Quae pecunia ex hace lege in aerarium posita erit quod in anneis quinque*. Daraus ergiebt sich, dass wirklich fünf Jahre, nicht bloss das fünfte, gerechnet wurden. Aber dass der Termin von dem Tage der Vertheilung an lief, wie die Herausgeber ergänzen, ist keineswegs sicher. Das Geld lag, wie das Gesetz Z. LXVIII vorschreibt, in Säcken, auf denen der Name des Prätors, welcher die Schätzung gehalten hatte, und der Process, aus dem es stammte, stand. Das Einfachste war, es während der folgenden fünf Präturen aufzuheben: diese Rechnung war leicht, die nach dem Tage der Vertheilung oft schwer, zumal bei dem damaligen Römischen Kalender. Diese Verjährungsfrist halte ich für wahrscheinlicher. Woher dieselbe stammt, weiss man nicht: ihr Zusammenhang mit den Censuren, den Rudorff ad leg. Aciliam p. 508 für offenbar hält, ist, wenn er überhaupt bestand, ein sehr loser.

# Fünfter Abschnitt.

## Die Unregelmässigkeiten und Mängel des Verfahrens. Capitale Strafen.

### 1. Das Verfahren gegen abwesende Angeklagte.

Ich habe den Verlauf eines vollständigen Processes geschildert. Der Ankläger tritt mit seiner Anklage vor dem Prätor auf und nimmt regelmässig alle Termine wahr: der Prätor ist bei allen Verhandlungen, die er leiten soll, zugegen: der Angeklagte stellt sich bei der ersten Aufforderung vor Gericht, führt seine Vertheidigung und fehlt auch bei dem Fällen des Urtheils nicht. Nirgends tritt eine Störung, nirgends eine Abweichung von dem Gewöhnlichen ein. Solche Processe waren, wenn es der Mitwirkung des Schwurgerichtes bedurfte, selten: nur, wenn die Schuld offenbar oder eingestanden war und der Verbrecher von Anfang an in Fesseln gehalten wurde, war derselbe bei allen Theilen des Processes zugegen: namentlich bei den politischen Verbrechen, durch welche uns die hauptsächliche Kunde von dem Strafgerichtsverfahren überliefert wird, kam die stete Anwesenheit des Angeklagten schwerlich jemals vor. Ich will daher die Unregelmässigkeiten des Verfahrens, wie sie durch den Angeklagten, den Ankläger, endlich den Prätor hervorgerufen werden konnten, schildern.

Es gab während der Republik kein besonderes Verfahren gegen Abwesende, noch weniger eine Möglichkeit für dieselben, wenn sie verurtheilt waren, bei ihrem Erscheinen vor Gericht eine Abänderung des gefällten Urtheils zu erlangen. Von den im Staatsdienste Abwesenden habe ich früher[1]) ge-

[1]) S. oben S. 78 flgd.

sprochen: sie waren bis auf Ausnahmsfälle, welche durch Einzelgesetze geschaffen wurden, von der Anklage entbunden. Ich spreche also hier von denjenigen, welche durch Privatgeschäfte oder andere Privatgründe gehindert, nicht vor Gericht erschienen. Ich finde nirgends eine Andeutung, dass die Schwurgerichtsgesetze über sie gehandelt haben: es galt für sie die Gerichtssitte, wie sie sich im gegenseitigen Widerstreite der einzelnen Beamten festgestellt hatte und noch weiter fortbildete. Man muss zuvörderst die beiden Classen der Verbrecher, welche durchweg im Römischen Rechte erscheinen, von einander trennen, die offenbaren oder geständigen und diejenigen, deren Schuld erst durch gerichtliches Urtheil festgestellt werden muss. Bei der ersten Classe, derer eine harte und selbst Lebensstrafe wartete, kann von einem besondern Verfahren gegen Abwesende nicht die Rede sein. Denn nur selten stellt sich ein Verbrecher freiwillig dem Gerichte, um die gesetzliche Strafe zu empfangen: er muss aufgesucht und festgehalten werden. Dies geschieht auch bei den Römern.[1]) Kann man ihn nicht auffinden und erscheint seine Schuld offenbar, so verhängt der Prätor auch die Strafe, welche, sobald die Möglichkeit dazu vorhanden ist, vollzogen wird. Fälle dieser Art entziehen sich der geschichtlichen Kunde und Vorschriften darüber sind uns nicht erhalten. Cicero erzählt[2]) gelegentlich die Ermordung eines jungen Mannes aus Larinum, Asuvius mit Namen: er war von einem angeblichen Freunde von sich, Avillius, aber auf Anstiften von Oppianicus, der ihn in Folge eines falschen Testamentes zu beerben hoffte, getödtet worden. Die Freunde des Ermordeten brachten Avillius vor einen der Dreimänner in Capitalsachen: dort gesteht dieser das Verbrechen, fügt aber hinzu, Oppianicus sei der Anstifter desselben gewesen. Auch dieser, der sich verstecken wollte, wird auf Manlius' Befehl herbeigebracht und dem Angeber gegenüber gestellt. Aber Manlius findet die Angaben nicht wahrscheinlich und entlässt ihn wieder. Deshalb wird er von Cicero bitter getadelt: er hätte ihn fest-

[1]) S. oben S. 165 flgd.

[2]) Cic. p. Cluent. 13, 36 flgd.

halten und als offenbaren Mörder strafen sollen. Was mit Manlius geschah, erfahren wir nicht: wahrscheinlich wurde er demnächst von dem Prätor gestraft. Hier haben wir zwei Fälle gemeiner Verbrecher, die sich nicht vor Gericht stellen wollten, aber festgenommen und bis zur Entscheidung in Gewahrsam gehalten wurden.

Anders stellte sich die Sache bei der zweiten Classe von Verbrechern, deren Schuld erst gerichtlich festzustellen war; denn die höchste Strafe, welche sie in einem Schwurgerichte treffen konnte, war derartig, dass sie auch an den Abwesenden vollzogen werden konnte. Hier konnte der Prätor von ihrer Erscheinung vor Gericht absehen, und er sah davon ab, selbst wenn die Strafe ausnahmsweise härter war. Ein Beispiel bieten die Processe, welche auf Octavians Antrieb nach dem Pedischen Gesetze gegen die Mörder des Dictators Cäsar und deren Mitwisser geführt wurden.[1]) Dies Verfahren war dem sonst im Römischen Strafprocesse üblichen nachgebildet, die Strafe allerdings härter als bei den gewöhnlichen Schwurgerichten: die Verurtheilten verloren ihr Vermögen, wurden geächtet und erlitten in Folge davon den Tod. Alle wurden abwesend vor Gericht geladen und verurtheilt. Es fand Anklage, Erloosung der Geschworenen und Abstimmung derselben statt: einer soll ein freisprechendes Täfelchen abgegeben haben, folglich wäre auch Freisprechung möglich gewesen. Es fand also das vollständige Verfahren, wie wenn die Angeklagten zugegen wären, statt, nur dass dasselbe, da die Vertheidigung fortfiel, rascher von statten ging. Aehnlich erging es T. Milo, als im Jahr 52 durch das Pompejische Gesetz Ausnahmegerichte eingesetzt waren. Er wurde sogleich vor vier Gerichtshöfe geladen, erstens wegen Clodius' Ermordung, zweitens wegen Wahlbestechung, drittens wegen Gewaltthätigkeit, viertens wegen Genossenschaften: die Ankläger in den drei oder zwei letzten Processen rechneten darauf, er würde in dem ersten Processe verurtheilt werden und dann nicht weiter erscheinen.[2]) So geschah es. Milo war in die Ver-

---

[1]) Vergl. C. R. II, 2, 402.

[2]) Ascon. p. 40 *Postulatus autem erat et de sodaliciis et de ambitu*

bannung gegangen als der erste Termin in jenen drei Processen eintrat: er wurde dreimal abwesend verurtheilt, aber die Processe fanden in herkömmlicher Weise statt: die regelrecht geführte Anklage geht daraus hervor, dass die Ankläger Belohnungen erhielten und zum Theil auch annahmen.[1])

Also es kann ein Abwesender vor dem Criminalgerichte angeklagt und verurtheilt werden. Indessen darin liegt eine Härte: sie ist nur gerechtfertigt, wenn man weiss, dass derselbe nicht erscheinen will und wird. So war es bei den Mördern Cäsars, so bei Milo: von beiden war es bekannt, dass sie bei keinem Termine erscheinen würden, Aufschub also unnütz wäre. Dagegen wenn jemand sonst während seiner Abwesenheit angeklagt wurde, so wäre es unbillig gewesen, ihm durch rasche Verurtheilung seine Vertheidigung abzuschneiden. Dann musste der Beamte, bei welchem die Anklage erhoben wurde, den Termin zum Erscheinen vor Gericht so entfernt ansetzen, dass die Anwesenheit desselben möglich war. Dies geschah durch ein Edict. So machte es Verres in Sthenius' Processe.[2]) Er hatte den Wunsch ausgesprochen, derselbe möchte trotz seiner Abwesenheit angeklagt werden, und eine Anklage gegen ihn zugelassen, dann aber den Termin so weit angesetzt, dass er zu demselben in Syracus erscheinen konnte. Als er dann zu diesem nicht zurückkehrte, fand die Anklage und Verurtheilung statt. In diesem Verfahren lag nichts Ungerechtes und Cicero tadelt es ohne Grund: wenn der Senat und die Volkstribunen in Rom es missbilligten, so muss dazu eine andere Veranlassung gewesen sein. An einer anderen Stelle erkennt Cicero selbst es als gesetzmässig an.[3]) Der erste Act eines Criminalpro-

*ea spe, quod primum iudicium de vi futurum apparebat, quo eum damnatum iri confidebant nec postea responsurum.*

[1]) Ascon. p. 54.

[2]) Cic. in Verr. II, 38 flgd. Vergl. oben S. 153.

[3]) Cicero p. Flacc. 32, 78 rechtfertigt ein Decret, das der Angeklagte gegen einen gewissen Decianus während seiner Abwesenheit erlassen hatte. Man hatte es getadelt, weil es gegen einen Abwesenden erlassen worden sei: Cicero antwortet, Decianus sei nicht abwesend gewesen, sondern hätte nicht erscheinen wollen, hätte sich versteckt: wenn

cesses, die postulatio, ging nur von dem Ankläger aus[1]) und setzte die Gegenwart des Angeklagten nicht voraus: dieser Act konnte also auch gegen einen Abwesenden vorgenommen werden. Der zweite Act, die nominis delatio, setzt den Angeklagten voraus: er kann ausser dem eben erwähnten Falle, wo man sein Nichterscheinen voraussweiss, nur so vorgenommen werden, dass sein Erscheinen möglich ist. Cicero erwähnt einen Senatsbeschluss[2]), durch den die Statthalter der Provinzen angewiesen wurden, gegen Abwesende keinen Criminalprocess einzuleiten: dies kann sich nur darauf beziehen, dass gegen Abwesende die nominis delatio nicht stattfinden, dass sie nicht rei werden sollten. In dem Processe gegen Sthenius hatte Verres darin gefehlt, dass er die förmliche Anklage gegen ihn angenommen hatte. Wenn aber dieser Grundsatz für die Provinzen ausgesprochen wurde, so musste er in noch höherem Grade für die Gerichte in Rom gelten.

Indessen der Fall, dass der Angeklagte bei dem ganzen Processe nicht erscheinen will, ist selten und findet in der Regel nur bei gemeinen Verbrechern, welche sich dem strafenden Arme der Gerechtigkeit entziehen wollen, statt. Bei denjenigen Processen, von welchen wir Kunde haben, ist das Häufigste, dass der Angeklagte vor Gericht bei der nominis delatio erscheint, aber, wenn er seine Verurtheilung voraussieht, bei einem beliebigen Punkte des Processes fortbleibt. Es galt nach Römischer Sitte für unanständig und der Freiheit eines Bürgers für unwürdig, sich, wenn man nicht seine Rechtfertigung durch die Freisprechung voraussah, den Unbilden des Anklägers auszusetzen[3]) oder gar den verurtheilenden Spruch über sich ergehen zu lassen. Diese Sitte schreibt

Flaccus ein Edict erlassen, d. h. einen Termin für Decianus zum Erscheinen bestimmt hätte, würde Niemand etwas tadeln können. Allerdings handelt es sich dort um einen Civilprocess, aber dessen Verhältniss war in dieser Beziehung von einem Criminalprocesse nicht verschieden.

[1]) S. oben S. 133.

[2]) Cic. p. Flacc. 32, 78 und in Verr. II, 30, 95.

[3]) Als Cn. Piso unter Tiberius wegen Germanicus' Vergiftung und Majestätsverbrechen angeklagt war, begann er zuerst unerschrocken

sich von den politischen Processen her, welche in den ältesten Zeiten der Republik entbrannten. Schon M. Claudius im Jahre 470 v. Chr. starb durch eigene Hand, ehe seine Verurtheilung ausgesprochen wurde[1]: Kaeso Quinctius liess die Bürgen, welche er für sein Erscheinen vor Gericht gestellt hatte, im Stich und entzog sich der Botmässigkeit Roms durch Verbannung[2]: die meisten der Zehnmänner entwischten aus dem Gefängnisse vor ihrer Verurtheilung[3]: später durfte bei Volksgerichten jeder, bis die letzte Tribus abgestimmt hatte, durch freiwillige Verbannung der Strafe sich entziehen.[4]) Demgemäss finden wir es schon von Anfang der Schwurgerichte an, dass Angeklagte, welche Verurtheilung zu einer Capitalstrafe erwarteten, sich vor dem Schlusse des Processes in die Verbannung begaben. Wenn keine Capitalstrafe eintrat, blieben die Verurtheilten allerdings öfters in Rom, wie z. B. die wegen Wahlbestechung Verurtheilten: dem Sprechen des Urtheils haben sie doch wohl nicht beigewohnt. Diese Sitte, sich noch vor dem Urtheilsspruche zu entfernen, so sehr sie in dem republikanischen Gefühle von Unabhängigkeit begründet ist, hätte sich jedoch schwerlich erhalten und allgemein ausgebildet, wenn sie nicht mit einem Vortheile verbunden gewesen wäre. Er lag nicht in der Strafe, welche den Abwesenden härter oder milder getroffen hätte, nicht in der Möglichkeit, von dem Vermögen, wenn dasselbe auch in Betracht kam, mehr zu retten, sondern in der Art und Weise, wie der Verurtheilte der gegen ihn verhängten Strafe entging. Die Capitalstrafe bestand bei Schwurgerichten, wie wir später sehen werden, in der Entziehung des gesetzlichen Schutzes, welchen jeder Bürger, jeder Fremde unter Römischer Hoheit genoss.

seine Vertheidigung. Als er dann die drohende Verurtheilung vorhersah, schwankte er, ob er sich noch weiter vertheidigen sollte; aber, wie Tacitus (Ann. III, 15) sagt *hortantibus filiis durat mentem senatumque rursum ingreditur redintegratamque accusationem, infensas patrum voces, adversa et saeva cuncta perpessus* tödtete er sich vor dem Urtheilsspruch.

[1]) Man sehe C. R. I, 1, 269.

[2]) C. R. I, 1, 274.

[3]) C. R. I, 2, 39.

[4]) C. R. I, 2, 30; I, 2, 115.

Wer also bis nach der Verurtheilung in Rom blieb, war, weil er diesen Schutz verloren, jeder Unbill ausgesetzt. C. Verres ging zwischen dem ersten und zweiten Termine seines Processes in die Verbannung. Cicero, der in seiner geschriebenen Anklagerede voraussetzt, er habe sich zum zweiten Termine gestellt und sei entschlossen, seine Vertheidigung weiter zu führen, schilt ihn deshalb frech, sinnlos, unverschämt, dass er mit so offenbaren Anschuldigungen überführt es dennoch wage, die Richter anzusehen oder dem Römischen Volke sein Antlitz zu zeigen.[1]) Aber er hatte noch andere wichtigere Gründe zum Fortgehen. Es war nicht die Furcht vor weiteren Processen, die ihn forttrieb; denn gegen T. Milo wurden, trotzdem er fortgegangen war, verschiedene andere Processe angestrengt: nicht die Furcht vor strengerer litis aestimatio; denn bei dieser liess er sich trotz seiner Abwesenheit durch Q. Hortensius vertheidigen, sondern die Furcht vor persönlicher Unbill, die er erfahren konnte.[2]) Er hatte in Asien und Sicilien so viele Leute beraubt und verletzt, auch in Rom selbst so vielen Anstoss gegeben, dass er befürchten musste, von dem Augenblicke an, wo ihm als Verurtheilten die Gesetze nicht mehr zur Seite standen, verletzt zu werden. Dies trieb ihn fort und er wählte die Zwischenzeit zwischen den beiden Terminen, wo er in aller Bequemlichkeit entweichen konnte.

Es giebt keinen Punkt des Processes bis zur wirklich ausgesprochenen Verurtheilung, an dem nicht Angeklagte sich der Schande und Gefahr der Verurtheilung zu entziehen pflegten. Von den Mördern Cäsars, die noch vor Ansetzung des Termines sich entfernten, habe ich gesprochen: auch Cicero ging, ehe das Clodische Gesetz gegen ihn durchgebracht wurde, in die Verbannung.[3]) Verres gab seine Sache nach dem Schlusse des ersten Termines auf: C. Fabricius, wegen

[1]) Cic. im Anfange von lib. I, 1.

[2]) Ich urtheile also anders als C. T. Zumpt de judic. repet. p. 49, der freilich annimmt, Verres wäre, wenn er ausgeharrt hätte, nur zu Ehrlosigkeit verurtheilt worden. Dies war aber bei einem Processe über Amtsverbrechen, wie er gegen ihn erhoben war, keineswegs der Fall.

[3]) S. C. R. I, 2, 420.

Giftmordes angeklagt, ging während der Rede seines Vertheidigers fort[1]: C. Licinius Macer tödtete sich, entzog sich also dem Urtheilspruche zwischen der Abstimmung der Geschworenen und dem Urtheilspruche des Prätors.[2] Unter den Kaisern giebt es zahlreiche Beispiele, dass Angeklagte bei jedem Punkte des Processes ihre Vertheidigung aufgaben und sich dem Aussprechen der Verurtheilung entzogen. Trotzdem aber mochte es immer Einige geben, die, durch ihrer Freunde Beistand oder sonst vor persönlicher Gefahr geschützt, sich nicht scheuten, ihre Verurtheilung selbst anzuhören. Wenn Asconius erzählt, es seien im Jahre 52 v. Chr. nach dem Pompejischen Gesetze Viele theils gegenwärtig theils nachdem sie vor Gericht aufgerufen nicht geantwortet hatten, verurtheilt worden[3], so bezieht sich dies zunächst nur auf den Beginn des Processes: dass diejenigen, welche bei dem Aufrufe antworteten, auch wirklich bis zum Urtheilspruche ihre Vertheidigung fortsetzten, folgt daraus nicht. Milo scheint bei seiner Verurtheilung in Rom gewesen zu sein: vor Gericht blieb er dabei schwerlich. Wahrscheinlich begab er sich noch während das Gericht sass, nach irgend einer Besitzung in der Nähe der Stadt und ging dann innerhalb weniger Tage in die Verbannung nach Massilia.[4]

Nicht jedes Ausbleiben des Angeklagten an einem Termine gilt als eigentliche Abwesenheit, welche Schuldbewusstsein oder Erwartung der Verurtheilung anzeigt, und mit dem Aufgeben der Vertheidigung und der freiwilligen Verbannung verbunden ist. Beide Parteien, sowohl der Ankläger wie der Angeklagte können bei einem Termine fehlen, wenn sie eine gehörige Entschuldigung haben. Schon seit den ältesten Zeiten musste das Römische Recht bei allen Terminen, ganz besonders aber bei denen über Criminalanklagen, Hindernisse, wie sie in menschlichen Dingen vielfach vorkommen, als ent-

[1] Cic. p. Cluent. 21, 58.

[2] S. oben S. 368.

[3] Ascon. p. 55 *Multi praeterea et praesentes et cum citati non respondissent, damnati sunt.*

[4] Ascon. p. 54 *Milo in exilium Massiliam intra paucissimos dies profectus est.*

schuldigend anerkennen. Als während des zweiten Punischen Krieges ein Armeelieferant M. Postumius wegen Betrügereien vor das Volksgericht gestellt wurde und trotz der gestellten Bürgen nicht zum Termine erschien, fasste das Volk auf Antrag der anklagenden Tribunen den Beschluss, wenn der Angeklagte sich nicht zu einem neuen Termine gestellt oder Entschuldigungsgründe für sein Ausbleiben vorgebracht hätte, solle er verurtheilt sein.[1]) Dies war ein mildes Verfahren. Die Tribunen hätten sogleich beim Versäumen des ersten Termines die Strafe verhängen können: sie setzten einen neuen Termin an und erwähnten ausdrücklich die Möglichkeit, dass der Angeklagte auch an ihm wegen seines Ausbleibens sich entschuldigte. Als P. Scipio, von zwei Volkstribunen angeklagt, bei einem Termine des Volksgerichtes nicht erschien, entschuldigte ihn sein Bruder mit Krankheit: die Tribunen wollten diese Entschuldigung nicht annehmen, sondern behaupteten, er käme nur aus Widerspenstigkeit nicht; aber ein anderer Tribun erklärte den Entschuldigungsgrund für genügend.[2]) Wenn also bei dem Volksgerichte, dessen Durchführung an bestimmte Tage gebunden war, dennoch Entschuldigungen zugelassen wurden, so muss dies bei den Beamtengerichten noch viel leichter möglich gewesen sein, und auch bei den Schwurgerichten gegolten haben. Eine ausdrückliche Erwähnung davon haben wir nicht, ebenso wenig werden die Gründe, welche zur genügenden Entschuldigung dienten, genannt: selbst die classischen Rechtslehrer zählen sie nicht auf, wie es sonst ihre Sitte ist. Sie sagen nur, wenn sie genügend seien, sollen sie angenommen werden.[3]) Ich ziehe daraus den Schluss, dass diese Gründe überhaupt niemals zusammengestellt wurden. Es gab einmal eine alte

[1]) Liv. XXV, 4. Vergl. C. R. I, 2, 313.

[2]) Liv. XXXIII, 52. Vergl. C. R. I, 2, 316 flgd.

[3]) Papinian l. 10 Dig. de iud. publ. (XLVIII, 1) *Inter accusatorem et reum cognitione suscepta excusatio pro absente iustis rationibus admittitur;* id. l. 13 tit. eod. *excusationes absentium ex S. C. iudicibus allegantur et si iustam rationem habeant, sententia differtur;* Paulus l. 71 Dig. de procur. (III, 3) *Absens reus causas absentiae per procuratorem reddere potest;* l. 3 Cod. de accus. et inscript. (IX, 2) *Reos capitalium*

Gerichtssitte, welche auch bei den Schwurgerichten beibehalten wurde, sodann waren die Entschuldigungsgründe mannigfach und liessen sich nicht für den einzelnen Fall bestimmen: die Gesetze über die einzelnen Schwurgerichtshöfe haben sich darauf nicht eingelassen. Das Verfahren war, dass ein Freund des Angeklagten an dem Termine erschien und die Entschuldigungsgründe vorbrachte: der vorsitzende Beamte mit seinem Beirathe fasste dann den Beschluss, ob das Verfahren deshalb aufgeschoben werden sollte oder nicht. Als T. Milo in den beiden Processen über Clodius' Ermordung und über Wahlumtriebe einen und denselben Tag zum Erscheinen angesetzt erhalten hatte, begab er sich nur zu dem ersten: zu dem zweiten schickte er einige Freunde, von denen M. Marcellus an den vorsitzenden Beamten den Antrag stellte, den Process zu verschieben. Das Gericht beschloss, den Process erst nach Beendigung des ersten Processes zu beginnen.[1]) Hier handelte es sich um die Entschuldigung am ersten Termine der interrogatio. Aber ein Gleiches konnte bei jedem andern Termine, bei jedem Tage, an welchem Gericht gehalten werden sollte, geschehen. Wo Cicero von Verres' Absicht, seinen Process in die Länge zu ziehen, spricht, sagt er, derselbe wolle erst nach Beendigung der Römischen Spiele seine Vertheidigung beginnen und hoffe dann durch Reden und Entschuldigen die Sache leicht bis zu den Spielen der Victoria hinziehen zu können.[2]) Die Gerichte also können in gewöhnlichen Fällen mit dem Zulassen von Entschuldigungsgründen nicht schwierig gewesen sein.[3])

Wenn eine solche Entschuldigung fehlte oder nicht angenommen wurde, galt der Angeklagte als abwesend. Bei dem Beginne eines jeden Termines wurde derselbe ebenso

*criminum absentes etiam per procuratorem defendi leges publicorum iudiciorum permittunt.* Vergl. Paul. rec. sent. V, 16, 11.

[1]) Ascon. p. 40.

[2]) Cic. in Verr. Act. I, 10, 31 *deinde se ducturos et dicendo et excusando facile ad ludos Victoriae.* Vergl. oben S. 120.

[3]) Man nimmt an, bei Cic. p. Mur. 23 würde eine gesetzliche Bestimmung über die Entschuldigung des Angeklagten erwähnt. Dass dies nicht der Fall ist, darüber s. C. R. II, 2, 259.

wie die andern, welche zu erscheinen hatten, aufgerufen[1]): antwortete er nicht, so war dies ein Beweis, dass er nicht erscheinen wolle.[2]) Der Prätor verfuhr dann gegen den Abwesenden. Cicero erzählt von Verres' Verfahren bei dem Privatprocesse des Syracusaners Heraclius.[3]) Derselbe hatte sich dem Processe über eine Geldsumme, die auf Verres' Anstiften von ihm gefordert wurde, durch die Flucht entzogen. Als Verres des Morgens früh die Gerichtssitzung begann und der Verklagte auf den Aufruf des Herolds nicht antwortete, wollte er denselben durch die Richter zur Erlegung der Geldsumme verurtheilen lassen: seine Freunde aber erinnerten den Prätor, er möchte bei seinem Grundsatze bleiben und den Abwesenden nicht vor der zehnten Stunde, d. h. vor dem gesetzmässigen Schlusse des Termines, verurtheilen lassen. Hieraus schloss man[4]), auch bei einem Strafprocesse habe eben dieselbe Stunde beobachtet werden müssen. Dies ist in solcher Allgemeinheit undenkbar. Bei dem ersten Termine allerdings, wo es sich um die interrogatio handelte, mochte der Prätor mit seiner Entscheidung so lange warten, ebenso, wenn der Ankläger fehlte und es sich darum handelte, ob der Process aufgehoben werden sollte. Aber der Angeklagte konnte auch an den übrigen Punkten des Processes seine Vertheidigung aufgeben, und hätte der Prätor immer bis zum Schluss des Termines warten sollen, so wäre eine unleidliche Verzögerung eingetreten. Ein solches Warten bis zum Schlusse des Termines setzt den Erlass einer bestimmten Entscheidung voraus: es ist denkbar, wenn es sich um die Aufhebung des ganzen Processes, um den prätorischen Ausspruch bei der interrogatio handelt, wenn überhaupt ein besonderes Verfahren gegen den Abwesenden eintrat.[5]) Wie Ciceros Ausdruck be-

---

[1]) S. oben S. 110.

[2]) Cic. in Verr. I, 1 init. *hanc opinionem populi Romani fuisse, C. Verrem altera actione responsurum non esse neque ad iudicium adfuturum.*

[3]) Cic. in Verr. II, 17, 41.

[4]) Man sehe z. B. Rudorff Römische Rechtsgeschichte II, 450.

[5]) Deshalb wurde in der Kaiserzeit, als ein Contumacialverfahren eingeführt wurde, auch diese Form über die Entscheidung, wann es anzuwenden sei, weiter ausgebildet.

weist, der nur von dem Grundsatze des Prätors, nicht von einem Gesetze spricht, war die Entscheidung der Billigkeit des Prätors anheimgegeben und es konnten auf dieselbe nöthigen Falls seine Collegen oder die Volkstribunen einwirken. Meist bedurfte es ihrer nicht: bei allen bedeutenderen Processen wusste man allgemein vorher, ob eine Vertheidigung stattfinden würde oder nicht.

Es ist die allgemeine Annahme, dass, wenn der Angeklagte bei dem Processe abwesend war, er verurtheilt werden musste: einige glauben ausserdem, es habe immer eine Verurtheilung zur Verbannung oder vielmehr zur förmlichen Aechtung statt gefunden.[1]) Ich finde nicht, worauf sich diese Ansichten gründen: sie sind theils rechtlich undenkbar, theils stehen sie mit den geschichtlichen Zeugnissen in Widerspruch. Es ist bei einem Gerichtsverfahren unmöglich, einen Abwesenden zu einer härteren Strafe zu verurtheilen als auf dem Verbrechen, dessen er angeklagt ist, steht. Z. B. wegen Wahlbestechung fand, bis auf das Ausnahmejahr 52 v. Chr., keine capitale Bestrafung statt, und jemand, der sich aus Schamgefühl bei dem Processe nicht stellte, sollte geächtet worden sein! Das Julische Gesetz über Erpressung verhängte nur Ehrlosigkeit: wenn man die Vertheidigung aufgab, hätte man immer in der Verbannung bleiben sollen! Wer sich für schuldig erklärt, verfällt in die gesetzmässige Strafe: wer bei einem Termine fehlt und seine Vertheidigung aufgiebt, thut nichts anders als sich für schuldig erklären. In einem schon öfters genannten Processe unter Trajan, dem von Marius Priscus, erklärte sich der Angeklagte für schuldig: er verlor seinen Rang, sein Priesterthum, musste Geldstrafe erlegen; aber eine theilweise Verbannung, die er erlitt, wurde ihm nicht, weil er sich für schuldig erklärte, sondern wegen anderer Verbrechen, welche zu gleicher Zeit zur Sprache kamen, zuer-

[1]) Geib Römischer Criminalprocess S. 304 glaubt, wenn der Angeklagte in ein freiwilliges Exil gegangen, sei immer auf Interdiction erkannt, wenn er nur sonst fortgeblieben, sei er zur gesetzlichen Strafe verurtheilt worden; Rudorff Römische Rechtsgeschichte II, 450 scheint derselben Ansicht zu sein. Andere hatten geglaubt, gegen Abwesende sei immer auf Verbannung erkannt worden.

kannt.[1]) Wie es dabei einen Unterschied machen soll, ob jemand in eine freiwillige Verbannung geht oder nicht, begreift man nicht. Denn es ist nicht schlimmer, wenn jemand vor Gericht fehlt, weil er das Römische Gebiet verlassen hat, als wenn er, trotzdem er in Rom ist, nicht erscheint. Wenngleich ich also kein entscheidendes Beispiel anführen kann, wo jemand, der in freiwillige Verbannung gegangen war, dennoch nur zu Geld- oder Ehrenstrafe verurtheilt wurde, so ist dennoch die erwähnte Ansicht unzweifelhaft unrichtig.

Auch die weitere Ansicht, jeder Abwesende hätte von den Geschworenen verurtheilt werden müssen, ist unhaltbar. Sie widerspricht erstlich dem Zwecke des Schwurgerichtes. Dies war eingesetzt, um zweifelhafte Fälle zu entscheiden und neben ihm bestand die Gerichtsbarkeit der Beamten für offenbare Verbrecher. Wenn also ein Abwesender verurtheilt werden musste, so bedurfte es keines Ausspruchs der Geschworenen: der Beamte allein ohne Zuziehung derselben musste das Urtheil fällen. Ueberhaupt ist ein Schwurgericht, das nicht auch freisprechen darf, ein Unding. Da es mithin feststeht, dass Abwesende durch die Geschworenen verurtheilt worden sind[2]), so folgt daraus, dass eine Nothwendigkeit, sie zu verurtheilen, nicht bestand. Zweitens widerspricht jene Ansicht überlieferten Beispielen. Z. B. die Mörder Cäsars wurden nach dem Pedischen Gesetze alle abwesend angeklagt. Von den Geschworenen, heisst es, begründeten einige ihre verurtheilende Abstimmung mit dem Pedischen Gesetze, andere mit der Anwesenheit Octavians, der mit bewaffneten Soldaten bei dem Gerichte zugegen war, einer sprach die Angeklagten offen frei[3]), noch ein anderer ermahnte, indem er offen verurtheilte, seine Mitgeschworenen, durch Verurtheilung der Angeklagten das Verbrechen zu sühnen.[4]) Folglich konn-

[1]) Plin. epist. II, 11.

[2]) Ich führe z. B. die Processe gegen Milo an, die ich schon öfters erwähnt habe; ebenso den von C. Fabricius bei Cic. p. Cluent. 21, 59 *primum suo iudicio, quod est gravissimum, deinde legis vi et sententiis iudicum est condemnatus.*

[3]) Dio Cass. XLVI, 49; App. bell. civ. III, 95; IV, 27.

[4]) App. bell. civ. V, 48.

ten die Angeklagten, trotzdem dass sie abwesend waren und nicht vertheidigt wurden, dennoch freigesprochen werden. Wenn dies aber bei diesen Processen, wo die Angeklagten von Anfang an fehlten, zum Theil aus Furcht vor der Verurtheilung die Stadt verlassen hatten, wo das Gesetz sehr streng und Octavian entschlossen war, die Bestrafung durchzusetzen, erlaubt war, so musste es in allen Criminalprocessen erlaubt sein. Wenn das Pedische Gesetz sich von den übrigen Criminalgesetzen unterschied, so übertraf es sie an Strenge: wenn nach diesen Verurtheilung Abwesender nothwendig gewesen wäre, so wäre Octavian viel Mühe erspart worden. Es hätte der Geschworenen nicht bedurft, sondern die Beamten hätten selbständig die härtesten Strafen verhängt.

Das Verfahren gegen Abwesende, wie es während der Republik bestand, geht auch aus der Nachricht hervor, die wir von der Abschaffung desselben unter dem Kaiser Augustus haben. Im Jahre 22 v. Chr. wurde die Verschwörung von Fannius Caepio und einigen andern gegen das Leben des Kaisers entdeckt: die Verschworenen wurden wegen Majestätsverbrechen vor das Schwurgericht gestellt und verurtheilt (Suet. Tib. 8). Die Angeklagten stellten sich nicht dem Gerichte; trotzdem und trotz der überzeugenden Beweise sprachen einige der Geschworenen sie frei. Deshalb, heisst es, gab Augustus das Gesetz, bei Processen gegen Abwesende sollten die Stimmen nicht heimlich abgegeben, sondern der Angeklagte mit allen Stimmen verurtheilt werden.[1]) So verstehen die Erklärer diese Worte bei Dio Cassius und auch die Rechtsgelehrten haben diesen Sinn in ihnen gefunden.[2]) Indessen es wäre eine Ironie gewesen zu verordnen, dass eine Abstimmung der Richter statt finden sollte, und dabei zu befehlen, die Richter sollten einstimmig verurtheilen. Ein solches Gesetz ist unmöglich. Dio Cassius sagt vielmehr, es

[1]) Dio Cass. LIV, 3 ὡς δ' οὖν καὶ τούτους τῶν δικαζόντων τινὲς ἀπέλυσαν, ἐνομοθέτησε μήτε κρύφα τὰς ψήφους ἐν ταῖς ἐρήμοις δίκαις φέρεσθαι καὶ πάσαις αὐταῖς τὸν εὐθυνόμενον ἁλίσκεσθαι.

[2]) Man sehe z. B. Rudorff Römische Rechtsgeschichte II, 450, Geib Criminalprocess S. 305, der überdem, ich weiss nicht aus welchem Grunde, meint, diese Bestimmung sei nicht gehandhabt worden.

habe gelautet, in allen diesen, nämlich in allen Processen gegen Abwesende, solle der Angeklagte verurtheilt werden. Es fand in diesem Falle gar keine Abstimmung der Geschworenen statt und deshalb erwähnte Augustus in seiner Verordnung die sonstige geheime Abstimmung als gegen Abwesende unnöthig: der vorsitzende Beamte allein ohne die Geschworenen sprach dies Urtheil aus. In republikanischer Zeit wäre eine solche Bestimmung eine unerträgliche Härte gewesen, weil es kein Mittel gab, ein gefälltes Urtheil zu ändern; aber als der Kaiser die oberste Instanz in Strafsachen bildete, konnte derselbe Abwesenden, welche sich nicht aus Schuldbewusstsein entfernt hatten, Gerechtigkeit zu Theil werden lassen. Gleichmässig also für alle Processe gegen Abwesende, nicht etwa blos für die wegen Majestätsverbrechen, welche die nächste Veranlassung gegeben hatten, erliess Augustus seine Verordnung: es entwickelte sich daraus allmälig ein neues System für die Behandlung der Strafsachen. Zuvörderst aber musste Augustus selbst in seiner Verordnung bestimmen, was unter Abwesenheit des Angeklagten zu verstehen sei: darüber fehlt es uns an Nachricht. Wahrscheinlich verordnete er, dass derjenige, der sich nicht zur interrogatio stellte, als geständig angesehen und als solcher unmittelbar von dem Beamten verurtheilt werden sollte. Dies schloss sich an die Anschauung des alten Römischen Rechtes an, von der man später im Streben nach Milde und um die Verantwortung von den Beamten abzuwälzen, abgewichen war. Wenn ein Angeklagter während des Processes seine Vertheidigung aufgab oder sich der Schande entzog, seine Verurtheilung selbst mitanzuhören, so übte dies keinen Einfluss auf das Verfahren aus. So geschah es wenigstens bei den Processen, welche unter den Kaisern im Senate geführt wurden. Libo Drusus tödtete sich mitten während des Processes; dennoch wurde die Anklage zu Ende geführt.[1]) Cn. Piso tödtete sich ebenfalls, ehe seine Verurtheilung ausgesprochen war; dennoch sprachen nachher noch Ankläger und Zeugen (Tac.

[1]) Tac. Ann. II, 31 *accusatio tamen apud patres adseveratione eadem peracta.*

Ann. III, 17). Freilich war das ganze Verfahren vor dem Senate in so fern von dem vor Geschworenen verschieden, als bei jenem niemals geheime Abstimmung statt fand, also von böslicher Freisprechung eines Abwesenden nicht die Rede sein konnte: Augustus' Verordnung bezog sich nicht auf die Senatsgerichte.

Das Ergebniss ist, dass es während der Republik kein besonderes Verfahren gegen Abwesende gab: die Gesetze über die Schwurgerichte erwähnten diesen Fall nicht.[1]) Wenn der Angeklagte bei der interrogatio fehlte, so konnte der Beamte allerdings, sobald ihm die Anklage offenbar erschien, selbständig urtheilen; bei politischen Verbrechen gegen Vornehme berief er indessen das Schwurgericht, das bis auf die von dem Angeklagten vorzunehmenden Acte seinen gewöhnlichen Verlauf nahm. Es pflegte natürlich mit einer Verurtheilung zu enden. Aehnlich geschah es, wenn der Angeklagte zwar zu Anfange des Processes zugegen war, aber dann bei einem beliebigen Punkte die Vertheidigung aufgab. In diesen Fällen war das Verfahren kürzer, die Anklage selbst verlor ihre Schärfe und der Ankläger musste sich in Acht nehmen, nicht das Mitleid der Richter zu erregen.[2]) So war es in dem Processe Ciceros gegen C. Verres. Als dieser sich zum zweiten Termine nicht stellte, erkannte Jedermann, dies geschähe aus Schuldbewusstsein, und Freisprechung wurde unmöglich. Cicero hielt trotzdem eine Anklagerede, aber weder so ausführlich noch mit Entfaltung seiner ganzen Beredsamkeit, wie er sich anfangs vorgenommen hatte. Aus diesem Grunde entschloss er sich, seine ausgearbeitete Anklagerede als Muster zur Nachahmung schriftlich herauszugeben. In derselben nimmt er an, Verres habe sich vor Gericht gestellt und Q. Hortensius führe die Vertheidigung. In der Einleitung

---

[1]) Wenn Geib Römischer Criminalprocess S. 304 meinte, im Acilischen Gesetze Z. XXVIII flgd. sei davon die Rede, so beruhte dies auf falscher Ergänzung der sehr lückenhaften Bruchstücke.

[2]) Als nach Cn. Pisos Tode die Anklage gegen ihn dennoch fortgesetzt wurde und die Ankläger wetteifernd redeten, ohne dass ihnen jemand antwortete, da, sagt Tac. Ann. III, 17, *miseratio quam invidia augebatur*.

seiner Anklage äussert er sich folgendermassen: er sei ganz zufrieden damit, dass Verres nicht in die Verbannung gegangen, sondern vor Gericht erschienen sei, theils seinet-, theils der Richter wegen. Fehlte Verres und die Vertheidigung, so würde bedeutend weniger hervortreten, welche Mühe und Sorgfalt Cicero auf die Vorbereitung der Anklage verwendet hätte, würde sein Eifer bei der Führung des Processes sich nicht zeigen können. Das Verdienst der Geschworenen würde in diesem Falle sehr gering sein: das Römische Volk verlange von ihnen nicht die Verurtheilung eines Abwesenden, der seine Vertheidigung aufgegeben habe, sondern ein gerechtes Urtheil trotz der Umtriebe und Drohungen der mächtigsten Vertheidiger.[1]) Also etwas zeigt sich Ciceros Sorgfalt und der Geschworenen Gewissenhaftigkeit trotz Verres' Abwesenheit: es findet die fernere Anklage statt, die Geschworenen stimmen auch ab, haben also die Möglichkeit freizusprechen. Aber beides tritt weniger hervor als wenn von beiden Seiten der Process regelrecht zu Ende geführt wird.

## 2. Abwesenheit des Anklägers.

Wenn es für die Abwesenheit des Angeklagten keine besonderen Vorschriften gab, sondern das in diesem Falle einzuschlagende Verfahren der naturgemässen Entwickelung überlassen blieb, so folgt daraus, dass der Angeklagte, wie er bei jedem beliebigen Punkte seine Vertheidigung abbrechen durfte, so sie auch wieder beginnen konnte. Ein Beispiel davon bietet Verres' Process dar. Im ersten Termine war die Vertheidigung lau geführt worden, namentlich hatte sich Hortensius des Kreuzverhöres enthalten: beim zweiten Termine fehlte der Angeklagte und die Vertheidigung ganz. Dennoch trat sie nach der Verurtheilung bei der Schätzung der Processe wieder hervor und Hortensius bemühte sich nicht ohne Erfolg, die Strafsumme, welche dem Verurtheilten auferlegt wurde, zu ermässigen.[2])

[1]) Man sehe die Ausführung dieser Gedanken bei Cic. in Verr. Act. II, 1, 1 init.

[2]) S. oben S. 354 und 402.

Die Abwesenheit des Angeklagten brachte in dem Laufe eines Schwurgerichtsprocesses keine Aenderung hervor: ganz anders waren die Folgen, wenn der Ankläger sich entfernte. Von ihm ging alle Anregung aus. Er hatte dem Beamten den angeblichen Schuldigen genannt, er schaffte alle Beweismittel herbei, er hielt bei der Verhandlung selbst die erste Rede, welche die Verdachtsgründe im Einzelnen enthielt, er führte die Zeugen vor. Durch seine Reden und seine Thätigkeit allein gewannen die Geschworenen eine Ueberzeugung von der Schuld oder Unschuld des Angeklagten. Wenn daher der Ankläger fehlt, ist ein Process nach Römischem Rechte undenkbar. Seit den ältesten Zeiten gilt die Regel, dass, sobald der Ankläger nicht erscheint, der Process aufhört, und zwar bei jedem Punkte des Processes. Als im Jahre 473 v. Chr. der Volkstribun Cn. Genucius die beiden Consuln des vorhergehenden Jahres vor dem Volke angeklagt hatte und nach vollständiger Vorbereitung des Processes am Gerichtstage selbst nicht erschien, weil er gestorben war, hörte der Process auf.[1]) Aehnlich wurde 422 v. Chr. die Anklage des gewesenen Consuls C. Sempronius Atratinus durch den Rücktritt des anklagenden Tribunen L. Hortensius beendet.[2]) Bei den Beamten- und Schwurgerichten war es nicht anders. Von dem Processe des Thermitaners Sthenius, welchen Verres verurtheilte, erzählt Cicero[3]), als in demselben Termin gehalten wurde, habe der Ankläger M. Pacilius aus irgend einem Grunde auf den Aufruf des Heroldes nicht geantwortet, sei also abwesend gewesen. In Folge dessen, behauptet er, hätte Sthenius' Name in der Liste der Angeklagten gelöscht werden müssen. Selbst bei einem auf der That ertappten Verbrecher finde, wenn der Ankläger fehle, kein Process statt: deswegen sei er selbst, um zur rechten Zeit zum Termine gegen Verres zu erscheinen, unter den grössten Gefahren nach Rom gereist. Cicero unterscheidet also Processe gegen offenbare Verbrecher, die von den Beamten selbständig entschieden wurden, nicht

[1]) Liv. II, 54; Dionys. IX, 38. Vergl. C. R. I, 1, 268.

[2]) Liv. IV, 42. Vergl. C. R. I, 2, 306. Aehnliche Fälle s. ebendaselbst S. 316, 330.

[3]) Cic. in Verr. II, 40, 99.

von den Schwurgerichtsprocessen und führt für die letzteren ein Beispiel an. Ein anderes auffallendes Beispiel wird uns in der gerichtlichen Verfolgung von C. Cornelius erzählt. Ihn hatten die Brüder P. und C. Cominius wegen Majestätsverbrechens angeklagt. An dem Tage des Termins fehlte der Prätor, der Process konnte also nicht begonnen werden: am folgenden Tage fehlte der Ankläger und die Folge war das Aufhören des Processes.[1])

Der eigentliche Ausdruck für das, was in diesem Falle geschah, ist 'den Namen jemandes aus der Liste der Angeklagten streichen' *(nomen ex reis eximere)*[2]), was wahrscheinlich so geschah, dass in der Liste der Angeklagten, welche jeder Vorsitzende eines Schwurgerichtshofes führte, bei dem Namen desselben bemerkt wurde, der Process habe wegen Abwesenheit des Anklägers aufgehört. Eine wirkliche Streichung mochte vielleicht in einer anderen Liste erfolgen. Dann konnte die Anklage vor eben demselben Gerichtshofe, sei es von dem nämlichen, sei es von einem andern Ankläger erneuert werden, wie es bei dem schon erwähnten Process gegen C. Cornelius geschah; sie musste indessen mit allen Förmlichkeiten von vorn an beginnen. Während der Republik fragte man nicht, aus welchen Gründen der Ankläger zurückgetreten sei: es genügte die Thatsache, welche durch Ausbleiben an irgend einem Punkte des Processes kund wurde.[3]) Erst in der Kaiserzeit untersuchte man die Gründe, weshalb der Ankläger zurücktrat und schuf das Vergehen der tergiversatio.[4]) Dieser Rücktritt war die einzige Möglichkeit, einen begonnenen Process ohne Urtheilspruch zu beenden. Als L. Manlius Imperiosus vor dem Volke angeklagt war, fand dessen Sohn, welcher die Verurtheilung seines Vaters befürch-

---

[1]) Ascon. p. 60.

[2]) Man sehe z. B. Cic. in Verr. II, 40, 99; Ascon. p. 99.

[3]) Von den Brüdern Cominius, deren Anklage gegen C. Cornelius ich erwähnt, ging das Gerücht, sie seien bestochen worden (Ascon. l. c.). Aus unbekannten Gründen trat der Ankläger L. Sullas zurück (Plut. Sull. 5); zwei andere Fälle, wo die Ankläger abstanden *(destiterunt)*, erwähnt Asconius p. 59.

[4]) S. oben S. 394.

tete, kein anderes Mittel, den Process aufzuheben, als indem er den anklagenden Tribun zwang, von der Anklage zurückzutreten.[1]) Die Brüder Cominius wurden von der Volksmenge mit dem Tode bedroht, wenn sie nicht von der Anklage gegen C. Cornelius zurücktraten.[2]) Als im Jahre 52 v. Chr. Pompejus, damals allmächtiger und alleiniger Consul, seinen Schwiegervater L. Scipio vor einer Anklage retten wollte, blieb ihm nichts weiter übrig als die Geschworenen um Freisprechung zu bitten, worauf der Ankläger, die Vergeblichkeit seiner Bemühungen vorhersehend, von der Anklage abstand.[3]) Auch von dem Kaiser Augustus wird erzählt, er habe einen Angeklagten, gegen den er eine Schuld der Dankbarkeit hatte, dadurch gerettet, dass er den Ankläger im Beisein der Geschworenen bat, den Process fallen zu lassen (Suet. Aug. 56).

### 3. Abwesenheit des Beamten.

Die Abwesenheit des vorsitzenden Beamten bei einem Criminalprocesse ist ebenso wenig denkbar, wie die des Anklägers; aber sie hat nur die Wirkung, den Process aufzuschieben, nicht ihn aufzuheben. Als bei C. Cornelius' Processe der Prätor C. Cassius an dem Termine, welchen er selbst bestimmt hatte, sei es wegen anderer Amtspflichten, sei es um dem Angeklagten einen Gefallen zu thun, nicht erschien, so folgte daraus nur eine Fortsetzung des Processes am nächsten Tage.[4]) Die Gewalt des Beamten, selbst nach Einleitung des Processes, war also zwar gross, aber doch nicht über die Gesetze erhaben: versäumte er seine Pflicht offenbar, so konnten die Volkstribunen und seine Collegen einschreiten, überdem setzte er sich der Anklage aus. Auf der andern Seite war er in dem, was er pflichtgemäss that, gegen jeden Einspruch obrigkeitlicher Gewalt geschützt. In dem Acilischen Gesetze findet sich gegen das Ende, nachdem das Verfahren in iudicio und die litis aestimatio besprochen worden sind, ein Ca-

---

[1]) Liv. VIII, 22; Val. Max. VIII, 1, 7. S. C. R. I, 2, 339.
[2]) Ascon. p. 59.
[3]) App. bell. civ. II, 24; Plut. Pomp. 55.
[4]) Ascon. p. 59.

pitel, das jedes Hinderniss in einem Processe über Amtsverbrechen aus dem Wege räumen sollte.[1]) Eine solche Bestimmung muste schon das Sempronische Gesetz, das zuerst die Strafgewalt der Schwurgerichte einführte, enthalten, muste sich auch in allen übrigen Richtergesetzen, namentlich in den Cornelischen, welche zuerst die gemeinen Verbrechen umfassten, finden. Sie war nach zwei Seiten hin nöthig. Erstlich musste das Schwurgericht, ebenso wie das Volksgericht, als öffentliches Gericht (iudicium publicum) anerkannt und dadurch vor beliebiger Unterbrechung durch einen Beamten geschützt werden. Ein Privatgericht durfte von einem Beamten beliebig gestört werden: er durfte dem Vorsitzenden befehlen, das Gericht zu entlassen, er durfte seine Beisitzer einzeln und in ihrer Gesammtheit abberufen. Bei einem Schwurgerichte war dies verboten, ausser dass das Gericht an Tagen, wo der Senat Sitzung hielt oder eine förmliche zum Beschliessen berufene Volksversammlung statt fand, entlassen werden durfte. Als bei dem Schlusstermine von Oppianicus' Processe ein Geschworener C. Stajenus fehlte, wollte der Volkstribun L. Quinctius, des Angeklagten Vertheidiger, nicht, dass ohne jenen zur Abstimmung geschritten würde. Er verlangte von dem Vorsitzenden C. Junius wahrscheinlich Aufschub des Processes; als er ihn nicht erlangte, durfte er doch den Verlauf des Gerichtes nicht stören, sondern löste das Privatgericht, bei dem Stajenus beschäftigt war, auf und führte den fehlenden Geschworenen herbei.[2])

## 4. Einspruche anderer Beamten.

Noch wichtiger war der zweite Theil der Bestimmungen, welcher die Beamten in ihrem pflichtmässigen Verfahren gegen Einsprache sicherte. Nach der Römischen Verfassung durfte bei Beamtengerichten sowohl der Angeklagte wie der Ankläger sich an die Collegen des Beamten und an die Volkstribunen wenden, auch diese selbständig, wo sie eine Ungerechtigkeit im Verfahren oder Urtheile bemerkten, einschreiten: erst das

[1]) Lex Acilia Z. LXX flgd. Vergl. C. R. II, 1, 169.
[2]) Cic. p. Cluent. 27, 74.

war Recht, was sich aus der Uebereinstimmung aller Beamten ergab. Das Schwurgericht musste, wenn es eine wirklich richterliche Thätigkeit üben sollte, diesen Beschränkungen entzogen werden: es hätte, da es anfangs gegen die Verbrechen der Beamten eingesetzt wurde, nicht aufkommen können, wäre es nicht ihrer Einwirkung entzogen worden. Niemand durfte den Prätor hindern, eine Anklage anzunehmen, Niemand die Entwerfung der Richterliste, die Ernennung der Geschworenen, ihre Berufung, ihr Urtheil, sowie die Ausführung desselben nach irgend einer Seite hin stören. Deshalb bestimmte das Acilische[1]) und nach ihm die übrigen Richtergesetze, dass kein Beamter die Ausführung der Vorschriften derselben hindern dürfe. Fortan konnten also Hindernisse nur in zweierlei Beziehung eintreten, erstens in dem, was im Gesetze nicht vorgeschrieben war, und zweitens in der Auslegung der Gesetze. Zum ersten gehört besonders die Entscheidung über das, was vor das Schwurgericht kommen sollte oder nicht, d. h. welche Verbrecher als auf der That ertappt zu betrachten und von dem Beamten selbständig zu bestrafen seien. Dieser Schwierigkeit ging derselbe aus dem Wege, wenn er alle einigermassen zweifelhaften Fälle und namentlich alle einflussreichen Verbrecher, welche mit den übrigen Beamten Verbindungen hatten, vor das Schwurgericht verwies. Auch in Bezug auf die Ansetzung der Termine und andere im Gesetze nicht vorgesehene Punkte konnte er den Einspruch durch die Billigkeit und Beachtung der öffentlichen Stimme vermeiden. Grösser war die Schwierigkeit bei der Auslegung der Gesetzesvorschriften: nur die Sitte, die sich hierbei bildete, nebst der Entscheidung der Rechtsgelehrten gab hier einen Ausweg. Dennoch hören wir von Streitigkeiten in diesem Punkte. Das Acilische Gesetz nennt als Beamte, deren Einsprache verboten wird, in den uns erhaltenen Bruchstücken nur die curulischen Beamten und ihre Stellvertreter (magistratus prove magistratu), aber in den Lücken musste es auch die Volkstribunen nennen.[2]) Denn der einzige derartige Fall, der uns berichtet wird, be-

[1]) S. Lex Acilia Z. LXX und C. R. II, 1, 169.

[2]) Ich stimme also mit Rudorffs Erklärungen ad leg. Acil. p. 512 nicht überein.

zieht sich auf die Einsprache eines Tribunen. In der Rede, die Cicero bei einem Kreuzverhöre gegen P. Vatinius hielt, erwähnt er unter andern ungesetzlichen Handlungen desselben auch sein Benehmen bei einem Processe.[1]) Vatinius war von C. Licinius Calvus nach dem Licinisch-Junischen Gesetze angeklagt worden und hatte in Folge davon von dem Prätor C. Memmius Gemellus einen Termin erhalten. Er erschien vor demselben, that aber, wie Cicero behauptet, etwas, das nicht nur in Rom niemals geschehen, sondern überhaupt in der Geschichte unerhört war: er rief die Volkstribunen um Hülfe an, um nicht vor Gericht gestellt zu werden und wandte sich insbesondere an P. Clodius. Dieser, in Verbindung mit Vatinius und seinen Genossen, brauchte, als der Prätor nicht nachgab, Gewalt, vertrieb ihn von seinem Richtersitze und verjagte auch die übrigen rechtsprechenden Beamten. Wäre dies so, wie Cicero es klagend darstellt, geschehen, so wäre der Vorgang unbegreiflich. Es wäre offener Aufruhr gewesen und man müsste sich wundern, dass in Folge davon keine Anklage gegen Vatinius, keine Bestrafung stattfand. Vatinius sowohl, wie Clodius müssen zu ihrem Vorgehen guten Grund gehabt haben: Ciceros Darstellung ist einseitig, leidenschaftlich. Freilich, was er zweimal bestimmt ausspricht, seit der Gründung Roms habe Niemand die Hülfe der Volkstribunen in Anspruch genommen, um nicht vor Gericht gestellt zu werden, ist wahr; aber darum handelte es sich bei Vatinius nicht, er hatte sogar dadurch, dass er freiwillig von seinem Legatenamte nach Rom zurückkehrte, seine Bereitwilligkeit zu gerichtlicher Schlichtung bewiesen. Es handelte sich vielmehr um die Art und Weise des Processes. Vatinius selbst hatte in seinem kurz vorhergegangenen Tribunate ein Gesetz gegeben, es sollte in gewissen Fällen den Parteien erlaubt sein, das Collegium der Geschworenen und den vorsitzenden Prätor zu verwerfen. Dieses Gesetz, behauptete Vatinius, finde auf seine Anklage Anwendung. Er hatte vollkommen richtig gehandelt, als er vor dem Prätor, der ihn vorgeladen hatte, zum Termine erschien; aber in demselben bestand er

[1]) Cic. in Vat. 14, 33 flgd. und C. R. II, 2, 284 flgd.

darauf, es sei nach dem Gesetze sein Recht, ihn selbst und das Geschworenencollegium, das er erloosen wollte, zu verwerfen. Der Prätor Memmius wollte dies nicht zugeben. So wandte sich Vatinius an die Volkstribunen und insbesondere an Clodius, der, wie es ihm gesetzlich erlaubt war, Gewalt brauchte, um seinen Willen, wenigstens vor der Hand, durchzusetzen. Weitere gerichtliche Folgen hat dies Verfahren nicht gehabt. Es ergiebt sich hieraus, dass auch nach den Gesetzen für die Schwurgerichte den Tribunen und anderen Beamten die Möglichkeit des Einspruches bei richterlichen Verhandlungen blieb, trotzdem dass in den Hauptsachen durch die genauen Ausführungen der Gesetze die Gewalt des vorsitzenden Beamten gesichert war.

## 5. Mängel der Schwurgerichte.

Es war die Absicht der Gesetzgebung, das Schwurgericht uneingeschränkt mit der Gewalt über die Bestrafung oder Freisprechung der Angeklagten zu bekleiden. Es verwaltete einen Theil der früher von dem Volke unmittelbar geübten Rechte. Die Geschworenen urtheilten frei nach ihrer Ueberzeugung, ohne darin durch Gesetze beengt zu werden. Die Römer schufen ihre Schwurgerichte selbständig, nicht blos lediglich nach dem von ihnen selbst empfundenen Bedürfnisse, sondern auch nach den in ihrer Verfassung liegenden Verhältnissen. Die Republik ferner sah nur die Anfänge des Schwurgerichtes, das sich später noch fortentwickelte. Daraus entsprangen einige Mängel desselben, welche uns bei unsern weiter vorgeschrittenen Rechtsanschauungen zum Theil auffallend erscheinen.

### a) Verjährung.

Verjährung, d. h. Aufhören der Strafbarkeit einer Handlung nach Verlauf einer bestimmten Zeit, war dem republikanischen Strafrechte im Allgemeinen unbekannt. Berühmt ist der Process gegen C. Rabirius, der im Jahre 63 v. Chr. wegen der im Jahre 100 v. Chr. geschehenen Ermordung von L. Appulejus Saturninus vor Gericht gezogen wurde.[1]) Dies

[1]) S. C. R. I, 2, 388.

war allerdings ein Volksgericht, in Form und Befugniss von den Beamten- und Schwurgerichten verschieden. Dennoch ist es dafür beweisend, dass den Römern die Idee, ein Verbrechen sei nach einer Anzahl von Jahren gleichsam erloschen, fremd war. Cicero in seiner Vertheidigungsrede würde sie selbst wenn sie nur für andere Gerichte gegolten hätte, angeführt haben. Aber wir haben auch Beispiele, die das Nämliche für politische, vor die Gerichtsbarkeit von Geschworenen gehörige, Verbrechen beweisen. L. Lucullus war sechs Jahr aus seinen Asiatischen Provinzen fort, hatte triumphirt und seine Gegner zum Schweigen gebracht, als ihm im Jahre 59 Cäsar drohte, er wolle ihn gerichtlich belangen lassen[1]): er machte ihn durch die Furcht vor einer Anklage zu allen Zugeständnissen willfährig. Cäsar selbst besorgte, wenn er nach Beendigung seiner Gallischen Kriege als Privatmann nach Rom zurückkehrte, vor Gericht gestellt zu werden und sein Verhalten während seines vor zehn Jahren geführten Consulates sollte dazu den hauptsächlichsten Anlass geben.[2]) In seiner Anklage gegen Verres erwähnt Cicero nicht nur dessen Verbrechen in Sicilien, sondern auch seine Bestechlichkeit während seiner Prätur, ja sein ganzes Verhalten, während er im Staatsdienste stand, ohne irgendwie einen Unterschied zwischen den älteren und neueren Vergehungen zu machen.

Nur eine einzige Spur findet sich, dass auch bei den Römern in einem einzelnen Falle Verjährung stattfand, nämlich bei dem Verbrechen der Wahlumtriebe. Pompejus traf in seinem Ausnahmegesetze des Jahres 52 v. Chr. die Bestimmung, alle seit achtzehn Jahren, d. h. seit 70 v. Chr. geschehenen Umtriebe bei der Bewerbung um curulische Aemter sollten vor Gericht gebracht werden können. Wäre dies ohnehin möglich gewesen, so war eine solche Bestimmung unnütz. Pompejus hatte viele Anfeindungen deshalb zu bestehen: diesen hätte er sich nicht ausgesetzt, nur um ein paar frühere Jahre, in denen vielleicht noch lebende Staatsmänner sich um

---

[1]) Suet. Caes. 20.

[2]) Suet. Caes. 30.

Aemter beworben hatten, von gerichtlicher Verfolgung auszunehmen. Das Verbrechen der Wahlumtriebe erlosch also wahrscheinlich mit dem Jahre, in welchem es begangen worden war. Wenn die neuen Beamten ihr Amt antraten, so hörte für sie selbst die Möglichkeit auf, für die Mittel, durch welche sie dasselbe erlangt hatten, vor Gericht gezogen zu werden. Denn die Hauptstrafe, welche auf Wahlumtriebe stand, der Verlust des fraglichen Amtes, konnte nicht mehr vollzogen werden. Durch welchen Ausdruck des Gesetzes diese Beschränkung herbeigeführt wurde, wissen wir nicht; aber Pompejus' Gesetz beweist, dass trotz der Unmöglichkeit, länger vergangene Wahlumtriebe durch die gewöhnlichen Schwurgerichte zu treffen, das Bewusstsein von deren Strafbarkeit fortbestand: auch in diesem Falle trat keine eigentliche Verjährung ein.

b) Zusammentreffen von Verbrechen und Verbrechern.

Unbehülflich erscheinen die Römischen Schwurgerichte bei dem Zusammentreffen verschiedener Verbrechen und Verbrecher. Die Gerichtshöfe bestanden einzeln für sich, jeder für ein besonderes Verbrechen: dies erleichterte allerdings ihre Betrachtung, erschwerte aber, da sie nur in Verbindung mit Personen und andern Verbrechen vorkommen, ihre Bestrafung. Ein Zusammentreffen verschiedener Verbrechen findet statt entweder in ein und derselben Handlung oder in verschiedenen Handlungen. Der erste Fall war es z. B., wenn A. Gabinius sich durch Geld bestechen liess, aus seiner Provinz zu gehen und den König von Aegypten wieder in sein Reich einzusetzen: in der Bestechlichkeit lag eine Verletzung des Julischen Gesetzes über Erpressung, in dem Verlassen der Provinz eine Uebertretung des Majestätsgesetzes. Oder wenn Verres in Sicilien sich bestechen liess, um gefangene Seeräuber loszulassen und an ihrer Statt andere Leute gefangen zu halten, so lag darin ebenfalls eine Uebertretung des allgemeinen Gesetzes über Amtsverbrechen und des Majestätsgesetzes.[1]) In verschiedenen Handlungen lag eine Häufung

[1]) Cic. in Verr. I, 5, 12. Vergl. auch was Cic. in Verr. IV, 41, 88

verschiedener Verbrechen, namentlich bei den grossen politischen Processen, welche gegen Statthalter von Provinzen anhängig gemacht wurden, wie z. B. Verres in Sicilien nicht nur Geld unrechtmässiger Weise genommen, sondern auch in andern und besonderen Handlungen die Gesetze über Staatsdiebstahl und Majestätsverbrechen verletzt hatte.[1])

Die Römer behandelten diese beiden Fälle auf gleiche Weise. Sie hätten ihr Gerichtssystem zerstört, wenn sie verschiedene Verbrechen vor einen und denselben Gerichtshof gebracht hätten. Der Strafantrag des Anklägers, der zugleich die an die Geschworenen zu richtende Frage enthielt, konnte nur auf das in demselben zur Entscheidung kommende Verbrechen lauten: also nur eine Seite einer aus mehreren Verbrechen zusammengesetzten Handlung oder eine Gattung aus einer Reihe verschiedenartiger konnte vor einem einzelnen Gerichtshofe zur gerichtlichen Entscheidung gebracht werden. Das Zusammentreffen verschiedenartiger Verbrechen hatte dabei nur einen mittelbaren Einfluss, erstlich bei den Reden der Ankläger, wodurch sie die Ueberzeugung der Geschworenen zu bestimmen suchten, zweitens bei der auf die Verurtheilung folgenden Schätzung der Processe. In seiner Anklagerede gegen Verres verweilt Cicero mit grosser Ausführlichkeit bei den Majestätsverbrechen, nur um dadurch die Geschworenen zu erbittern und zur Verurtheilung zu bewegen. Wie jede, auch an sich nicht strafbare Handlung eines Angeklagten von dem Ankläger zu seinem Zwecke verwerthet werden konnte und namentlich öfters Feldherren, die unglückliche Kriege geführt hatten, aus diesem Grunde bei Gelegenheit anderer Anklagen verurtheilt wurden[2]), so übte begreiflicher Weise die Strafbarkeit wegen verschiedener Verbrechen Einfluss auf das

---

über den Raub der Statue des Mercur in Tyndaris sagt: *Unum hoc crimen videtur esse et a me pro uno ponitur, de Mercurio Tyndaritano; plura sunt, sed ea quo pacto distinguere ac separare possim, nescio. Est pecuniarum captarum —, est peculatus —, est maiestatis —, est crudelitatis —.*

[1]) Cic. in Verr. I, 4, 11 flgd.

[2]) So soll es z. B. bei L. Lucullus geschehen sein, Cic. in Verr. IV, 66.

Urtheil der Geschworenen. Zweitens konnten bei der Schätzung der Processe, wo das Verfahren nicht auf ein einziges Urtheil hinauslief, sondern freier war, verschiedene Verbrechen mit Geldstrafe belegt werden. Cicero erwähnt ausdrücklich, es sei sehr oft vorgekommen, dass bei der Abschätzung nach einem Processe über Erpressungen Geldstrafe wegen Majestätsverbrechen verhängt wurde[1]), und es ist kein Zweifel, dass z. B. nach Verres' Verurtheilung für alle verschiedenartigen Verbrechen, die er begangen hatte, Geldstrafe bestimmt wurde. Bei der Schwerfälligkeit des Processverfahrens benutzte man dieses Mittel, um die Strafe vielfältiger Verbrechen, die sonst nur durch verschiedene Processe zu erreichen war, rascher durchzusetzen.

Eben dieselbe Schätzung der Processe diente dazu, um für das Zusammentreffen mehrerer gleichartiger Verbrechen gebührende Strafe zu verhängen. Wer z. B. mehrfach Erpressung verübt hatte, der erlitt zwar nur die gleiche Ehrenstrafe, wie derjenige, der eine einzige und kleine Erpressung begangen hatte, aber die Geldstrafe, die ihm auferlegt wurde, war grösser. Jeder gegen ungerechte Statthalter geführte Process, namentlich der uns am meisten bekannte gegen Verres, giebt ein Beispiel hierzu. Wo keine Schätzung der Processe stattfand, war die Strafe bei einer Häufung gleichartiger Verbrechen nicht höher als bei einem einzelnen.

Die Trennung der Gerichtshöfe, so erschwerend sie für die Beurtheilung des Verbrechers war, gewährte doch auch einigen Vortheil bei der Verfolgung desselben. Es war nicht erlaubt, eine Handlung, über welche gerichtlich entschieden war, vor dem nämlichen Gerichtshofe noch einmal anhängig zu machen[2]); aber vor einem andern Gerichtshofe war es erlaubt. Fiel also eine Handlung unter mehrere Strafgesetze oder hatte ein Verbrecher mehrere verschiedene Verbrechen begangen, so konnte man vor verschiedenen Gerichtshöfen entweder zugleich oder nach einander Klage erheben. Man

---

[1]) Cic. p. Cluent. 41, 116. Vergl. oben S. 397 und 403.

[2]) Vergl. oben S. 362.

begann in der Regel mit der Anklage, die am leichtesten zu erweisen war. A. Gabinius wurde wegen seines Aegyptischen Feldzuges zuerst nach dem Majestätsgesetze angeklagt, weil es feststand, dass er ohne Befehl des Senates seine Provinz verlassen hatte. Als er sich durch die Vertheidigung gerettet hatte, er habe des Römischen Volkes Majestät nicht verringert, sondern vermehrt, wurde er nach dem Julischen Gesetze wegen Bestechlichkeit angeklagt und verurtheilt, obwohl er behauptete, nur zu den Kriegskosten Geld erhalten zu haben.[1]) Cicero erhob seine Anklage gegen Verres wegen Bestechlichkeit und Grausamkeit, weil er diese am leichtesten zu erweisen hoffte; aber er drohte dem Angeklagten im Falle der Freisprechung auch mit Anklagen über Staatsdiebstahl und Majestätsverbrechen[2]), obwohl die letztere namentlich etwas schwer gewesen wäre durchzuführen. Milo wurde viermal fast zu gleicher Zeit angeklagt, wegen Clodius' Ermordung, wegen Wahlumtriebe, wegen Genossenschaften und wegen Gewaltthat: die drei letzten Anklagen erhob man, weil man hoffte, er werde, in der ersten verurtheilt, sich zu ihnen nicht stellen.[3]) Die Strafe war in allen vier Processen ungefähr die nämliche. Aber man besorgte bei dem grossen politischen Einflusse des Angeklagten eine spätere Begnadigung, welche man durch vielfache Verurtheilung erschwerte. Milos Genosse M. Saufejus wurde zuerst wegen Clodius' Ermordung, dann wegen Gewaltthat, beide Male vergeblich angeklagt:[4]) die Gründe beider Anklagen waren wesentlich die gleichen. In der Kaiserzeit änderte sich dies Verhältniss, hauptsächlich bei der Gerichtsbarkeit des Senates, die nach den Verbrechern, nicht nach den Verbrechen begränzt wurde. Vor ihm konnten mehrere verschiedenartige Verbrechen eines und desselben Angeklagten in dem nämlichen Processe anhängig gemacht werden. Cn. Piso wurde unter Tiberius wegen Giftmischerei und Majestätsverbrechen angeklagt.[5])

[1]) Vergl. oben S. 405.
[2]) S. Cic. in Verr. I, 5, 12.
[3]) Ascon. p. 40 und 54.
[4]) Ascon. p. 54.
[5]) Tac. Ann. III, 14. Tiberius hätte die angebliche Vergiftung von Ger-

Wegen Erpressung und Majestätsverbrechen zusammen wurden z. B. unter Tiberius' Regierung Granius Marcellus (Tac. Ann. I, 74), Aucharius Priscus (ibid. III, 38), C. Silanus (ibid. III, 66), C. Silius (ibid. IV, 19) angeklagt. Dabei entstand eine andere Schwierigkeit. Die Form des Processes war bei der Majestätsanklage strenger als bei den andern: sollten daher mehrere Verbrechen zu einem Processe vereint werden, so blieb nichts übrig, als die strengere Form für die ganze Verhandlung zu wählen und dies war der Grund, weshalb die Ankläger auf irgend eine Weise ein Majestätsverbrechen in den Process zu mischen suchten.[1])

Unbehülflich erscheinen die Römischen Schwurgerichte bei dem Zusammentreffen mehrerer Verbrecher, welche einer und derselben Handlung angeklagt wurden. Die Beamtengerichte waren in dieser Beziehung viel freier: sie konnten den einen Theilnehmer eines Verbrechens als offenbar überführt selbständig strafen, den andern dem Volksgerichte zuweisen. Aber den Geschworenen wurde immer nur eine Frage vorgelegt, folglich konnte es sich auch immer nur um einen Verbrecher handeln. Fünf Theilnehmer der Catilinarischen Verschwörung hatte Cicero auf Anrathen des Senates als auf der That ertappt durch einen einzigen Spruch zum Tode verurtheilt. Beim Schwurgerichte konnte dergleichen nicht vorkommen. Bei den zahlreichen Processen, von denen uns Kunde erhalten ist, wird nie mehr als ein einziger Angeklagter genannt — Beweis genug, dass nicht mehrere zusammen angeklagt werden durften. Wegen Clodius' Ermordung und der darauf folgenden Unruhen wurden Viele vor Gericht gestellt, aber sie wurden einzeln angeklagt, einzeln vorgefordert, einzeln verurtheilt. Bei den Processen gegen die Mörder Cäsars nach dem Pedischen Gesetze haben wir von der

manicus auch als Majestätsverbrechen auffassen können, aber er erklärte in der Einleitungsrede des Processes, er wolle das nicht.

[1]) Tac. Ann. IV, 19 bei C. Silius: *cuncta quaestione maiestatis exercita;* ibid. III, 38 *maiestatis crimine, quod tum omnium accusationum complementum erat.* Die Stelle Quintilians III, 10, 1 der diesen Unterschied zwischen der Gerichtsbarkeit des Senates und den früheren Schwurgerichten angiebt, ist schon oben S. 205 berührt worden.

einzeln geschehenen Anklage und der einzelnen Abstimmung der Geschworenen ausdrücklich Kunde: dennoch ist es unmöglich, dass nicht mehrere derselben zusammen in ganz gleichen Verhältnissen schuldig oder unschuldig gewesen sein sollten.[1]) Ein noch deutlicherer Beweis für die Unbehülflichkeit der Römischen Schwurgerichte ergiebt sich aus Ciceros Erzählung von dem Verfahren bei einem gegen A. Cluentius Habitus gerichteten Vergiftungsversuche.[2]) Bei demselben waren drei Personen betheiligt, Oppianicus, der Anstifter des Verbrechens, der von demselben Vortheil ziehen wollte, C. Fabricius, der Theilnehmer und Unterhändler der That, und Scamander, Fabricius' Freigelassener, der im Besitze des Giftes und des Geldes zum Bestechen des Arztes ergriffen worden war. Nach dem Cornelischen Gesetze waren alle drei Personen gleicher Strafe schuldig. Dennoch wurden sie nicht zusammen vor Gericht gestellt, sondern zuerst Scamander, bei dem der Besitz von Gift und Geld durch Zeugen festgestellt werden konnte, dann Fabricius, endlich Oppianicus. Der Ankläger war in allen drei Processen der nämliche, aber die Vertheidiger waren verschieden. Wäre eine zusammenfassende Behandlung dieses Falles möglich gewesen, so hätte sie der Ankläger wahrscheinlich selbst auf Antrieb des vorsitzenden Prätors unternommen. Sicherlich wäre der Process kürzer und manche Formen überflüssig geworden. Nur eine Abkürzung gestattete das Gesetz. Der Ankläger verlangte beim zweiten Processe wegen der Verwandtschaft desselben mit dem ersten vom Prätor den nächsten Termin und ebenso wiederum beim dritten Processe. Auch waren die Geschworenen bei allen drei Processen die nämlichen. Dem Ankläger war dies angenehm, die Angeklagten mussten es sich, da der Gerichtshof es wünschte, gefallen lassen. In der Kaiserzeit war die Gerichtsbarkeit des Senates freier: er konnte eine einzige Verhandlung über meh-

[1]) Auch bei dem Nachverfahren eines Criminalprocesses, wo es sich um *calumnia* oder *praevaricatio* des Anklägers handelte, war solche Vereinzelung nothwendig. Deshalb musste nach M. Scaurus' Processe über die etwaige *calumnia* der vier Ankläger viermal abgestimmt werden. Ascon. p. 30.

[2]) Cic. p. Cluent. 16 flgd.

rere Angeklagte führen und hatte bei mündlicher und überhaupt eigenthümlicher Abstimmung dennoch die Möglichkeit, jeden einzelnen Angeklagten zu berücksichtigen. Plinius (epist. III, 9) erzählt, dass die Einwohner der Provinz Baetica einen Process wegen Erpressung gegen die Genossen und Diener eines verstorbenen Proconsuls Caecilius Classicus erhoben. Plinius führte die Anklage. Er berichtet von seiner Ueberlegung, ob er alle Angeklagte gleichsam in 'ein Bündel' zusammenfassen sollte. Er entschied sich dafür, Gruppen unter ihnen zu machen: in den beiden ersten Processen klagte er je zwei, im dritten mehrere an. Die Strafen der zusammen Angeklagten waren bei zwei Processen verschieden.

### c) Begnadigung.

Die Befugniss des Schwurgerichtes war nicht nur im Verurtheilen oder Freisprechen uneingeschränkt, sondern ging noch weiter. Es war in gewisser Beziehung auch Herr über die Formen der Verhandlung. Gegen die ausdrücklichen Bestimmungen des Gesetzes hatten die Beamten keinen Einspruch: über die Erklärung desselben und anderweitige Fragen in Bezug auf die Form, welche der Beamte nebst den Geschworenen entschied, konnten sie Einsprache erheben. Indessen, sobald der Spruch gefällt war, blieb derselbe gültig, welches auch immer die Form der Verhandlung gewesen sein mochte. Es gab in Rom keinen Beamten, keine Behörde, die ein auf Grund eines Wahrspruches von Geschworenen gefälltes richterliches Urtheil für nichtig erklären konnte. Nach dem Varischen Majestätsgesetze, heisst es[1]), seien Viele ungerecht verurtheilt worden: die Processe wurden nicht nur leidenschaftlich, sondern auch hastig, mitten unter dem Lärmen des heftigsten Krieges geführt, wahrscheinlich also auch mit Verletzung mancher Förmlichkeit. Dennoch fiel es Niemanden ein, deshalb die Urtheilssprüche für ungültig zu erklären. Nach dem Processe gegen den älteren Oppianicus, den A. Cluentius wegen Vergiftungsversuches hatte belangen lassen,

[1]) Bei Ascon. in Cic. Cornel. p. 73. Vergl. C. R. II, 1, 262; auch über das frühere Manilische Gesetz ebend. S. 224.

war die allgemeine Ansicht in Rom, derselbe sei ungerecht und durch Bestechung der Richter verurtheilt worden.[1]) Der Vorsitzende des Gerichtshofes wurde in Ordnungsstrafe genommen, einzelne Richter gelegentlich bestraft. Dennoch blieb der Spruch gültig und Oppianicus starb geächtet. Mit gleicher Leidenschaftlichkeit wurden im Jahre 52 v. Chr. die Schwurgerichte verwaltet: es geschah sogar durch die eigenthümlichen Bestimmungen des damals gültigen Pompejischen Gesetzes, dass in manchen Processen die Geschworenen, welche das Urtheil fällten, die Zeugen nicht sahen und ihre Aussagen nicht hörten, sondern nur die schriftlichen Protocolle vernahmen.[2]) Dies mochte immerhin nach jenem Gesetze zulässig sein; dennoch verstiess es gegen die Hauptregel des sonstigen Römischen Verfahrens. Trotzdem blieben alle diese Urtheile gültig: selbst als man nach der bald darauf erfolgten politischen Umwälzung einen Theil der so Verurtheilten zu begnadigen beschloss, that man dies nicht durch Umstossen der Urtheile, sondern in derselben Form, wie überhaupt Verurtheilte wieder eingesetzt zu werden pflegten.

Eine Begnadigung von Verbrechern fand bei den Römern nur selten und selbst dann nur in eingeschränktem Masse statt: sie galt im Allgemeinen als unvereinbar mit dem Staatswohle.[3]) Man kann unterscheiden eine Begnadigung vor Eröffnung des Processes, dergestalt, dass der Verbrecher, obwohl die von ihm begangene Handlung gesetzlich strafbar ist, dennoch nicht vor Gericht gestellt werden darf. Hierzu bedarf es eines Gesetzes, welches bestimmte in einem gewissen Zeit-

---

[1]) Cic. p. Cluent. 22, 59 flgd.

[2]) S. C. R. II, 2, 446 und 455 flgd.

[3]) Dies sagt Cic. de leg. agr. II, 4, 10 *Neque vero illa popularia sunt existimanda, iudiciorum perturbationes, rerum iudicatarum infirmationes, restitutio damnatorum, qui civitatum afflictarum perditis iam rebus extremi exitiorum solent esse exitus;* ähnlich in Verr. V, 6, 12 *Perditae civitates desperatis iam omnibus rebus hos solent exitus exitiales habere, ut damnati in integrum restituantur, vincti solvantur, exules reducantur, res iudicatae rescindantur.* Es gab, wie man hieraus sieht, im Lateinischen kein einzelnes Wort für den vollen Umfang des deutschen Wortes Begnadigung.

raume begangene Verbrechen der Vergessenheit übergiebt: daher ein solcher politischer Act schon von den Römern als ein 'Vergessen geschehener Dinge' bezeichnet wird. Er kam nur vor, wenn nach politischen Unruhen die Parteien sich versöhnten und bezog sich seinem Ursprunge gemäss nur auf politische Vergehen. Er wird während der Republik dreimal erwähnt, erstens bei dem Sturze der Zehnmänner, zweitens bei dem politischen Soldatenaufstande des Jahres 342 v. Chr.[1]), drittens nach Cäsars Ermordung, am 17. März 44 v. Chr. erlassen.[2]) Wie sehr die Sache den Römern ungewohnt war, zeigte sich besonders bei der letzten Gelegenheit: als Cicero die damals nöthige Vereinigung der Parteien befürwortete, berief er sich nicht auf Vorgänge des früheren Römischen Staatslebens, sondern auf das Beispiel der Athener, welche nach dem Sturze der Tyrannen das nämliche Mittel zur Beruhigung des Staates angewendet hatten.[3]) Aber den Charakter einer politischen Massregel behielt diese allgemeine Begnadigung immer: sie galt also nur für politische, nicht für gemeine Verbrechen. Deshalb wurden von den gestürzten Zehnmännern einige wegen Verbrechen, welche sie im Besitze ihrer Amtsgewalt sich erlaubt hatten, angeklagt und bestraft: deshalb liess Octavian, trotzdem dass die Ermordung Cäsars in der allgemeinen Begnadigung ausdrücklich genannt war, dennoch das Pedische Gesetz geben, welches Cäsars Mörder als Vatermörder bestrafte. Eine Begnadigung dieser Art bei anderen Verbrechern als politischen hat es in Rom nicht gegeben.

Eine zweite Art der Begnadigung kann während des Processes stattfinden durch Niederschlagen desselben. Kein Beamter, auch nicht der Senat hatte die Befugniss[4]), einen begonnenen Process auch nur zum Stillstande zu bringen. Ohne Zweifel hat die Volksversammlung, der Alles erlaubt

[1]) Liv. VII, 41. Die übrigen von Rein Römisches Criminalrecht S. 264 angeführten Fälle gehören nicht hierher.

[2]) App. bell. civ. II, 135 und 142; Dio Cass. LIV, 34. Vergl. C. R. I, 2, 38 und II, 2, 490.

[3]) Cic. Phil. I init.

[4]) Vergl. oben S. 432.

ist, die Gewalt dazu; aber ich finde kein Beispiel, dass sie von derselben Gebrauch gemacht hat. Die dritte Art der Begnadigung, nach gesprochenem Urtheil und vor angetretener Strafe, ist nach Römischer Ansicht nicht denkbar. Denn unmittelbar nach Verkündigung des Urtheils, gegen das es kein Rechtsmittel giebt, tritt die Strafe ein. Unmittelbar muss der Verurtheilte Bürgen stellen, wenn nicht sein Vermögen mit Beschlag belegt werden soll, unmittelbar verliert er Rang und Ehre, unmittelbar das *caput*. Somit bleibt nur die vierte Art der Begnadigung nach angetretener Strafe übrig: sie kommt zuweilen, aber nicht oft vor. Herr über diese Begnadigung ist nur das Volk. Dies ergiebt sich für die ältere Zeit, wo das Volk allein richterliche Urtheile fällte, von selbst; aber auch die Schwurgerichte übten einen Theil der dem Volke zustehenden Richtergewalt, folglich ist auch bei ihnen eine Begnadigung nur durch das Volk möglich.[1]) Wie bei denjenigen, welche das Volk selbst verurtheilt hatte, eine Begnadigung entweder durch Centuriat- oder durch Tributcomitien mit gleichem Erfolge geschehen konnte, ebenso waren bei den durch Schwurgerichte Verurtheilten sowohl Centuriat- wie Tributcomitien dazu befugt.[2]) Es ist ein weitläuftiges und schwer durchzuführendes Verfahren, das allerdings zuweilen bei Einzelnen, welche durch ein Volksgericht verurtheilt waren, angewendet worden ist, aber nie bei einzelnen durch das Schwurgericht Verurtheilten. Es bedurfte dazu immer eines politischen Anlasses: ich finde deshalb, dass nur dreimal im Verlaufe der Römischen Republik gerichtlich Verurtheilte begnadigt worden sind. Der erste Fall war in dem Marianischen Bürgerkriege. Mochte auch P. Sulpicius' anfängliches Gesetz über die Zurückberufung der Verbannten oder mit

---

[1]) Man führt dagegen den Fall an, wo ein Bürger oder eine Bürgerin, die im Gefängnisse durch ihre Tochter am Leben erhalten war, durch ebendenselben Prätor, der sie verurtheilt hatte, begnadigt worden sein soll (Val. Max. V, 4, 7). Um gänzliche Begnadigung handelt es sich schwerlich; sondern der Prätor liess nur eine von ihm zum Tode Verurtheilte am Leben. S. C. R. I, 2, 207.

[2]) Von den Centuriatcomitien ist dies ersichtlich, von den Tributcomitien ergiebt es sich aus Caes. bell. civ. III, 1. Vergl. C. R. I, 2, 337.

Gewalt Verstossenen nicht durchgehen[1]), als die Marianische Partei siegte und die Italiker zu gewinnen suchte, wurden sicherlich viele nach dem Varischen Majestätsgesetze durch die Ritter Verurtheilte zurückberufen und wiederum nach Sullas Siege fanden ähnliche Begnadigungen statt. Der zweite Fall war nach dem Siege Cäsars über die Pompejaner. Er wollte anfangs nur solche begnadigen, die nach dem Pompejischen Gesetze wegen Wahlbestechungen verurtheilt waren: es wurden nachher mehrere. Dennoch hielt er sich eigentliche Verbrecher fern und begnadigte deshalb T. Milo nicht.[2]) M. Antonius ging nachher, angeblich nach den Aufzeichnungen Cäsars, noch weiter.[3]) Der dritte Fall war, dass Cn. Domitius, der nach dem Pedischen Gesetze als Mörder Cäsars verurtheilt war, später Verzeihung erlangte.[4])

Schon der Name dieser Begnadigung oder Wiedereinsetzung *(restitutio, restitutio in integrum)* bezeichnet, dass man dabei weniger an eine Ausgleichung der Gerechtigkeit mit dem Gesetze, als an einen politischen Act dachte. Allerdings gab Cäsar an, die Processe der von ihm Begnadigten seien hastig geführt worden: nach dem Varischen Gesetze hatten Verurtheilungen in blinder Leidenschaft stattgefunden und Domitius erwies sich als unschuldig; dennoch erlangten diese Erwägungen nur durch den politischen Umschwung Geltung: man wollte die eigene Partei verstärken. Deshalb war die Begnadigung in jedem Falle nur eine theilweise und bestand in dem Erlasse der Capitalstrafe und Wiedereinsetzung in die politischen Rechte: das Vermögen, das jemand verloren, musste, wenn dies überhaupt geschehen sollte, durch eine besondere Schenkung wiedergegeben werden. Um so merkwürdiger ist es, dass bei dieser Seltenheit oder für gewöhnliche Fälle bei dieser Unmöglichkeit einer Begnadigung dennoch bei dem Verbrechen der Wahlumtriebe durch die Geschwore-

---

[1]) Liv. per. LXXVII; auct. ad Her. II, 28, 45.

[2]) Man sehe ausser Caes. bell. civ. III, 1 noch App. bell. civ. II, 48; Plut. Caes. 37; Dio Cass. XLI, 36; XLII, 24; XLIII, 27; Cic. Phil. II, 38, 98.

[3]) Cic. Phil. I, 10, 24; XI, 5, 11.

[4]) Suet. Ner. 3.

nen selbst eine Begnadigung erlassen werden konnte, ein Beweis, dass dieses Verbrechen, bei dem auch allein von allen eine Verjährung eintrat, besonders betrachtet wurde. Seit die Wahlumtriebe durch das Calpurnische Gesetz einen abgesonderten Gerichtshof und ein eigenes Gesetz erhalten hatten, galt die Bestimmung, dass ein wegen derselben Verurtheilter durch die glücklich durchgeführte Anklage gegen einen Andern wegen eben desselben Verbrechens Begnadigung, d. h. Wiedereinsetzung in den verlorenen Rang und Ehre erhielt: Pompejus, so streng er sonst in seinem Ausnahmegesetze für das Jahr 52 v. Chr. war, erhielt doch diese Belohnung des Anklägers bei einem Processe wegen ambitus aufrecht.[1])

In der Kaiserzeit konnte diese Strenge gegen die in Schwurgerichten Verurtheilten, diese uneingeschränkte Freiheit der Geschworenen nicht beibehalten werden. Früher hatte man ungerecht Verurtheilte vernachlässigt, indem man sie als von einem politischen Unglücke betroffen betrachtete: der Kaiser hatte ein lebhafteres Gefühl für Gerechtigkeitspflege und musste wünschen, was vorher nur bei einer Umwälzung des Staates möglich gewesen war, allgemein und regelmässig zugänglich zu machen. Die Gewalt der Gerichtsbehörden, zu denen unter den Kaisern auch der Senat gehörte, musste ferner, als der ganze Staat einem Einzigen untergeordnet wurde, verringert werden: die Gerechtigkeit gewann, wenn die Geschworenen von der Last, ein unabänderliches Urtheil zu fällen, befreit wurden. Es steht fest, dass die Kaiser das Begnadigungsrecht im weitesten Umfange gehabt haben: von ihnen ist es als schönstes Hoheitsrecht der Fürsten in das neuere Staatsrecht übergegangen. Wir können das Jahr seiner Entstehung angeben und die Art, wie es eingeführt wurde, ist bemerkenswerth. Es war im Jahre 30 v. Chr. nach Antonius' Besiegung und Tod, als man Augustus, der als alleiniger Herrscher übrig war, besonders zu ehren beschloss. Man knüpfte zu dem Ende an die tribunicische Gewalt, welche man ihm schon früher verliehen hatte, an und verband mit derselben zwei Rechte, welche vorher unbekannt gewesen

[1]) Man sehe C. R. II, 2, 233 und 436.

waren. Er sollte fortan in oberster Instanz entscheiden und in allen Gerichtshöfen 'das Steinchen der Minerva' abgeben können. Dieses letztere Recht ist von den Neuern vielfach nicht richtig erklärt worden. Es bezog sich darauf, dass in allen Criminalprocessen der Kaiser eine den Stimmen aller übrigen Richter gleichgeltende Stimme hatte, aber nur zur Freisprechung: wahrscheinlich brauchte man in dem deshalb erlassenen Gesetze auch den Ausdruck 'Steinchen der Minerva'. Hierin lag das Recht der Begnadigung und zwar, was vorher unbekannt gewesen war, vor angetretener Strafe.[1])

## 6. Die capitale Strafe.

Unter den Strafen, welche von den Schwurgerichten verhängt wurden, ist besonders über die capitale Strafe zu handeln, worin sie bestand und wie sie ausgeführt wurde. Es fehlt an ausdrücklichen Zeugnissen darüber und die Bemerkungen Ciceros in seinen Vertheidigungsreden erscheinen zweideutig. Capitale Strafe wurde verhängt bei den Verbrechen der Gewaltthat, der verringerten Majestät, über Genossenschaften und über Mord nach dem Cornelischen Gesetze: sie war aber auch nach dem allgemeinen Gesetze über Amtsverbrechen, das bis auf das Julische Erpressungsgesetz galt, möglich, sobald es sich nicht nur um Annahme von Geschenken und Geld, sondern um Grausamkeit und Missethaten handelte, ferner auch in vielen Fällen der Fälschung.

Die von den Schwurgerichten verhängte capitale Strafe konnte nicht härter sein als die von dem Volke selbst verhängte. Das Volk durfte auch mit körperlichem Tode strafen und hat es in älterer Zeit vielfach gethan: als es dies in späterer Zeit wenigstens bei politischen Verbrechern nicht mehr that, führte es dafür keinen gleichmässigen Ersatz ein, sondern bestimmte für jeden einzelnen Fall die für diesen entsprechende Strafe. Als Q. Metellus Numidicus auf Betrieb des

---

[1]) Ich habe über dieses an Augustus verliehene Recht gesprochen in einer Untersuchung über die tribunicische Gewalt der Kaiser in meinen *Studia Romana* (Berol. 1850) p. 255 flgd. Meine Untersuchung gründet sich auf die genaue Nachricht bei Dio Cass. LI, 19.

Tribunen L. Appulejus Saturninus vor ein Volksgericht gestellt wurde, bestand die Strafe in Aechtung: die Consuln, heisst es, erhielten den Befehl, zu verkünden, dass Niemand ihm Feuer oder Wasser mittheilen oder ihn unter seinem Dache aufnehmen dürfe.[1] Den Consuln war dieser Befehl aufgetragen, weil diese ausserhalb Roms in Italien die Macht hatten und Metellus von dort vertrieben werden sollte: er ging nach Asien. Der Befehl konnte nicht blos dahin lauten, dass Niemand dem Verurtheilten Wasser, Feuer, Obdach zu gewähren brauche, sondern es musste eine Strafe darauf gesetzt sein, wenn jemand es thäte. Vermögensverlust war ebenfalls mit dieser Aechtung verbunden: schon vor dem Volksgerichte hatte Metellus eine hohe Geldstrafe verwirkt. Die über Cicero durch P. Clodius' Volksgericht verhängte Aechtung war noch etwas härter. Einmal wurde der Vermögensverlust dadurch geschärft, dass Clodius Ciceros Haus zerstörte und sich bemühte, durch religiöse Weihe desselben auch eine spätere Zurückgabe unmöglich zu machen. Zweitens wurde die Aechtung auf Sicilien ausgedehnt, indem die letztere Provinz ausdrücklich genannt und dann eine Entfernung von Rom in Millien angegeben wurde, innerhalb deren die Aechtung gelten solle.[2] Dies war damals, wo ganz Italien Römisch geworden war, die natürlichste Art und Weise, um die Entfernung des Verurtheilten aus Italien herbeizuführen. Ganz besonders aber ist interessant, wie Aechtung innerhalb des verbotenen Gebietes durchgesetzt wird. Es wurde eine Strafe für den, der Cicero innerhalb Italiens aufgenommen hätte, bestimmt, und zwar die, dass derselbe ungestraft getödtet werden dürfe[3]), also auch eine Art von Aechtung: wahrscheinlich hat eben

[1]) App. bell. civ. I, 31. Vergl. C. R. I, 2, 352.

[2]) Man s. C. R. I, 2, 426 flgd.

[3]) Cic. de dom. 20, 51; Dio Cass. XXXVIII, 17. Cicero selbst (p. Planc. 41, 97) sagt von M. Laenius Flaccus, der ihn bei Brundisium in seinem Hause aufnahm *cui cum omnis metus, publicatio bonorum, exilium, mors proponeretur, haec perpeti si acciderent maluit quam custodiam mei capitis dimittere.* Aber dies erlitt M. Laenius nicht unmittelbar nach dem gegen Cicero erlassenen Verbannungsgesetze, sondern es war möglich, dass Clodius bei seinem Hasse gegen Cicero ein weiteres, besonderes

dieselbe Strafe schon bei Metellus' Aechtung gegolten. Die Proscriptionen, welche Sulla, dann die Triumvirn vornahmen, beruhen auch auf einem besondern Volksgerichte, dürfen also hier ebenfalls erwähnt werden. Sie sprachen eine noch härtere Aechtung aus als sonst verhängt worden war, und zwar in doppelter Beziehung. Erstens bestimmten sie nicht Grenzen, innerhalb deren die Aechtung gelten sollte, zweitens setzten sie eine Belohnung für diejenigen aus, welche den Versteck eines Geächteten angeben oder den Geächteten tödten würden.[1]) Bei der Proscription der Triumvirn, deren Wortlaut uns bekannt ist[2]), wurden diejenigen, welche den Geächteten geholfen hätten, mit der gleichen Strafe der Aechtung bedroht, so dass sie ohne Weiteres getödtet, ihre Güter eingezogen, ihre Mörder belohnt wurden. Dies war wahrscheinlich eine neue Verschärfung der Aechtung.

Es gab also bei den Volksgerichten verschiedene Arten und Stufen der Aechtung. Die höchste war die bei den Proscriptionen angewendete: sie war härter als der Tod, weil sie den Geächteten der beliebigen Grausamkeit eines Jeden überliess. Ihnen schloss sich auch das gegen die Mörder Cäsars erlassene Pedische Gesetz an, das zwar keine Belohnungen für die Mörder bestimmte, aber doch indem es keine räumlichen Grenzen für die Aechtung ansetzte, früher oder später den Tod der Verurtheilten zur Folge hatte. Doch diese Gesetze sind Ausnahmen, erfunden für besondere Nothstände des Staates. Die sonstigen Volksgerichte sprechen die Aechtung innerhalb bestimmter Grenzen aus, gewähren den Mördern keine Belohnung, setzen aber Strafen für diejenigen aus, welche durch Unterstützung der Verurtheilten die Absicht

Gesetz gegen dessen Beschützer erliess. Von Sica, bei dem Cicero in der Nähe von Vibo eine Weile blieb, sagt er ad Att. III, 4, er habe ihn verlassen, *ne periret.* Auch epist. XIV, 1, 2 spricht er von dem *periculum fortunarum et capitis,* in das Jener durch seine Gastfreundschaft gegen ihn gekommen sei. Es steht ferner fest, dass Cicero sich auf seiner Flucht durch viele Begleiter zu sichern suchte und den Aufenthalt in den Städten mied.

[1]) Den zweiten Punkt führt App. bell. civ. I, 95 als Erfindung Sullas an. Vergl. C. R. II, 1, 302.

[2]) Bei App. bell. civ. IV, 11.

des Gerichtes vereiteln. Und zwar erscheint dabei eine eigenthümliche Art von Aechtung: wer einen Geächteten unterstützt, soll ungestraft getödtet werden dürfen. Diese letztere Art muss geringer sein als die erstere: erst die Triumvirn setzten die Strafe der Unterstützenden der der Geächteten gleich. Sie kann aber nur in so fern geringer sein, als Niemand weder durch Belohnung veranlasst noch durch fernere Strafandrohung gezwungen wird, die auch ihnen in Aussicht gestellte Acht zu vollziehen. Wie wir oben bei Cicero sahen, liefen dessen Freunde, wenn sie ihn wider das Gesetz aufnahmen, allerdings Gefahr; aber wir hören nicht, dass irgend jemand deshalb wirklich gestraft worden ist.

Die bei den Proscriptionen Sullas und der Triumvirn ausgesprochene Aechtung führte zum unausbleiblichen Tode, weil sie keine räumliche Begrenzung der Aechtung bestimmte und ausserdem für die Ermordung eine Belohnung verhiess, auch für ein etwaiges Beschützen der Geächteten die gleiche Strafe aussprach. Die Aechtung, wie sie bei Metellus und Cicero zur Anwendung kam, führte nicht zum Tode, weil sie Grenzen für dieselbe festsetzte; aber sie verlangte Entfernung aus dem Bezirke, für welchen die Aechtung galt, weil sie innerhalb desselben Strafe für denjenigen, welcher dem Geächteten Schutz verlieh, bestimmte, wenigstens gestattete. Die dritte Art von Aechtung, welche wir bei Gelegenheit der Volksgerichte kennen lernen, trifft den Beschützer des ursprünglich Geächteten: einerseits gilt sie, weil sie mit dem eigentlichen Aechtungsgesetze zusammenhängt, ebenfalls nur für einen bestimmten Bezirk, andererseits wird ihre Vollziehung weder durch Strafe noch Belohnung erzwungen und hängt vom Zufalle ab. Nun haben wir bemerkt, dass die von den gewöhnlichen Criminalgerichten verhängte capitale Strafe wahrscheinlicher Weise geringer war als die von dem Volksgerichte ausgesprochene. Diese galt allgemein als härter, die Processe gegen Metellus und Cicero gingen von deren erbittertsten Feinden aus, welche die Stimmung des Volkes unbedingt beherrschten: die Strafe, welche bei ihnen ausgesprochen wurde, wird als hart und ungewöhnlich erwähnt. Dazu kommt, dass bei den zahlreichen durch die Schwurgerichte Verurtheilten, von denen wir hören, niemals berichtet wird, dass ihre etwaigen Beschützer in Strafe verfallen wären: es wird sogar ausdrücklich angeführt, dass sie im Römischen Gebiete gelebt haben, was unmöglich gewesen wäre, wenn ihre Aufnahme und ihr Unterhalt mit unbedingter Strafe belegt gewesen wäre. Hieraus ergiebt sich die Wahrscheinlichkeit, dass die in den Schwurgerichten ausgesprochene capitale Strafe eine gewisse Aehnlichkeit mit derjenigen hat, welche in den Volksgerichten gegen die Beschützer der durch sie Geächteten verhängt wurde.

Es ist bei den Römischen Schriftstellern häufig davon die Rede, nicht nur dass jemand, dem Verurtheilung bevorsteht, in die Verbannung geht, sondern auch dass er in die Verbannung getrieben wird. Es konnte sich daher leicht die Vorstellung bilden, die Römischen Gerichte hätten auf Verbannung erkannt, und sie ist trotz der richtigeren Ansichten, welche sich in neuerer Zeit Bahn gebrochen haben, dennoch nicht vollständig beseitigt.[1] Gleichwohl wird die Meinung, die Verbannung sei eine Strafe der Römischen Gerichte gewesen, durch ausdrückliche Zeugnisse widerlegt. In seiner Rede für Cäcina spricht Cicero über den Verlust des Bürgerrechtes, der weder durch irgend ein Gesetz noch durch die Verbannung eintrete. Verbannung, sagt er, ist nicht eine Strafe, sondern ein Zufluchtsort und ein Hafen gegen die Strafe. Denn weil man einer Strafe oder einem Unglücke entgehen will, deshalb ändert man den Boden, d. h. wechselt man Wohnsitz und Wohnort. Daher findet sich in keinem Römischen Gesetze, wie es in andern Staaten der Fall ist, irgend eine Missethat mit Verbannung gestraft, sondern weil die Leute Gefängniss, Tod und Schande, welche gesetzlich bestimmt sind, vermeiden, deshalb flüchten sie sich in die Verban-

---

[1]) Bei den Schriftstellern über das Römische Recht finde ich nur einzelne Andeutungen, wobei die Zeiten der Republik und des Kaiserreiches vermischt werden, so bei Geib Römischer Criminalprocess S. 120 und 381, Rudorff Römische Rechtsgeschichte II, 408. Einige Hauptsachen finden sich richtig schon bei Niebuhr Römische Geschichte II, 72 flgd. und dann in der zusammenfassenden Darstellung bei Rein in Paulys Realencyclopädie s. v. *aquae et ignis interdictio* I, 1377 (2. Aufl.).

nung. Wollten sie innerhalb des Staates die Gewalt des Gesetzes aushalten, so würden sie das Bürgerrecht erst mit dem Leben verlieren: weil sie es nicht wollen, wird das Bürgerrecht von ihnen freiwillig aufgegeben. Denn, da nach unserem Rechte Niemand Bürger zweier Staaten sein kann, geht das Bürgerrecht erst dann verloren, wenn der, welcher sich geflüchtet hat, in der Verbannung, d. h. in einem andern Staate aufgenommen ist.[1])

Cicero sagt auf das Bestimmteste, in keinem Gesetze werde Verbannung als Strafe bestimmt: sie konnte also weder jemals vom Volke noch von Beamten noch von Geschworenen ausgesprochen werden.[2]) So schrieb Cicero mit vollem Rechte vor seinem Consulate; denn in diesem veranlasste er ein Gesetz über Amtserschleichung, wodurch wirklich die Strafe der Verbannung gegen die darnach Verurtheilten verhängt wurde.[3]) Es war indessen eine andere Art der Verbannung als die mit capitalen Strafen Belegten erlitten und es blieb während der Republik die einzige Ausnahme des von Cicero aufgestellten Grundsatzes. Er nennt als Strafen für Verbrecher Gefängniss, Hinrichtung, Schande: ganz richtig nennt er Geldstrafe nicht. Sie wurde sehr häufig angewendet, aber man konnte ihr nicht durch Entfernung von Rom entgehen: sie wurde auch an den abwesenden Verurtheilten vollzogen. Gefängniss war zwar keine eigentliche

---

[1]) Cic. p. Caec. 34, 100 *Exilium enim non supplicium est, sed perfugium portusque supplicii. Nam qui volunt poenam aliquam subterfugere aut calamitatem, eo solum vertunt, hoc est, sedem ac locum mutant. Itaque nulla in lege nostra reperietur, ut apud caeteras civitates, maleficium ullum exilio esse multatum, sed cum homines vincula, neces ignominiasque vitant, quae sunt legibus constitutae, confugiunt quasi ad aram in exilium; qui si in civitate legis vim subire vellent, non prius civitatem quam vitam amitterent, quia nolunt, non adimitur iis civitas, sed ab iis relinquitur atque deponitur.*

[2]) Den gleichen Grundsatz spricht Cic. de dom. 30, 78 aus *Quia erant rerum capitalium condemnati, non prius hanc civitatem amittebant quam erant in eam recepti, quo vertendi, hoc est mutandi soli causa venerant. Id autem ut esset faciundum, non ademptione civitatis, sed tecti et aquae et ignis interdictione adigebantur.*

[3]) S. C. R. II, 2, 258.

Strafe, in so fern es niemals zur Abbüssung eines Verbrechens diente; aber es kam theils als Untersuchungshaft theils als ausserordentliche Strafe vor. Todesstrafe war bei den Römern für geständige oder auf der That ertappte Verbrecher immer in Gebrauch. Diese Strafen also sind gesetzlich und ohne Zweifel gingen Schuldige oft in die Verbannung, um ihnen zu entfliehen. Aber wollte man Ciceros Worte in dieser engen Beziehung auffassen, so könnte man dabei an die Schwurgerichte nicht denken. Denn in ihnen wurde weder Gefängniss noch Tod unmittelbar als Strafe verhängt. Nur mittelbar drohten Tod und Gefängniss den in Schwurgerichten Verurtheilten. Der Beweis für die Nothwendigkeit dieser Auffassung liegt in der zweiten von uns angeführten Stelle Ciceros. An ihr spricht er, wie in der Rede für Cäcina, von dem Verluste des Römischen Bürgerrechtes. Derselbe findet bei denen statt, welche den Boden wechseln, und dies geschieht, wie er sagt, bei allen wegen Capitalverbrechen Verurtheilten, sowohl in den Beamten- und Volksgerichten wie in den Schwurgerichten. Sie werden zum Wechsel des Bodens durch die Aechtung gezwungen. Folglich besteht die in den Römischen Gesetzen für Verbrecher bestimmte Strafe in der Aechtung: sie hat Gefängniss, Tod und Schande zur Folge und um ihr zu entgehen, flüchten sich die Verurtheilten in die Verbannung, welche Verlust des Bürgerrechts herbeiführt.[1])

Es ist interessant, die Ausdrücke, deren sich Cicero am Schlusse seiner Vertheidigungsreden in Criminalprocessen bedient, zu betrachten. Er pflegt dort das Unglück, das die Angeklagten im Falle der Verurtheilung erwartet, zu schildern, und so sehr auch diese Darstellung gefärbt und auf die Erregung des Mitleidens berechnet ist, muss sie dennoch einen gewissen Anhalt gewähren, um die Art der Strafe, welche drohte, zu erkennen. Im Processe gegen Sex. Roscius handelte es sich nicht um Hinrichtung, sondern um die in allen

---

[1]) Im auct. ad Her. 28, 45 heisst es *omnes, quibus aqua et igni interdictum est, exules appellantur:* hier wird nur der Sprachgebrauch, nicht das Rechtsverhältniss berücksichtigt.

Capitalprocessen übliche Strafe. Cicero spricht in seinem Schlussworte davon, dass die Ankläger dem Angeklagten nach dem Leben stehen, dass sie ihn des Lebenslichtes berauben wollen, dass sie nach seinem Blute dürsten (c. 52, 150), er redet von seinem Verderben (50, 146). Dies kann sich nur auf einen Zustand nach der Verurtheilung beziehen, bei dem Verlust des Lebens nicht nothwendig, aber doch leicht möglich war: von Verbannung spricht Cicero nicht. Ebenso wenig spricht Cicero davon im Schlussworte seiner Rede für Cluentius. Er bittet zuerst (70, 200) die Richter, sie möchten den Anklägern nicht den Zugang zu dem Blute des Angeklagten gestatten: es wird diesen also nur die Möglichkeit gegeben, den Angeklagten zu tödten, nicht unmittelbar erfolgt die Tödtung. Weiter heisst es, es würde für ihn im Falle der Verurtheilung schwer sein, am Leben zu bleiben: sein Leben würde mitten aus den Nachstellungen des Todes zu Trauer aufgehoben, sein endlicher Tod des väterlichen Grabmales beraubt werden.[1]) Dies ist sehr bezeichnend. Cluentius war wegen Giftmordes angeklagt, seine Strafe also eben so gross wie die von Sex. Roscius. Nach einer Verurtheilung schwebt sein Leben in beständiger Gefahr und, wenn er stirbt, wird er nicht in dem Grabmale seiner Vorfahren beigesetzt. In dem Schlussworte der Rede für P. Sulla legt Cicero den Nachdruck auf die Verbannung, welche durch die Verurtheilung herbeigeführt werden würde. Sulla war, als er angeklagt wurde, schon ehrlos in Folge einer früheren Verurtheilung: jetzt handelte es sich um capitale Bestrafung. Nicht um das Leben handelt es sich jetzt, sondern um das Begräbniss. Denn das Leben, das er jetzt führt, ist kein Leben zu nennen: er wünscht nur im Vaterlande unter Verwandten und Freunden zu bleiben (c. 31, 89). Cicero fragt dann den Ankläger, ob er dem Angeklagten das Leben nehmen oder ihn aus dem Vaterlande treiben wolle: jenes sei für den Ange-

[1]) Cic. p. Cluent. 71, 201 *Quodsi qua calamitas hunc in hoc iudicio afflixerit innocentem, ne iste miser, si, id quod difficile factu est, in vita remanebit, saepe u. s. w. — Nunc vero quid erit profectum, nisi ut huius ex mediis mortis insidiis vita ad luctum conservata, mors sepulchro patris privata esse videatur?*

klagten kein Verlust, dies für den Ankläger kein Gewinn (32, 90). Also Verlust des Lebens ist bei der Verurtheilung möglich, kann aber durch Verbannung vermieden werden. In der Rede für P. Sestius spricht Cicero nur von der möglichen Verbannung des Angeklagten, von weiteren Nachtheilen nicht (c. 69, 146), ebenso in der für M. Caelius (31, 77), wo er bittet, man möge den Angeklagten dem Vaterlande und seinem Vater erhalten. Auch in der Rede für Plancius deutet Cicero, wenngleich er von der Lebensrettung (salus) des Angeklagten spricht, doch nur auf eine mögliche Verbannung desselben (c. 42, 102): es kam ihm bei dieser Vertheidigung hauptsächlich darauf an, durch die Darstellung seines eigenen Verhältnisses zum Angeklagten auf die Geschworenen zu wirken. In dem Schlussworte der Rede für Milo wird zwar ebenfalls überwiegender Nachdruck auf die Verbannung, welche mit der Verurtheilung verbunden sei, gelegt; doch findet sich auch eine leise Andeutung auf die Möglichkeit des Todes, wenn es heisst, derselbe würde vielleicht für das Vaterland sterben.[1])

Es findet sich also ein bemerkenswerther Unterschied zwischen den Reden, welche über gemeine, und denen, welche über politische Verbrechen handeln. In jenen wird über das elende Leben, das den Verurtheilten erwartet, auch über seinen möglichen oder wahrscheinlichen Tod gesprochen: in diesen hauptsächlich von den Leiden der Verbannung. Der Grund hiervon liegt nicht in der Verschiedenheit der Strafe. Denn von einer solchen wissen wir nicht, und auch bei den politischen Verbrechern wird die Möglichkeit des Todes als Strafe zugegeben. Der Grund ist vielmehr darin zu suchen, dass die nämliche Strafe bei den politischen Verbrechern, die meist hohen Standes, reich und angesehen sind, anders wirkt als bei gemeinen Verbrechern, welche nicht die Mittel besitzen, sich gegen die Wirkungen der Strafe auf gleiche Weise zu schützen. Gemeinschaftlich aber bei den beiden Classen von Verbrechern ist die Verbindung zwischen Verbannung und

---

[1]) Cic. p. Mil. 38, 104 *Hicine vir patriae natus usquam nisi in patria morietur aut, si forte, pro patria?*

Tod: je mehr die erstere hervorgehoben wird, desto mehr tritt der letztere zurück. Er ist nur möglich, vielleicht zuweilen wahrscheinlich; die Verbannung aber hebt die Wahrscheinlichkeit auf.

Aus dem Gesagten ergiebt sich, dass von den drei Arten der Acchtung, welche wir oben kennen gelernt haben, die beiden Arten, welche bei den sogenannten Proscriptionen und bei den Volksgerichten gegen Q. Metellus und Cicero zur Anwendung kamen, bei den Schwurgerichten nicht gegolten haben können. Denn bei der einen derselben war es für den Verurtheilten überhaupt unmöglich, sein Leben zu retten: bei der andern sehr schwer, sobald derselbe nicht in die Verbannung eilte. Bei den Schwurgerichten spricht Cicero allerdings auch von Lebensgefahr, in welche der Verurtheilte geräth; aber einerseits leitet er sie hauptsächlich von dem Hasse der Ankläger her, dem durch die Aechtung Gelegenheit gegeben wird, durch Tödtung des Verurtheilten Befriedigung zu finden, andrerseits übertreibt er die Gefahr als Redner. In der That war sie nicht so gross. In eben derselben Rede für Cluentius, in der Cicero von der Todesgefahr des von ihm Vertheidigten spricht, giebt er ein Beispiel von einem andern Verurtheilten, der zwar verachtet, aber doch unbehelligt lebte. Der ältere Oppianicus war ebenfalls wegen Giftmordes verurtheilt, seine Strafe also capital. Dennoch lebte er in Italien, im Römischen Gebiete: er starb in der Nähe von Rom. Dass er in Lebensgefahr geschwebt, sagt Cicero nicht, sondern nur, er sei unstät umhergeirrt.[1]) Ein zu capitaler Strafe Verurtheilter wurde überall missachtet,[2]) gemieden, fortgejagt.

Die capitale Strafe bestand also in Aechtung,[3]) welche bei Einigen Verbannung, bei Andern nur elendes und verach-

[1]) Cic. p. Cluent. 62, 175 *Cum vagus et exul erraret atque undique exclusus Oppianicus in Falernum se ad L. Quinctium contulisset.*

[2]) Von Munatius Plancus, der im J. 52 v. Chr. verurtheilt während des Caesarianischen Krieges zurückkehrte und später bei M. Antonius war, sagt Cic. Phil. VI, 4, 10 *Plancum — sic contemnit, tamquam si illi aqua et igni interdictum sit.* Antonius behandelte ihn auch nach seiner Wiedereinsetzung noch als Verurtheilten.

[3]) Dies sagt auch Paul. in 2 Dig. de publ. iud. (XLVIII, 1) *Capi-*

tetes Leben herbeiführte. Die Aechtung wurde vollzogen, indem dem Verurtheilten Wasser und Feuer und Dach untersagt wurde.[1]) Dies war eine uralte Ceremonie, deren Ursprung nicht von einem Gesetze oder einer aus bestimmtem Ereignisse herzuleitenden Sitte, sondern aus der Urzeit des Volkes stammt: schon Romulus soll, um religiösen Frevel zu ahnden, sie angewendet haben.[2]) Wasser und Feuer sind die beiden nothwendigsten Erfordernisse zum Leben und allen Menschen gemeinsam: es ist Pflicht, sie Jedwedem zu gewähren[3]), ebenso wie ihn unter Dach und Fach aufzunehmen. In den ältesten Zeiten, als das Bewusstsein von der staatlichen Zusammengehörigkeit stärker wirkte, war wahrscheinlich Jeder, dem vom Staate Wasser und Feuer untersagt wurde, wirklich verloren. Später schwächte sich dies Gefühl ebenso, wie sich die Bedeutung der religiösen Verfluchung minderte: daher in denjenigen Fällen, wo entweder Entfernung aus dem Römischen Gebiete oder Tödtung herbeigeführt werden sollte, noch besondere Strafe für diejenigen, welche den Staatsbann nicht ausführen halfen, hinzugefügt wurde. In der Zeit der Gracchen, als die Schwurgerichte entstanden, war diese Abschwächung der Strafe schon eingetreten: sonst würde man sie nicht für politische Verbrechen, die schon seit lange nicht mehr mit körperlichem Tode bestraft wurden, angewendet, würde sie auch nicht für die Schwurgerichte, denen man eine geringere Befugniss als den Volksgerichten zuweisen wollte, bestimmt haben.

Die Entstehung dieser Aechtung zu einer Zeit, wo Todesstrafe sowohl für gemeine Verbrechen jeder Art als auch für politische Verbrechen gebräuchlich war, ist von dem Falle

---

*talia sunt (iudicia), ex quibus poena mors aut exilium est, hoc est aquae et ignis interdictio.* Er setzt Aechtung der Verbannung gleich.

[1]) Dass auch bei der gewöhnlichen Aechtung durch die Schwurgerichte und nicht blos bei der ausserordentlichen durch die Volksgerichte die Untersagung dieser drei Sachen stattfand, ergiebt sich aus der oben angeführten Stelle Cic. de dom. 30, 78.

[2]) Man sehe Dionys. II, 53.

[3]) Man sehe Cic. de off. I, 16, 52; Isidor. V, 27, 38; Serv. ad Virg. XII, 19.

herzuleiten, wo sich der Angeklagte durch Flucht in das Ausland der Vollstreckung der über ihn verhängten Strafe entzog. Dann kam es darauf an, ihm die Rückkehr in das Vaterland durch Aussprechen der Acht unmöglich zu machen. Wenn es heisst, z. B. Kaeso Quinctius habe die Bürgen, welche er für sein Erscheinen beim Termine gestellt hatte, im Stiche gelassen und sei in die Verbannung gegangen, oder von den gestürzten Zehnmännern und ihren Genossen seien einige heimlich von Rom fortgegangen, andere mit Erlaubniss der Richter[1]), so ist dabei zu ergänzen, dass nach ihrem Fortgange die Acht über sie ausgesprochen wurde. Zuweilen wird ausdrücklich erwähnt, dass dieses Aussprechen der Acht auf die freiwillige Verbannung eines Angeklagten folgte, z. B. als im Jahre 211 v. Chr. Cn. Fulvius wegen Feigheit vor dem Volke angeklagt und an Freisprechung verzweifelnd in die Verbannung nach Tarquinii gegangen war, da, sagt Livius[2]), beschloss das Volk, dies solle ihm eine gesetzmässige Verbannung sein, d. h. er dürfe aus derselben nicht beliebig in sein Vaterland zurückkommen: es sprach die Acht über ihn aus. Seit man politische Verbrecher nicht mehr mit dem Tode strafte, sie also vor dem Gerichte auf freiem Fusse liess, war es natürlich, gegen sie die nämliche Strafe zu verhängen, welche man früher gegen diejenigen angewendet hatte, die sich durch heimliche Flucht der Möglichkeit der Todesstrafe entzogen, und als Sulla die Schwurgerichte auf die nicht offenbaren Fälle von gemeinen Verbrechen übertrug, verordnete er für sie eben dieselbe Strafe. Dieser Verlauf der Entwickelung war nothwendig und lässt sich leicht erklären. Es gab für anwesende und abwesende Angeklagte nur eine ein-

---

[1]) Liv. III, 13 und 58. Vergl. C. R. I, 2, 36.

[2]) Liv. XXVI, 3 *Cn. Fulvius exulatum Tarquinios abiit. Id ei iustum exilium esse scivit plebs.* Die Folgerungen, welche Niebuhr Römische Geschichte II, 73 und Andere nach ihm aus dem Ausdrucke *iustum exilium* ziehen, es habe nämlich einige Staaten gegeben, die das Recht gehabt hätten, Verbannte aufzunehmen, andere Staaten nicht, beruhen auf unbegründeten Vermuthungen. Es kommt nicht auf Tarquinii an, sondern darauf, dass der Verurtheilte nicht nach Rom zurückkommen darf.

zige capitale Strafe, die Aechtung. Es wurde über Verres, der sich vor dem Schlusse in die Verbannung begab, genau dieselbe Acht verhängt, wie über T. Milo, der während der Verurtheilung in Rom war, über C. Fabricius, der vor dem Spruche das Gericht verliess, ebendieselbe, wie über Scamander oder Oppianicus, die denselben vielleicht persönlich anhörten. In dem übrigen Gerichtsverfahren machte es keinen Unterschied, ob der Angeklagte anwesend oder abwesend war: die Strafe und die Form, in welcher sie ausgesprochen wurde, war in beiden Fällen die nämliche.

Während der Zeit bis zum Untergange der Republik finde ich nur zwei gesetzliche Veränderungen, welche in dem Zustande der in Schwur- oder Beamtengerichten Geächteten vorgegangen sind. Die erste Veränderung war polizeilicher Natur, und Cicero erzählt von derselben in seiner Rede gegen Verres, wo er von dem Unrechte, das derselbe dem Thermitaner Sthenius zufügte, spricht. Sthenius war abwesend verurtheilt worden und hatte sich aus der Provinz nach Rom geflüchtet: dort wurde ihm der Aufenthalt streitig gemacht, weil die Volkstribunen ein Edict erlassen hatten, es dürfe kein wegen Capitalverbrechen Verurtheilter sich in Rom aufhalten. Cicero vertheidigte den Angegriffenen und bewirkte, dass er in Rom bleiben durfte. Das Edict, im Jahre 72 v. Chr. erlassen, lautete nach Cicero, es dürfe kein wegen Capitalverbrechen Verurtheilter in Rom sein[1]), also allgemein. Dass es sich auf die in den Provinzen Verurtheilten bezog, beweist Sthenius' Beispiel; aber es ist kein Grund, anzunehmen, die allgemeine Fassung, welche ihm Cicero giebt, sei aus Nachlässigkeit im Ausdrucke entstanden. Natürlicher Weise suchten auch die von Römischen Richtern Geächteten in Rom zu bleiben, wo sie in der grossen Stadt unter der Menge leichter verborgen bleiben, leichter ihren Unterhalt finden konnten. Die Behörden aber hatten ein Interesse gegen die Anhäufung von Gesindel in Rom, und man begreift das von

---

[1]) Cic. in Verr. II, 41, 100 *cum eorum omnium edicto non liceret Romae quemquam esse, qui rei capitalis condemnatus esset.* Das Jahr 72 ergiebt sich aus den 39, 95 angeführten Consuln. Vergl. oben S. 154.

ihnen erlassene Verbot. Was die Tribunen jenes einen Jahres verordnet, das nahmen auch die der folgenden Jahre in ihr Edict auf: so entstand die Vorschrift, dass Geächtete Rom verlassen mussten, aber nur die eigentliche Stadt, das pomoerium. Denn von Oppianicus erzählt Cicero, er habe ausserhalb des Thores eine Miethswohnung gehabt.[1]) Die zweite Veränderung rührt vom Dictator Caesar her. Er erhöhte die Strafe für Missethaten und da die Wohlhabenden sich um so leichter in ein Verbrechen einliessen, weil sie mit Beibehaltung ihres Vermögens in die Verbannung gehen durften, strafte er die Vatermörder um ihr ganzes Vermögen, die übrigen um die Hälfte desselben.[2]) Bis dahin also war mit der gewöhnlichen Aechtung, wie sie durch die Schwurgerichte ausgesprochen wurde, kein Vermögensverlust verbunden gewesen. Dies war eine bedeutende Verschärfung der capitalen Strafe. Indessen dem Kaiser Augustus, der nach langen Wirren die gesellschaftliche Ordnung wieder herzustellen hatte, genügte sie nicht: er fügte eine neue Verschärfung und namentlich eine Abstufung nach den Graden der Schuld hinzu.

Ueber den rechtlichen Zustand des Geächteten während der Republik haben wir weiter keine Kunde, als sich aus den schon angeführten Nachrichten abnehmen lässt. Dass das Bürgerrecht durch die Aechtung nicht verloren geht und überhaupt durch keinen Volksbeschluss genommen werden kann, sagt Cicero bestimmt.[3]) Also blieben die Geächteten Bürger, behielten auch bis auf Cäsar ihr Vermögen, aber sie verloren ihr caput.[4]) Von diesem Zustande lässt sich nichts weiter sagen: er bedeutet den bürgerlichen Tod. In der Ertragung tritt ein zwar nicht gesetzlich begründeter, aber doch that-

[1]) Cic. p. Cluent. 62, 175.

[2]) Suet. Caes. 42. Vergl. C. R. II, 2, 477.

[3]) Cic. p. Caec. 34, 100 und de dom. 30, 78 an den oben S. 450 angeführten Stellen. Verschieden war die Aechtung der Kaiserzeit: durch sie ging das Bürgerrecht verloren und es trat *media capitis deminutio* ein, wie es Inst. 1, 16, 2 heisst. Vergl. Paul. Diac. p. 70 M.

[4]) Dies sagt auch Paulus in l. 2 Dig. de publ. iud. (XLVIII, 1) *per has poenas* (d. h. Tod und Aechtung) *eximitur caput de civitate.*

sächlicher bedeutender Unterschied zwischen den Verurtheilten ein. Wer reich oder vornehm ist, beeilt sich entweder vor Fällung des Urtheils, wo er noch sicher ist, oder möglichst bald nachher aus dem Römischen Gebiete fortzukommen. In alten Zeiten war dies leicht, da schon die nächsten Städte, wenngleich im Bundesverhältnisse zu Rom, doch sonst unabhängig waren und Schutz gewähren konnten. Mit der Ausbreitung des Römischen Bürgerrechtes über Italien wurde es schwerer; aber die Verurtheilten halfen sich dadurch, dass sie Massregeln für ihre persönliche Sicherheit trafen. Cicero war bei seiner Reise in die Verbannung von zuverlässigen Begleitern umgeben, mied die Städte und kehrte nur bei den treusten Freunden ein: Milo hatte Freunde genug, um sich für diejenigen Tage, welche er noch in Römischem Gebiete blieb, sicher zu stellen. Als C. Marius von Sulla geächtet wurde, war in dem Gesetze, welches die Acht aussprach, wahrscheinlich eine Strafe gegen diejenigen festgesetzt, welche den Geächteten unterstützen würden; denn so hatte es schon Marius selbst gegen Q. Metellus gemacht. Daher hatte er mannigfache Lebensgefahren zu bestehen, ehe er in die Verbannung gelangte[1]), und von den Genossen, die mit ihm geächtet waren, wurden zwei wirklich getödtet. Dass auch bei den in den gewöhnlichen Schwurgerichten Verurtheilten Lebensgefahr vorkam, deutet Cicero an.

Die Hauptsache aber war, dass die Geächteten einen Staat fanden, der sie aufnehmen wollte.[2]) So sehr auch ein Bürger sonst volle Freizügigkeit in allen Rom unterthänigen Staaten hat, so wenig kann irgend einer gezwungen werden, einen Geächteten aufzunehmen. Indessen vornehme Männer, zumal wenn sie politischer Verbrechen halber verurtheilt waren, nahm jeder Staat gern auf: besonders die Städte Griechenlands, Kleinasiens und Galliens wetteiferten darin, geächtete Römer zu sich einzuladen. Hier lebten dieselben geschützt, meist als Fremde, zuweilen aber auch als Bürger, in

[1]) Plut. Mar. 36 flgd.; Val. Max. II, 10, 6; App. bell. civ. I, 61.

[2]) Dies ist es, was Cic. p. Caec. 34, 100 sagt *tum amittitur haec civitas denique, cum is qui profugit, receptus est in exilium, hoc est in aliam civitatem.*

welchem Falle sie dann das Römische Bürgerrecht verloren. Die Rückkehr in das Römische Gebiet war ihnen versagt, wenn sie sich nicht allen Nachtheilen aussetzen wollten, um derentwillen sie in die Verbannung gegangen waren. Als Milo während des Cäsarianischen Bürgerkrieges aus seiner Verbannung in Massilien nach Italien zurückkehrte, war er geächtet, wie früher. Deshalb konnte er nur unter dem niedrigsten Gesindel Anhang finden und nichts ausrichten.[1])

Reiche und vornehme Verbrecher lebten ohne sonderliche Beschwerde in der Verbannung, ehe des Dictators Cäsar Verordnung ihnen Vermögensverlust auferlegte: die Verurtheilung brachte ihnen allerdings Entfernung von aller politischer Thätigkeit, aber die Aufnahme in einen fremden Staat gestattete ihnen ein ruhiges Privatleben. Viel schwieriger gestaltete sich die Lage armer Verbrecher, welche, weil sie von einem fremden Staate nicht aufgenommen wurden, in der Heimath bleiben mussten. Wenngleich Niemandem geboten war, sie zu verjagen oder zu schädigen, war ihnen doch durch den Staat jeder Schutz, jedes Recht entzogen: sie konnten keine Klage irgend einer Art anstellen. Entzog jemand ihnen ihr Eigenthum oder beschädigte er sie an Leib und Leben, so nahm kein Richter ihre Klage an.[2]) Nach Rom durften sie nicht kommen: ausserhalb durfte jede Gemeinde sie ausweisen und that es sicherlich: jeder Privatmann durfte sich an ihnen vergreifen. Sie lebten, wie Cicero sich ausdrückt, in Verachtung, irrten, wie eben derselbe sagt, unstät umher.[3]) Hatten sie gar Feinde, welche sie aus Rachsucht oder andern Gründen verfolgen wollten, wie es z. B. bei Sex. Roscius aus Ameria der Fall war, so geriethen sie in Lebensgefahr, der sie selbst in der Verborgenheit kaum entgehen konnten. Man begreift, dass diese Strafe den Römischen Gesetzgebern für diejenigen, deren Schuld nicht unumstösslich feststand, son-

[1]) Caes. bell. civ. III, 21 fgd.; Dio Cass. XLII, 25; Vell. II, 68.

[2]) Dagegen spricht nicht die Anklage, welche gegen A. Cluentius wegen Vergiftung von Oppianicus erhoben wurde (Cic. p. Cluent. 61, 169). Er war dessen Stiefvater und die Gesetze über Vatermord machten bei Verwandten wahrscheinlich eine Ausnahme. Siehe C. R. II, 2, 365.

[3]) Man sehe die oben S. 460 angeführten Stellen.

dem gerichtlich erklärt wurde, genügend erschien: überdem stand es den Beamten oder andern Bürgern frei, an Verbrechern, deren Schuld etwa während der Untersuchung besonders widerwärtig hervorgetreten war, nach der Aechtung eine beliebige Todesstrafe zu vollziehen. Die alte, nach der Art des Verbrechens vielfach verschiedene, Todesstrafe war bis auf Ausnahmefälle abgekommen: an ihre Stelle war die Willkür getreten, welche zwar die Behörden von der Vollziehung der Strafe entband, aber dem Volke die Möglichkeit verschaffte, seinem Rechtssinne Genüge zu verschaffen. So begreift man auch, wie ein solches System, schlimme Verbrecher auf freiem Fusse und scheinbar unbestraft zu lassen, mit der Staatsordnung vereinbar war. Für den Rückfall eines geächteten Verbrechers bedurfte es keiner Anklage, keines Beweises, keiner Verurtheilung: liess ein verurtheilter Mörder sich neuen Mord zu Schulden kommen, gerieth er auch nur in den Verdacht desselben, so durfte ihn Jeder, sei es Privatmann oder Behörde, ohne Weiteres tödten. Beispiele von solchem Verfahren sind uns nicht überliefert, weil die Geschichte überhaupt von den Einzelheiten des gewöhnlichen Lebens schweigt; aber es ergiebt sich mit Sicherheit aus der uns bezeugten Art und Weise der Strafe, und war nothwendig, um die menschliche Gesellschaft in Leben und Eigenthum vor den bösen Leidenschaften der Verbrecher zu schützen.

## Sechster Abschnitt.

### Verzeichniss der vor den Schwurgerichten geführten Processe.

#### 1. Processe über Amtsverbrechen

a) nach dem Calpurnischen und Junischen Gesetze.

148 v. Chr. L. Cornelius Lentulus Lupus, Consul im Jahre 156, wurde wegen Erpressung verurtheilt, aber trotzdem 147 v. Chr. Censor.[1])

140 v. Chr. D. Junius Silanus Manlianus wurde nach seiner Prätur in Macedonien von dieser Provinz wegen Erpressung vor dem Senate angeklagt. Ehe es zum Processe kam, hielt der natürliche Vater des Angeklagten ein väterliches Gericht über denselben und verurtheilte ihn: der Sohn endigte durch eigene Hand.[2])

139. Q. Pompejus, ein Emporkömmling (Cic. Brut. 25, 96; in Verr. V, 70, 181), erhielt 141 v. Chr. das Consulat und als Provinz das diesseitige Spanien, worin ihm 139 der Consul M. Popilius Laenas folgte. Nach seiner Rückkehr wurde er angeklagt und trotz der heftigen Zeugenaussagen von Cn. und

[1]) Dieser Process beruht auf Vermuthung. Val. Max. VI, 9, 10 sagt *L. Lentulus consularis lege Caecilia repetundarum crimine oppressus censor cum L. Censorino creatus est.* Ein Cäcilisches Gesetz ist unbekannt und der Ausdruck *repetundarum crimine* deutet auf ein Schwurgericht: ein Volksgericht hätte ihn wahrscheinlich mit capitaler Strafe belegt und seine Wahl zum Censor unmöglich gemacht. Es muss *lege Calpurnia* heissen. Dann wird die Zeit des Processes durch den Erlass dieses Gesetzes und die Wahl zum Censor bestimmt. Auch Festus p. 286 M. deutet auf die Verurtheilung durch ein Schwurgericht.

[2]) Man sehe Val. Max. V, 8, 3; Liv. per. LIV; Cic. de fin. I, 7, 24 und die Darstellung des Processes in C. R. II, 1, 21.

Q. Servilius Caepio, sowie von Q. und L. Caecilius Metellus freigesprochen (Cic. p. Font. 11, 23; Val. Max. VIII, 5, 1).

131. L. Aurelius Cotta, Consul des Jahres 144, der in Gallien Krieg geführt hatte, wurde von P. Africanus, dem Zerstörer Carthagos, nach seiner Censur und seinem zweiten Consulate (Cic. div. 21, 69; p. Mur. 28, 58) angeklagt, sein Vertheidiger war Q. Metellus Macedonicus (Cic. Brut. 21, 81). Trotz schwerer Zeugenaussagen (Cic. p. Font. 17, 38) wurde er nach siebenmaliger Vertagung des Processes im achten Termine (Val. Max. VIII, 1, 11) freigesprochen.[1])

126. M'. Aquilius, Consul 129 v. Chr. und Statthalter von Asien, wurde von L. Lentulus, dem späteren princeps senatus, mit Unterstützung von C. Rutilius Rufus (Cic. div. 21, 69; Pseudo-Ascon. p. 124) wegen Erpressung angeklagt. Seine Freisprechung erregte bei den schweren Aussagen der Zeugen Aufsehen (Cic. p. Font. 17, 38), und die Gesandten der Provinz, welche seine Anklage betrieben hatten, verweilten noch klagend in Rom, als C. Gracchus sein Richtergesetz gab (App. bell. civ. I, 22).

Um eben diese Zeit wurde Livius Salinator, sonst unbekannt, wegen Erpressung freigesprochen. Auch gegen ihn waren die Gesandten der Provinz, welche er geplündert hatte, noch in Rom, als Gracchus sein Richtergesetz gab (App. bell. civ. I, 22).

124 v. Chr. C. Gracchus angeklagt, dass er für Geld die Bundesgenossen zum Aufstande bewogen, wurde freigesprochen (Plut. C. Gracch. 3).

---

[1]) Es ist unmöglich, an den jungen L. Cotta, Consul 119 v. Chr., zu denken, der damals zu jung war, um von Africanus angeklagt zu werden: die Habsucht des Vaters war bekannt (Val. Max. VI, 5, 4 und VI, 4, 2). Als Grund der Freisprechung giebt Cicero (p. Mur. 28, 58; Pseudo-Ascon. p. 124) die Macht des Anklägers an, welcher die Richter nicht hätten nachgeben wollen; aber Appian (bell. civ. I, 22) zählt ihn unter denen auf, welche sich offenbar hätten bestechen lassen, und dafür spricht der Gang des Processes, über den zu vergleichen C. R. II, 1, 205. Ueber die Provinz, welche Cotta verwaltet hatte, s. meine *Studia Romana* p. 12. Von diesem Processe sprechen Rein Römisches Criminalrecht S. 617, C. T. Zumpt zu Cic. div. 21, 69 und *de iudiciis repetundarum* I, 16; s. auch meine Note zu Cic. p. Mur. l. l. Uebrigens

b) nach dem Sempronischen Gesetze

ist kein Process bekannt.

c) nach dem Acilischen Gesetze.

118 v. Chr. C. Papirius Carbo, Consul 120 v. Chr., von dem berühmten Redner L. Licinius Crassus, der damals 21 Jahre alt war, bei dem Prätor Q. Fabius Maximus, (Cic. de orat. I, 26, 121) Consul 116 v. Chr., angeklagt. Der Anklagegrund wird nicht mitgetheilt; aber die Strafe war capital. Denn Carbo ging in die Verbannung und tödtete sich. Bei der Untersuchung soll Crassus[1]) ein Pack Papiere, das ihm des Angeklagten Sclave überbracht hatte, verschmäht haben.[2])

118 v. Chr. Q. Mucius Scaevola Augur wurde nach der Verwaltung der Provinz Asien, welche er 121 v. Chr. als Prätor regiert hatte (Cic. de orat. I, 17, 75), von T. Albucius, den er auf seiner Reise in Athen beleidigt hatte (Cic. de fin. I, 3, 8; orat. 44, 149; Apulei. de mag. 66 p. 316), wegen Erpressung angeklagt, aber freigesprochen. Er vertheidigte sich selbst: als Beweise wurden die Rechnungsbücher eines gewissen Albius beim Processe angeführt (Cic. Brut. 26, 102; 30, 116; de orat. II, 70, 281).

haben die Handschriften bei Val. Max. VIII, 1, 11 *apud populum* sei Cotta angeklagt worden; aber dass dies ein Schreibfehler ist, steht fest.

[1]) Val. Max. VI, 5, 6, wo Carbo durch ein Versehen des Schriftstellers den Vornamen Cn. hat.

[2]) Eine ausführliche Untersuchung über diesen im Alterthume hochberühmten Process findet sich bei *Pighius* Ann. III, 61: ihre Ergebnisse sind von den späteren Gelehrten (s. z. B. Drumann Römische Geschichte IV, 62; H. Meyer *oratorum Romanorum fragmenta* p. 211 und 294) angenommen worden, bedürfen aber einiger Berichtigung. Ich verlege die Zeit des Processes in das Jahr 118 v. Chr. Denn Crassus führte die Anklage *admodum adolescens* (Cic. Brut. 43, 159; de orat. I, 10, 40), oder genauer gesprochen, 21 Jahre alt (Cic. de orat. III, 20, 74; denn die Angabe bei Tac. dialog. 34 beruht auf einem Irrthume), er war aber geboren im J. 140 (Cic. Brut. 43, 161). Die Jahreszeit seiner Geburt wissen wir nicht: nehmen wir die Mitte des Jahres an, so war er in der ersten Hälfte des Jahres 118 auch noch 21 Jahre alt und es ist zweckmässig, den Process etwas später zu verlegen, weil Carbo nach der Sitte seiner Zeit wahrscheinlich nach seinem Amtsjahre noch Proconsul war. Den Grund der Anklage kennen wir nicht. Kein Römischer Criminal-

116 v. Chr. M. Aemilius Scaurus wegen Wahlbestechung angeklagt, entging der Verurtheilung, weil er, ehe der Process beendet wurde, sein Amt antrat (Ascon. in Cic. Scaur. p. 19).

115 v. Chr. C. Marius wurde nach seiner Wahl zum Prätor wegen Wahlumtriebe angeklagt, hauptsächlich weil ein Sclave seines Freundes Cassius Sabaco unter den Abstimmenden gesehen worden war. C. Herennius, Marius' Patron, sollte Zeugniss ablegen, wurde aber wegen des Patronatsverhältnisses von den Richtern entschuldigt (Plut. Mar. 5).

113 v. Chr. C. Porcius Cato, Consul des vorhergehenden Jahres und Statthalter von Macedonien, erlitt eine Niederlage: er wurde sogleich nach Ablauf seines Amtsjahres zurückgerufen und angeklagt, aber nur zu einer kleinen Strafsumme verurtheilt (Cic. in Verr. III, 80, 184; IV, 10, 23; Vell. II, 8). Er blieb im Senate; denn er wurde später wegen eines andern Verbrechens zu capitaler Strafe verurtheilt.[1])

111 v. Chr. Cn. Papirius Carbo, Consul 113, wurde in seiner Provinz Gallien von den Cimbern bei Noreja besiegt

process S. 493 und 648 und 919 schwankt, scheint sich aber für ein Majestätsverbrechen zu entscheiden, wie es Pighius und C. T. Zumpt de ind. repet. I, 27 wollten. Dies ist unbegründete Vermuthung. Denn es gab damals nur einen einzigen Gerichtshof über Amtsverbrechen. Aber jedenfalls war die Strafe capital. Carbo blieb während seines Amtsjahres in Italien (Cic. de orat. II, 26, 106), aber trotzdem konnte er im Norden Italiens eine Provinz und einen über die Amtszeit verlängerten Oberbefehl haben. S. meine *Studia Romana* p. 18. In Bezug auf die Strafe sagt Val. Max. III, 7, 6, er sei in die Verbannung gejagt worden, Cic. epist. IX, 21 und Brut. 27, 103, er habe sich selbst getödtet: vielleicht ist beides zu vereinen.

[1]) Ueber die Provinz Catos vergl. meine *commentationes epigraphicae* II, 171. Als Strafsumme werden von Vellejus 4000 HS. angegeben; an den beiden Stellen Ciceros haben die Handschriften 8000 HS. Th. Mommsen (Corp. inscr. Lat. I, 64) meint, Vellejus gebe die Summe des erpressten Geldes, Cicero den nach dem Acilischen Gesetze (s. C. R. II, 1, 164) doppelt zu leistenden Ersatz an. Schwerlich richtig. Denn der Ersatz betrug nicht für alle Arten von erpresstem Gelde das Doppelte und Cicero hatte ein Interesse daran, eine möglichst kleine Summe zu nennen, um die Strenge der Richter hervorzuheben. Ich halte 8000 HS. für die Geldstrafe, eine für die Verhältnisse sehr geringe Summe. Vergl. S. 402.

und dann von dem Redner M. Antonius angeklagt, aber freigesprochen.[1])

Um dieselbe Zeit M. Papirius Carbo, der jüngste der drei Brüder.[2]) Er gelangte nur zur Prätur, verwaltete Sicilien und wurde auf Anklage von P. Valerius Flaccus wegen Erpressung verurtheilt.[3])

109 v. Chr. L. Hortensius, der Vater des berühmten Redners, wurde, weil er durch Bestechung das Consulat erlangt hätte, angeklagt und verlor das Consulat.[4])

---

[1]) Man sehe Cic. de off. II, 14, 49; Appulej. de mag. c. 66 p. 316. Cic. epist. IX, 21, 3 sagt *sutorio atramento absolutus putatur*, was Manutius erklärt, er habe sich das Leben mit Kupfervitriol genommen und so von den Richtern befreit. Aber diese Erklärung ist nicht richtig; denn Selbstmord führte nicht Freisprechung herbei. Worauf sich Ciceros Ausdruck bezieht, ist unbekannt.

[2]) Cic. epist. IX, 21, 3 *Marcus P. Flacco accusante condemnatus, fur magnus, ex Sicilia.*

[3]) Der Process des Etruskers *Sextilius*, den C. Caesar Strabo vertheidigte, wurde nicht vor Geschworenen verhandelt. Denn schwerlich war Sextilius senatorischen Ranges. Val. Max. V, 3, 3; Cic. de orat. III, 3, 10.

[4]) In den *Fasti Capitolini* (Corp. Inscr. I, 438 und 147) findet sich die Bemerkung, dass im Jahre 108 v. Chr. der College des Consuls Ser. Sulpicius Galba verurtheilt und an seine Stelle M. Aurelius Scaurus gewählt wurde. Der Name des Verurtheilten ist verloren gegangen, aber man ergänzt aus dem Chronographen, der *Kalensio* hat, den Vater des berühmten Redners, L. Hortensius Hortalus. Dieser wird nur einmal erwähnt bei Cic. in Verr. III, 16, 42 als gerechter Statthalter Siciliens (vergl. Schol. Bob. p. 356). Er wurde von Pigh. Ann. III, 190 im Jahre 97 als Prätor Siciliens angesetzt und deshalb der Consul von 108 für einen verschiedenen, uns sonst unbekannten Q. Hortensius gehalten (Pigh. l. l. p. 129 und nach ihm alle übrigen Gelehrten, z. B. Drumann Römische Geschichte III, 80). Indessen das Jahr 97 für Hortensius' Prätur beruht auf grundloser Annahme: sie kann eben so richtig um das Jahr 111 v. Chr. angesetzt werden. Mithin wird man den Consul des Jahres 108 für den Vater des Redners halten müssen. Die Nachricht der Fasten, er sei verurtheilt worden, kann nur auf einen wegen Wahlbestechung geführten Process gehen. Denn nach den allgemeinen Grundsätzen des Römischen Staatsrechtes konnte er sich nicht um das Consulat bewerben, wenn er angeklagt war (s. oben S. 160), folglich fand die Anklage nach der Ernennung statt. In diesem Falle war aber nur die Anklage wegen Wahlbestechung möglich. Während des Amtes konnte er zwar vor dem Volke angeklagt werden, aber wir haben die

107 v. Chr. Cicero erzählt[1]), der berühmte Staatsmann M. Aemilius Scaurus und der ebenfalls berühmte P. Rutilius Rufus hätten sich zusammen um das Consulat beworben: jener sei erwählt, aber dann von diesem, also wegen Wahlbestechung verklagt worden. Als er freigesprochen, habe er seinerseits Rutilius wegen eben desselben Vergehens vor Gericht gezogen, aber gleichfalls vergeblich. Beide Processe können nur in diesem Jahre stattgefunden haben, wo Scaurus an Stelle des gegen die Cimbern gefallenen L. Cassius Longinus ein zweites Consulat bekleidet zu haben scheint.[2])

106 v. Chr. Q. Caecilius Metellus Numidicus wurde, als er die consularische Provinz Africa verwaltet hatte, wegen Erpressung angeklagt, aber von den Römischen Rittern, die damals Geschworene waren, glänzend freigesprochen (Cic. p.

ausdrückliche Nachricht, dass dies zuerst bei Q. Caepio im Jahre 106 v. Chr. geschehen sei (s. C. R. I, 2, 340). Demnach wurde L. Hortensius im J. 109 wegen Wahlbestechung verurtheilt und konnte deshalb das Consulat nicht antreten. Sein Ankläger war vielleicht der an seine Stelle gewählte M. Aemilius Scaurus. Er fiel im J. 106 gegen die Cimbern, Liv. per. LXVII, Tac. Germ. 37, und wird von Vell. II, 12 und Oros. V, 16 gewesener Consul genannt.

[1]) Cic. Brut. 30, 113. Auf den nämlichen Process bezieht sich der Witz bei Cic. de orat. II, 60, 280, wo ein Römischer Ritter C. Canius als Rutilius' Beistand genannt wird.

[2]) Allerdings beruht dies auf Vermuthung, aber sie scheint wohlbegründet. Scaurus war zum ersten Male Consul 115 v. Chr.; aber auf dieses Consulat können sich die von Cicero erzählten Processe nicht beziehen, erstens, weil Cicero ausdrücklich sagt, Scaurus sei freigesprochen worden und dies war bei dem ersten Consulate, wie wir gesehen, nicht der Fall. Zweitens konnte sich P. Rutilius in jenem Jahre noch nicht um das Consulat bewerben. Er erlangte dasselbe 105 v. Chr., nicht lange vorher, in unbestimmtem Jahre die Prätur; denn 109 v. Chr. war er unter Q. Metellus Numidicus prätorischer Legat in Africa (Sall. Jug. 50). Es bleiben also nur die beiden Jahre 107 und 106 v. Chr., in denen er sich vergeblich um das Consulat beworben haben kann, und von diesen beiden Jahren gewährt nur das erstere, in dem der Consul Cassius Longinus gegen die Cimbern fiel, die Möglichkeit, dass Scaurus das Consulat wirklich erlangte. Scaurus war im Jahre 109 Censor gewesen, hatte aber, weil sein College starb, abtreten müssen: zur Entschädigung erhielt er das zweite Consulat. Rutilius war aus Africa heimgekehrt und beanspruchte Beförderung wegen seiner dort erworbenen Verdienste.

Balb. 5, 11; ad Att. I, 16, 4; Val. Max. II, 10, 1). Als seine Rechnungen vor Gericht herumgegeben wurden, sah Niemand unter den Richtern dieselben an.[1])

d) nach dem Servilischen Gesetze.

104 v. Chr. T. Albucius hatte als Prätor die Provinz Sardinien, führte einen Krieg mit den dortigen Räubern und hielt deswegen in der Provinz eine Art von Triumph. Aber vom Senate erhielt er kein Dankfest, wurde bei seiner Rückkehr angeklagt und hauptsächlich weil der Senat gegen ihn war, trotzdem dass einige der Sarden für ihn sprachen, verurtheilt (Cic. de prov. cons. 7, 15; in Pis. 38, 92). Um die Anklage stritten sich C. Cäsar Strabo, welchen die Sarden wünschten (Cic. de off. II, 14, 50), und Cn. Pompejus Strabo, sein ehemaliger Quästor, der eben deshalb abgewiesen wurde (Cic. div. 19, 63): die divinatio, welche Cäsar hielt, war eine berühmte Rede (Suet. Caes. 55). Als Beweismittel beim Processe werden Rechnungsbücher genannt (Cic. p. Scaur. §. 40), die Strafe war capital. Denn Albucius lebte später in Athen (Cic. Tusc. V, 37). Das genaue Jahr von Albucius' Statthalterschaft und Process beruht nur auf Vermuthung.[2])

103 v. Chr. C. Memmius, 100 v. Chr. bei der Bewerbung um das Consulat getödtet, wurde nach seiner Prätur wegen Erpressung angeklagt, aber gegen das Zeugniss des berühmten M. Aemilius Scaurus freigesprochen (Val. Max. VIII, 5, 2; Cic. p. Font. 11, 24).

---

[1]) Die Vermuthung Drumanns (Römische Geschichte II, 37), dass Metellus während seiner Prätur Sicilien verwaltet habe und deshalb angeklagt worden sei, ist nicht begründet. Die Provinz, welche Cic. in Verr. III, 90, 209 meint, ist eben Africa. Vor seinem Consulate konnte Metellus nicht so grosses Ansehen bei den Richtern, wie er gehabt haben soll, besitzen und Cicero nennt ihn bei der Anklage schon Numidicus. Die Stimmung in Rom war nach seiner Rückkehr aus Africa allerdings für ihn (Sall. Jug. 38): eben deswegen wurde er freigesprochen. Fraglich aber ist, ob die Anklage schon 106 v. Chr. erfolgte: C. T. Zumpt de iud. repet. p. 33 setzt sie in das Jahr 103.

[2]) Die von Pighius Ann. III, 147 aufgestellt und seitdem angenommen wurde. Cn. Pompejus, Albucius' Quästor, bekleidete die Prätur 94 v. Chr.

103 v. Chr. C. Flavius Fimbria, Consul 104, wurde wegen Erpressung (Val. Max. VIII, 5, 2) von M. Gratidius, einem Römischen Ritter (Cic. Brut. 45, 168), angeklagt, aber gegen das Zeugniss von M. Scaurus freigesprochen.[1])

102 v. Chr. L. Licinius Lucullus, der Vater des Siegers über Mithridates, zog mit grosser Macht gegen die aufständischen Sclaven in Sicilien, richtete aber aus Feigheit oder Bestechlichkeit nichts aus (man sehe Diodor. XXXVI tom. X, 161 ed. Argent.): nach seiner Rückkehr wurde er von P. Servilius Augur verklagt wegen Erpressung[2]) und seine Sache war so schlimm, dass sein Schwager Q. Metellus Numidicus ihn nicht durch eine laudatio unterstützen wollte (Cic. in Verr. IV, 66, 147). Die Strafe war capital und Lucullus ging nach Heraclea in die Verbannung (Cic. p. Arch. 4, 6).

101 v. Chr. C. Servilius, Lucullus' Nachfolger in Sicilien, richtete eben so wenig aus, wurde deshalb angeklagt und ging verurtheilt in die Verbannung (Diodor. XXXVI tom. X, 161 ed. Argent.). Sein Quästor L. Philo hatte sich zur Anklage gemeldet, wurde aber bei der divinatio vom Prätor abgewiesen.[3])

98 v. Chr. M'. Aquilius hatte als Proprätor in Sicilien den Sclavenkrieg beendet: nach seiner Rückkehr wurde er von L. Fufius wegen Erpressung angeklagt (Cic. Brut. 62, 222; de off. II, 14, 50; Liv. per. LXX; App. de mag. 66 p. 316). Er wurde vielfacher Erpressung überführt (Cic. p. Flacc. 39, 98) und befürchtete capitale Bestrafung (Cic. de orat. II, 47, 195). Trotzdem wollte er sich nicht zu Bitten vor den Richtern erniedrigen; aber sein Vertheidiger, der Redner Antonius erregte deren Mitleid und bewirkte Freisprechung (Cic. de orat. II, 28, 124; in Verr. V, 1; Quint. II, 15, 7). C. Marius hatte den Angeklagten durch seine Gegenwart vor Gericht unterstützt (Cic. de orat. II, 47, 196).

[1]) Cic. p. Font. 11, 24. Der Process wird mit dem vorigen zusammengestellt und deshalb habe ich ihn in dem nämlichen Jahre angesetzt.

[2]) Plut. Lucull. 1 sagt κλοπῆς, was der Griechische Ausdruck für Erpressung ist und Diodor. l. l. erwähnt δωροδοκία.

[3]) Cic. div. in Caec. 19, 63, wo die Herausgeber nicht wussten, welcher Process zu verstehen sei.

97 v. Chr. M. **Antonius**, der Redner, wurde, als er zum Censor erwählt war, von M. Duronius wegen Amtserschleichung angeklagt (Cic. de orat. II, 68, 274), aber freigesprochen. Denn er war Censor.[1])

97 v. Chr. Q. **Caecilius Metellus Nepos**, Consul 98 v. Chr., wurde von dem jungen C. Scribonius Curio angeklagt und trug sterbend seinem Sohne die Rache gegen seinen Ankläger auf (Ascon. in Cic. Cornel. p. 65; Appulej. de mag. 66 p. 316). Der Angeklagte liess sich seine Rede von L. Aelius Stilo (Cic. Brut. 56, 206) schreiben.[2])

95 v. Chr. ein unbekannter Beamter, vielleicht Statthalter Africas, von Q. Hortensius angeklagt, der damit seine Laufbahn als Redner eröffnete.[3])

95 v. Chr. Q. **Servilius Caepio**, Consul des Jahres 106 v. Chr. Ihm war schon 105 v. Chr., wo er durch seine Thorheit die Niederlage des Römischen Heeres verursacht hatte,

[1]) Die Censoren wurden, wie die Capitolinischen Fasten beweisen, im Jahre 97 erwählt: in eben dasselbe fällt also der Process. Der Zusammenhang, wie ihn Drumann Römische Geschichte I, 62 annimmt, Duronius sei wegen des Aufwandgesetzes, das er im vorhergehenden Jahre als Volkstribun abgeschafft hatte (Val. Max. II, 9, 5), von Antonius als Censor aus dem Senate gestossen worden und habe ihn deshalb wegen Amtserschleichung belangt, ist weder denkbar noch bezeugt. Denn während der Censur hätte Antonius nur vor dem Volksgerichte belangt werden können, und gegen ein solches sprechen die Ausdrücke bei Cic. de orat. II, 68, 274 *de ambitu postulatum* entschieden. Der Zusammenhang war also folgender: M. Duronius war 98 Tribun und schaffte das Aufwandgesetz ab; 97 klagte er den zum Censor gewählten Antonius an und wurde dann von diesem bei der Senatsmusterung nicht aufgenommen. Ob C. Caelius Caldus als Zeuge in Antonius' Processe auftrat, ergiebt sich aus Cic. de orat. II, 61, 257 nicht mit Sicherheit.

[2]) Der Process wird von Pighius Ann. III, 190 in dieses Jahr gesetzt, weil Metellus während desselben oder kurz nach demselben gestorben zu sein scheint. So viel ist sicher, dass er während des Consulates in Italien blieb und keine auswärtige Provinz verwaltete. S. meine *Stud. Rom.* p. 26.

[3]) Quintilian XII, 7, 4 erzählt, Hortensius habe in seiner Jugend eine solche Anklage unternommen und Cic. Brut. 64, 229, er habe in jenem Jahre zuerst auf dem Markte gesprochen. Vielleicht hängt bei Cic. de orat. III, 61, 229 die im Senate über die Provinz Africa in dem nämlichen Jahre gehaltene Rede mit dem Processe zusammen.

vom Volke auf Antrag des Tribunen C. Norbanus der Oberbefehl genommen worden, und in Folge davon hatte er auch seinen Rang als Senator verloren. Indessen er soll noch härtere Strafe erlitten haben, namentlich wegen der Plünderung der Tempelschätze in Tolosa: alle Theilnehmer an derselben sollen ein trauriges Ende gehabt haben. Deshalb beziehe ich auf ihn die Nachricht, der Redner L. Crassus habe für ihn während seines Consulates eine Vertheidigungsrede gehalten (Cic. Brut. 44, 162). Für seine Niederlage konnte er durch seine Absetzung genügend bestraft erscheinen; aber nach Besiegung der Cimbern und allmäliger Beruhigung der damals neu gebildeten Provinz Gallia Transalpina kamen auch die Räubereien, die er nebst vielen andern Römern in Tolosa begangen hatte, zur Sprache. Daraus erkläre ich, dass erst zehn Jahre nach seiner Absetzung der Process gegen ihn anhängig gemacht wurde, und zwar auf Erpressung. Die Strafe war capital: er soll nach einigen Nachrichten[1]) ins Gefängniss geworfen worden, aber mit Hülfe des Volkstribunen L. Rheginus entflohen sein und dann in der Verbannung zu Smyrna gelebt haben (Cic. p. Balb. 11, 28), wo er auch das Bürgerrecht erhielt. Näheres über den Process ist nicht bekannt.[2])

92 v. Chr. P. Rutilius Rufus. Die Zeit dieses berühmten Processes wird durch die Auszüge aus Livius (Liv. per. LXX) bestimmt, welche ihn in das Jahr 92 v. Chr. nach der Erwähnung von Sullas Proprätur in Cappadocien setzen. Rutilius war, trotzdem er selber schon 105 v. Chr. das Consulat bekleidet hatte, als Legat seines Freundes, des Proprätor Q. Mucius Scaevola Pontifex in der Provinz Asien gewesen und

[1]) Val. Max. IV, 7, 3. Ueber die Plünderung von Tolosa vergl. Dio Cass. fragm. 97; Cic. de deor. nat. III, 30, 74; Strabo IV, 13.

[2]) Es ist hoffnungslos, die verschiedenen Nachrichten über Caepios Schicksal zu verstehen und zu vereinen: namentlich die Nachricht (bei Val. Max. VI, 9, 13), er sei im Gefängnisse vom Henker hingerichtet worden, ist nur verständlich, wenn man noch einen weiteren, vor dem Volke geführten Process annimmt. Es ist selbst unmöglich, die Nachrichten über diesen Caepio von denen über einen andern Q. Servilius Caepio, der ebenfalls in das Parteitreiben verflochten war, mit Sicherheit auseinanderzuhalten. Vergl. C. R. I, 2, 350.

zwar im Jahre 97 v. Chr.[1]) Scaevola blieb nur 9 Monate in seiner Provinz (Cic. ad Att. V, 17, 5), weil er sich um das Consulat bewerben wollte, und liess Rutilius als Stellvertreter zurück. Scaevolas Verwaltung war gerecht[2]), nicht minder die seines Stellvertreters: deshalb wurden beide von den Römischen Rittern, welche die Staatspachtungen in Asien hatten, gehasst. Sie bewogen fünf Jahre nachher einen gewissen Apicius (Athen. lib. IV, tom. I p. 375 ed. Dind.), die Anklage gegen Rutilius zu übernehmen. Der Angeklagte wollte die damals berühmtesten Redner, L. Crassus und M. Antonius, welche ihm ihre Dienste anboten, nicht anwenden, sondern vertheidigte sich selbst, ausserdem sein Neffe C. Cotta und sein Freund Q. Scaevola.[3]) Man brachte viele Schmähungen wegen Unzucht und Willkür gegen ihn vor (Cic. p.

[1]) Pseudo-Asconius zu Cic. in Verr. p. 122 nennt Rutilius fälschlich Quästor von Mucius; Pompon. de orig. jur. 2, 40 *pro consule*, weil er die Provinz eine Zeit lang statt des Proconsuls regierte; am richtigsten heisst er *legatus Q. Mucii procos.* im Auszuge aus Livius. Diodor (tom. X p. 176 ed. Argent.) erzählt, Mucius habe den besten seiner Freunde als Rathgeber nach Asien mitgenommen. Die Verwaltung Asiens ist nicht nach 95 v. Chr. anzusetzen, wo Mucius Consul war. Denn er ging nach demselben nicht in die Provinz, legte dieselbe vielmehr freiwillig nieder, um nicht dem Staatsschatze Kosten zu verursachen (Ascon. in Pis. p. 15). Folglich verwaltete er Asien nach der Prätur: Diodor nennt ihn στρατηγό, Livius richtig *pro consule*. Denn er war zuerst Prätor in Rom, dann Statthalter von Asien. Dass aber Scaevola Pontifex gemeint ist, nicht Q. Mucius Augur, ergiebt sich aus Val. Max. VIII, 16, 6, wo sein Consulat mit L. Crassus erwähnt wird, und aus Cic. ad Att. VI, 1, 15, wo sein Vater angegeben wird. Man wird seine Prätur in das Jahr 98, sein Proconsulat in 97 setzen müssen, wie es C. T. Zumpt de iud. repet. p. 86 thut, während er früher zu Cic. div. 17, 57 sagte, er sei 99 v. Chr. Prätor, dann Proconsul gewesen.

[2]) Der Senat empfahl Scävolas Anordnungen den Nachfolgern (Val. Max. VIII, 15, 6), Cicero entlehnte von ihm Vieles (Cic. ad Att. VI, 1, 15; vergl. div. in Caec. 16, 57), und es wurde in Asien das Fest Mucia zu seiner Ehre gefeiert (Cic. in Verr. II, 21, 51; Pseudo-Ascon. p. 122 und 210; auch Cic. in Verr. II, 13, 34 und III, 90, 209). Ueber den Hass der Römischen Ritter gegen Scaevola vergl. Cic. p. Planc. 14, 33; epist. I, 9, 26.

[3]) Cic. Brut. 30, 115; de orat. I, 53, 229. Dass der Angeklagte sich selbst vertheidigte, sagt auch Dio Cass. fragm. 107. Q. Scaevola wird genannt auch von Val. Max. VIII, 15, 6.

Font. 13, 28); dennoch galt seine Verurtheilung allgemein als das höchste Unrecht, so dass die Senatoren alle Hoffnung auf die Billigkeit der Römischen Ritter als Geschworener aufgaben und auf jede Weise eine Veränderung der Richtergesetze erstrebten (Vell. II, 13; Flor. III, 17; Cic. p. Scaur. 1, 2; in Pis. 39, 95; de deor. nat. III, 32, 80; Quint. V, 2, 4; Tac. Ann. IV, 43; Oros. V, 17; Val. Max. VI, 4, 4). Der eigentliche Anklagegrund gegen Rutilius bestand darin, er habe Geschenke angenommen[1]), daher lautete das Urtheil nur auf Geldstrafe. Er trat verurtheilt sogleich sein Vermögen an den städtischen Quästor ab, man fand aber in demselben nicht so viel als er aus Asien ungesetzlicher Weise genommen haben sollte. Rutilius hätte nach seiner Verurtheilung in Rom bleiben können, aber unzufrieden mit der damaligen Regierung und namentlich mit C. Marius ging er freiwillig in die Verbannung, von dem lebend, was ihm sein Freund Mucius, ausserdem die Gemeinden und Könige Asiens freiwillig schenkten. Er ging zuerst nach Mitylene, dann nach Smyrna (Cic. Brut. 22, 85; p. Balb. 11, 28; Val. Max. II, 10, 5), floh von dort im Mithridatischen Kriege (Cic. p. Rab. Post. 10, 27), wollte aber später, als Sulla ihn zurückrief, nicht nach Rom heimkehren (Quint. XI, 1, 12). Der Process ist nicht nur wegen der politischen Folgen, welche er hatte, wichtig, sondern auch für die Erkenntniss des Processverfahrens in dreierlei Beziehung bemerkenswerth, erstens, weil er einen Legaten und nicht den obersten Statthalter der Provinz betraf, zweitens, weil er erst nach fünf Jahren begonnen wurde, endlich drittens, weil er eines der wenigen Beispiele ist, wo Geldbusse, nicht capitale Strafe in Anwendung kam.

92 v. Chr. M. Aemilius Scaurus wurde von dem jüngeren Q. Servilius Caepio nach dem Servilischen Gesetze, als die Römischen Ritter im Besitze der Schwurgerichte waren, aus zwei Gründen angeklagt, erstens, wegen einer Gesandtschaft in Asien, zweitens, weil er ungesetzmässiger Weise Geld genommen hätte. Als Zeitpunkt der Anklage wird die

[1]) Man sehe die ausführliche Erzählung bei Dio Cass. fragm. 106 und 107.

Verurtheilung von P. Rutilius, die vorhergegangen, und das Livische Richtergesetz, das gefolgt sei, angegeben: dies führt auf das Ende des Jahres 92 v. Chr. Es erfolgte Freisprechung: der Angeklagte klagte sogar seinerseits seinen Ankläger an (Cic. p. Scaur. 1, 2; Ascon. in Scaur. p. 21).

92 v. Chr. Q. Servilius Caepio der jüngere von M. Scaurus aus unbekanntem Grunde angeklagt erhielt einen früheren Termin, wurde aber ebenfalls freigesprochen.[1])

92 v. Chr. L. Marcius Philippus, Consul 91 v. Chr., und der eben genannte M. Aemilius Scaurus von Q. Servilius Caepio wegen Wahlumtriebe angeklagt, der letztere also als Helfershelfer des ersteren (Flor. II, 5). Es muss Freisprechung erfolgt sein.

92 v. Chr. P. Servilius Augur von L. und M. Lucullus, um ihren Vater zu rächen, angeklagt. Der Anklagegrund wird nicht angegeben, der Process konnte aber nur nach dem Servilischen Gesetze vor dem allgemeinen Gerichtshofe über Amtsverbrechen angestrengt werden; denn, wenn er über Majestätsverbrechen gelautet hätte, würde dies besonders angegeben werden. Das genannte Jahr des Processes ist wahrscheinlich.[2]) Es erfolgte Freisprechung, aber es gingen grosse Kämpfe vorher, bei denen selbst Menschen getödtet wurden: die beiden Brüder, welche die Anklage führten, machten sich dadurch beim Volke bekannt.[3])

[1]) S. die oben angeführten Stellen und ein Bruchstück aus Scaurus' Anklagerede bei Charisius p. 85, aus dem sich ergiebt, dass eine *secunda actio*, also *comperendinatio* stattfand.

[2]) Das Jahr 92 v. Chr. wird für diesen Process von Pighius Ann. III, 213 zwar ohne Anführung besonderer Gründe, aber doch mit Wahrscheinlichkeit angenommen. Denn L. Lucullus führte, wie aus Plutarch und Cic. Acad. II, 1 hervorgeht, diesen Process, ehe er als Quästor mit Sulla nach Asien ging, d. h. vor 88, auch ehe er im Marsischen Kriege seine militärische Laufbahn begann, d. h. vor 91 v. Chr. Da er also die Anklage in früher Jugend unternommen haben soll, kommt man auf das Jahr 92, das überdem durch wildes Parteitreiben auch in den Gerichten sich auszeichnete. Pseudo-Asconius in Cic. Verr. p. 150 nennt fälschlich L. Cotta als von den beiden Brüdern angeklagt.

[3]) Plut. Luc. 1; Cic. Acad. II, 1; de off. II, 14, 50; Quintil. XII, 7, 3. Die zwischen P. Servilius und den beiden Luculli bestehende Feind-

91 v. Chr. M. Aemilius Scaurus von M. Junius Brutus, einem vielgeschäftigen Ankläger, angeklagt wegen Erpressung.[1]) Das Jahr ist unbestimmt, die Zeit aber fällt wahrscheinlich in die heftigen Parteikämpfe zwischen dem Senate und den Rittern.

91 v. Chr. L. Cornelius Sulla war im Jahr 92 als Proprätor in besonderem Auftrage in Cappadocien gewesen: nach seiner Rückkehr wurde er von C. Censorinus[2]) wegen Bestechlichkeit angeklagt, weil er Geschenke von Königen angenommen hätte. Aber der Ankläger erschien nicht zum Termine und so fiel der Process. (Plut. Sull. 5).

Ich schliesse hieran die Processe, deren Jahr sich nicht bestimmen lässt, die aber doch um diese Zeit und nach dem Servilischen Gesetze vor dem Gerichtshofe über Amtsverbrechen geführt worden sind.

Valerius Messalla von Q. Metellus Numidicus wegen Erpressung angeklagt, aber wohl nicht zur Verurtheilung gebracht. Der Angeklagte scheint eben derselbe zu sein, der von Appian (bell. civ. I, 40) unter den Feldherren des Bundesgenossenkrieges genannt wird (Gell. XV, 14): die Bundesgenossen hatten sich vorher bittend an den Senat gewendet.[3])

C. Cosconius, aus bekannter prätorischer Familie, aber

---

schaft, welche sich später milderte, erwähnt Cic. de prov. cons. 9, 22. Der falsche Asconius p. 161 nennt fälschlich als Angeklagten L. Cotta: als Eigenthümlichkeit erwähnt er, die Ankläger hätten nicht eine zusammenhängende Rede gehalten, sondern sich mit dem Zeugenverhöre begnügt, ähnlich wie es Cicero bei Verres' Processe that. Vergl. oben S. 233.

[1]) Cic. p. Font. 17, 38 erwähnt mehrere zu seiner Zeit vorhandene Reden, die gegen Scaurus gehalten wurden: deshalb halte ich diese Anklage für eine besondere, und Brutus nicht etwa für Q. Caepios Gehülfen. Dass die Anklage auf Erpressung ging, beweisen die Bruchstücke aus Brutus' Reden bei Charisius p. 74 und 124.

[2]) Wahrscheinlich dem von Cic. Brut. 76, 237 und 90, 311 erwähnten.

[3]) Die weiteren Schlüsse, welche man aus Gellius' Erzählung gemacht hat, sind ganz unsicher (s. Meyer fragm. orat. p. 276). Namentlich daraus, dass Gellius das dritte Buch der Anklage erwähnt, ergiebt sich nichts darüber, ob *ampliatio* oder *comperendinatio* stattfand. In Bezug auf die Zeit ist es wahrscheinlich, dass der Process vor Metellus' Verbannung und nach seinem Feldzuge in Africa stattfand, aber nur deshalb, weil der Ankläger Numidicus genannt wird

selbst unbekannt, wurde von Valerius Valentinus 'wegen sehr vieler und offenbarer Schandthaten nach dem Servilischen Gesetze' angeklagt, aber freigesprochen, weil er bei seiner Vertheidigung ein unzüchtiges Gedicht des Anklägers vorlas. (Val. Max. VIII, 1, 8.)

T. Caelius und C. Maso wurden, der erste von L. Cossinius aus Tibur, der zweite von T. Coponius aus eben derselben Stadt, angeklagt und die Ankläger erhielten, weil sie die Verurtheilung bewirkt hatten, das Römische Bürgerrecht. Die Anklage fand nach dem Servilischen Gesetze statt, die Strafe war capital (Cic. p. Balb. 24, 53).

C. Munatius Plancus von M. Brutus, dem sogenannten Ankläger belangt, wahrscheinlich wegen Amtsverbrechen. Die Vertheidigung führte der Redner L. Crassus und berühmt war der Wortstreit der beiden Anwälte bei diesem Processe.[1])

M. Claudius Marcellus, der sich gegen die Teutonen und im Bundesgenossenkriege auszeichnete (Plut. Mar. 20; Liv. per. 73; App. bell. civ. I, 40), angeklagt, aber trotz des Zeugnisses von L. Crassus freigesprochen (Cic. p. Font. 11, 24; Val. Max. VIII, 5, 3).

C. Megaboccus wegen Erpressung in der Provinz Sardinien verurtheilt (Cic. p. Scaur. 40). Er war wahrscheinlich nicht Senator, sondern hatte nur ein Amt bekleidet, das auch Römischen Rittern gegeben werden konnte. Denn sein Sohn scheint derjenige zu sein, der später als tüchtiger Kriegsmann und Römischer Ritter erwähnt wird.[2])

[1]) Die einzige Quelle für diesen Process ist Cicero de orat. II, 54, 220 und 55, 224; p. Cluent. 51, 140, aus dem auch Quint. VI, 3, 44 schöpfte. Der Angeklagte wird in den besten Handschriften bei Cic. p. Cluent. l. l. und Quintilian C. Plaucus genannt, andere haben dafür Cn. Plancius. Als Zeit des Processes wird von Drumann Römische Geschichte IV, 66 und Th. Mommsen in der Zeitschrift für Alterthumswissenschaft 1843 S. 826 das Jahr 92 angenommen, aber ohne allen zureichenden Grund. — Ich führe unter den Criminalprocessen nicht an den von Cic. de orat. II, 65, 262 erwähnten Process von M. Gratidianus gegen C. Aculeo (vergl. Cic. de orat. I, 45, 191), bei dem des Verklagten Anwalt L. Crassus, der des Klägers L. Aelius Lamia war. Denn es war ein Privatprocess vor M. Perperna als Einzelrichter.

[2]) Bei Plut. Crass. 25. Ebenderselbe scheint von Cic. ad Att. II, 7, 3 erwähnt zu werden.

C. Scribonius Curio von dem Sohne des im Jahre 97 angeklagten Q. Metellus Nepos angeklagt gemäss eines Versprechens, das derselbe seinem Vater gegeben hatte. Der Process wurde durch Vergleich der Parteien beendet, indem dann der Ankläger bei den Terminen nicht erschien. Denn die förmliche Anklage hatte stattgefunden und wahrscheinlich nicht lange nach dem Processe des älteren Q. Nepos (Ascon. in Cic. Cornel. p. 63).

L. Valerius Flaccus wegen Erpressung in einer unbekannten Provinz angeklagt: sein Quästor M. Aurelius Scaurus wurde als Ankläger bei der divinatio abgewiesen.[1])

e) nach dem Plotischen Gesetze.

86 v. Chr. Cn. Pompejus Magnus wurde nach dem Tode seines Vaters wegen der von demselben in Asculum gemachten Beute vor dem Prätor P. Antistius belangt und schwebte in grosser Gefahr verurtheilt zu werden, trotzdem ihn der gewesene Consul L. Marcius Philippus und Q. Hortensius vertheidigten (Cic. Brut. 64, 230; Plut. Pomp. 2). Aber er wurde theils von dem der Marianischen Partei angehörigen Cn. Carbo (Val. Max. V, 3, 5; VI, 2, 8) theils von dem vorsitzenden Prätor, mit dessen Tochter er sich verlobte, unterstützt und so unter dem Zujauchzen des Volkes (Plut. Pomp. 4) freigesprochen.[2])

P. Sestius wurde von T. Junius, einem gewesenen Volkstribunen, wegen Umtriebe bei der Bewerbung um die Prätur, zu welcher er erwählt worden war, angeklagt und verurtheilt. Die Reihenfolge, in der Cicero (Brut. 48, 180) den Ankläger unter den Rednern erwähnt, lässt darauf schliessen, dass der Process vor Sullas Gesetzen, die ohnehin die Wahlumtriebe sehr beschränkten, geführt wurde.[3])

---

[1]) Cic. div. 19, 63. Vergl. oben S. 474 die Processe von T. Albucius und C. Servilius.

[2]) Plutarch sagt, der Process habe κλοπῆς stattgefunden; aber er bezeichnet damit, wie in der Regel, das Lateinische *repetundarum*, d. h. also in diesem Falle den damals allein bestehenden Gerichtshof über Amtsverbrechen, dem er als Sohn eines Senators unterworfen war. Plutarch erwähnt überdem ausdrücklich, dass die Freisprechung von dem Prätor auf Grund des von den Richtern gefällten Urtheiles ausgesprochen wurde.

[3]) Pigh. Ann. III, 174 setzt den Process in das Jahr 100 v. Chr., aber ohne diese Vermuthung begründen zu können. Vergl. ebend. p. 119.

### f) nach dem Cornelischen Gesetze.

79 v. Chr. M. Aemilius Lepidus, Consul im Jahre 78, verwaltete vorher Sicilien, also wahrscheinlich 80 v. Chr. und wiederum im vorhergehenden Jahre die Prätur. Seine Verwaltung Siciliens war schlecht gewesen.[1] Er wurde deshalb von den beiden Brüdern Metellus, Celer und Nepos, die damals noch jung waren, angeklagt. Die Ankläger setzten indessen, da sie Freisprechung voraussahen, ihre Anklage nicht fort (Pseudo-Ascon. p. 206 und über die Ankläger Cic. Brut. 70 und Tac. dialog. 37).

78 v. Chr. Cn. Cornelius Dolabella, städtischer Prätor 81 v. Chr., verwaltete in den Jahren 80 und 79 die Provinz Cilicien, sein Quästor war der aus den Verrinischen Reden bekannte C. Malleolus, sein Legat C. Verres. Er wurde im Jahre 78 von M. Aemilius Scaurus, dem Sohne des princeps senatus 2), der damals ein junger Mann war (Cic. in Verr. I, 38, 97), wegen Erpressung angeklagt. Der Ankläger verschaffte sich den Stoff zur Anklage grossen Theils durch Vermittelung von Verres, der dabei seine schuldige Anhänglichkeit an seinen ehemaligen Prätor stark verletzte und sogar Zeugniss ablegte (Cic. in Verr. Act. I, 4; lib. 1, 15 und 17 und 30 und 38). Es erfolgte Verurtheilung (Ascon. in Cic. Scaur. p. 26) und bei der litis aestimatio wurden allein die betrüglichen Lieferungen, bei deren Erpressung Verres geholfen hatte, zu beinahe 3 Millionen geschätzt (Cic. in Verr. I, 38, 95). Vertheidiger war, wie der falsche Asconius (p. 110) zögernd angiebt, Q. Hortensius. Die Strafe war wahrscheinlich capital: wenigstens ging der Verurtheilte in die Verbannung und seine Kinder waren arm (Cic. in Verr. I, 30, 77; 39, 98; Ascon. p. 73).

---

[1] Dies bezeugt Cic. in Verr. III, 91, 212: dass sie nur ein Jahr dauerte, ergiebt sich aus Cic. in Verr. II, 3, 8, wo die Herausgeber zu vergleichen sind.

[2] Es ist nicht richtig, wenn Drumann Römische Geschichte II, 064 ihn M. Aurelius Scaurus nennt. Dass er der Sohn des *princeps senatus* war, beweisen die Andeutungen von Asconius in Cic. Scaur. p. 20 und dies hatte schon C. T. Zumpt zu Cic. in Verr. I, 17 und 33 bemerkt.

77 v. Chr. Cn. **Cornelius Dolabella**, Consul 81 v. Chr., erhielt Macedonien zur Provinz, aus der er wahrscheinlich am Ende des Jahres 78 triumphirte. Er wurde sogleich von C. Cäsar wegen Erpressung angeklagt, so dass der Process im Laufe des folgenden Jahres geführt wurde.[1]) Es fand zuerst eine divinatio[2]) statt, obwohl man den Namen desjenigen, mit welchem Cäsar dabei stritt, nicht kennt. Zur Herbeischaffung der Beweismittel reiste Cäsar nicht in die Provinz: es wird nicht erwähnt, dass er während dieser Zeit von Rom entfernt war. Dennoch hatte er viele Zeugen namentlich aus Griechenland, das damals mit Macedonien unter einem und demselben Statthalter stand. (Plut. Caes. 4.) Die Vertheidiger des Angeklagten waren C. Aurelius Cotta und Q. Hortensius, von denen jener als der ältere die Hauptvertheidigung führen sollte, aber gegen seinen Genossen an Beredsamkeit zurückstand.[3]) Dolabella wurde trotz aller Anstrengungen Cäsars freigesprochen.

76 v. Chr. Q. **Calidius**, Volkstribun 99, Prätor 79 v. Chr. (Cic. p. Planc. 28, 69), erhielt das jenseitige Spanien zur Provinz[4]) und wurde dann von Q. Gallius angeklagt, welchen Q. Lollius als subscriptor unterstützte.[5]) Er wurde verurtheilt.

---

[1]) Dieser Cn. Dolabella wird von dem eben genannten, seinem Vetter, richtig unterschieden von dem ächten Asconius p. Scaur. p. 26 und Cornel. p. 73, dagegen mit demselben verwechselt von dem falschen Asconius p. 110 und 109. Ueber die Statthalterschaft von Macedonien habe ich gesprochen in *Commentationes epigraphicae* II, 179. Sein Ankläger C. Caesar stand damals im 23. Lebensjahre, nicht im 21., wie Tac. dialog. 34 sagt. Denn Suet. Caes. 4 setzt den Process nach dem verunglückten Aufstande von M. Lepidus und dem Plautischen Gesetzesvorschlage über die Begnadigung der Verurtheilten. Uebrigens war Cicero, wie er Brut. 92, 317 sagt, bei dem Processe zugegen.

[2]) Suet. Caes. 55 bezeugt, dass diese Rede noch später vorhanden war.

[3]) Cic. Brut. 92, 317. Die anderen Stellen, an denen dieser im Alterthume berühmte Process erwähnt wird, sind Suet. Caes. 49; Vell. II, 43; Gell. IV, 16 (wo indessen die Lesart bei der Erwähnung der *actiones*, welche Cäsar gehalten haben soll, unsicher ist); Val. Max. VIII, 9, 3; Quint. XII, 6, 1 und 7, 3; Ascon. p. 73.

[4]) Dies sagt der falsche Asconius p. 145; indessen es ist kein Grund, an seiner Angabe zu zweifeln.

[5]) Cic. in Verr. III, 25, 63 nennt seinen Ankläger Q. Lollius, dage-

Denn sein Gönner Q. Metellus Pius war von Rom abwesend (Cic. p. Planc. l. l.): vielleicht war er auch schuldig.[1]) Dennoch soll auch Bestechung der Richter gegen ihn stattgefunden haben (Pseudo-Ascon. l. l).

75. **Terentius Varro** hatte die Provinz Asien regiert und wurde dann von Ap. Claudius Pulcher, Consul 54 v. Chr, damals also einem jungen Manne, angeklagt. Die Vertheidigung führte des Angeklagten Vetter Q. Hortensius (Ascon. zu Cic. Verr. p. 109), der den Process dadurch gewann, dass er die Geschworenen bestach und trotz der geheimen Abstimmung durch Vertheilung von verschiedenfarbigen Stimmtäfelchen controlliren liess.[2])

---

gen der falsche Asconius p. 145 Gallius. Die letztere Angabe ist nicht zu verwerfen. Denn es ist mit ihr die Nachricht verbunden, Cicero habe später diesen Gallius vertheidigt, als er von M. Calidius angeklagt wurde. Dies passt so sehr zu der Römischen Sitte, wonach die Anklagen sich in den Familien erneuerten, dass die Vermuthung von C. T. Zumpt de iud. rep. 51 wahrscheinlich wird, Gallius sei der Hauptankläger, Q. Lollius nur sein *subscriptor* gewesen. Wenigstens war der letztere zur Zeit des Processes noch sehr jung.

[1]) Man sehe seine frevelhafte Rede über Erpressung bei Cic. in Verr. Act. 1, 13, 38.

[2]) Das Jahr dieses Processes wurde so von Pighius Ann. III, 199 angesetzt: es ist nicht sicher, aber doch wahrscheinlich und wird deshalb allgemein angenommen. Die List von Hortensius, indem er verschiedenfarbige Stimmtäfelchen vertheilen liess, wird von Cicero öfters erwähnt und gerügt, in Verr. Act. I, 6, 17; lib. V, 68, 173; p. Cluent. 47, 130. Man vergl. oben S. 363. Die Scholiasten zu Horat. serm. II, 1, 49 nennen den Unterhändler, dessen sich Hortensius zur Controllirung der Geschworenen bediente, Thurius. Indessen die Erzählung bei dem falschen Asconius p. 109 bietet noch eine andere Schwierigkeit. Er sagt *Terentius Varro — reus ex Asia apud L. Furium praetorem primo de pecuniis repetundis, deinde apud P. Lentulum Suram est accusatus.* Pighius a. a. O. versteht dies so, Varros Process sei in zwei aufeinander folgenden Jahren geführt worden, und setzt deshalb L. Furius als Prätor im J. 76, P. Lentulus Sura im J. 75 als Prätoren über Amtsverbrechen an. In der That spricht auch Asconius nur von einer Anklage wegen Erpressung, von einer einzigen Freisprechung. Man darf also nicht annehmen, Lentulus Sura sei Vorsitzender eines andern Gerichtshofes, z. B. über Majestätsverbrechen, gewesen und es hätten zwei Processe gegen Terentius Varro stattgefunden: schon Hortensius' Betrug mit den verschiedenfarbigen Täfelchen konnte schwerlich zweimal vorkommen.

72. P. Septimius Scaevola wurde vor dem Prätor Q. Hortensius (d. h. 72 v. Chr.) wegen Erpressung angeklagt. Es traten gegen ihn sehr viele Zeugen aus Apulien auf, wo er wahrscheinlich Quästor gewesen war (Cic. p. Cluent. 41, 116); aber bei der litis aestimatio kam auch zur Abschätzung, dass er in dem berüchtigten Junianischen Richtercollegium sich hatte bestechen lassen.[1]) Seine Bestrafung war nicht capital[2]).

72. C. Fidiculanius Falcula, ein anderer Richter des eben erwähnten Junianischen Geschwornengerichts, wurde wahrscheinlich um die nämliche Zeit wie der Vorige, wegen Erpressung angeklagt, aber ehrenvoll freigesprochen. Den Grund der Anklage kennt man nicht genau, unter anderem aber kam dabei auch das Geld, mit dem er bei dem Processe gegen Oppianicus bestochen sein sollte, zur Sprache (Cic. p. Cluent. 37, 104).

70 v. Chr. C. Verres, städtischer Prätor im Jahr 74 v. Chr., Sohn eines Senators, aber aus sonst unbekanntem Geschlechte[3]), hatte durch Zufall drei Jahre lang die Provinz Sicilien verwaltet. Als seine Verwaltung zu Ende ging, be-

---

Aber Asconius sagt nicht, Lentulus Sura sei bei dem Processe Prätor gewesen: im Gegentheile macht die Stellung der Worte bei ihm dies unwahrscheinlich, und nur, wer bei ihm eine sonst allerdings leicht mögliche Nachlässigkeit im Ausdrucke annimmt, kann Pighius' Erklärung billigen. Ich glaube daher vielmehr, Lentulus Sura war damals *iudex quaestionis* (s. C. R. II, 2, 136) und L. Furius der eigentliche Prätor. Bei diesem fand die Anmeldung des Processes statt, bei jenem die eigentliche Verhandlung. Wir würden auf diese Weise eine bemerkenswerthe Nachricht über das Verhältniss der *iudices quaestionis* zu den Prätoren und einen *iudex quaestionis* in einem Processe über Erpressung, wie er sonst nicht bekannt ist, gewinnen.

[1]) Cic. in Verr. Act. I, 13, 38 *quod P. Septimio senatore damnato Q. Hortensio praetore de pecuniis repetundis lis aestimata sit eo nomine, quod ille ob rem iudicandam pecuniam accepisset.* Ich bemerke, dass *de pecuniis repetundis* zu *damnato* gehört, also der Anklagegrund angegeben werden soll.

[2]) Aber sie hätte es sein können und die Ankläger wünschten es. Man vergl. oben S. 397.

[3]) Der Vater lebte noch, als der Sohn Sicilien verwaltete, und wirkte für denselben im Senate. Cic. in Verr. II, 39, 95.

schlossen die Sicilier ihn anzuklagen. Schon im Anfange des Monats Januar 70 hatten sie Cicero als Anwalt gewonnen[1]), der sich damals um die Aedilität bewarb. Von seinen Gehülfen hört man nicht: er selbst erwähnt nur, dass ihm sein Vetter L. Cicero bei seiner Reise in Sicilien half (in Verr. III, 73, 170; IV, 11, 25; 61, 137). An den Reden hat Niemand ausser Cicero Theil genommen. Als derselbe bei dem Prätor M'. Acilius Glabrio die Anklage anmeldete, trat mit Unterstützung des Anzuklagenden und seiner Freunde Q. Caecilius Niger auf, in Sicilien (div. 12, 39), wie es scheint, geboren oder erzogen, Verres' ehemaliger Quästor in Lilybaeum; als seine Gehülfen werden L. Appulejus und ein gewisser Allienus genannt (div. 15, 47). Es fand also zuerst eine divinatio statt, bei der Cicero vorgezogen wurde und sein Mitbewerber auch nicht die Erlaubniss erhielt, um die er in zweiter Reihe gebeten hatte, als sein Gehülfe auftreten zu dürfen (s. oben S. 138). Etwa in der Mitte des Monats Januar erhielt Cicero die amtliche Vollmacht, den Process vorzubereiten, und dazu eine Frist von 110 Tagen. Er beendete seine Reise in 50 Tagen und kam ausgerüstet mit Zeugen und Urkunden zurück, konnte indessen an dem nach 110 Tagen festgesetzten Termine den Process noch nicht beginnen, weil inzwischen ein anderer Process über Amtsverbrechen in Achaja vorgenommen worden war. Es vergingen so drei Monate und erst am 5. August begannen die Verhandlungen. Es war Verres' Absicht, den Process in die Länge zu ziehen, nachdem es ihm nicht geglückt war, Cicero durch Geld zum Aufgeben seiner Anklage zu bewegen (Cic. in Verr. Act. I, 9, 25). Es war zwar inzwischen Cicero selbst zum curulischen Aedilen für das nächste Jahr erwählt worden, aber Verres' Gönner waren noch mehr befördert worden: Q. Hortensius und Q. Metellus Creticus zum Consulate, M. Metellus zur Prätur, in der er den Vorsitz in den Gerichten über Erpressung führen sollte; L. Metellus regierte Sicilien als Proprätor. Verres hatte also alle Aussicht, der Verurtheilung zu entgehen, sobald es ihm gelang, den ersten Sturm des Unwillens vorübergehen

---

[1]) Man sehe über die Zeitverhältnisse der Anklage oben S. 187.

zu lassen und den Process bis ins nächste Jahr zu verschleppen. Um so eifriger bemühte sich Cicero den Process rasch zu Ende zu führen. Er wandte zuerst alle Sorgfalt auf die Auswahl der Richter: dreizehn derselben werden namhaft gemacht, es waren etwa fünfzehn.[1]) Sodann richtete er seine Anklage etwas anders ein als die gewöhnliche Sitte war, und setzte seine Absicht mit Zustimmung des Richtercollegiums durch. Er hielt nicht zu Anfange eine vollständige Anklagerede, wie es sonst gebräuchlich war, sondern begnügte sich mit der kurzen Rede, welche die actio prima enthält, und ging sogleich zum Zeugenverhöre über, in welchem er zuerst die einzelnen Gründe der Anklage kurz einleitete, ehe er sie durch Zeugen erhärtete. So wurde Verres und Hortensius die Vertheidigung abgeschnitten: erdrückt durch die Menge der Zeugen verzichteten sie selbst auf das Kreuzverhör. Ein Tag des Termines war mit Einsetzung des Gerichtshofes vergangen, an demjenigen Tage, wo Cicero seine Anklagerede hielt, war man erst um die achte Stunde zusammengetreten (Cic. in Verr. Act. I, 10, 31), hatte also nur etwa zwei Stunden zu Verhandlungen Zeit, ein dritter Tag ging zur Hälfte verloren, weil der Prätor aus Furcht vor Gewaltthätigkeiten des Volkes plötzlich abbrach (Cic. in Verr. V, 63, 163). Dennoch dauerte der erste Termin im Ganzen neun Tage (Cic. in Verr. I, 60, 156), und sein Erfolg war, dass Verres die Unmöglichkeit seiner Freisprechung erkannte und in die Verbannung nach Massilia ging (Vergl. oben S. 202 und 423). Die Anklage gegen ihn hatte Anfangs auf Erpressung im Betrage von 100 Millionen Sesterzen gelautet, war aber später von Cicero nach der Untersuchung in Sicilien geändert worden: der Process ging auf zwei Punkte, erstens auf Grausamkeit und Gewaltthätigkeit,* zweitens auf Erpressung von 40 Millionen Sesterzen. Die Strafe für diese Verbrechen bestand nach dem allgemeinen Gesetze über Amtsverbrechen in Aechtung. Als nach der damals gültigen comperendinatio der Tag des zweiten Termines erschien und Verres sich zu demselben

[1]) Man s. C. R. II, 2, 105 und 110 und 118 und 121, ausserdem über Ciceros Verfahren bei der Anklage oben S. 232.

nicht stellte, sondern seine Freunde erklärten, er habe das Römische Gebiet verlassen, trug Cicero, ohne sich auf weitere Begründung der Anklage einzulassen, auf Bestrafung des Angeklagten an: es folgte also seine Verurtheilung durch die Stimmenmehrheit der Geschworenen und der Prätor sprach die Aechtung über ihn aus. Es blieb noch die litis aestimatio übrig, bei der Hortensius die Vertheidigung wieder aufnahm und erwirkte, dass die Strafsumme auf 3 Millionen Sesterzen bestimmt wurde. Von einer Belohnung der Ankläger hören wir nicht: Cicero selbst forderte und nahm nichts. Da ihm durch Verres' freiwillige Verbannung und den eigenthümlichen Gang des Processes die Gelegenheit, seine Beredsamkeit zu zeigen, entrissen war, fasste er später die uns erhaltenen fünf Reden, als ob er sie bei dem zweiten entscheidenden Termine gehalten hätte, schriftlich ab: sie sollten als Muster einer Anklage dienen.

In nicht bestimmbaren Jahren wurden folgende Processe geführt:

P. Gabinius Capito, Prätor 89 v. Chr., verwaltete nach der Prätur entweder selbständig die Provinz Macedonien oder war in Achaja Sullas Legat.[1]) Cicero (divin. in Caec. 20, 64) erzählt im Jahre 70 v. Chr., er sei 'neulich' (nuper), d. h. also vor wenigen Jahren, angeklagt worden: es meldeten sich zwei Ankläger, L. Piso, Prätor 74 v. Chr. und Q. Caecilius, von denen der erstere bei der divinatio vorgezogen wurde, weil ihn die Achäer, um deren halber die Anklage geschah, wünschten. Der Angeklagte wurde, wenngleich die Anklage etliche Jahre nach der Statthalterschaft stattfand, verurtheilt (Cic. p. Arch. 5, 9).

M. Canulejus, sonst unbekannt, wurde in einem Processe von C. Aurelius Cotta und* Q. Hortensius vertheidigt: der erste war Hauptvertheidiger, des letzteren Beredsamkeit trat mehr hervor.[2])

---

[1]) Ich habe über Gabinius' Statthalterschaft gesprochen in *Commentationes epigraphicae* II, 177: sie lässt sich weder der Zeit noch dem Charakter nach genau bestimmen.

[2]) Cic. Brut. 92, 317. Pighius Ann. III, 287 setzt den Process in das Jahr 77 v. Chr. und glaubt, er habe über Erpressung stattgefunden;

P. Cornelius Lentulus Sura, der bekannte Genosse Catilinas, wurde zweimal in Processen freigesprochen.[4]) Wenn Sura um das Jahr 75 Prätor war (S. oben S. 486), so erhielt er auch eine Provinz, in der er sich bei seinem habsüchtigen und verschwenderischen Character wahrscheinlich Erpressung zu Schulden kommen liess. Deshalb der Erpressung angeklagt wurde er, wie Plutarch sagt, mit zwei Stimmen freigesprochen und zwar mit Bestechung der Richter, weshalb er erklärte, er habe durch Bestechung des einen Richters Geld verschwendet. Der Process fällt vor das Jahr 70; denn in diesem wurde er, vielleicht eben wegen jener Erpressungen, wegen deren er vergeblich angeklagt worden war, von den Censoren aus dem Senate gestossen und musste seine Staatslaufbahn mit der Bekleidung der Prätur im Jahre 63 von Neuem beginnen. Der zweite Process, in dem er freigesprochen wurde, erfolgte wahrscheinlich wegen Gewaltthat.

C. Rutilius angeklagt von C. Rusius, vertheidigt von L. Cornelius Sisenna (Cic. Brut. 74, 259). Sowohl die Art des Processes als die Namen des Angeklagten und des Anklägers sind unsicher: die Zeit aber scheint am besten auf die Jahre zu passen, in welchen die Sullanische Verfassung galt.

### g) nach dem Aurelischen Gesetze.

69 v. Chr. M. Fontejus hatte nach der Prätur drei Jahre lang das Narbonensische Gallien verwaltet (Cic. p. Font. 14, 32). Das eine dieser Jahre kann man nachweisen. Cicero (7, 16) sagt, während seiner Statthalterschaft habe Cn. Pompejus, der damals den Krieg mit Sertorius führte, in Gallien überwintert: dies geschah in dem Winter zwischen den Jahren 74 und 73 (Liv. per. 93). Das Jahr 73 war das erste von Fontejus' Verwaltung. Denn der Process wurde nach

---

Drumann Röm. Geschichte III, 85 erkennt, dass beide Annahmen unsicher sind.

[4]) Cic. ad Att. I, 16, 9. Es ist nicht richtig, wenn man auf die eine Freisprechung bezieht (wie Drumann Römische Geschichte II, 520 es thut), was Plut. Cic. 17 erzählt. Denn dies war nicht ein Process, sondern eine Verhandlung im Senate, wahrscheinlich über die während der Bürgerkriege im J. 81 geführte Quästur.

dem Aurelischen Gesetze, das gegen Ende des Jahres 70 erlassen wurde, geführt, d. h. frühestens im Jahre 69 v. Chr. (p. Font. 16, 36). Es war wahrscheinlich der erste Process, der nach dem Aurelischen Gesetze, der erste, der im Jahr 69 vor dem Gerichtshofe über Amtsverbrechen geführt wurde.[1]) Der Ankläger war M. Plaetorius Cestianus (p. Font. 9, 19; 16, 36; Quint. VI, 3, 51), sein Gehülfe M. Fabius (ibid. 16, 36), der wahrscheinlich als Patron einer Gallischen Völkerschaft sich zu diesem Dienste verpflichtet fühlte. Die Vertheidigung führte Cicero, wahrscheinlich allein: wenigstens sprach er in den beiden Terminen, welche der Process hatte.[2]) Die Zeugen bestanden aus Galliern, besonders that sich ein Häuptling der Allobrogen Indutiomarus hervor (8, 17): daher Ciceros Vertheidigung hauptsächlich darauf beruhte, die Glaubwürdigkeit derselben und ihre Feindseligkeit gegen Rom zu schildern. Aber auch eine Menge Entlastungszeugen und Lobredner traten auf, die Rom befreundeten Städte Massilia und Narbo (6, 14; 15, 34; 20, 45), Krieger von Pompejus' Heere (7, 16) und andere Römische Bürger. Wie in Verres' Processe, wurde auch bei Fontejus' Anklage dessen früheres Leben zur Sprache gebracht und Ciceros Vertheidigung begann mit einer Rechtfertigung desselben. Wahrscheinlich wurde Fontejus freigesprochen, denn er lebte später in Neapel (Cic. ad Att. I, 6, 1).

[1]) Die Anklage über Amtsverbrechen pflegte alsbald nach der Zurückkunft der betreffenden Statthalter zu geschehen. Fontejus kam etwa im Jahre 70 nach Rom zurück; aber man wartete mit der Anklage, einmal weil in diesem Jahre alle Zeit durch den Process gegen Verres besetzt war, sodann weil man damals das neue Richtergesetz erwartete, das grössere Strenge hoffen liess. Drumann Römische Geschichte V, 330 setzt Fontejus' Statthalterschaft in die Jahre 75—73, weil er die Aeusserung von Pompejus in seinem Briefe an den Senat (Sall. hist. fragm. III, I, 9 p. 201 ed. Kritz) mit Ciceros Aeusserung p. Font 6, 13 verbindet. Aber zu dieser Verbindung ist keine Nöthigung. Auch Fontejus' Vorgänger konnte Getreide für Pompejus' Heer liefern, ebenso Fontejus trotz theilweisen Misswachses. Ueber Fontejus' Statthalterschaft habe ich kurz gehandelt in meinen *Studia Romana* p. 6.

[2]) Man sehe C. R. II, 2, 212, wo ich zugleich erwiesen habe, dass bei diesem Processe nicht die *comperendinatio* galt, sondern nur ein einziger Termin gehalten wurde, der aber in zwei Theile zerfiel.

68 v. Chr. P. Oppius ging als Quästor im Jahre 74 v. Chr. mit M. Aurelius Cotta zum Kriege gegen Mithridates, wurde aber von seinem Proconsul wegen Erpressung und Verdacht von Nachstellungen zurückgeschickt (Dio Cass. XXXVI, 23). In Folge des amtlichen Schreibens, welches Cotta deshalb an den Senat richtete, wurde Oppius vor Gericht gestellt.[1]) Der Process kann nur nach dem allgemeinen Gesetze über Amtsverbrechen geführt worden sein: vorgeworfen wurden dem Angeklagten unter anderem Unterschlagungen bei der Verpflegung der Soldaten (Quintil. V, 13, 17). Er scheint trotz der Vertheidigung von M. Cicero verurtheilt worden zu sein.[2])

68 v. Chr. C. Calpurnius Piso sollte wegen Wahlumtriebe angeklagt werden, bewirkte aber, dass keine Klage angestellt wurde, und trat im folgenden Jahre das Consulat an (Dio Cass. XXXVI, 21).

67 v. Chr. M. Aurelius Cotta, Consul 74 v. Chr., erhielt den Befehl über die Flotte gegen Mithridates, und wurde von C. Papirius Carbo, einem gewesenen Tribunen, angeklagt und verurtheilt (Dio Cass. XXXVI, 23). Der Ankläger erhielt als Belohnung consularische Ehren.[3])

66 v. Chr. C. Licinius Macer, ein geschickter Anwalt, aber schlechten Lebenswandels (Cic. Brut. 67, 238), war Prätor gewesen und wurde vor dem Prätor Cicero, als derselbe

---

[1]) Quintil. V, 13, 20 *Oppium ex epistola Cottae reum factum.*

[2]) Dies darf man aus Dio Cass. a. a. O., der die spätere Verurtheilung von M. Cotta hinzugefügt, schliessen. Dass der Process nach dem Aurelischen Gesetze geführt wurde, ergiebt sich aus Quint. V, 13, 21, wo es heisst, der Vertheidiger habe auf die Nachtheile des Processes für den Ritterstand aufmerksam gemacht: dieser war also unter den Richtern vertreten. Aber worin dieser Nachtheil selbst bestand, weiss man nicht und Drumann Römische Geschichte V, 344 giebt ihn nicht richtig an. Möglich ist es übrigens, dass der Process schon 69 v. Chr. geführt wurde.

[3]) Ueber die Provinz, welche Cotta verwaltet hatte, vergleiche meine *Studia Romana* p. 52. Die Erzählung Dios von der Belohnung des Anklägers ist allerdings auffallend, allein trotz Drumann Römische Geschichte V, 343 und C. T. Zumpt *de legibus repetundarum* p. 57 schwerlich zu verwerfen. Vergl. oben S. 59.

den Gerichtshof über Erpressungen leitete, also wegen Erpressung angeklagt. Sein Gönner und Vertheidiger war M. Crassus (Plut. Cic. 9; Val. Max. IX, 12, 7). Er tödtete sich, ehe der Prätor die von den Geschworenen ausgesprochene Verurtheilung verkündete.[1])

66 v. Chr. C. Manilius, der im Jahre 66 v. Chr. als Volkstribun das Gesetz über Cn. Pompejus' Sendung gegen Mithridates gegeben hatte, wurde zwei Tage vor dem Jahresschlusse bei M. Cicero, dem Prätor des Gerichtshofes über Amtsverbrechen, also wegen Amtsverbrechen belangt. Cicero setzte den Termin auf den folgenden Tag an, trotzdem es Sitte war, erst den zehnten Tag zu geben. Deshalb von den Volkstribunen zur Rede gestellt entschuldigte sich Cicero, versprach auch auf Bitten des Volkes, Manilius' Vertheidigung für das folgende Jahr zu übernehmen.[2]) Indessen wegen der Unruhen, welche alsbald ausbrachen, kam es nicht zu diesem Processe (Dio Cass. XXXVI, 27): wahrscheinlich beziehen sich auf diesen Process Ciceros Worte bei Ascon. in Corn. p. 62. Manilius wurde wegen Majestätsverbrechen angeklagt.

66 v. Chr. M. Fundanius wurde von Cicero vertheidigt. Die Bruchstücke der Rede ergeben nichts als dass ein Griechischer Zeuge auftrat: wahrscheinlich fand also die Anklage wegen Amtsverbrechens statt, das der sonst unbekannte Angeklagte in einer Provinz begangen hatte. Er wurde freigesprochen.[3])

65 v. Chr. L. Sergius Catilina, der bekannte Verschwörer, war Prätor im Jahre 68 v. Chr.[4]) und ging dann nach

[1]) S. oben S. 368. Cic. ad Att. I, 4, 2 sagt nur, Macers Verurtheilung habe ihm viel Lob beim Volke eingebracht; Plutarch rühmt ausserdem seine Sorgfalt bei der Auslosung der Geschworenen.

[2]) Plut. Cic. 9.

[3]) Q. Cic. de petit. cons. 5, 19 und das Bruchstück bei Quint. I, 4, 14. Selbst der Vorname M. ist unsicher, wenn eben derselbe Fundanius bei Cic. ad Q. fr. I, 2, 6 gemeint ist.

[4]) Am kürzesten drückt sich Cic. p. Cael. 4, 10 über die drei Jahre in dem Leben Catilinas, auf welche es hier ankommt, aus. Er erwähnt zuerst 66 v. Chr., wo Cicero Prätor gewesen sei, Catilina Africa verwaltet habe, dann 65, wo Catilina angeklagt wurde, endlich 64, wo Catilina sich um das Consulat bewarb.

der Provinz Africa, von wo er ungefähr in der Mitte des Jahres 66 nach Rom zurückkehrte. Schon als er noch abwesend war, beklagten sich die Einwohner der Provinz über ihn im Senate. Gleich nach seiner Rückkehr noch im Jahre 66 wurde die Anklage von P. Clodius, dem spätern Feinde Ciceros, begonnen[1]), aber langsam geführt und erst im Anfange des Jahres 64 v. Chr. beendet. Er wurde zunächst durch die politischen Unruhen, welche sich an die bestrittene Consulwahl für das Jahr 65 knüpften, aufgehalten. In der Mitte des Jahres 65 schreibt Cicero (Cic. ad Att. I, 1, 1), die Sache Catilinas stehe schlecht; indessen wenn er wider Erwarten mit Freisprechung davon käme, würde er sich sicherlich für das Jahr 63 um das Consulat bewerben. Zur Entscheidung kam der Process im Januar des Jahres 64[2]), so dass also

[1]) Dies ergiebt sich aus Sall. Cat. 18. Er erzählt zuerst von der im J. 66 erfolgten Verurtheilung der beiden erwählten Consuln P. Autronius und P. Sulla, dann davon, dass Catilina, weil er *repetundarum reus* war, sich nicht habe um das Consulat bewerben können, endlich von der an den Nonae Dec. 66 v. Chr. erfolgten sogenannten ersten Verschwörung Catilinas. Darnach hat die Anklage gegen diesen etwa im November des Jahres 66 v. Chr. begonnen. Denn die Erzählung Sallusts als unrichtig zu verwerfen ist nicht gestattet, wie Drumann Römische Geschichte V, 393 es thut. Catilina war, wie Liv. per. CII sagt, zweimal bei seinen Bewerbungen abgewiesen worden, als er seine Hauptverschwörung begann, das zweite Mal für das Jahr 63, wo Cicero ihm vorgezogen wurde (Sall. Cat. 21). Aber im Jahre 66 fand bekanntlich, da die in der ersten Wahl gewählten Consuln verurtheilt wurden, eine doppelte Wahl statt. Catilina bewarb sich nach Sallust erst am Ende des Jahres 66, als wegen Verurtheilung der erwählten Consuln eine neue Wahl ausgeschrieben wurde: für die erste eigentliche Wahl des Jahres 66 kam er zu spät nach der Stadt.

[2]) Der Beweis dafür liegt in dem bekannten Briefe Ciceros, in dem er von der Geburt seines Sohnes erzählt, ad Att. I, 2 *L. Iulio Caesare C. Marcio Figulo consulibus filiolo me auctum scito:* unmittelbar nachher erwähnt er, er gedenke Catilina zu vertheidigen, d. h. die Vertheidigungsrede in dem Schlusstermine für ihn zu halten. Es ist ein wunderliches Missverständniss von Drumann Römische Geschichte VI, 711, wenn er diese von Cicero gegebene Zeitbestimmung auf das Jahr 65 bezieht und von den erwählten Consuln L. Caesar und C. Marcius versteht, und zwar lediglich, weil er es für sicher hält, Catilinas Process sei im Jahre 65 beendet worden. Cicero würde so ganz verkehrt sprechen, und der Gewinn wäre geringfügig. Auf jeden Fall wäre, auch nach

der Prätor, der die Sache zu leiten hatte, zweimal, die Geschworenen einmal wechselten. Der Ankläger scheint den Process nicht ernstlich betrieben zu haben: bei der Verwerfung der Richter begünstigte er den Angeklagten.[1]) Die Zeugenaussagen waren sehr verletzend, aber Catilina bestach die Richter und wurde durch den Process arm (Cic. de petit. cons. 3, 10). Er wurde freigesprochen, was selbst dem Ankläger, der als praevaricator angesehen wurde, üblen Ruf brachte (Ascon. in orat. in tog. cand. p. 85, 90, 93): man verlangte einen neuen Process gegen Catilina, aber es blieb bei den Drohungen. Die Urne der Senatoren hatte den Angeklagten verurtheilt, aber die beiden andern sprachen ihn frei (Ascon. in Cornel. p. 66, Cic. de har. resp. 20, 43). Die Vertheidigung im Processe führte, wahrscheinlich mit Andern, M. Cicero: wir haben einen Brief von ihm, worin er erzählt, er gedenke es in den nächsten Tagen zu thun (Cic. ad Att. I, 2), und Fenestella berichtete ausdrücklich, er habe es gethan. Asconius spricht zwar Zweifel dagegen aus, aber sie beruhen nur darauf, dass Cicero selbst in seinen nachherigen öffentlichen Reden seine Vertheidigung verschwieg. Er schämte sich derselben später[2]), aber er wurde durch verschiedene Rücksichten bewogen, die Vertheidigung zu übernehmen. Theils wollte er sich einen künftigen Mitbewerber um das Consulat verpflich-

---

Drumanns Erklärung, der junge Cicero am Ende des Jahres 65 geboren: was verschlägt es nun, ob Catilinas Process ein oder zwei Monate früher oder später beendet wurde? Ferratius Epist. III, 12 p. 209 glaubt, Catilina sei damals zweimal angeklagt worden, erstens im Jahre 65, dann im Jahre 64, Cicero habe ihn in dem andern Processe vertheidigt, in dem über Erpressung nicht. Diese Vermuthung beruht nur auf der Annahme, es sei nicht möglich, dass Catilinas Process über Erpressung sich bis in den Anfang des Jahres 64 hingezogen habe: sie wird widerlegt durch die bestimmte Nachricht, Catilina sei zweimal angeklagt und freigesprochen worden (Cic. in Pis. 39, 95; ad Att. I, 16, 9). Das erste Mal war er wegen Incestes angeklagt worden.

[1]) Cic. ad Att. I, 2 *Iudices habemus, quos voluimus, summa accusatoris voluntate.*

[2]) Er spricht also schwankend, z. B. p. Cael. 6, 14 *me ipse quondam paene decepit* (Catilina); p. Sull. 30, 83 *Catilinam non laudavi;* sagt aber keineswegs, er habe Catilina nicht vertheidigt.

ten, theils bemerkte er, dass die angesehensten Männer, mehrere gewesene Consuln, darunter L. Torquatus, die Freisprechung Catilinas wünschten: sie erschienen bei seinem Processe als laudatores und advocati (Cic. p. Sull. 29, 81).

64 v. Chr. C. Orchivius, Ciceros College in der Prätur 66 v. Chr., wurde von ihm vertheidigt, wahrscheinlich wegen Amtsverbrechen, die er in der Provinzialverwaltung nach der Prätur begangen haben sollte.[1])

63 v. Chr. C. Calpurnius Piso, Consul 67 v. Chr., hatte dann die Provinz Gallia Narbonensis verwaltet und kehrte Anfang 64 v. Chr. zurück.[2]) Der Process wurde im Jahre 63 entschieden; denn Cicero führte die Vertheidigung als Consul und bewirkte die Freisprechung, weil Piso ein tüchtiger Consul gewesen war (Cic. p. Flacc. 39, 98). Zu den Anklägern gehörte C. Caesar, der besonders die ungerechte Hinrichtung eines Transpadaners hervorhob (Sall. Cat. 49).

59 v. Chr. L. Piso Caesoninus, später Consul 58 v. Chr., wurde von dem bekannten P. Clodius angeklagt, weil er die Bundesgenossen auf unerträgliche Weise bedrückt hatte, also nach dem Gesetze über Amtsverbrechen. Er wurde freigesprochen, weil er sich bei den Entscheidungsterminen vor den Geschworenen demüthigte, vielleicht auch, weil er des damaligen Consuls Caesar Schwiegervater war.[3])

59 v. Chr. C. Antonius Hybrida, Ciceros College im Consulate 63 v. Chr., erhielt die Provinz Macedonien, in welcher er sich mannigfache Bedrückungen erlaubte und unglücklich Krieg führte: er verliess die Provinz im Jahr 60, kam langsam nach Rom, und wurde dort im Jahr 59 angeklagt. Dieser Zeitpunkt der Anklage ergiebt sich aus Ciceros Bemerkung, der Volkstribun jenes Jahres P. Vatinius habe mit der Einbringung seines Gesetzes über die Verwerfung der gegenseitigen Richtercollegien gewartet, bis Antonius' Anklage

---

[1]) Cic. de petit. cons. 5, 19, wo die Lesart im Namen allerdings schwankend ist, aber doch nicht schwankender als bei Cic. p. Cluent. 34, 94, wo seine Prätur erwähnt wird.

[2]) Man sehe über Pisos Provinz meine *Studia Romana* p. 56.

[3]) Val. Max. VIII, 1, 6. Vergl. Drumann II, 64; C. T. Zumpt de iudic. repet. p. 58.

angenommen war (Cic. in Vat. 11, 27. Vergl. C. R. II, 2, 283). Also im Anfange jenes Jahres erfolgte Antonius' Anklage, dann das Vatinische, endlich das Julische Gesetz, welches den Gerichtshof über Amtsverbrechen auflöste und über Erpressung neue Bestimmungen einführte. Wenn das erste Gesetz, wie Cicero sagt, für Antonius' Process nicht zur Geltung kam, konnte das letztere noch weniger angewendet werden. Als Ankläger werden drei genannt, Q. Fabius Maximus, und zwar im Allgemeinen bei der Bestimmung des Zeitpunktes, an welchem die Anklage eingebracht wurde (Cic. in Vat. 11, 27), M. Caelius Rufus, und zwar in Verbindung mit der Beschuldigung, Antonius habe an der Catilinarischen Verschwörung Theil genommen (Cic. p. Cael. 31, 74 und 7, 15), endlich Caninius Gallus, der später Antonius' Tochter geheirathet haben soll (Val. Max. IV, 2, 6. Vergl. Schol. Bob. 321). Darnach wird man Q. Fabius für den Hauptankläger, die beiden andern für seine subscriptores zu halten haben, welche die einzelnen Anklagepunkte unter sich vertheilt hatten. Als Prätor wird Cn. Lentulus Marcellinus angegeben.[1]) Die Anklage ging auf Amtsverbrechen, begangen in der Provinz, aber es kam dabei auch zur Sprache, dass Antonius der Catilinarischen Verschwörung nicht fremd geblieben war, und den letzteren Punkt führte besonders der Ankläger M. Caelius aus.[2]) Dio Cassius[3]) erzählt von seiner schlechten Verwaltung und unglücklichen Kriegführung und setzt hinzu, man sei deshalb nicht erzürnt gewesen, sondern habe ihn angeklagt

[1]) Cic. in Vat. 11, 27. An einer andern Stelle, ad Att. II, 2, 3, erwähnt Cicero in gewisser Beziehung auf Antonius' Process P. Nigidius Figulus, einen andern Prätor des Jahres 60 (Cic. ad Q. fr. I, 2, 16); aber daraus darf man nicht schliessen, bei demselben sei die Anklage anfänglich anhängig gemacht worden.

[2]) Schol. Bob. in Cic. p. Flacc. p. 229 *non tantum pecuniarum repetundarum crimine, verum etiam ob hanc coniurationem (Catilinae) non ita pridem condemnatus fuerat.* Auf die Betheiligung an Catilinas Unternehmen bezieht sich auch Cic. p. Cael. 31, 74 und 7, 15.

[3]) Dio Cass. XXXVIII, 10. Auf Antonius' schlechte Verwaltung beziehen sich auch die bei Quintil. IV, 2, 123 und IX, 3, 58 erhaltenen Bruchstücke aus Caelius' Rede. Vergl. auch Cic. epist. V, 5, 6; ad Att. I, 12, 2.

wegen der Verschwörung Catilinas, aber verurtheilt wegen seiner Provinzialverwaltung. Es sei ihm also so wunderlich gegangen, dass ihm dasjenige, weshalb er vor Gericht stand, nicht bewiesen, er aber dennoch wegen dessen, was eigentlich nicht zur Anklage kam, bestraft wurde.[1]) Es fand also ein einziger Process gegen Antonius statt, bei welchem die Beschuldigung, er sei ein Genosse Catilinas gewesen, hauptsächlich die Verurtheilung verursachte. Die Vertheidigung führte, wahrscheinlich mit Andern, Cicero: sie wurde für ihn, da er dabei Cäsar verletzte, verderblich, indem dieser die Adoption von P. Clodius durch einen Plebejer durchsetzte und dadurch Ciceros Verbannung bewirkte (Dio Cass. XXXVIII, 10; Suet. Caes. 20; Cic. de dom. 16, 41). Antonius wurde verurtheilt (Cic. p. Flacc. 38, 94), sicherlich zu capitaler Strafe. Denn er ging in die Verbannung nach Cephallenia, wo er im Wohlstande lebte (Strabo X, 455): der Dictator Cäsar rief ihn nach

[1]) Diese Stelle von Dio Cassius scheint hauptsächlich Schwierigkeiten gemacht zu haben, so dass man entweder mehrere verschiedene Anklagen annahm oder doch wenigstens nicht an eine einzige, wegen Amtsverbrechen unternommene glaubte. Man sehe z. B. Ferrat. epist. I, 11 p. 43; Drumann Römische Geschichte I, 539; V, 605. Die richtige Erklärung, welche ich von Dios Worten gegeben, wird den Zweifel beseitigen. Dass nur eine einzige Anklage stattfand, ergiebt sich, wie Rein Römisches Criminalrecht S. 660 richtig bemerkt, daraus, dass nur ein Prätor, nur eine Vertheidigung erwähnt wird; und dass diese Anklage weder wegen Majestätsverbrechen noch, wie Andere wollten, wegen Gewaltthätigkeit erfolgte, beweist, wie C. T. Zumpt de iud. repet. p. 59 bemerkt, Cic. p. Flacc. 38, 94, nach Antonius' Verurtheilung sei Catilinas Grab mit Blumen bekränzt worden. Bei einem Processe über Amtsverbrechen war es gewöhnlich, verschiedene Anklagepunkte vorzubringen und einer derselben konnte hauptsächlich die Verurtheilung herbeiführen. Nur eines darf man aus der Erzählung, Antonius' Erpressungen in der Provinz seien nicht bewiesen worden, schliessen, nämlich dass die Ankläger sich nicht mit der *inquisitio* bemühten, sondern auf den allgemeinen Hass gegen Antonius vertrauten. Ueber dessen Provinzialverwaltung habe ich in den Comment. epigraph. II, 198 gesprochen, ebendaselbst p. 182 über Antonius' früheren Aufenthalt in Griechenland, wegen dessen er verklagt und aus dem Senate entfernt, aber nicht vor das Schwurgericht gestellt wurde. Einige, z. B. auch C. T. Zumpt a. a. O. haben dieses frühere Vergehen von Antonius nicht richtig mit diesem Schwurgerichtsprocesse in Verbindung gebracht.

einigem Zögern zurück und er gelangte sogar noch zu weiteren Ehrenstellen.

### 2. Processe nach dem Peducäischen Gesetze über Incest von Vestalischen Jungfrauen

#### a) nach dem Acilischen Richtergesetze.

113 v. Chr. gegen Ende des Jahres Licinia und Marcia, Vestalische Jungfrauen, vor dem Untersuchungsrichter L. Cassius Longinus angeklagt, die erstere von dem Redner L. Crassus, ihrem Verwandten, vertheidigt (Cic. Brut. 43, 160; man vergl. C. R. II, 1, 217). Beide wurden verurtheilt.[1])

113. M. Antonius, der Redner. Er war als Quästor auf der Reise nach Asien schon nach Brundisium gekommen, als er hörte, er sei angeklagt. Wenngleich er als im Dienste des Staates abwesend, nicht zum Erscheinen gezwungen werden konnte, stellte er sich doch freiwillig (Val. Max. VI, 7, 9. Vergl. oben S. 72). Es waren mehrere Ankläger, Hauptzeuge war ein junger Sclave von Antonius, der trotz aller Foltern nichts aussagte: es erfolgte daher Freisprechung (Val. Max. VI, 8, 1).

Die Namen der Buhlen, welche damals verurtheilt wurden, sind nicht bekannt: es waren nur Römische Ritter (Jul. Obseq. 97).

#### b) nach dem Cornelischen Gesetze.

Licinia und M. Licinius Crassus, der spätere Triumvir, wurden von einem gewissen Plotinus angeklagt, aber freigesprochen (Plut. Crass. 1; de cap. ex inim. utilit. p. 89 comp. Nic. et Crass. 1).

73 v. Chr. Fabia, Ciceros Schwägerin, und L. Sergius Catilina angeklagt und besonders durch die Fürsprache von Lutatius Catulus[2]) freigesprochen.[3])

[1]) Liv. per. LXIII; Jul. Obseq. 97; Ascon. in Cic. Mil. p. 46 (L. Cassius) *et utrasque eas (Liciniam et Marciam) et praeterea complures alias — damnavit* ist nicht richtig. Denn die Namen von verurtheilten Vestalinnen würden wir kennen. Es muss *complures alios* heissen, nämlich Buhlen von Vestalinnen.

[2]) Die Zeit wird bestimmt durch Oros. VI, 3. Sonst sprechen darüber Sall. Cat. 15, Ascon. p. 93. Vergl. Drumann Röm. Gesch. V, 392.

[3]) Dagegen derjenige Process, der 135 v. Chr. gegen Servius Fulvius

**3. Processe nach dem Manilischen Einzelgesetze mit den Richtern des Acilischen Gesetzes im Jahre 110 v. Chr. geführt:**

C. Sulpicius Galba, der erste Priester, der in Rom in einem Criminalprocesse verurtheilt wurde. Er vertheidigte sich selbst (Cic. Brut. 33, 127).

L. Calpurnius Bestia, Consul 111 v. Chr., wurde von C. Memmius angeklagt, von M. Aemilius Scaurus vertheidigt (Cic. de orat. II, 70, 283), dennoch verurtheilt.[1])

C. Porcius Cato, Consul 114 v. Chr., schon früher wegen Erpressung zu Geldstrafe verurtheilt (S. oben S. 471), erhielt jetzt capitale Bestrafung und ging nach Tarraco in Spanien, wo er Bürger wurde (Cic. p. Balb. 11, 28).

Sp. Postumius Albinus, Consul 110 v. Chr. wurde im folgenden Jahre wegen seines Verhaltens im Jugurthinischen Kriege verurtheilt (Sall. Jug. 36).

L. Opimius, Consul 121 v. Chr., verhasst, weil er C. Gracchus getödtet hatte, und deshalb vom Volke verurtheilt, aber wieder zurückgerufen, erhielt jetzt zum zweiten Male capitale Strafe und ging nach Dyrrhachium, wo er starb (Cic. p. Sest. 67, 140. Vergl. C. R. I, 2, 348).

Von den Andern, damals angeklagten, ist keine Kunde auf uns gekommen.

**4. Processe über Majestätsverbrechen**

a) nach dem Appulejischen Gesetze mit den Geschworenen des Servilischen Gesetzes.

102 v. Chr. Q. Servilius Caepio hatte als Quästor den Volkstribunen des Jahres 103 L. Appulejus beim Abstimmen über das Getreidegesetz gewaltsam gestört. Deswegen wurde er wegen Majestätsverbrechens angeklagt.[2]) Es ist möglich,

über Incest geführt wurde und bei dem C. Scribonius Curio eine Vertheidigungsrede hielt, fand nicht vor dem Schwurgerichte, sondern wahrscheinlich vor dem Volke statt. Schol. Bob. p. 330 und Bruchstücke der Vertheidigungsrede bei Cic. de invent. I, 43 und auct. ad Her. II, 20. Vergl. C. R. I, 1, 117.

[1]) Man sehe über ihn und die folgenden Angeklagten Cic. Brut. 34, 128.

[2]) Auct. ad Her. I, 12, 21 erzählt diesen Fall, doch wohl nach der

dass sich auf diesen Process auch bezieht, was erzählt wird (Cic. Brut. 46, 169 und 56, 206), ein zu jener Zeit bekannter Redner T. Betutius Barrus aus Asculum habe den jüngeren Caepio angeklagt und dieser habe sich mit einer ihm von L. Aelius Stilo geschriebenen Rede vertheidigt.

97 v. Chr. **C. Appulejus Decianus** hatte als Volkstribun P. Furius beim Volke angeklagt und dabei sein Bedauern über die Ermordung von L. Appulejus Saturninus geäussert (Cic. p. Flacc. 32, 77; p. Rab. perd. 9, 24. Vergl. C. R. I, 2, 353). Deshalb wurde er nach Ablauf seines Amtes[1] verurtheilt, ging nach dem Pontus und schloss sich an Mithridates an.

97 v. Chr. **Sex. Titius** war im Jahr 99 Volkstribun und Urheber mehrerer Gesetze[2], wurde aber, weil er ein Bild von Appulejus Saturninus in seinem Hause hatte, in einem Processe wegen Majestätsverbrechens von den Römischen Rittern, welche damals Geschworene waren, verurtheilt.[3] Zeugniss bei dem Processe legte in ausführlicher Weise der Redner M. Antonius ab (Cic. de orat. II, 11, 48).

94 v. Chr. **C. Norbanus**, Volkstribun 95 v. Chr., hatte bei Q. Caepios Processe[4] Unruhen erregt, bei denen die angesehensten Männer verjagt oder verwundet wurden: deshalb wurde er von P. Sulpicius Rufus wegen Majestätsverbrechen angeklagt. Richter waren die Römischen Ritter; M. Scaurus und andere bedeutende Männer traten als Belastungszeugen

geschichtlichen Thatsache. Vergl. ibid. II, 12, 17 und besonders Cic. orat. part. 30, 105. Vergl. C. R. II, 1, 220.

1) So sagt Cicero l. c. ausdrücklich, er hätte sich als Privatmann nicht im Staate halten können, und ihm ist mehr Glauben zu schenken als Schol. Bob. p. 230, er sei als Volkstribun verurtheilt worden, was in einem Schwurgerichte nicht möglich war.

2) Sein Tribunat wird durch M. Antonius' Consulat bestimmt nach Cic. de orat. II, 11, 48; sein Process wird von Cic. p. Rab. perd. 9, 24 nach dem von Decianus erwähnt. Ueber seine Gesetze s. meine Comment. epigraph. I, 230.

3) So sagt ausdrücklich Cic. p. Rab. perd. 9, 24. Bei Val. Max. VIII, 1, 3, der von der *tota contio* spricht, scheint die Lesart verdorben.

4) S. oben S. 477. L. Crassus als Consul hatte gegen ihn gesprochen, Cic. Brut. 44, 162.

auf: es kam bei dem Processe hauptsächlich auf die Erläuterung des Begriffes der verringerten Majestät an. Die Vertheidigung führte der Redner M. Antonius, dessen Quästor Norbanus gewesen war. Der Angeklagte wurde freigesprochen.[1])

### b) nach dem Varischen Gesetze

#### I. mit den Geschworenen des Servilischen Gesetzes.

90 v. Chr., also in dem nämlichen Jahre, wo das Varische Gesetz erlassen war, M. Aemilius Scaurus, der bekannte princeps senatus, wurde zuerst von dem Volkstribunen Q. Varius vor das Volk geladen, dann von Q. Servilius Caepio angeklagt, aber freigesprochen.[2])

90 v. Chr. L. Calpurnius Bestia, sonst unbekannt, ging vor dem Termine freiwillig in die Verbannung.[3])

90 v. Chr. C. Aurelius Cotta erschien zwar vor Gericht, vertheidigte sich und schalt auf die Richter, ging aber doch vor der Abstimmung in freiwillige Verbannung: Cicero wohnte dem Processe bei.[4])

90 v. Chr. L. Mummius Achaicus, sonst unbekannt, wurde von den Richtern schmählich behandelt, verurtheilt und ging nach Delos in die Verbannung (App. bell. civ. I, 37).

[1]) Cic. de orat. II, 47, 197 flgd. lässt den Redner Antonius selbst über seine Vertheidigung sprechen. Vergl. ausserdem Cic. de orat. II, 25; 40, 167; 50, 202 flgd.; 39, 164; de off. II, 14; orat. part. 30; Appulej. de mag. 66 p. 316; Val. Max. VIII, 5, 2; ausserdem über den Begriff des Majestätsverbrechens C. R. II, 1, 220 flgd.

[2]) Cic. p. Scaur. 1, 3. Bruchstücke aus der Rede Cäpios finden sich angeführt bei Charisius p. 114, 116, 133 (Meyer orat. Rom. fragm. p. 322). Ueber die Klage vor dem Volke s. C. R. I, 2, 353.

[3]) App. bell. civ. I, 37. Es kann nicht der nämliche Bestia sein, der nach dem Manilischen Gesetze verurtheilt war (s. oben S. 501); denn dieser befand sich schon in der Verbannung. Wahrscheinlich war es sein Sohn, von dem Drumann Römische Geschichte II, 96 nichts anzuführen weiss.

[4]) App. bell. civ. I. l.; Brut. 88, 303; 89, 305. Es gab eine von L. Aelius Stilo verfasste Rede mit dem Titel *Cottae pro se lege Varia*, s. Cic. Brut. 56, 205. Die Zeit des Processes wird bestimmt durch die Nachricht bei Cic. de orat. III, 3, 11, Cotta sei wenige Tage nach L. Crassus' Tode bei der Bewerbung um das Tribunat zurückgewiesen und nicht viele Monate nachher vertrieben worden; Crassus aber starb im September 91 v. Chr. (Cic. de orat. III, 1, 2).

90 v. Chr. Q. Pompejus Rufus und L. Memmius vertheidigten sich selbst und wurden freigesprochen; denn Pompejus war im Jahr 88 Consul.[1])

89. Q. Varius, der Urheber des Gesetzes, wurde, nachdem er das Tribunat niedergelegt hatte, nach seinem eigenen Gesetze verurtheilt (Cic. Brut. 89, 305; Val. Max. VIII, 6, 4) und ging in die Verbannung.

II. mit den Geschworenen des Plautischen Gesetzes.

88. M. Antonius, der Redner, war im Anfange des Marsischen Krieges in militärischem Befehle von Rom abwesend (Cic. Brut. 89, 304), wurde aber nachher angeklagt und vertheidigte sich selbst (Cic. Tuscul. II, 24, 57). Er wurde freigesprochen. Cicero wohnte seinem Processe bei.

88. v. Chr. Cn. Pompejus Strabo, Consul 89 v. Chr., wurde nach seinem Consulate wegen Majestätsverbrechen angeklagt, aber trotzdem dass er den Adligen sehr verhasst war[2]), freigesprochen. Denn er behielt seinen Oberbefehl.

c) nach dem Cornelischen Gesetze

I. mit den Geschworenen des Cornelischen Gesetzes.

73 v. Chr. M. Atilius Bulbus wurde wegen Majestätsverbrechens verurtheilt, weil durch einen Brief von C. Cosconius und die Zeugenaussage Vieler bewiesen wurde, dass er eine Legion in Illyricum aufgewiegelt hatte. Zu seiner Verurtheilung trug bei, dass bewiesen wurde, er habe sich als Geschworener bei dem berüchtigten Junianischen Processe gegen den älteren Oppianicus bestechen lassen (Cic. in Verr. Act. I, 13, 39 und p. Cluent. 35, 97).

73 v. Chr. C. Aelius Staienus wurde von P. und L. Cominius, Römischen Rittern, angeklagt, weil er als Quästor einen Aufstand im Heere erregt hatte. Es traten gegen ihn

[1]) Cic. Brut. 89, 304. Pompejus schrieb seine Vertheidigungsrede mit Hülfe von L. Aelius Stilo, Cic. Brut. 56, 205.

[2]) Cic. p. Cornel. bei Ascon. p. 79, wo es ausdrücklich heisst, die Geschworenen hätten nach dem Plotischen Gesetze aus Senatoren und Römischen Rittern bestanden.

Legaten, Präfecten und Militärtribunen als Zeugen auf[1]); auch wurde ihm Bestechlichkeit im Junianischen Processe zur Last gelegt.[2]) Er wurde verurtheilt.

II. mit den Geschworenen des Aurelischen Gesetzes[3]).

66 v. Chr. C. Cornelius, Volkstribun des vorigen Jahres, wurde von P. Cominius, einem Römischen Ritter aus Spoletum (Cic. Brut. 78, 271), angeklagt mit Unterstützung seines Bruders L. bei dem Prätor P. Cassius. Der Anklagegrund war der nämliche wie im Processe des folgenden Jahres. Nach der interrogatio setzte der Prätor den Termin am 10. Tage an, erschien aber selber an demselben nicht, entweder weil er Geschäfte hatte oder weil er aus Begünstigung des Angeklagten den Process hinauszuschieben suchte. Die anwesende Volksmenge machte, besonders unter Anführung des Volkstribunen C. Manilius, einen Angriff auf die Ankläger. Diese versteckten sich und flüchteten mit Hülfe der Consuln, welche als gerichtliche Beistände zugegen waren, aus der Stadt, erschienen also am folgenden Tage, als der Prätor zu Gericht sass, nicht. Deshalb wurde der Name des Angeklagten aus der Processliste gestrichen und der Process war zu Ende, vielleicht mit Einwilligung der Ankläger, denen man nachsagte, sie hätten sich mit einer hohen Geldsumme bestechen lassen.[4])

65. C. Manilius, der bekannte Volkstribun des vorigen Jahres, der sich theils durch andere Gesetzesvorschläge theils

---

[1]) Cic. p. Cluent. 36, 99 erzählt von dem Processe. Er scheint nach den neuesten Ausgaben zu sagen, dass der Aufstand im Heere von M. Lepidus, Consul 78 v. Chr., erregt wurde. Dies scheint indessen nicht recht glaublich, da also Lepidus selbst einen Aufstand erregte und als Aufrührer starb. Vielleicht ist also Lepidus, Consul 77 v. Chr., zu verstehen. S. meine *Studia Romana* p. 50.

[2]) Auf den nämlichen Process bezieht sich doch wohl die Bemerkung bei Cic. Top. 20, 75, „kürzlich" habe Stajenus Einiges gesprochen, das glaubwürdige Zeugen belauscht hätten und wegen dessen er dann in einem capitalen Processe verurtheilt worden sei.

[3]) Was Plut. Luc. 37 erzählt, der Volkstribun C. Memmius habe M. Lucullus wegen dessen angeklagt, was er als Quästor auf Sullas Befehl gethan hatte, bezieht sich auf eine Verhandlung vor dem Volke, nicht auf einen Process.

[4]) Dies ist die Erzählung von Asconius in Cic. Cornel. p. 59.

durch den über Cn. Pompejus' Oberbefehl gegen Mithridates den Hass Vieler zugezogen hatte, war schon am Ende des vorigen Jahres unmittelbar nach Niederlegung seines Amtes angeklagt worden (s. oben S. 494); jetzt wurde er von Neuem von Cn. Minucius[1]) und zwar wegen Majestätsverbrechen belangt. Der Grund der Anklage lag in Manilius' Gewaltthätigkeit während seines Tribunates theils bei andern Gelegenheiten[2]) theils bei C. Cornelius' Processe. Der Angeklagte suchte auch seinen eigenen Process durch eine gedungene Volksmenge zu hindern, wurde aber selber von L. Domitius Ahenobarbus, demselben, welcher später in Milos Processe Untersuchungsrichter war, vertrieben. Der Angeklagte wurde verurtheilt.[3]) Die Vertheidigung führte, wahrscheinlich mit Andern, Cicero, sowie er es früher versprochen hatte (Dio Cass. XXXVI, 27; Plut. Cic. 9; Q. Cic. de petit. 13, 51. Vergl. Non. s. v. confiteri p. 434).

65 v. Chr. C. Cornelius, ehemaliger Quästor von Cn. Pompejus, war Volkstribun 67 v. Chr. und erbitterte den Senat durch Gesetzesvorschläge, welche er zur Abstellung einiger Missbräuche machte. Namentlich brachte er bei den Tributcomitien das Gesetz ein, es sollte Niemand anders als durch das Volk, d. h. durch ein Gesetz, von den Gesetzen entbunden werden. Dies war altes Römisches Recht, wurde aber damals vom Senate vernachlässigt. Als bei dem Einbringen dieses Gesetzes der Herold den Vorschlag in der Volksversammlung vorlas, that ein Volkstribun P. Servilius Globulus Einspruch, worauf Cornelius selbst das Gesetz vorlas. Dies, behaupteten die Gegner, sei gegen die Verfassung, namentlich klagte der Consul C. Piso; es kam zu Unruhen und Thätlichkeiten. Cornelius indessen liess das Gesetz, gegen das sich der Senat wiederholt aussprach, fallen. Schon im vorigen Jahre war deshalb gegen Cornelius ein Process wegen Majestätsverbrechen eingeleitet, aber von den Anklägern selbst aufgegeben

[1]) Der schol. Bob. p. 284 nennt den Ankläger Q. Minucius, aber es ist wahrscheinlich der in Cic. epist. XII, 25a, 7 genannte gemeint.

[2]) Ich beziehe darauf, was Ascon. p. 65 erzählt.

[3]) Die Hauptquelle für diesen Process ist Schol. Bob. p. 284; aber auch Ascon. p. 60 erwähnt Manilius' unglücklichen Ausgang.

worden. Jetzt, nach längerem Aufschube, der durch die Unruhen bei den Consulwahlen verursacht wurde (Dio Cass. l. l.), erneuerten die früheren Ankläger den Process.[1]) Prätor war Q. Gallius (Ascon. p. 62). Es traten gegen den Angeklagten die angesehensten Männer als Zeugen auf, Q. Hortensius, Q. Catulus, Q. Metellus Pius, M. Lucullus, M'. Lepidus[2]): sie sagten als Augenzeugen aus, der Angeklagte habe den Gesetzesvorschlag selbst verlesen, und bekräftigten, dass darin eine Verletzung der tribunicischen Majestät liege. Die Vertheidigung führte Cicero und, wie es scheint, allein. Denn er sprach an vier Tagen.[3]) Seine Vertheidigung ging dahin, dass er die Thatsache zugab, aber die dadurch geschehene Verletzung läugnete. Dazu kam, dass Cornelius wirklich sein Gesetz zurückgezogen und sich mit dem Senate in Verbindung gesetzt hatte. Der Tribun Globulus selbst, welcher Einspruch gethan hatte, trat für den Angeklagten auf (Cic. in Vat. 2, 5). Er wurde mit grosser Stimmenmehrheit freigesprochen. Zu den Geschworenen gehörte M. Licinius Crassus.[4])

54 v. Chr. A. Gabinius, Consul im Jahre 58 v. Chr., hatte die Provinz Syrien erhalten, in der er bis zum Jahr 55 blieb, als M. Licinius Crassus sein Nachfolger wurde.[5]) Er verliess also in diesem Jahre seine Provinz, und reiste langsam, um den Verfolgungen, welche ihn in Rom erwarteten, möglichst zu entgehen (Dio Cass. XXXIX, 62). Nämlich entgegen dem Senatsbeschlusse und dem Ausspruche der Sibyllinischen Bücher hatte er einen Feldzug nach Aegypten ge-

[1]) Allerdings erwähnt Ascon. p. 62 und Cic. Brut. 78, 271 nur den einen P. Cominius, dessen Rede später existirte; aber es kann kaum ein Zweifel sein, dass ihn, wie früher, sein Bruder L. unterstützte.

[2]) Vergl. Val. Max. VIII, 5, 4, der auch L. Lucullus, aber nicht mit Recht nennt. Denn er war zur Zeit des Vergehens nicht in Rom gewesen und kehrte erst nach dem Processe zurück. Ascon. p. 79.

[3]) Ascon. p. 62. Cicero fasste nachher bei der Herausgabe die vier Reden (*quattuor actiones*) in zwei zusammen. Vergl. Plin. ep. I, 20.

[4]) Ascon. p. 75. Wir besitzen von Ciceros Reden in diesem Processe nur Bruchstücke, ausserdem Asconius' inhaltreiche Einleitung, aus der wir die Einzelheiten entnommen haben.

[5]) Man sehe über die damaligen, sehr verwickelten Verhandlungen meine *Studia Romana* p. 77 flgd.

macht und den von seinem Volke vertriebenen König Ptolemaeus Auletes wieder eingesetzt. Er langte am 20. September 54 v. Chr. vor Rom an und alsbald bildeten sich drei Verbindungen von Anklägern, um ihn zur Rechenschaft zu ziehen. An der Spitze der ersten stand L. Lentulus und man überliess ihm die Anklage wegen Majestätsverbrechen (Cic. ad Q. fr. III, 1, 5, 15). Er meldete sich bei dem Prätor C. Alfius: dieser setzte, wie es gebräuchlich war, den ersten Termin am 10. Tage, d. h. am 29. September, an und machte dies durch Edict bekannt (ibid. 7, 24). Gabinius blieb einstweilen vor der Stadt und zog erst am Abend vor seinem Termine still ein (Cic. ad Q. fr. III, 1, 7, 24). Es erwarteten ihn zwei Processe, einer über Majestätsverbrechen, der andere über Erpressung: der erstere kam zuerst zur Verhandlung.[1]) Der Ankläger, L. Lentulus, L. F., Priester des Mars, mit Gehülfen[2]), mag sich zeitig zum Termine eingefunden haben, Gabinius meldete sich erst um die 8. Stunde: er wurde von dem zahlreich zusammengeströmten Volke mit Lärmen empfangen (Cic. ad Q. fr. III, 1, 7, 24). Der Angeklagte wurde von Cn. Pompejus, obwohl derselbe nicht anwesend war, unterstützt, durch Verwendung bei Zeugen und Richtern (Cic. ad Q. fr. III, 1, 5, 15; III, 2, 3; III, 3, 3; III, 4, 1; Dio Cass. l. l.): auch der ebenfalls abwesende Cäsar verwendete sich für ihn. Als Zeuge trat Cicero gegen Gabinius auf, aber mit Mässigung: er sollte wahrscheinlich über die Bedeutung des Senatsbeschlusses, den der Angeklagte verletzt hatte, Auskunft geben (Cic. ad Q. fr. III, 9, 1). Viele hatten verlangt, er sollte sich an der Anklage betheiligen; aber er hatte es, um Pompejus nicht zu beleidigen, abgelehnt (Cic. ad Q. fr. III, 2, 2 und 4, 2). Die Zahl der Geschworenen, welche ihre Stimmen abgaben, betrug 70, darunter zwei gewesene Prätoren, namentlich Cn. Domitius Calvinus, Consul 53 v. Chr. Der Vorsitzende war streng und würdig, aber der Ankläger un-

[1]) Dies ergiebt sich aus Dio l. l., der erzählt, der schwerere, d. h. derjenige, bei dem capitale Bestrafung möglich war, sei zuerst vorgenommen worden, aber auch aus Cic. ad Q. fr. III, 1, 7, 24.

[2]) Cic. ad Q. fr. III, 4, 1 und ad Att. IV, 16, 9. Man s. über ihn Drumann Römische Geschichte II, 553.

geschickt und lau, so dass Viele ihn für einen praevaricator erklärten (Cic. ad Q. fr. III, 3, 3 und 4, 1; ad Att. IV, 16, 9): es erfolgte die Freisprechung mit 38 gegen 32 Stimmen (Cic. ad Q. fr. III, 4, 1). Dio Cassius (Dio Cass. l. l.) sagt zwar, die Richter seien bestochen gewesen; aber Cicero selbst[1]) hebt diesen Grund der Freisprechung nicht hervor, sondern Pompejus' und anderer einflussreicher Personen Bemühungen. Ueberdem konnte auch ein ernster Richter annehmen, durch einen Krieg, welcher Roms Macht wesentlich vergrössert hatte, sei die Majestät nicht vermindert, sondern vermehrt worden (vergl. C. R. II, 1, 384). Der Schlusstermin des Processes fand wenige Tage vor dem 24. October statt[2]): mithin hatte der ganze Process von der ersten Meldung der Ankläger an etwa einen Monat gedauert.

54 v. Chr., unmittelbar nach Gabinius' Processe Procilius, sonst unbekannt.[3]) Er wurde von dem bekannten P. Clodius angeklagt, wie es scheint, wegen Majestätsverbrechens und verurtheilt mit einer Mehrheit von 6 Stimmen[4]), trotzdem ihn Q. Hortensius vertheidigte.

50 v. Chr. Appius Claudius Pulcher, Consul 54 v. Chr., bekanntlich Ciceros Vorgänger in der Provinz Cilicien, wurde alsbald nach seiner Rückkehr wegen Majestätsverbrechen belangt. Im Anfange des Jahres meldete M. Caelius an Cicero (Cic. epist. VIII, 6, 1), P. Dolabella, Ciceros

---

[1]) Er nennt nur das Richtercollegium 'schmutzig'; s. die kurz zuvor angeführten Stellen.

[2]) Denn der Brief ad Q. fr. III, 4, der von der Freisprechung handelt, ist, wie § 6 beweist, an diesem Tage geschrieben.

[3]) Denn wenn Drumann Römische Geschichte III, 90 ihn für den Collegen von C. Cato und Nonius Sufenas im Volkstribunate des Jahres 56 hält, so beruht dies auf unsicherer Muthmaassung. Aus der Erwähnung bei Cic. ad Q. fr. II, 8, 1 ergiebt sich nichts.

[4]) Cic. ad Att. IV, 15, 3 erwähnt drei an einem Tage beendete Processe, den gegen Nonius Sufenas, gegen C. Cato und gegen Procilius und berichtet dann, in denselben habe sich gezeigt, dass die drei damaligen Machthaber des Staates sich um *ambitus, comitia, interregnum, maiestatem* nicht kümmerten. Ueber Catos Processe s. später, sie beziehen sich auf *comitia*: folglich beziehe ich den von Sufenas auf *ambitus*, den von Procilius auf *maiestas*. Cic. ad Att. IV, 16, 5 meldet nichts Neues.

späterer Schwiegersohn, habe ihn verklagt: es wird dabei die Zwischenzeit zwischen postulatio und nominis delatio ausdrücklich erwähnt. Als die erstere geschah, war Ap. Claudius noch vor der Stadt, indem er einen Triumph verlangte. Sobald er von derselben hörte, gab er den Triumph auf und zog in die Stadt (vergl. Cic. epist. III, 10, 1), verlangte auch von seinem Nachfolger Cicero die Herbeischaffung günstiger Zeugnisse. Die Anklage erschien nicht gefährlich. Allerdings waren einige erkaufte Zeugen aus der Provinz Asien da, die Appius nachher bestraft haben wollte (Cic. epist. III, 11, 3). Die Vertheidigung führten Q. Hortensius und M. Brutus, des Angeklagten Schwiegersohn (Cic. Brut. 94, 324; 64, 230; Cic. epist. III, 11, 3): ausserdem unterstützten sie Pompejus und die damals herrschende Partei (Cic. epist. III, 11, 3 und VIII, 6, 3). Daher erfolgte Freisprechung auf die anständigste Weise, von der Ap. Claudius in einem Briefe vom 5. April an Cicero schrieb, dieser aber schon lange vorher gehört hatte (Cic. epist. III, 11, 1.) Es hat mithin der Process nicht viel länger als einen Monat gedauert. Der Grund der Anklage wird nirgends angegeben, aber aus den Zeugen der Provinz Asien darf man nicht schliessen, sie habe wegen Appius' Verfahren in der Provinz stattgefunden.[1])

### 5. Processe über Gewaltthat

#### a) nach dem Plautischen Gesetze

1. mit den Geschworenen des Plautischen Gesetzes.

88 v. Chr. L. Cassius, Volkstribun des vorigen Jahres, hatte den Aufstand der Schuldner und die Ermordung des Prätors A. Sempronius Asellio und dadurch das Plautische Gesetz selber veranlasst. Von einer Bestrafung des Schuldigen hören wir nicht: sie erfolgte wahrscheinlich durch ein Schwurgericht.[2])

[1]) Ich habe deshalb vermuthet, die Anklage sei erfolgt, weil Ap. Claudius ohne die *lex curiata de imperio* in seine Provinz gegangen war, s. meinen Excurs zu Cic. de leg. agr. p. 177; C. R. II, 1, 386: möglich ist dies, aber doch nur Vermuthung.

[2]) Von dem Aufstande sprechen App. bell. civ. I, 54; Val. Max. IX, 7, 4. Vergl. C. R. II, 1, 267.

II. mit den Geschworenen des Aurelischen Gesetzes.

63 v. Chr. L. Sergius Catilina wurde, ehe er offen zum Kriege schritt, von L. Aemilius Paulus wegen Gewaltthat angeklagt (Sall. Cat. 31). Weil Catilina bald nach dem Beginne des Processes die Stadt verliess und gegen ihn und seine Genossen Gewaltmassregeln getroffen wurden, hört man von der Anklage nichts weiteres. Aber sie wurde zu Ende geführt und Catilina abwesend verurtheilt. Denn Cicero rechnet dies später dem Ankläger als Verdienst an.[1])

63 v. Chr. C. Cornelius Cethegus, Genosse Catilinas, soll ebenfalls von Paulus angeklagt und zur Verurtheilung gebracht worden sein.[2]) Dies muss also vor seiner Hinrichtung geschehen sein.

62 v. Chr. Nach der Hinrichtung der fünf auf offenbarer That ertappten Catilinarischen Verschworenen und der Besiegung Catilinas selbst wurden gegen die übrigen, welche als Genossen Catilinas verdächtig waren, Processe anhängig gemacht und zwar wegen Gewaltthat.[3]) Es werden uns genannt

L. Vargunteius, ein Senator. Es vertheidigte ihn kein angesehener Mann, er wurde also verurtheilt (Sall. Cat. 17; Cic. p. Sull. 2, 6).

P. und Serv. Cornelius Sulla, die Söhne von Serv. Sulla, wurden ebenfalls von allen angesehenen Leuten im Stiche gelassen, also verurtheilt.[4])

---

[1]) Cic. in Vat. 10, 25 *L. Paulum — qui duos nefarios patriae proditores, domesticos hostes, legibus exterminarat.* Vergl. schol. Bob. p. 320 zu dieser Stelle. Dio XXXVII, 31.

[2]) Die einzige Quelle hierfür ist Schol. Bob. l. l., dem man aber keinen Grund hat zu misstrauen.

[3]) Dies ergiebt sich erstens daraus, dass Catilina selbst wegen Gewaltthat nach dem Plautischen Gesetze verurtheilt wurde, zweitens aus Cic. p. Sull. 33, 92, der in einem Processe über Gewaltthat von den strengen Processen spricht, die in den letzten Monaten gegen freche Menschen stattgefunden hätten, drittens aus decl. in M. Cic. 2, 8, wo es heisst, Cicero hätte mit seiner Frau Terentia über die Processe nach dem Plautischen Gesetze verfügt. Vergl. C. R. II, 1, 272.

[4]) Sall. Cat. 17 und 47; Cic. p. Sull. 2, 6, wo indessen die Lesart etwas unsicher ist. Der Zusammenhang dieser Verschworenen mit den

M. Porcius Laeca, ein Senator, auf gleiche Weise verurtheilt (Cic. p. Sull. 2, 6; Sall. Cat. 17).

P. Autronius Paetus, im Jahr 66 wegen Wahlumtriebe verurtheilt und deshalb vom Consulate ausgeschlossen, suchte vergeblich Ciceros Hülfe nach (Cic. p. Sull. 6, 18). Dieser legte sogar Zeugniss gegen ihn ab (Cic. ibid. 1, 2) und kein angesehener Mann vertheidigte ihn (Cic. ibid. 2, 6). Bei seinem Processe kam vor, dass er auch schon seinen Process über Wahlbestechung mit Gewalt zu stören versucht hatte (Cic. ibid. 5, 15). Er wurde verurtheilt und lebte nachher in Achaja (Cic. ad Att. III, 2), wo auch viele andere verurtheilte Catilinarier sich aufhielten (Cic. ad Att. III, 7, 1).

Auch andere Senatoren mögen wegen Theilnahme an der Catilinarischen Verschwörung vor Gericht gestellt worden sein, wenngleich nicht alle, welche von den Angebern, namentlich von L. Vettius und Q. Curius genannt wurden (Dio Cass. XXXVII, 41 und Suet. Caes. 17), auch wirklich vor Gericht kamen.[2])

---

andern Sullas ist unklar und von Drumann Römische Geschichte II, 513 nicht richtig dargestellt.

[2]) Es gab also unter den Catilinarischen Verschworenen drei Classen. Die erste bestand aus jenen fünf auf der That ergriffenen Verschwörern, welche als solche durch Cicero hingerichtet wurden (vergl. C. R. I, 2, 397). Die zweite bestand aus denjenigen, welche, wie Catilina selbst, die Waffen ergriffen und nicht blos bei Pistoria, sondern auch in andern Gegenden Italiens nach Kriegsrecht umkamen. So wird genannt M. Marcellus, der durch M. Bibulus im Lande der Peligner, sein Sohn C. Marcellus, der in Bruttien von Q. Cicero im Gefängniss getödtet wurde, mit ihnen gewiss noch viele andere: sie waren in Rom durch L. Vettius als Verschwörer bezeichnet worden. Oros. VI, 6 a. E. Andere wurden im Gebiete von Thurii getödtet. Suet. Aug. 8. Ein Process fand gegen sie nicht statt. Die dritte Classe endlich bilden die nach dem Plautischen und Lutatischen Gesetze Verurtheilten. Zweifelhaft kann sein, wohin L. Cassius, P. Furius, P. Umbrenus, Q. Annius Chilo gehören, die nach Senatsbeschluss hatten in das Gefängniss gebracht werden sollen (Cic. in Cat. III, 6, 14), aber nicht ergriffen worden waren. In der entscheidenden Senatssitzung war auch ihre Hinrichtung verlangt worden (Sall. Cat. 50), weil sie auf der That ergriffen wären. Deshalb nehme ich an, dass kein Schwurgerichtsprocess gegen sie eingeleitet wurde. Sie wurden von Cicero selbständig für vogelfrei erklärt und retteten sich durch Flucht aus dem Römischen Gebiete.

62 v. Chr. P. Cornelius Sulla, der durch Verurtheilung wegen Wahlumtriebe im Jahre 66 schon seinen Rang als Senator verloren hatte, wurde in diesem Jahre wegen Theilnahme an den beiden Verschwörungen Catilinas angeklagt.[1]) Ankläger war A. Torquatus, der Sohn des Consuls vom J. 65, und zwar, wie es scheint, allein; denn der p. Sulla 18, 51 erwähnte C. Cornelii filius war nur Zeuge, nicht Ankläger. Die Vertheidigung führten Q. Hortensius (p. Sull. 1, 3) und Cicero: sie hatten dieselbe untereinander so getheilt, dass jener über die erste, dieser über die zweite Catilinarische Verschwörung sprach (ibid. 4, 13). Vergl. oben S. 223. Der Angeklagte wurde von vielen bedeutenden Männern unterstützt (ibid. 2, 4), auch von den Colonisten der Stadt Pompeji, deren Patron er war, gerechtfertigt (ibid. 21, 60). Er wurde freigesprochen, hauptsächlich durch Ciceros Einfluss, den er nachher durch eine bedeutende Schenkung belohnte (oben S. 98).

57. P. Clodius, der im Jahr 58 Volkstribun gewesen war, wurde nach Niederlegung seines Amtes wegen der Gewaltthätigkeiten, welche er sich während desselben erlaubt hatte, angeklagt. Cicero führt unter den Gründen des Hasses, den Clodius gegen Milo haben musste, auch den auf, Clodius sei, so lange er lebte, ein Angeklagter Milos nach dem Plotischen Gesetze gewesen.[2]) Der Ausdruck ist etwas ungewöhnlich, weil die Sache ungewöhnlich war: der Sinn ist, Clodius sei von der Anklage wegen Gewaltthat, welche Milo gegen ihn erhoben hatte, so lange er lebte, nicht losgekommen: der Process gegen ihn sei niemals beendet worden.[3]) Clodius wurde also von Milo und zwar wegen Gewaltthat

[1]) Cic. p. Sull. 3, 8 und 7, 21 erwähnt, dass sein Consulat vorüber sei, aber die Ereignisse desselben erzählt er als eben geschehen.

[2]) Cic. p. Mil. 13, 35 *reus enim Milonis lege Plotia fuit Clodius quoad vixit.*

[3]) Die Erklärer Ciceros scheinen den Sinn anders aufzufassen. Wenigstens bemerkt Osenbrüggen, Milo hätte beabsichtigt, Clodius nicht wegen eines Factums nach dem Plotischen Gesetze anzuklagen, aber wohl wegen seines ganzen Lebens. Indess dies geschah bei allen Criminalprocessen. Eine Thatsache gab den Anlass zur Anklage: das übrige Leben wurde zu ihrer Unterstützung mit hinzugenommen.

angeklagt.[1]) Ferner erzählt Cicero bei einer Schilderung des Jahres 57 v. Chr., Milo hätte sich vor jeder Gewaltthat gehütet, dagegen Clodius zweimal vor Gericht geladen[2]), zugleich aber, Clodius politische Thätigkeit im Allgemeinen schildernd, es sei nicht möglich gewesen, ihn vor Gericht zu ziehen.[3]) Das zweimalige Vorladen vor Gericht ist von einer zweifachen, verschiedenen Anklage zu verstehen. Milo war damals Volkstribun: nichts natürlicher[4]), als an eine Anklage vor dem Volke zu denken, die Milo gegen Clodius versuchte.[5]) Die andere Anklage fand nach dem Plotischen Gesetze über Gewaltthätigkeit statt (Cic. post red. in sen. 8, 19). Indessen sie konnte wegen der Verwirrung jenes Jahres, in welchem die Gerichte nicht zu Stande kamen, nicht eingeleitet werden: Clodius wurde nicht reus im eigentlichen Sinne. Der eine Consul Q. Metellus Nepos in Verbindung mit einem Prätor und Volkstribunen erliess ein Edict, worin er dem Angeklagten verbot vor Gericht zu erscheinen und jede gerichtliche Verhandlung hinderte.[6]) Später wurde Clodius zum Aedilen für 56 v. Chr. gewählt und entging dadurch der Verantwortung.

---

[1]) Auch Plut. Cic. 33 sagt, Milo hätte gewagt, Clodius wegen Gewaltthat vor Gericht zu ziehen.

[2]) Cic. p. Mil. 15, 39 *Tamen se Milo continuit et P. Clodium in iudicium bis, ad vim numquam vocavit.*

[3]) Cic. p. Mil. 14, 38 *Milonis vis omnis haec semper fuit, ne P. Clodius cum in iudicium detrahi non posset, vi oppressam civitatem teneret.*

[4]) Auf den vergeblichen Versuch dieser Anklage vor dem Volke beziehe ich die Worte Ciceros epist. I, 9, 15.

[5]) Die Erklärer Ciceros, z. B. Osenbrüggen, denken an den zweimaligen Versuch, ein und dieselbe Anklage wegen Gewaltthat zu erheben. Aber derselbe lässt sich nicht recht denken. Der Prätor musste die Anklage annehmen und Cicero sagt ausdrücklich, die zweimalige Anklage habe in dem nämlichen Jahre stattgefunden. Clodius rächte sich an Milo im Jahre 56 v. Chr. Sobald er curulischer Aedil geworden, lud er Milo, der Privatmann geworden war, vor das Volksgericht. S. C. R. I, 2, 355.

[6]) Cic. p. Sest. 41, 89; Dio Cass. XXXIX, 7. Vergl. C. R. II, 4, 199 flgd. Daher sagt auch der Consul Nepos bei Cic. epist. V, 3, er hätte Clodius zweimal gerettet. Ausserdem ist von diesem Processe die Rede bei Cic. p. Sest. 44, 95; p. Mil. 26, 70; de har. resp. 24, 50.

56 v. Chr. P. Vatinius. Gegen ihn schwebte im Anfange dieses Jahres, während das Zeugenverhör des Processes gegen P. Sestius stattfand, ein Process: der Ankläger war wahrscheinlich C. Licinius Macer, der Anklagegrund Gewaltthat. Es erfolgte Freisprechung.[1])

56 v. Chr. P. Sestius wurde am 10. Februar an dem nämlichen Tage, wo er wegen Wahlumtriebe belangt wurde, auch wegen Gewaltthätigkeit angeklagt von M. Tullius Albinovanus, die er während seines Tribunates im vorigen Jahre begangen haben sollte (Cic. ad Q. fr. II, 3, 5). Es scheint keinen weiteren Ankläger gegeben, wenigstens kein anderer gesprochen zu haben. Vergl. oben S. 225. Dass die Anklage über Gewaltthat lautete, erwähnt Cicero öfters (Cic. p. Sest. 35, 75; 36, 77; 37, 80; 42, 90), sagt auch, die Gewaltthätigkeit habe darin bestanden, dass er 'Leute erkaufte, zusammenbrachte, anschaffte' (ibid. 39, 84). Die Vertheidigung führten mehrere, zuletzt Cicero, der, ohne auf einzelne Beweise einzugehen, über die politische Lage im Allgemeinen sprach. Die Freisprechung erfolgte mit allen Stimmen am 14. März (Cic. ad Q. fr. II, 4, 1), daher die Frist für die Untersuchung, welche dem Ankläger bewilligt wurde, nur kurz gewesen sein kann; aber es bedurfte auch nicht entfernter Zeugen. Zu dem Processe gehörte das Kreuzverhör gegen P. Vatinius, von dem ich S. 335 gehandelt habe.

55 v. Chr. L. Caninius Gallus war 56 v. Chr. Volkstribun gewesen und hatte als solcher einen Vorschlag über

[1]) Cic. in Vat. 4, 9 *Duo sunt tempora, quibus nostrorum civium spectentur iudicia de nobis, unum honoris, alterum salutis. — De te homines quid sentiant, in honore experti sumus, in salute expectamus.* Der Process gegen Vatinius war also schon anhängig gemacht und zwar ein Process, in dem es sich um capitale Bestrafung handelte, weshalb ich auf einen *de vi* schliesse. Wo Cicero (ad Q. fr. II, 4, 1) von den Vorgängen bei Sestius' Processe erzählt, sagt er, Aemilius Paulus drohe mit Vatinius' Anklage, wenn Licinius Macer zögere. Der letztere war also der eigentliche Ankläger und die Anklage erfolgte während der Verhandlungen gegen Sestius: diese Auslegung bestätigen Schol. Bob. p. 316. Vergl. C. R. II, 2, 531 und die andern Processe gegen Vatinius, von denen später die Rede sein wird.

die Zurückführung des Königs Ptolemaeus Auletes durch Pompejus gemacht: er war entschlossen, dabei selbst Gewalt anzuwenden (Cic. ad Q. fr. II, 2, 3). Deswegen, vermuthe ich,[1]) wurde er dann von M. Colonius angeklagt (Val. Max. IV, 2, 6) und trotzdem dass Cicero ihn vertheidigte (Cic. epist. VII, 1, 4), verurtheilt. Er lebte später in Athen (Cic. epist. II, 8, 3).

53 v. Chr. P. Vatinius scheint zum vierten Male angeklagt worden zu sein, ich vermuthe, wiederum wegen Gewaltthat. Es wird uns erzählt[2]), Cicero habe ihn zweimal in Criminalprocessen vertheidigt, und dass er es mehr als einmal gethan hat, darf man aus Vatinius' Ausdrücken, deren er sich in einem Briefe an Cicero bedient (Cic. epist. V, 9, 1), schliessen.[3]) Nun versöhnte sich Cicero mit Vatinius, mit dem er früher in arger Feindschaft gelebt hatte, erst 55 v. Chr. während dessen Prätur (Cic. epist. I, 9, 19): wir kennen aber später im Jahr 54 nur einen einzigen Process gegen Vatinius über Genossenschaften, in welchem Cicero die Vertheidigung führte. Folglich wurde gegen ihn noch eine Anklage entweder in dem nämlichen oder dem folgenden Jahre angestellt, die uns sonst unbekannt ist, wahrscheinlich wegen Gewaltthat. Von einer Anklage gegen ihn im Jahre 52 hören wir nicht und er würde ihr bei den damaligen Ausnahmegesetzen wahrscheinlich erlegen sein: er befand sich als Legat Cäsars in Gallien, wo er auch im Jahre 52 erwähnt wird.[4]) Freigesprochen wurde er übrigens auch in diesem seinem vierten Processe.

---

[1]) Drumann Römische Geschichte VI, 17 vermuthet wegen Wahlumtriebe; aber dafür lässt sich keine Wahrscheinlichkeit nachweisen.

[2]) Von Val. Max. IV, 2, 4. Drumann Römische Geschichte VI, 36 meint, dies sei ein Irrthum, entstanden aus Cic. in Vat. 14, 38, der von Vatinius' Anklage nach dem Licinischen und Junischen Gesetze spricht. Mir erscheint diese Möglichkeit des Irrthums sehr gering, da Cicero nicht hinzusetzt, dass er Vatinius vertheidigt habe. Dagegen war diese Zeit an Processen so reich, dass auch ein viermaliger Process gegen Vatinius, wie man ihn jetzt annehmen muss, nicht unwahrscheinlich ist.

[3]) Im Allgemeinen wird Vatinius' Vertheidigung durch Cicero erwähnt decl. Sallust. in Cic. 4, 7 und Cic. in Sall. 4, 12. Ueber die Gründe, weshalb er Vatinius vertheidigte, spricht sich Cic. epist. I, 9, 4 aus.

[4]) Bei Caes. bell. Gall. VIII, 46.

51. **App. Claudius minor** von Sex. Tettius angeklagt, aber wohl freigesprochen. Wir hören von dem Processe nichts.[1])

51. **M. Tuccius** von C. Sempronius Rufus angeklagt nach den ludi Romani. Der Ankläger war ohne subscriptor aufgetreten und wurde als calumniator abgewiesen.[2])

b) nach dem Lutatischen Gesetze

I. mit den Geschworenen des Cornelischen Gesetzes.

78. Genossen von M. Aemilius Lepidus, dem Consul dieses Jahres, der einen Aufstand gegen die damals herrschende Partei versuchte, wurden hiernach bestraft (Cic. p. Cael. 29, 70; vergl. C. R. II, 1, 271 flgd.).

II. mit den Geschworenen des Aurelischen Gesetzes.

62 v. Chr. **C. Cornelius**, ein Römischer Ritter, Genosse Catilinas (Sall. Cat. 17), wurde von keinem ehrenwerthen Manne vertheidigt, also verurtheilt (Cic. p. Sull. 2, 6). Ausser ihm wurden noch andere Genossen Catilinas, deren Namen uns nicht genannt werden, verurtheilt (Cic. p. Cael. 29, 70; vergl. kurz zuvor S. 511).

59 v. Chr. **L. Vettius**, ein Angeber, dessen sich schon Cicero bei der Catilinarischen Verschwörung bedient hatte, machte im Senate die Anzeige von einer gegen Pompejus und Cäsar gerichteten Verschwörung. Da er dabei gestand, er habe in böser Absicht Waffen getragen, wurde er ins Gefängniss geworfen, dann bei dem Prätor Crassus Dives wegen Gewaltthat angeklagt und weil er geständig war, ohne Geschworene verurtheilt. Er bat um Begnadigung, mit dem Versprechen, andere Schuldige angeben zu wollen, wurde aber, ehe er dies ausführen konnte, im Gefängnisse getödtet. Von

---

[1]) Cic. epist. VIII, 8, 3, wo indessen auch die Lesart etwas unsicher ist.

[2]) Wir haben über diesen Process nur die Andeutung bei Cic. epist. VIII, 8, 1. Es hängt derselbe mit einem gegen Sempronius Rufus gerichteten Processe zusammen.

denen, welche er angegeben hatte, wurde Niemand vor Gericht gestellt.[1])

58 v. Chr. beschloss der Senat, diejenigen, welche den Aufbau von Ciceros Haus stören würden, sollten der öffentlichen Gewaltthat schuldig sein; aber wir kennen keinen in Folge davon geführten Process (Cic. de har. resp. 8, 15. S. C. R. II, 1, 270).

56 v. Chr. Sex. Clodius, der seinen Gönner P. Clodius in allen Unternehmungen, namentlich gegen Cicero eifrig unterstützt hatte, wurde auf Milos Betrieb wegen Gewaltthat angeklagt. Aber die Ankläger waren ungeschickt, Clodius zu mächtig: daher wurde der Angeklagte mit drei Stimmen freigesprochen. Die Aerartribunen hatten ihn verurtheilt, bei den Rittern waren die Stimmen gleich gewesen, aber die Urne der Senatoren hatte mit grosser Mehrheit freigesprochen.[2])

56 v. Chr. M. Caelius Rufus, ein Römischer Ritter, der noch kein Amt bekleidet hatte, daher der Process nach dem Lutatischen Gesetze wegen Gewaltthätigkeit geführt wurde (Cic. p. Cael. 1, 1; 29, 70; vergl. C. R. II, 1, 273). Es waren vier Ankläger, L. Sempronius Atratinus, L. Herennius Balbus und P. Clodius, der Vorsitzende Cn. Domitius Calvinus (Cic. p. Cael. 13, 32). Die Vertheidiger waren Q. Hortensius und Cicero (ibid. 10, 23); aber auch der Angeklagte selbst hatte sich, ehe Cicero seine Rede hielt, vertheidigt (ibid. 19, 45; vergl. oben S. 226). Die Anklage war eine politische (ibid. 29, 70); dennoch spricht Cicero hauptsächlich von Missethaten, die eher eine Anklage wegen Mord nach dem Cornelischen Gesetze zu begründen scheinen, namentlich von dem Vergiftungsversuche gegen Clodia (ibid. 23, 56). Der Ankläger muss diese Beschuldigungen nur bei-

---

[1]) Cic. ad Att. II, 24, 2. Vergl. ausserdem Cic. in Vat. 10; Dio Cass. XXXVIII, 9; App. bell. civ. II, 12; Plut. Luc. 42; Suet. Caes. 20, auch C. R. II, 1, 270.

[2]) Cic. ad Q. fr. II, 6, 6 und p. Cael. 32, 78. An der ersten Stelle ist freilich die Lesart unsicher und deshalb dachte Pigh. Ann. III, 380 an Sex. Aelius oder an den Volkstribunen Sex. Atilius. Indessen scheint doch Manutius' Verbesserung wegen der Stelle in der Cälianischen Rede richtig zu sein.

häufig erwähnt, und das Hauptgewicht auf andere Sachen, welche Cicero nur kurz berührt, gelegt haben. Der Angeklagte wurde, wie sich aus seiner späteren politischen Laufbahn ergiebt, freigesprochen.

In unbestimmtem Jahre, aber geraume Zeit vor dem J. 56 wurden M. Camurtius oder Camurius und M. Caesernius wegen Gewaltthat verurtheilt. Der Process ist sonst unbekannt (Cic. p. Cael. 30, 71).

### 6. Processe über Mord nach dem Cornelischen Gesetze

a) mit den Geschworenen des Cornelischen Gesetzes.

80 v. Chr. Sex. Roscius aus Ameria, einem Municipium in Umbrien, war wegen Vatermordes angeklagt. Es war der erste Criminalprocess, der nach dem Cornelischen Gesetze geführt wurde (C. R. II, 1, 306), auch der erste, in dem Cicero als Anwalt auftrat (Cic. Brut. 90, 312; p. S. Rosc. 21, 59; Plut. Cic. 3). Es waren mehrere Ankläger (Cic. p. S. Rosc. 5, 13 und 11, 30) und namentlich war T. Roscius Magnus auf den Bänken der Ankläger zugegen (ibid 6, 17; 30, 84; 31, 87; 34, 95; 36, 104); aber es sprach allein C. Erucius, ein geübter Ankläger (ibid. 10, 28; 11, 35; 16 46), der von Chrysogonus Geld für die Anklage erhielt (ibid. 21, 58). Auch Vertheidiger, die bei dem Processe auf den Bänken des Angeklagten sassen, gab es mehrere (ibid. 21, 59); namentlich P. Scipio und M. Metellus hatten denselben bei den früheren Verhandlungen unterstützt (ibid. 28, 77), auch der junge M. Valerius Messalla ihm Beistand geleistet (ibid. 51, 149): aber es sprach bei dem Termine Cicero allein. Der Vorsitzende des Gerichtes war der Prätor M. Fannius (ibid. 4, 11). Das Zeugenverhör folgte erst auf Ciceros Rede (ibid. 29, 82): als solche, die gegen den Angeklagten auftreten sollen, werden T. Roscius Capito und ein gewisser Glaucia genannt (ibid. 30, 84; 34, 97; 35, 100; 36, 102). Ueber die Schwierigkeit, die sich gegen dessen Zeugenaussage erhob, s. oben S. 273. Der Angeklagte wurde freigesprochen (Plut. Cic. 3); ob sogleich beim ersten Termine oder nach längeren Verhandlungen, ist unbekannt. Die Anklage wird von Cicero

vielfach als leichtfertig und unbegreiflich bezeichnet und so erscheint sie uns, da wir nur seine eigene Darstellung haben. Sex. Roscius, sagt er, wurde einige Monate nach dem 1. Juni 81, dem gesetzlichen Schlusse der Sullanischen Aechtung (s. C. R. II, 1, 306), in Rom des Abends getödtet. Vier Tage nach dem Morde wurde Sullas Freigelassener Chrysogonus durch die Feinde des Verstorbenen, T. Roscius Capito und Magnus, von dem Morde in Kenntniss gesetzt und mit ihm ein Vertrag gemacht. Der Name des Getödteten wurde in die Aechtungslisten aufgenommen, sein Vermögen eingezogen und theils von Capito, theils von Chrysogonus angekauft. Die Decurionen von Ameria, welche sich für die Rückgabe der Güter an den Sohn bei Sulla verwenden wollten, wurden getäuscht und im Gegentheil gegen denselben ein Process angestellt, dessen Erfolg, wenn auch nicht unmittelbar der Tod, doch Vernichtung und Schande sein sollten. (S. oben S. 458 und C. R. II, 2, 54.) Die Gründe für den Vatermord, welche Cicero als von den Anklägern vorgebracht erwähnt (p. Sex. Rosc. 14, 39), sind sehr unbedeutend und kaum derartig, um eine so schwere Anklage als möglich erscheinen zu lassen: Chrysogonus' Macht und der Charakter der Zeit trägt auch zur Erklärung der Anklage nicht viel bei. Wahrscheinlich führten die Ankläger noch anderes an, das Cicero entweder in der Rede, die er hielt, oder in der, welche er später herausgab, ausliess. Dass man die Tödtung eines Geächteten überhaupt vor Gericht anhängig machte, ist auffallend: es wäre unmöglich gewesen, würde nicht der Sohn der That beschuldigt. Man wollte dies benutzen, um den Sohn zu beseitigen. Als Verdachtsgrund gegen denselben führten die Ankläger sicherlich anderes an, wovon Cicero schweigt. Der Sohn hatte ein Interesse an dem Tode des Vaters: man befürchtete dessen Aechtung und mit ihr gingen dem Sohne die Güter verloren. Trat des Vaters Tod vor der Aechtung ein, so war es möglich, dass dieselbe nicht ausgesprochen wurde und die Güter an den Erben kamen. Die Geschichte der Aechtungen jener Zeit bietet viele ähnliche Missethaten dar. Indessen über den wirklichen Hergang lassen sich nur Vermuthungen aufstellen: es kam hier nur darauf an, die Möglichkeit einer kritischen

Beurtheilung des Falles, bei dem Cicero als Vertheidiger auftrat, nachzuweisen.

In unbestimmtem Jahre[1]) wurde L. Varenus von C. Ancharius Rufus aus Fulginium in Umbrien angeklagt nach Sullas Gesetze über Mord.[2]) Er sollte C. Varenus und Salarius getödtet, Cn. Varenus verwundet haben. Die Vertheidigung führte M. Cicero, von dessen Rede nur wenige unbedeutende Bruchstücke übrig sind (Orelli ed. I, IV p. 443.) Er behauptete, der Ankläger selbst habe durch seine Sclaven den einen Mord begangen. Varenus wurde verurtheilt (Quint. VII, 2, 36).

In unbestimmtem Jahre wurde Q. Sergius, ein Senator, wegen Mordes verurtheilt, nach der aus dem Fabischen Gesetze in das Cornelische hinübergenommenen Bestimmung, welche einen freien Menschen als Sclaven zu behandeln verbot (Cic. p. Cluent. 7, 21; vergl. C. R. II, 2, 34).

74 v. Chr. Scamander, Freigelassener von C. Fabricius, hatte bei einem Vergiftungsversuche, den Statius Albius Oppianicus gegen seinen Stiefsohn A. Cluentius Habitus machte, mitgewirkt: in seinen Händen war das Gift aufgefunden worden. Denn Habitus, der von dem Anschlage erfahren, hatte den Senator M. Baebius und andere unverdächtige Zeugen aufgestellt, um die Verhandlungen zwischen Scamander und Diogenes, einem Sclaven des Arztes Cleophantus, der das Gift hatte beibringen sollen, zu belauschen (Cic. p. Cluent. 16, 47 und 17, 49 flgd.). Die Anklage führte auf A. Cluentius' Veranlassung der Anwalt P. Canutius, die Vertheidigung M. Cicero. Den Vorsitz führte M. Junius, ein iudex quaestionis (vergl. C. R. II, 2, 145). Die Abstimmung fand nach der Wahl des Angeklagten im Geheimen statt und derselbe wurde mit allen gegen eine Stimme verurtheilt (Cic. p. Cluent. 18, 30 flgd.).

---

[1]) Früher setzte man diesen Process in das Jahr 71 v. Chr., ohne einen besondern Grund anzuführen. Drumann Römische Geschichte V, 245 setzt ihn bald nach der Wiederherstellung der Ruhe durch Sulla, weil er auf die zügellosen Zeiten der Proscription deute. Ich gebe ihm darin Recht.

[2]) Quintil. VII, 1, 9. Der Ankläger wird genannt bei Prisc. VII, 14, 70.

74 v. Chr. unmittelbar nach dem eben erwähnten Processe und vor dem nämlichen Vorsitzenden und den nämlichen Geschworenen (vergl. oben S. 444) wurde C. Fabricius von P. Canutius angeklagt als Mitwisser des Vergiftungsversuches. Die Vertheidigung führten C. und L. Caepasius (Cic. Brut. 69, 242): die Hauptrede hielt der ältere der Brüder. Der Angeklagte gab während der Rede seines Vertheidigers seinen Process auf und wurde dann verurtheilt (Cic. p. Cluent. 20, 56).

74 v. Chr. Vor den nämlichen Geschworenen und dem nämlichen Vorsitzenden wurde der ältere Oppianicus als Urheber des Vergiftungsversuches von demselben P. Canutius angeklagt und zur Verurtheilung gebracht, wobei, wie die allgemeine Stimme behauptete, Bestechung der Geschworenen durch Habitus stattfand. Cicero will beweisen, dass einer der Richter C. Aelius Stajenus das ihm zur Bestechung der Richter von dem Angeklagten gegebene Geld unterschlagen und deshalb die Verurtheilung stattgefunden habe (Cic. p. Cluent. 22, 65 flgd.). Die Zahl der Richter betrug 32, von ihnen fehlte Stajenus bei dem Schlusse des Processes (S. 351 und C. R. II, 2, 120). Die Stimmen wurden nach dem Wunsche des Angeklagten mündlich abgegeben; daher fand zuerst Loosung über die Reihenfolge der Abstimmung statt. Nur fünf Geschworene sprachen den Angeklagten frei, die übrigen liessen ihre Stimmen unentschieden oder verurtheilten.[1]) Es erfolgte Verurtheilung, aber weil man glaubte, dass die Geschworenen bestochen worden seien, knüpften sich an den Process andere Processe gegen den Vorsitzenden M. Junius, der in eine hohe Ordnungsstrafe genommen wurde, und gegen einzelne Geschworene, namentlich auf Antrieb des Volkstribunen L. Quinctius, welcher Oppianicus beschützte. Aber trotz des allgemeinen Gerüchtes von der ungerechten Verurtheilung fand doch weder eine Revision des Processes noch eine Begnadigung des Angeklagten statt. Vergl. oben S. 440, 487, 504.[2])

[1]) Man sehe über das Stimmenverhältniss C. R. II, 2, 108.

[2]) Einige Processe, welche von Gelehrten angenommen werden, sind in der That keine Processe vor dem Schwurgerichte gewesen. Der ältere Oppianicus liess, wie Cicero (p. Cluent. 8, 23) sagt, einen Ver-

In unbestimmtem Jahre, aber sicherlich unter der Herrschaft der Sullanischen Gesetze wurde C. **Rabirius** von seinem Feinde C. Licinius Macer angeklagt, er habe heilige Oerter und Haine dadurch, dass er in denselben Leute tödtete, entweiht. Das Verbrechen war in der Zeit der Sullanischen Proscriptionen geschehen. Die Geschworenen sprachen den Angeklagten frei; dennoch wurde die Entweihung heiliger Orte gegen denselben bei seinem Processe vor dem Volke im Jahre 63 v. Chr. wieder vorgebracht.[1])

---

wandten von sich M. Aurius tödten und wurde deshalb mit einer Anklage von seinen Verwandten bedroht. Aber dies geschah während des Bürgerkrieges, Oppianicus floh zu den Sullanern, kehrte mit ihnen nach seiner Vaterstadt Larinum zurück und tödtete alle diejenigen, welche ihm mit einer Anklage gedroht hatten oder um seine Missethat wussten, als politische Gegner. So stellt es wenigstens Cicero dar: auf keinen Fall kam es deshalb zu gerichtlichen Verhandlungen. Auch bei der Ermordung des Asuvius, eines reichen jungen Mannes aus Larinum, von der Cicero p. Cluent. 13, 36 erzählt, kam es zu keinem Processe, wenigstens nicht vor dem Schwurgerichte. Er sollte von einem gewissen Avilius, aber auf Anstiften von Oppianicus, der ihn zu beerben hoffte, in Rom getödtet worden sein. Deshalb wurde Avilius von den Angehörigen des Ermordeten vor einen der *IIIviri capitales* Q. Manlius geschleppt und gestand dort, Asuvius sei von ihm getödtet worden, nannte aber als Anstifter des Mordes Oppianicus. Auch dieser wurde darauf vor Q. Manlius gebracht, läugnete aber, bestach, wie Cicero sagt, den Beamten und wurde entlassen. Gegen ihn fand also keine gerichtliche Verfolgung statt: was mit Avilius geschah, sagt Cicero nicht. Wahrscheinlich wurde er von Q. Manlius unmittelbar gestraft: ein Process fand sicherlich nicht statt. Die übrigen Mordthaten, welche Cicero dem älteren Oppianicus zuschreibt, z. B. die Vergiftung der Dinaea (s. p. Cluent. 14, 40), werden zwar von Cicero als unzweifelhaft dargestellt, beruhten aber doch auf Muthmassung und kamen nicht vor Gericht. Processe über Injurien, welche in gewissen Fällen ebenfalls nach dem Cornelischen Gesetze vor das Schwurgericht gebracht werden konnten, werden uns nicht überliefert. Denn der bei Cic. de invent. II, 20, 60 erwähnte fällt vor Sullas Zeit, der angeblich (nach Macrob. Sat. II, 9) von Q. Hortensius wegen geringer Ursache eingeleitete kam schwerlich vor das Schwurgericht. Man sehe C. R. II, 2, 46. Naevius Turpio wurde von dem Prätor C. Sacerdos in Sicilien verurtheilt, Cic. in Verr. II, 8, 22; V, 41, 107.

[1]) So erkläre ich die kurze Erwähnung bei Cic. p. C. Rab. 2, 7. Drumann IV, 194 glaubt ohne Grund, der Process habe 73 v. Chr., als Macer Volkstribun war, stattgefunden.

### b) mit den Geschworenen des Aurelischen Gesetzes.

66 v. Chr. A. Cluentius Habitus, ein Römischer Ritter aus Larinum, wurde in diesem Jahre[1]) vor dem Untersuchungsrichter Q. Voconius Naso, welcher den Gerichtshof über Mord nach dem Cornelischen Gesetze leitete, angeklagt. (Man vergl. C. R. II, 2, 160 flgd.) Der Ankläger war T. Attius aus Pisaurum (Cic. p. Cluent. 57, 156 und öfter); der Vertheidiger Cicero und zwar 'nach alter Sitte' allein (ibid. 70, 199; vergl. S. 222). Die Anklage entsprang aus der Feindschaft zwischen Stiefvater und Stiefsohn. Cluentius' Mutter Sassia heirathete nach dem Tode ihres Mannes einen Römischen Ritter Statius Albius Oppianicus, ebenfalls aus Larinum. Sassia hasste ihren Sohn erster Ehe und zwischen dem Stiefvater und Stiefsohne entstanden Streitigkeiten: jener hatte überdem die Aussicht, diesen im Falle des Todes zu beerben. Im Jahre 74 sollte ein Vergiftungsversuch von Oppianicus gegen Cluentius stattgefunden haben: daraus entstanden die drei vorher angeführten Processe, in deren letztem Oppianicus selbst verurtheilt wurde und zwar, wie man allgemein glaubte, durch Bestechung der Richter. Oppianicus starb in der Acht (s. oben S. 464). Nach seinem Tode begann auf Sassias Antrieb sein Sohn Oppianicus (62, 172; 66, 187 und 190) die Anklage und gewann T. Attius, der die Anklage allein führte (60, 167). Die Anklage lautete auf zwei Punkte, erstens dass Cluentius im Jahre 74 die Verurtheilung seines Stiefvaters durch Bestechung der Richter herbeigeführt, zweitens dass er gegen einen gewissen C. Vibius Capax, dann gegen den jüngeren Oppianicus Vergiftungsversuche gemacht und den älteren Oppianicus wirklich vergiftet habe (p. Cluent. 1, 1; 60, 164 flgd.). Der erste Punkt bezog sich auf eine Bestimmung des Cornelischen Gesetzes, welche Jedermann, der durch falsche Angabe oder falsches Zeugniss oder sonstige Mittel die Verurtheilung eines Unschuldigen herbeigeführt hätte, mit der Strafe des Gesetzes bedrohte: es war der gefährlichste

---

[1]) Cic. p. Cluent. 30, 82 und 59, 161 sagt, es seien 8 Jahre seit der Verurtheilung des ältern Oppianicus her.

Theil der Anklage wegen der allgemein herrschenden Meinung, in dem Processe gegen den älteren Oppianicus seien die Richter bestochen gewesen. Cicero richtet seine Vertheidigung hauptsächlich auf diesen Punkt, spricht von den Schandthaten des damaligen Angeklagten, von den näheren Umständen des Processes: er braucht sogar einen Kunstgriff, um den ganzen Anklagepunkt als im Cornelischen Gesetze nicht vorgesehen darzustellen (C. R. II, 2, 32 flgd.). Auf Zeugen und sonstige Beweise kam es dabei weniger an. Bei dem zweiten Punkte, welcher die Vergiftungen betrifft, ist Ciceros Rede viel kürzer, offenbar, weil es dabei hauptsächlich auf die Zeugen ankam: nur über die Vergiftung des älteren Oppianicus (61, 169 flgd.) spricht er etwas mehr, um Sassias leidenschaftlichen Hass gegen ihren Sohn darstellen zu können. Er hatte sich besonders in den Verhören von Sclaven, welche Sassia zur Vorbereitung der Anklage anstellte, gezeigt (vergl. oben S. 314). Dabei ist zu bemerken, dass, wenngleich der ältere Oppianicus des Angeklagten Stiefvater gewesen war, dennoch die Anklage nicht auf Vatermord, sondern auf einfachen Mord lautete, vielleicht weil Oppianicus durch seine Aechtung sein caput verloren hatte (s. oben S. 466). Ueber den Erfolg des Processes haben wir keine Nachricht. Ohne Zweifel ist Vieles, was in Ciceros Rede über die Unthaten des älteren Oppianicus erzählt wird, rednerisch ausgeschmückt und beruht nur auf Gerüchten; dennoch ergiebt sich daraus ein grauenvolles Bild über die sittlichen Zustände, welche in Rom nach dem Bürgerkriege herrschten. Cicero hielt bei Cluentius' Vertheidigung zwei Reden, die eine zur Entgegnung auf die Anklage, die andere nach dem Zeugenverhöre. Als er seine Vertheidigung herausgab, verschmolz er beide Reden in die eine, welche uns erhalten ist. S. oben S. 222.

64 v. Chr. L. Sergius Catilina wurde gegen Ende des Jahres von L. Lucceius angeklagt wegen der Grausamkeit, welche er bei der Ermordung der von Sulla Geächteten, namentlich des M. Marius Gratidianus gezeigt hatte. Der Ankläger hielt und schrieb mehrere Reden gegen ihn, dennoch wurde er freigesprochen.[1])

[1]) Dio Cass. XXXVII, 10; Ascon. p. 84 und 92 flgd. Wenn Cic. in

64. L. Luscius, ein ehemaliger Hauptmann Sullas, der sich bei den Achtungen bereichert hatte, wurde wegen dreier verschiedener Ermordungen Geächteter vor dem Untersuchungsrichter C. Caesar angeklagt und verurtheilt, einige Monate vor dem eben genannten Catilina.[1])

64. Zu gleicher Zeit mit dem Vorigen L. Bellienus, der mütterliche Oheim Catilinas, wegen der Ermordung von C. Lucretius Ofella, die auf Sullas Geheiss geschehen war, verurtheilt. (S. die eben angeführten Stellen.)

Etwas später L. Sergius, ein Genosse Catilinas, wurde iniuriarum verurtheilt (Cic. de dom. 5, 13; vergl. 6, 14; 33, 89).

56 v. Chr. P. Asicius wurde wegen Ermordung des Akademikers Dio, eines Aegyptischen Gesandten, von C. Licinius Calvus angeklagt, aber von Cicero vertheidigt und freigesprochen (Cic. p. Cael. 10, 23; Tac. dialog. 21).

In unbestimmtem Jahre L. Calpurnius Bestia wegen Vergiftung seiner zwei Frauen angeklagt, vielleicht von M. Caelius Rufus (Plin. nat. hist. 27, 4).

M. Popilius Laenas aus Picenum, der spätere Mörder Ciceros, war von demselben früher vertheidigt worden, wie Plutarch[2]) sagt, wegen parricidium. Andere Berichte nennen das Verbrechen nicht; aber wenn es ein Criminal- und nicht, wie noch andere erzählen, ein Civilprocess war (Dio Cass. XLVII, 11; Senec. Controv. III, 17), hat ein Process wegen Mordes die grösste Wahrscheinlichkeit.

**7. Processe über Staatsdiebstahl nach dem Cornelischen Gesetze**

a) mit den Geschworenen des Cornelischen Gesetzes.

Etwa 73 v. Chr. C. Herennius und C. Popilius, zwei Senatoren, verurtheilt. Bei der litis aestimatio ihrer Processe

Pis. 39, 95 und ad Att. I, 16, 9 sagt, Catilina sei zweimal freigesprochen worden, so meint er wahrscheinlich diesen Process über Mord und den kurz vorher gegangenen über Amtsverbrechen (oben S. 494), den schon vor 10 Jahren wegen religiösen Incestes angestellten (oben S. 500) übergeht er.

[1]) Ascon. in Cic. in tog. cand. p. 91; Dio Cass. XXXVII, 10. Vergl. C. R. II, 2, 37.

[2]) Plut. Cic. 48. Auch Val. Max. V, 3, 4 spricht von einem Capitalverbrechen, und setzt hinzu, Cicero habe die Vertheidigung auf Bitten von M. Caelius übernommen.

kam mit zur Abschätzung, dass sie sich als Geschworene hatten bestechen lassen.[1])

C. Curius, ein Verwandter von C. Rabirius, freigesprochen. Bei dem Processe kam auch die Beschuldigung zur Sprache, dass der Angeklagte, um seinen Diebstahl an Staatsgeldern auszuführen, an das Staatsgebäude, worin die Staatsrechnungen aufbewahrt wurden, Feuer gelegt hatte.[2])

b) mit den Geschworenen des Aurelischen Gesetzes.

66 v. Chr. Faustus Sulla, des Dictators Sohn, sollte bei dem Prätor C. Orchivius von einem Volkstribunen angeklagt werden, aber der Prätor nahm den Process nicht an (Cic. p. Cluent. 34, 94; de leg. agr. I, 4, 12; Ascon. in Cic. p. Cornel. p. 72; vergl. C. R. II, 2, 85).

Ein Process, der wirklich geführt wurde, ist nicht bekannt.[3])

**8. Processe über Fälschung nach dem Cornelischen Gesetze** sind uns nicht überliefert.[4])

---

[1]) Cic. in Verr. Act. I, 13, 39. Vergl. S. 504 den Process von M. Atilius Bulbus.

[2]) So erkläre ich die kurze Bemerkung bei Cic. p. C. Rab. 3, 7. Die Zeit ist ganz unbestimmt, aber der Vorgang scheint auf die Unruhen bei oder kurz nach der Begründung der Sullanischen Herrschaft zu passen.

[3]) Denn diejenigen Processe, welche von Ser. Sulpicius Rufus als Prätor über Staatsdiebstahl bei Cic. p. Mur. 20, 42 angeführt werden, kamen nicht vor die Geschworenen. S. oben S. 166. Ferner die Klage über Unterschlagung gegen P. Lentulus Sura, den spätern Genossen Catilinas, wurde im Jahre 81 v. Chr. im Senate verhandelt und niedergeschlagen, Plut. Cic. 17; Cic. ad Att. I, 16, 9. Auch ist es nicht richtig, die oben erwähnten Processe gegen L. Lucullus und Cn. Pompejus, welche nach den Griechischen Quellen κλοπῆς stattgefunden haben sollen, als Processe wegen Staatsdiebstahls aufzufassen. Es waren Processe über Amtsverbrechen. Vergl. S. 475 und 483. Processe über Staatsdiebstahl, ebenso wie über Fälschung, sind gemein und kommen bei hochstehenden Personen, von denen allein die Geschichte erzählt, nicht vor. S. C. R. II, 2, 78.

[4]) Der Process, welchen M. Cato als Quästor gegen einen Schreiber, der eine Fälschung begangen hatte, anstellte (Plut. Cat. 16; praec. reip. ger. 13; de vit. pud. 15), war kein Criminalprocess: es handelte sich

### 9. Processe über Wahlumtriebe nach dem Calpurnischen Gesetze mit den Geschworenen des Aurelischen Gesetzes.

67 v. Chr. am Ende des nämlichen Jahres, in welchem das Calpurnische Gesetz erlassen war. P. Popilius, der Sohn eines Freigelassenen, der unter Sulla in den Senat gekommen war, nahm als Geschworener an dem berüchtigten Junianischen Processe gegen den ältern Oppianicus im Jahre 74 v. Chr. Theil. Er wurde im Jahr 70 von den Censoren aus dem Senate entfernt und zwar von dem einen derselben, L. Gellius, weil er sich als Geschworener habe bestechen lassen, von dem anderen Cn. Lentulus, weil er der Sohn eines Freigelassenen wäre. Popilius, obwohl er die äusseren Ehren des Senatorenstandes beibehielt, beruhigte sich nicht bei seiner Ausstossung: er bewarb sich im Jahre 67 wahrscheinlich um die Quästur des folgenden Jahres.[1]) Deshalb wurde er angeklagt und trotz des lobenden Zeugnisses von Cn. Lentulus verurtheilt: sein Ankläger, ein wegen Wahlumtriebe Verurtheilter, erhielt Begnadigung.[2])

67 v. Chr. Ti. Gutta, ebenfalls ein Geschworener des Junianischen Processes und wegen Bestechlichkeit dabei von den Censoren des Jahres 70 v. Chr. aus dem Senate entfernt, dann wahrscheinlich zu gleicher Zeit wie P. Popilius wegen Wahlumtriebe verurtheilt, während sein Ankläger begnadigt wurde (Cic. p. Cluent. 45, 127 und 36, 98).

L. Vargantejus, ein Senator, der später als Genosse Catilinas verurtheilt wurde (s. S. 511), hatte, wahrscheinlich um die nämliche Zeit wie die Vorigen, einen Process über Wahlumtriebe gehabt, wobei ihn Q. Hortensius allein vertheidigte (Cic. p. Sull. 2, 6). Wahrscheinlich wurde er verurtheilt: dies trieb ihn zur Verschwörung.

---

nur um die Verabschiedung des Schreibers. Aehnlich war der von Cic. p. Cluent. 46, 130 erwähnte Process eines Schreibers.

[1]) So thaten es, wie Dio Cass. XXXVI, 21 sagt, damals sehr Viele und daher entstanden zahlreiche Processe wegen Wahlumtriebe und das Calpurnische Gesetz selbst. S. C. R. II, 2, 223.

[2]) Cic. p. Cluent. 36, 98 und 47, 132 flgd. Verschieden von ihm ist der oben S. 526 erwähnte C. Popilius.

66 v. Chr. P. Cornelius Sulla, erwählter Consul des folgenden Jahres, wurde von seinem Mitbewerber L. Manlius Torquatus angeklagt: es unterstützte den Ankläger sein Sohn L.[1]) Es vertheidigten den Angeklagten Mehrere, auch Freunde des Anklägers (Cic. p. Sull. 17, 49). Dennoch wurde jener verurtheilt und der Ankläger an seiner Stelle zum Consul gewählt.[2])

66. P. Autronius Paetus, erwählter College des Vorigen, wurde ebenfalls von seinem Mitbewerber L. Aurelius Cotta, wahrscheinlich mit Hülfe eines Andern, angeklagt und trotz der Versuche zu Störungen des Gerichtes, die er machte[3]), zur Verurtheilung gebracht. Der Ankläger erhielt das Consulat.

66. Q. Gallius, der im Jahre 65 v. Chr. Prätor war (Ascon. in Cic. Corn. p. 62), wurde nach seiner Erwählung[4]) von M. Calidius angeklagt. Er hatte während seiner Bewerbung Fechterspiele, angeblich zu Ehren seines Vaters, gegeben (Ascon. p. 88). Dies war der Anlass zur Anklage, aber ausserdem wurde dem Angeklagten ein Vergiftungsversuch gegen den Ankläger vorgeworfen. Die Vertheidigung führte Cicero[5]) und der Angeklagte wurde freigesprochen.

[1]) Dass der Vater selbst Ankläger war, sagen Dio Cass. XXXVI, 27 und Ascon. p. 74; dass aber auch der Sohn anklagte, erzählt Cicero de fin. II, 19, 62; p. Sull. 17, 49; 18, 50. Wenn aber Vater und Sohn zusammen Ankläger waren, musste dieser jenem die Hauptrolle zugestehen, um so mehr als es Römische Sitte war, dass ein Bewerber den andern anklagte und eben dasselbe bei P. Autronius Paetus geschah. Darnach sind die Bemerkungen bei Drumann Römische Geschichte II, 514 zu ändern.

[2]) Man sehe ausserdem Ascon. p. 88; Suet. Caes. 9; Sall. Cat. 18.

[3]) Cic. p. Sull. 5, 15. Im Uebrigen werden die beiden Verurtheilten immer zusammen erwähnt.

[4]) Diesen Process erwähnt Q. Cic. de pet. cons. 5, 19 als schon beendet. Ihm widerspricht nicht Ascon. p. 88, der zur 64 v. Chr. gehaltenen Rede Ciceros *in toga candida* bemerkt *Q. Gallium quem postea reum ambitus defendit.* Denn dieses *postea* bezieht sich auf die dort erwähnten Fechterspiele, welche Gallius gegeben, nicht auf Ciceros Rede.

[5]) Cicero erwähnt seine Rede selbst Brut. 80, 278 und wir haben einige Bruchstücke derselben. Vergl. Val. Max. VIII, 10, 3 und Pseudo-Ascon. p. 145. Vergl. oben S. 485 den Process gegen den Vater des Anklägers.

63 v. Chr. L. Licinius Murena, aus prätorischer Familie, war selbst im Jahr 65 Prätor gewesen. Er bewarb sich im Jahr 63 um das Consulat mit Ser. Sulpicius Rufus, D. Junius Silanus, L. Sergius Catilina. Die Wahlversammlung, öfters verschoben, fand in jenem Jahre gegen Ende October statt. Von den zurückgesetzten Candidaten griff Catilina zu den Waffen, Sulpicius zur Anklage und zwar gegen Murena, um M. Cato, der mit Silanus verschwägert war, zu gewinnen. Der Hauptankläger war also Ser. Sulpicius Rufus, seine Gehülfen M. Cato, designirter Volkstribun, C. Postumus, ein Römischer Ritter, und ein junger Mann Ser. Sulpicius Galba, ein Verwandter des Hauptanklägers. Die Vertheidigung führten zwei gewesene Consuln, Q. Hortensius und M. Licinius Crassus, dann der gegenwärtige Consul Cicero, der auch die Wahlversammlung geleitet hatte: er sprach zuletzt über die gesammte Anklage, die Hauptankläger scherzhaft widerlegend und die politische Lage, wegen der um Ende die Freisprechung erfolgte, erwägend. Die Anklagepunkte bezogen sich hauptsächlich auf mittelbare Bestechung, wie sie durch das kurz vorher gegebene Tullische Gesetz verboten worden war. Der Process wurde im Monate November geführt. (Ueber die Ankläger und die Zeit des Processes s. meine Ausgabe von Cicero p. Murena p. XII, über die Anklagepunkte C. R. II, 2, 250 flgd., über die Ordnung der Verhandlungen oben S. 222.)

60 v. Chr. Q. Metellus Pius Scipio, zum Volkstribunen erwählt, wurde von seinem Mitbewerber M. Favonius vergeblich angeklagt und von Cicero vertheidigt.[1])

59. A. Minucius Thermus wurde von Cicero zur Freude aller Gutgesinnten zweimal in diesem Jahre vertheidigt. Ein Process, vermuthe ich, fand wegen Wahlumtriebe statt (Cic. p. Flacc. 39, 98).

59. A. Gabinius sollte wegen seiner Bewerbung um das Consulat von C. Cato angeklagt werden, aber die Prätoren

[1]) Cic. ad Att. II, 1, 9. Eine andere vergebliche Anklage gegen eben denselben s. zum Jahre 52 v. Chr.

erschienen einige Tage nicht zum Gerichthalten und der Ankläger wurde durch Gewaltthätigkeiten abgeschreckt.[1])

57. L. **Sempronius Atratinus** von M. Caelius Rufus angeklagt, aber freigesprochen.[2]) Cicero führte die Vertheidigung (Cic. p. Cael. 3, 7).

56. L. **Calpurnius Bestia**, der sich um die Prätur vergeblich bewarb, wurde bei dem Prätor Cn. Domitius Calvinus angeklagt. Cicero sprach für ihn am 11. Februar, wahrscheinlich beim Schlusstermine.[3]) Er wurde später von Cäsar zurückgerufen.

56. P. **Sestius** wurde an eben demselben Tage, wo er wegen Gewaltthat belangt wurde, nämlich am 10. Februar, auch noch wegen Wahlumtriebe von Cn. Nerius angeklagt. Cicero bot dem Angeklagten sogleich seine Dienste an[4]) und hat sie ihm wahrscheinlich auch geleistet. Es erfolgte Freisprechung: der Anklagegrund konnte, da Sestius im Jahre 57 Volkstribun gewesen war, nur der sein, dass er zum Besten eines andern Bewerbers etwas Ungesetzliches gethan hatte.

56. L. **Sempronius Atratinus** wurde von M. Caelius Rufus zweimal wegen Wahlumtriebe angeklagt und zwar fand der zweite Process zu gleicher Zeit statt, wo des Angeklagten Sohn den Ankläger wegen Gewaltthat belangte.[5]) Der erste Process fand also frühestens im Jahre vorher statt. Der Grund zur zweiten Anklage lag wahrscheinlich in den Umtrieben für

---

[1]) Cic. ad Q. fr. I, 2, 5, 25. Ueber die wirklich gegen Gabinius geführten Processe s. S. 507 und 532 und zum Jahre 52 v. Chr.

[2]) S. den Process gegen eben denselben im J. 56 v. Chr. und besonders Cic. p. Cael. 32, 78.

[3]) Cic. ad Q. fr. II, 3, 6 und Phil. XI, 5, 11, wo er sagt, er habe ihn fünfmal vorher mit Glück vertheidigt. Aber von diesen andern Processen ist keine Kunde auf uns gekommen. Vergl. Phil. XIII, 12, 26 und 2, 2; XII, 8, 20; dagegen p. Cael. 11, 26.

[4]) Cic. ad Q. fr. II, 3, 5. Nicht zu verwechseln mit diesem Processe ist der andere, der im Jahre 52 v. Chr. gegen Sestius erhoben wurde. Vergl. S. 515.

[5]) Cic. p. Cael. 1, 1 *in iudicium et vocet et vocarit*; 7, 16 *iterum ambitus crimine arcesseret*; 32, 78 *qui ambitu ne absolutum quidem patiatur esse absolutum*. Eine Andeutung von dem Zusammenhange dieses Processes mit dem gegen Cälius findet sich auch bei Quint. XI, 1, 68.

einen andern Bewerber. Es muss Freisprechung erfolgt sein, da er später noch im Staate thätig war.

54. A. Gabinius wurde nach seiner Rückkehr aus Syrien (oben S. 507) auch wegen Wahlbestechung angeklagt und zwar wenige Tage, ehe der Entscheidungstermin über seinen Majestätsprocess stattfand.[1] Es hatten sich zwei Vereine dazu gebildet. Der erste bestand aus P. Sulla als Hauptankläger: ihn unterstützte sein Stiefsohn C. Memmius, sein Bruder L. Caecilius und sein Sohn P. Den zweiten Verein hatte L. Torquatus gebildet. Man begünstigte den ersten, wahrscheinlich, um Sulla, der wegen Wahlbestechung verurtheilt war, Gelegenheit zu geben, durch die Durchführung einer gleichen Anklage Begnadigung zu erhalten. Ihm wurde daher bei der divinatio der Process übertragen (Cic. ad Q. fr. III, 3, 2). Der Grund zur Anklage konnte nur darin liegen, dass Gabinius nicht selber als Candidat, sondern als Unterstützer eines solchen aufgetreten war. Denn die consularischen Wahlversammlungen jenes Jahres waren sehr bestritten und alle Candidaten angeklagt.[2] Indessen man erwartete seine Freisprechung: die Ankläger hätten den Process nicht unternommen, wenn sie nicht gehofft hätten, der Angeklagte, wegen Erpressung verurtheilt, würde die Stadt verlassen (Cic. ad Att. l. l.). Als er dennoch vor Gericht erschien, wurde er freigesprochen. Verurtheilt hätte er nach dem Tullischen Gesetze in zehnjährige Verbannung gehen müssen und er wurde 52 v. Chr von Neuem angeklagt.

54 v. Chr. M. Nonius Sufenas, Volkstribun im J. 56, hatte am 5. Juli seinen Termin, an dem er freigesprochen wurde, wegen Wahlumtriebe, wie ich vermuthe.[3] Er wurde später Prätor.

[1] Daher spricht Cic. ad Q. fr. III, 4, 1 und ad Att. IV, 16, 9 nach seiner Freisprechung in diesem noch von den übrigen Processen, welche ihm bevorstehen, d. h. dem über Erpressung und dem über Wahlbestechung.

[2] Dass es mit Gabinius' Anklage eine etwas andere Bewandtniss hatte als mit denen der Candidaten, deutet Ciceros Ausdruck ad Att. IV, 16, 11 an: *Candidati consulares omnes rei ambitus. Accedit etiam Gabinius.*

[3] Cic. ad Att. IV, 15, 4 sagt, er sei an dem nämlichen Tage wie

54 im October Cn. Domitius Calvinus wegen Wahlumtriebe von seinem Mitbewerber um das Consulat C. Memmius angeklagt, aber freigesprochen (Cic. ad Q. fr. III, 2, 3; ad Att. IV, 16, 8 und 11).

54 im October C. Memmius wurde von dem jungen Q. Curtius angeklagt, aber losgesprochen (Cic. ad Q. fr. III, 2, 3) und erst zwei Jahre später von Pompejus' Ausnahmegesetzen betroffen.

54 im October M. Valerius Messalla wurde von Q. Pompejus Rufus angeklagt.[1] Entweder kam es nicht zum Processe oder der Angeklagte wurde freigesprochen. Cicero bemühte sich für ihn, vertheidigte ihn vielleicht (Cic. ad Q. fr. III, 3, 2).

54 im October M. Aemilius Scaurus, etwa einen Monat nachdem er wegen Erpressung freigesprochen war (s. S. 541), von dem früheren Ankläger P. Valerius Triarius angeklagt (Cic. ad Q. fr. III, 2, 3; ad Att. IV, 16, 8; 17, 2) und von Cicero vertheidigt (Quintil. IV, 1, 69). Er wurde freigesprochen und erst nach dem Pompejischen Gesetze bestraft.

54 oder 53. L. Lentulus Crus, später Consul 49 v. Chr., war schon 59 v. Chr. Prätor gewesen, bewarb sich also wahrscheinlich schon etliche Jahre, ehe er das Consulat erlangte, um dasselbe und wurde in einen Process über Wahlumtriebe verwickelt. Er war einst der Hauptankläger gegen P. Clodius wegen Religionsfrevel gewesen; dennoch vertheidigte ihn dieser jetzt und bewirkte seine Freisprechung.[2]

C. Cato freigesprochen worden, er kann also nicht vor dem ähnlichen Gerichtshofe, wie jener, gestanden haben und darnach ist Drumann Römische Geschichte II, 3 zu verbessern. Vergl. oben den Majestätsprocess gegen Procilius S. 500.

[1]) Cic. ad Q. fr. III, 2, 3; ad Att. IV, 16, 8; vergl. auch Cic. ad Q. fr. III, 9, 3.

[2]) Val. Max. IV, 2, 6 sagt, einer der Lentuli, welche P. Clodius einst angeklagt hatten, sei später von diesem vertheidigt worden. Diese drei Ankläger waren, wie der schol. Bob. p. 336 berichtet, L. Lentulus, Consul 49 v. Chr., seine Gehülfen Cn. und L. Lentulus. Bei den beiden letztern finde ich keine Veranlassung, derenthalben sie wegen Wahlumtriebe hätten angeklagt werden können. Ein Process des Hauptanklägers musste ungefähr um das Jahr 54 fallen.

51 etwa in der Mitte des Jahres. M. Valerius Messalla, Consul 53 v. Chr., wurde, wie es scheint, wegen Wahlumtriebe angeklagt. Diese müssen sich aber auf die im Jahre 51 schwebenden Wahlen, nicht auf diejenigen, in welchen er selbst zum Consul für das Jahr 53 erwählt war, beziehen. Denn alle Unregelmässigkeiten in dem letztern waren durch die Ausnahmegerichte des Jahres 52 v. Chr. erledigt. Er wurde von Q. Hortensius vertheidigt und freigesprochen.[1])

51. Servius, ein sonst unbekannter und nicht vornehmer Mann, erwählter Volkstribun, wurde wegen Wahlumtriebe verurtheilt und C. Scribonius Curio an seiner Stelle gewählt.[2])

51. M. Calidius, der Redner, wurde, nachdem er bei der Bewerbung um das Consulat im Jahre 51 zurückgewiesen war, von den beiden Brüdern Gallius angeklagt[3]), aber freigesprochen. Denn er blieb im Senate (Caes. bell. civ. 1, 2).

51 im Monate September. Claudius Marcellus, Consul 50 v. Chr., wurde alsbald nach seiner Wahl von M. Calidius angeklagt, aber ohne Erfolg.[4])

---

[1]) Dies erzählt Caelius in Cic. epist. VIII, 2, 1, der ferner angiebt, Messalla sei mit 4 Stimmen, einer von jedem der drei Stände, freigesprochen worden. Dass der Process über Wahlumtriebe handelte, schliesst man aus folgendem Grunde. Cicero Brut. 96, 328 lobt Hortensius' Rede für Messalla, die im Jahre 51, während er selbst von Rom abwesend war und die Provinz Cilicien verwaltete, gehalten und dann herausgegeben wurde. Nun führt Val. Max. V, 9, 2 aus einer von Hortensius für Messalla in einem Processe wegen Wahlumtriebe gehaltenen Rede eine bemerkenswerthe Aeusserung an. Beide Nachrichten bezieht man auf diesen im Jahre 51 geführten Process. Zwingend ist indessen dieser Schluss nicht. Wahrscheinlich vertheidigte Hortensius seinen Neffen Messalla schon im Jahre 54 v. Chr. und auch diese frühere Rede konnte in den Händen des Publicums sein. War dies der Fall, so können Valerius Maximus' Worte, in denen von Wahlumtrieben gesprochen wird, auch auf die im Jahre 51 gehaltene Rede gehen und der Process des Jahres 51 aus einem andern Grunde unternommen sein.

[2]) Caelius bei Cic. epist. VIII, 4, 2. Ob Servius der sonst zuweilen vorkommende Servius Pola war, wie Pighius Ann. III, 426 annimmt, oder nicht, ist ganz ungewiss.

[3]) Zum Entgelt für die gegen sie gerichtete Anklage, s. oben zum Jahre 68 S. 520.

[4]) Caelius bei Cic. epist. VIII, 9, 2 spricht von dem Processe gegen Claudius Marcellus, den erwählten Consul, und dann § 5 über die von

50 v. Chr. Sex. Peducaeus, Sohn des Prätoren, bei dem Cicero in Sicilien Quästor war. Er wurde freigesprochen.[1])

50 v. Chr. Cn. Saturninus, Sohn eines Emporkömmlings (Cic. p. Planc. 8, 19), wurde von Cn. Domitius Ahenobarbus angeklagt, aber wahrscheinlich freigesprochen. Domitius zürnte, dass die Wahlversammlungen zum Augurat nicht zu Gunsten seines Vaters ausgefallen waren: deshalb verklagte er Saturninus, einen jungen Mann, der nicht selbst Bewerber hatte sein können, sondern einen andern Bewerber unterstützt hatte (Cic. epist. VIII, 14, 1). Es ist dies das einzige Beispiel davon, dass die Gesetze über Wahlumtriebe auch für die Wahlen zu den Priesterämtern galten.

50 v. Chr. Ap. Claudius Pulcher, Consul 54 v. Chr., bewarb sich gleich nach seiner Rückkehr aus der Provinz Cilicien um die Censur und wurde gewählt. Aber er wurde von P. Dolabella, der ihn auch wegen Majestätsverbrechen belangt hatte, etwa Ende des Monats Februar oder Anfang März wegen Wahlumtriebe angeklagt. Denn Cic. epist. III, 11, 2, wo er von der Freisprechung wegen Majestätsverbrechen erzählt, erwähnt schon den Process wegen Wahlumtriebe. Der Ankläger wurde, während dieser zweite Process schwebte, Ciceros Schwiegersohn (Cic. ad Att. VI, 6, 1). Ap. Claudius wurde freigesprochen und Cicero suchte sich und die Seinen bei ihm zu rechtfertigen (Cic. epist. III, 12).

In unbestimmtem Jahre ein gewisser Fuscinius von dem Redner C. Licinius Calvus wegen Wahlumtriebe angeklagt.[2])

### 10. Processe über das Bürgerrecht nach dem Papischen Gesetze.

62 v. Chr. A. Licinius Archias, ein Dichter, wurde wegen unrechtmässiger Anmassung des Bürgerrechtes nach

Calidius geführte Anklage. Daher stellte schon Drumann Röm. Gesch. IV, 400 diese Vermuthung auf.

[1]) Cic. epist. VIII, 11, 2. Dass der Process über Wahlumtriebe stattfand, vermuthe ich nur, weil Cicero ihn mit dem von Saturninus zusammenstellt.

[2]) S. das Bruchstück einer Rede bei Charisius p. 136; aber die Lesart des Namens des Angeklagten ist unsicher.

dem Papischen Gesetze von einem sonst nicht bekannten Gratius angeklagt und zwar vor dem Prätor Q. Cicero, dem Bruder des Redners. Die Vertheidigung führte Cicero allein. Der Process war einfach und wurde ohne Zweifel zu Gunsten des Angeklagten entschieden: Cicero hat seine Rede später ausführlicher als er sie gehalten, ausgearbeitet.[1])

In unbestimmtem Jahre, aber vor 56 v. Chr. ein Gaditaner, der iudicio publico wegen Anmassung des Bürgerrechtes bestraft worden zu sein scheint und sich dann durch Anklage von Balbus dasselbe gewinnen wollte (Cic. p. Balb. 14, 32).

56 v. Chr. L. Cornelius Balbus, aus Gades gebürtig und von Cn. Pompejus im Jahr 72 v. Chr. mit dem Römischen Bürgerrechte beschenkt, wurde vor Gericht gezogen, um seine Gönner, Pompejus und Cäsar, zu kränken. Ankläger war ein Gaditaner (Cic. p. Balb. 10, 25), der, wahrscheinlich wegen Anmassung des Römischen Bürgerrechtes, vorher verurtheilt worden war (ibid. 14, 32). Vertheidiger waren M. Licinius Crassus, Cn. Pompejus und zuletzt Cicero (ibid. 1, 2; 7, 17). Eine Gesandtschaft aus Gades war mit einer Lobrede auf den Angeklagten vor Gericht zugegen (ibid. 17, 39; 18, 41; vergl. C. R. II, 2, 240 und oben S. 227).

54 Antiochus Gabinius, ein Freigelassener des bekannten A. Gabinius, wurde eine Stunde nach der Freisprechung seines Patronus (Cic. ad Att. IV, 16, 12) nach dem Papischen Gesetze verurtheilt.[2])

### 11. Processe nach dem Licinisch-Junischen Gesetze.

58 v. Chr. P. Vatinius wurde alsbald nach Niederlegung seines Tribunates nach dem Licinischen und Junischen Gesetze von C. Licinius Macer Calvus angeklagt beim Prätor C.

[1]) Ich habe über dieselbe genügend gesprochen C. R. II, 2, 237. Ueber die Ordnung des Verfahrens vergl. oben S. 218, über die Zeugen aus Heraclea S. 200.

[2]) Der Privatprocess gegen eine Frau aus Arretium, von dem Cic. p. Caec. 33 spricht, gehört nicht hierher. Dass auch der Ausdruck bei Val. Max. III, 4, 5, wo von M. Perpernas Verurtheilung nach dem Papischen Gesetze gesprochen wird, irrthümlich oder vielmehr missbräuchlich ist, steht fest.

Memmius Gemellus. Der Angeklagte erhielt seinen Termin am 30. Tage und stellte sich zu ihm, obwohl er C. Caesars Legat und durch seine Abwesenheit von Rom gegen jede Anklage geschützt war. Am Termine verlangte er nach dem von ihm selbst gegebenen Richtergesetze die Erlaubniss, den Vorsitzenden und die Geschworenen verwerfen zu dürfen: als der Prätor auf diese Forderung nicht einging, rief er die Hülfe des Volkstribunen P. Clodius an, vertrieb mit dessen Unterstützung den Prätor von seinem Amtssitze und störte das Gericht. Es scheint nachher nicht wieder aufgenommen worden zu sein.[1]) Der Ankläger stand damals im 24. Lebensjahre und suchte sich durch seine erste Anklage dem Volke zu empfehlen. Denn er war geboren im J. 82, wie Plin. nat. hist. VII, 165 sagt. Ueber seine Jugend sprechen Quint. XII, 6, 1 und Tac. dialog. 34.

54 v. Chr. C. Porcius Cato, gewesener Volkstribun, wurde wegen der Unregelmässigkeiten, die er sich bei dem Geben von Gesetzen hatte zu Schulden kommen lassen, von Asinius Pollio, damals einem jungen Manne von 20 Jahren (Tac. dialog. 34; Quintil. XII, 6, 1), angeklagt, und von dem Redner C. Licinius Calvus und von M. Aemilius Scaurus vertheidigt. Der Haupttermin fand am 5. Juli statt (Cic. ad Att. IV, 15, 4 und 16, 5; Ascon. in Cic. p. Scaur. p. 19). Der Angeklagte war mit vielen gerichtlichen Beiständen erschienen und wurde nur durch die Drohung seines Anwaltes von Gewaltthätigkeit abgehalten (Senec. controv. III, 19).

### 12. Processe über Religionsfrevel nach dem Fufischen Gesetze.

61 v. Chr. P. Clodius wurde, als er bei dem Feste der bona dea in Frauenkleidern sich eingeschlichen hatte, nach

[1]) Cic. in Vat. 14, 33 flgd., schol. Bob. p. 323, die aber nichts Neues melden. Man vergl. über den Grund der Anklage C. R. II, 2, 284 und im Allgemeinen über die Processe gegen Vatinius ebendaselbst S. 531. Ueber die Hülfe, welche ein Volkstribun dem Angeklagten rechtmässiger Weise leisten durfte, s. oben S. 436. Verkehrt ist die Bemerkung des schol. Bob. p. 323, wo das Licinische Gesetz über Genossenschaften mit dem Licinischen und Junischen verwechselt wird.

dem in Folge dieses Frevels erlassenen Gesetze[1]) von L. Lentulus Crus, Consul 49 v. Chr., als Hauptankläger belangt. Denselben unterstützten Cn. Lentulus Marcellinus, Consul 56 v. Chr., L. Lentulus (schol. Bob. in orat. in Clod. et Cur. p. 336; vergl. oben S. 533) und C. Fannius (Cic. ad Att. II, 24, 3). Die Vertheidigung führte der ältere C. Scribonius Curio (schol. Bob. p. 330), aber ausserdem noch einige andere, deren Namen wir nicht wissen.[2]) Auch hatte der Angeklagte viele advocati bei sich.[3]) Als Zeugen werden genannt C. Caesar, der aber nichts gegen den Angeklagten aussagte (Suet. Caes. 74; Plut. Caes. 10), Aurelia, die Mutter und Julia, die Schwester Cäsars (Ascon. p. 336), L. Lucullus[4]) und M. Cato, ganz besonders auch Cicero, der namentlich den von Clodius versuchten Beweis, dass er zur Zeit der That nicht in Rom gewesen wäre, entkräftete. C. Cassinius Schola hatte für ihn ausgesagt, er sei um die Zeit der That in Interamna gewesen; Cicero bezeugte, Clodius sei drei Stunden vorher in seinem Hause zu Rom gewesen.[5]) Ausserdem fand Folterung der Sclaven statt, wenngleich Clodius fünf Sclaven, deren Zeugniss er am meisten fürchtete, theils nach Griechenland theils jenseits der Alpen fortgeschickt hatte (Ascon. p. 338). Es erfolgte Freisprechung, theils weil Geschworene bestochen waren, theils weil das Volk durch leidenschaftliche Theilnahme für den Angeklagten das Gericht eingeschüchtert hatte (S. C. R. II, 2, 273).

54 v. Chr. C. Porcius Cato, gewesener Volkstribun, wurde nicht nur nach dem Licinisch-Junischen, sondern auch nach dem Fufischen Gesetze angeklagt. Die Anklage war we-

[1]) Man sehe die Erzählung des Frevels und von der Entstehung des Gesetzes in C. R. II, 2, 268 flgd.

[2]) Cic. ad Att. I, 16, 5 *patroni omnes conciderunt.*

[3]) Cic. ad Att. I, 16, 4 *ex acclamatione Clodii advocatorum.*

[4]) Cic. p. Mil. 27, 73 *quem cum sorore germana nefarium stuprum fecisse L. Lucullus iuratus se quaestionibus habitis dixit comperisse.* Dass Viele von den Ersten des Staates Zeugniss gegen Clodius abgelegt hätten, sagt Plut. Caes. 10; Cic. 29.

[5]) Cic. ad Att. I, 16, 4; Ascon. p. 330; Cic. ad Att. II, 1, 5; d. dom. 30, 80; p. Mil. 17, 46; Val. Max. VIII, 5, 5; Quintil. IV, 2, 88; Plut. Cic. 29.

nig begründet und es erfolgte Freisprechung.[1]) Ankläger und Vertheidiger waren die nämlichen wie beim vorigen Processe.

### 14. Processe nach dem Julischen Erpressungsgesetze.

58 v. Chr. L. Valerius Flaccus, Prätor und Gehülfe Ciceros in dessen Consulate, verwaltete als Q. Ciceros Vorgänger die Provinz Asien (Cic. p. Flacc. 21, 49; 32, 78) im Jahre 62 v. Chr.[2]). Ueber die genaue Zeit des Processes erhalten wir durch eine zufällige Nachricht Kunde. Cicero (6, 13) spricht von der grossen Begleitung, mit welcher der Ankläger in der Provinz umher gezogen sei: diese Belästigung der Provinz, fügt er hinzu, sei durch das frische und neue Gesetz beseitigt worden. Unter diesem frischen Gesetze kann nur das Julische Gesetz über Erpressung, welches C. Caesar gegen Ende seines Consulates gab, verstanden werden (s. C. R. II, 2, 325). Hieraus ergiebt sich, dass der Termin, bei welchem Cicero seine Rede hielt, kurze Zeit nach dem Julischen Gesetze, dagegen die Anmeldung und Vorbereitung des Processes vor Erlass desselben stattfand. Mithin fiel der Termin entweder in das Ende des Jahres 59 oder in den Anfang des Jahres 58. Ich ziehe den letztern Zeitpunkt vor, weil wir aus dem Jahre 59 schon zwei grosse und zeitraubende Processe kennen und weil der Prätor in diesem Processe von dem im Jahre 59 gegen C. Antonius richtenden verschieden war. Dazu kommt, dass dieser Process trotz seiner früheren Anmeldung dennoch nach dem Julischen Gesetze geführt wurde.[3]) Cicero (33, 82) erwähnt, der Ankläger habe für

---

[1]) Cic. ad Att. IV, 16, 5 und oben S. 587. Die neueren Gelehrten (s. Drumann Röm. Gesch. II, 9) verstehen unter dem Fufischen Gesetze dasjenige, welches mit dem Aelischen zusammen erwähnt wird und über die Comitialtage handelte; aber nach demselben konnte kein Schwurgericht stattfinden und es ist kein Grund, nicht an einen Religionsfrevel irgend einer Art zu glauben.

[2]) Dass er nur ein Jahr in der Provinz war, ergiebt sich aus Cic. p. Flacc. 40, 100 *annui temporis criminationem omnis aetas L. Flacci — defendet*.

[3]) Anders war es bei dem Processe gegen C. Antonius der Fall gewesen, der, weil er vor dem Vatinischen Gesetze angemeldet worden war, ohne die Erleichterungen desselben geführt werden musste. S. oben S. 497.

seine Anklage sechs Stunden Zeit gehabt: dies ist eine Bestimmung des Julischen Gesetzes, welche für die früheren Processe nicht galt (s. oben S. 237). Mithin lautete die Anklage gegen Flaccus auf Erpressung im eigentlichen Sinne, d. h. auf ungerechten Gelderwerb, nicht, wie bei den früheren Processen über Amtsverbrechen, z. B. dem gegen Verres, zugleich auf andere Verbrechen, z. B. Grausamkeit: die Strafe gegen Flaccus, wenn er schuldig befunden wurde, bestand nur in Verlust an Ehre und Geld. Dies ergiebt sich deutlich aus Ciceros Rede: er vertheidigt den Angeklagten nur gegen die Anschuldigung der Habsucht, behauptet, er hätte in Geldsachen keinen Streit gehabt, es könne ihm unanständiges Benehmen in keiner Hinsicht vorgeworfen werden (ibid. 3, 7). Bei Verres' Processe ging Cicero das ganze öffentliche Leben des Angeklagten durch: bei Flaccus' Processe kam dasselbe nicht zur Sprache, weder seine Quästur, noch sein Legatenamt, noch seine Prätur (ibid. 3, 6). Wahrscheinlich entschloss sich der Ankläger, als er bei seiner Zurückkunft nach Rom die Gesetzgebung verändert fand, den Process nach dem Julischen, in vieler Beziehung strengeren Gesetze zu führen: dass er, wenn er gewollt, auch das frühere allgemeine Gesetz über Amtsverbrechen, nach dem er die Anklage angemeldet hatte, zur Anwendung hätte bringen können, ergiebt sich aus den beiden grossen Processen gegen C. Antonius und L. Piso, welche am Ende des Jahres 59 über Amtsverbrechen verhandelt wurden. Flaccus' Ankläger war D. Laelius, ein junger Mann aus reicher und angesehener Familie (ibid. 1, 2; 8, 18): ein Gehülfe von ihm Lucceius, der auch bei den Verhandlungen redend auftrat (ibid. 33, 83), ferner L. Balbus (schol. Bob. p. 228) und Appulejus Decianus, der wahrscheinlich den Hauptankläger nicht durch Reden, sondern nur durch seine Verbindungen in Asien unterstützte (Cic. p. Flacc. 33, 81). Der Vorsitzende des Gerichtes war der Prätor T. Vettius (ibid. 34, 85). Der Hauptankläger Laelius bewies grossen Eifer, bereiste die Provinz Asien und brachte mit grossen Kosten, auch durch Drohungen eine Menge Zeugen und Beweise gegen den Angeklagten zusammen (vergl. oben S. 283). Als Zeugen werden Lyder, Myser und Phryger genannt (ibid. 2, 3) und Cicero bestreitet ihre Glaubwürdigkeit: aber ausserdem auch Römische Ritter und ein Senator Cn. Domitius (ibid. 13, 31). Für den Verklagten traten dagegen viele andere wirkliche Griechen auf (ibid. 16, 61 flgd.), ausserdem P. Servilius und Q. Metellus Creticus (ibid. 40, 100). Es war ein von beiden Seiten mit allen Mitteln geführter Kampf. Die Vertheidigung leiteten Q. Hortensius und nach ihm Cicero (ibid. 17, 41 und 34, 54; vergl. oben S. 224). Flaccus wurde freigesprochen: ob er wirklich so schuldig war, wie Macrobius (Sat. II, 1) ihn darstellt, lässt sich mit Recht bezweifeln.

54 v. Chr. M. Aemilius Scaurus, der im Jahre 55 die Provinz Sardinien verwaltet hatte, wurde zehn Tage nach seiner Rückkehr nach Rom am 8. Juli angeklagt auf Veranlassung der Sarden, die sich über seine Verwaltung beklagten, aber auch auf Betreiben seiner Mitbewerber um das Consulat.[1] Der Ankläger war P. Valerius Triarius, den L. Marius[2]) und die beiden Brüder M. und Q. Pacuvius Claudius unterstützten: der Vorsitzende des Gerichtshofes war der Prätor M. Cato, ein Freund des Anklägers, der sich indessen durchaus unparteiisch benahm. Die Ankläger erhielten eine Frist von 30 Tagen, um die Beweismittel zum Processe in Sardinien und Corsica zu sammeln, reisten indessen nicht in die Provinz. Als Grund, heisst es, hätten sie angeführt, inzwischen würde die Consulwahl stattfinden und es wäre zu befürchten, Scaurus möchte durch Bestechung das Consulat gewinnen und so der Anklage entgehen.[3] Dieser Grund war nicht der richtige: auch ohne persönliche Anwesenheit in der Provinz glaubten die Ankläger Beweise genug erhalten zu können und der einmal angesetzte Termin wurde nicht geändert, mochten sie Sardinien bereisen oder nicht. Dennoch hatten die Ankläger Zeugen und Urkunden aus der Provinz: diese hatte sie freiwillig zum Gerichte entsandt (Cic. p. Scaur. § 23 flgd.). Der Angeklagte hatte sechs Vertheidiger, eine damals ungewöhnliche Zahl (vergl. oben S. 90), P. Clodius

[1]) Dies behauptet besonders Cic. p. Scaur. §. 30.
[2]) Vielleicht der von Cic. epist. II. 17, 5 erwähnte.
[3]) So sagt Asconius p. 19. Vergl. oben S. 471.

(Cic. p. Scaur. § 37), M. Claudius Marcellus, M. Calidius, M. Valerius Messalla Niger, Consul 61 v. Chr., Q. Hortensius, endlich Cicero, der zuletzt gesprochen zu haben scheint, und dessen Rede uns in längeren Bruchstücken erhalten ist. Auch Scaurus selbst sprach, wie es scheint, zum Schlusse für sich und machte durch seine Thränen und Traurigkeit auf die Richter einen grossen Eindruck. Am Schlusstermine, dem 2. September, muss das Gericht ein ungewöhnliches Schauspiel dargeboten haben. Nach Beendigung der Vertheidigung traten neun ehemalige Consuln als Lobredner auf, einige mündlich, andere, weil sie abwesend waren, schriftlich: L. Piso, Consul 58, L. Volcatius Tullus, Consul 66, Q. Metellus Nepos, Consul 57, M. Perperna, Consul 92, L. Marcius Philippus, Consul 56, P. Servilius Isauricus, Consul 79, Cn. Pompejus, dessen Quästor Scaurus im Mithridatischen Kriege gewesen war und der damals als Proconsul Spaniens vor den Thoren der Stadt verweilte, endlich zwei der Vertheidiger, Q. Hortensius und Cicero; ausserdem Faustus Sulla, des ehemaligen Dictators Sohn, Stiefbruder des Angeklagten, der durch seine Thränen und demüthigen Bitten grossen Eindruck machte. Als die Geschworenen darauf zur Abstimmung schritten, vertheilten sich des Angeklagten Verwandte und nächste Freunde an den beiden Seiten des Ganges, durch den die Geschworenen nach den Urnen gingen, fussfällig bittend. Auf der einen Seite Scaurus selbst, sein Schwestersohn M' Glabrio, L. Aemilius Paulus, L. Lentulus, L. Aemilius Buca und C. Memmius, Sohn der Stiefschwester des Angeklagten Fausta, auf der andern Seite Faustus Sulla, T. Annius Milo, Gemahl der Stiefschwester des Angeklagten, T. Peducaeus, C. Cato und ein Fünfter, dessen Name nicht mit Sicherheit überliefert ist. Es erfolgte eine glänzende Freisprechung. Denn nur 8 Geschworene verurtheilten, 59 sprachen frei. Deshalb musste der Prätor die Geschworenen noch weiter über etwaige calumnia der Ankläger entscheiden lassen (oben S. 384) und vertagte, da das umstehende Volk die Bestrafung derselben verlangte, die Verhandlungen darüber, die länger zu werden drohten, auf den folgenden Tag. Indessen der Hauptankläger P. Triarius erhielt keine verurtheilende Stimme, von seinen Gehülfen die Brüder Pacuvius nur zehn, L. Marius nur drei: die Richter erkannten also an, dass gerechter Grund zur Anklage gewesen sei.[1])

54 v. Chr. A. Gabinius wurde alsbald nachdem er von seiner Provinz Syrien am 20. September vor Rom angelangt war, wegen Erpressung belangt (vergl. oben S. 507). Von den drei Gesellschaften, die sich gebildet, um ihn vor Gericht zu ziehen, wollten ihn zwei wegen Erpressung anklagen, nämlich Ti. Nero mit guten Gehülfen, und der Volkstribun C. Memmius mit L. Capito: sie konnten ihr Vorhaben nicht unmittelbar ausführen, weil M. Cato, der als Prätor die Gerichte über Erpressung zu leiten hatte, krank war (Cic. ad Q. fr. III, 1, 5, 15). Später meldete sich als dritter Anklägerverein C. und L. Antonius. Am 11. October fand die divinatio statt, bei der C. Memmius, wie es die Feinde des Angeklagten wünschten, vorgezogen wurde (Cic. ad Q. fr. III, 2, 1 und p. Rab. Post. 12, 32). Es unterstützten den Angeklagten Cn. Pompejus sowohl durch ein schriftliches Zeugniss, als auch, da ein Termin ausserhalb der Stadt gehalten wurde, durch persönliches Erscheinen vor Gericht, ferner C. Caesar durch einen Brief (Dio Cass. XXXIX, 55; Cic. p. Rab. Post. 12, 34). Als Zeugen für ihn traten Alexandrinische Gesandte auf, deren Aussagen dahin gingen, er habe von dem Könige Ptolemaeus nur die Kriegskosten ersetzt erhalten (vergl. oben S. 405). Die Vertheidigung führte auf Pompejus' Verwendung Cicero (Val. Max. IV, 2, 4; Cic. p. Rab. 12, 32; Dio Cass. XXXIX, 63). Dennoch erfolgte Verurtheilung, wie Cicero vorhergesehen hatte (Cic. ad Q. fr. III, 4, 1; ad Att. IV, 16, 9); aber wahrscheinlich dauerte der Process etwas länger. Als Grund der Verurtheilung wird angegeben, Gabinius habe bei diesem Processe, als dem minder gefährlichen, Bestechung gespart; aber seine Verwaltung war wirklich schlecht und habsüchtig gewesen (Cic. de prov. cons. 4; Quint. XI, 1, 73; Dio Cass.

[1]) Wenngleich die Bruchstücke aus der Rede Ciceros, die, weil sie zuletzt gehalten wurde, nur eine allgemeine Vertheidigung enthielt, keine Einzelheiten über den Process geben, so ersetzt doch diesen Mangel Asconius' vortreffliche Einleitung zu Ciceros Rede. Vergl. ausserdem Val. Max. VIII, 1, 10; Cic. ad Att. IV, 17, 2.

XLVI, 8). Bei der litis aestimatio fand sich in des Verurtheilten Vermögen nicht so viel als die Strafsumme betrug; daher knüpfte sich an diesen Process noch der weitere gegen Rabirius Postumus, welchen Cicero vertheidigte.[1]) Gabinius ging verurtheilt nicht in die Verbannung. Man hatte es allerdings erwartet, aber erst 52 v. Chr. wurde er durch neue Verurtheilung dazu veranlasst (vergl. später bei den Processen des Jahres 52 v. Chr.).

Als Gabinius die Strafsumme, zu welcher er verurtheilt war, zehntausend Talente (s. oben S. 409), nicht aus seinem Vermögen decken konnte oder wollte, zog der Ankläger C. Memmius

C. Rabirius Postumus vor Gericht, einen Römischen Ritter, der nie ein Amt bekleidet hatte (Cic. p. C. Rab. 2, 3; 7, 19). Der Grund zur Anklage lag in einem Capitel des Julischen Gesetzes, das seit dem Servilischen Gesetze in allen Gesetzen über Amtsverbrechen gestanden hatte (Cic. p. C. Rab. 4, 8), dass es nämlich erlaubt war, die Strafsumme, wenn sie aus den Gütern des Verurtheilten nicht beigetrieben werden konnte, von denen einzuklagen, in deren Besitz sie gekommen seien. Die Ankläger, der Prätor, die Geschworenen waren die nämlichen, wie bei dem Criminalprocesse; dennoch war dieser Anhang desselben[2]) nicht selber ein Criminalprocess: es handelte sich nicht um Bestrafung irgend einer Art, sondern nur um Geld. Rabirius' Vertheidigung leitete Cicero und wahrscheinlich sprach er allein: von einem andern Vertheidiger findet sich keine Andeutung. Von Zeugen werden in Ciceros Rede nur die Alexandrinischen Gesandten, die erst auftreten sollten, erwähnt: sie hatten früher für Gabinius ausgesagt, dass er nämlich nur Geld zu den Kriegskosten erhalten hätte; jetzt woll-

[1]) Verschieden von diesem Processe sind die Verhandlungen, welche gegen Gabinius im Senate und vor dem Volke stattfanden. Von den ersten, gerade 10 Tage nach seinem Einzuge in Rom, berichtet Cic. ad Q. fr. III, 2, 2. Vor dem Volke sprach gegen ihn C. Memmius, der Volkstribun, s. Val. Max. VIII, 1, 3 und Cic. ad Q. fr. III, 2, 1.

[2]) *Appendicula causae iudicatae atque damnatae* nennt ihn Cic. p. C. Rab. 4, 8.

ten sie gegen Rabirius aussagen, dass wirklich ein Theil des Geldes an ihn gekommen sei.[1]) Ueber den Ausgang des Processes hören wir nichts; aber wohl möglich, dass Rabirius zur Erstattung der fehlenden Strafsumme verurtheilt wurde. Cicero bittet in seinem Schlussworte nur darum, man möge ihm den Namen eines Römischen Ritters, d. h. sein Vermögen erhalten.[2])

51 v. Chr. C. Claudius Pulcher, Bruder von P. Clodius, war Prätor 56 v. Chr. und regierte dann Asien, wenigstens zwei, aber wahrscheinlich drei Jahre lang.[3]) Sein Process kam jedenfalls erst im Jahre 51 v. Chr. vor Gericht: früher hatten ihn theils die Unruhen im Staate, theils die Ausnahmegerichte des Jahres 52 gehindert: ich glaube, in Furcht vor ihnen hatte er bis dahin mit seiner Rückkehr gezögert.[4]) Sein Ankläger war M. Servilius, der Vertheidiger ist unbekannt. Der Angeklagte wurde verurtheilt; aber bei der litis aestimatio kam die Strafsumme aus den Gütern des inzwischen verstorbenen[5]) Angeklagten nicht heraus und einer

---

[1]) Cic. p. Rab. 11, 31. Ueber den eigentlichen Streitpunkt des Processes habe ich oben S. 409 gehandelt.

[2]) Fälschlich sprechen Drumann Röm. Gesch. VI, 83, C. T. Zumpt de iud. repet. p. 67, als ob er dieses Processes halber in die Verbannung gegangen wäre. Später war er ein Anhänger Cäsars (bell. Afric. 8).

[3]) Dies ergiebt sich aus Cic. p. Scaur. § 35, der andeutet, er habe sich im Jahre 54 nicht um das Consulat beworben, sondern die Verwaltung der Provinz vorgezogen. Dass diese Provinz Asien war, sagt ausdrücklich schol. Bob. p. 375.

[4]) Der Beweis für diese Zeit des Processes liegt darin, dass der Prätor Laterensis die Entscheidung über den im Jahre 51 geführten Nachtrag zum Hauptprocesse ohne Weiteres den Richtern des Hauptprocesses übertrug: dies wäre, wenn der Hauptprocess im J. 54 oder 53 vorgekommen wäre, nicht möglich gewesen, zumal das Ausnahmejahr 52 dazwischen lag. Allerdings schliesst man (s. Drumann Römische Gesch. II, 109) aus Ascon. in Mil. p. 35 *C. Claudii, qui frater fuerat Clodii,* jener C. Claudius sei zur Zeit der Ermordung von P. Clodius schon todt gewesen. Aber dieser Schluss ist nicht beweisend. Denn auch wenn Clodius lebte, konnte man sagen, sein Bruder sei C. Claudius gewesen. Dieser wird in den Unruhen nach seines Bruders Tode nicht erwähnt, wahrscheinlich weil er noch nicht in Rom war und die damaligen Ausnahmegesetze vermied.

[5]) Möglich auch, dass C. Claudius in Folge der Verurtheilung freiwillig starb.

der Anwälte der Provinz Asien, Pausanias, strengte deshalb nach dem Paragraphen des Julischen Gesetzes, der über den Verbleib des erpressten Geldes handelte, einen Process gegen M. Servilius an, wobei M. Caelius Rufus die Vertheidigung führte. Der Prätor M. Iuventius Laterensis wollte denselben anfangs nicht annehmen, weil inzwischen ein besonderer Process wegen Erpressung gegen Servilius angemeldet war. Aber der Sohn des verurtheilten C. Claudius, App. Claudius, machte vor Gericht die freiwillige Angabe, sein Vater habe bei Servilius 81000 HS. niedergelegt, um bei einem andern Processe, der gegen ihn angestellt werden sollte, einen praevaricator zu bestellen oder selbst zu spielen. Darauf nahm der Prätor die Klage gegen Servilius an, aber die Geschworenen sprachen denselben mit Stimmengleichheit frei.[1])

51 M. Servilius, C. Claudius' Unterbeamter in der Provinz, vielleicht sein Quästor.[2]) Es meldeten sich zwei Ankläger, Q. Pilius Celer und Appius Claudius Minor; aber der letztere trat zurück. Die Anklagerede von Pilius existirte später herausgegeben (Cic. epist. VIII, 8, 3 und ad Att. VI, 3, 10).

51 App. Claudius Minor, C. Claudius' Sohn, von den Serviliern, d. h. dem oben genannten M. Servilius und seinen Verwandten angeklagt (Cic. epist. VIII, 8, 3).

In unbestimmtem Jahre C. Papiririus Carbo hatte Bithynien verwaltet und wurde von dem Sohne des Consula-

[1]) Ueber das Verfahren des Prätors hierbei vergl. oben S. 409. Die einzige Quelle für diesen Process ist Cälius' Bericht an Cicero in dessen Briefen VIII, 8, 2. Aber derselbe enthält manche Dunkelheiten. Drumann Römische Geschichte II, 384 nahm, um die *praevaricatio* mit der *litis aestimatio* zu vereinen, an, C. Claudius sei freigesprochen worden und dennoch hätte die *litis aestimatio* stattgefunden. Dies verwarf Th. Mommsen de colleg. et sodal. p. 69 mit Recht: er glaubt, die *praevaricatio* habe nur bei der *litis aestimatio* stattgefunden. Aber dann musste die letztere niedrig sein und Clodius' Güter hätten hingereicht. Deshalb beziehe ich die *praevaricatio* auf einen andern Process, der angestellt werden sollte, aber, weil Claudius starb, unterblieb.

[2]) Dies ergiebt sich daraus, dass er, wie ich eben gesagt, sowohl als Theilnehmer an Claudius' Erpressungen, wie selbständig belangt wurde. Sonst ist er unbekannt, vielleicht derjenige, von dem Cic. Brut. 77, 269 spricht.

ren M. Aurelius Cotta, den er selbst einst angeklagt hatte (s. oben S. 493), wegen schlechter Verwaltung belangt und zur Verurtheilung gebracht.[1])

**14. Processe über Genossenschaften nach dem Licinischen Gesetze.**

54 im Juli. C. **Messius** war im Jahr 57 Volkstribun gewesen und hatte sich an Ciceros Zurückberufung betheiligt (Cic. post red. in sen. 8, 21; ad Att. IV, 1, 7). Auf Betrieb des Consuls Appius Claudius wurde er als Legat Cäsars nach Gallien geschickt, aber durch ein Edict des Prätors P. Servilius Isauricus zurückgerufen. Denn er war wegen Genossenschaften angeklagt.[2]) Freigesprochen mit Ciceros Hülfe war er nachher auf Pompejus' Seite thätig (Cic. ad Att. VIII, 11 D 2) und bekleidete dann die Aedilität (bell. Afric. 33).

54 v. Chr. P. **Vatinius** hatte im Monate August einen Process zu bestehen, in welchem ihn Cicero vertheidigte und zwar am Nachmittage, woraus man schliessen darf, dass derselbe, wie öfters, die Schlussrede hielt. Den Ankläger und den Grund der Anklage nennt Cicero, wo er dies erzählt (Cic. ad Q. fr. II, 16, 3), nicht. Aber in seiner für Cn. Plancius ebenfalls im Jahre 54 gehaltenen Rede (Cic. p. Planc. 16, 40) erwähnt er den zunächst vorher wegen des nämlichen Verbrechens Angeklagten, den er vertheidigt hätte und der fünf Geschworene hätte verwerfen dürfen: dieser Angeklagte, sagt der Scholiast[3]), sei Vatinius gewesen, eine Angabe, die nicht zu verwerfen ist. Darnach fand Vatinius'

[1]) Dio Cass. XXXVI, 23. Carbo konnte die Provinz erst nach 61 v. Chr. verwalten, daher fiel sein Process jedenfalls unter das Julische Gesetz. Einen andern Process zum Schutze der Provinz Bithynien nimmt Pigh. III, 380 an, der gegen C. Memmius durch den abwesenden Cäsar im Jahre 56 v. Chr. angeregt worden sei. Seine Annahme gründet sich auf Gell. V, 13, wo Cäsars Rede für die Bithyner angeführt ist. Sie ist indessen schwerlich vor Gericht gehalten worden.

[2]) Cic. ad Att. IV, 15, 9 nennt drei Tribus, die er hätte, die Pomptina, Velina und Maecia. Tribusweise wurden die Geschworenen nur bei dieser Anklage gegeben, s. C. R. II, 2, 387.

[3]) Schol. Bob. p. 262. Auch Ascon. p. 18 erwähnt Vatinius' Vertheidigung durch Cicero im Jahre 54 v. Chr.

damaliger Process über Genossenschaften statt. Ferner besitzen wir die Nachricht, C. Licinius Macer Calvus habe Reden gegen Vatinius gehalten und unter den Bruchstücken derselben[1]) befindet sich eines, das von seiner Prätur als vergangen spricht (Quintil. IX, 2, 25), also einer noch 55 v. Chr. gehaltenen Rede angehören muss. Man wird es auf den Process über Genossenschaften zu beziehen haben. In einem andern Bruchstücke (Quintil. VI, 1, 13) ist von Wahlumtrieben die Rede: es kann sich ebenfalls auf diesen, aber freilich auch auf einen der früheren Processe beziehen.

54 v. Chr. Cn. Plancius, der als Quästor des Proprätors L. Appulejus von Macedonien Cicero während seiner Verbannung im Jahr 58 unterstützt hatte, bewarb sich im J. 55 um die curulische Aedilität mit A. Plotius (Cic. p. Planc. 7, 17; 22, 54), Q. Pedius (ibid.), M. Iuventius Laterensis (ibid. 4, 9; 5, 12; 6, 14). Die Wahl unter dem Vorsitze von M. Crassus kam damals nicht zu Stande und wurde erst im Sommer des folgenden Jahres gehalten: Plancius und Plotius wurden erwählt, um in den übrigen Monaten des Jahres ihr Amt zu führen. Ehe sie indess dies antraten, wurde Plancius am Ende des Monats August oder Anfang September angeklagt[2]) von seinem Mitbewerber M. Iuventius und dessen Gehülfen L. Cassius Longinus (Cic. ibid. 1, 2 und 24, 58). Die Vertheidigung führte ausser Cicero noch Q. Hortensius.[3]) Zum Vorsitzenden wurde von dem Ankläger C. Alfius Flavus erwählt (ibid. 17, 43 und 42, 104). Als Zeugen für den Angeklagten werden C. Sacerdos und L. Flaccus erwähnt (ibid. 11, 27), ausserdem Gesandte von Städten Macedoniens (ibid. 11, 28), und als anwesend bei dem Processe Cn. Saturninus (ibid. 8, 19; 11, 29), T. Torquatus (ibid. 11, 27) und Q. Metellus (ibid. 25, 61). Der Process endete mit Freisprechung.

[1]) Man sehe sie gesammelt bei Meyer fragm. orat. Rom. p. 477.

[2]) Man sehe die Beweise dafür bei Wunder Proleg. ad Cicer. p. Planc. p. LXVIII, auch Drumann Röm. Gesch. VI, 46.

[3]) Cic. p. Planc. 15, 37. Denn ich stimme nicht mit Drumann Röm. Gesch. III, 99 überein, der eine Vertheidigung durch Hortensius läugnet. Er versteht Ciceros Worte nicht richtig. Man vergl. über die Anordnung des Processes oben S. 229 und über das Licinische Gesetz, nach welchem die Anklage geschah, C. R. II, 2, 302 flgd.

51 M. Valerius Messalla, Consul 53 v. Chr., wurde ausser einem andern Processe, den er zu bestehen hatte[1]), auch wegen Genossenschaften angeklagt: wahrscheinlich vertheidigte ihn wieder Q. Hortensius. Dennoch wurde er verurtheilt (Cic. epist. VIII, 2, 1; ibid. 4, 1). Erst durch Cäsar, dem er sich anschloss, erhielt er Begnadigung (Cic. ad Att. XI, 22, 2).

## 15. Die Ausnahmegerichte des Jahres 52 nach dem Pompejischen Gesetze

a) wegen der Ermordung von P. Clodius und der damit zusammenhängenden Missethaten vor dem Untersuchungsrichter L. Domitius Ahenobarbus.

T. Annius Milo wurde am 4. April von App. Claudius, M. Antonius und P. Valerius Nepos angeklagt und am 8. April verurtheilt, die Vertheidigung führte Cicero allein (das Nähere s. C. R. II, 2, 434 flgd.).

M. Saufejus, M. f., war der nächste Angeklagte nach Milo. Er war der Anführer gewesen bei der Erstürmung des Ladens in Bovillae und der Ermordung von Clodius. Die Ankläger waren L. Cassius, L. Fulcinius, C. f., und C. Valerius, Vertheidiger Cicero und M. Caelius Rufus. Er wurde aus Hass gegen Clodius mit einer Stimme freigesprochen (Ascon. p. 54).

Sex. Clodius, ein Anhänger des Ermordeten, war die Veranlassung gewesen, dass dessen Leichnam in die Hostilische Curie gebracht und dort verbrannt wurde, wobei die Curie selbst unterging. Seine Ankläger waren C. Caesenius Philo und M. Aufidius. Er wurde mit 46 gegen 5 Stimmen verurtheilt (Ascon. p. 55) und erst später durch den Triumvir M. Antonius aus der Verbannung zurückgerufen (Cic. Phil. I, 1; ad Att. XIV, 13, 6 nebst Beilagen).

Am Ende des Jahres unmittelbar nach dem Ende ihres Amtes wurden

Q. Pompejus Rufus und T. Munatius Plancus Bursa, die beiden Volkstribunen, auf deren Veranlassung Clodius'

[1]) S. oben S. 533 die Processe wegen Wahlumtriebe der Jahre 54 und 51.

Leichnam auf den Markt und die Rednerbühne gebracht war (Ascon. p. 33; Dio Cass. XL, 55), angeklagt und verurtheilt. Den Ersteren klagte M. Caelius Rufus an: Pompejus lebte nachher in Bauli in Campanien in Dürftigkeit, bis ihn sein ehemaliger Ankläger unterstützte (Val. Max. IV, 1, 7; Cic. epist. VIII, 1, 4). Plancus wurde von Cicero angeklagt und trotzdem dass ihn Pompejus durch eine Lobrede unterstützen wollte (Dio Cass. l. l., oben S. 300), verurtheilt: er lebte später in Ravenna und wurde von Cäsar unterstützt (Cic. epist. VIII, 1, 4).

Von den vielen andern, besonders Clodianern, die damals aus gleichem Grunde verurtheilt wurden (Ascon. p. 55), kennen wir keinen.

b) wegen Gewaltthat nach dem Plautischen Gesetze vor dem Untersuchungsrichter L. Fabius.

T. Annius Milo wurde unmittelbar nach dem Durchgehen des Pompejischen Gesetzes angeklagt von L. Cornificius und Q. Patuleius.[1]) Einen Vertheidiger gab es nicht. Denn Milo erschien nicht vor Gericht und wurde abwesend verurtheilt.

M. Saufejus wurde von C. Fidius, Cn. Apponius Cn. f., und M. Sejus angeklagt 'weil er höher gelegene Orte besetzt hätte und bewaffnet gewesen wäre'. Seine Vertheidiger waren M. Cicero und M. Terentius Varro Gibba, ein Römischer Ritter. Er wurde mit 32 gegen 19 Stimmen freigesprochen (Ascon. p. 55).

c) wegen Wahlumtriebe nach dem Pompejischen Gesetze vor dem Untersuchungsrichter A. Manlius Torquatus.

T. Milo wurde von mehreren Anklägern vorgefordert, wenigstens von zwei Parteien. Die eine bestand aus den beiden App. Claudius, den Neffen des ermordeten Clodius, die andere aus P. Valerius Leo und Cn. Domitius Cn. f. Daher fand eine divinatio statt, welche eine Verschmelzung der beiden Parteien zur Folge hatte. Der Hauptankläger war der ältere Ap. Claudius, Gehülfen desselben die beiden andern,

[1]) Ascon. p. 54. Statt des zweiten Anklägers wird ebend. p. 40 C. Cetheius, wahrscheinlich aus Irrthum genannt.

welche sich gemeldet hatten. Der Vorsitzende bestimmte als ersten Termin den nämlichen Tag, der für den Process über Clodius' Ermordung festgesetzt war. Daher schickte Milo zu dem Processe über Wahlumtriebe einige Freunde, von denen M. Marcellus den Aufschub desselben bis zur Beendigung des ersten Processes verlangte. Diese Bitte wurde bewilligt; aber Milo erschien nicht und wurde abwesend verurtheilt. Der Hauptankläger schlug die ihm angebotene Belohnung aus (Ascon. p. 40 und 54).

P. Plautius Hypsaeus, einst Pompejus' Quästor (Ascon. p. 36; Cic. ad Att. III, 8, 3; p. Flacc. 9, 20), hatte sich mit dessen Unterstützung um das Consulat für 52 v. Chr. beworben, sich dann aber auch an den gewaltsamen Auftritten nach Clodius' Ermordung betheiligt[1]). Er suchte vergebens Pompejus' Unterstützung nach und wurde verurtheilt[2]).

C. Memmius, der sich schon um das Consulat des Jahres 53 beworben hatte und deshalb angeklagt worden war, wurde jetzt verurtheilt. Er ging nach Athen in die Verbannung (App. bell. civ. II, 24; Cic. ad Att. V, 11, 5).

M. Aemilius Scaurus, der schon im Jahre 54 zwei Processe zu bestehen gehabt hatte, wurde von Neuem angeklagt. Die Ankläger kennt man nicht. Als das Volk seine Freilassung verlangte, erliess Pompejus ein Edict, worin er auf die gerichtlichen Verhandlungen hinwies, liess auch die dennoch entstandenen Unruhen durch Soldaten beilegen. Er wurde verurtheilt und ging in die Verbannung.[3]) Wahrscheinlich hatte ihn Cicero wieder vertheidigt.

Q. Metellus Pius Scipio, Pompejus' Schwiegervater, wurde von dem verurtheilten C. Memmius mit einem sub-

---

[1]) Schol. Bob. p. 281. Vielleicht fand deshalb noch ein zweiter Process gegen ihn statt.

[2]) Dio Cass. XL, 53; App. bell. civ. II, 24. Ueber Pompejus' Uebermuth gegen ihn Val. Max. IX, 5, 3; Plut. Pomp. 55.

[3]) App. bell. civ. II, 24; Cic. de off. I, 39, 138 erwähnt seine *ignominia* und *calamitas*. Quint. IV, 1, 69 erkläre ich dahin, Cicero habe ihn zweimal wegen Wahlumtriebe vertheidigt. Drumann Römische Geschichte I, 32 und VI, 39 glaubt fälschlich, Scaurus' Process über Wahlumtriebe habe sich vom Jahre 54 bis 51 hingezogen.

scriptor[1]) angeklagt. Darauf legte Pompejus selbst und mit ihm ein Theil der für jenes Jahr erwählten Geschworenen Trauerkleider an und Pompejus lud alle Geschworenen in sein Haus, wo er sie um die Rettung seines Schwiegervaters bat. Die Folge war, dass die Ankläger beim Termine nicht erschienen und den Process im Stiche liessen (App. bell. civ. II, 24; Plut. Pomp. 55).

Diese und andere Processe wurden vom Anfange April, wo Pompejus' Gesetz gegeben wurde, bis zum 1. August, wo Pompejus seinen Schwiegervater zum Collegen im Consulate annahm, beendet.

d) wegen Genossenschaften nach dem Licinischen Gesetze vor dem Untersuchungsrichter M. Favonius.

T. Milo, von P. Fulvius Neratus angeklagt, wurde abwesend verurtheilt. Der Ankläger erhielt die gesetzliche Belohnung (Ascon. p. 40 und 54).

e) wegen Religionsfrevel nach dem Fufischen Gesetze.

A. Gabinius, der schon wegen Erpressung verurtheilt war, wurde noch einmal wegen Religionsfrevel angeklagt, weil er gegen das Geheiss der Sibyllinischen Bücher nach Aegypten gegangen war, und mit Aechtung und Vermögensverlust bestraft[2]). Der Dictator Cäsar begnadigte ihn (Dio Cass. XXXIX, 63; ad Att. V, 8).

f) nach dem Julischen Gesetze wegen Erpressung.

P. Sestius. Cicero entschuldigt sich bei Atticus im Jahre 52 v. Chr., dass er einem gewissen Phamea nicht in einem Privatprocesse beigestanden habe: er hätte an dem nämlichen Tage, wo dieser stattfand, für Sestius am Schlusstermine, der nach dem Pompejischen Gesetze fest bestimmt war, auftreten

[1]) Denn Dio Cass. XL, 53 erzählt, er sei von zwei Anklägern belangt worden.

[2]) App. II, 24, dem zu misstrauen kein Grund ist. Freilich Drumann Röm. Gesch. III, 54 verschmähte dies Zeugniss und nahm an, er sei wegen Erpressung geächtet worden, was nach dem Julischen Gesetze nicht geschah. S. oben S. 507 und 543.

müssen[1]). Darnach fand also ein Process gegen Sestius statt. Cicero nennt ihn den 'seinen' und erwähnt, er sei ihm Dank schuldig. Daher ist kein Zweifel, dass P. Sestius L. f. gemeint ist, der ihn als Volkstribun aus der Verbannung zurückgerufen und ihm vielfach gegen Clodius beigestanden hatte. Ferner nennt Appian (App. bell. civ. II, 24) unter den nach dem Pompejischen Gesetze Verurtheilten neben Hypsaeus und Memmius auch Sextus: sie seien wegen Bestechlichkeit oder Wahlumtriebe verurtheilt worden. Dass einzelne Römer von Griechen nur mit dem Vornamen bezeichnet werden, ist zwar nicht ungewöhnlich, aber doch in diesem Falle, in Verbindung mit den beiden andern Namen sehr auffallend. Zudem findet sich unter den Personen, die in den letzten Jahren vor dem Pompejischen Gesetze als politisch bedeutend hervortraten, keine mit dem Vornamen Sextus und nur eine solche konnte Appian zusammen mit den beiden Bewerbern um das Consulat von 52 v. Chr. und noch dazu mit dem Vornamen nennen. Daraus ergiebt sich die Vermuthung, dass Appian Sestius geschrieben hat: sie gewinnt ausserordentlich an Wahrscheinlichkeit, da wir durch Cicero selbst erfahren, dass P. Sestius, Ciceros ehemaliger Beschützer, wirklich nach dem Pompejischen Gesetze angeklagt worden ist. Die grosse Mehrzahl der Angeklagten wurde damals verurtheilt, wahrscheinlich auch P. Sestius: er war ein namentlich durch sein Verhältniss mit Cicero bekannter Mann. Appian sagt aber ferner, die Verurtheilungen hätten wegen Erpressung oder Wahlumtriebe stattgefunden: die beiden ersten von ihm genannten, Hypsaeus und Memmius, wurden wegen Wahlumtriebe angeklagt, der dritte, Sestius, also wahrscheinlich wegen Erpressung. Alles übrige, was man über die späteren Schicksale dieses Sestius weiss, ist sehr unsicher.[2])

---

[1]) Cic. ad Att. XIII, 49. Vergl. C. R. II, 2, 418. Die nämlichen Processe erwähnt Cic. epist. VII, 24, 2.

[2]) Namentlich sind die Nachrichten, welche sich bei Pighius Ann. III, 388 und 139 finden, sehr unsicher und zum Theil falsch. Es gab zu Ciceros Zeit, wenn man von T. Sestius, einem Legaten Cäsars, der in dessen Kriegen öfters genannt wird und auch nachher noch in Africa eine Rolle spielte, sowie von Sestius Naso, der zu den Mördern Cäsars

Wegen unbekannter Verbrechen wurden verurtheilt:

T. Fadius Gallus, ein Emporkömmling, Ciceros Quästor im Consulate, im Jahre 57 Volkstribun, wurde mit einer Stimme Mehrheit verurtheilt, aber nicht zu capitaler Strafe; sondern er erhielt nur die leichteste Strafe, verlor nur, was sehr viele der Vornehmsten verloren, seinen Rang im Senate, behielt sein Vermögen und die Möglichkeit, mit seiner Familie und seinen

---

gehörte, absieht, zwei P. Sestii. Von ihnen war der eine, L. f., derjenige, der in seinem Tribunate Cicero unterstützte, vielfach in die politischen Händel seiner Zeit verwickelt und im J. 52 nach dem Pompejischen Gesetze verurtheilt wurde. Er konnte also an dem Bürgerkriege zwischen Cäsar und Pompejus zunächst nicht Theil nehmen, aber ohne Zweifel wurde er später begnadigt, trat zu Cäsars Partei über und wird bei demselben als Cäsars Unterfeldherr in Asien erwähnt in bell. Alex. 34; auch Cic. ad Att. XIII, 2, 2 deutet an, dass er dort Anordnungen getroffen hat. Später war er in Rom: ich beziehe auf ihn die Erwähnungen bei Cic. ad Att. VI, 1, 23; XIII, 7, 1 und epist. XIII, 8, 1. Sein Vetter P. Sestius war P. f. und widmete sich ebenfalls der Staatslaufbahn, obwohl er von Cicero in der früheren Zeit nicht erwähnt wird. Aber, wenn Cic. ad Att. VIII, 15, 3 im Jahre 49 unter denen, die ein *imperium* hätten und deshalb mit Cn. Pompejus nach Griechenland gehen könnten, einen Sestius anführt, so folgt daraus, dass dieser Prätor gewesen war oder war, und ferner, dass er auf Seiten der Pompejanischen Partei stand. Er kann mithin nicht P. Sestius L. f. sein, der im J. 52 nach dem Pompejischen Gesetze verurtheilt wenigstens seinen Rang und die Fähigkeit zu Staatsämtern verlor; ebensowenig T. Sestius, der noch in der letzten Zeit des Gallischen Krieges unter Cäsars Legaten vorkommt. Es kann nur P. Sestius P. f. sein. Er ist ferner derjenige, der als Pompejus' Gehülfe von Cic. ad Att. VII, 17, 2 genannt, wahrscheinlich auch derjenige, dessen Witz in Cic. epist. VII, 32, 1 gerühmt wird. Er erhielt dann durch den Senatsbeschluss, der nach der Verweisung der Volkstribunen etwa am 8. Januar 49 gefasst wurde (Caes. bell. civ. I, 6), die Provinz Cilicien; denn seine Thätigkeit in dieser wird von Cic. epist. V, 20, 5 erwähnt. Am Ende des Jahres 48 war er wieder in Italien und zwar mit Lictoren, also im Besitze des *imperium*, das ihm Cäsar gelassen hatte (Cic. ad Att. XI, 7, 3). Am schwierigsten ist die Erklärung des Briefes von Cicero epist. V, 17, im Ganzen aber wird man sich Manutius' Auffassung anschliessen müssen. Danach ist der Brief etwa 46 v. Chr. geschrieben, etwas später, nachdem Cicero aus dem Pharsalischen Kriege nach Rom zurückgekehrt war. Cicero erwähnt darin zwei Zeitpunkte, erstlich den, wo der Staat in Trümmern lag und er selbst ohne politische Thätigkeit war, d. h. den Bürgerkrieg und die zunächst vorhergehende Zeit. Zu diesem Zeitpunkte,

Freunden umzugehen.[1]) Darnach wurde er wahrscheinlich nach dem Julischen Gesetze wegen Erpressung verurtheilt. Er hoffte von Cäsar Begnadigung zu erhalten (Cic. epist. VII, 27).

**L. Livineius Regulus.** Sein 'Unglück' (calamitas) wird später erwähnt (Cic. epist. XIII, 60; vergl. Pigh. Ann. III 413): es bezieht sich auf eine gerichtliche Verurtheilung: und sie fand wahrscheinlich in diesem Jahre statt. Er wurde von Cäsar begnadigt (Caes. bell. Afr. 89) und von ihm im Africanischen Kriege benutzt.[2])

---

sagt er, sei dieser P. Sestius, wenngleich abwesend, in den Process und die Gefahr seines besten Freundes verwickelt, indessen von Cicero nach Kräften vertheidigt worden. Ich beziehe dies entweder auf den Process seines Vetters P. Sestius oder den Milos: bei ihnen wurde auch dieser Sestius genannt, entging aber mit Ciceros Hülfe der Gefahr. Der zweite von Cicero erwähnte Zeitpunkt ist der unmittelbar nach seiner Ankunft in Rom nach dem Pharsalischen Kriege gegen Ende des Jahres 47; der Staat war damals in solchem Zustande, dass kein Verständiger an ihm Freude haben konnte, er war in Cäsars Gewalt. Cicero fand P. Sestius in Gefahr um seine Existenz: er half ihm, so viel er konnte, konnte ihn aber nicht retten und beschränkte sich darauf, seinen Sohn P. mit Mühe und Zeugniss zu unterstützen. Der Vater Sestius selbst musste in die Verbannung gehen: er wird damit getröstet, dass ein gleiches Geschick in andern Staaten vielen trefflichen Männern begegnet sei. Ohne Zweifel also ist von einem Processe die Rede, in welchem P. Sestius P. f. verurtheilt wurde; aber ein Schwurgericht war es nicht. Denn Schwurgerichte gab es während des Bürgerkrieges und unmittelbar nachher nicht. Es muss ein Process gewesen sein, der von Cäsar selbst entschieden wurde: P. Sestius, der auf Pompejus' Seite gefochten hatte, muss etwas besonderes begangen haben, weshalb er nicht begnadigt, sondern in die Verbannung geschickt wurde. Auf diesen Process beziehen sich Ciceros Ausdrücke *iniquitas totius iudicii* und *multa reipublicae vitia*. Allerdings bleibt auch so noch Manches in Ciceros Briefe dunkel; aber es kam hier hauptsächlich darauf an, die Erwähnung von P. Sestius' Processe zu erläutern. Noch ein anderer Process, den ein Sestius mit einem gewissen Antius hatte, wird in Catull. carm. 44 erwähnt. Möglich, dass unter dem Sestius dieser P. f. verstanden wird; aber der Process wurde sicherlich nicht vor einem Schwurgerichte geführt.

[1]) Alles dieses erwähnt Cic. epist. V, 18 in seinem Trostschreiben an den Verurtheilten.

[2]) Dagegen aus dem Trostbriefe an Trebianus, Cic. epist. VI, 10, darf man nicht schliessen, derselbe sei gerichtlich verurtheilt worden. Er

16. **Die Processe nach dem Pedischen Gesetze** aufzuzählen verlohnt sich nicht der Mühe. Es wurden von ihm alle Verschworenen betroffen, ja selbst solche, die während Cäsars Ermordung abwesend gewesen waren. S. C. R. II, 2, 489.

Unbestimmbare Processe:

60 v. Chr. Valerius freigesprochen. Der Angeklagte ist sonst unbekannt, ebenso der Ankläger und die Anklage. Vertheidiger war Q. Hortensius.[1])

59. A. Minucius Thermus von Cicero vertheidigt.[2])

56. Ein Unbekannter, der in der Handschrift Sevius, in den Ausgaben Servius genannt wird, ein Freund Ciceros, angeklagt und verurtheilt.[3])

54 im Juli. Livius Drusus von Q. Lucretius angeklagt: der Termin für die Verwerfung der Richter war am 3. Juli. Er wurde freigesprochen.[4]) Ankläger war vielleicht C. Licinius Calvus, von dem es eine Rede gegen Drusus gab (Tac. dial. 21). Dieser Process war wahrscheinlich die Gegenklage auf einen Process, den Drusus begonnen hatte.

51. Ein Unbekannter von Livius Drusus angeklagt, aber freigesprochen. Nach dem Processe wurde über die praevaricatio des Anklägers verhandelt und derselbe mit einer Stimme der Aerartribunen freigesprochen (Cic. ad Q. fr. II, 16, 3).

54 im Monat Februar. M. Caelius Rufus wurde auf Antrieb der Claudier angeklagt, man weiss nicht von wem und wel-

---

war ein Römischer Geldwechsler, der im Bürgerkriege durch Cäsar mit Vermögensverlust und Aechtung bestraft wurde, aber dann durch Cn. Dolabellas und Ciceros Vermittelung die Erlaubniss zur Rückkehr erhielt.

[1]) Cic. ad Att. II, 3, 1. Der Process ist sicherlich verschieden von dem gegen Valerius Flaccus, für den Cicero und Hortensius sprachen. Wahrscheinlich ist M. Valerius Messalla gemeint, den Hortensius öfters vertheidigte, s. oben S. 519.

[2]) Cic. p. Flacc. 39, 98. Vergl. die Processe über Wahlumtriebe in diesem Jahre oben S. 530.

[3]) Cic. ad Q. fr. II, 6, 6. Dass es nicht derjenige Servius sein kann, der im J. 51 wegen Wahlumtriebe verurtheilt wurde, ist ersichtlich.

[4]) Cic. ad Att. IV, 16, 5 und 8. Denn beide Nachrichten beziehen sich auf den nämlichen Process.

chen Verbrechens. Am 13. Februar war der zehnte Tag und es sollten die Geschworenen bestimmt werden. Dies machte Schwierigkeit, da der Prätor Cn. Domitius Ahenobarbus nicht eine genügende Anzahl hatte. Folglich war die postulatio am 3. Februar erfolgt. Man befürchtete, ein berüchtigter Ankläger Servius Pola würde sich zu den Anklägern gesellen.[1]) Das Weitere wird nicht berichtet, sicherlich wurde Caelius nicht verurtheilt.[2])

54 im October M. Fulvius Nobilior verurtheilt (Cic. ad Att. IV, 16, 11). Sonst ist der Process unbekannt, auch der Angeklagte. Denn ob es der Römische Ritter, der an der Catilinarischen Verschwörung Theil genommen hatte, ist, bleibt fraglich (Sall. Cat. 17).

51. C. Sempronius Rufus von M. Tuccius angeklagt, suchte sich durch eine Gegenklage zu retten. Der Gegenstand der eigentlichen Klage ist unbekannt.[3])

L. Calpurnius Bestia fünfmal von Cicero glücklich vertheidigt.[4])

P. Dolabella, Ciceros Schwiegersohn, wurde wenigstens zweimal, man weiss nicht wann und weshalb angeklagt und von Cicero vertheidigt.[5])

C. Messius, dessen Process wegen Genossenschaften wir näher kennen, muss öfters angeklagt worden sein. Es heisst, der Redner C. Licinius Calvus habe ihn, als er zum dritten Male angeklagt war, vertheidigt.[6])

[1]) Dies sind die Nachrichten, welche Cic. ad Q. fr. II, 13, 2 giebt.

[2]) Ich übergehe die Processe, welche im J. 50 v. Chr. gegen Caelius von Servius Pola und gegen den Censor Appius Claudius nach dem Scantinischen Gesetze erhoben wurden (Cic. epist. VIII, 12, 3). Sie waren kaum Schwurgerichtsprocesse und man hört von ihnen nichts Weiteres.

[3]) Cic. epist. VIII, 8, 1. Dass der Process mit dem Geldwechsler C. Vestorius zusammenhängt, ergiebt sich aus der Vergleichung von Cic. ad Att. VI, 2, 10.

[4]) Cic. Phil. XI, 5, 11. S. oben S. 531 die Processe über Wahlumtriebe des Jahres 56.

[5]) Cic. epist. VI, 11, 1 sagt von ihm *ille mihi debebat, quod non defueram eius periculis.*

[6]) Vergl. oben S. 541. Senec. controv. III, 19; Meyer Orat. Rom. fragm. p. 472. Der Process über Cn. Veturius, den Meyer Orat. Rom.

M. **Cispius** war Volkstribun im Jahr 57 v. Chr. und hatte sich trotz seiner früheren Feindschaft mit Cicero für dessen Rückkehr bemüht.[1]) Er wurde einige Zeit vor 54 v. Chr. angeklagt und auf M. Iuventius Laterensis Veranlassung von Cicero vertheidigt, aber dennoch verurtheilt.[2])

M.' **Acilius Glabrio** war von Cicero zweimal in Capitalprocessen glücklich vertheidigt worden.[3])

---

fragm. p. 842 anführt, in dem C. Aurelius Cotta eine Vertheidigungsrede gehalten haben soll, nach den Anführungen von Charisius p. 131 und Non. p. 149, ist kein Schwurgerichtsprocess. Wahrscheinlich wird dort eine Rede des alten Cato, von dem die Grammatiker Bruchstücke mit Vorliebe anführen, gemeint.

[1]) Cic. p. Sest. 35, 76; über die Feindschaft Cic. p. red. in sen. 8, 21; p. Planc. 31, 76.

[2]) Cic. p. Planc. 31, 75. Aus schol. Bob. p. 267 darf man nicht mit Drumann Röm. Gesch. V, 704 schliessen, der Process sei wegen *ambitus* und im J. 56 geführt worden.

[3]) Cic. epist. VII, 30, 3. Vergl. Comment. epigraph. II, 227. Privatprocesse waren es, in denen Cicero Q. Mucius Orestinus, der von L. Calenus wegen Diebstahls angeklagt war (Ascon. p. 86), und Titinia (Cic. Brut. 60, 217) vertheidigte.

www.ingramcontent.com/pod-product-compliance
Lightning Source LLC
Chambersburg PA
CBHW022126020426
42334CB00015B/775